Thomas L. Friedman
Von Beirut nach Jerusalem

THOMAS L. FRIEDMAN

Von Beirut nach Jerusalem

Konfliktherd Naher Osten – eine Analyse der Hintergründe

Aus dem Amerikanischen von
Till Lohmeyer und Christel Rost

Moewig

Die Originalausgabe erschien 1989 unter dem Titel
From Beirut to Jerusalem
bei Farrar-Straus-Giroux, New York

1. Auflage Oktober 1990
2. Auflage März 1991

Deutsche Erstausgabe
Aus dem Amerikanischen von Till Lohmeyer und Christel Rost
© 1989 by Thomas L. Friedman
© der deutschen Übersetzung 1990 by
Verlagsunion Erich Pabel – Arthur Moewig KG, Rastatt
Alle deutschen Rechte vorbehalten
Umschlagentwurf und -gestaltung: Meinolf Paul, Berlin
Umschlagfotos: dpa (Beirut); Bildagentur Mauritius (Jerusalem)
Gesetzt aus der Excelsior bei Utesch Satztechnik GmbH, Hamburg
Druck und Bindung: Ebner Ulm
Printed in Germany 1991
ISBN 3-8118-1154-1

Für meine Eltern

Harold und Margaret Friedman

„Hast du ihn totschießen wollen, Buck?"

„Na, aber klar doch!"

„Was hat er dir denn getan?"

„Er? Gar nichts hat er mir getan."

„Aber wieso wolltest du ihn dann erschießen?"

„Na, wegen nichts. Geht bloß um die Fehde."

„Die Fehde? Was ist denn das?"

„Sag mal, wo kommst du denn her, daß du nicht weißt, was eine Fehde ist?"

„Hab' noch nie von einer gehört. Nun sag schon!"

„Also eine Fehde", sagte Buck, „die geht so: Ein Mann hat einen Streit mit einem anderen Mann und legt ihn um. Dann legt der Bruder des Toten den ersten Mann um, und alle Brüder der beiden machen weiter so, immer schön der Reihe nach. Dann kommen die Vettern dran, und das geht so lange, bis alle tot sind – dann ist die Fehde aus. Aber schnell geht das nicht, dauert sogar ziemlich lange."

„Und eure Fehde, Buck? Dauert die auch schon lange?"

„Na, das will ich meinen! Bestimmt schon dreißig Jahre oder mehr. Gab Streit wegen irgendwas und dann einen Prozeß. Einer von den Männern hat den Prozeß verloren. Da hat er sich auf die Socken gemacht und den andern, der gewonnen hat, erschossen. Klar, mußte er ja. Würde doch jeder."

„Worum ging's denn bei dem Streit, Buck? Um Land?"

„Schon möglich – ich weiß es nicht."

„Na, und wer hat zuerst mit der Schießerei angefangen? Ein Grangerford oder ein Shepherdson?"

„Herr im Himmel, woher soll ich denn das wissen? Ist doch schon eine Ewigkeit her!"

„Weiß es überhaupt noch wer?"

„O ja! Pa weiß es bestimmt und wahrscheinlich noch so ein paar alte Leute. Aber worum's ursprünglich ging – das weiß heute keiner mehr so recht."

Mark Twain, HUCKLEBERRY FINNS ABENTEUER

Inhalt

Jerusalem

Epilog I

Epilog II

Anhang

Prolog

Von Minneapolis nach Beirut

Im Juni 1979 bestiegen meine Frau Ann und ich in Genf unser Flugzeug, das uns in vier Stunden nach Beirut bringen sollte. Dieser Flug war der Anfang einer beinahe zehnjährigen Reise durch den Nahen Osten. Sie ist das Thema dieses Buches.

Die Reise begann, wie sie später endete: mit einem Knall. Am Eingang zu unserem Flugsteig standen die Passagiere vor dem Metalldetektor an. Wir reihten uns ein und kamen zufällig hinter drei breitschultrigen, schnauzbärtigen Libanesen zu stehen. Als die drei den Metalldetektor passierten, schlug er prompt bei jedem einzelnen Alarm. Unsere Mitpassagiere wurden sofort überprüft. Sie führten eine Menge Metall bei sich – aber es waren keine Messer und Pistolen, und Flugzeugentführer waren sie auch nicht. Vielmehr handelte es sich um eine armenische Juweliersfamilie, die Goldbarren in ihre Heimatstadt Beirut brachte. Die Jungs hatten spezialgefertigte Geldgurte mit je sechs Barren um den Bauch geschnallt, und einer von ihnen trug obendrein noch einen Schuhkarton bei sich, der bis oben hin mit dem Edelmetall vollgepackt war. Im Flugzeug saßen sie gleich neben Ann und mir und vertrieben sich die Zeit damit, einander die Goldbarren zuzuwerfen.

Als die Maschine auf dem Internationalen Flughafen von Beirut landete und ich die geborstenen Fensterscheiben der Ankunftshalle sah, die Einschüsse in den Wänden und die schwerbewaffneten Wachen, die einfach überall zu sein schienen, bekam ich vor Angst weiche Knie. Im selben Moment wurde mir klar, daß ich zwar jahrelang auf diesen Augenblick – den Beginn meiner Laufbahn als Nahostkorrespondent – hingearbeitet hatte, daß ich aber auf das, was mich tatsächlich erwartete, nicht im geringsten vorbereitet war.

In Minneapolis, Minnesota, wo ich geboren und aufgewachsen

bin, hatte ich niemals neben Leuten gesessen, die sich in der *eco-nomy class* eines Flugzeugs Goldbarren zuwarfen. Ich entstamme einer, wie ich glaube, ziemlich typischen jüdisch-amerikanischen Familie der Mittelklasse. Mein Vater verkaufte Kugellager; meine Mutter führte den Haushalt und arbeitete halbtags als Buchhalterin. Als kleiner Junge besuchte ich fünfmal die Woche die Hebräische Schule, doch nach der Bar-Mizwa im Alter von dreizehn Jahren interessierte mich die Synagoge nur noch wenig; ich war ein „Dreimal-im-Jahr-Jude" – zweimal am Neujahrsfest Rosch Haschanah und einmal am Bußtag Jom Kippur.

1968 studierte meine älteste Schwester ein Jahr an der Universität Tel Aviv. Es war das Jahr nach Israels dramatischem Sieg im Sechstagekrieg – eine Zeit, da Israel bei jungen amerikanischen Juden ausgesprochen „in" war. In den Weihnachtsferien 1968 reisten meine Eltern und ich nach Israel, um meine Schwester zu besuchen.

Die Reise sollte mein Leben verändern. Ich war damals erst fünfzehn Jahre alt und gerade dabei, die Welt zu entdecken. Der Flug nach Jerusalem war nicht nur mein erster Flug überhaupt, sondern auch die erste Reise, die mich über die Grenzen von Wisconsin hinausführte. Ich weiß nicht, ob es der Schock des Neuen oder eine bereits in mir schlummernde Faszination war, die nur noch keinen Ausdruck gefunden hatte – auf jeden Fall berührten mich Israel und der Nahe Osten insgesamt in ganz besonderer Weise, geistig wie seelisch. Ich war wie besessen von der Region, ihren Völkern und ihren Konflikten. Schon beim ersten Gang durch die von Mauern umgebene Altstadt von Jerusalem nahm ich ihre Düfte in mich auf, verlor mich im bunten Menschenstrom, der sich durch das enge Geflecht der Gassen wälzte – und fühlte mich zu Hause. In irgendeinem früheren Leben muß ich ein Basarhändler gewesen sein, ein fränkischer Soldat vielleicht, ein Pascha oder zumindest ein mittelalterlicher jüdischer Chronist. Auch wenn es meine erste Auslandsreise war – damals wurde mir mit einem Schlag klar, daß mir der Nahe Osten näherstand als Minnesota.

Nach meiner Rückkehr verschlang ich alles, was mir an Lektüre über Israel in die Hände fiel. Im selben Jahr schickte die israelische Jewish Agency erstmals einen *schaliach* nach Minneapolis, eine Art reisenden Botschafter und Werber. Ich wurde einer seiner aktivsten Anhänger und organisierte alles mögliche, von Israel-Ausstellungen bis zu pro-israelischen Demonstrationen. Dank seiner Vermittlung konnte ich drei Sommerferien hintereinander auf einem Kibbuz an der Küste südlich von Haifa verbringen. Zum „Studienprojekt eigener Wahl", das zu den Abschlußprüfungen in der High-

School gehörte, machte ich 1971 einen Diavortrag über die Hintergründe des israelischen Siegs im Sechstagekrieg. Im Psychologie-Unterricht hielt ich zusammen mit meinem Freund Ken Greer einen Diavortrag über das Leben im Kibbuz. Heute muß ich beschämt eingestehen, daß meine gesamte High-School-Zeit eine einzige große Feier des Sechstagekriegs war. Im Zeitraum eines Jahres verwandelte ich mich von einem Nebbich, der davon geträumt hatte, einmal Golfprofi zu werden, in einen angehenden Israelexperten.

Ich war unerträglich. Als die Syrer in Damaskus dreizehn Juden festnahmen, trug ich wochenlang einen Button mit der Aufschrift „Freiheit für die 13 von Damaskus". Ich trug ihn sogar an einem Sonntag vormittag zum Brunch in unserem Country-Club und kann mich noch gut an die vorsichtige Frage meiner Mutter erinnern: „Ist das denn wirklich nötig?" Die militärische Geographie des Nahen Ostens war mir bald so vertraut, daß der Dozent von der University of Minnesota, der einen Monat lang bei uns an der High-School Erdkunde unterrichtete, meiner dauernden Berichtigungen so müde wurde, daß er sich schließlich auf meinen Platz setzte und mich bat, über die Golanhöhen und die Sinai-Halbinsel selbst zu referieren. Meine erste journalistische Arbeit, ein Beitrag für unsere Schülerzeitung, hatte 1968 einen Vortrag zum Thema, den ein damals noch weitgehend unbekannter israelischer General an der University of Minnesota hielt. Immerhin hatte der Mann eine bedeutende Rolle im Sechstagekrieg gespielt. Sein Name war Ariel Scharon.

Im Sommer nach dem Schulabschluß lernte ich in Israel einige israelische Araber aus Nazareth kennen. Die Zufallsbegegnung veranlaßte mich zum Kauf eines Buches mit arabischen Redewendungen. Ich fing an, mich allgemein über die arabische Welt zu informieren, und belegte gleich zu Beginn meines Studiums Seminare in Arabischer Sprache und Literatur. Im zweiten Jahr verbrachte ich auf dem Weg nach Jerusalem, wo ich mich für ein Semester an der Hebräischen Universität eingeschrieben hatte, zwei Wochen in Kairo. Die Stadt war überfüllt, schmutzig, exotisch, unmöglich – und ich mochte sie. Ich mochte das Pittabrot, das man ofenheiß kaufen konnte. Ich mochte das unkomplizierte Lächeln der Ägypter. Ich mochte die Moscheen und Minarette, denen Kairos Skyline das charakteristische Profil verdankt – und ich mochte sogar meinen Caddy im Sportclub von Gezira, der mir neben Golfbällen auch Haschisch verkaufen wollte.

Im Sommer 1974 kehrte ich nach Ägypten zurück und belegte an der Amerikanischen Universität in Kairo Seminare in Arabischer Literatur. Nach meiner Rückkehr an die Brandeis University, an der ich mich auf meine Abschlußarbeit vorbereitete, hielt ich einen Diavortrag über Ägypten. Ein israelischer Doktorand im Publikum unterbrach mich laufend mit Fragen wie: „Was treibt ein Jude eigentlich in Ägypten?" und „Wie kannst du es wagen, diese Leute zu mögen?" Schlimmer noch: Es gelang ihm, mich furchtbar nervös zu machen, so daß mein Vortrg zu einer unvergeßlichen Katastrophe wurde. Ich zog allerdings zwei wichtige Lehren aus dieser Begebenheit: Die erste bestand in der Erkenntnis, daß viele Leute beim Thema Nahost zeitweise ihren Verstand verlieren. Spricht man also vor mehr als zwei Zuhörern, so tut man gut daran, seine Materie zu beherrschen. Die zweite Lehre besagte, daß ein Jude, der sich mit dem Studium des Nahen Ostens befaßt und damit sein Brot verdienen will, zeitlebens ein einsamer Mensch bleiben wird: Weder die Araber noch die Juden werden ihn jemals völlig akzeptieren und ihm vertrauen.

1975 schloß ich das Studium an der Brandeis University mit dem Bachelor of Arts ab. Das Master's Degree in Geschichte und Politik des modernen Nahen Ostens wollte ich bei den Meistern jener Zunft erwerben – den Briten. Ich schrieb mich also im St. Antony's College der Universität Oxford ein. Was die wissenschaftliche Ausbildung betraf, erfüllte St. Antony's alle meine Erwartungen – doch lernte ich im Speisesaal genausoviel wie in den Seminaren. St. Antony's war das Zentrum für Nahöstliche Studien in England und zog daher die besten Studenten aus der arabischen Welt und Israel an. Da wir insgesamt nur hundertfünfundzwanzig Studenten waren und drei Mahlzeiten pro Tag gemeinsam einnahmen, lernten wir einander sehr gut kennen. An der Brandeis University hatte ich als Nahostexperte gegolten – am St. Antony's war ich ein absoluter Grünschnabel. Doch ich lernte gut zuhören – und dafür gab es stets Anlaß genug.

Meine Studienjahre in Oxford fielen mit den ersten Jahren des libanesischen Bürgerkriegs zusammen. Ich teilte mein Badezimmer mit Mohammed Mattar, einem hochintelligenten libanesischen Schiiten, und saß im Speisesaal an einem Tisch mit libanesischen Christen und Palästinensern. Mein engster Freund war Josef Sassoon, ein irakischer Jude, den ich mit seiner Frau Taffy im Waschsalon kennengelernt hatte. Der tägliche Umgang mit ihnen allen, die Art, wie sie miteinander stritten, einander bei den Vorlesungen und Seminaren herausforderten und während der Mahlzeiten aufs Korn nahmen – all dies öffnete mir die Augen dafür, daß der Nahe Osten beileibe nicht nur durch den jüdisch-arabischen Gegensatz gekennzeichnet ist. Ich blieb bei ihren Fehden Zuschauer, ein Außenseiter, dem es gelang, mit ihnen allen ein genauso gutes Verhältnis zu bewahren wie mit den Israelis auf dem Campus.

Während meines Studiums in England begann auch meine journalistische Karriere. An einem Augusttag des Jahres 1976 fiel mir in einer Londoner Straße die folgende Schlagzeile des *Evening Standard* ins Auge: „Carter an die Juden: Wenn ich die Wahl gewinne, wird Dr. K. gefeuert." Es war ein Bericht über ein Wahlversprechen des amerikanischen Präsidentschaftskandidaten Jimmy Carter, im Falle seines Sieges den amtierenden Außenminister Henry Kissinger zu entlassen. Komisch, dachte ich bei mir, wie ist es möglich, daß ein Präsidentschaftskandidat mit dem Versprechen, den ersten jüdischen Außenminister der amerikanischen Geschichte zu entlassen, ausgerechnet bei der jüdischen Wählerschaft um Stimmen wirbt? Ich beschloß, in einer Hintergrundanalyse diese Anomalie zu erläutern. Meine Freundin und zukünftige Frau, Ann Bucksbaum, war zufällig bekannt mit dem zuständigen Redakteur des *Des Moines Register,* Gilbert Cranberg. Sie brachte ihm meinen Artikel, und er wurde am 23. August 1976 veröffentlicht. So begann meine Tätigkeit als Nahostkorrespondent. In den folgenden beiden Jahren schrieb ich weitere Artikel dieser Art, so daß ich zum Zeitpunkt meines Examens bereits eine kleine Mappe mit Arbeiten vorlegen konnte.

Kurz bevor ich im Juni 1978 mein Studium in Oxford beendete, bewarb ich mich beim Londoner Büro von United Press International um eine Stelle – und bekam sie auch. Kaum hatte ich meinen Job bei UPI angetreten, da brach im Iran die Revolution aus, und die Ölversorgung der Welt wurde schlagartig zu einem brandaktuellen Thema. Da UPI keinen Ölexperten hatte, füllte ich die Lücke aus, obwohl sich meine bisherigen Kontakte zu Öl auf Salatdressing und das Zeug, das man meinem Auto unter die Motorhaube goß, beschränkten. Ein glücklicher Zufall wollte es jedoch, daß sich gleich über dem UPI-Büro das Londoner Büro des *Petroleum Intelligence Weekly* befand, eines Informationsblattes der Ölindustrie. Ich war oft dort und unterhielt mich mit den Leuten, so daß ich nach einer Weile genügend von ihrem Fachjargon verstand, um ihn imitieren zu können.

Mein großer Durchbruch kam aber erst im Frühjahr 1979, als unerwartet eine Stelle im Beiruter UPI-Büro frei wurde. Dem zweiten Korrespondenten dort gefiel es nicht mehr im Libanon, nachdem er, zufällig Zeuge eines Überfalls auf ein Juweliergeschäft, von einer Kugel aus der Pistole des Räubers am Ohr getroffen worden war. Man bot mir den Job mit folgendem Kommentar an: „Wissen Sie,

Tom, der Bursche, der vor Ihnen dort saß, wurde von einem kleinen Kügelchen erwischt. Machen Sie sich nichts daraus. Wir glauben, Sie sind genau der Richtige für den Job."

Wie dem auch sei – ich sagte ja, mit einem Kloß im Hals und einem flauen Gefühl im Magen. Meine Freunde und Verwandten hielten mich samt und sonders für verrückt. Ein Jude in Beirut? Ich konnte ihre Zweifel nicht entkräften; ich wußte ja selbst nicht, was mich erwartete. Ich wußte nur eines: Es war die Stunde der Wahrheit. Sechs Jahre lang hatte ich mich im Studium mit Israel und der arabischen Welt befaßt – wenn ich jetzt nicht gehe, dachte ich, dann gehe ich nie. Also ging ich.

Der Libanon galt einst als die „Schweiz des Nahen Ostens", als Land der Berge, des Geldes und vieler unterschiedlicher Kulturen, die es auf wundersame Weise fertigbrachten, harmonisch miteinander zu leben ... So jedenfalls suggerierten es die Ansichtskarten. Mit dem Libanon, der Ann und mich im Juni 1979 empfing, hatte dieses Trugbild nichts zu tun. Wir kamen in ein Land, das sich seit 1975 im Bürgerkrieg befand. An unserem ersten Abend im Hotel Commodore lag ich wach im Bett und lauschte gebannt auf eine Schießerei, die sich unten auf der Straße abspielte. Es war das erstemal in meinem Leben, daß ich Pistolenschüsse hörte.

Wie die meisten anderen Auslandskorrespondenten im Libanon fanden auch wir eine Wohnung im moslemischen Westteil von Beirut, wo auch die meisten Behörden und Botschaften angesiedelt waren. Ann bekam einen Job bei einer örtlichen Handelsbank; später war sie bei einem arabischen Forschungsinstitut für Politologie angestellt. Es war die „Wildwest-Zeit" von Westbeirut. Der Bürgerkrieg köchelte damals auf ziemlich kleiner Flamme vor sich hin. Die Straßenverbindungen zwischen Ost- und Westbeirut waren offen, und trotz Heckenschützen und Entführungen herrschte allenthalben rege Geschäftigkeit.

Nach mehr als zwei Jahren Tätigkeit für UPI wurde mir 1981 eine Stelle bei der *New York Times* angeboten. In Manhattan wurde ich in die Geheimnisse der journalistischen Arbeit bei dieser Zeitung eingeweiht, und elf Monate später, im April 1982, schickten die Herausgeber mich zurück nach Beirut – als *Times*-Korrespondent für den Libanon.

Bei meiner Rückkehr schwirrte die Stadt von Gerüchten, die sich um zwei verschiedene Themen drehten. Das eine betraf den Ausbruch von gewaltsamen Unruhen in Syrien, das andere angeblich kurz bevorstehende gewaltsame Aktionen von seiten Israels. Der ersten, noch unbestätigten Nachricht wollte anfangs kaum jemand Glauben schenken: Angeblich hatte die syrische Regierung in Damaskus bei der Niederschlagung einer Rebellion, die von Hama, der viertgrößten Stadt des Landes, ausging, in ebendieser Stadt zwanzigtausend Menschen umgebracht. Die Israel betreffenden Gerüchte drehten sich um die Spekulation, daß Beschir Gemayel, der Führer der falangistischen Milizen, mit der israelischen Regierung unter Menachem Begin handelseinig geworden sei. Gemeinsam, so hieß es, wolle man die PLO und die Syrer ein für allemal aus dem Libanon vertreiben. Wie sich herausstellte, entsprach sowohl das eine wie das andere Gerücht der Wahrheit.

In den nächsten sechsundzwanzig Monaten berichtete ich über das Massaker von Hama, die israelische Libanoninvasion, die Massaker an Palästinensern in den Flüchtlingslagern Sabra und Schatila, die Landung der Friedenstruppe des US Marine Corps, die Kamikaze-Attacken auf die amerikanische Botschaft in Beirut und auf das Hauptquartier der Marines, den Rückzug der US-Soldaten sowie über den in all dieser Zeit unverdrossen weitergeführten Bürgerkrieg im Libanon.

Nach den tumultreichen Jahren in Beirut versetzte mich die *New York Times* im Juni 1984 nach Jerusalem, wo ich fortan als ihr Israelkorrespondent arbeitete. Mein damaliger Herausgeber, A. M. Rosenthal, hielt es für „interessant" zu erfahren, mit welchen Augen jemand, der nahezu fünf Jahre lang aus der arabischen Welt berichtet hatte, nun die israelische Gesellschaft sehe. Abe Rosenthal wollte auch endlich Schluß machen mit einem ungeschriebenen Gesetz der *New York Times*, dem zufolge kein Jude aus Jerusalem berichten durfte. Schon fünf Jahre zuvor, bei der Ernennung meines Vorgängers David K. Shipler, hatte Abe geglaubt, den Bann gebrochen zu haben. Als er sich jedoch auf einer Redaktionskonferenz damit brüstete, teilte man ihm mit, daß Shipler Protestant sei; er sah nur so aus wie ein Rabbi.

Die Strecke von Beirut nach Jerusalem legte ich übrigens in verschiedenen arabischen und jüdischen Taxis zurück. Insgesamt dauerte die Fahrt nur sechs Stunden, doch die reine Fahrzeit war kein Maß für die tatsächliche Entfernung oder Nähe zwischen den beiden Städten. In mancher Beziehung waren sie fast identisch und hatten mit den gleichen Problemen zu kämpfen; in anderen Dingen lagen Welten zwischen ihnen.

Das vorliegende Buch beschreibt meine Reise zwischen diesen beiden Welten und schildert meine Eindrücke von den Ereignissen, die ich miterlebte, von den Menschen, denen ich dort begegnete. Auf einer Ebene handelt es sich um die Geschichte eines jungen Mannes aus Minnesota, der nach Beirut kommt und dort mit Dingen konfrontiert wird, auf die ihn sein bisheriges Leben in keiner Weise vorbereitet hat. Auf einer zweiten Ebene ist es der Bericht über einen Politologiestudenten, der sich auf den Nahen Osten spezialisiert hat, nach seinem Examen dorthin zieht und feststellen muß, daß die Wirklichkeit kaum Ähnlichkeit mit den blutleeren, logischen und antiseptischen Darstellungen in den Lehrbüchern hat. Auf einer dritten Ebene ist es auch ein Buch über einen mit den klassischen Geschichten, Volksliedern und Mythen über Israel aufgewachsenen Juden, den es in den achtziger Jahren nach Jerusalem verschlägt, wo er entdeckt, daß Israel nicht gleichzusetzen ist mit dem Ferienlager aus Jugendtagen, sondern daß es das kühne Experiment darstellt, inmitten der arabischen Welt ein jüdisches Gemeinwesen zu schaffen – ein Experiment, dessen Ausgang bis heute ungewiß ist. Schließlich handelt es sich auch um ein Buch über die Menschen, die in Beirut und Jerusalem leben und die, wie ich herausfand, bemerkenswert ähnliche Identitätsprobleme haben. Alle sind sie gefangen in dem Konflikt zwischen den neuen Ideen, den neuen Beziehungen und den neuen Nationen, die aufzubauen sie im Begriff stehen, sowie zwischen den alten Traditionen, alten Leidenschaften und alten Fehden, die sie ständig wieder in die Vergangenheit zurückziehen.

Der Weg von Beirut nach Jerusalem ist fremdartig und seltsam, manchmal auch voller Gewalt, und immer sieht man nur bis zur nächsten Kurve. Ich befinde mich auf diesem Weg, seit ich erwachsen bin.

Die Ereignisse, deren Zeuge ich während meiner nahezu zehn Jahre dauernden Reise durch den Nahen Osten wurde, sind ohne Berücksichtigung des historischen Kontexts kaum verständlich.

Die Ursprünge des libanesischen Bürgerkriegs, der den Hintergrund für den ersten Teil dieses Buches bildet, gehen bereits auf die Staatsgründung zurück. Die moderne Republik Libanon gründete sich in der Zeit nach dem Ersten Weltkrieg auf den Zusammenschluß der zwei damals vorherrschenden Religionsgemeinschaften, der sunnitischen Moslems und der maronitischen Christen. Die Maroniten, eine Kirche aus dem Ostchristentum, wurden im fünften Jahrhundert von einem Mönch namens Maro gegründet, erkannten die Suprematie des Papstes und der katholischen Kirche in Rom an, bewahrten sich aber ihre eigene charakteristische Liturgie. Indem sie sich im zerklüfteten Libanon-Gebirge verschanzten und immer wieder mit den Christen im Westen – von den Kreuzrittern bis zum französischen Staat der Gegenwart – Allianzen schlossen oder deren Hilfe in Anspruch nahmen, gelang es ihnen, jahrhundertelang inmitten einer moslemischen Welt zu überleben. Ausgang des achtzehnten Jahrhunderts waren die Maroniten dank ihres Bevölkerungszuwachses, ihrer Offenheit gegenüber Neuerungen und ihres hohen Maßes an gesellschaftlicher Organisation zur mächtigsten Religionsgemeinschaft im Libanon-Gebirge herangewachsen. Die zweitgrößte Religionsgemeinschaft in der Region bildeten die Drusen, eine islamische Sekte, deren genaues Bekenntnis ein Geheimnis der Gemeinde bleibt. Auch die Drusen hatten sich in die Gebirgsregionen des Libanon zurückgezogen, um dort in Einsamkeit und ohne Furcht vor Eroberern ihrem Glauben leben zu können.

Nach dem Ersten Weltkrieg und dem Zusammenbruch des Osmanischen Reichs, das über vier Jahrhunderte lang den Nahen Osten beherrscht hatte, fiel das Gebiet, das heute Syrien und Libanon umfaßt, an Frankreich. 1920 gelang es den Führern der Maroniten, Frankreich zur Errichtung eines von ihnen und den kleineren christlichen Sekten dominierten libanesischen Staats zu bewegen. Um diesen Staat lebensfähig zu machen, appellierten die Maroniten an Frankreich, nicht nur die traditionelle Enklave am Mt. Libanon aufzunehmen (deren Bevölkerung sich aus annähernd achtzig Prozent Christen und zwanzig Prozent Drusen zusammensetzte), sondern auch die überwiegend sunnitischen Küstenstädte Beirut, Tripoli, Sidon und Tyrus sowie die von Schiiten bewohnten Gebiete des Südlibanon und die Bekaa-Ebene. In diesem „Groß-Libanon" machten die Maroniten und die anderen christlichen Sekten nach der Volkszählung von 1932 nur etwas mehr als einundfünfzig Prozent der Bevölkerung aus.

Die Sunniten und Schiiten wurden von dem neuen Staat vereinnahmt, ohne daß man sie in diese Entscheidung mit einbezogen hätte. Viele von ihnen waren darüber sehr erbost; sie wären weitaus lieber Teil Syriens geworden, eines Landes mit arabisch-moslemischer Bevölkerungsmehrheit und Orientierung.

Die Teilung des Islam in Schiiten und Sunniten – letztere stellen die Mehrheit – ist sehr alt. Im siebten Jahrhundert, kurz nach dem Tod des Propheten Mohammed, des Gründers der islamischen Religion, brach ein Streit darüber aus, wer ihm im Kalifat, dem Amt des geistigen und politischen Führers, nachfolgen solle. Die Mehrheit vertrat die Ansicht, der Nachfolger Mohammeds solle in der Tradition der Wüste durch Wahl und Konsens von den Gemeinde- und Stammesältesten bestimmt werden. Das arabische Wort *sunna* bedeutet Tradition; daher wurden die Anhänger dieser Richtung fortan als „Sunniten" bezeichnet.

Eine Minderheit war anderer Meinung. Sie stellte sich auf den Standpunkt, der Nachfolger Mohammeds dürfe nur aus der Familie des Propheten stammen, und forderte daher die Ernennung seines Vetters und Schwiegersohns Ali zum Führer der Gemeinde. Nach dem arabischen Wort *schia* („Gefolgsleute") wurden die Vertreter dieser Richtung „Schiiten" genannt. Die Schiiten waren eindeutig beeinflußt von der Idee des Gottesgnadentums im vorislamischen Persien (Iran).

Die Sunniten setzten sich und ihr Prinzip der gewählten Kalifen letztlich gegen die Anhänger Alis durch, woraufhin sich die unterlegene Minderheit der Schiiten abspaltete. Ein ganzer Schwarm von theologischen und sogar kulturellen Unterschieden entwickelte sich im Laufe der Jahrhunderte. Der Islamspezialist Edward Mortimer faßt diese Unterschiede in seinem Buch *Faith & Power* wie folgt zusammen: „Der sunnitische Islam ist die Doktrin von Macht und Erfolg, der Schiismus die Doktrin der Opposition. Am Anfang des Schiismus stand eine Niederlage: die Niederlage Alis und seines Hauses... Seine Hauptwirkung erzielt er daher bei den Geschlagenen und Unterdrückten. Deshalb wurde er so oft zur Parole der Unterprivilegierten in der moslemischen Welt... vor allem der Armen und Enteigneten."

In den dreißiger und vierziger Jahren unseres Jahrhunderts stellten im Libanon die Sunniten die zweitgrößte Religionsgemeinschaft nach den Maroniten. Sie lebten meist in den Städten, waren generell reicher und hatten eine bessere Ausbildung als die anderen Moslems im Lande. Die Schiiten, die die drittgrößte Gruppe bildeten, lebten überwiegend auf dem Land, waren ökonomisch weniger erfolgreich und hatten meist auch eine weniger gute Ausbildung genossen. Obwohl sich Sunniten und Schiiten anfänglich gegen ihre Einbeziehung in den „Groß-Libanon" der Maroniten sträubten, kam es 1943 zu einer Einigung mit den Christen. Dadurch wurde der Weg zur Unabhängigkeit des Landes von Frankreich frei.

Die Moslems erklärten sich bereit, von ihrer Forderung nach Vereinigung mit Syrien abzugehen, während die Maroniten zusagten, ihre Verbindungen mit Frankeich zu kappen, und die Feststellung, der Libanon sei ein „arabisches Land", akzeptierten. Die ungeschriebene Vereinbarung, die als „Nationaler Pakt" bekannt wurde, bestimmte darüber hinaus, daß das Amt des Staatspräsidenten stets einem Maroniten vorbehalten blieb, und legte eine maronitische 6:5-Majorität in der Kammer fest. Das Amt des Ministerpräsidenten wurde einem Vertreter der Sunniten, das des Parlamentspräsidenten einem Schiiten zugesprochen. Auf diese Weise hoffte man, einerseits die maronitische Vorherrschaft und andererseits den arabisch-moslemischen Charakter des Staates zu bewahren.

Die Vereinbarung hielt, solange Maroniten und andere Christen ungefähr die Hälfte der Bevölkerung ausmachten. Doch gegen Mitte der siebziger Jahre hatten sich aufgrund des raschen Bevölkerungswachstums bei den Moslems die Voraussetzungen grundlegend verändert. Die Christen stellten nur noch etwas mehr als ein Drittel der Bevölkerung; die übrigen zwei Drittel setzten sich aus Moslems und Drusen zusammen. Die zahlenmäßig stärkste Gruppe im Lande stellten nun die Schiiten. Als die Moslems politische Reformen verlangten, deren Ziel es war, durch die Erweiterung der Befugnisse des moslemischen Ministerpräsidenten ihren Machtanteil zu vergrößern, stellten sich die Maroniten stur. Sie wollten den Libanon unter den alten Bedingungen – oder überhaupt nicht. Um den Status quo abzusichern, bildeten die Maroniten Privatarmeen, deren bekannteste die von Pierre Gemayel gegründete und später von seinem Sohn Beschir weitergeführte Falange-Miliz sowie die vom ehemaligen libanesischen Präsidenten Camille Chamoun gegründete und später von dessen Sohn Danny übernommene Tiger-Miliz waren. Die Drusen und die libanesischen Moslems gründeten ähnliche Privatarmeen, um ihrem Wunsch nach Veränderung Nachdruck zu verleihen.

Anfang der siebziger Jahre, ungefähr zur gleichen Zeit, als sich die dem Libanon gleichsam angeborenen Spannungen zwischen Christen und Moslems gefährlich aufheizten, trieb auch die Auseinandersetzung zwischen zwei anderen Bevölkerungsgruppen im Nahen Osten ihrem Höhepunkt zu: der jüdisch-arabische Konflikt. Ich war zufällig Augenzeuge, als die beiden Konfliktströme in Beirut zusammenflossen.

Die Auseinandersetzungen zwischen Juden und palästinensischen Arabern begannen im neunzehnten und frühen zwanzigsten Jahrhundert, als Juden aus allen Teilen der Welt, getrieben von einer modernen jüdisch-nationalistischen Ideologie namens Zionismus, scharenweise in ihre biblische Heimat zurückkehrten. Die Zionisten forderten die Zusammenführung der Juden in Palästina und die Gründung eines modernen jüdischen Nationalstaats. Ihr Ziel war es, den Juden einen gleichberechtigten Platz in der Völkergemeinschaft zu sichern. Die meisten der frühen Zionisten ignorierten die Tatsache, daß Palästina bereits von Arabern bewohnt war. Andere rechneten damit, sie kaufen zu können, oder glaubten, sie würden sich über kurz oder lang mit der Herrschaft der Juden abfinden.

So wie der Libanon französisches Mandatsgebiet geworden war, wurde Palästina nach dem Ersten Weltkrieg britisches Mandat. Die Engländer formten 1921 aus dem damals als Palästina bekannten Gebiet zwei separate politische Einheiten. Die eine bestand aus dem Gebiet östlich des Jordan und erhielt die Bezeichnung „Emirat von Transjordanien", aus der später einfach „Jordanien" wurde. Abdullah Ibn Hussein, ein in Istanbul erzogener Beduinenführer, dessen Familie aus dem Gebiet des heutigen Saudi-Arabien stammte, wurde von den Briten als Herrscher eingesetzt. Die ursprüngliche Bevölkerung Jordaniens bestand aus ungefähr dreihunderttausend Menschen und setzte sich zu annähernd gleichen Teilen aus nomadisierenden Beduinen und palästinensischen Arabern vom Ostufer des Jordan zusammen.

In der Westhälfte Palästinas, dem Gebiet zwischen Mittelmeerküste und Jordan, stritten palästinensische Araber und zionistische Juden unter britischer Oberhoheit um die Vorherrschaft. Der Konflikt verschärfte sich infolge der Masseneinwanderung europäischer Juden, die den Zweiten Weltkrieg überlebt hatten. Die Briten sahen sich daraufhin veranlaßt, ihren Rückzug aus dem Westteil Palästinas anzukündigen; wer dort letztlich die Oberhand behielt, interessierte sie nicht mehr.

London schob die Verantwortung für das Schicksal des umstrittenen Territoriums auf die Vereinten Nationen ab. Am 29. November 1947 beschloß die UN-Generalversammlung mit dreiunddreißig zu dreizehn Stimmen bei zehn Enthaltungen die Aufteilung Westpalästinas in zwei Staaten – einen jüdischen, der aus der Negev-Wüste, der Küstenebene zwischen Tel Aviv und Haifa sowie Teilen Nordgaliläas bestehen sollte, und einen arabisch-palästinensischen, der sich im wesentlichen aus dem Westjordanland, dem Gazastreifen, Jaffa und den arabischen Sektoren Galiläas zusammensetzte. Jerusalem, heilige Stadt sowohl der Moslems als auch der Juden, sollte zu einer internationalen Enklave unter Treuhänderschaft der Vereinten Nationen werden.

Die Zionisten unter Führung von David Ben Gurion akzeptierten den Teilungsplan, obwohl sie immer davon geträumt hatten, den gesamten Westen Palästinas sowie Jerusalem unter ihre Kontrolle zu bekommen. Die Araber Palästinas und die benachbarten arabischen Staaten lehnten die Teilung ab. Sie hielten sich für die einzig rechtmäßigen Besitzer des Landes und die Juden für ein fremdes, ihnen aufgezwungenes Implantat, das sie aus eigener Kraft wieder abstoßen zu können glaubten. Kurz vor dem endgültigen Abzug der Briten am 14. Mai 1948 verkündeten die Zionisten die Gründung ihres eigenen Staates, und schon am nächsten Tag griffen die Palästinenser, unterstützt von den Armeen Jordaniens, Ägyptens, Syriens, des Libanon, Saudi-Arabiens und des Irak, an.

Es gelang den Zionisten in dem nun folgenden Krieg nicht nur, sämtliche ihnen von den Vereinten Nationen zugesprochenen Gebiete zu halten, sondern sie eroberten auch Landstriche, die eigentlich für den palästinensischen Staat vorgesehen waren. Die restlichen Gebiete des geplanten Palästinenserstaats eigneten sich Jordanien und Ägypten an: Jordanien annektierte das Westjordanland, Ägypten den Gazastreifen. Weder das eine noch das andere arabische Land erlaubte den Palästinensern die Bildung einer eigenen, unabhängigen Regierung in diesen Gebieten. Für Jordanien bedeutete die Annexion des Westjordanlands eine dramatische Veränderung seiner ethnischen Zusammensetzung. Zu den vierhundertfünfzigtausend Beduinen und Ostufer-Palästinensern kamen nun vierhunderttausend Palästinenser, die am Westufer lebten, und an die dreihunderttausend palästinensische Flüchtlinge hinzu, die aus den Gebieten des neuen Staates Israel vertrieben worden oder aus freien Stücken geflohen waren. 1951 wurde König Abdullah in Jerusalem von einem unzufriedenen Palästinenser ermordet. Nachfolger wurde wenig später sein Enkel Hussein, der bis heute König von Jordanien ist.

Nach dem Krieg von 1948 schloß Israel separate Waffenstillstandsabkommen mit Ägypten, dem Libanon, Jordanien und Syrien. Trotz dieser Verträge ließen es die arabischen Staaten immer wieder zu, daß verschiedene palästinensische Widerstandsgruppen von ihren Territorien – namentlich vom ägyptisch besetzten Gazastreifen aus – Überfälle auf israelisches Gebiet unternahmen. Auf Betreiben des ägyptischen Präsidenten Gamal Abdel Nasser sorgte die Arabische Liga 1964 für eine Zusammenfassung der palästinensischen Widerstandsgruppen in einem gemeinsamen Dachverband, der Palästinensischen Befreiungsorganisation (PLO). Die PLO war in jenen Tagen weitgehend ein Werkzeug der arabischen Regierungen, das ebenso der Überwachung der Palästinenser diente wie deren Unterstützung.

1967 führte Israel einen Präventivschlag gegen Ägypten, Syrien und Jordanien. Präsident Nasser hatte zuvor seine Absicht verkündet, den Staat Israel von der Landkarte zu tilgen; er hatte zu diesem Zweck Militärbündnisse mit Syrien und Jordanien geschlossen,

Truppen an der Grenze zu Israel zusammengezogen und den israelischen Hafen Eilat blockiert. Der Sechstagekrieg, der Israels Überraschungsangriff folgte, endete mit der Besetzung der ägyptischen Sinai-Halbinsel, der syrischen Golanhöhen und des jordanischen Westufers durch die israelische Armee.

Nach der schweren Niederlage von 1967 fegte ein revolutionärer Geist durch die arabische Welt. Unmittelbare Folge dieser Erscheinung war, daß es den radikalen, unabhängigen palästinensischen Guerillaorganisationen (arabisch: *fedajin*), die in den späten fünfziger und den sechziger Jahren außerhalb des Einflußbereichs der arabischen Regierungen entstanden waren, gelang, den PLO-Apparat unter ihre Kontrolle zu bekommen. 1969 wurde ein obskurer palästinensischer Freischärler namens Jassir Arafat, der Anführer der Guerillaorganisation *El-Fatah* („Sieg"), zum Vorsitzenden des Exekutivkomitees der PLO gewählt. Damals wie heute setzte sich die PLO aus einer breiten Palette palästinensischer Guerillagruppen zusammen, die die verschiedensten politischen Richtungen vertraten. Obwohl Arafat den Titel „Vorsitzender des Exekutivkomitees" trug, war er nie imstande, über sämtliche Gruppen und Untergruppen der PLO uneingeschränkte Macht auszuüben.

Die Guerillagruppen der PLO sollten die Schlacht gegen Israel fortführen und erhielten daher von den arabischen Staaten – die sich, was den eigentlichen Kampf betraf, lieber aufs Zuschauen beschränkten – massive wirtschaftliche Unterstützung, mit deren Hilfe es der PLO gelang, die Kontrolle über die palästinensischen Flüchtlingslager in den schwächeren arabischen Ländern an sich zu reißen. Betroffen waren vor allem Jordanien und der Libanon. Die Lager wurden zu Operationsbasen für Angriffe in Israel und gegen israelische Ziele in Drittländern. Sowohl in Jordanien wie im Südlibanon standen die Grenzregionen zu Israel de facto unter der Kontrolle der Guerillas. Ihre Überfälle lösten israelische Gegenschläge aus; diese wiederum führten zu Spannungen zwischen Palästinensern und Libanesen beziehungsweise Palästinensern und Jordaniern.

Die Krise spitzte sich im September 1970 zu, als radikale palästinensische Freischärler drei Passagierflugzeuge nach Jordanien entführten, der jordanischen Armee den Zugang zu den Maschinen verwehrten und ihr auch sonst keine Möglichkeit gaben, den Passagieren zu Hilfe zu kommen. König Hussein merkte, daß er im Begriff stand, die Kontrolle über sein gesamtes Königreich zu verlieren, und entschloß sich daher, Arafat und seinen Männern ein für allemal den

Garaus zu machen. Er startete eine Generaloffensive gegen die von der PLO beherrschten palästinensischen Flüchtlingslager und Wohnviertel in der jordanischen Hauptstadt Amman. Die Guerillas versuchten daraufhin, Husseins Sturz herbeizuführen. Doch am Ende triumphierte der König: Die jordanische Armee, deren Schlüsselpositionen von Beduinen besetzt waren, aber auch zahlreiche Palästinenser vom Ostufer des Jordan, welche die Ordnung und den Wohlstand zu schätzen wußten, die Hussein ihnen gebracht hatte, waren auf seiner Seite. Arafat sah sich gezwungen, als Araberin verkleidet aus Amman zu fliehen.

Am Ende war Arafat aber noch lange nicht. Er und die PLO zogen sich sofort in ihren zweiten „Staat im Staate" zurück, den sie im Südlibanon und in jenen Wohngebieten von Beirut errichtet hatten, die überwiegend von palästinensischen Flüchtlingen besiedelt waren. Von nun an waren der innerlibanesische Konflikt und der israelisch-palästinensische Konflikt untrennbar miteinander verquickt.

Die Drusen und die libanesischen Moslems hießen Arafat und seine Gefolgsleute, die zum größten Teil Moslems waren, willkommen, weil sie sich mit ihrer Sache identifizierten – vor allem aber, weil sie glaubten, die PLO-Guerillas als Druckmittel gegen die maronitischen Christen einsetzen zu können, die zu größeren Konzessionen in der Machtfrage bewegt werden sollten.

Die ohnehin schon gravierenden Spannungen zwischen Moslems und Christen verstärkten sich Anfang der siebziger Jahre, als die PLO mehr und mehr darauf verfiel, Israel vom Libanon aus zu attackieren, und dadurch schwere Vergeltungsschläge der Israelis gegen den Libanon heraufbeschworen. Die libanesischen Christen forderten den Einsatz der libanesischen Armee: Der PLO-geführte „Staat im Staate" sollte nach jordanischem Vorbild zerschlagen werden. Die Christen wollten die PLO nicht nur loswerden, weil sie in ihnen Unruhestifter sahen, sondern auch, weil sie wußten, daß die Forderungen der libanesischen Moslems nach größerer Machtbeteiligung ohne die palästinensischen Guerillas kaum durchsetzbar waren. Die Moslems widersetzten sich jedoch allen Versuchen, die PLO auszuschalten – schließlich war die Freischärlerorganisation inzwischen praktisch zu ihrer stärksten Privatmiliz avanciert.

Die politische Lähmung wirkte sich auch auf die libanesische Regierung und die Armee des Landes aus – was natürlich Arafats Interessen nur entgegenkam. Unter den obwaltenden Umständen fühlten sich die Christen bemüßigt, ihre eigenen Privatarmeen – namentlich Falange- und Tiger-Milizen – gegen die Palästinenser einzusetzen. Am 13. April 1975 eröffneten Attentäter, die nie identifiziert werden konnten, aus einem fahrenden Auto heraus das Feuer auf eine Kirche in Ain Rammanah, einem christlichen Vorort Ostbeiruts. Vier Männer, darunter zwei Falangisten, kamen bei dem Anschlag ums Leben. Noch am selben Tag überfielen Falangisten in Ostbeirut einen Bus und brachten aus Rache siebenundzwanzig palästinensische Zivilisten um. Am nächsten Morgen lieferten sich von Moslemmilizen unterstützte palästinensische Guerillas und christliche Falange- und Tiger-Milizen in den Straßen von Beirut eine offene Feldschlacht. Später schlossen sich christliche und moslemische Teile der libanesischen Armee den jeweiligen Milizen an. Im Libanon herrschte Bürgerkrieg.

Es war ein Bürgerkrieg, der keinen Sieger kannte. Keine der kriegführenden Parteien vermochte der anderen ihren politischen Willen aufzuzwingen. Abgesehen von den Tausenden von Opfern unter der libanesischen Zivilbevölkerung, litt unter dem Bürgerkrieg vor allem die Regierung: Sie verlor alle Macht, die ihr noch verblieben war. Das Territorium des Landes wurde formlos aufgeteilt: Der Südlibanon und der überwiegend von Moslems bewohnte Westteil Beiruts wurden zur Machtbasis der PLO und verschiedener Moslemmilizen, während der christliche Ostteil der Hauptstadt sowie die christliche Enklave im Libanongebirge nördlich und östlich von Beirut zum Kerngebiet der Falangisten und ihrer christlichen Verbündeten wurde. Der Rest des Libanon, im wesentlichen also das Gebiet um die im Norden gelegene Hafenstadt Tripoli und die Bekaa-Ebene, wurden von den Syrern kontrolliert. Sie waren im April 1976, vorgeblich um den Bürgerkrieg zu beenden, im Libanon einmarschiert und sind bis heute dortgeblieben.

Zwischen 1976 und 1979 schleppte Beirut, die gespaltene Stadt, sich mühsam dahin. Die schlimmsten Kämpfe waren vorüber, und obwohl sie immer wieder einmal aufflackerten, kehrte eine gewisse Normalität zurück. In einem Monat schossen Syrer und Christen auf Palästinenser, im nächsten Syrer und Palästinenser auf Christen. In den Feuerpausen machte man miteinander Geschäfte. Die vielen Privatarmeen im Land wurden von den verschiedenen arabischen Regimes üppig gesponsert, so daß der Dollar nicht knapp wurde und die libanesische Währung inmitten des herrschenden Chaos stabil blieb.

In dieser bizarren Stadt, gefangen zwischen einem Mercedes und einer Kalaschnikow, begann meine Reise.

Beirut

Wollen Sie gleich essen –
oder erst in der Feuerpause?

In Beirut wurde ich einmal Zeuge einer Entführung. Der Vorgang dauerte nur Sekunden.

Unterwegs zum Internationalen Flughafen, war mein Taxi in einen Stau geraten. Da sah ich plötzlich zu meiner Rechten vier Männer mit Pistolen im Hosenbund. Sie schleiften einen fünften zur Tür seines Hauses heraus. Eine Frau – vermutlich seine Ehefrau – stand, die Hände in den Stoff ihres Bademantels gekrallt, hinter der Tür im Schatten und weinte. Der Mann wehrte sich nach Kräften; er schlug um sich und trat mit den Füßen nach den Angreifern. In seinen Augen lag nacktes Entsetzen. Für den Bruchteil einer Sekunde, kurz bevor das unglückselige Opfer in einen bereitstehenden Wagen verfrachtet wurde, trafen sich unsere Blicke. Seine Augen sagten nicht: Hilf mir! Aus ihnen sprach nichts als Angst. Der Mann wußte genau, daß ich ihm nicht helfen konnte. Das war Beirut.

Wenige Augenblicke später löste sich der Stau auf, und mein Taxi setzte seine Fahrt zum Flughafen fort. Der libanesische Chauffeur, der die ganze Zeit über starr geradeaus geblickt hatte, verlor kein Wort über die Schreckensszene, die er im Blickwinkel mitbekommen hatte. Er sprach statt dessen über seine Familie, die Politik, über Gott und die Welt – aber eben nicht über die Geschehnisse, die sich kurz zuvor unmittelbar neben uns abgespielt hatten. Ich mußte die ganze Zeit an das Entführungsopfer denken. Was war das für ein Mann? Was hatte er getan? War in Wirklichkeit vielleicht *er* der Böse und die anderen die Guten?

Beirut war schon immer eine Stadt, die mehr Fragen aufwarf, als sie Antworten liefern konnte. Die meisten Fragen, die ich von meinen Lesern und Freunden daheim gestellt bekam, begannen mit dem Wörtchen „wie". Wie werden die Menschen damit fertig? Wie überleben sie? Wie schaffen sie es, weiterhin in einer Stadt zu existieren, in der im Laufe eines nun vierzehn Jahre währenden Bürgerkriegs hunderttausend Menschen gewaltsam getötet oder verletzt worden sind?

Meine Antwort auf solche Fragen war stets die gleiche: Das Überleben in Beirut erfordert eine ganze Reihe von Fähigkeiten – vor allem aber die, auf alles gefaßt zu sein. Denn in den paar Minuten auf dem Weg zum Flughafen oder auch nur zum Laden an der nächsten Straßenecke muß man stets gewahr sein, Dinge zu erleben, die man noch nie erlebt hat, ja die oftmals die eigene Vorstellungskraft überschreiten. Besucher, die sich dieser ständig in der Luft liegenden Überraschungen bewußt sind, kommen in Beirut und vergleichbaren Orten ganz gut zurecht. Andere – wie die amerikanischen Marines oder auch die Israelis –, die auf die bösen Überraschungen, die in Beirut hinter jeder Straßenbiegung lauern können, nicht vorbereitet sind, bezahlen dafür einen hohen Preis.

Ich verdankte diese Erkenntnis Amnon Schahak, einem hochintelligenten israelischen Generalmajor, der später zum Chef des Militärischen Geheimdienstes avancierte. Schahak war Kommandant der israelischen Division, die nach der Libanoninvasion im Juni 1982 im Schuf-Gebirge stationiert war, einem Höhenzug südöstlich von Beirut. Kurz bevor General Schahak Posten bezog, war eine erbitterte Auseinandersetzung zwischen drusischen und falangistischen Milizen um die Kontrolle des Schuf ausgebrochen – ein Kampf, der mit Beilen, Bazookas und Panzern ausgetragen wurde und in der die israelischen Truppen, die die kriegführenden Parteien umzingelten, nicht eingriffen. General Schahak erzählte mir, wie er am ersten Tag seines neuen Kommandos erkennen mußte, daß er so gut wie nichts über die Verhältnisse im Libanon wußte. Obwohl er ein hartgesottener Soldat war, der schon viele Menschen sterben sehen und zweifellos einige davon persönlich ins Jenseits befördert hatte, mußte er sich eingestehen, daß ihm die im Libanon erforderliche Fähigkeit, auf alles gefaßt zu sein, fehlte.

„Es war am ersten Abend, gleich nach meiner Ankunft", berichtete Schahak. „Ich befand mich in meinem Zimmer in Aley, in dem wir unseren Befehlsstand eingerichtet hatten. Gegen neun Uhr erschien eine Gruppe drusischer Würdenträger und wünschte mich zu sprechen. Die Leute waren ganz außer sich. Sie wollten mir partout nicht sagen, worum es ging, sondern wiederholten immer nur ihre Aufforderung: ‚Bitte, bitte, kommen Sie mit!' Ich war, wie gesagt, gerade erst eingetroffen. Aber weil die Drusen sehr aufgebracht waren, dachte ich mir, es ist vielleicht wirklich besser, ihrem

Wunsch nachzukommen. Sie führten mich zum Krankenhaus. Vor dem Eingang hatten sich an die hundert weitere Drusen versammelt; sie schrien und gestikulierten aufgeregt durcheinander. Man bahnte mir einen Weg durch die Menge und führte mich zu drei großen Lattenkisten, in denen normalerweise Orangen transportiert werden. Die erste Kiste war mit Köpfen, die zweite mit Rümpfen und die dritte mit abgetrennten Gliedmaßen gefüllt. Wie es hieß, handelte es sich um die Leichen von Drusenscheichs, die in einen christlichen Hinterhalt geraten waren. Ich war zutiefst schockiert. In meinem ganzen Soldatenleben hatte ich so etwas noch nicht gesehen. Trotz der vorgerückten Stunde beschloß ich, sofort zum falangistischen Hauptquartier nach Beirut zu fahren und eine Erklärung zu verlangen. Ich sprang also in einen Jeep und fuhr los. In Beirut wurde ich von Fuad Abu Nader, einem falangistischen Kommandanten, und einigen seiner Leute bereits erwartet. Abu Nader ist Arzt. Er hörte sich meinen Bericht in aller Ruhe an. Als ich fertig war, sagte er: ‚Den Trick kenne ich schon.' Ja, bestätigte er, es sei während des Tages tatsächlich zu einem Gefecht zwischen seinen Männern und ein paar Drusen gekommen. Die Drusen hätten versucht, eine falangistische Stellung im Schuf zu überrennen, und seien dabei getötet worden. Die Toten habe man auf dem Schlachtfeld liegenlassen. Sie seien schließlich von ihren eigenen Leuten eingesammelt und zerhackt worden – in der Absicht, die Verstümmelungen den Maroniten in die Schuhe zu schieben. Mit den Leichenteilen seien die Drusen nach Aley gefahren, um die eigenen Leute aufzuhetzen... Ich schüttelte bloß den Kopf. Mir wurde in diesem Augenblick klar, daß ich plötzlich in einem Spiel mitmischte, von dessen Regeln ich keine Ahnung hatte."

Ich selbst brauchte beinahe fünf Jahre in Beirut, bis ich jene Fähigkeit entwickelt hatte, die diese Stadt von ihren Bewohnern verlangt: sich von nichts überraschen zu lassen. Vor meinem geistigen Auge formierte sich das Bild eines tiefen, dunklen Abgrunds, eines städtischen Dschungels, in dem freilich nicht einmal mehr die Gesetze des Dschungels Gültigkeit haben. Das Leben in einem solchen Abgrund hinterläßt nicht nur Narben – es führt auch zur Bildung neuer Muskeln. Wer in Beirut gelebt hat, den überrascht und schockiert so schnell nichts mehr. Das Leben in dieser Stadt ist eine Erfahrung, die einem eine seelische Panzerweste verleiht.

Doch wie alle anderen Beiruter mußte auch ich mir diese Weste schwer verdienen.

8. Juni 1982. Vor zwei Tagen hatte die israelische Invasion des Libanon begonnen. Ich war mit Mohammed Kasrawi, Fahrer und Assistent des Beiruter Büros der *New York Times* seit 1953, im Süden des Landes gewesen, um über die ersten Gefechte zwischen israelischen und syrischen Truppen zu berichten. Als wir gegen Abend zu dem Apartmenthaus zurückkehrten, in dem sich meine Wohnung befand, stand Nadja, mein Zimmermädchen, auf dem Balkon und wartete auf uns. Ihr Blick verriet, daß sie sich im Stadium fortgeschrittener Panik befand.

Wir hatten Besuch.

Auf dem Parkplatz vor dem Haus hatte sich eine palästinensische Großfamilie eingefunden – Vater, Mutter, Großmutter, auf jedem freien Arm ein Baby und vor den Füßen Kinder aller Altersstufen... Auch ihre Augen waren vor Furcht geweitet. Die Leute hatten Taschen voller Konservendosen und schier aus den Nähten platzende Koffer bei sich. Am besten erinnere ich mich allerdings an den Vater. Von den Seinen umringt, stand er da – auf der Schulter eine Panzerabwehrrakete. Wie Tausende von anderen palästinensischen und libanesischen Familien war dieser Clan durch die gnadenlosen israelischen Bombardements und Artilleriebeschießungen aus den Flüchtlingslagern und Wohngebieten am Südrand Beiruts vertrieben worden und suchte nun verzweifelt nach freistehenden Wohnungen in der Nähe des bislang von den Kampfhandlungen verschont gebliebenen Stadtzentrums. Drei leere Wohnungen in unserem Haus waren bereits von palästinensischen Flüchtlingsfamilien aufgebrochen und besetzt worden, darunter auch das elegante Penthouse des Hausbesitzers mit seinem Fußboden aus importiertem italienischen Marmor. Um in die Wohnung hineinzukommen, hatte man die aus fünf Zentimeter dickem Stahl bestehende Sicherheitstür, welche eigens zur Vermeidung solcher Vorkommnisse installiert worden war, mit Dynamit aufgesprengt. Die Familie auf dem Parkplatz hatte versucht, in meine Wohnung einzudringen. Nadja war es jedoch mit dem Hinweis, ich sei ein einflußreicher Ausländer „mit Verbindungen", gelungen, sie vorerst auf Distanz zu halten. „Mit Verbindungen" heißt im Beiruter Sprachgebrauch: Verbindungen zu Menschen, die andere Menschen töten.

Mein und Mohammeds Erscheinen veranlaßte die Familie, den Rückzug anzutreten. Mich selbst brachte die kleine Konfrontation am dritten Tag der israelischen Invasion zu der Überzeugung, daß es aus Sicherheitsgründen besser sei, ins Hotel Commodore überzusiedeln, wo die meisten ausländischen Pressevertreter logierten. Ann, meine Frau, war noch nicht in Beirut eingetroffen. In seiner unverbrüchlichen Treue zu mir und der *New York Times* erklärte Mohammed sich bereit, zwei seiner dreizehn Kinder – die zwanzigjährige Asizza und die siebenjährige Hanan – in meiner Wohnung einzuquartieren. Wenn neuerlich Flüchtlinge kämen und Anstalten träfen, die Tür einzutreten, würden die beiden ihnen in akzentfreier palästinensischer Umgangssprache erklären, sie seien selbst Flüchtlinge und hielten die Wohnung bereits besetzt.

Der Plan funktionierte – bis zum Abend des 11. Juni. Es war ein Freitag. Ich hatte meinen Tagesbericht für die *Times* fertiggestellt und ihn, wie üblich, vom Büro der Nachrichtenagentur Reuter in Westbeirut per Telex an die Redaktion übermittelt. Es war höchste Zeit, ins Commodore zurückzukehren. Im Treppenhaus des Reuter-Gebäudes war es stockfinster (seit dem zweiten Kriegstag gab es keinen Strom mehr). Gemeinsam mit meinem Kollegen Bill Farrell tastete ich mich langsam die Stufen hinunter. Kurz vor dem letzten Treppenabsatz kam uns ein keuchender menschlicher Schatten entgegen.

„Tom? Bist du es, Tom?" Es war die vertraute Stimme von Ichsan Hidschasi, dem ortsansässigen palästinensischen Reporter der *Times*.

„Ja, ja, Ichsan", entgegnete ich gelassen, „ich bin es."

„Gott sei Dank, daß du noch lebst!" sagte er und packte mich an den Schultern. „Eben hat Abdul angerufen. Irgend jemand hat das Haus, in dem du wohnst, gesprengt."

„Mein Gott!" stöhnte ich. „Mohammeds Kinder sind in der Wohnung. Mohammed ist gerade unterwegs, er will sie besuchen."

Wir stolperten die Treppe hinunter und schlichen auf Zehenspitzen durch die Eingangshalle, in der zahllose Flüchtlinge ihr Matratzenlager aufgeschlagen hatten und sich auf kleinen Gaskochern ihr Essen zubereiteten.

Mit durchgetretenem Gaspedal jagte Ichsan seinen alten Dodge durch die leeren Straßen. Meine Wohnung lag in Manara, dem „Leuchtturm-Viertel", einem ehemals sehr mondänen Wohngebiet in Westbeirut.

Das erste, was mir auffiel, als ich mit Bill und Ichsan vor dem Haus eintraf, war ein Stück blaues Metall, das wie ein mit gewaltiger Kraft geschleuderter Tomahawk gut fünfzig Meter jenseits des Parkplatzes in einem Baum steckte. Es stammte von einem Fensterladen in meiner Wohnung. Das Gebäude selbst war durch die Explosion in zwei Hälften gerissen worden. Der noch stehende Teil sah aus wie ein Puppenhaus in Lebensgröße. Aus jedem Stockwerk baumelten zackig gerandete Betonteile hervor. In einer Küche hingen, von der Explosion unberührt, glänzende Töpfe und Pfannen an der Wand. Die Frau des Apothekers, eine auffallende, großgewachsene blonde Libanesin, war mit ihrem Sohn in den Armen zwischen zwei durch die Wucht der Explosion zusammengepreßten Mauern eingequetscht worden – ein groteskes menschliches Fossil.

Die andere Hälfte des Gebäudes war durch die Explosion zum Einsturz gebracht worden und hatte sich in eine zehn Meter hohe Lawine aus Beton, Stahlstreben, Büchern, Kleidungsstücken und Leichen verwandelt. Sämtliche Fahrzeuge auf dem Parkplatz waren verschüttet. Meine Visitenkarten lagen über den gesamten Schutthaufen verstreut. Freiwillige Rotkreuzhelfer stocherten mit Stangen nach möglichen Überlebenden und riefen mit Lautsprechern in Spalten und Hohlräume hinein.

Dann entdeckte ich Mohammed. Er saß hinten auf einem Feuerwehrfahrzeug, barg sein Gesicht in den Händen und weinte. Bill ging zu ihm und nahm in ihn seine langen Arme. „Ich bin nie für diesen Krieg gewesen", klagte Mohammed. „Ich habe nie jemandem etwas zuleide getan, nie."

Schluchzend berichtete er uns, daß Nasira – seine fünfzig Jahre alte Frau – kurz zuvor in die Wohnung gekommen sei, um ihre beiden Töchter zu besuchen. Auch der achtzehnjährige Achmed, ihr einziger Sohn, sei zufällig an diesem Tag bei seinen Schwestern gewesen. Achmed habe das Haus gegen fünf Uhr nachmittags verlassen. Wenige Minuten später sei das Gebäude in die Luft geflogen – mitsamt Nasira, Asizza und Hanan.

Die Rettungsmannschaften waren nicht imstande, den Trümmerhaufen aus eigener Kraft zu bewegen, und ein Kran, der die Toten aus den Betonmassen befreien konnte, war erst am kommenden Vormittag verfügbar. An einem klaren, blauen Samstag morgen saßen Bill, Mohammed und seine überlebenden Kinder unter dem Baum, in dem das Metallstück vom Fensterladen steckte, und beobachteten den Kran bei seiner schrecklichen Arbeit. Nasira wurde als erste entdeckt, dann Asizza und zum Schluß die kleine Hanan mit den niedlichen Grübchen in den Wangen. Als die allem Anschein nach im Hausflur unweit der Tür zu meiner Wohnung deponierte Sprengladung hochging, hatten die drei offenbar in meinem Büro gesessen und ferngesehen. Wir schlossen dies aus der Tatsache, daß Hanan, als sie gefunden wurde, mit ihren kleinen Fingern meine schwarze Digitaluhr umklammerte. Sie hatte anscheinend an meinem Schreibtisch mit ihr gespielt, als plötzlich die Wände über ihr einstürzten. Die Uhr funktionierte noch.

Als Hanans Leiche aus den Trümmern geborgen wurde, brach

Mohammed zusammen. Die Siebenjährige war sein besonderer Liebling gewesen. Sie war kurz nach Ausbruch des libanesischen Bürgerkriegs im April 1975 auf die Welt gekommen und in der Anarchie der folgenden Jahre aufgewachsen. In ihrem ganzen Leben hatte sie nicht einen Tag Frieden erlebt.

Die Beerdigung fand am nächsten Morgen auf dem Palästinenserfriedhof an der Straße zum Flughafen statt. Die drei lediglich mit weißen Tüchern bedeckten Leichen, die in der Junihitze bereits zu verwesen begannen, waren in der Friedhofskapelle unter einer von der PLO dort verborgenen 130-Millimeter-Kanone aufgebahrt worden. Ein Scheich mit einem roten Turban sprach Gebete in kehligem Arabisch, dem keinerlei Mitleid oder Trauer anzumerken war. Dann betteten Mohammeds Schwiegersöhne Nasira, Asizza und die kleine Hanan sanft in ein gemeinsames Grab. Die gemeinsame Bestattung war Pflicht: Auf dem überfüllten Friedhof gab es nicht genügend Platz für drei Einzelgräber.

Wer war für den Anschlag verantwortlich? Ein paar Tage später erfuhren wir von der zuständigen Polizeiwache, daß es zwischen den Palästinenserclans, die sich in dem Gebäude eingenistet hatten, zu handgreiflichen Auseinandersetzungen über eine der Wohnungen gekommen sei. Wie die Polizei meinte, gehörten die Familien unterschiedlichen Fraktionen der PLO an. Die unterlegene Sippe habe sich bei ihrer zuständigen PLO-Gruppe beschwert und erreicht, daß das Gebäude mit Plastiksprengstoff in die Luft gejagt wurde. Ihre eigenen Verwandten seien Sekunden vor der Explosion gewarnt worden und hätten das Haus gerade noch verlassen können.

Die anderen hatten weniger Glück. Insgesamt waren neunzehn Menschen ums Leben gekommen, darunter mehrere Flüchtlinge, der holländische Bankier mit seinem riesigen Dobermann in der Wohnung unter mir und die schöne Blondine im Obergeschoß, deren Namen ich nie erfuhr. Sie starben den Beiruter Tod – einen denkbar absurden und schockierenden Tod: den Tod ohne Grund.

Die ständig lauernde Gefahr eines zufälligen, sinnlosen Todes war für mich das Erschreckendste in Beirut. Beschießungen mit Granaten und Gewehrfeuer aus weiter Entfernung machten seit Beginn des libanesischen Bürgerkriegs einen Großteil der Kampfhandlungen aus. Die Kämpfer hatten also oftmals nicht die geringste Ahnung, wo ihre Granaten oder Kugeln landen würden. Es kümmerte sie meistens auch nicht. Als Ende der siebziger Jahre Autobomben in Mode kamen, wurde das Leben in den Straßen Beiruts noch entsetzlicher, wußte man doch nie, ob der Wagen, an dem man gerade vorbeiging oder hinter dem man parkte, nicht im nächsten Augenblick explodierte, weil irgendein wahnsinniger Milizionär zweihundert Pfund Dynamit unter die Motorhaube gesteckt hatte.

Einer der schlimmsten „Beiruter Tode", deren Zeuge ich wurde, ereignete sich im August 1982. Israelische Kampfflugzeuge bombardierten damals ein mit palästinensischen Flüchtlingen vollgestopftes achtstöckiges Gebäude in Westbeirut. Es fiel in sich zusammen wie ein Kartenhaus und begrub alle Bewohner bei lebendigem Leibe. Angeblich befand sich im Keller des Gebäudes eine von der PLO unterhaltene Fernmeldezentrale, doch wurde dieses Gerücht nie bestätigt. Kurz nachdem ich am Tatort eingetroffen war, kehrte eine Bewohnerin des Hauses zurück – nur um feststellen zu müssen, daß ihre gesamte Familie unter den Trümmern begraben war. Sie wollte sich sofort auf den Schutthaufen stürzen. Ein dramatisches Pressefoto entstand: Jemand hielt sie am Arm fest; sie selbst versuchte verzweifelt, sich loszureißen. Ihr freier Arm war ausgestreckt, als strebe er zu der verschwundenen Familie hin; das Gesicht war zu einer Maske aus Kummer und Schmerz verzerrt. Ungefähr eine Stunde nach Entstehung des Fotos ging einen halben Häuserblock entfernt, gegenüber dem Informationsministerium, eine kleine Autobombe hoch. Die Frau, die zufällig neben dem Wagen stand, wurde auf der Stelle getötet.

Das war Beirut. Niemand zählte mehr die Toten. Es spielte keine Rolle, was für ein Leben man führte, ob man anständig war oder nicht, ein Sünder oder ein Heiliger. Herzzerreißendes Unglück befiel Männer und Frauen gleichermaßen, manche einmal, manche aber auch zwei- oder dreimal oder gar noch öfter. An jenem Abend, an dem Mohammeds Frau und seine beiden Töchter umkamen, liefen wir hinüber zur örtlichen Polizeistation an der Bliss Street. Vielleicht hatten die Vermißten auf wundersame Weise überlebt, waren aus den Trümmern geborgen und in ein Krankenhaus eingeliefert worden? Der diensthabende Polizist saß vor einem leeren Metalltisch und sah fern.

„Tut mir leid", sagte er, und sein Blick wanderte zwischen uns und dem Fernsehapparat hin und her. „Wir haben keine Namen." Kein Mensch hatte sich die Mühe gemacht, eine Liste der Opfer oder der Überlebenden zusammenzustellen. Niemand zählte die Toten. Der Tod in Beirut war ein Tod ohne Echo.

Hana Abu Salman, eine junge Psychologin, die ich an der Amerikanischen Universität in Beirut kennenlernte, befragte im Rahmen eines Forschungsprojekts ihre Kommilitonen nach deren tiefsten Ängsten. Sie fand heraus, daß dazu vor allem die Furcht vor dem Tod in einer Stadt ohne Echos gehörte; in einer Stadt, in der man damit rechnen mußte, daß der eigene Grabstein als Türschwelle in einem fremden Haus Verwendung finden würde, noch ehe auf dem Grab der erste Grashalm wuchs.

Für uns Journalisten war die Psychologie Beiruts stets viel interessanter als die Politik. Immer wieder bin ich gefragt worden, ob ich in Beirut nicht dauernd furchtbare Angst gehabt hätte. Ja, natürlich, solche Momente gab es. Doch meistens war ich so damit beschäftigt, das Verhalten anderer Leute zu beobachten, daß ich gar nicht die Zeit hatte, mich zu fürchten.

Der englische Philosoph Thomas Hobbes beschrieb im siebzehnten Jahrhundert in seiner klassischen Staatstheorie *Leviathan* den vollständigen Zusammenbruch von Staat und Gesellschaft als „Naturzustand", in dem das Gesetz des Dschungels herrscht: „Im Kriege aller gegen alle... findet sich kein Fleiß, weil kein Vorteil davon zu erwarten ist; es gibt keinen Ackerbau, keine Schiffahrt, keine bequemen Wohnungen, keine Werkzeuge höherer Art, keine Länderkenntnis, keine Zeitrechnung, keine Künste, keine gesellschaftlichen Verbindungen; statt dessen ein tausendfaches Elend, Furcht, ermordet zu werden, stündliche Gefahr, ein einsames, kümmerliches, rohes und kurz dauerndes Leben."

Hobbes, der mit seiner Schrift das Konzept der absoluten Monarchie verteidigen wollte, glaubte, daß nur Gesellschaftsordnungen, in denen sich alle Regierungsgewalt in den Händen einer einzigen Autorität mit absoluter Machtvollkommenheit konzentrierte, imstande seien, die „natürliche" Bosheit und Grausamkeit des Menschen zu überwinden. Der Mensch, so Hobbes, sei nur als soziales Wesen moralisch – und um ihn zu einem solchen zu machen, bedürfe es eines starken, mit allen Machtmitteln ausgerüsteten Staates. Nur ein solcher Staat könne die barbarischen Triebe des Menschen zügeln und ihn daran hindern, durch sein Benehmen ein Chaos hervorzurufen, in dem jeder gegen jeden kämpfe.

Ob Beirut nun in allen Einzelheiten dem Hobbes'schen Naturzustand entspricht, vermag ich nicht zu sagen, doch scheint mir, daß nirgendwo sonst in der heutigen Welt die Verhältnisse diesem Zustand so nahekommen. Es stimmt, wenn Hobbes sagt, daß das Leben unter solchen Bedingungen „roh und kurz" sein kann. „Kümmerlich" und „einsam" ist es dagegen nicht. Wenn ich aus meinem Leben in Beirut eine Lektion gelernt habe, dann die, daß Menschen nach dem Zusammenbruch der staatlichen Autorität alles daransetzen, nicht in Armut und Einsamkeit zu verfallen.

Die instinktive Sehnsucht nach einem geordneten und behaglichen Privatleben inmitten des herrschenden Chaos gab Beirut seine ganz persönliche, bizarre Note. Sie verdichtet sich in einem Satz, den ein amerikanischer Freund von mir aus dem Mund einer Dame aus den höchsten Kreisen der libanesischen Gesellschaft erfuhr, bei der er zum Weihnachtsessen eingeladen war. Das elegante Bankett fand in ihrer Wohnung unweit der Grünen Linie statt, einem im wesentlichen aus einer Reihe ausgebrannter Häuser bestehenden Niemandsland zwischen dem überwiegend moslemischen Westen und dem christlichen Osten Beiruts. An jenem Weihnachtsabend des Jahres 1983 beschossen sich moslemische und christliche Milizen trotz des Feiertags mit Artilleriesalven und Maschinengewehrfeuer. Das ganze Viertel erbebte unter den Detonationen. In der Hoffnung auf eine baldige Beruhigung der Lage zögerte die Gastgeberin das Auftragen der Speisen hinaus, wobei ihr jedoch nicht entging, daß ihre Freunde immer hungriger (um nicht zu sagen: nervöser) wurden. Schließlich wandte sie sich an ihre Gäste und fragte: „Wollen Sie gleich essen – oder erst in der Feuerpause?"

Wer Beirut nur von Illustriertenfotos und einminütigen Fernsehreportagen kennt, kann leicht den Eindruck gewinnen, daß das Leben dort von Sonnenaufgang bis Sonnenuntergang aus einer einzigen Folge von Massakern besteht. Dieser Eindruck ist falsch. In Wirklichkeit fanden die oftmals willkürlichen Gewaltausbrüche eher sporadisch statt und dauerten meist auch nicht sehr lange – manchmal ein paar Stunden, gelegentlich ein paar Tage, nur selten länger als eine Woche. Sobald in einem Stadtviertel Feuerpause herrschte, kurbelten die Ladenbesitzer ihre Stahlrollos hoch, und von einer Minute zur anderen kehrte das Leben in die Straßen zurück. Gierig griffen die Menschen nach jedem verfügbaren Brocken Normalität – selbst wenn sie wußten, daß nach einer Stunde oder einem Tag wieder alles vorbei sein würde. Die Beiruter lebten im ständigen Zwielicht zwischen Sicherheit und Unsicherheit, zwischen Krieg und Waffenstillstand. Es gab immer wieder ruhige Phasen, in denen man ungestört in den Tag hinein leben konnte – und doch mußte man stets damit rechnen, den Abend nicht mehr zu erleben.

Beirut – das war der Beirut Golf and Country Club, dem auch Ann und ich beigetreten waren. Einige Clubkameraden wurden vor dem ersten Loch von Kugeln getroffen, weil die Bahn im rechten Winkel zu einem Schießplatz der PLO verlief.

Beirut – das war die Ankündigung am Schwarzen Brett des Clubheims im Sommer 1982: „Umständehalber werden die Vereinsmeisterschaften verschoben."

Beirut – das war die pfiffige Kleinanzeige in der beliebten englischsprachigen Wochenzeitung *Monday Morning,* in der jemand einen Fensteranstrich anpries, der das Zersplittern des Glases verhindern sollte: „... schützt Sie und die Menschen in Ihrer Umgebung vor herumfliegenden Splittern. Jederzeit und überall kann etwas explodieren."

Beirut – das war die Brücke in Ostbeirut, vor der ein Schild mit der Aufschrift stand: „Für Panzer verboten."

Beirut – das war ein Werbespot für Ray-O-Vac-Batterien im libanesischen Fernsehen: Eine hübsche junge Frau in ihrem Wagen wird an einer Straßensperre von einem zerlumpten libanesischen Milizionär angehalten. Der Bursche leuchtet ihr mit der Taschenlampe ins Gesicht und grinst anzüglich. Die Frau knipst die Innenbeleuchtung des Wagens an. In säuselndem Arabisch stellt der Milizionär die Suggestivfrage: „Was für eine Batterie benutzen Sie?" Die junge Frau säuselt zurück: „Ray-O-Vac." Da lächelt der finstere Geselle und läßt sie ungeschoren weiterfahren.

Beirut – das war Goodies Supermarket, der Delikatessenladen, in dem es von Wachteleiern bis zur täglich aus Paris eingeflogenen Gänseleber die erlesensten Speisen gab. Der Besitzer, Amine Halwany, ein durch nichts aus der Ruhe zu bringender und stets optimistischer Mann, pflegte mir des öfteren zu sagen, daß sein Geschäft in einer Stadt wie Beirut geradezu ideal sei; schließlich führe er Waren, die selbst unter den denkbar schlechtesten äußeren Bedingungen noch ihre Käufer fänden.

„In Krisenzeiten", erklärte Amine, „wollen die Leute Brot, Wasser und Konserven – also alles Dinge, die leicht zuzubereiten sind und nicht oder nur wenig gekühlt werden müssen. Auch decken sie sich reichlich mit Süßigkeiten, Nüssen und dergleichen ein – Nervennahrung, die sie sich, wenn sie während der Unruhen zu Hause sitzen, in den Mund stopfen. Sobald dann aber wieder für ein paar Tage Ruhe herrscht, kommen die hochkarätigen Kunden wieder und kaufen Kaviar und Räucherlachs."

Die Reichsten der Reichen in Beirut bezogen sämtliche Lebensmittel von Goodies. Stets parkten mehrere Mercedes gleichzeitig vor dem Laden. Der Legende zufolge soll einmal ein junger Mann in abgerissener Kleidung das Geschäft betreten und an der Kasse mit vorgehaltener Flinte Geld verlangt haben. Innerhalb von Sekunden, so heißt es, hätten daraufhin unabhängig voneinander drei Frauen Pistolen aus ihren Gucci-Handtaschen gezogen, den Dieb mit Kugeln durchsiebt und danach ungerührt ihre Einkaufswagen weitergeschoben.

Beirut – das war auch das Summerland Hotel am Strand, gleich westlich des Flughafens. Es wurde 1979 errichtet und war das erste Hotel für Leute, die in einem vom Bürgerkrieg zerrissenen Land stilvolle Ferien verbringen wollten. Zu den technischen Neuerungen des Hotels zählten zwei zusammen fast hunderttausend Liter fassende Öltanks, mit denen zwei Stromgeneratoren unterhalten wurden. Mit diesen Energievorräten konnte das Hotel bei Totalausfall der städtischen Elektrizitätsversorgung länger als einen Monat seinen normalen Betrieb in Gang halten. Hinzu kam ein separater, 12 800 Liter fassender Benzintank für die hoteleigene Taxiflotte und die Fahrzeuge der Angestellten. Gäste und Personal konnten also unbeeindruckt von den regelmäßigen Benzinverknappungen in der Stadt herumfahren. Das Summerland Hotel verfügte über eine Tiefgarage, die auch als Luftschutzkeller verwendbar war, über zwei eigene artesische Brunnen samt Wasseraufbereitungsanlagen, eine eigene Feuerwehr und eine Werkstatt, die sämtliche defekten Geräte und Anlagen im Hotel reparieren oder ersetzen konnte. Statt der vier großen Kühlschränke, mit denen ein 151-Zimmer-Hotel normalerweise auskommt, hatte man im Summerland deren achtzehn installiert, so daß die ganze Sommersaison über, wenn sich in Swimmingpool und Restaurant Beiruts High-Society tummelte, aus Paris eingeflogene Fleischspezialitäten und Räucherlachs verfügbar waren. Vor allem aber schufen sich die Eigentümer des Summerland ihre eigene Miliz, die für die Bewachung des Hotelgeländes und die „diplomatischen Beziehungen" mit anderen Milizen und Gangs zuständig war. Als ich Khaled Saab, den damaligen Hotelmanager, auf seine gutbewaffnete Pagentruppe ansprach, wandte er ein: „Ich würde (die Leute) nicht als Miliz bezeichnen. Aber wenn hier plötzlich zehn oder fünfzehn Bewaffnete eindringen und Unruhe stiften wollten, so könnten wir wohl mit ihnen fertig werden."

Da ausländische Touristen Beirut seit 1975 aufgrund der „Umstände" fernblieben, verkaufte das Summerland Hotel sämtliche Badehäuschen um den Swimmingpool an libanesische Familien und verwandelte sich in ein ausschließlich Einheimischen vorbehaltenes Freizeitzentrum. Bis auf den heutigen Tag ist es ein absolut sicheres, fast unwirklich erscheinendes Feriendorf, das jedem Libanesen mit dem entsprechenden Geld die Chance gibt, sich für ein paar Stunden oder Tage aus dem Beiruter Alptraum auszuklinken. Das Unwirkliche beginnt in dem Moment, da man Beiruts pockennarbige Straßen verläßt und am Portal des Summerland von einem befrackten Pförtner empfangen wird – in dessen Gesäßtasche sich ein Revolver verbirgt.

Es war tatsächlich so: Je schlimmer die Lage im Libanon wurde, desto weniger schienen die Libanesen bereit zu sein, sich mit einem Leben in Not und Armut abzufinden. Als die israelischen Invasionstruppen ihre Stellungen im Südlibanon konsolidiert und der Wiedereröffnung des Hafens von Sidon zugestimmt hatten, brachte das erste Frachtschiff eine Ladung Videorecorder ins Land. Sidon lag teilweise in Trümmern; die Bevölkerung benötigte dringend Zement, Baumaterialien und andere Versorgungsgüter – doch was kam, waren japanische Videorecorder: Geräte, die den Menschen Zugang zu einer Traumwelt verschafften, in der sie die Realität vergessen konnten.

Selbst wenn in Beirut das reine Chaos herrschte, fanden die Libanesen Mittel und Wege, die anarchische Situation profitabel zu nutzen: Sie ließen sich auf Spekulationen mit ihrer Währung, dem Libanesischen Pfund, ein. Da es in Beirut keine Devisenkontrollen gab, tauschten die Libanesen ihre Pfunde beständig in Dollars um und die Dollars wieder in Pfunde – stets in der Hoffnung darauf, mit Hilfe der schwankenden Kurse einen kleinen Spekulationsgewinn einzustreichen. Wenn man zum Beispiel seine Dollars kurz vor Beginn einer längeren Waffenruhe in Libanesische Pfund einwechselte, profitierte man dank der zu erwartenden relativen wirtschaftlichen Stabilität vom Wertzuwachs der Währung. Umgekehrt war man auch fein heraus, wenn man ein paar Stunden vor der Explosion einer Autobombe sein libanesisches Geld in Dollars umgetauscht hatte – zog danach doch der Dollarkurs wegen der zu erwartenden Unruhen gemeinhin kräftig an, während die libanesische Währung in den Keller fiel.

Die häufigste Frage, die man heute nach der Explosion einer Autobombe in Beirut hört, lautet nicht: „Wer war es?", sondern: „Wie hat es sich auf den Dollarkurs ausgewirkt?"

Warum bemühen sich die Menschen, in einer solchen Umwelt zurechtzukommen?

Gewiß, Tausende von Beirutern haben diese Bemühungen aufgegeben und sind emigriert. Aber die Zahl derer, die geblieben sind, ist erheblich größer. Für manche von ihnen ist Beirut die Heimat; sie können sich schlichtweg nicht vorstellen, irgendwo anders zu leben, ganz egal, wie sehr sich die Lebensqualität in der Stadt verschlechtert. Andere sind Gefangene ihrer Liegenschaften: Die Häuser und Firmen, die sie im Laufe ihres Lebens aufgebaut haben, stehen nun einmal in Beirut; die Betroffenen können es sich oft nicht leisten, irgendwo anders noch einmal von vorn anzufangen. Lieber reich im

Terror von Beirut als arm im sicheren Paris, sagen sie sich. Wieder andere bekommen im Ausland keine Visa mehr, da die Quoten für Libanesen bereits erfüllt sind. Sie lernen sich anzupassen, weil ihnen nichts anderes übrigbleibt.

Ich spielte in Beirut des öfteren Golf mit einem rosawangigen Engländer namens George Beaver. George war Nahost-Vertreter des Landmaschinenkonzerns International Harvester gewesen und lebte seit den fünfziger Jahren in Beirut – „weil man hier keine Steuern zahlen muß, weil man jederzeit eine Haushaltshilfe bekommt und weil der Whisky so billig ist", pflegte er zu sagen. George verbrachte nun seinen Ruhestand in Beirut. Als ich ihn 1979 kennenlernte, war er bereits neunundachtzig Jahre alt. Seit Beginn des Bürgerkriegs hatte er fast jeden Tag Golf gespielt – meistens für sich allein. Lediglich die schweren Bombenangriffe im Sommer 1982 vertrieben ihn vorübergehend vom Platz. Auf meine Frage, warum er so unermüdlich weiterspiele, zuckte er mit den Schultern und antwortete mit dem typischen Motto des Beiruter Überlebenskünstlers: „Ich weiß, daß es verrückt von mir ist. Aber nicht weiterzuspielen wäre ja noch verrückter."

George – er starb vor einigen Jahren eines natürlichen Todes – verstand das Geheimnis der Gewalt und wie man mit ihr umging. Mit dem rechtzeitigen Verschwinden in einem Luftschutzkeller war es nicht getan. Wer in Beirut leben wollte, mußte zu tausend kleinen Änderungen in seinen täglichen Gewohnheiten bereit sein und sich auf tausend kleine mentale Spielchen einlassen. Wer dies nicht tat, wurde zwangsläufig von den Ereignissen überrollt. Nicht alle Beiruter waren dieser Herausforderung gewachsen. Terry Prothro, Direktor des Instituts für Verhaltensforschung an der Amerikanischen Universität, hat viele Jahre in Beirut verbracht. Von ihm stammt die folgende Analyse: „Was wir hier im Libanon erleben, läßt sich mit den Streßproblemen, mit denen sich Psychotherapeuten und Psychologen in der Vergangenheit befassen mußten, kaum vergleichen. Ein Erdbeben, ein Hiroshima – das sind einmalige Ereignisse. Selbst die Lage in Nordirland ist mit der hiesigen Situation nicht vergleichbar, weil dort die Zentralregierung und ihre Einrichtungen stets weiterarbeiteten. Außerdem waren das Gewaltpotential in Belfast stets niedriger und die Aktionen kurzlebiger als in Beirut. Der Mensch ist flexibel genug, um sich von sporadischen Gewaltausbrüchen wieder zu erholen. Beirut ist jedoch anders. Beirut – das sind vierzehn Jahre Gewalt. Niemand hat je darüber nachgedacht, wie sich ein so lange anhaltender Streß auf den Menschen auswirkt. Ich habe mir ein paar Bücher über Katastrophenbewältigung kommen lassen, aber die brachten mich auch nicht weiter. Für eine Stadt wie Beirut gibt es noch keine Rezepte."

Die Libanesen erfanden daher ihre eigenen Rezepte und bewiesen im Laufe der Zeit, daß Männer und Frauen, die die richtigen Bewältigungsmechanismen entwickeln, jahrelang unter scheinbar unmenschlichen Bedingungen ausharren können.

Zu den beliebtesten Mechanismen dieser Art gehörte die Fähigkeit zu Gedankenspielen – Spielen, die die eigene Angst eindämmen, ohne die reale Gefahr zu verringern. So berichtete mir zum Beispiel Diala Ezzedine, eine College-Studentin und freiwillige Rotkreuzhelferin, die ich bei der Beseitigung des Trümmerhaufens, der von meiner Wohnung übriggeblieben war, kennengelernt hatte, daß sie sich bei den schlimmsten Exzessen der Gewalt mit Wahrscheinlichkeitsrechnungen beruhige. „Ich sage mir beispielsweise: Der Libanon hat vier Millionen Einwohner. Soundso viele davon gehören zu meiner Familie. Wie hoch ist die Wahrscheinlichkeit, daß ein Mitglied meiner Familie umkommt?" Mit großem Ernst fuhr Diala fort: „Kürzlich kam ein Cousin von mir ums Leben. Sein Tod hat mich sehr getroffen. Doch so furchtbar es klingen mag, ich fühlte mich in gewisser Weise auch erleichtert. Gut, dachte ich insgeheim, damit hat unsere Familie der Wahrscheinlichkeit Tribut gezollt. Das erinnert mich immer an den Witz von dem Mann, der jedesmal, wenn er ein Flugzeug besteigt, eine Bombe mitnimmt, weil die Wahrscheinlichkeit, daß sich *zwei* Bomben an Bord befinden, äußerst gering ist..."

Dialas Gedankenspiele beschränkten sich freilich nicht auf Wahrscheinlichkeitsrechnungen, sondern erstreckten sich sogar auf architektonische Fragen. „Wenn ich mich im Inneren eines Gebäudes aufhalte", sagte sie, „ertappe ich mich manchmal bei dem Gedanken, welcher Platz im Falle einer plötzlichen Bombendetonation für mich der günstigste wäre. Im Türrahmen vielleicht? In der Nähe der Treppe? An der Wand? Ich weiß genau, daß ich in Wirklichkeit gar nichts tun kann, aber ich muß immer wieder daran denken..."

Ein anderes beliebtes „Bewältigungsspiel" der Libanesen hieß „Verschwörung". Während meiner gesamten Zeit in Beirut wurden, soweit ich mich entsinne, allenfalls ein oder zwei Bombenleger, Attentäter oder Massenmörder identifiziert, festgenommen und bestraft. Dies trug natürlich zur kontinuierlichen Beunruhigung der Einwohner bei: Nicht nur, daß man ständig mit willkürlichen Gewaltaktionen rechnen mußte – man konnte sich nicht einmal damit beruhigen, daß wenigstens einer der vielen Mörder nicht mehr auf der Straße herumläuft, sondern endlich hinter Schloß und Riegel sitzt. Beirut – das war nur Schuld und keine Sühne. Nach vielen Autobomben in Ost- oder Westbeirut gab es nicht einmal mehr Bekennerbriefe.

Die Libanesen versuchten nun, die durch die Anonymität der Gewalt hervorgerufene Angst unter Kontrolle zu bringen, indem sie sich für die verstörenden Phänomene in ihrer Umgebung einfache Erklärungen ausdachten. Sie stülpten dem Chaos eine gewisse Ordnung über. Ihre Erklärungen für diesen oder jenen Mord oder den Ausbruch einer Schießerei waren in den meisten Fällen völlig unglaubwürdige Verschwörungstheorien, in deren Mittelpunkt regelmäßig die Israelis, die Syrer, die Amerikaner, die Russen oder Henry Kissinger standen – nur niemals Libanesen.

Im Jahre 1983 waren Ann und ich zu einer Dinnerparty im Hause von Malcolm Kerr, dem damaligen Präsidenten der Amerikanischen Universität, eingeladen. Einer der Gäste erwähnte bei Tisch die ungewöhnlichen Hagelstürme, die in den beiden vorausgegangenen Nächten über Beirut hinweggefegt waren, worauf alle Anwesenden ihn mit ihren persönlichen meteorologischen Erklärungen beglückten. Schließlich fragte Malcolm seine libanesischen Gäste augenzwinkernd: „Was meinen Sie? Waren es die Syrer?"

Nur ein paar Monate nach diesem Empfang fiel Kerr, ein charmanter, intelligenter Mann, einem Attentat zum Opfer. Obwohl die Mörder nie dingfest gemacht wurden, wußte jeder Libanese bis in die Einzelheiten zu begründen, weshalb die Christen, die Schiiten, die Israelis, die Syrer oder die Palästinenser ihm den Garaus gemacht hatten.

Mit ähnlich „rationalen" Begründungen versuchte man auch zu erklären, warum es den einen oder anderen erwischt hatte, während man selbst mit dem Leben davongekommen war. Nur selten gestand ein Beiruter ein, daß die Gewalt in seiner Stadt reine Willkür war und daß er sein Überleben lediglich dem Zufall verdankte. Statt dessen hörte man immer wieder Erklärungsversuche. War zum Beispiel ein Mann aus der Nachbarschaft durch eine verirrte Granate getötet worden, so hieß es: „Nun ja, Sie müssen wissen, daß er auf der falschen Straßenseite lebte. Die Häuser dort sind sehr exponiert…" Oder: „Er hätte nicht schon eine Viertelstunde nach Beginn der Feuerpause wieder in seinen Wagen steigen und losfahren dürfen. Jeder weiß, daß man mindestens zwanzig Minuten warten muß…" Um selbst weiterexistieren zu können, mußten die Beiruter immer etwas finden, das sie von den Opfern unterschied; sie brauchten eine logische Erklärung für den Tod, um sich einzureden, daß er bei rechtzeitigem Erkennen der Ursache vermeidbar gewesen wäre.

Ohne solche Rationalisierungen hätte sich niemand mehr aus seinen vier Wänden getraut.

Manchmal kam es sogar vor, daß die Leute im voraus solche Begründungen suchten. Jedesmal wenn ich bei der Bank of America in Beirut Geld abhob, sprangen die beiden schon recht betagten und übergewichtigen Wachmänner auf, sobald sie mich aus dem Aufzug kommen sahen. Dies geschah natürlich nicht aus reiner Höflichkeit. Vielmehr wollten sie von mir Neuigkeiten erfahren. Ich war der ausländische Journalist, der als Quelle jeder Art von Information galt. Gewiß konnte dieser Mensch auch die Zukunft vorhersagen...

Samir, der Kassierer, vertraute mir einmal beim Zählen eines Stapels libanesischer Pfundnoten an, daß er ein Problem habe: Er und seine Frau planten, ihre Ferien in Polen zu verbringen, und in diesem Zusammenhang habe er ein paar Fragen. Würden die Kämpfe vor, während oder nach seinem Urlaub wieder ausbrechen? Würden sie sich vornehmlich auf Westbeirut, Ostbeirut, die Bekaa-Ebene oder das Schuf-Gebirge konzentrieren? War mit schwerem oder leichtem Artilleriefeuer zu rechnen? Und dann, ganz zum Schluß, kam der eigentliche Grund für seine Fragen: Könne man die Kinder guten Gewissens daheim lassen? „Ich muß das wissen", flüsterte Samir. „Nur wenn ich genau Bescheid weiß, kann ich verreisen, ohne mir Gedanken über die Kinder zu machen. Und von Ihnen heißt es doch, daß Sie ganz hervorragend informiert sind..."

Das vielleicht beliebteste Beiruter Gedankenspiel bestand jedoch darin, daß man seine unmittelbare Umgebung selektiv zu betrachten lernte. Mit einem Beispiel erklärte mir Richard Day, der an der Amerikanischen Universität Psychologie lehrte, was er unter selektiver Wahrnehmung der Umwelt verstand: „Ich bin unterwegs zum Tennisplatz, als plötzlich eine israelische F-15 über meinen Kopf hinwegdonnert. Kann ich dagegen etwas tun? Nein. Hat der Pilot vor, Bomben auf mich zu werfen? Wahrscheinlich nicht. Also setze ich meinen Weg fort und spiele Tennis."

Ich entwickelte selbst recht beachtliche Fähigkeiten auf diesem Gebiet. An einem Spätnachmittag im Sommer 1982 tippte ich im Reuter-Büro gerade einen Bericht, als vom Park auf der gegenüberliegenden Straßenseite plötzlich das Rattern eines Maschinengewehrs zu hören war. Bei mir im Büro saß ein amerikanischer Reporter, der erst seit kurzer Zeit in Beirut war. Er rannte zum Fenster und starrte wie gebannt auf einen libanesischen Milizionär, der mit der Maschinenpistole hinter irgend jemandem herfeuerte. Nach einer Weile löste er sich vom Fenster und fragte ganz aufgeregt: „Haben Sie das gesehen? Haben Sie gesehen, wie der Kerl auf den anderen Typen losgeballert hat?"

Ich sah nur kurz von meiner Schreibmaschine auf und fragte zurück: „Hat er auf Sie geschossen? Nein. Hat er auf mich geschossen? Nein. Also lassen Sie mich bitte in Ruhe, ja?"

Daß man in Beirut versuchte, gewisse Dinge zu verdrängen, bedeutete nicht, daß man in selbstmörderischer Absicht und in völliger Verkennung der Gefahr durch eine Straße lief, in der geschossen wurde. Es bedeutete vielmehr, daß man lernte, bestimmte Gefahren im Kopf zu isolieren, und gewisse kalkulierte Risiken einging, um unter den herrschenden Bedingungen ein wenigstens einigermaßen normales Leben führen zu können. Da fährt man in seinem Wagen eine Straße entlang, und plötzlich bleiben die Fahrzeuge vor einem mit quietschenden Bremsen stehen oder versuchen hastig zu wenden. Manchmal nehmen sich die Fahrer nicht einmal die Zeit zum Wenden, sondern jagen mit siebzig Stundenkilometern im Rückwärtsgang davon. Man fragt einen Passanten, was los sei, und irgend jemand ruft: „Heckenschützen!" oder „Autobombe!" In jeder anderen Stadt würden die Leute nun wahrscheinlich nach Hause zurückkehren, alle Fenster schließen und sich verstecken – in Beirut fahren sie zwei Straßen weiter um die kritische Zone herum, als handele es sich um eine simple Baustelle.

„Zu Beginn des Bürgerkriegs", erzählte mir mein Mitarbeiter Ichsan Hidschasi einmal, „habe ich die Kinder sofort aus der Schule geholt, wenn ich hörte, daß in der fünfundsiebzig Kilometer entfernten Bekaa-Ebene geschossen wurde. Das ist jetzt vierzehn Jahre her. Wenn ich heute höre, daß weiter unten in meiner Straße geschossen wird, achte ich gar nicht mehr darauf. Wenn es vor dem Haus, in dem ich wohne, knallt, gehe ich vom Fenster weg und suche ein sicheres Zimmer auf. Erst wenn es unmittelbar vor meiner Wohnungstür losgeht, fange ich an, mir Sorgen zu machen. Sonst ignoriere ich es einfach und stelle meinen Fernsehapparat lauter."

Die Beiruter sprechen über Gewalt wie andere Leute über das Wetter. Die Frage „Wie sieht's draußen aus?" bezieht sich nur höchst selten auf mögliche Niederschläge. Viel häufiger gilt sie der Sicherheitslage auf den Straßen. Bei den libanesischen Rundfunkstationen gehörte es zum Kampf um höhere Hörerquoten, daß man die Autofahrer schneller und genauer als die Konkurrenz darüber informierte, welche Straßen sicher waren und welche nicht. Radio Beirut bringt zum Beispiel folgende Meldung: „Um siebzehn Uhr wurde der Hauptübergang zwischen Ost- und Westbeirut wegen einer Schießerei zwischen zwei Taxifahrern geschlossen. Bitte weichen Sie auf andere Straßen aus." Jeder Autofahrer in Beirut kennt die Ausdrücke: Eine von Armee oder Polizei vollständig gesicherte Straße gilt als *amina*; eine als *salika* beschriebene Straße ist frei von Heckenschützen und Kidnappern, wird aber nicht von der Polizei überwacht; *hatherah* bedeutet, die Straße ist passierbar, doch besteht eine dreißigprozentige Wahrscheinlichkeit, von Heckenschützen oder Kidnappern belästigt zu werden. Schließlich gibt es noch die Bezeichnung *ghair amina*, die besagt, daß die Straße bei jeder Geschwindigkeit unsicher ist.

Die Fähigkeit, bestimmte Dinge zu verdrängen, sei – so Terry Prothro – nicht unbedingt pathologisch, sondern könne durchaus gesund sein und das Überleben in Beirut erleichtern. Mir hat sie mit Sicherheit geholfen. Bei mehr als einem Dutzend Autobomben berichtete ich unmittelbar vom Schauplatz des Ereignisses. Nach einer Weile gewöhnte ich mir einfach an, die grauenvollen Details nicht mehr zu sehen. Ich achtete nicht mehr auf die entsetzten Passanten, denen das Blut von der Stirn tropfte, weil sie zufällig gerade vorbeigegangen waren, als sich der tödliche Mercedes – die Lieblingsmarke der Beiruter Bombenleger – unvermittelt in einen Feuerball verwandelte. Ich nahm die ausgebrannten Autowracks in der Umgebung nicht mehr wahr, ignorierte die Sanitäter, die auf Zehenspitzen über die Glasscherben und die verbogenen Trümmerteile huschten, um die Toten und Verwundeten aufzusammeln. Statt dessen ertappte ich mich nach einer Weile dabei, daß ich mich nur noch auf das Nebensächliche und Absurde konzentrierte – auf die fetttriefenden Brathähnchen, die durch die Explosion aus einem nahe gelegenen Restaurant auf die Straße geschleudert worden waren und noch immer ganz appetitlich aussahen, auf den Alkoholgeruch, der von einem Regal mit zerbrochenen Johnny-Walker-Flaschen ausging, und schließlich auf die Blätter: Wenn ein mit hundert Dynamitstangen gespickter Pkw auf einer belebten Straße explodiert, werden durch die Gewalt der Detonation sämtliche Blätter von den umstehenden Bäumen gerissen. Die Straße erstickt geradezu unter ihnen, wie ein Parkrasen im Herbst.

Nicht jeder schafft es, sich in jeder Situation emotional so abzuschotten. Wenn die Scheuklappen abfallen und man anfängt, über die überall lauernden und persönlich nicht kontrollierbaren Gefahren nachzudenken, können die trivialsten Alltagsdinge zum Horror werden. Lina Mikdadi, eine libanesische Schriftstellerin und Mutter zweier Kinder, lebte schon viele Jahre in Beirut. Sie war ziemlich abgebrüht gegenüber den Gefahren dieser Stadt – nur an die Autobomben konnte sie sich nicht gewöhnen.

„Vor Heckenschützen und Artilleriebeschuß habe ich eigentlich nie besonders Angst gehabt", sagte sie. „Aber die Autobomben geben mir den Rest. Wenn ich in einen Stau gerate, werde ich hysterisch. Ich drücke auf die Hupe und nehme die Hand erst wieder fort, wenn ich dem Stau auf irgendeine Weise entkommen bin. Die Kinder auf dem Rücksitz fangen an zu schreien, weil sie nicht verstehen, warum ich hupe. Ich habe Angst, es ihnen zu erklären. Dabei will ich nur so schnell wie möglich aus dieser Falle zwischen den vielen stehenden Autos heraus."

Dann gibt es natürlich auch die Situationen, in denen man einfach die falschen Dinge verdrängt. Ichsan Hidschasi und seine Tochter Jasmin, eine Medizinstudentin, verbrachten während des Beschusses von Beirut durch israelische Artillerie im Sommer 1982 eine Nacht in ihrer Wohnung, die im fünften Stock eines Hauses in Westbeirut lag. Israelische Flugzeuge warfen orangefarbene Leuchtkugeln ab, die über den palästinensischen Flüchtlingslagern hingen wie Scheinwerfer über einem Boxring. Da der Strom ausgefallen war, hatten sich Ichsan und Jasmin in die Mitte der Wohnung zurückgezogen, da sie hofften, dort vor splitterndem Glas und Schrapnellgeschossen verschont zu bleiben. Ihre einzige Lichtquelle war eine Kerze. Da tauchte hinter einer lockeren Wandleiste plötzlich eine Maus auf und sah mit glänzenden Perläuglein zu den beiden auf.

„Da haben wir auf einmal alles andere um uns herum vergessen", erzählte Ichsan. „Die Bombardierung konnte ich ertragen – aber eine Maus in meiner Wohnung nicht. Meine Tochter ergriff eine Taschenlampe, und ich fand eine große Fliegenklatsche. Wir jagten die winzige Maus durch die ganze Wohnung, selbst draußen auf dem Balkon. Die israelischen Flugzeuge waren uns vollkommen gleichgültig. Wir fürchteten uns nur noch vor der Maus."

Viele Beiruter wurden während des vierzehnjährigen Bürgerkriegs zu wahren Verdrängungsspezialisten. Manche von ihnen gingen dabei zu weit und schotteten sich vollkommen von der Umwelt ab. Dieses Verhalten ist nicht nur psychisch, sondern auch physisch gefährlich, führt es doch wie eine Droge zur Abstumpfung des normalen Selbsterhaltungstriebs. (Valium wird in Beirut übrigens über die Ladentische verkauft. Die Libanesen gehören im Pro-Kopf-Verbrauch an Beruhigungsmitteln angeblich zur Weltspitze.)

Als ich für UPI arbeitete, mußte ich abends oft sehr lange im Büro bleiben. Gegen elf Uhr nachts ging ich dann allein nach Hause. Da mir der lange Fußmarsch guttat, hatte ich nichts dagegen. Eines Abends holte ich Ann zu solch später Zeit vom Kino ab, und wir schlenderten Hand in Hand heimwärts, als plötzlich ein Mann aus einem Fenster im Erdgeschoß sprang und wie eine Katze direkt vor uns auf dem Bürgersteig landete. In der einen Hand trug er einen gefüllten Sack, in der anderen einen silbernen Revolver. Wir sahen ihn an. Er sah uns an. Vor Schreck brachte keiner auch nur ein Wort hervor – bis der Mann schließlich einfach davonlief. Beirut ist ein so gefährliches Pflaster, daß sich selbst Kriminelle nach Einbruch der Dunkelheit kaum noch auf die Straße trauen. Wenn ich heute an meine regelmäßigen nächtlichen Fußmärsche zurückdenke, kann ich manchmal kaum noch glauben, daß ich tatsächlich so unvorsichtig gewesen bin.

Irgendwie erinnert mich das Verhalten der Beiruter immer an eine Geschichte, die mir Terry Prothro erzählte. Ich hatte ihn gefragt, wie lange er dieses pervertierte Leben in Beirut wohl noch ertragen könne. „Es gibt da einen Test", antwortete er, „mit dem wir in den Seminaren gezeigt haben, wie schnell lebende Wesen sich anpassen können. Man steckt einen Frosch in einen Wassertopf und beginnt, das Wasser stetig zu erhitzen. Der Frosch paßt sich den steigenden Temperaturen so lange an, bis er verkocht. Er ist so sehr ans Anpassen gewöhnt, daß er gar nicht auf die Idee kommt, aus dem Topf herauszuspringen. Ich komme mir vor wie dieser Frosch."

Mit dieser Einstellung war er nicht allein. Dr. Amal Schamma, die ehemalige Leiterin der Notaufnahmeabteilung im Beiruter Babir-Krankenhaus, erinnerte sich, wie sie einmal mitten in der Nacht aufgewacht war, weil ihr Bett so gewackelt hatte. „Es war ein Erdbeben der Stärke 5,5 auf der Richter-Skala", sagte sie. „Das Haus, in dem ich lebe, wurde in seinen Grundfesten erschüttert. Ich wachte auf, dachte: Oh, ein Erdbeben! – und schlief gleich wieder ein. Am nächsten Morgen hörte ich, daß alle anderen Hausbewohner (aus Sicherheitsgründen) zum Strand gelaufen waren. Wenn ich heute daran denke, läuft mir ein Schauer über den Rücken."

Auch Hobbes' These von der „Einsamkeit" des Lebens im „Naturzustand" wurde von den Beirutern widerlegt. Gerade in Perioden vollkommener Destabilisierung – wie während der israelischen Belagerung Westbeiruts und in den schlimmsten Phasen des Bürgerkriegs – richtete sich der erste Impuls der Bewohner nicht darauf, den Zusammenbruch von Recht und Ordnung für eigene Ziele zu mißbrauchen. Man lief nicht einfach los und vergewaltigte die Nachbarsfrau oder raubte den Laden an der Ecke aus. Natürlich wurde gestohlen, es kam auch zu Banküberfällen und erpresserischen Entführungen, doch blieb die Zahl derartiger Delikte weit hinter dem zurück, was man in der herrschenden „Alles-ist-erlaubt"-Atmosphäre hätte erwarten können. Daß Menschen auf der Straße oder in ihren Wohnungen überfallen wurden, kam relativ selten vor.

Das Verhalten der Beiruter in diesen Situationen läßt einen völlig anderen Schluß zu: Der Mensch, so könnte man meinen, ist ein soziales Wesen, das in einem regierungslosen Zustand alles daransetzt, eine gewisse Gemeinschaft und neue gesellschaftliche Strukturen zu schaffen. Beirut war aufgeteilt in ein Mosaik von Nachbarschaften, die durch die verschiedensten familiären, freundschaftlichen und religiösen Bande miteinander verknüpft waren. Wenn sich die Beiruter „Makrogesellschaft" samt Regierung und Verwaltung aufzulösen begann, schlossen sich die Menschen so schnell wie möglich im engsten Kreis zu „Mikrogesellschaften" zusammen. Diese Mikrogesellschaften vermochten in mancher Beziehung die Dienstleistungen und Strukturen zu ersetzen, die in normalen Zeiten durch den Staat und die Behörden angeboten wurden. Außerdem halfen sie den Menschen im Überlebenskampf und boten ihnen die Möglichkeit, sich allen Widrigkeiten zum Trotz ihren aufrechten Gang und ihren Anstand zu bewahren.

Elizabeth Sarubi, eine junge Christin aus Westbeirut, erzählte mir, daß sie im Sommer 1982 ihre Familienangehörigen und ihre Nachbarn von einer ganz neuen Seite kennenlernte. „Ich wohnte im selben Haus wie meine Eltern", erläuterte sie. „Vor dem Krieg sah ich sie vielleicht fünf Minuten am Tag. Nach Ausbruch der Kämpfe saßen wir stundenlang beisammen, kochten gemeinsam, spielten Karten und unterhielten uns mit den Nachbarn. Wenn jemand während der israelischen Belagerung irgendwo Erdbeeren, Brot oder Gurken organisieren konnte, dann kaufte er gleich so viel ein, daß es für alle Nachbarn reichte. Das war dann gleich wieder ein Anlaß, sich zu treffen. Vor der Belagerung gingen wir an den meisten Nachbarn grußlos vorüber, wenn wir ihnen auf der Straße begegneten. Inzwischen kennen wir uns privat, wissen, wie die Kinder heißen und was sie treiben, und erkundigen uns nach ihnen. Ich fand heraus, daß ich die Verwandten eines meiner Nachbarn kannte – daraus ergab sich eine Gemeinsamkeit, die vorher nicht existierte. Wenn man mit jemandem solche Erfahrungen teilt, kann man ihn nicht mehr ignorieren. Man kann dann einfach nicht mehr sagen, daß einem sein Schicksal gleichgültig ist."

Selbst unter den Menschen, die im herrschenden Chaos plötzlich vereinsamten, fanden sich viele, die ihre ganze Energie darauf verwandten, ihrem Leben eine gewisse Struktur und Bedeutung zu erhalten. Anstatt das Chaos auszunutzen, bekämpften sie es bei jeder sich bietenden Gelegenheit.

Myrna Mugrditchian, eine armenische Studentin der Zahnmedizin von hinreißender Eloquenz, war eine freiwillige Rotkreuzhelferin, die ich während der Rettungsarbeiten nach dem Bombenanschlag auf mein Wohnhaus kennenlernte. Wir begegneten uns danach regelmäßig, wenn irgendwo eine Autobombe detoniert war, und wurden schließlich Freunde. Einmal fragte ich sie, was sie dazu bewegt habe, freiwillig eine so deprimierende Aufgabe zu übernehmen. Es sei nicht Altruismus gewesen, erklärte sie mir; sie habe in der Arbeit vielmehr eine Möglichkeit gesehen, sich zu beschäftigen und ihrem Leben einen Sinn zu geben. „Ich stand vor der Wahl, den ganzen Tag zu Hause herumzusitzen und mich mit meinen Familienangehörigen zu zanken – oder aber auf die Straße zu gehen", erklärte Myrna. „Rausgehen konnte man aber nur entweder als Kämpfer oder als Helfer. Ich entschloß mich für die zweite Möglichkeit."

Elizabeth Sarubi berichtete mir, daß ihr damals schon recht betagter Vater im August 1982, als die israelische Belagerung Beiruts ihre schlimmste Phase erreicht hatte, jeden Vormittag auf die Straße ging und mit den Kindern aus der Nachbarschaft eine Straßenreinigungskolonne organisierte. Krieg oder nicht Krieg – er konnte es einfach nicht ertragen, in Schmutz und Elend zu leben.

Er war keineswegs der einzige. Gerald Butt, BBC-Korrespondent in Westbeirut, erinnerte sich belustigt an ein Erlebnis aus der gleichen Zeit. Von seinem Büro aus konnte er auf einen gemeindeeigenen artesischen Brunnen blicken, dem im Sommer 1982 besondere Bedeutung zukam. Die Israelis hatten nämlich die Versorgungsleitungen der in Ostbeirut liegenden Wasserwerke gekappt. Vor dem Brunnen bildete sich jeden Vormittag eine lange Schlange. Mit Eimern und Kannen standen die Leute an, um sich ihren Tagesbedarf an Wasser zu sichern.

„Jeden Morgen, wenn ich zur Arbeit kam", sagte Butt, „sah ich die Menschenschlange vor dem Brunnen. Es waren überwiegend Frauen mit ihren Kindern. Eines Morgens reiht sich aber auch ein Mann in die Schlange ein. Er läßt sich seine Kanne füllen, geht zu seinem Taxi und schüttet das Wasser über dem Wagen aus. Ich mußte urplötzlich lachen. Die Israelis hatten Beirut umzingelt, die Stadt befand sich im Belagerungszustand – und dieser Taxifahrer hat nichts anderes im Sinn, als seinen Wagen zu waschen."

53

In ihrem Kampf gegen die Windmühlen des Chaos entdeckten die Beiruter eine Reihe guter Eigenschaften an sich – und den anderen –, von denen sie an einem anderen Ort und zu anderer Zeit nie etwas in Erfahrung gebracht hätten.

Richard Day formulierte dieses Phänomen folgendermaßen: „So wie ein Metall seine wahre Härte erst bei den höchsten Temperaturen erreicht, so entdeckten die Menschen erst in Zeiten der Prüfung ihre wahre innere Kraft."

Auf einem Symposium nach dem Belagerungssommer 1982 berichtete Dr. Antranik Manoukian, Direktor des Asfourieh-Hospitals für geistig und psychisch Kranke, daß sich der Zustand seiner Patienten ausgerechnet während des schlimmsten Artilleriefeuers und der heftigsten israelischen Bombardements besserte. In dieser Zeit ging nicht nur der Medikamentenverbrauch zurück; es war generell während der Kampfhandlungen keine so intensive ärztliche Betreuung nötig wie nach deren Beendigung. Dr. Manoukian führte dies darauf zurück, daß die Patienten ihre beschränkten geistigen Fähigkeiten voll aufs Überleben konzentrierten – und dadurch ihre Krankheit zurücktrat.

In gewissem Sinne gilt das für fast alle Libanesen. Die eigentliche psychische Krise des Libanon wird erst kommen, wenn der Bürgerkrieg beendet ist. Bis dahin werden viele Libanesen nicht einfach bloß überleben – sie werden sich sogar ausgesprochen wohl fühlen.

Das Hauptproblem der Libanesen liegt heutzutage darin, daß sie das Anpassungsspiel einfach zu gut beherrschen – so gut, daß Therapie und Krankheit miteinander verschmolzen sind. Seine soziale Identität und psychische Stütze bezieht der Libanese schon immer überwiegend aus traditionellen Bindungen wie Familie, Gemeinde und Religion. Der Staat oder die Nation spielen meist nur eine untergeordnete Rolle. Er ist Druse, Maronit oder Sunnit – und erst danach Libanese. Doch primär ist er nicht einmal Druse oder Maronit, sondern Mitglied des Drusenclans der Arslan oder der Dschumblat oder des Maronitenclans der Gemayel oder der Frandschieh. Der Bürgerkrieg und die israelische Invasion verstärkten diese Tendenz noch: Sie führten zu einer immer stärkeren Auflösung der libanesischen Nation, zu ihrer Aufteilung.

Die familiären, dörflichen und religiösen Bande, welche die Libanesen in Zeiten, da ihre Regierung zu existieren aufgehört hatte, zusammenschweißten, waren stets auch mitverantwortlich dafür, daß sich im Libanon nie eine starke nationale Regierung und eine nationale Identität entwickeln konnten.

Als die städtische Wasserversorgung zusammenbrach, gruben

sich die Bewohner Beiruts ihre eigenen Brunnen; als die Stromversorgung versagte, kauften sie sich ihre eigenen Generatoren; als die Polizei von der Bildfläche verschwand, suchten sie Schutz bei privaten Milizen. Der libanesische Soziologe Samir Khalaf faßt diesen Sachverhalt wie folgt zusammen: „Zwar bezieht der Durchschnittslibanese viel... gesellschaftliche und psychische Unterstützung... aus lokalen und kommunalen Bindungen, doch sind es genau dieselben Kräfte, die ihn... gelegentlich dazu veranlassen, die normativen Regeln seiner Gesellschaft zu verletzen und zu verraten. Mit anderen Worten: Der Libanon wird von eben den Kräften demoralisiert, von denen man eigentlich erwartet, daß sie ihn in ein menschlicheres und umgänglicheres Gemeinwesen verwandeln sollten... Die Formation und die Deformation des Libanon haben also gewissermaßen ihre Wurzeln in ein und denselben Kräften."

Es liegt mir fern zu behaupten, daß die erwähnten familiären, kommunalen und religiösen Bindungen in irgendeiner Weise dazu imstande wären, die zusammengebrochene libanesische Gesellschaft zu ersetzen, oder daß die Beiruter sie einer gut funktionierenden Regierung vorziehen würden. In Wirklichkeit können diese Bindungen die libanesische Krankheit nicht heilen, sondern allenfalls lindern. Sie tragen dazu bei, daß das Leben im Dschungel von Beirut nicht ganz so einsam, böse, rauh und kurz ist, wie man vielleicht erwartet. Schrecklich genug ist es trotz alledem.

Mich hat Beirut vor allem folgendes gelehrt: Wie dünn ist der Firnis der Zivilisation, wie leicht können sich alte Bindungen auflösen, wie schnell kann sich eine Gesellschaft, die mehrere Generationen lang als die „Schweiz des Nahen Ostens" galt, in eine Welt aus lauter Fremden zersplittern! Nach Beirut sah ich die Welt mit anderen Augen. Mir war, als hätte ich die Unterseite eines Felsens oder das Gewirr von Chips und Drähten im Inneren eines Computers gesehen.

Von Steven Spielberg stammt der Film *Poltergeist*, in dessen Mittelpunkt ein hübsches Vorstadthaus steht, das – ohne Wissen der Besitzer – über einem ehemaligen Friedhof errichtet worden ist. Die Bewohner des Hauses bekommen es alsbald mit den Geistern der Verstorbenen zu tun, die sich darüber ärgern, daß ihre Ruhestätte überbaut wurde. Schließlich erhält eine erfahrene Dämonologin den Auftrag, die erbosten Geister zu vertreiben. Sie findet heraus, daß das Tor, durch das die Dämonen das Haus betreten und verlassen, ein Schlafzimmerschrank im ersten Stock ist. Auf dem Höhepunkt der Spannung öffnet die Expertin vorsichtig die Schranktür –

und heraus stürmt ein wild brüllendes, feuerspeiendes, unbezähmbare Wut und Gewalt verkörperndes Ungeheuer, das alles, was sich ihm in den Weg stellt, über den Haufen rennt.

Seitdem ich den Libanon verlassen habe, verfolgt mich überall das Gefühl, in besagtem Haus zu leben. Ich weiß nicht, ob sich nicht plötzlich wieder eine Tür auftun und mich Knall auf Fall erneut mit dem brodelnden Abgrund konfrontieren wird, den ich einst in Beirut erblickt habe. Ich gehe zum Baseballspiel oder ins Theater, schaue mich um, sehe all diese brav auf ihren Plätzen sitzenden Menschen – und frage mich, wie leicht sich dies alles in ein Beirut verwandeln könnte. Es ist mein persönlicher Alptraum – aber auch eine Quelle innerer Stärke.

Mir wurde das in meiner ersten Woche in Jerusalem klar. Am ersten Samstag, den wir nach unserem Umzug von Beirut nach Jerusalem im Juni 1984 in der israelischen Hauptstadt verbrachten, wollten wir ins Kino gehen. Da wir uns in der Stadt noch nicht auskannten, ließen wir uns ein Taxi kommen. Vom Sheraton Hotel, wo wir wohnten, bis zum Edison-Filmtheater ist es nur ein kurzes Stück. Der israelische Taxifahrer versuchte jedoch, uns übers Ohr zu hauen. Er stellte den Taxameter nicht an und verlangte zum Schluß einen weit überhöhten Preis.

Wir erklärten ihm, daß er von uns allenfalls ein Viertel des geforderten Preises erhalten würde. Als er das Angebot ablehnte und anfing, uns anzuschreien, legten wir das Geld einfach auf den Sitz und entfernten uns. Mit zorngerötetem Gesicht stieg der Fahrer aus und brüllte hinter uns her: Er würde uns verprügeln, die Polizei holen – und so weiter.

Ann und ich sahen erst den Fahrer und dann uns an – und fingen unwillkürlich an zu lachen. „Wissen Sie eigentlich, wo wir herkommen?" rief ich dem Taxifahrer zu. „Wissen Sie, wo wir bis vor kurzem gewohnt haben? In Beirut, in der gottverdammten Stadt Beirut! Wissen Sie, was das heißt?" Wir kamen gerade aus dem Hobbes'schen Dschungel – und der Bursche drohte uns mit der Polizei!

Kichernd betraten wir das Theater, während der Taxifahrer uns die verschiedensten hebräischen und arabischen Flüche hinterherschickte. Es gab nichts, womit er uns hätte drohen können. Wir hatten alles schon durchgemacht. Wir hatten in Beirut gelebt.

Beirut: Stadt der Versionen

In Beirut gibt es keine Wahrheit. Es gibt nur Versionen.

Bill Farrell, Nahostkorrespondent der NEW YORK TIMES

Eines schönen Tages im Winter 1983 sprangen meine Freunde David Zucchino vom *Philadelphia Inquirer* und Bill Barrett vom *Times Herald* (Dallas) in Westbeirut in ein Taxi und ließen sich ins Städtchen Hammana im Schuf-Gebirge fahren. Sie hofften, dort eine Gruppe höherer drusischer Offiziere anzutreffen, die sich gerade von der libanesischen Armee abgesetzt hatten. Die Desertion der Drusen erregte damals viel Aufsehen. Meine Kollegen sahen darin eine große Story und wollten sich nun Informationen aus erster Hand besorgen. Am Ortsrand von Hammana brauste der Taxifahrer, wie David mir später erzählte, mit Vollgas an einer drusischen Kontrolle vorbei; er hatte sie schlichtweg übersehen.

„Nach einer Weile", berichtete David, „taucht hinter uns im Rückspiegel dieser Wagen auf... Lauter Kerle mit wehenden Bärten – und Gewehrläufe, die aus den Fenstern ragen. Sie schneiden uns den Weg ab. Der Taxifahrer hält an, und schon haben sie uns umzingelt. Sie schreien, schütteln die Fäuste, stecken ihre Flinten in unseren Wagen. Au verdammt, denken wir, jetzt sitzen wir in der Tinte. Wir fingen sofort an, *sahafi, sahafi* zu schreien (arabisch für „Journalist"), und zückten unsere von den Drusen ausgestellten Presseausweise."

Die drusischen Milizionäre prüften die Ausweise genau – und fingen dann an, ausgiebig miteinander zu palavern.

„Ich werde immer nervöser", fuhr David fort. „Vielleicht diskutieren sie darüber, denke ich, welchem von ihnen die Ehre zuteil
wird, uns die erste Kugel durch den Kopf zu jagen. Plötzlich kommt
der Bursche mit dem längsten Bart auf uns zu, steckt den Kopf
durchs Wagenfenster und fragt: ‚Wer ist der Mann aus Dallas?‘
Worauf Barrett antwortet: ‚Ich.‘ Da nimmt der bärtige Milizionär
sein Schnellfeuergewehr, steckt den Lauf in den Wagen, legt auf
Barrett an und fragt mit vollkommen unbewegter Miene: ‚Wer hat
J. R. erschossen?‘ "

Eine Sekunde später brachen die wilden Gesellen in brüllendes
Gelächter aus und riefen den beiden Reportern zu: „Willkommen!
Seid willkommen in unserer Stadt. "

Aus Begebenheiten wie dieser leitete ich die erste Regel für die
journalistische Arbeit in Beirut ab: In einer Stadt wie Beirut darf ein
Reporter nie seinen Humor verlieren – nicht nur, weil er sonst verrückt wird, sondern vor allem, weil ihm sonst ein ganz wesentlicher
Charakterzug der Libanesen unbegreiflich bleibt. Selbst in den
dunkelsten Stunden (und vielleicht gerade ihretwegen) verlernt der
Libanese das Lachen nicht.

Ich fand indessen schnell heraus, daß das Reporterdasein in Beirut
auch noch andere Qualitäten erforderte als einen Sinn für die absurden Aspekte des Lebens. Da ich von UPI bereits elf Monate nach
meiner Anstellung nach Beirut geschickt wurde, lernte ich mein
Handwerk im Grunde erst dort. Beirut war in mancher Hinsicht die
ideale Schule für einen Journalisten, konnte aber auch außerordentlich frustrierend sein. Auf jeden Fall bot es unvergeßliche Erfahrungen.

Die Berichterstattung aus Beirut wurde vor allem dadurch erschwert, daß es keine eigentliche Zentrale gab – weder eine politische noch eine geographische. Es fehlte sowohl eine verantwortliche
öffentliche Einrichtung, bei der man Nachrichten überprüfen
konnte, als auch eine amtliche Version der Realität, die man hätte
akzeptieren oder widerlegen können. Nach Ausbruch des Bürgerkriegs im Jahre 1975 wurde der Libanon in ein Mosaik aus Stam-
mesfürstentümern und Privatarmeen aufgeteilt, und jede einzelne
Gruppe schuf sich ihre eigene Version der Realität. Bei jeder Nachricht und jedem Bericht wurde im Libanon das weiße Licht der
Wahrheit durchs Prismenglas der widerstreitenden Parteien und
Stämme gebrochen und traf das Bewußtsein des Betrachters in allen
Farben des Spektrums. Als Reporter mußte man lernen, einen kleinen Strahl Rot von hier und einen kleinen Strahl Blau von dort zu

jenem Bild zu kombinieren, das der eigenen Überzeugung nach der Realität am nächsten kam. Nur selten hatte man das befriedigende Gefühl, einer Sache tatsächlich auf den Grund gekommen zu sein. Es war, als arbeite man mit Hilfe einer einzigen Kerze in einer dunklen Höhle. Und wenn man dann glaubte, das weiße Licht der Wahrheit erspäht zu haben, mußte man oft genug feststellen, daß es sich um jemand anders handelte, der seinerseits mit einer Kerze das Licht suchte.

Es gab einige Journalisten, die diese Nachrichtensituation so verwirrend fanden, daß sie von sich aus versuchten, ihr eine amtlich erscheinende Ordnung überzustülpen. Sie schufen sich ihr eigenes Licht, wo de facto Dunkelheit herrschte. Sie saugten sich ihre Berichte nicht aus den Fingern, beriefen sich aber oft auf möglichst interessant klingende Quellen. So gab es zum Beispiel eine Nachrichtenagentur, die sich bei ihren Informationen über die Gefechte in Beirut auf einen „Beiruter Polizeisprecher" berief, „der aufgrund einer Regierungsanweisung nicht namentlich genannt werden kann". Es gab weder einen „Beiruter Polizeisprecher" noch „Regierungsanweisungen", die ihn an der Preisgabe seiner Identität hätten hindern können. Die gleiche Nachrichtenagentur berief sich in ihrer politischen Berichterstattung des öfteren auf „linke Quellen". Nur – was ist eine „linke Quelle" in Beirut? Die Hälfte der Bevölkerung von Westbeirut läßt sich als „links" einstufen. Sich in Beirut auf „linke Quellen" zu berufen – das ist ungefähr so aussagekräftig wie die Zitierung „jüdischer Quellen" in Jerusalem. Dennoch gab es immer wieder Reporter, die ihren Berichten aus einer Stadt ohne Amtspersonen auf diese Weise eine quasi-amtliche Qualität verleihen wollten.

Genau dieses Chaos war es jedoch auch, das der journalistischen Arbeit in Beirut einen ganz besonderen Reiz verlieh. Es gab keine Pressepools, jene handverlesene Auswahl von als loyal befundenen Journalisten, die allein bestimmte Informationen erhielten, und es gab auch sonst keine Zugangsbeschränkungen. Deshalb gelang es mir während meiner dortigen Tätigkeit, Auseinandersetzungen zu beobachten und Szenen zu beschreiben, die in jedem „normalen" Land hinter einem Schleier offizieller Geheimniskrämerei verborgen geblieben wären.

Am zweiten Tag der israelischen Invasion fuhr ich mit meinem Assistenten Mohammed in die Bekaa-Ebene. Wir wollten herausfinden, ob es tatsächlich schon zu Kämpfen zwischen Syrern und Israelis gekommen war – eine Frage, die in jenem frühen Stadium des Krieges niemand genau beantworten konnte. Unweit des Karun-

Sees im Südlibanon entdeckten wir sechs 130-Millimeter-Geschütze, die in Richtung israelische Grenze feuerten. Unter einem Baum standen ein paar Männer und beobachteten das Spektakel. Sie trugen schlecht sitzende Geschäftsanzüge, die so ganz und gar nicht zu einem Schlachtfeld passen wollten. Nach unserem Eindruck handelte es sich um syrische Geheimdienstoffiziere. Wir hielten an und fragten sie ruhig: „Entschuldigen Sie bitte – sind das syrische Geschütze?"

„Ja", antworteten sie.

Wir deuteten auf eine knapp fünfhundert Meter entfernte Anhöhe. „Und die Granaten, die dort drüben einschlagen, sind israelische, oder?"

„Ja", bestätigten die Männer nickend. Ehe sie sich die Frage stellen konnten, was denn das für Kerle gewesen sein mochten, gaben wir Gas und fuhren auf schnellstem Wege nach Beirut zurück. Unsere Story hatten wir.

Wenn man Reportern die Freiheit gibt, die Grenzen ihrer eigenen Tapferkeit zu testen, so läßt es sich leider nicht vermeiden, daß einige von ihnen den Bogen überspannen. Während des Vorstoßes der Israelis zum Litani-Fluß im Jahr 1978 fuhren David Hirst vom *Manchester Guardian,* Ned Temko vom *Christian Science Monitor* und der Rundfunkreporter Doug Roberts von der *Voice of America* von Beirut nach Süden, um aus nächster Nähe über die Kämpfe zu berichten. In Sidon erfuhren sie von palästinensischen Guerillas, daß die PLO kurz zuvor die israelische Armee aus dem nahe gelegenen Dorf Hadatha vertrieben hatte. Die drei Reporter beschlossen, der Sache auf den Grund zu gehen, und fanden heraus, daß es genau umgekehrt war: Die israelische Armee hatte die Palästinenser aus Hadatha vertrieben und sich danach wieder aus dem Dorf zurückgezogen. Als israelische Artilleristen die Journalisten in Hadatha einfahren sahen, hielten sie sie für zurückkehrende Guerillas und eröffneten das Feuer. Die Beschießung dauerte geschlagene acht Stunden. Am nächsten Morgen „ergaben" sich die drei einer israelischen Einheit und wurden zu ihrer eigenen Sicherheit nach Israel gebracht. Kaum hatten sie die Grenze überschritten, kam ein israelischer Rundfunkreporter auf David Hirst zu und fragte ihn, was es denn für ein Gefühl sei, von israelischen Soldaten gerettet zu werden.

„Ein ganz gutes", antwortete David. „Vor allem, nachdem sie aufgehört hatten, auf uns zu schießen."

Unbegrenzten Zugang gab es natürlich nicht immer und überall. Wer von der Front berichten wollte – egal von welcher –, tat allemal gut daran, sich bei den Milizen, von deren Positionen aus er die Kämpfe beobachten wollte, Presseausweise zu besorgen. Die PLO, die Falangisten, die Drusen und die schiitischen Amal-Milizen stellten jeweils ihre eigenen Presseausweise aus. Ihre Sprecher fuhren gelegentlich mit Stempel und Stempelkissen die Front ab und versorgten die Journalisten bei Bedarf mit den entsprechenden Sichtvermerken ihrer Organisation. Es gab Reporter, die an ein und demselben Tag von mehreren Fronten berichteten und deshalb auch mehrere Papiere mit sich führten. Einige von ihnen steckten, um Verwechslungen vorzubeugen, die Ausweise „linker" Milizen in die linke und die Papiere „rechter" Gruppen in die rechte Jackentasche. An einer PLO-Kontrollstelle falangistische Papiere zu präsentieren, galt, milde gesprochen, nicht gerade als sehr taktvoll.

Daß einem das, was in Beirut gelegentlich als Presseausweis durchging, auch Zugang zum Weißen Haus verschafft hätte, steht zu bezweifeln. Robin Wright, eine furchtlose amerikanische Journalistin, die in Beirut an einem Buch über radikale Schiitengruppen arbeitete, hatte eine Zeitlang viel in jenen Teilen der Stadt zu tun, die von der radikalen schiitischen Hisbollah, der „Partei Gottes", kontrolliert wurden. Für eine Frau war dies kein ungefährliches Unterfangen. Eines Tages, so erzählte mir Robin, sei sie zu einem höheren Hisbollah-Offizier gegangen und habe zu ihm gesagt: „Schauen Sie, ich bin Amerikanerin und möchte ein Buch schreiben, das zum besseren Verständnis der Hisbollah beiträgt. Es beunruhigt mich allerdings, daß ich dauernd ohne Presseausweis herumfahren muß. Können Sie da nicht etwas für mich tun?"

Bei der Hisbollah verstand man sich besser aufs Entführen von Journalisten als auf deren Akkreditierung. „Der Bursche wußte überhaupt nichts von Presseausweisen", sagte Robin. „Aber er wollte mir einen Gefallen tun. Er löste eines dieser furchterregenden Hisbollah-Plakate, auf denen immer nur geballte Fäuste und Männer mit Schnellfeuergewehren zu sehen sind, von der Wand, riß die Ecke mit dem Hisbollah-Emblem ab und gab mir den Fetzen. ‚Zeigen Sie das einfach vor', sagte er zu mir, ‚dann haben Sie keine Probleme.' Ich bat ihn, wenigstens noch das Datum und seine Unterschrift darunterzusetzen. Er zuckte mit den Schultern und tat es. Aber die Sache funktionierte! Ein paar Tage darauf wurde ich an einem Kontrollpunkt der Hisbollah angehalten. Ich präsentierte ihnen den Plakatfetzen – und sie winkten mich durch und strahlten dabei über das ganze Gesicht. Auf keinen anderen Presseausweis, den ich aus Beirut mit nach Hause gebracht habe, passe ich so gut auf wie auf diesen. Wer weiß, wozu er eines Tages noch gut ist…"

Ich hatte mein ganz persönliches Identitätsproblem. Es konnte jederzeit akut werden und war durch keinen Ausweis zu lösen.

So fuhr ich beispielsweise einmal mit David Zucchino ins Schuf-Gebirge, um über Kämpfe zuwischen Drusen und Falangisten zu berichten. Wir hatten uns ein Taxi genommen und benutzten die Hauptstraße, die von Beirut nach Damaskus führt. Auf halber Höhe kamen wir an eine hastig errichtete Straßensperre. Halbwüchsige mit Pistolen in den Gürteln ihrer engsitzenden Calvin-Klein-Jeans hielten die Autos an und forderten manche Insassen auf, auszusteigen und sich am Straßenrand niederzulassen. Wir hatten keine Ahnung, ob Maroniten hier Drusen oder Drusen Maroniten kidnappten. Mit hängenden Schultern und gesenktem Kopf saßen manche der Geiseln da und boten ein trauriges Bild der Resignation.

Schon steckte einer dieser jungen Halsabschneider den Kopf zum Fenster unseres Taxis herein und fauchte uns auf arabisch an: „Welcher Religion gehören Sie an?"

Wenn ich die Wahrheit sage, dachte ich bei mir – nämlich, daß ich weder Christ noch Druse, sondern Jude bin –, wird er mir nicht glauben. Aber wenn ich die Wahrheit *nicht* sage – was dann? Ich weiß nicht, ob er Christ oder Druse ist. Ich weiß nicht, was er von mir hören will...

Unser Taxifahrer war ein recht cleverer Kopf. Und so antwortete er, als der Milizionär seine Frage wiederholte, schroff: „Das sind Journalisten – und damit hat sich's!" Zum Glück stand eine Journalistenentführung gerade nicht auf der Tagesordnung. Die Milizionäre ließen uns weiterfahren. Nie werde ich die neidvollen Blicke vergessen, mit denen die Geiseln am Straßenrand unsere Abfahrt quittierten.

Zu Beginn der achtziger Jahre, vor allem während der israelischen Invasion, war es manchmal nicht einfach, der einzige hauptberufliche amerikanisch-jüdische Journalist in Westbeirut zu sein. Vor Freunden und Offiziellen, die mich direkt darauf ansprachen, verbarg ich meine Religionszugehörigkeit nicht. Andererseits lief ich aber auch nicht herum und stellte mich wildfremden Leuten als Jude vor. Ich hatte keine Angst, daß mich irgendwer erschießen würde, nur weil ich Jude war (obwohl man sich da an einem Ort wie Beirut niemals so ganz sicher sein kann). Ich wollte nur nicht, daß meine Religion meinem Beruf in die Quere kam. Die Leute sollten mich nach dem, was ich schrieb, beurteilen – nicht nach dem, was ich war.

Trotzdem machte ich mir immer viel mehr Gedanken, als notwendig gewesen wäre. Für einen Journalisten amerikanisch-jüdischer

Herkunft bot wahrscheinlich kein anderes Land im arabischen Raum so günstige Bedingungen wie der Libanon. Die Libanesen sind seit langem gewohnt, mit Mitgliedern der verschiedensten Religionsgemeinschaften zusammenzuleben, und die Beiruter Juden – die zur Zeit meiner Ankunft nahezu alle bereits emigriert waren – hatten in besseren Tagen eine wichtige Rolle im Leben der Stadt gespielt. Meine libanesischen Freunde wußten alle, daß ich Jude war, und nicht einer von ihnen machte eine Affäre daraus – im Gegenteil: Sie überboten einander geradezu an Gastfreundschaft. Als Jude fühlte ich mich in ihrer Gegenwart oft freier und entspannter als während meiner Schulzeit in Minneapolis, wo uns antisemitische Mitschüler hin und wieder mit Pennymünzen bewarfen, um herauszufinden, ob wir „raffgierigen Juden" sie auch aufklaubten.

Die meisten PLO-Offiziellen und -Guerillas, mit denen ich regelmäßig zu tun hatte, wußten, daß ich Jude war. Es war ihnen gleichgültig. Für sie war ich der Korrespondent der *New York Times,* und das war's. Sie hielten sich an ihre Devise, nicht „gegen die Juden", sondern „gegen den Zionismus" zu sein. Einmal allerdings spielte mein Judentum bei der PLO doch eine Rolle.

Mitte Juli 1982, während der israelischen Belagerung Beiruts, baten Mohammed und ich Machmud Labadi, den damaligen persönlichen Sprecher Jassir Arafats, um ein Interview mit dem PLO-Chef. Wie ich gehört hatte, mochte Labadi keine Juden. Unser Verhältnis war immer ziemlich schwierig gewesen; wahrscheinlich war ich für ihn im Sommer 1982 ein regelrechter Alptraum. Die PLO stand im Scheinwerferlicht der Weltöffentlichkeit – und wer mußte da Korrespondent der wichtigsten amerikanischen Tageszeitung sein? Ausgerechnet ein Jude – und noch dazu einer, der sich nicht im Selbsthaß verzehrte, auch kein antizionistischer Jude, sondern ein ganz normaler. Ich war zwar rigoros um Objektivität bemüht – und das wußte Labadi –, gehörte aber nicht zu den PLO-Groupies, jenen vorwiegend aus europäischen Ländern stammenden Mitgliedern des Pressecorps, die der PLO widerspruchslos aus der Hand fraßen. Auch dies war Labadi bekannt.

Ein paar Tage nach unserer Anfrage nahm Labadi meinen Assistenten Mohammed (der selbst Palästinenser war) beiseite und sagte ihm, das Interview sei genehmigt worden, doch dürfe nicht ich es führen, sondern nur „der Lange", womit mein hagerer Kollege Bill Farrell gemeint war. Mohammed erklärte Labadi auf meine Instruktionen hin, daß ich der Bürochef sei und daß das Interview von mir geführt werde oder aber gar nicht stattfinde. Labadi überschlief das Problem und gab am nächsten Morgen nach. Kurz vor Beginn des Interviews nahm er mich beiseite und sagte: „Ich darf Ihnen mitteilen, daß ich unser Büro in New York gebeten habe, mir eine genaue Bewertung Ihrer Berichterstattung über uns zu geben."

„Schön, Machmud", erwiderte ich. „Ich habe nichts zu verbergen."

Das Interview verlief zu meiner Zufriedenheit und wurde auf der ersten Seite veröffentlicht. Eine Woche lang hörte ich nichts von Labadi. Dann mußte Bill Farrell ins PLO-Büro, um seinen Presseausweis verlängern zu lassen – ein recht gefährliches Unternehmen, mußte man doch jederzeit damit rechnen, daß plötzlich die israelische Luftwaffe auftauchte und das Gebäude und seine Umgebung in Schutt und Asche legte. Bill bekam gerade seine Papiere gestempelt, als Labadi erschien und ein Telex vor ihn auf den Schalter knallte. Es stammte von der PLO-Mission bei den Vereinten Nationen und enthielt eine Beurteilung meiner Berichterstattung. Zwar sei diese im großen und ganzen fair, doch führe die „Versippung" meiner Zeitung – anscheinend eine Anspielung auf die jüdischen Gründer der *New York Times* – dazu, daß sie die Sache der PLO nicht in dem Maße unterstütze, wie es wünschenswert sei. Labadi sagte, er wolle mich sofort sprechen. Kaum hatte Bill mich über den Vorfall informiert, da überwältigten mich die Wahnvorstellungen, die ich den ganzen Sommer über unter Kontrolle gehalten hatte. Ich tat die ganze Nacht kein Auge zu und fürchtete mich vor Meuchelmördern.

Am nächsten Morgen suchte ich, begleitet von Mohammed, Labadi auf, der mir sogleich das Telex zu lesen gab.

„Klingt doch ganz gut, Machmud", sagte ich schließlich und ließ das Papier auf meinen Schoß sinken.

„Aber nicht gut genug", erwiderte Labadi kühl.

Sekundenlang herrschte absolute Stille im Raum. Ich hatte noch immer das Telex auf den Knien und starrte Labadi an. Labadi starrte mich an. Mohammed rückte nervös auf seinem Stuhl hin und her und starrte ins Leere. Ich beschloß, die Karten auf den Tisch zu legen.

„Machmud", sagte ich, „seien wir ehrlich zueinander. Ich bin Jude, und Sie wissen das. Als die Herausgeber meiner Zeitung mich fragten, ob man einen Juden nach Beirut schicken könne, antwortete ich, das sei kein Problem. Ich sagte ihnen, ich hätte wegen meiner Religion bisher noch nie Schwierigkeiten mit der PLO gehabt. Wenn sich die Spielregeln inzwischen geändert haben sollten, lassen Sie's mich bitte wissen. Ich fahre dann sofort zum Commodore und packe meine Koffer."

„Nein, nein", sagte Labadi und machte eine abwehrende Handbewegung. „Das ist nicht nötig. Wir haben überhaupt nichts gegen die Juden. Wir wollen nur, daß Sie sich in Zukunft noch ein bißchen mehr Mühe geben."

„Na schön", sagte ich. „Ich werde mich bemühen, fair zu sein. Wie bisher."

Nach der Unterredung nahm Labadi Mohammed beiseite und sagte zu ihm: „Wir wissen ja, daß er nicht schlecht ist. Wir brauchen bloß noch mehr von ihm."

Dies geschah Anfang Juli 1982, vor den Massakern von Sabra und Schatila. Ich glaube, den Rest des Sommers über wechselten Labadi und ich höchstens noch fünf Worte miteinander.

Trotz der Herzlichkeit, mit der ich persönlich behandelt wurde, verfiel ich nie dem Fehler, die tiefgreifende Bedeutung der Religion im Konflikt zwischen Palästinensern und Israelis zu unterschätzen. Im palästinensisch-israelischen Konflikt geht es eben nicht nur um den Streit zweier Nationen um ein und dasselbe Land, sondern auch um die Auseinandersetzung zwischen Moslems und Juden, die durch eine lange Reihe geschichtlich begründeter theologischer Antagonismen geprägt ist. Palästinenser unter sich sprechen fast nie von „Israelis", sondern meistens von „den Juden". Das ist nicht etwa abfällig gemeint, sondern vielmehr ein ehrlicher Ausdruck für ihre Einschätzung der Israelis: Sie sehen sie als Juden, als Religionsgemeinschaft, die immer unter islamischer Herrschaft gelebt hat – und nicht als Nation, die berechtigt wäre, über Jerusalem und islamisches Land zu gebieten. Sosehr ich mich auch bemühte, den objektiven Berichterstatter zu spielen – ich wurde immer wieder daran erinnert, daß es sich um einen tief verwurzelten Stammeskonflikt handelte und daß ich selber einem der verfeindeten Stämme angehörte.

Im Herbst 1983 kam es innerhalb der PLO zu einer Rebellion gegen die Führung Jassir Arafats. Ich beschloß, nach Tripoli im Norden des Libanon zu fahren, wo es den vereinten Truppen Abu Musas und des von Syrien unterstützten Palästinenserführers Achmed Dschabril gelungen war, Arafat aus seiner letzten Festung, dem Flüchtlingslager Badawi, zu vertreiben. Gemeinsam mit Barry Hillenbrand vom *Time Magazine* mietete ich mir ein Taxi, das uns direkt nach Badawi brachte. Dschabril und seine Leute hielten dort zwei vierstöckige Apartmenthäuser besetzt, von denen eines Arafat als Hauptquartier gedient hatte. Vor dem Eingang standen mehrere Guerillas Wache. Wir fragten sie, ob es möglich sei, Dschabril zu interviewen.

Während wir noch auf die Zusage warteten, tauchten auf einmal zwei junge Palästinenserinnen auf, beide etwa Anfang Zwanzig, und sprachen die Wachen an: Sie hätten bis vor zwei Wochen im Erdgeschoß eines der beiden Häuser gewohnt. Nach Ausbruch der Kämpfe seien sie geflohen und wollten nun wieder in ihre Wohnungen zurück. Ob sie wohl hineindürften? „Nein", lautete die unwirsche Antwort der Guerillas, doch als eine der beiden Frauen daraufhin in Tränen ausbrach, gaben sie nach und ließen sie ein. „Geht rein!" sagte einer der Männer. „Aber nehmt nichts fort!"

Die Frauen hielten sich nur zwei oder drei Minuten in der Wohnung auf. Dann stürmten sie wutentbrannt wieder zur Tür hinaus. Die eine der beiden ging mit den Fäusten auf einen Guerilla los. „Schande über euch!" schimpfte sie auf arabisch. „‚Nehmt nichts fort!' sagt ihr zu uns... Es ist ja gar nichts mehr da, was man fortnehmen könnte. Zehn Jahre lang haben wir gearbeitet – zehn Jahre! Und wofür? Alles ist fort... Ihr habt es uns gestohlen!"

Es war eine herzzerreißende Szene, die mir fast die Tränen in die Augen trieb. Da begann plötzlich die andere Frau auf die Guerillas einzuschreien: „Wir sind keine Juden! Wir sind keine Juden! Wir sind keine Juden! Warum habt ihr uns das angetan?"

Not macht erfinderisch, heißt es. Eine der wichtigsten journalistischen Erfindungen, die sich im Chaos von Beirut notgedrungen entwickelten, war der einheimische „Organisator". Es handelte sich dabei um Libanesen oder Palästinenser, die sich im orientalischen Labyrinth dieser Stadt auskannten und zur richtigen Zeit die richtigen Leute bestachen – vorausgesetzt, ihre Provision stimmte.

Selber beschäftigte ich keinen „Organisator", doch wenn Not am Mann war, konnte ich mich immer an Mohammed wenden. Mohammed war gleichsam das Mädchen für alles: Er kletterte auf Masten, um unsere bei Straßenkämpfen beschädigten Telefonleitungen zu reparieren, und er verhandelte mit dem Besitzer eines Nachbarhauses, der damit drohte, unser über sein Dach verlaufendes Telexkabel zu kappen, falls wir nicht auf der Stelle siebentausend Dollar in bar auf den Tisch legten. Im Sommer 1982, während der israelischen Belagerung, lief Mohammed einmal einen ganzen Tag in der Stadt herum, um Benzin für unseren Wagen aufzutreiben, was ihm schließlich auch gelang. Die Tankfüllung kostete hundertfünfzig Dollar. Als wir an jenem Abend vom Reuter-Büro nach Hause fuhren, wurden wir von zwei neben einem Jeep stehenden palästinensischen Guerillas gestoppt. Der eine hielt eine Pistole in der Hand, der andere eine leere Wasserflasche und einen Gummischlauch. Sie fragten uns sehr höflich, ob sie nicht ein paar Liter Benzin aus unserem Tank abzapfen dürften; ihrem Jeep sei der Sprit ausgegangen. Mohammed, der den ganzen Tag damit verbracht hatte, die Tankfüllung zu organisieren, war nicht bereit, so schnell klein beizugeben. Ohne mit der Wimper zu zucken, fing er an zu schimpfen: Der Tank sei fast leer, wir müßten froh sein, noch nach Hause zu kommen, und wenn sie ihm nicht glaubten, dann sollten sie sich doch die Benzinuhr ansehen.

Der Benzinanzeiger stand satt und zufrieden auf *full*. Ich verstand nicht, was in Mohammed gefahren war. Ich saß stocksteif auf meinem Sitz, verbarg meine Angst hinter einem dümmlichen Grinsen und betete insgeheim, daß Mohammeds Bluff nicht auffliegen möge. Glücklicherweise glaubten die Guerillas seinen Beteuerungen. Als wir weiterfuhren, sagte ich mit zitternder Stimme zu meinem Assistenten, das nächste Mal solle er Guerillas, die um Benzin bäten, soviel geben, wie sie wollten. Tue er es nicht, würde ich ihnen den Sprit persönlich aus dem Tank saugen...

Gäbe es eine Ruhmeshalle für Beiruter „Organisatoren", so würde dort zweifellos Abdul Wadud Hadschadsch einen Ehrenplatz einnehmen. Abdul arbeitete zu meiner Zeit sowohl für *Newsweek* als auch für UPI Television News. Seine lange Karriere fand ein abruptes Ende, als seine beiden Arbeitgeber 1985 ein paar bürokratisch gesinnte Reporter in den Libanon schickten, die nicht begriffen, daß im Wilden Westen Beiruts andere Buchführungskriterien galten als zu Hause.

In Abduls Schreibtisch gab es eine Schublade, die mit Blankoquittungen sämtlicher Beiruter Taxiunternehmen gefüllt war. Sie dienten vielen Journalisten als Belege für in Wirklichkeit vergeudetes oder verjubeltes Geld. Mir läuft noch heute ein Schauer über den Rücken, wenn ich daran denke, wie viele Champagner-Empfänge und wilde Nächte im Casino du Liban auf dienstlichen Abrechnungen unter der harmlosen Überschrift „Taxifahrt von Beirut nach Sidon" erschienen. Wie dem auch sei – wenn man etwas brauchte, ein Telefon, einen Führerschein oder ein handsigniertes Foto von Jassir Arafat: Abdul wußte es zu beschaffen.

Abdul hatte einen libanesischen Paß, in dem die Angabe des Geburtsorts ständig wechselte: Je nachdem, welche Gruppe in Westbeirut gerade das Sagen hatte, war Abdul entweder im Libanon oder in Palästina geboren. Die Wand in seinem Büro war mit zahlreichen Fotos geschmückt; sie zeigten Abdul zusammen mit den verschiedensten Personen, die entweder sehr berühmt oder sehr berüchtigt waren. Ein Bild zeigte ihn, wie er gerade Ted Kennedy die Hand schüttelte, als der in den sechziger Jahren einmal die Amerikanische

Universität in Beirut besuchte. Abdul war damals in seiner Eigenschaft als Vorsitzender einer christlichen Studentenverbindung
Kennedys Gastgeber gewesen.

Abdul war natürlich Moslem.

Als Gegenleistung für seine Dienste verlangte Abdul von seinen
Freunden nichts als Treue – und gelegentlich eine gute Story. Das
Schreiben war ihm verhaßt. Wenn er, weil der *Newsweek*-Korre-
spondent nicht in der Stadt war, um einen Bericht gebeten wurde,
sprangen wir von UPI ein und schrieben die *Newsweek*-Story unter
seinem Namen.

Nicht alle Pressevertreter waren indessen von Abdul so begeistert
wie ich. Einer, der ihn überhaupt nicht mochte, war Claude Salhani,
damals Cheffotograf von UPI. Claude war Christ, und seine Familie
lebte in Ostbeirut. In den Anfangsjahren des Bürgerkriegs hatte
Abdul ihm des öfteren vorgeflunkert, daß PLO-Guerillas hinter ihm
herseien. Er, Abdul, habe ihnen jedoch gesagt, Claude sei okay und
sie sollten ihm nichts antun. Seither suchte Claude nach einer geeig-
neten Chance zur Revanche, und tatsächlich fand sich eines Tages
eine Gelegenheit, mit gleicher Münze zurückzuzahlen.

Es war im Spätsommer 1982. Die PLO hatte den Libanon verlassen. Westbeirut wurde von israelischen Truppen und der libanesischen Armee kontrolliert. Abdul trat eine Urlaubsreise an. Während
seiner Abwesenheit marschierte Claude in sein Büro und entfernte
die Bilder an der Wand. Auf dem einen Foto war Abdul Arm in Arm
mit Jassir Arafat zu sehen, ein zweites zeigte ihn zusammen mit
Georges Habasch, dem Führer der Volksfront für die Befreiung
Palästinas, und das dritte war ein Polaroid-Porträt von ihm selbst.

„Ich verbreitete das Gerücht, zwei verdächtig aussehende Zivilisten hätten sich nach Abdul erkundigt und die Bilder an sich genommen", erzählte Claude mir spater. „Als Abdul ein paar Tage später
von seinem Urlaubsort aus anrief, erzählte ihm seine Sekretärin die
Geschichte brühwarm weiter, worauf er natürlich sofort die Hosen
voll hatte. Kaum war er wieder in Beirut, da erschien er bei mir im
Büro und fragte mich, was das für ‚Zivilisten' gewesen seien, worauf
ich erwiderte, sie hätten mir gesagt, daß ihre Identität mich nichts
angehe. Außerdem seien sie bis an die Zähne bewaffnet gewesen."

Die Fotos lagen die ganze Zeit über in Claudes Schublade. Ein
paar Monate später begannen Israel und der Libanon über einen
Abzug der israelischen Truppen zu verhandeln. Die Gespräche fanden in einem Hotel in Khalde, südlich von Beirut, statt. Claude, der
bei den Verhandlungen fotografierte, bat einen israelischen Beamten, die Rückseite von Abduls Fotos mit ein paar offiziell aussehen-

den hebräischen Stempeln zu verzieren und ihm ein Begleitschreiben auf regierungsamtlichem Briefpapier auszustellen, dessen Text lediglich aus den Worten *An Eigentümer zurück* bestehen sollte. Er weihte den Israeli in seine List ein, worauf dieser ihm mit großem Vergnügen seine Wünsche erfüllte.

Der Umschlag mit Brief und Bildern verschwand für nahezu zwei Jahre wieder in der Schublade. Erst am Tag als er Beirut verließ, bat Claude seinen Nachfolger, den Umschlag über einen der im Hause beschäftigten Botenjungen an Abdul weiterzuleiten – allerdings erst, wenn er, Claude, Beirut endgültig den Rücken gekehrt habe.

„Das Spiel funktionierte hervorragend", berichtete Claude. „Der Botenjunge kam zu Abdul ins Büro und sagte, der Umschlag sei gerade für ihn abgegeben worden. Wie ich später erfuhr, öffnete Abdul den Umschlag, sah die israelischen Stempel auf seinen Fotos und wurde leichenblaß. Abdul weiß bis heute nicht, daß ich hinter der Sache stecke, und er fragt sich wohl noch immer, was die Israelis von ihm wissen. Diese Rache war wirklich süß."

Das Zuhause aller guten Beiruter „Organisatoren" (sowie selbstredend auch aller guten Beiruter Reporter und aller schlitzohrigen Taxifahrer) war das Hotel Commodore. Jeder Krieg hat sein Hotel, und die libanesischen Kriege hatten das Commodore. Das Commodore war eine Insel der Verrücktheit in einem Meer des Wahnsinns, und das lag bei weitem nicht nur an dem Papagei in der Bar, der so perfekt das Pfeifen einer sich nähernden Granate nachahmte. Auch der Portier, der die Gäste bei der Anmeldung fragte, ob sie ein Zimmer auf der Ostbeirut zugewandten „Granatenseite" oder aber eines auf der „friedlichen Seite" wünschten, die aufs Meer hinausging, war dafür nicht verantwortlich. Selbst die „gewaschenen" Rechnungen, die sämtliche an der Bar entstandenen Kosten unter „Chemische Reinigung" verbuchten, vermochten das Phänomen nicht zu erklären, ja nicht einmal das Schild mit folgendem Text, das im Sommer 1982 in der Lobby hing: „Die Direktion besteht darauf, daß bei Schießereien in der Umgebung des Hotels weder Fernsehaufnahmen noch Pressefotos gemacht werden. Dadurch wird nicht nur das Leben der Kameraleute und Fotografen gefährdet, sondern auch das der Gäste und des Personals. Wer nicht zur Kooperation bereit ist, wird ersucht, das Hotel zu verlassen."

Nein, die gesamte Atmosphäre in diesem Hotel war irgendwie verrückt. Im Commodore wohnte man nicht des Komforts wegen. Die Lobby bestand aus üppig gepolsterten Sofas, einer Bar, einer Möchtegern-Disco mit einer blechern scheppernden Hammondorgel und genügend Huren, um ein ganzes Bordell zu füllen. Außerdem gab es ein chinesisches Restaurant und einen alten Speisesaal, wo das Essen noch schlechter war als die Bedienung. Als 1984 in Westbeirut die Schiiten ans Ruder kamen und ein islamisch-fundamentalistisches Regime errichteten, sah sich die Direktion gezwungen, die Bar in der Lobby zu schließen. Sie richtete statt dessen im sechsten Stock einen Raum ein, der alsbald unter der Bezeichnung „Ramadan Room" bekannt wurde (der Ramadan ist der heilige Fastenmonat der Moslems). Vorsichtig, wie beim Betreten einer unkonzessionierten Kneipe während der Prohibitionsjahre, klopften die Hotelgäste dort an die Tür, worauf Junis, der Barkeeper, erschien und nachsah, ob nicht etwa ein Mullah vor der Tür stand, der seine Flaschen zerschlagen wollte. Drinnen saßen die Gäste im Dunkeln auf dem Sofa und nippten an ihren Drinks, während Fuad, der Geschäftsführer, hin und her schlurfte und dabei immer wieder „Kein Problem, kein Problem" vor sich hin murmelte.

Wer keine Lust mehr hatte, von der Front zu berichten, brauchte sich bloß in der Lobby des Commodore niederzulassen und abzuwarten, bis die Front zu ihm kam.

Es war an einem stillen Samstag abend im Jahre 1984. Die Bar war voller Journalisten, die nach einem Tag draußen im Feld Entspannung suchten, und Junis sorgte dafür, daß die Gläser stets gefüllt blieben. Auf einmal ertönten Schüsse in der Lobby. Die Journalisten suchten hinter dem Tresen Deckung. Eine Bande drusischer Milizionäre stürmte das Hotel. Sie waren hinter einem bestimmten Mann her, der sich anscheinend in ihre Drogengeschäfte eingemischt hatte. Sie fanden ihn in der Lobby und versuchten, ihn aus dem Haus zu schleifen. Der Mann wußte jedoch, was ihm blühte, und so klammerte er sich mit beiden Armen an einem Sofabein fest. Um ihn zum Loslassen zu bewegen, schlugen die Drusen erst mit ihren Pistolen auf ihn ein und jagten ihm dann eine Runde Blei in den Oberschenkel. Und genau in diesem Augenblick verließ mein Freund David Zucchino den Fahrstuhl und betrat die Szene.

„Ich sah den armen Kerl, der sich in Todesangst am Sofa festhielt, ich sah die Pistolenhelden, die ihn fortzerren wollten – und über dem Bartresen die vielen kleinen Journalistenaugen, die sich ja nichts entgehen lassen wollten. Am Empfang prügelten zwei Bewaffnete auf den Portier ein, der versucht hatte, telefonisch die Amal zu Hilfe zu rufen. Am deutlichsten erinnere ich mich jedoch an den Dalmatiner des CBS-Korrespondenten Larry Pintak. Er hatte sich von der Leine gerissen und leckte gerade das Blut des Verfolgten vom Fußboden. Ein widerlicher Anblick! Nach einer Weile verschwand die

Bande wieder, der Mann ließ die Couch los, rappelte sich auf und setzte sich vollkommen verdattert auf einen Barhocker. Und da tauchte auch schon Fuad auf und verkündete: ‚Kein Problem, kein Problem!'"

Wie konnte sich also ein Journalist, der seine fünf Sinne beisammen hatte, ausgerechnet das Commodore zum Quartier erwählen? Zunächst muß man wissen, daß die meisten Luxushotels in Beirut während der ersten Jahre des Bürgerkriegs zerstört worden waren. Weit wichtiger jedoch war, daß der Eigentümer des Commodore, ein palästinensischer Christ namens Jussef Nazzal, bei der Betreuung von Journalisten geradezu geniale Fähigkeiten an den Tag legte. Er begriff, daß funktionierende Kommunikationsmittel das einzige sind, was Journalisten höher schätzen als Luxus. Durch gewaltige Bestechungssummen gelang es ihm, selbst während der schlimmsten Kämpfe die internationalen Telex- und Telefonverbindungen des Hotels aufrechtzuerhalten. Im Sommer 1982 fand er sogar jemanden, der – gegen gute Bezahlung, versteht sich – in die Beiruter Hauptpost eindrang, dort den Telexanschluß von Ministerpräsident Schafik el-Wassan ausstöpselte und durch den Commodore-Anschluß ersetzte. Jussef machte nie den Fehler, die Politik oder das Leben zu ernst zu nehmen. Kurz vor Redaktionsschluß saß er gerne auf dem steifen blauen Sofa in der Lobby und lauschte dem vereinten Summen der Telexgeräte. Eine Minute kostete ungefähr fünfundzwanzig Dollar.

Die andere wichtige Eigenschaft des Commodore bestand darin, daß es die vom ehemaligen libanesischen Informationsministerium hinterlassene Lücke schloß. Für eine „kleine Aufmerksamkeit" (auch als Bakschisch oder Schmiergeld bekannt) verschaffte einem das Commodore am Flughafen ein Einreisevisum, eine Arbeitserlaubnis, eine Aufenthaltserlaubnis, einen Presseausweis, eine schnelle Scheidung oder eine Heiratsurkunde. Für Geld gab es alles im Commodore. Kein Geld? Dann auf Wiedersehen...

Pro-israelische Kommentatoren erhoben immer wieder den Vorwurf, das Commodore sei ein „PLO-Hotel". Daß sich dort häufig PLO-Sprecher blicken ließen, steht außer Frage. Doch als die israelische Armee Westbeirut besetzte, fanden sich unter den Gästen des Hotelrestaurants auch nicht wenige israelische Offiziere, die dort Kontakte zur internationalen Presse knüpfen wollten – genauso wie vor ihnen die PLO. Das Commodore lebte nach dem Motto: Der König ist tot, es lebe der König. Es würde mich nicht wundern, wenn heute ein Plakat mit dem Porträt des Ayatollah Khomeini über der Rezeption hinge.

Jede ernst zu nehmende Beiruter Miliz, gleichgültig, ob es sich nun um Christen oder Moslems, Palästinenser oder Libanesen handelte, verfügte über einen Sprecher mit ein paar Assistenten. Die Milizsprecher waren für die in Beirut akkreditierten Reporter die eigentlichen Schlüsselfiguren. Wer ein Interview mit dem großen Boß wollte, mußte sich mit seinem Sprecher gutstellen. Einige Sprecher waren bekannt für ihre Aufrichtigkeit und Integrität, so daß man als Journalist den von ihnen stammenden Informationen große Bedeutung zumessen konnte. Andere wiederum waren hochkarätige Lügner, so daß man alles, was sie von sich gaben, doppelt und dreifach überprüfen mußte. Hinzu kam, daß auch die Milizsprecher gelegentlich nichts gegen ein kleines Bakschisch einzuwenden hatten. Einer von ihnen bat zum Beispiel eine Gruppe von Reportern, ihm zur Hochzeit einen Kühlschrank zu schenken.

Begehrtester Vertreter seiner Zunft war der bereits erwähnte Machmud Labadi. Im Sommer 1982 traf man ihn oft außerhalb seines Büros an: Wie ein Urlauber saß er auf dem Bürgersteig der menschenleeren Straße in einem Gartenstuhl, umgeben von einem Meer aus Schutt und Schmutz, zerbrochenen Fensterscheiben, Schrapnelladungen und messingnen Patronenhülsen. Journalisten, die mit ihm reden wollten, zogen sich Stühle heran und bekamen die gewünschte Stellungnahme. Danach konnten sie dann die neuesten Zugänge in Labadis Bürgersteig-Museum bewundern. Es bestand aus den verschiedensten Bomben und Granaten, die die Israelis über der PLO und Westbeirut abgeladen hatten. Zu dem bizarren Sammelsurium gehörten unter anderem einige kleine Splitterbomben, die in einem eroberten israelischen Helm aufbewahrt wurden.

Eines Nachmittags erschien der Beiruter Bürochef der UPI, Vinnie Schodolski, ein hervorragender Journalist, der sich auch für einen begabten Jongleur hielt, in Labadis Büro, um sich seinen Presseausweis erneuern zu lassen. Im Vorübergehen nahm er arglos zwei Splitterbomben aus dem Helm. Er hatte keine Ahnung, daß sie noch scharf waren. Mit ihnen jonglierend, betrat er das Büro des PLO-Sprechers. Labadi saß gerade am Telexgerät. Als er aufblickte und die Bomben sah – eine in Vinnies Hand, die andere in der Luft –, verschlug es ihm im ersten Moment die Sprache, was ansonsten nur höchst selten vorkam. Wie Vinnie sich später erinnerte, brachte er nur ein einziges Wort hervor: „Hoppla."

Das Büro des PLO-Sprechers in Beirut wurde von den Israelis oft als gutgeölter PR-Betrieb dargestellt. In Wirklichkeit war es alles andere als das. Wenn man als Journalist über die PLO berichtete, dann eher trotz als wegen des Labadi-Büros. Die PLO hatte niemals auch nur die geringste Vorstellung davon, was zum Beispiel ein Redaktionsschluß bedeutet und welche Probleme sich für uns aus dem Zeitunterschied zwischen Beirut und New York ergaben. Jassir Arafat ließ die Reporter besonders gern an Samstagabenden zu Pressekonferenzen zusammentrommeln. Das bedeutete, daß seine Kommentare für die Schlagzeilen der Sonntagspresse nicht mehr in Frage kamen, sondern erst am Montagmorgen veröffentlicht werden konnten. Für in Beirut arbeitende Journalisten entstand unwillkürlich der Eindruck, daß das Informationsbüro der PLO nach dem berühmten arabischen „IBM-Prinzip" arbeitete: Wird Arafat heute kommen? *Inschallah* (So Gott will). – Und wenn er nicht heute kommt, wann dann? *Bukra* (Morgen). – Und wenn er auch morgen nicht kommt? *Maalesch* (Nehmen Sie's nicht tragisch). *Inschallah, Bukra, Maalesch* – IBM.

Wenn ich solide Informationen suchte, verließ ich mich nur selten auf das Büro des PLO-Sprechers. Ich wandte mich lieber an die kleineren PLO-Fraktionen wie die von Najef Hawatmeh angeführte marxistische Demokratische Front für die Befreiung Palästinas oder an Georges Habaschs Volksfront. Für diese beiden Gruppen arbeiteten einige der interessantesten, intelligentesten und gebildetsten Leute der PLO, darunter mehrere in Europa geschulte Marxisten. Da sie zur PLO gehörten, waren sie stets gut über die aktuellen Vorgänge informiert. Weil jedoch ihre Unterorganisationen kleiner und weniger bürokratisch waren, war die Bereitschaft der Sprecher, auch Insiderinformationen preiszugeben, erheblich größer.

Zu meinen bleibenden Erinnerungen an den Sommer 1982 gehören zahlreiche abendliche Besuche bei Dschamil Hillal im Westbeiruter Büro der Demokratischen Front. Dschamil, der an der Universität London in Politikwissenschaft promoviert hatte, saß normalerweise an seinem Schreibtisch, beim Licht einer Gaslampe in seine Lektüre vertieft. Dabei ließ er, während im Hintergrund Kanonenfeuer ertönte, immer wieder ein Tonband mit Pachelbels *Kanon* ablaufen. Ich wurde so süchtig nach dieser Aufnahme, daß ich mir die Kassette nach Beendigung der israelischen Belagerung sofort besorgte.

Selbstverständlich hielt kein Reporter, der seine Selbstachtung noch nicht verloren hatte, die Äußerungen der Sprecher für die allein seligmachende Wahrheit. Wir machten uns vielmehr, was die Objektivität der Aussagen betraf, keinerlei Illusionen. Die Sprecher waren eine Quelle unter vielen. Manchmal versuchten sie natürlich auch den Anschein zu erwecken, daß sie mehr wußten, als tatsächlich der Fall war. Während meiner UPI-Zeit in Beirut kam es des öfteren vor, daß wir nach einem Guerilla-Angriff gegen ein israelisches Ziel Kontakt mit dem PLO-Büro aufnahmen, um eine offizielle Stellungnahme zu bekommen. Wir riefen also beispielsweise an und fragten: „Übernehmen Sie die Verantwortung für den Angriff auf den Bus in Jerusalem?" Die Antwort lautete nicht selten: „Was für einen Angriff? Das muß ich erst nachprüfen. Rufen Sie mich in einer Stunde noch mal an." Nach einer Stunde teilte man uns dann mit, daß „die tapferen Kämpfer des Muhammad-Ali-Bataillons" für diese oder jene Attacke verantwortlich seien. Gelegentlich kam es auch vor, daß gleich mehrere Gruppen sich zu ein und demselben Überfall bekannten.

In Beirut an Neuigkeiten heranzukommen war eine Sache – sie auch aus der Stadt herauszubringen hingegen eine ganz andere. Jede Diskussion über die Arbeitsbedingungen von Journalisten in Beirut wäre unvollständig ohne die Erwähnung der physischen Bedrohung, der man in Beirut ausgesetzt war. Journalisten leben und arbeiten nicht in einem politischen Vakuum, ganz egal, ob sie in Beirut oder in Washington tätig sind. Wer objektiv berichten will, muß sich intensiv mit dem politischen Umfeld auseinandersetzen. Er muß sich auf der einen Seite das Vertrauen jener erwerben, über die er berichten will, auf der anderen Seite aber auch eine gewisse Neutralität und Distanz wahren, da er sonst seine Fähigkeit zur kritischen Wertung verliert. Eine objektive Berichterstattung kommt ohne diesen oftmals recht heiklen Balanceakt nicht aus. Ein Journalist kann keiner Person oder Gruppe gerecht werden, deren Standpunkt er nicht genau kennt und versteht – aber er kann auch nicht fair über sie berichten, wenn er ausschließlich ihren Standpunkt kennt. Vertrautheit ohne Neutralität gleitet stets in einseitige Bevorzugung der einen oder anderen Seite ab. Die Aufrechterhaltung der Balance ist daher für jeden Berichterstatter eine kontinuierliche Herausforderung. Gerade in Beirut stieß man dabei auf ungewöhnliche Schwierigkeiten, denn alle Parteien in diesem vielseitigen Konflikt waren bereit, gegen Kritiker der eigenen Position oder allzu offene Sympathisanten des Gegners physische Gewalt anzuwenden.

Es gab in Westbeirut keinen einzigen Journalisten, der sich nicht zum einen oder anderen Zeitpunkt wegen eines geplanten oder bereits erschienenen Artikels oder einer ihm zugespielten Information über die Syrer, die PLO, die Falangisten oder irgendeine andere der um die vierzig bewaffneten Gruppen im Libanon eingeschüchtert, eingeengt oder bedroht fühlte. Jeder Reporter war sich voll darüber im klaren, daß es für alle, die es darauf anlegten, lächerlich einfach war, ihn ermorden zu lassen. Ein Journalist, der von sich behauptet, ihm habe diese Atmosphäre nichts ausgemacht, ist entweder verrückt oder ein Lügner. Mein Kollege John Kifner schrieb einmal, Reporter in Beirut trügen die Angst mit sich herum wie ihren Stift und ihr Notizbuch.

Die größte Bedrohung ging nach meinem Dafürhalten von den Syrern und den extremen prosyrischen Palästinensergruppen aus. Die Syrer verstanden überhaupt keinen Spaß. Ende der siebziger und Anfang der achtziger Jahre wurden mehrere westliche und arabische Journalisten von ihren Agenten ermordet, darunter auch Salim el-Lawzi, der Herausgeber der populären arabischen Wochenzeitschrift *Ereignisse*. Er wurde im März 1980 in Beirut entführt und wenig später mit einer Kugel im Kopf aufgefunden. Seine Schreibhand war durch ein Säurebad verstümmelt.

Die Situation verschlimmerte sich derart, daß viele Libanesen sich fürchteten, das Wort „Syrien" in der Öffentlichkeit auch nur in den Mund zu nehmen.

Folgender Witz machte in jener Zeit die Runde: Ein Libanese kommt zur Polizei und ruft: „Herr Wachtmeister, Herr Wachtmeister, ein Schweizer hat mir meine syrische Uhr gestohlen!" Der Polizist sieht ihn fragend an und sagt: „Was soll das heißen? Sie meinen doch sicher, daß Ihnen ein Syrer Ihre Schweizer Uhr gestohlen hat." Worauf der Libanese grinst und erwidert: „Das haben Sie gesagt, Herr Wachtmeister, nicht ich."

Die maßgeblichen Gruppen der PLO sowie die Falangisten und die diversen islamischen Milizen waren weniger direkt und weniger empfindlich als die Syrer. Illusionen darüber, daß sie sich eine ernsthaft kritische Berichterstattung gefallen lassen würden, machte sich trotzdem keiner.

Die größte sunnitisch-islamische Miliz in Westbeirut war unter dem Namen Murabitun bekannt. Im Grunde mehr eine Straßenbande mit der Patina einer Nasser nahestehenden Ideologie als eine politische Partei, nahm sie sich nichtsdestoweniger sehr ernst und verfügte während der Hochzeit des Milizenregiments in Westbeirut über eines der aufwendigsten PR-Büros in der Stadt. Die Bemühungen der Murabitun, ihren Anführer Ibrahim Koleilat als ernst zu nehmenden Staatsmann darzustellen, waren angesichts der Tatsache, daß er nichts weiter war als ein übler Räuberhauptmann, oftmals recht komisch. Wie dem auch sei, Koleilats Sprecherin war eine ausgesprochen schöne junge Dame. Im Jahr 1980 – ich arbeitete noch für UPI – kam sie einmal zu mir ins Büro und sagte zu mir: „Ihr

Büro in Rom wird gewiß über Mr. Koleilats bevorstehenden Besuch dort berichten." Koleilat hatte einen Termin mit irgendeinem subalternen Beamten in der Libanon-Abteilung des italienischen Außenministeriums.

„Mmmmh – äh, ja, gewiß, unser Büro in Rom wird mit Sicherheit darüber berichten", stotterte ich.

Kaum war sie fort, schickte ich eine Nachricht an die Kollegen in Rom und bat sie, eine Story über Koleilats römische Umtriebe zu türken, es sei denn, sie legten Wert darauf, mich alsbald im Mittelmeer bei den Fischen zu finden. Koleilat kam also nach Rom, und unser römisches Büro schrieb darüber einen Bericht. Da es aber von vornherein völlig aussichtslos war, einen solchen Unsinn über die offizielle Agentur zu verbreiten, schickte man ihn uns über eine interne Informationsleitung zu. Koleilats Leute hatten davon natürlich keine Ahnung. Als sie erwartungsgemäß bei uns aufkreuzten, um sich den Bericht abzuholen, präsentierten wir ihnen eine gerade vom Telexgerät gerissene, völlig authentisch wirkende UPI-Story. Sie wurde von den Milizionären sofort fotokopiert und sämtlichen Beiruter Zeitungen zugeschickt – und zwar in einer Form, die eine Zurückweisung nicht ratsam erscheinen ließ. So stand der getürkte Bericht am nächsten Morgen in fast allen Beiruter Blättern, die Murabitun waren's zufrieden, und wir waren aus dem Schneider.

Aber damit ist die Geschichte noch nicht zu Ende. Gegen Weihnachten erhielt ich erneut Besuch von der jungen Dame. Mit einem auffallend großen, rundlichen, in Goldpapier eingewickelten Päckchen in der Hand betrat sie das Büro, erkundigte sich nach mir und sagte: „Von Mr. Koleilat – für Sie!" Ich horchte zunächst einmal an dem Geschenk, ob es nicht vielleicht tickte. Dann spielte ich mit meinem libanesischen Kollegen David Zenian jene bereits zur Routine gewordene Komödie: „Mach du's auf!" – „Nein, du." – „Nein, besser du." Schließlich kehrte ich den Vorgesetzten heraus, und David wickelte das Päckchen vorsichtig aus. Er enthüllte eine mit Schokolade gefüllte Glasschale – eine kleine Aufmerksamkeit der Murabitun. Vor lauter Erleichterung darüber, daß das Ding nicht in die Luft geflogen war, nahmen wir kaum zur Kenntnis, daß die Schokolade schon mindestens ein Jahr alt war.

Wenn ich auf die für Journalisten beängstigende Atmosphäre in Beirut hingewiesen habe, so soll dies keinesfalls heißen, daß deshalb publizistische Grabesstille herrschte. Dennoch gab es einige Kritiker, die sich folgender Argumentation bedienten: Die Vertreter der internationalen Presse in Westbeirut sind von den Syrern und der PLO eingeschüchtert worden und schreiben daher nicht die Wahrheit. Weil aber die Wahrheit nicht an die Öffentlichkeit kommt, erscheint Israel in einem schiefen Licht.

In Wirklichkeit war es anders: Die meisten in Beirut arbeitenden Auslandskorrespondenten stülpten trotz der furchterregenden Atmosphäre, derer sie sich stets bewußt waren, bei kritischen und sensiblen Themen nicht einfach den Deckel über ihre Schreibmaschinen. Sie bemühten sich bei solchen Nachrichten vielmehr darum, sie auf andere, bisweilen indirekte Weise unter die Leute zu bringen. Daß die Syrer und andere Gruppierungen überhaupt soweit gingen, Reporter zu erschießen, beweist ja gerade, daß alle Drohungen und Einschüchterungsversuche nichts gefruchtet hatten: Die Journalisten und Journalistinnen berichteten trotzdem kritisch über sie. Ich kann mich nicht an einen einzigen Fall erinnern, bei dem eine wichtige Information in Kreisen der Auslandskorrespondenten bekannt gewesen, aufgrund von Drohungen aber bewußt unterdrückt worden wäre.

Die in Beirut tätigen Reporter waren findig genug, mit ungewöhnlichen Methoden die Wahrheit zu erkunden und mitzuteilen, ohne dabei den Schutz der eigenen Person zu vernachlässigen. Manche Artikel – zum Beispiel die Berichte über die Ermordung von Kollegen durch die Syrer – erschienen ohne Verfasserangabe. Manchmal kaschierten wir unseren Aufenthaltsort, indem wir in der Datumszeile statt Beirut New York oder Zypern einsetzten. Manchmal zitierten wir bei heiklen Nachrichten, die uns zwar bekannt waren, die wir aber nicht als erste veröffentlichen wollten, die Meldungen der lokalen Rundfunksender der Milizen. Und oft genug hofften wir nach kritischen Berichten über die PLO, die Syrer oder die Falangisten einfach darauf, daß sie von der arabischen Presse nicht aufgegriffen wurden oder aber denjenigen, die daran Anstoß nehmen konnten, schlichtweg entgingen.

Nachrichten von Schlagzeilenqualität wurden also durch die Atmosphäre der Angst nicht unterdrückt. Es kam allerdings vor, daß nicht ganz so aktuelle, aber trotzdem wichtige Meldungen bewußt ignoriert wurden. In dieser Hinsicht bin ich der erste, der *mea culpa* sagen muß. Wie viele ernst zu nehmende Artikel befaßten sich zum Beispiel mit der durchaus bekannten Korruption in der PLO-Führung, der mißbräuchlichen Verwendung von Geldern und der zunehmenden Bürokratisierung der Organisation? Dies waren nämlich die Ursachen der Rebellion gegen Jassir Arafat im Spätsommer und Herbst 1982. In den Berichten der in Beirut arbeitenden Auslandskorrespondenten war vor der israelischen Invasion kaum etwas darüber zu finden. Tatsache ist, daß die westliche Presse die

PLO verhätschelte und ihr Verhalten nie auch nur annähernd so kritisch unter die Lupe nahm wie das der Israelis, der Falangisten oder der Amerikaner. Gute Beziehungen zur PLO waren für jeden Reporter in Beirut ein Muß, denn ohne dieselben bekam man das Arafat-Interview nicht, das man haben wollte, wenn der Chef der außenpolitischen Redaktion zu Besuch war. Durch die einseitige Konzentration auf die PLO und ihre Sicht der Dinge ergab sich auch die journalistische Vernachlässigung der libanesischen Schiiten mit ihrem schwelenden Haß auf die Palästinenser, die ihre Dörfer im Südlibanon in Schlachtfelder verwandelt hatten.

Was nun die arabischen Kritiker betrifft, die niemals müde werden, die Vertreter der westlichen Medien pauschal als „Agenten des Zionismus" zu beschimpfen, so möchte ich auf ihre Vorwürfe mit zwei Beispielen antworten: Als die Redakteure meiner Zeitung mir in meinem Artikel vom 4. August 1982, in dem ich über die Beschießung Beiruts durch die Israelis berichtete, das Wort „wahllos" *(indiscriminate)* strichen, schrieb ich einen so scharf formulierten Protestbrief, daß man mich um ein Haar entlassen hätte. Die Redaktion war der Ansicht, das Wort „wahllos" sei „kommentierend", während ich darin eine zutreffende Beschreibung der Ereignisse jenes Tages sah und meinerseits die Streichung als „kommentierend" empfand. Ich vertrete diese Meinung bis heute. Wie dem auch sei, ich wurde letztlich doch nicht entlassen. Wenn ich zurückblicke, war dies das einzige Mal, daß in meiner Berichterstattung aus Beirut ein Wort aus inhaltlichen Gründen gestrichen wurde.

Das zweite Beispiel: Als im Sommer 1982 die Israelis auf Westbeirut eindroschen und die Sache der Palästinenser auf Messers Schneide stand, waren es bemerkenswerterweise die arabischen Journalisten, die als erste die Stadt verließen. Während der schlimmsten Tage der israelischen Belagerung Westbeiruts waren weit und breit keine Kollegen aus Kuweit, Saudi-Arabien, Katar oder anderen arabischen Ländern zu sehen. Lediglich die „zionistischen westlichen Medien" drückten sich noch in Beirut herum und berichteten weiterhin aus der Stadt. Und es war die „zionistische" *New York Times,* die in einem vierseitigen Sonderbericht das Massaker von Sabra und Schatila rekonstruierte – ausführlicher als jede andere Zeitung in der Welt.

Mancher Leser mag sich fragen, wie man es als Journalist fast fünf Jahre in Beirut aushalten kann. Um ehrlich zu sein: Diese Frage habe ich mir selbst oft gestellt – vor allem nach Beginn der Entführungsserie, deren Opfer meine Kollegen waren. Der erste, den es traf

– am 7. März 1984 –, war Jeremy Levin von Cable News Network. Er wohnte zwei Stockwerke über uns im selben Haus und wurde auf dem Weg zur Arbeit überfallen. Levins Verhältnis zum Beiruter CNN-Büro war recht problematisch. Er hatte gleich nach seiner Ankunft versucht, das typische Beiruter Pressebüro, dessen einheimische Beschäftigte zum größten Teil miteinander verwandt waren und dessen Buchhaltung sich bestenfalls als „kreativ" bezeichnen ließ, von Grund auf zu säubern und neue Arbeitsvorschriften einzuführen. Er hätte es gleich in Sodom und Gomorrha probieren können. Mein erster Gedanke, als ich von seiner Entführung hörte, war daher auch, daß ein Mitarbeiter seiner eigenen Agentur dahintersteckte.

Später stellte sich heraus, daß Levin von schiitischen Extremisten entführt worden war. Nach elfmonatiger Gefangenschaft konnte er glücklicherweise entkommen.

Dieser Entführung und anderen, die darauf folgten, verdankte ich eine journalistische Lehre, wie man sie nur in einer Stadt wie Beirut lernen kann. Sie heißt: Achte auf das Schweigen! In einer Stadt mit so vielen Sprechern, so vielen milizeigenen Rundfunksendern und so vielen Leuten, die einem unbedingt ihre Geschichte erzählen wollen, gewinnt man nach einer Weile leicht die falsche Überzeugung, man kenne nun jeden und sei umgekehrt jedem bekannt. Als der ABC-Korrespondent Charles Glass am 17. Juni 1987 entführt wurde, verteidigten viele seiner Freunde den Umstand, daß er so lange in Beirut zu bleiben gewagt hatte, mit dem Hinweis: „Charlie kannte doch alle Leute hier." In Wirklichkeit kannte Charlie nur alle Leute, die bereit waren, sich mit Journalisten zu unterhalten. Die Leute jedoch, die in Beirut Amerikaner entführten, die amerikanische Botschaft und das Quartier der Marines sprengten sowie den britischen Geiselunterhändler Terry Waite kidnappten, liefen nicht überall herum und stellten sich vor. Leute dieses Schlages entführten und mordeten – und kosteten ihre „Erfolge" in aller Ruhe daheim bei einer Tasse türkischem Kaffee aus. Sie rannten nicht gleich zum nächsten Journalisten, um sich ihrer Heldentaten zu brüsten. Sie gehörten zu den jungen Leuten, die auf der Straße an mir vorbeiliefen und weder meine Sprache sprachen noch in meinen Kreisen verkehrten.

Nach dem Beginn der Entführungsserie war mir klargeworden, daß ich Beirut im Grunde noch immer herzlich wenig kannte. Und nicht weniger klar erkannte ich, daß die eigentliche Story oft nicht im Lärm, sondern in der Stille zu finden ist – und deshalb nur allzuoft übersehen wird. Inzwischen habe ich mir eine Abwandlung von Groucho Marx' berühmtem Zitat „Ich möchte keinem Club beitreten, der bereit ist, mich in seine Reihen aufzunehmen" zur Devise gemacht. Meine Version lautet: Kein Protagonist im Nahen Osten, der daran interessiert ist, sich mit mir zu unterhalten, kann ein lohnender Gesprächspartner sein. Die Leute, mit denen ich mich unterhalten will, sind die, die nicht von sich aus reden.

Die Regeln von Hama

Vom Flußufer her dringt ein unablässiges Geräusch, wie das Quietschen eines Ochsenkarrens. Es hallt in den engen Gassen wider, liegt über der ganzen Stadt und ist selbst in der abseits gelegenen Zitadelle zu vernehmen. Das Geräusch stammt von den Wasserrädern von Hama – fast ein „Schrei" wie der Ruf des Muezzins zum Gebet, hart, schallend und zeitlos.

Aus dem Kapitel über die Stadt Hama
in Jean Hureaus Reiseführer SYRIA TODAY (1977)

Ich fand in Hama genügend Ruhe zum Nachdenken, denn als ich in die Stadt kam, waren die Wasserräder zerstört. Die Stimme des Muezzins war verstummt, und die einzigen Schreie, die in den engen Gassen widerhallten, waren die Schreie der Witwen und Waisen, die das Massaker überlebt hatten.

Ungefähr zwei Monate nach dem Massenmord traf ich in Hama ein, und noch immer war nicht alles Blut in den Orontes gespült worden, der sich quer durch die Stadt schlängelt und ihr ein ganz besonderes Gepräge verleiht. Es gab eine Zeit, da Hama die schönste Stadt Syriens war.

Ich ging durch die nahezu leeren Straßen. Damit mich niemand als Journalist erkannte, hatte ich meinen Notizblock in die Tasche gesteckt. Was ich sah, schockierte mich derart, daß ich zunächst mit niemandem darüber sprechen konnte. Doch das war auch gar nicht nötig. Die stillen, in Schutt und Asche gelegten Wohnviertel, durch die ich lief, legten beredtes Zeugnis ab von den denkwürdigen Ereig-

81

nissen, die sich in den ersten Februarwochen des Jahres 1982 hier abgespielt hatten. Die ganze Stadt sah aus, als sei sie eine Woche lang von einem immer wiederkehrenden Tornado heimgesucht worden. Doch Mutter Natur hatte mit dem Zerstörungswerk nichts zu tun.

Es ist bis auf den heutigen Tag unbekannt, wie viele Menschen unter diesem Meer zerstörter Häuser und den sich mehrschichtig übereinander türmenden Betonplatten begraben wurden. Die Gefangenenhilfsorganisation Amnesty International sprach in ihrem Syrien-Bericht vom November 1983 von Schätzungen, die sich auf zehn- bis fünfundzwanzigtausend Tote beliefen, überwiegend Zivilisten. Tausende von Menschen wurden obdachlos. Das Regime des syrischen Präsidenten Hafis el-Assad, das für das Massaker verantwortlich war, tat wenig, um diese Zahlen zu widerlegen. Auch wurde die durch Hama führende Fernstraße aus Richtung Damaskus im Mai 1982 wiedereröffnet, ohne daß man sich zuvor um die Beseitigung der Schäden bemüht hätte. Assad wollte, davon bin ich überzeugt, daß sich das syrische Volk die verwüstete Stadt genauestens ansah, daß es sorgsam auf das Schweigen hörte und über die Leiden Hamas nachdachte.

So kam auch ich nach Hama. Ich war erst ein paar Wochen zuvor in Beirut eingetroffen. Zu Beginn meiner Tätigkeit als Korrespondent der *New York Times* blieb mir noch etwas Zeit, mich in der Region umzusehen. Ich wollte genau wissen, was in Hama geschehen war – schließlich kommt es nicht alle Tage vor, daß eine arabische Regierung eine der größten Städte ihres Landes zerstört. Die meisten Lehrbücher über nahöstliche Politik gehen über „Zwischenfälle" dieser Art hinweg, indem sie sie entweder als „Verirrung" darstellen oder im sterilen Politologenjargon als „Legitimitätskrise" umschreiben. Ich wollte herausfinden, ob es sich bei der Zerstörung Hamas tatsächlich nur um eine „Verirrung" handelte, eine einmalige Angelegenheit also, oder ob sich daran grundsätzliche Strukturen der politischen Landschaft ablesen ließen. Am Ende meiner Reise sollte ich um eine Reihe nützlicher Erkenntnisse reicher sein – Erkenntnisse, die mir auf meinen Wegen zwischen Beirut und Jerusalem sehr hilfreich waren.

Die hundertsiebzig Kilometer nordwestlich von Damaskus in der mittelsyrischen Ebene gelegene Stadt Hama zählt ungefähr 180 000 Einwohner und wird seit jeher von für ihre Frömmigkeit bekannten Sunniten beherrscht. Die meisten Frauen in Hama verhüllen ihr Gesicht mit einem Schleier, während die männliche Bevölkerung die traditionelle *gandura* westlichen Anzügen und Krawatten vorzieht. Seit Anbeginn des modernen syrischen Staates war Hama stets eine Hochburg konservativer moslemischer Fundamentalisten, die mit den weltlichen Zentralregierungen in Damaskus nichts im Sinn hatten.

So konnte es kaum überraschen, daß der ehemalige Verteidigungsminister Hafis el-Assad, der am 16. November 1970 durch einen Militärputsch an die Macht kam, in der Stadt einen ständigen Unruheherd sah. Assad stammt aus dem Dorf Kardaha unweit der syrischen Hafenstadt Latakia und ist wie seine wichtigsten Verbündeten nicht Sunnit, sondern Alawit.

Die Alawiten, eine kleine islamische Sekte mit vielen Geheimlehren, die mitunter an das Christentum erinnern, leben seit Jahrhunderten in den einsamen Bergdörfern des Nordlibanon und Syriens. Nur etwa zehn bis zwölf Prozent der elf bis zwölf Millionen Syrer sind Alawiten. Dank ihrer engen stammesartigen Geschlossenheit gelang es ihnen Ende der sechziger Jahre, zunächst eine dominierende Stellung innerhalb der syrischen Armee und in der Folge auch Schlüsselpositionen im Staat und in der herrschenden, weltlich orientierten Baath-Partei zu erobern. Die Sunniten, die immerhin siebzig Prozent der Bevölkerung ausmachen, hatten von da an immer weniger zu sagen. Unter frommen Sunniten gelten die Alawiten als islamische Häretiker oder weltliche Radikale, während die traditionelle sunnitische Grundbesitzer-Aristokratie in ihnen Hinterwäldler aus den Bergen sieht, denen jede Befähigung zur Herrschaft in Damaskus abgeht.

Nicht lange nach Assads Machtergreifung begann die Moslembruderschaft, eine schon seit den dreißiger Jahren bestehende lockere Koalition aus verschiedenen fundamentalistischen Guerillagruppen, sein vorwiegend aus Alawiten bestehendes Regime mit einer gnadenlosen Serie von Attentaten zu bekämpfen. Die Führung der Bruderschaft rekrutierte sich aus der *ulema*, der sunnitischen Geistlichkeit, während sich das Fußvolk überwiegend aus verarmten jungen Städtern und den Sprößlingen der sunnitischen Mittelschicht zusammensetzte, die mit der von Assad eingeleiteten Verwestlichung, Säkularisierung und Modernisierung der syrischen Gesellschaft entweder nichts zu tun haben wollten oder aber wirtschaftliche Nachteile davon zu erwarten hatten. In den Jahren 1979 und 1980 verging kaum eine Woche ohne Bombenanschläge, die vor allem Regierungsbehörden und Büros der sowjetischen Fluggesellschaft Aeroflot galten. Sowjetische Berater und Funktionäre der Baath-Partei wurden auf offener Straße erschossen. In Texten der

Bruderschaft wurde der Präsident meist als „Feind Allahs" oder als „Maronit" bezeichnet.

Im Gegenzug rief das Assad-Regime den Notstand aus und verübte seinerseits gezielte Mordanschläge und Entführungen. Betroffen waren vor allem prominente sunnitische Prediger. Anhänger der Baath-Partei wurden bewaffnet und halfen dem Regime bei der Liquidierung der islamischen Stadtguerilla. Der Ausbruch des offenen Bürgerkriegs schien unvermeidlich.

Unterstützung fand die Moslembruderschaft bisweilen auch bei islamischen Gewerkschaften und anderen Interessenverbänden in Aleppo und Hama, welche durch die allgegenwärtige Korruption, die Mißwirtschaft und die Einschränkung der bürgerlichen Freiheiten vom Assad-Regime entfremdet worden waren. Anfang 1980 veröffentlichte eine Koalition aus islamischen Geistlichen und Gewerkschaftern mit Sitz in Hama ein Manifest, in dem von Präsident Assad unter anderem die Einhaltung der Menschenrechts-Charta der Vereinten Nationen, die Aufhebung des Notstands und die Abhaltung freier Wahlen gefordert wurden. Die Petition, die in den Moscheen verteilt wurde, war mit einem Aufruf zum Generalstreik gegen die „ungläubige" Regierung verbunden – nach syrischen Maßstäben eine Kriegserklärung, die ihre Wirkung auf das Regime nicht verfehlte.

Patrick Seale weist in seiner Assad-Biographie, die unter persönlicher Mitarbeit des Präsidenten entstand, darauf hin, daß Assads aggressiver jüngerer Bruder Rifaat auf dem Kongreß der Baath-Partei um die Jahreswende 1979/1980 zum uneingeschränkten Krieg gegen die Moslembruderschaft aufrief. (Rifaat war der Kommandeur der *Saraya el-Difa* oder „Verteidigungskompanien", einer schwerbewaffneten, von Alawiten beherrschten Prätorianergarde, deren einzige Aufgabe darin bestand, das Assad-Regime vor innenpolitischen Gegnern zu schützen.) Stalin habe zehn Millionen Menschenleben geopfert, um die bolschewistische Revolution zu erhalten, und Syrien müsse zu einem ähnlichen Opfer bereit sein. Seale fügt hinzu, daß Rifaat „seine Bereitschaft erklärte, ‚hundert Kriege zu führen, eine Million Festungen zu schleifen und eine Million Märtyrer zu opfern', um die Moslembruderschaft zu besiegen".

Es war wahrlich kein Kampf für Zartbesaitete. Am 26. Juni 1980 – Präsident Assad wollte gerade im offiziellen Gästepalast der Regierung das Staatsoberhaupt von Mali empfangen – schleuderten Attentäter zwei Handgranaten auf ihn und gaben eine Salve aus einer Maschinenpistole auf ihn ab. Assad kam mit einer Fußverletzung davon – dank seines Leibwächters, der die eine Handgranate unschädlich machte, während er selbst die andere mit einem Fußtritt aus der Gefahrenzone beförderte. Die Vergeltung ließ nicht lange auf sich warten. Um drei Uhr morgens in der folgenden Nacht wurden um die achtzig Mitglieder von Rifaats Verteidigungskompanien zum Gefängnis in Tadmur geschickt, in dem Hunderte von Moslembrüdern einsaßen. Laut Amnesty International wurden die Soldaten „in Zehnergruppen aufgeteilt und erhielten ... den Befehl, die Gefangenen in ihren Zellen und Schlafsälen zu töten. Zwischen sechshundert und tausend Gefangene sollen ermordet worden sein ... Nach dem Massaker wurden die Leichen in einem Massengrab außerhalb des Gefängnisses begraben."

Ein ganzes Jahr lang waren unangekündigte Razzien in Aleppo, Hama und anderen Hochburgen der Moslembruderschaft beinahe an der Tagesordnung. Immer wieder wurden dabei Jugendliche, die man verdächtigte, mit dem islamischen Untergrund in Verbindung zu stehen, gleich am Straßenrand exekutiert. Nicht selten geschah es, daß die Einwohner von Hama, wenn sie des Morgens erwachten, auf einem Bürgersteig oder einem ganzen Platz zahlreiche kugeldurchsiebte Leichen vorfanden. Älteren islamischen Geistlichen wurden bisweilen die Bärte abgebrannt, oder man zwang sie, auf den Straßen zu tanzen und Präsident Assad ein „langes Leben" zu wünschen – was freilich noch harmlos war im Vergleich zu dem, was jene Bedauernswerten erwartete, die das Pech hatten, in ein Regierungsgefängnis eingeliefert zu werden.

In dem von Amnesty International zitierten Bericht eines inhaftierten Studenten aus Aleppo heißt es: „Die Person, die gefoltert werden soll, wird zunächst gezwungen, sich nackt auszuziehen. In der Folterkammer befinden sich eine elektrische Anlage, ein russisches Instrument zum Ausreißen von Fingernägeln, verschiedene Zangen und Scheren, die dazu geeignet sind, Fleischbrocken aus dem Körper zu schneiden, sowie ein Apparat mit der Bezeichnung ‚Schwarzer Sklave', auf den sich das Folteropfer sezten muß. Wenn der Apparat eingestellt wird, dringt ein heißer, spitzer Metallspieß in den After ein und brennt sich bis in den Darm vor. Dann wird er herausgezogen, und die Tortur beginnt von neuem."

Die Moslembruderschaft zahlte mit gleicher Münze zurück. Am 29. November 1981 schrieb ihnen das Assad-Regime die Verantwortung für eine Autobombe zu, bei deren Explosion im Zentrum von Damaskus vierundsechzig unschuldige Passanten getötet und hundertfünfunddreißig verwundet wurden. Zwei Monate später, nurmehr wenige Wochen vor dem Massaker von Hama, deckte Assad eine von der Moslembruderschaft inspirierte Verschwörung inner-

halb der syrischen Luftwaffe auf. Der syrische Geheimdienst Mu-
khabarat – allein bei der Erwähnung dieses Namens läuft jedem
Syrer ein kalter Schauer über den Rücken – fand beim Verhör der
beschuldigten Luftwaffenoffiziere offenbar heraus, daß zwischen
der Moslembruderschaft und den Verschwörern direkte Verbindungen bestanden.

Im Februar 1982 beschloß Präsident Assad, das Problem Hama ein
für allemal zu lösen. Mit seinen traurigen Augen und seinem ironi-
schen Grinsen kam Assad mir stets wie ein Mann vor, der schon
längst sämtliche Illusionen über die Natur des Menschen verloren
hat. Er regiert inzwischen länger als jeder andere syrische Machthaber der Nachkriegsära. Das gelang ihm, weil er sich immer an seine
eigenen Regeln hielt. Seine eigenen Regeln aber waren, wie ich
erkannte, die Regeln von Hama.

Der genaue Ablauf der Ereignisse im Februar 1982 ist bis heute
nur unzureichend bekannt. Während des Massakers durfte kein
Journalist die Stadt betreten. Die Überlebenden verstreuten sich
oder waren so sehr eingeschüchtert, daß kein Wort über ihre Lippen
kam. Die Assad-Regierung weigert sich, über die Geschehnisse zu
sprechen. Die folgende Schilderung basiert auf fünf Quellen: westlichen Diplomaten in Damaskus, meinem eigenen Besuch in Hama,
dem Bericht von Amnesty International, einer Analyse aus der Feder
von Ehud Yaari, dem für arabische Angelegenheiten zuständigen
Korrespondenten des israelischen Fernsehens, die sich zum Teil auf
israelische Geheimdienstberichte stützt und im August 1985 in dem
Magazin *Monitin* veröffentlicht wurde, sowie auf einem arabischen
Buch mit dem Titel *Hama: Die Tragödie unserer Zeit,* das 1984 in
Kairo bei Dar al-I'tisam erschien, dem Verlag der ägyptischen Moslembruderschaft. Es ist die ausführlichste Schilderung des Massakers von Hama, nüchtern – obwohl eindeutig aus der Perspektive
der Moslembrüder verfaßt.

Westlichen Diplomaten in Damaskus zufolge übergab Präsident
Assad die Verantwortung für die Unterwerfung Hamas an seinen
Bruder Rifaat, dessen erster Schritt – laut Ehud Yaari – darin bestand, in aller Stille eintausendfünfhundert Angehörige seiner Verteidigungskompanien in verschiedene Gebäude in Hama einsickern
zu lassen, darunter ein Stadion, eine Kaderschule der Baath-Partei
und ein Kulturinstitut. Zur gleichen Zeit errichteten weitere eintausendfünfhundert Kommandosoldaten der unter dem Befehl von
Oberst Ali Haydar stehenden Sondertruppen am Stadtrand von
Hama ein Zeltlager und bauten dort einen Hubschrauberlandeplatz.
Außerdem wurden Einheiten des Geheimdienstes und Teile der mit

T-62-Panzern ausgerüsteten 47. Unabhängigen Bewaffneten Brigade unter dem alawitischen Oberst Nadim Abbas in der Stadt und ihrer Umgebung stationiert.

Am Dienstag, den 2. Februar 1982 um ein Uhr morgens begann die „Säuberung" Hamas. Wie es heißt, war es eine kalte, regnerische Winternacht. Die Einwohner Hamas hatten sich in ihre Häuser und Wohnungen zurückgezogen, die überwiegend mit Dampfheizungen oder Ölöfen geheizt wurden. Zu Beginn der Operation umzingelten fünfhundert Soldaten der Verteidigungskompanien zusammen mit einem großen Aufgebot an Mukhabarat-Agenten das alte Stadtviertel Barudi am Westufer des Orontes. Dort lebten in einem Gewirr enger Straßen und bogenüberspannter Gassen die frommsten Bürger der Stadt. Das modernere Ostufer mit dem Hauptbasar und den von der Regierung errichteten Apartmenthäusern für Staatsbedienstete war nie ein solcher Unruheherd wie Barudi gewesen.

Anscheinend führten die syrischen Offiziere, als sie in Barudi einrückten, Namens- und Adressenlisten mit sich, auf denen vermutete Schlupfwinkel und Waffenlager der moslemischen Rebellen verzeichnet waren. Aber sie kamen nicht viel weiter als bis zur ersten Anschrift. Nach Auskunft westlicher Diplomaten in Damaskus waren die in Barudi wohnhaften Moslembrüder vorab vor der geplanten Attacke der Regierungstruppen gewarnt worden und hatten daher Wachen auf den Hausdächern aufgestellt. Als sich die Soldaten tief genug im Spinnennetz der Gassen verfangen hatten, wurde Alarm geschlagen, und dann mähten die Moslembrüder unter rhythmischen *Allahu-akbar*-Rufen – „Gott ist größer" (als der Feind) – die Eindringlinge mit Maschinengewehrgarben nieder. Eine andere Gruppe errichtete auf der Orontes-Brücke eine Barrikade, um syrischen Truppen, die zur Verstärkung kamen, den Weg ans Ostufer abzuschneiden. Auch in den benachbarten Stadtvierteln wurden die Verteidigungskompanien angegriffen, so daß im Morgengrauen alle syrischen Truppen zum Rückzug gezwungen waren. Ihre Toten nahmen sie mit.

Über die Mikrofone hoch oben auf den Minaretts der Moscheen wurde alsbald die Kunde vom erfolgreichen Widerstand Barudis verbreitet. Hama, so hieß es, solle nun „befreit" werden. Das Assad-Regime war ins Stolpern geraten, und die Moslembruderschaft hielt den Augenblick für gekommen, ihm den Todesstoß zu versetzen. Der Ruf nach dem *dschihad,* dem „Heiligen Krieg" gegen Assad und seine Baath-Partei, hallte durch Hama.

Im Morgengrauen des 2. Februar wurden in höchster Eile weitere Regierungstruppen nach Hama verlegt. Die Zahl der Soldaten ging in die Tausende. Die 47. Bewaffnete Brigade erhielt den Befehl, in die Stadt einzumarschieren. Am Vormittag rief der Befehlshaber der Moslembruderschaft, Scheich Adib el-Kaylani, seine Männer auf, den Untergrund zu verlassen, die Gewehre aus den Geheimverstecken zu holen und das „ungläubige" Assad-Regime zu stürzen. El-Kaylani hoffte anscheinend auf einen Volksaufstand. Er sagte seinen Gefolgsleuten, es sei besser, als Märtyrer auf dem „Altar des Islam" zu sterben, als vor der sicheren Hinrichtung noch Gefangenschaft und Folter zu erdulden. Zum erstenmal seit Beginn der Auseinandersetzung zwischen der Moslembruderschaft und dem Assad-Regime stand eine offene Schlacht Mann gegen Mann bevor. Beiden Seiten war klar, daß es in dieser Schlacht um alles oder nichts ging.

Zunächst lag die Initiative bei der Moslembruderschaft und ihren Helfern aus Kreisen der weltlichen Jugend Hamas. Sie griffen die Verteidigungsbrigaden am Stadtrand an und errichteten Straßensperren aus Steinblöcken und Unrat aller Art. „Erhebt euch und vertreibt die Ungläubigen aus Hama!" tönte es wieder und wieder von den Minaretts. Und dann verübten sie ihr eigenes kleines Massaker. Westliche Diplomaten in Damaskus berichteten, daß Sturmtrupps der Moslembrüder durch die Straßen liefen, Polizeistationen und das örtliche Waffenlager plünderten und schließlich die Wohnungen führender Politiker der Baath-Partei stürmten. Mindestens fünfzig Regierungs- und Parteifunktionäre wurden in ihren Betten oder Wohnzimmern erstochen oder von Maschinengewehrsalven getötet. Mukhabarat-Agenten, die das Pech hatten, durch die falschen Wohnviertel zu fahren, wurden von marodierenden Jugendlichen aus ihren Fahrzeugen gezerrt und gleich am Straßenrand niedergemetzelt.

Die Armee ließ weitere Verstärkung anrucken – vor allem Panzer, um die Straßensperren der Rebellen zu durchbrechen, und Hubschrauber, deren Besatzungen die Aufgabe hatten, die Soldaten aus der Luft vor neuen Hinterhalten der Moslembruderschaft zu warnen. Andere Einheiten erhielten den Befehl, die Telefon- und Telegrafenleitungen zu kappen, die Hama mit der Außenwelt verbanden.

Am Morgen des 3. Februar versuchten die Panzer der Regierungstruppen, in die gewundenen Straßen und Gassen jener Stadtviertel einzudringen, die von der Bruderschaft besetzt waren. Da sie mitten in einer Stadt und auf sehr kurze Distanz operierten, durften die Panzer zunächst nur die schweren Maschinengewehre auf ihren Türmen einsetzen. Mit Molotowcocktails und raketengetriebenen Granaten wehrten sich die Kommandos der Moslembruderschaft jedoch sehr erfolgreich. In jener Nacht muß Rifaat zu dem Schluß gekommen sein, daß die Rebellion nur mit einem militärischen Großeinsatz niederzuschlagen sei. Er setzte nun auch die 21. Mechanisierte Brigade ein, um die Schlacht um Hama für sich zu entscheiden. Bevor der alawitische Kommandant der Einheit, Fuad Ismail, den Einmarsch in die Stadt befahl, wurden alle aus Hama stammenden Soldaten und Offiziere der Brigade in andere Einheiten versetzt.

Nach den Angaben der Bruderschaft rückten am 4. Februar mehr als zwanzig Panzer über die Said-ibn-al-A'as-Straße in die Stadt ein und feuerten mit ihren Kanonen wahllos auf Barrikaden und Wohnhäuser. Ein mehrstöckiges Gebäude ging in Flammen auf, die große Moschee in der Mitte der Straße brach unter dem Sperrfeuer zusammen. Innerhalb weniger Stunden waren rund um die Straßensperren die meisten Gebäude zerstört. Danach änderte Rifaat seine Taktik: Er versuchte nicht mehr, einzelne Widerstandsnester der Moslembruderschaft auszuheben, sondern ließ ganze Stadtviertel dem Erdboden gleichmachen. Die Bewohner, ob Moslembrüder oder nicht, wurden unter den Trümmern ihrer Häuser begraben. Neben Panzern und Kampfhubschraubern kamen dabei auch die Armee-Einheiten zum Einsatz, die die Stadt umzingelt hielten: Sie nahmen die Stadtteile Barudi, Kaylani, Hadra und Khamidia unter Artilleriebeschuß. Nach ihren eigenen Angaben fing die Bruderschaft einen Funkspruch ab, in dem Rifaat zu einem seiner Offiziere sagte: „Ich möchte kein einziges Haus sehen, das nicht in Flammen steht."

Nach allem, was ich später zu sehen bekam, wurde Rifaat nicht enttäuscht. Praktisch jedes Gebäude in Hama war auf die eine oder andere Weise beschädigt. Hamas berühmteste archäologische Ausgrabungsstätte, die zwölfhundert Jahre alten Paläste der Familie Kaylani am Ufer des Orontes, war verwüstet. Bei den Moscheen waren nahezu ausnahmslos die Minaretts abgesprengt – was sich dadurch erklärt, daß sich auf ihnen die Heckenschützen der Moslembrüder verschanzt hatten.

Trotz der harten Linie der Armee gelang es der Bruderschaft, in der Zeit vom 7. bis 17. Februar zahlreiche Stellungen am Westufer zu halten. Ihr Kommandant, Scheich el-Kaylani, war ständig von einer Kampfgruppe zur anderen unterwegs, feuerte sie an und las mit ihnen Korantexte. Wiederholt schlugen die Moslembrüder syrische Kommandotrupps zurück, die in die dichtbevölkerten Wohnviertel eindringen wollten.

Auf dem Ostufer, das die Moslembruderschaft hatte aufgeben müssen, plünderte die syrische Armee die von ihr „befriedeten" Stadtteile, sofern es in den zerstörten Häusern überhaupt noch etwas zu plündern gab. Angeblich wurden lange Lastwagenkonvois beobachtet, die schwerbeladen mit gestohlenen Einrichtungsgegenständen davonfuhren. Die Bruderschaft gibt an, ein von ihr getöteter syrischer Offizier habe 3,5 Millionen Syrische Pfund (damals ungefähr eine Million US-Dollar) bei sich getragen. Ganze Familien wurden anscheinend aus ihren Wohnungen gezerrt und auf der Straße erschossen, nur weil eines ihrer Mitglieder vom syrischen Geheimdienst der Kooperation mit der Moslembruderschaft verdächtigt wurde. Einige Zivilisten versuchten, durch die Kanalisation zu entkommen oder durch Bestechung den Ring aus Stahl zu durchbrechen, den die syrische Armee um die Stadt gelegt hatte, doch nur wenige hatten damit Erfolg.

Am 17. Februar wurde der Oberbefehlshaber der Moslembruderschaft, Scheich el-Kaylani, durch eine explodierende Granate getötet. Trotzdem dauerte es weitere zehn Tage, bis die Armee die letzten Widerstandsnester in Barudi ausgeräumt hatte. Am 22. Februar ließ die syrische Regierung über den Rundfunk ein an Präsident Assad gerichtetes Telegramm verlesen. Darin versicherte die lokale Organisation der Baath-Partei dem Präsidenten ihre Unterstützung und berichtete, daß die Kämpfer der Moslembruderschaft Baath-Funktionäre ermordet und ihre verstümmelten Leichen auf der Straße liegengelassen hätten. Darüber hinaus hieß es, daß die Sicherheitskräfte harte Vergeltungsmaßnahmen gegen die Moslembrüder ergriffen hätten, „so daß sie nie wieder atmen werden".

In den nächsten Wochen rechnete das Assad-Regime endgültig mit Syriens viertgrößter Stadt ab, und viele weitere Menschen mußten sterben. Vermutlich forderte diese Phase sogar die meisten Opfer. Techniker der syrischen Armee sprengten in den zuvor von der Bruderschaft beherrschten Gebieten Zug um Zug sämtliche Gebäude in die Luft, die noch stehengeblieben waren – ohne Rücksicht darauf, ob sich Menschen darin aufhielten. Die Altstadt von Hama, der Marktplatz, die Handwerkerviertel und Moscheen, also das gesamte gesellschaftliche Umfeld der Moslembruderschaft, wurden dem Erdboden gleichgemacht. Viele der Überlebenden, denen es nicht gelungen war zu fliehen, wurden in rasch errichtete Lager des Geheimdiensts eingeliefert und verhört. Nach Angaben der Bruderschaft drohte jedem Gefangenen, der nicht reden wollte, der mit Eisendornen versehene „Salomonsstuhl". Folter und Verhöre wurden, laut Yaari, von Oberst Mohammed Nassif überwacht, einem Mitarbeiter Rifaats.

Mit Bulldozern ließ Rifaat die Ruinen abbrechen, mit Dampfwalzen die Trümmerhaufen einebnen, bis sie aussahen wie Parkplätze.

Sowohl Amnesty International als auch die Moslembruderschaft berichten, daß Gefangene, die man regierungsfeindlicher Umtriebe verdächtigte, gruppenweise aus den Lagern geholt und mit Maschinengewehren niedergemäht wurden. Die Leichen warf man in zuvor ausgehobene Gruben und bedeckte sie mit Erde. Amnesty zitiert außerdem Darstellungen, nach denen Blausäuregas durch Gummischläuche in Häuser eingeleitet wurde, in denen man Aufständische vermutete. Dabei kamen alle Hausbewohner um. Nahezu die gesamte religiöse Führungsschicht in Hama – von Scheichs bis hin zu Lehrern und den Hausmeistern der Moscheen – wurde, soweit sie die Schlacht um die Stadt überlebt hatte, im nachhinein liquidiert. Die meisten oppositionellen Gewerkschaftsführer erlitten das gleiche Schicksal.

Von Beginn der Militäraktion am 2. Februar an war die Stadt für Journalisten absolut verboten, und die syrische Regierung weigerte sich, irgendwelche genaueren Auskünfte über die Geschehnisse in Hama zu geben. Anfang März, nach Beendigung der Aktion, zogen die syrischen Behörden Koranschüler aus den Dörfern der Umgebung zusammen und ließen sie die Straßen von Blut und liegengebliebenen Leichen reinigen.

Als ich Ende Mai nach Hama kam, sah ich, daß drei Stadtviertel – ein jedes ungefähr so groß wie vier Fußballfelder – vollkommen niedergewalzt waren.

Der Taxifahrer, mit dem ich unterwegs war, fuhr mich durch eines der betroffenen Gebiete, das sich über die Hänge oberhalb der noch immer grünen Uferböschung des Orontes erstreckte. In der Mitte hielten wir an und stiegen aus. Einen Augenblick lang überkam mich eine Art Schwindelgefühl – so wie einst als kleiner Junge in Minnesota, wenn wir im Winter mit dem Wagen zum Eisfischen auf einen zugefrorenen See hinausfuhren. Das Gefühl sagte mir: Du stehst auf etwas, worauf du eigentlich nicht stehen solltest. Ich stocherte mit dem Fuß im Erdreich und förderte einen Tennisschuh zutage, ein zerrissenes Buch, einen Kleiderfetzen. Anderswo ragten Holzreste oder Stahlbetonverstrebungen aus dem staubigen Boden. Als wir weiterfuhren, fiel uns ein gebeugter alter Mann im grünen Umhang auf, der langsam über das Feld des Todes schlurfte.

Wir blieben stehen. „Wo sind denn all die Häuser hin, die früher hier standen?" fragten wir den Alten.

„Unter den Rädern eures Autos", sagte er.

„Und die Leute, die hier lebten?"

„Wahrscheinlich auch unter den Rädern eures Autos, zumindest einige von ihnen", murmelte er und schlurfte weiter.

Doch auch die Regeln von Hama haben ihre Logik. In den darauffolgenden Jahren verwandte ich viel Zeit darauf, diese Logik zu ergründen. Am ehesten begreift man die Ereignisse von Hama, wenn man berücksichtigt, daß die Politik im Nahen Osten aus drei verschiedenen Traditionen gespeist wird.

Die erste und die älteste dieser Traditionen ist die „stammesähnliche" Politik. Unter diesem Ausdruck verstehe ich eine prämoderne Form der politischen Interaktion, die durch ihre ganz aufs Überleben ausgerichtete Härte charakterisiert ist und auf sehr engen, ursprünglichen oder familiären Treueverhältnissen beruht. In manchen Fällen handelt es sich bei den herrschenden oder die Herrschaft anstrebenden Gruppen im Nahen Osten tatsächlich um einen Stamm, manchmal aber auch um einen Clan, eine religiöse Sekte, eine Dorf- oder Regionalgemeinschaft, um Freundesgruppen aus einem bestimmten Stadtviertel, eine Armee-Einheit oder aber um eine Kombination aus mehreren solcher Gruppen. All diesen Verbindungen gemein ist ein stammesähnliches Solidaritätsgefühl, ein totales Aufeinandereingeschworensein und eine gegenseitige Loyalität, die stärker ist als alle Bindungen an die Nation oder den Staat.

Am besten läßt sich der Einfluß des Stammesdenkens auf die nahöstliche Politik verstehen, wenn man sich das Phänomen in seiner reinsten und ursprünglichsten Form, dem Leben der nomadischen Beduinen, vor Augen führt. Clinton Bailey, ein israelischer Experte für die Beduinen des Sinai und der Negev-Wüste, hat darauf hingewiesen, daß das Leben in der Wüste stets von zwei Hauptfaktoren bestimmt war: Zum einen waren die Wasserreserven und die Weideflächen derart begrenzt, daß „jeder Mensch zum Wolf werden und bereit sein mußte, auf Kosten des anderen Stammes zu überleben. Es gab einfach nicht genug Brunnen und nicht genug Gras, um jederzeit alle Ansprüche zu befriedigen. Oft genug hieß es am Ende: Wer bekommt den letzten Grashalm? Und da tat man gut daran, der Stärkere zu sein. Dies bedeutete, daß jedermann gleichzeitig Jäger und Beute war."

Zum anderen gab es in der Wüste nie einen unabhängigen Vermittler oder eine Regierung, die im Konfliktfall als neutrale Schlichter auftreten oder entsprechenden Gesetzen Geltung verschaffen konnten. Die Familie, der Clan, der Stamm waren bei der Suche nach Weideland auf sich selbst gestellt. In den Wadis und Canyons der Wüste patrouillierten keine Streifenwagen der Polizei; es gab keinen telefonischen Notruf, den man bei Bedarf anwählen konnte. Wer sich und die Seinen schützen wollte, war auf die eigene Findigkeit angewiesen.

In einer so einsamen Welt überlebte man nur, wenn es gelang, dem Gegner eindeutig klarzumachen, daß ihn jeder gewaltsame Übergriff teuer zu stehen kommen würde. Und diese Botschaft vermittelte man seiner Umwelt primär dadurch, daß man sich in Bündnissen zusammenschloß. Keimzelle derartiger Allianzen war die Blutsverwandtschaft, das heißt die Familie, doch bezog man alsbald auch den Clan, den Stamm und schließlich auch andere Stämme mit ein. Es stand für jeden Beduinen außer Frage, daß in einer Welt, die wie die seine beschaffen war, verwandtschaftliche Bande unbedingt und vor allen anderen Verpflichtungen geachtet werden mußten. Wer gegen diese Grundregel verstieß, verlor seine Ehre. Daher auch das Sprichwort der Beduinen: „Ich und mein Bruder gegen unseren Cousin; ich, mein Bruder und mein Cousin gegen den Fremden." Um größer zu erscheinen, als sie tatsächlich waren, bevorzugten im Libanon und in Jordanien viele Stämme die Pluralform ihres Namens.

Doch selbst diese Schutzmaßnahme reichte nicht aus. Oft genug kam es vor, daß man, fernab von Familie oder Stamm, irgendwo in der Wüste versprengt war – ein gefundenes Fressen für andere, die einem übelwollten. Es kam also darauf an, deutlich zu machen, daß jeder Angriff und jede noch so kleine Anfeindung bestraft würde – und zwar in unmißverständlicher Form. Jede Familie, jeder Clan und jeder Stamm in der Umgebung mußte wissen, was ihm im Fall von Übergriffen blühte. „Hände weg!" hieß das Credo. „Ich bin meine eigene Verteidigungsstreitmacht – und ich bin stark!"

Einem Stamm, der sich ein solches Renommee verschaffen wollte, standen zwei Möglichkeiten offen: entweder die Anwendung physischer Gewalt gegen den Aggressor oder aber der Rückgriff auf das Rechtssystem der Beduinen, welches eine gemeinsame Bestrafung des Übeltäters durch die Familien und Stämme eines Gebiets vorsah. Entscheidend war in allen Fällen, daß sich Familie, Clan oder Stamm den Ruf erwarben, von all jenen, die es wagten, eines ihrer Mitglieder in irgendeiner Weise zu demütigen, einen hohen Preis zu fordern – und diesen auch einzutreiben.

Natürlich kann ein Stamm seinen Rivalen auch Zugeständnisse machen – vorausgesetzt, es geschieht aus Großmut nach einem Sieg oder aber er hat zuvor auf andere Weise seine Stärke unter Beweis gestellt. Der ägyptische Präsident Anwar el-Sadat konnte seinen historischen Jerusalembesuch im November 1977 nur antreten, weil er vier Jahre zuvor die ägyptische Armee über den Suezkanal geführt und damit bewiesen hatte, daß er den Israelis gegenüber eine Position der Stärke einnehmen konnte. Es war kein Zufall, daß er nach seiner Rückkehr in einer Rede vor dem ägyptischen Parlament sein Volk immer wieder mit der Formulierung *Ya, sha'ab oktober* („O du Volk des Oktober") ansprach. Er spielte damit auf den ägyptischen Anfangserfolg im Oktoberkrieg 1973 an. Nur ein so siegreiches Volk kann Kompromisse schließen. Die Formulierung kam in Sadats Rede nicht weniger als achtzehnmal vor.

Es ist jedoch in der Wüste nicht üblich, sich unfreiwillige Zugeständnisse abringen zu lassen. Wem die Hälfte seiner Wasservorräte gestohlen wird, der darf nie sagen: „Na gut, diesmal drücke ich ein Auge zu, aber laß dich ja nicht noch einmal erwischen!" Denn wer in einer Welt der einsamen Wölfe als Schaf gilt, hat es schwer – wie auch die Beduinenlegende vom alten Mann mit dem Truthahn belegt:

Es war einmal ein alter Mann, der herausfand, daß Truthahnfleisch seine Manneskraft wiederherstellen konnte. Also kaufte er sich einen Truthahn, hielt ihn in der Umgebung seines Zelts und sah zu, wie er Tag für Tag größer und schwerer wurde. Er fütterte ihn nach Kräften und dachte bei sich: Ich werd' noch ein rechter Stier, wenn's soweit ist. Doch dann wurde ihm eines Tages der Truthahn gestohlen. Der Beduine rief seine Söhne zusammen und sagte zu ihnen: „Kinder, wir schweben in großer Gefahr, in entsetzlicher Gefahr. Mir wurde mein Truthahn gestohlen!" Die Söhne aber lachten nur und fragten: „Vater, wozu brauchst du denn einen Truthahn?", worauf er erwiderte: „Darüber zerbrecht euch mal nicht den Kopf, denn darauf kommt es gar nicht an. Entscheidend ist, daß er gestohlen wurde und daß wir ihn unbedingt wiederbekommen müssen." Doch seine Söhne hörten nicht auf ihn und vergaßen den Truthahn. Ein paar Wochen später wurde das Kamel des alten Mannes gestohlen. Seine Söhne kamen zu ihm und sagten: „Vater, dein Kamel wurde gestohlen. Was sollen wir tun?" Worauf der alte Mann sagte: „Findet meinen Truthahn!" Wieder ein paar Wochen später wurde auch sein Pferd gestohlen, und als die Söhne kamen und ihn um Rat fragten, lautete seine Antwort erneut: „Findet meinen Truthahn!" Einige Wochen darauf wurde schließlich seine Tochter vergewaltigt. Da ging der Vater zu seinen Söhnen und sagte: „All dies geschah nur wegen des Truthahns. Als die Diebe sahen, daß sie ungestraft meinen Truthahn stehlen konnten, war alles schon verloren."

Hama war Hafis Assads Truthahn. Ihm war von Anfang an klar, daß es sich bei der Auseinandersetzung um Hama im Grunde genommen um einen Stammeskonflikt zwischen seiner Alawitensekte und der sunnitischen Moslembruderschaft handelte. Er wußte genau: Sobald die Moslembruderschaft auch nur in einem einzigen Stadtviertel von Hama die Oberhand behielt, würde Alawitenblut fließen. Und in den nächsten Tagen würden Sunniten und andere Regimegegner überall in Syrien über die Alawiten herfallen. Aus diesem Grund beschränkte sich Assad nicht darauf, den Aufruhr niederzuschlagen und die Rebellen hinter Schloß und Riegel zu bringen, sondern nahm Rache und kostete sie aus. Und mit dem Waffenarsenal des zwanzigsten Jahrhunderts nahm sein Rachefeldzug so fürchterliche Formen an, daß jeder Syrer bis ins Mark erschüttert wurde.

Ein libanesischer Geschäftspartner Rifaat Assads berichtete einem Freund von mir über ein Gespräch mit dem syrischen General.

„Wie ich höre, habt ihr in Hama siebentausend Menschen umgebracht", hatte der Geschäftsmann zu Rifaat gesagt.

Normalerweise würde jeder Politiker versuchen, entsetzliche Ereignisse dieser Art herunterzuspielen. Doch Rifaat wußte genau, worum es in Hama gegangen war, und antwortete: „Siebentausend? Wie kommen Sie denn darauf? Nein, nein – es waren achtunddreißigtausend!"

Rifaat sei ganz offensichtlich stolz auf diese Zahl gewesen, meinte der Geschäftsmann. Allenfalls lag ihm daran, sie noch ein wenig aufzublähen. Er wußte, daß in einer von Stammesgegensätzen geprägten Gesellschaft wie Syrien der Grundsatz „fressen oder gefressen werden" gilt – und handelte danach. Und ihm lag sehr daran, daß all seine Feinde und Freunde genau über sein Tun Bescheid wußten. Ganz im Sinne Machiavellis ging Rifaat davon aus, daß es in einer Welt voller einsamer Wölfe allemal sicherer ist, gefürchtet als geliebt zu werden.

Hama ist kein Einzelfall. Auch anderswo reagierten arabische Regime auf die Bedrohung ihrer Macht gemäß dem Stammesdenken. Im März 1988 bereiteten dem irakischen Päsidenten Saddam Hussein Kurdenstämme im Nordosten seines Landes einiges Kopfzerbrechen. Schon seit Jahren bemühten sich die Kurden mit Unterstützung des Iran um mehr Unabhängigkeit. Als die Kurden ihre Aktivitäten wieder verstärkten, war Saddam gerade anderweitig beschäftigt: Er führte Krieg gegen den Iran und wollte deshalb keine größeren Truppenkontingente an die kurdische Front verlegen. So schickte er einfach ein paar Flugzeuge ins Kurdengebiet und ließ die Stadt Halabdscha samt einigen umliegenden Dörfern mit Sprengköpfen bombardieren, die eine Mischung aus Senf- und Blausäuregas enthielten. Nach Berichten von Reportern, die danach die Stadt besuchten, kamen bei dem Angriff zumindest einige hundert, wahrscheinlich aber sogar mehrere tausend Männer, Frauen und Kinder ums Leben. Sie erstickten, oder die weißgelbe Gaswolke, die ohne jede Vorwarnung über sie gekommen war, verätzte ihnen die Lungen. Selbst die Katzen starben. Der Einsatz chemischer Waffen gegen die Kurden gilt als eine der größten Giftgasattacken seit 1917, als die Deutschen mit einer vergleichbar mörderischen Wolke die Stadt Ypern buchstäblich auslöschten.

Die Ursache für die zahlreichen stammesartigen Konflikte, die heute im Nahen Osten ausgetragen werden, liegt darin, daß sich die meisten Menschen in diesem Teil der Welt – einschließlich der israelischen Juden – bis heute noch nicht ganz von ihren ursprünglichen Identitäten gelöst haben, obwohl sie mittlerweile in Staaten leben, die zumindest oberflächlich wie moderne Nationalstaaten aussehen. In Wirklichkeit sind all diese relativ neuen Nationalstaaten in vielfacher Hinsicht nach wie vor Abstraktionen. So erklärt sich, daß Hafis el-Assad als Präsident Syriens imstande war, die Ermordung von zwanzigtausend Mitbürgern anzuordnen: Im Grunde sah er in den sunnitischen Einwohnern Hamas eben *keine* Mitbürger, sah er in ihnen nicht die Angehörigen seiner Nation. Er sah sie als Angehörige eines fremden Stammes, als Fremde in der Wüste, die ihm seinen Truthahn stehlen wollten.

Die zweite tiefverwurzelte politische Tradition im Nahen Osten, die auch in Hama zum Tragen kam, ist die autoritäre Herrschaftsform, das heißt die Konzentration der Macht in Händen einer Person oder einer Elite, die an keinerlei konstitutionellen Rahmen gebunden ist.

Der traditionelle autoritäre Herrscher im Nahen Osten erbte oder übernahm eine Macht, die sich von vornherein auf das Schwert stützte und von den Untertanen strikten Gehorsam erwartete. Die lange Tradition autoritärer Strukturen in der nahöstlichen Politik steht in engem Zusammenhang mit den alten Stammesbindungen. Die ursprüngliche, am eigenen Stamm orientierte Loyalität beherrschte die Identität und die politischen Einstellungen der Menschen im Nahen Osten so stark, daß sie nur selten aus eigenem Antrieb Nationalstaaten gründeten. Die sich ständig befehdenden Stämme, Clans, Sekten, Stadtviertel, Städte und Regionen fanden keinen Weg, die Intimität und den inneren Zusammenhang ihrer jeweiligen Gruppen mit den Anforderungen eines von neutralen Regeln und Wertvorstellungen geprägten Nationalstaats in Einklang zu bringen. Es gelang ihnen einfach nicht, sich auf den dazu erforderlichen Mindestkonsens zu einigen. Clans oder Sekten, die freiwillig dazu bereit waren, sich von anderen Gruppen regieren zu lassen, waren seltene Ausnahmen.

Infolge dieser Entwicklung konnte es immer wieder geschehen, daß ein größerer arabischer Stamm oder eine militärische Organisation mit rein physischer Gewalt die Stämme und Städte einer anderen Region unterwarf. Ein Beispiel dafür bieten die Umaiyaden, die im siebten Jahrhundert von der Arabischen Halbinsel aus die Levante eroberten. Auch nicht-arabische Invasoren wie Perser, Mongolen oder osmanische Türken verhielten sich so. In all diesen Fällen wurde den Unterlegenen eine autoritäre Herrschaft aufgezwungen. Der Herrscher selbst war oft ein Fremder – eine furchterregende Schreckensgestalt, der man am besten aus dem Wege ging. Man unterwarf sich ihm, rebellierte bisweilen auch gegen ihn – nur lieben tat man ihn höchst selten. Zwischen Herrscher und Beherrschten bestand gemeinhin eine tiefe Kluft.

Es entwickelten sich zwei deutlich voneinander unterscheidbare Erscheinungsformen der autoritären Herrschaft, von denen ich die eine als die „sanfte" und die andere als die „brutale" bezeichne. Exemplarisch für die „sanfte" Form war das Osmanische Reich, das vom frühen sechzehnten Jahrhundert bis zum Beginn des Ersten Weltkriegs existierte. Die Begründer der Dynastie setzten ihre Autorität im arabisch-islamischen Raum mit Gewalt durch. Mit der Zeit gewannen jedoch die osmanischen Herrscher durch Frömmigkeit, gute Taten und verantwortungsvolle Regierungsarbeit in den Augen ihrer Untertanen zunehmend an Legitimation. Die Herrschaft des Schwerts wurde mehr und mehr durch eine Art „Herrschaft des Dialogs" ersetzt, die in mancher Hinsicht die autoritäre Tradition entschärfte. Mit wachsender Akzeptanz beim Volk schwand die Neigung der osmanischen Machthaber, ihre autoritäre Herrschaft durch Gewaltmaßnahmen aufrechtzuerhalten. Statt dessen versuchten sie, die Kluft zwischen sich und den Schlüsselsektionen der von ihnen beherrschten Gesellschaften zu überbrücken. Sie öffneten ihren Untertanen den Zugang zu bestimmten Pfründen und ließen ihren Feinden, anstatt sie physisch zu vernichten, immer noch Schlupfwinkel offen, um sie vielleicht eines Tages doch noch als Freunde zu gewinnen. Mit dieser Einstellung erwarben sich die osmanischen Sultane noch mehr Legitimität, die wiederum ihre Zurückhaltung förderte und ihnen die Möglichkeit gab, in engerer Übereinstimmung mit den heiligen Gesetzen des Islams zu regieren. (Wenn ich die osmanische Tradition als „sanfte" autoritäre Herrschaft bezeichne, so beziehe ich mich nur auf ihr „goldenes Zeitalter" und die gleichsam idealtypische Erscheinungsform. Später, als das Osmanische Reich bei zunehmender Dezentralisierung allmählich zu zerfallen begann, agierten einzelne Sultane und Provinzgouverneure genauso rücksichtslos wie die Vertreter der „brutalen" autoritären Herrschaftsform.)

Selbst die „sanftesten" osmanischen Herrscher waren sich stets der Tatsache bewußt, daß zur Aufrechterhaltung der Ordnung in den von rivalisierenden Sekten, Stämmen, Clans und regionalen Gruppierungen bewohnten Gebieten die Zügel bisweilen doch etwas straffer angezogen werden mußten, und sie zögerten nicht, entsprechend zu handeln. Die Herrschaft der Osmanen in Südpalästina und in der Negev-Wüste liefert dafür ein plastisches Beispiel. Das Gebiet war von notorisch streitsüchtigen Beduinenstämmen bewohnt. Fast das gesamte neunzehnte Jahrhundert hindurch wurde der Negev von Stammensfehden heimgesucht. Wie es heißt, gelang es erst im Jahre 1890 einem osmanischen Gouverneur namens Rustum Pascha, die Auseinandersetzungen zu beenden. Der Gouverneur war für seine Strenge bekannt – und trug den Spitznamen „Abu Dscharida". Die *dscharida* ist der Stiel eines Palmblatts, mit dem Rustum Pascha widerspenstige Beduinen zu züchtigen pflegte.

Nicht jeder Autokrat im Nahen Osten erfreute sich derselben Legitimation wie die osmanischen Sultane. Die Geschichte dieser Region kennt daher auch zahllose „brutale" autoritäre Herrscher, die sich bei der Aufrechterhaltung der Ordnung keineswegs nur auf die Palmblattrute verließen. Die meisten dieser brutalen Autokraten waren Berufssoldaten. Sie blieben nie lange genug im Amt, um sich das Vertrauen ihrer Untertanen zu erwerben, und griffen daher auf rein despotische, willkürliche und grausame Herrschaftsmethoden zurück, die in direktem Widerspruch zum islamischen Gesetz standen. Einer der ersten „brutalen" Autokraten in der Geschichte des Islam war der Gründer der Abbasiden-Dynastie, Abul-Abbas el-Saffah, der in den Jahren 750 bis 754 in Bagdad herrschte. Sein Beiname bedeutet „der Aderlasser". Er hatte ihn sich voller Stolz selbst verliehen, weil er wußte, daß er nicht mit der Unterstützung der von ihm beherrschten Araberstämme rechnen konnte. Die Untertanen sollten von vornherein wissen, daß niemand, der es wagte, den Machthaber herauszufordern, mit Nachsicht rechnen konnte. Der Scharfrichter war ein Mitglied des königlichen Hofes.

Die Geschichte des Nahen Ostens brachte so viele brutale Autokraten hervor, daß sich sogar eine eigenständige politische Rechtfertigungsideologie entwickelte – und dies, obwohl derartige Herrschaftsmethoden sämtlichen Grundsätzen des islamischen politischen Rechts, das eine faire, konsultative Regierung forderte, zuwiderliefen. Die nahöstliche Gesellschaftsstruktur wurde überwiegend von Kaufleuten geprägt. Unruhe und Chaos waren ihnen verhaßt. Sie befürchteten, daß bei Fortfall der Kontrolle von oben sogleich wieder die alten Fehden zwischen den Stämmen und Sekten aufflackern würden. In der islamischen politischen Theorie setzte sich aus diesem Grund mehr und mehr das Argument durch, daß es für die Gesellschaft allemal günstiger sei, Gehorsam zu üben – selbst gegenüber dem grausamsten ungläubigen Despoten ohne die geringste Legitimität, sofern er wenigstens für eine rudimentäre Ordnung sorgte. Alles war besser als die Verwüstungen, die ansonsten durch endlose interne Kämpfe zu erwarten waren. Ganz in diesem Sinne sagt ein altes arabisches Sprichwort: „Lieber sechzig Jahre Tyrannei als einen Tag Anarchie."

In seinem Buch *The Political Language of Islam* (1988) bemerkte der Historiker Bernard Lewis, daß „die (islamischen) Juristen und Theologen, welche diese Doktrin verkündigten, keineswegs so taten, als hießen sie die fragliche repressive Regierung gut oder achteten sie gar. Auch versuchten sie nicht, die Unterdrückungsmechanismen zu verschleiern. Ein in der modernen Forschung vielzitierter Satz des syrischen Juristen Ibn Dschama'a, der im späten dreizehnten und frühen vierzehnten Jahrhundert lebte, gibt den Sachverhalt ziemlich deutlich wieder: Zu einer Zeit, da es keinen Imam (geistiger und politischer Führer, der nach dem islamischen Gesetz regiert) gibt und eine unqualifizierte Person das Imamat anstrebt und das Volk mit Hilfe seiner Armeen unterdrückt . . . ist letzterem zu gehorchen, damit die Einheit der Moslems und der Friede unter ihnen gewahrt bleiben.' Und dies gilt selbst dann, wenn die betreffende Person grausam und böse ist."

Die autoritäre Tradition in ihren beiden Erscheinungsformen hat im Nahen Osten bis auf den heutigen Tag überlebt. In den homogensten arabischen Ländern wie Ägypten und Tunesien sowie dort, wo es den Herrschenden gelang, sich ein hohes Maß an Zustimmung im Volk zu erwerben – zum Beispiel in König Husseins Jordanien, König Hassans Marokko, König Fahds Saudi-Arabien und den Scheichtümern am Golf –, ist heute das Fortwirken der „sanften" autoritären Herrschaft osmanischer Tradition unverkennbar. Gewiß, auch in diesen Ländern ist das Schwert stets zur Hand, doch bleibt es im allgemeinen im Hintergrund. Die erwähnten Regime verfügen in den Augen ihrer Völker über so viel Legitimation, daß sie es sich leisten können, ihre Herrschaft mit der entsprechenden Zurückhaltung auszuüben: Politische Gegner werden in den Entscheidungsprozeß mit einbezogen und bisweilen sogar an der Macht beteiligt. Auch ein gewisses Maß an Rede- und Pressefreiheit wird gewährt. In diesen Ländern herrscht daher im allgemeinen eine recht entspannte Atmosphäre – vorausgesetzt, der Mann an der Spitze wird nicht herausgefordert.

In anderen arabischen Ländern, deren Gesellschaft in eine Vielzahl unterschiedlicher stammesartiger Sekten, Clans und Dorfgemeinschaften aufgesplittert ist und deren Herrschern es nicht gelang, ihren Machtanspruch ausreichend zu legitimieren – namentlich in Syrien, im Irak, im Libanon sowie im Nord- und im Südjemen –, hat sich die „brutale" autoritäre Tradition durchgesetzt. Zurückhaltung und Großmut sind ein Luxus der Selbstbewußten – die Herrscher in den genannten Ländern hingegen fühlen sich in ihren Positionen keineswegs sicher.

Es ist, glaube ich, kein Zufall, daß ausgerechnet in Ägypten und Tunesien, den beiden homogensten Ländern, die Fähigkeit, über sich selbst zu lachen, größer ist als anderswo im arabischen Raum. Den einzigen Witz, den ich je über den syrischen Präsidenten Assad hörte, erzählte mir ein Libanese: In Syrien ist „gewählt" worden. Ein Mitarbeiter kommt zu Assad und sagt: „Herr Präsident, Sie haben die Wahl mit einer Mehrheit von 99,7 Prozent gewonnen. Nur 0,3 Prozent der Bevölkerung haben gegen Sie gestimmt. Was wollen Sie mehr?" Worauf Assad erwiderte: „Die Namen."

Die Gefahr, die heutzutage von den brutaleren Formen der autoritären Herrschaft ausgeht, liegt darin, daß diese unsicheren, nervösen Autokraten auf die Bedrohung ihrer Macht nicht mehr nur mit einfachen Schwertern, geschweige denn mit Palmblattstielen reagieren, sondern mit chemischen Waffen, modernen Armeen und einem entsprechend weitreichenden Zerstörungspotential.

Womit wir wieder in Hama wären. Hama zeigte nicht nur, was geschieht, wenn zwei stammesartige Sekten – die Alawiten und die Sunniten – zum letzten Gefecht blasen; Hama führte uns auch vor Augen, was geschieht, wenn ein vor seinem eigenen Volk nicht ausreichend legitimierter nahöstlicher Autokrat einer Herausforderung seiner Autorität mit dem ungehemmten Einsatz modernster Waffen begegnet.

Assad in Syrien und Saddam Hussein im Irak haben länger überlebt als alle anderen modernen Autokraten in ihren Ländern. Assad ist seit 1970, Saddam seit 1968 an der Macht. Dies liegt nicht allein an ihrer Brutalität (viele ihrer Vorgänger waren genauso brutal wie sie), sondern auch an ihrer Raffinesse. Die beiden haben keine Freunde, sondern nur Agenten und Feinde. Sie unterhalten Sicherheitsdienste, die nicht nur die Nachbarländer ausspionieren, sondern auch die eigene Armee und das eigene Volk und die sich auch gegenseitig überwachen. Dabei steht ihnen die gesamte Technologie des zwanzigsten Jahrhunderts zu Gebote, so daß kein noch so entfernter Winkel des Landes von ihrer Kontrolle verschont bleibt. Sie verschwenden keine Zeit darauf, Juden, Kommunisten und andere ihnen verhaßte Menschen zu ermorden, sondern konzentrieren sich auf Leute, die ihnen unter Umständen gefährlich werden könnten, namentlich in ihrer nächsten Umgebung. Vor allem aber wissen sie, den entscheidenden Schlag gegen ihre Gegner genau zu terminieren, und erkennen, wie weit sie in einer bestimmten Situation gehen können, ohne sich zu übernehmen. Männer wie Assad und Saddam sind deshalb so gefährlich und ausdauernd, weil sie zwar Extremisten sind, aber genau wissen, wann sie aufhören müssen. Damit verkörpern sie einen recht seltenen Schlag. Die meisten Extremisten wissen *nicht*, wann sie aufhören müssen. Sie schlagen zu oft über die Stränge und bringen sich damit über kurz oder lang selbst zu Fall. Assad und Saddam hingegen wissen genau, wie man einem Gegner das Messer durch die Brust jagt und im nächsten Atemzug alle anderen Widersacher zum Essen einlädt.

Stammesdenken und autokratische Herrschaftsstrukturen können indessen Hama und die gegenwärtige nahöstliche Politik allein nicht erklären. Es spielt noch eine dritte Tradition mit hinein, eine Tradition, die Anfang des zwanzigsten Jahrhunderts von den letzten imperialen Invasoren in der Region, den Briten, Franzosen und Italienern, eingeführt wurde: die des modernen Nationalstaats.

Für den Nahen Osten mit seiner langen Tradition autokratischer Dynastien war das Konzept des Nationalstaats etwas völlig Neues. Im Machtbereich dieser weite Gebiete umfassenden Dynastien – gleichgültig, ob es sich dabei um die Osmanen, die Abbasiden oder sonstwen handelte – identifizierten sich die Menschen nicht mit dem Reich oder dem Land, in dem sie wohnten. Sie empfanden auch keine patriotische Loyalität. „Gewiß, es gab Länder und Nationen", schreibt Bernard Lewis, „doch betrachtete man sie nicht als Grundlage politischer Identitäten oder als Richtschnur für politische Treueverhältnisse" im modernen, westeuropäischen Sinn. Das Reich und sein dynastischer Herrscher waren entrückte, gänzlich fremde Größen. Politisch orientierte man sich eher an der Religionszugehörigkeit oder an lokalen verwandtschaftlichen Bindungen – am Stamm, am Clan, an der Dorf-, Stadt- oder Regionalgemeinschaft, einer bestimmten Sekte oder berufsständischen Gruppen.

Nach dem Ersten Weltkrieg kam es zu tiefgreifenden Veränderungen. Briten und Franzosen zückten die imperialen Federhalter und teilten die Konkursmasse des Osmanischen Reichs in ein Sammelsurium von Nationalstaaten nach britischem oder französischem Vorbild auf. Die Grenzen der neuen Staaten bildeten auf dem Papier – im krassen Gegensatz zur chaotischen Realität – klar umrissene Vielecke mit rechten Winkeln und geraden Linien. Das moderne Syrien, der Libanon, der Irak, Palästina, Jordanien und die diversen Ölstaaten am Persischen Golf führen ihre Entstehung und ihre Gestalt allesamt auf diesen Prozeß zurück, ja, selbst ihre Namen wurden überwiegend von Ausländern festgelegt. Mit anderen Worten: Viele Nahoststaaten verdanken ihre Existenz nicht dem Volkswillen (die einzige und sehr bemerkenswerte Ausnahme bildet Ägypten). Weder entwickelten sie sich organisch auf der Basis einer einheitlichen Geschichtstradition oder ethnischer und sprachlicher Bindungen, noch entstanden sie als Ergebnis eines Kontrakts zwischen Herrschern und Beherrschten. Gestalt und Struktur wurden ihnen von den Kolonialmächten aufgezwungen und stimmten wenig oder gar nicht mit den historischen Gegebenheiten überein. Sie richteten sich vielmehr nahezu ausschließlich nach der Außenpolitik, den Nachrichtenverbindungen und dem Erdölbedarf der westlichen Kolonialmächte. Ethnische, sprachliche und religiöse Gemeinsamkeiten fanden kaum Berücksichtigung. Die so entstandenen Staaten glichen Rettungsbooten: eine bunt zusammengewürfelte Mischung aus den verschiedensten ethnischen und religiösen Gemeinschaften, die alle über ihre eigenen Traditionen und Spielregeln verfügten. Und nun hieß es für die Betroffenen auf einmal, im Gleichschlag zu rudern: Man trug ihnen auf, eine Nation zu werden, einer gemeinsamen Fußballmannschaft zuzujubeln und vor derselben Fahne zu salutieren. Der Staat sollte nicht aus der Nation hervorgehen, sondern die Nation aus dem Staat.

Bezeichnend für die Entwicklung im zwanzigsten Jahrhundert war, daß in jedem der neugeschaffenen Nationalstaaten eine bestimmte stammesartige Gruppierung die Macht ergriff (oder von den Briten beziehungsweise Franzosen als Machthaber eingesetzt wurde) und danach versuchte, alle anderen Gruppen zu beherrschen. So gelangten im Libanon die Maroniten und in Saudi-Arabien die Saud-Familien in eine dominierende Position. Im heutigen Syrien herrschen die Alawiten und im Irak Saddam Hussein und andere Männer aus dessen Heimatdorf Tikrit. In Jordanien gelang es König Hussein, die Dynastie seines von den Briten eingesetzten Großvaters fortzuführen. Ähnlich erfolgreich waren eine Reihe seiner königlichen Kollegen und verschiedene Emire am Persischen Golf. Der rasche Aufstieg zur dominierenden Stellung in Gesellschaft und Staatsbürokratie war in vielen Fällen nur dank der stammesartigen Solidarität möglich, die die betreffenden Familien oder Gruppen zusammenhielt.

Es waren nicht nur die Grenzen, die den neuen arabischen Staaten künstlich aufoktroyiert wurden. Ganz ähnlich verhielt es sich mit einer Vielzahl ihrer politischen Institutionen. Im Zusammenspiel mit bereits verwestlichten Eliten, die es in all diesen Ländern gab, importierten Briten und Franzosen das gesamte politische Rahmenwerk der liberalen westlichen Demokratien – darunter den Parlamentarismus, Verfassungen, Nationalhymnen, politische Parteien und Kabinette. Doch ehe die neuen Institutionen Wurzeln schlugen und die Betroffenen sich mit den damit einhergehenden politischen, wirtschaftlichen und sozialen Reformen vertraut machen konnten, zogen sich die Kolonialmächte zurück.

Obwohl die meisten arabischen Staaten also von ihrer Entstehung her eher künstliche Gebilde waren, dauerte es gar nicht lange, bis sie sich unter dem Einfluß bestimmter Interessengruppen in konkrete Realitäten verwandelt hatten. Bis zu einem gewissen Grad entwikkelten sich tatsächlich syrische, libanesische, irakische, jemenitische und saudische „Nationalismen". Zwar sprach man überall nach wie vor vom Panislamismus, Panarabismus, von Stämmen und Clans, doch jubelte man alsbald auch der jeweiligen Fußballnationalmannschaft zu. Der libanesische Historiker Kemal Salibi faßt die Entwicklung folgendermaßen zusammen: „Mit dem beginnenden Konkurrenzkampf ehrgeiziger Politiker um Macht und Einfluß sowie mit der Entwicklung eigener Machteliten und Verwaltungsbürokratien verfestigten sich auch die Demarkationslinien, von denen kaum eine sich von natürlichen Grenzen herleiten ließ."

Man macht es sich daher zu einfach, wenn man Männer wie Hafis el-Assad und Saddam Hussein nur als Stammesfürsten oder brutale Autokraten sieht. Sie sind *auch* „ehrgeizige Politiker" im Sinne Salibis: Bürokraten, die versuchen, ihre noch immer verhältnismäßig jungen Nationalstaaten zu konsolidieren und zu modernisieren. Beiden muß man zugestehen, daß ihre Länder von der durch sie in die Wege geleiteten wirtschaftlichen Entwicklung gewaltig profitiert haben. Beispielhaft dafür sind unter anderem der Ausbau eines modernen Fernstraßensystems und der soziale Wohnungsbau in Syrien sowie die kostenfreie Ausbildung und Gesundheitsfürsorge im Irak. Beide Regime erwarben sich dadurch ein gewisses Maß an Legitimation.

Beim Besuch eines abgelegenen syrischen Dorfes, wo das relativ stabile Assad-Regime eine neue Straße, eine Klinik und eine Schule gebaut, die Elektrizitätsversorgung verbessert und Telefonleitungen gelegt hat, wird dies deutlich. In einem solchen Ort kann man durchaus auf einen sunnitischen Dorfbewohner treffen, der sich das Porträt des alawitischen Präsidenten Assad an die Wand gehängt hat – und zwar keineswegs nur, um sich bei der lokalen Parteiorganisation oder beim Geheimdienst lieb Kind zu machen, sondern auch, weil er der aufrichtigen Meinung ist, daß Assad nicht ausschließlich als Alawit und nicht ausschließlich als machthungriger Autokrat handelt. Er betrachtet Assad vielmehr auch als seinen eigenen Präsidenten, als einen Mann, der sich um die ganze Nation kümmert.

Und dies ist nun ein dritter Punkt, der bei der Beurteilung des Massakers zu berücksichtigen ist: Hama war die natürliche Reaktion eines Politikers, der seinen noch relativ jungen Staat modernisieren will und dabei auf den erbitterten Widerstand rückschrittlicher (in diesem Fall islamisch-fundamentalistischer) Elemente stößt. Wäre es damals möglich gewesen, in Syrien eine objektive Meinungsumfrage durchzuführen, so hätte sich wahrscheinlich eine solide Mehrheit *für* Assads Vorgehen gegen die Rebellen ergeben. Selbst viele Sunniten hätten vermutlich gesagt: „Besser einen Monat Hama als vierzehn Jahre Bürgerkrieg wie im Libanon."

Um diese Art Nationalgefühl zu stärken, haben sowohl Assad als auch Saddam bewußt darauf hingearbeitet, ihre eigenen Stammesbindungen abzubauen und durch eine stärker nationalistische Orientierung zu ersetzen. So lautet zum Beispiel der volle Name des irakischen Präsidenten Saddam Hussein el-Tikriti. Tikrit ist das Heimatdorf Saddams und nahezu aller anderen Schlüsselfiguren des Staatsstreichs von 1968. Im Verlauf weniger Jahre hatten sich fast alle Iraker aus der näheren und weiteren Umgebung Tikrits den Beinamen „el-Tikriti" zugelegt, um ihre Nähe zum herrschenden Regime unter Beweis zu stellen.

Doch Mitte der siebziger Jahre überraschte Saddam alle Welt mit einer plötzlichen Maßnahme. Praktisch über Nacht erhielten die staatlich kontrollierten Medien des Irak den Befehl, das „el-Tikriti" zu streichen und den Präsidenten fortan nur noch Saddam Hussein zu nennen (Hussein ist eigentlich sein zweiter Vorname und der Vorname seines Vaters). Dahinter verbarg sich die Absicht, die Tatsache der stammesartigen Zusammensetzung des Regimes ab- und seine nationalen Ansprüche aufzuwerten.

Inzwischen, so viel steht heute außer Frage, haben sowohl die künstlichen Grenzen als auch die Regierungs- und Verwaltungsstrukturen der relativ jungen arabischen Nationalstaaten Wurzeln geschlagen. Vielleicht werden die integrativen nationalistischen Ideologien und Praktiken von Männern wie Assad und Saddam ihren jeweiligen Regimes nach mehreren Generationen so viel Legitimität und Sicherheit verschaffen, daß sie sich imstande fühlen, die Beziehungen zu ihren Völkern durch eine Art Gesellschaftsvertrag zu regeln. Erst danach werden diese Länder über eine echte Staatlichkeit verfügen, über neutrale Räume, in denen Menschen ihr Stammesdenken an der Garderobe abgeben und als gleichberechtigte Bürger eine Politik betreiben können, die sich auf gemeinsam geschaffene Gesetze gründet. Und erst dann werden Begriffe wie „Parlament", „Verfassung" und „politische Parteien" für diese Länder und ihre Völker reale Bedeutung erlangen.

Doch bis dahin ist es noch ein langer Weg. Die überlebenden Minister aus dem letzten Kabinett des südjemenitischen Präsidenten Ali Nasir Muhammad können ein Lied davon singen.

Am Morgen des 13. Januar 1986 versuchte Ali Nasir, das Kabinett umzubilden – auf seine Art. Mein Kollege John Kifner von der *New York Times,* der den Jemen ein paar Tage später besuchte, beschrieb den Ablauf der Ereignisse im Detail. Ali Nasir hatte für zehn Uhr morgens sein fünfzehnköpfiges „Politbüro" zu einer Sitzung einberufen, die in seinem Hauptquartier unweit des Hafens von Aden stattfand. Die Minister nahmen ihre Plätze am Kabinettstisch ein und warteten auf Ali Nasir. Ein Leibwächter des Präsidenten servierte Tee, während ein anderer, ein Mann namens Hassan, zum Kopf des Tisches schritt und Ali Nasirs Aktenkoffer öffnete. Nur daß er diesmal nicht – wie sonst – die schriftlichen Unterlagen des Präsidenten auspackte, sondern eine Maschinenpistole. Und im nächsten Augenblick durchsiebte er Vizepräsident Ali Antar von hinten mit Kugeln.

Sekunden später stürmten andere Wachen in den Saal, um die übrigen Minister mit Sturmgewehren zu erledigen. Aber die Kabinettsmitglieder hatten auch ihre Pistolen dabei und schossen, unterstützt von ihren eigenen Leibwächtern, zurück. Kifner, der wenige Tage später Gelegenheit hatte, den Tagungsraum zu besichtigen, beschrieb ihn als grausiges Monument einer ausschließlich von Stammesdenken bestimmten Politik. Geronnenes Blut befleckte den Teppichboden, Stühle und Wände waren mit Einschüssen übersät. Da jeder Minister einem anderen Stamm angehörte, brachen sofort nach Bekanntwerden der Schießerei Straßenkämpfe aus. In

weniger als einer Woche kamen bei den Fehden zwischen regime-
treuen Stämmen und ihren Gegnern annähernd fünftausend Menschen ums Leben. Auf beiden Seiten wurden schwere Maschinengewehre und Artillerie eingesetzt. Weitere fünfundsechzigtausend
Stammesangehörige wurden zur Flucht in den benachbarten Nord-
jemen gezwungen. Ali Salem el-Bidh, einen der drei Minister, die
lebendig unter dem Kabinettstisch hervorkrochen, zitiert Kifner
mit der Bemerkung: „Wer hätte je geglaubt, daß einem ein Kollege
so etwas antun könnte? Schließlich hat das Politbüro erst im vergangenen Juni eine Resolution verabschiedet, nach der jeder, der versucht, innenpolitische Auseinandersetzungen mit Gewalt zu lösen,
als Verbrecher und Vaterlandsverräter zu betrachten ist."

Mir ist klar, daß el-Bidh dies nur ironisch gemeint hat. In Wirklichkeit wußte er natürlich Bescheid – ganz im Gegensatz zu vielen
westlichen Beobachtern im Nahen Osten, die die unterschiedlichen
politischen Traditionen der Region nicht richtig einzuschätzen wissen. Sie lassen sich von den äußeren Zeichen des Nationalstaats –
Parlamenten, Flaggen und demokratischer Rhetorik – blenden und
glauben, allein daraus die Politik dieser Länder erklären zu können.
Sie meinen, Stammesdenken und brutale autokratische Herr-
schaftsformen seien heutzutage Relikte aus der Vergangenheit oder
Abweichungen von der Norm. Die Lehren aus Hama, Halabdscha
und dem Südjemen zeigen, daß dem nicht so ist.

Das wahre Genie von Hafis el-Assad und Saddam Hussein liegt in
der bemerkenswerten Fähigkeit, daß sie sich in den drei politischen
Traditionen dieser Region bewegen wie Fische im Wasser. Mühelos
und in Augenblicksschnelle verwandeln sie sich vom Stammesoberhaupt in den brutalen Autokraten, und vom Autokraten in einen
Präsidenten, der das Land modernisieren will.

Am eindrucksvollsten ist ihr Timing. Assad und Saddam wissen
immer genau, wann sie das Stammesoberhaupt und wann den brutalen Autokraten zu spielen haben. Sie wissen, wann sie Hama oder
Halabdscha dem Boden gleichmachen können und wann sie den
modernen Politiker hervorkehren müssen, der seinem Parlament
befiehlt, die verwüsteten Städte mit Hilfe staatlicher Wohnungs-
bauprojekte wiederaufzubauen. (Assad ließ nach dem Massaker einen Großteil der Stadt wiederaufbauen. Es entstanden unter anderem ein neues Krankenhaus, Spielplätze, Schulen und sogar zwei
Moscheen, deren Benutzung allerdings streng überwacht wird, damit sie sich nicht wieder zu Brutstätten des islamischen Fundamentalismus entwickeln.) Assad ist imstande, an einem Tag den ehemaligen amerikanischen Präsidenten Jimmy Carter zu empfangen und

den syrischen Staatsmann zu spielen, der nichts anderes will als „Frieden" für sein Volk und den gesamten Nahen Osten, nur um sich tags darauf mit dem drusischen Stammesführer Walid Dschumblat zu treffen, dessen Vater Kemal 1977 im Libanon von, wie es heißt, syrischen Geheimagenten ermordet wurde, nachdem er es gewagt hatte, Assad in aller Offenheit die Stirn zu bieten.

Gern erzählte Walid im Freundeskreis von einer späteren, besonders denkwürdigen Begegnung mit dem syrischen Präsidenten. Als man ihn in Assads riesiges Büro führte, saß der Präsident am anderen Ende hinter seinem Schreibtisch. Er habe, pflegte Walid zu sagen, „wie eine Erbse auf einem Kissen" ausgesehen. Als Walid näher kam, hieß Assad ihn mit der traditionellen arabischen Grußformel *Ahlan wa sahlan, ahlan wa sahlan* („Mein Haus ist dein Haus") willkommen. Die beiden Männer kamen ins Gespräch. Weitschweifig, wie es seine Art ist, versuchte Assad, Walid in einer bestimmten Frage zur innenpolitischen Situation im Libanon auf seinen Kurs zu trimmen. Walid verhehlte seine Skepsis nicht. Da sah ihn Assad liebevoll an und sagte lächelnd: „Wissen Sie, Walid, wenn ich Sie so dasitzen sehe, erinnern Sie mich ungemein an Ihren lieben Vater. Was war das für ein Mann! Welch ein Jammer, daß er nicht mehr unter uns weilt. *Ahlan wa sahlan!*"

Walid begriff sofort, daß er Assads Vorschlag nicht mehr abweisen konnte. Das libanesische Sprichwort „Er tötete ihn und folgte dann trauernd seinem Sarg" kommt nicht von ungefähr.

Ich bin sicher, daß weder Assad noch Saddam sich irgend etwas vormachen über den latent stammesartigen und autokratischen Charakter der Gesellschaftsordnung in ihren Ländern. Sie wissen immer genau zu unterscheiden zwischen Fata Morgana und Oase, zwischen der Welt und dem Wort, zwischen dem, was die Menschen zu sein vorgeben, und dem, was sie tatsächlich sind. Wenn es hart auf hart geht, auch das wissen sie, fällt die Tünche des modernen Nationalstaats ab, und es gelten fortan nur wieder die Regeln von Hama: herrschen oder sterben. Ich bin überzeugt, daß es nur einen einzigen Israeli gibt, den Hafis el-Assad fürchtet, und dieser Mann heißt Ariel Scharon. Assad weiß, daß Scharon bereit ist, die Regeln von Hama anzuwenden. Er kennt Scharon sehr gut, denn er sieht ihn jeden Morgen, wenn er in den Spiegel schaut.

Der hervorragende libanesische Politologe Professor Fuad Adschami, ein in Beirut aufgewachsener Schiit, erzählte mir von einem Mann, den sein Vater wegen seiner Härte sehr bewunderte. Fuads Vater war Grundbesitzer in Beirut, ebenso wie der andere Mann. So hart sei jener Mann, sagte Fuads Vater, daß er „das Ei mitsamt der Schale aß. Er ließ niemals etwas für andere übrig – nicht einmal die Eierschalen. "

Genau darum ging es in Hama – und darum geht es auch so oft in der syrischen, libanesischen, jemenitischen und irakischen Politik: um Männer, die aus Furcht, anders nicht überleben zu können, nicht einmal die Eierschalen jemand anderem gönnen.

Der Teflon-Guerilla

PLAYBOY-MAGAZIN: Seit Jahren sind Sie den Fernsehzuschauern in aller Welt als Repräsentant der PLO bekannt. Sie gehören wahrscheinlich zu den am leichtesten erkennbaren Männern in der Welt.

JASSIR ARAFAT: Meinen Sie?

PLAYBOY: Ihr Gesicht und Ihre palästinensische Kopfbedeckung sind auf Anhieb erkennbar. Vielleicht werden die Leute eines Tages vergessen, wie Jimmy Carter oder Ronald Reagan ausgesehen haben. *Ihr* Aussehen vergessen sie wahrscheinlich nicht.

JASSIR ARAFAT: (mit breitem Lächeln): Vielen Dank. Das ist eine schöne Vorstellung, nicht wahr?

Interview mit Jassir Arafat im PLAYBOY, September 1988

Das wahre Verhältnis zwischen einem politischen Führer und seinem Volk läßt sich oft an kleinen spontanen Gesten erkennen. Vielleicht war ich deswegen so fasziniert, als ich Jassir Arafat eines Tages in Beirut beobachtete. Er ging, seinen Spazierstock schwingend, durch die Straßen, und Kinder, Mütter, Großeltern und Guerillas kamen aus den Häusern und folgten ihm nach wie dem Rattenfänger von Palästina, der er gewiß auch war. Die Szene spielte Anfang der achtziger Jahre in Westbeirut, nur Minuten nach einem israelischen Bombenangriff auf das Stadtviertel Fakhani, wo sich irgendwo unterhalb der mehrstöckigen Wohnblocks das politische und militärische Hauptquartier der PLO befand. Eine israelische

Bombe hatte ein Eckhaus getroffen; es sah aus wie ein durch einen Faustschlag zermalmtes Stück Torte. Unter den Trümmern vergraben lagen zahlreiche Zivilisten, darunter vier Kinder einer alten Frau. Als Arafat erschien, versuchte die Frau gerade in hysterischer Verzweiflung, die tonnenschweren Betonbrocken fortzuräumen, um ihre vermißten Kinder zu finden. Doch kaum hatte sie den PLO-Vorsitzenden erblickt, da hielt sie auch schon inne, kletterte von dem Trümmerhaufen herab, lief zu Arafat, riß ihm seine erbsengrüne Armeemütze vom Kopf und bedeckte seinen kahlen Schädel mit Küssen.

„Ich habe da drin vier Kinder verloren", schluchzte sie, „aber ich habe noch neun andere, und sie sind alle für dich!"

Ich habe über einen Zeitraum von fast zehn Jahren immer wieder über Jassir Arafat berichtet. Die politische Bühne dieser Welt verdankt ihm einen der ungewöhnlichsten Darsteller – und einen der merkwürdigsten Staatsmänner obendrein. In vieler Hinsicht ist er der Ronald Reagan der palästinensischen Politik – eine Triebkraft des Wandels für seine Nation; ein großer Schauspieler, der in die Seele seines Volkes blickt und genau weiß, wie er dessen größte Phantasien ausspielen kann. Vor allem aber ist er der Prototyp des „Teflon-Guerilla": An Jassir Arafat bleibt einfach nichts hängen – keine Kugel, keine Kritik, keine festgelegte politische Position und insbesondere kein Mißerfolg. Gleichgültig, welche Fehler er begeht, egal, wie viele militärische Niederlagen er einsteckt oder wie lang er zur Wiedereroberung Palästinas braucht – sein Volk vergibt ihm, und er bleibt an der Spitze der PLO. An diesem Mann mit dem schütteren Bart, der ständig aus dem Koffer lebt, muß irgend etwas dran sein, das im Herzen aller Palästinenser auf Widerhall trifft. Der liebevolle Spitzname, den sie ihm gaben, lautet *El-Khitjar* – „der Alte".

Wie kam Arafat zu seinem Teflon-Image? Gutes Aussehen oder ein einnehmendes Lächeln sind gewiß nicht dafür verantwortlich zu machen, im Gegenteil: Glupschaugen, Spitzbauch und ein ewiger Dreitagebart verleihen dem nur knapp 1,63 Meter großen Mann alles andere als eine glanzvolle Erscheinung, ja, im Grunde stellt er im Zeitalter des Fernsehens eine wandelnde PR-Katastrophe für die Palästinenser dar. Auch an seiner eher dürftigen militärischen Leistungsbilanz kann es nicht liegen.

Nein, das Geheimnis von Arafats politischem Erfolg und sein Durchhaltevermögen werden erst dann begreiflich, wenn man ihn vor dem Hintergrund der Geschichte seines Volkes betrachtet. Einfacher gesagt: Arafats große Leistung besteht darin, daß er die Palästinenser aus der Wüstenei der Obskurität ins Land der besten Sendezeiten geführt und gleichzeitig einen institutionellen Rahmen geschaffen hat, der dafür Sorge trägt, daß sie dort auch bleiben. Arafat erreichte für die Palästinenser, was den Zionisten für die Juden gelang: Er holte sie aus der Vergessenheit und führte sie zurück in die Politik.

Schon lange bevor Arafat die Szene betrat, gab es eine klar umrissene palästinensische Nation – eine Nation freilich, zu der die Geschichte nein gesagt hatte. In jener instabilen Phase zwischen dem Ende des Ersten und dem Ende des Zweiten Weltkriegs, als einer ganzen Reihe von Völkern plötzlich eigene Staaten zugewiesen wurden, verpaßten die Palästinenser den Anschluß – und zwar hauptsächlich aufgrund des Versagens ihrer politischen Führer und des stillschweigenden Einverständnisses ihrer arabischen Brüder. Als nach dem Nahostkrieg 1948 der Staat Israel entstand, als Jordanien und Ägypten sich den Großteil jenes Gebiets einverleibten, das die Vereinten Nationen ursprünglich für einen Palästinenserstaat vorgesehen hatten, stand das palästinensische Volk vor dem endgültigen Untergang. Die meisten wurden israelische Araber oder fanden sich als Flüchtlinge in Jordanien, Ägypten, Syrien oder im Libanon wieder. Die Palästinenser wurden – so ein Lieblingsspruch Arafats – behandelt „wie die amerikanischen Indianer": betrogen (von den Arabern), besiegt (von den Juden) und vergessen (von der Welt). Arafat aber erweckte sein Volk von den Toten, schweißte es zu einer international anerkannten nationalen Befreiungsfront zusammen und verwandelte es vor den Augen der Welt aus einer Flüchtlingsschar ohne Zelte in eine Nation ohne Souveränität.

Arafat machte die PLO zu einer Organisation, die in der palästinensischen Geschichte ohne Beispiel ist, und versah sie mit den vier Merkmalen: Unabhängigkeit, Einigkeit, Relevanz und Theatralik. Und doch gelang es ihm trotz aller Verdienste um die palästinensische Sache nicht, auch nur eines seiner langfristigen Versprechen – Heimat, Eigenstaatlichkeit, Land – einzulösen. Warum das so war, sollte ich in Beirut und später in Jerusalem herausfinden: Genau jene Merkmale, mit denen es Arafat gelang, das nahezu vergessene palästinensische Volk ins Rampenlicht der Weltöffentlichkeit zu schieben, erwiesen sich als Fesseln, als es darum ging, es wieder aus dem Rampenlicht heraus und nach Palästina zu führen.

Viele Eigenschaften, die Arafat der PLO vermittelte – darunter die an der Mittelklasse orientierten Zielvorstellungen, die Neigung zur Schaffung immer neuer Institutionen, die Anfälligkeit fürs

Theatralische, die Verschwörermentalität, die Bindung an Palästina und das tiefgehende Bedürfnis, im Spiel der Araberstaaten gleichberechtigt mitzumischen –, lassen sich auf seine Jugend und die politische Ära, von der er geprägt wurde, zurückführen.

Jassir Arafat wurde 1929 als eines von sieben Kindern eines wohlhabenden palästinensischen Kaufmanns entweder in Kairo oder in Gaza geboren (beide Versionen stammen von ihm selbst). Sein eigentlicher Name lautete Mohammed, doch erhielt er schon bald den Spitznamen Jassir („leicht"). Nach dem frühen Tod der Mutter – Arafat war erst vier – schickte ihn sein Vater nach Jerusalem zu einem Onkel und dessen Frau. Der Junge wuchs in der Altstadt auf; ja, das Haus des Onkels stand gleich neben der Westmauer des Zweiten Tempels, des größten Heiligtums der Juden, und wurde, wie Arafat nur allzugern erzählt, nach dem Sechstagekrieg 1967 von den Israelis abgerissen, weil sie vor der Mauer einen freien Platz haben wollten. Nach der Grundschule zog der junge Mann zurück zu seinem Vater, der inzwischen wieder verheiratet war und in Kairo lebte. Alan Hart zitiert in seiner Arafat-Biographie *Arafat: Terrorist or Peacemaker* (1984) Jassirs Schwester Inam mit den Worten, ihr jüngerer Bruder sei praktisch von Geburt an besessen gewesen vom nationalen Befreiungskampf der Palästinenser und Araber.

„Jassir", so meinte sie, „scharte (immer) die arabischen Kinder in unserem Stadtviertel um sich. Er teilte sie in Gruppen ein und ließ sie marschieren und exerzieren. Wer seinen Befehlen nicht gehorchte, wurde mit einem Stock verprügelt, den er zu diesem Zweck ständig bei sich führte. Gerne schlug er im Garten unseres Hauses Feldlager auf... Ich begleitete ihn des öfteren zur Schule, weil er sich immer wieder vor dem Unterricht drückte. Nur am Abend zu Hause, wenn er mit seinen Freunden zusammen war, schien er ernsthaft am Lernen interessiert zu sein. Aber das war nur Schauspielerei... Wenn ich das Zimmer betrat, taten Jassir und seine Kameraden, als seien sie mit ihren Hausaufgaben beschäftigt. In Wirklichkeit diskutierten sie nur über politische und militärische Fragen."

Arafat begann schließlich an der Kairoer Universität ein Ingenieurstudium, das er auch erfolgreich abschloß. In seiner gesamten Freizeit war er jedoch ständig für nationalistische palästinensische Studentenorganisationen tätig. 1948 kämpfte er südlich von Jerusalem und im Gazastreifen gegen die Zionisten. Später gestand er ein, auch er habe nach der Niederlage nicht mehr an den Erfolg der palästinensischen Bewegung geglaubt. Während seine Kairoer Kommilitonen aus anderen arabischen Ländern ihr Fleckchen Erde gefunden hatten, standen Arafat und seine Freunde heimatlos da.

„Ich verlor den Mut... als wir auf einmal alle Flüchtlinge waren", bekannte er in einem Interview, das der *Playboy* im September 1988 veröffentlichte. „Damals war ich drauf und dran, die Region zu verlassen und mein Studium anderswo fortzusetzen... Ich bekam einen Studienplatz an der Universität von Texas – ich glaube jedenfalls, es war die Universität von Texas –, aber wie dem auch sei, ich nahm ihn nicht an."

Statt dessen zog es Arafat gen Osten. In Kuweit arbeitete er ein Jahr lang in Regierungsdiensten und gründete dann ein eigenes Unternehmen.

„Ich war auf dem Weg zum Millionär", sagte er in dem Interview. „Wir bauten Straßen, Autobahnen, Brücken... Ich hatte damals vier Autos. Das glaubt mir zwar niemand, aber es stimmt. Ich besaß zwei Chevrolets, einen Thunderbird und einen Volkswagen. Als ich Kuweit verließ, um mich wieder unserem Kampf anzuschließen, habe ich sie verschenkt – alle, bis auf den Volkswagen."

Arafat und sein Volkswagen avancierten später tatsächlich zu vertrauten Erscheinungen vor den Redaktionsbüros der arabischen Zeitungen in Beirut. 1956 gründete er mit anderen in Kuweit lebenden Palästinensern eine Guerillaorganisation namens *El-Fatah* („Der Sieg"), die sich die Befreiung Palästinas zum Ziel setzte. Arafat wurde zum Sprecher der Gruppe ernannt. Er gab sein Geschäft auf und kehrte nach Beirut beziehungsweise Amman zurück. Abends tauchte er oft in den Beiruter Redaktionen auf und bat um den Abdruck von „Kommuniqués" über Militäraktionen der El-Fatah gegen Israel. In den meisten Fällen zeigte man ihm die kalte Schulter und warf ihn hinaus, galt doch Anfang der sechziger Jahre der Kampf gegen Israel vorrangig – wenn auch nicht ausschließlich – als Sache der arabischen Staaten. Die Vorstellung, die Palästinenser könnten Palästina aus eigener Kraft zurückerobern, wurde nur von wenigen Leuten ernstgenommen. Die Palästinensische Befreiungsfront (PLO) wurde 1964 von den Führern der Araberstaaten gegründet, um die Palästinenser unter Kontrolle zu halten und sie für ihre eigenen militärischen und politischen Ziele einzusetzen. Achmed Schukeiri, der erste Vorsitzende der PLO, war ein großsprecherischer Hanswurst aus gutbetuchter Familie, der alles tat, was man von ihm verlangte.

Kein Wunder, daß Arafat und seinen Mitstreitern das nicht behagte. Sie hatten nichts dagegen, von den arabischen Ländern finanziert zu werden, wollten aber ihr politisches Anliegen selbst vertreten. Es galt, die Unabhängigkeit der palästinensischen Bewegung zu gewährleisten, ohne die für einen erfolgreichen militärischen und diplomatischen Kampf gegen Israel unerläßliche Unterstützung der arabischen Welt zu verlieren. Paradoxerweise war es Israels Sieg im Sechstagekrieg von 1967, der Arafat und den Seinen eine Chance eröffnete. Die vernichtende Niederlage der vereinten Armeen von Ägypten, Jordanien und Syrien führte zur totalen Diskreditierung der herrschenden Klasse in den arabischen Ländern mitsamt ihrer palästinensischen Marionetten. Ein emotionales Vakuum und verwaiste Führungspositionen waren die Folge. Die arabische Welt gierte nach der Niederlage von 1967 nach einem neuen Gesicht, einer neuen Hoffnung, einem neuen Erlöser. Da tauchten die palästinensischen Guerillas aus dem Untergrund auf und besetzten die freigewordene Rolle. Arafats El-Fatah hatte in mehreren Gefechten gegen Israel beachtlichen Mut an den Tag gelegt und sich dadurch einen besonderen Ruf erworben. So gelang es Arafat 1969, den diskreditierten arabischen Staaten die Kontrolle über die PLO zu entreißen und diese in einen Dachverband für alle palästinensischen Guerillaorganisationen vom äußersten rechten bis zum äußersten linken Flügel zu verwandeln. Seither war die PLO nie wieder Anhängsel eines bestimmten arabischen Regimes. Sie wurde unter Jassir Arafat zur ersten wahrhaft unabhängigen nationalen Bewegung der Palästinenser.

Arafat gelang es vor allem dank seines persönlichen politischen Geschicks, der von ihm kontrollierten PLO ihre Unabhängigkeit zu bewahren. Die Raffinesse eines Basarhändlers, die Fingerfertigkeit eines Taschenspielers, der Gleichgewichtssinn eines Seiltänzers, vor allem aber die Wandlungsfähigkeit eines politischen Chamäleons, das stets die Farbe annimmt, die gerade aktuell ist, waren Arafat gleichsam in die Wiege gelegt worden. Auf Zehenspitzen balancierte er durch die Schlangengrube der innerarabischen Politik, spielte die Syrer gegen die Jordanier und die Iraker gegen die Ägypter aus und schaffte es immer wieder, seiner PLO einen kleinen Freiraum zu bewahren.

Der Name Arafat wurde im Laufe der Zeit zum Synonym für die palästinensische Sache, und da sich die palästinensische Sache zum heiligsten Anliegen der arabischen und islamischen Politik, ja sogar der gesamten dritten Welt entwickelte, vermochte sich Arafat in eine Art arabischen Papst zu verwandeln. Eine Berührung mit seinem Zepter genügte, um den übelsten arabischen Despoten in den Augen der Araber zu legitimieren. „Ihnen ist vielleicht bekannt", sagte Arafat zum *Playboy*, „daß ich in manchen Kreisen *mehr* bin als nur ein Freiheitskämpfer. Ich gelte bei vielen als Symbol des Widerstands. Nur in bestimmten Kreisen gelte ich als Terrorist ... Falls Sie es noch nicht wissen sollten: Ich bin der ständige Vorsitzende des Vorstands der Islamischen Konferenz. Es gibt einen weiteren Vorsitzenden, doch wird dieser alle drei Jahre ausgewechselt. Der *ständige* Vorsitzende bin jedoch ich. Außerdem bin ich der ständige Vizepräsident der Bewegung der Blockfreien..."

Arafats Status als Lordsiegelbewahrer der arabischen Legitimität verstärkte seine Unabhängigkeit beträchtlich, bedeutete es doch nichts anderes, als daß sich jedesmal, wenn er zu ertrinken drohte, ein führender arabischer Politiker bereit fand, ihm einen Rettungsring zuzuwerfen. Ägyptens Präsident Hosni Mubarak zum Beispiel war stets darauf erpicht, Arafat in die Arme zu schließen, erhoffte er sich davon doch eine Lockerung der durch den ägyptisch-israelischen Friedensvertrag hervorgerufenen Isolierung seines Landes. Der irakische Präsident Saddam Hussein bot Arafat Mitte der achtziger Jahre, als seine Popularität infolge des schier endlosen Krieges gegen den Iran sehr gelitten hatte, an, sein Hauptquartier in Bagdad aufzuschlagen, und stellte die erforderlichen Büroräume zur Verfügung. Ein Foto, das ihn gemeinsam mit Arafat auf einer Couch sitzend zeigt, hat bisher noch keinem arabischen Staatsmann geschadet.

Ebenso wichtig wie die Unabhängigkeit, die Arafat der PLO brachte, war die Einigkeit, die er ihr verschaffte. Bis dahin hatten die Palästinenser stets unter ihrer Uneinigkeit gelitten, die oft gewaltsame Formen angenommen hatte. Palästinensische Christen stritten sich mit palästinensischen Muslims, Palästinenser aus Hebron mit Palästinensern aus Jerusalem, projordanische Gruppen mit Nationalisten, Radikale mit Gemäßigten. Ergebnis war, daß die Palästinenser international mit vielen einander widersprechenden Stimmen in Erscheinung traten.

Arafat gelang es, praktisch alle politischen Strömungen seines Volkes unter dem Schirm der PLO zu vereinen. Er war imstande, mit Vertretern von acht verschiedenen Richtungen der PLO gemeinsam in einem Raum zu sitzen, sich acht verschiedene Lösungsvorschläge für ein bestimmtes Problem anzuhören – und schließlich, ohne daß auch nur einer im Raum das Gefühl hatte, seine Ansichten seien durch die Bank weg ignoriert oder akzeptiert worden, eine eigene Lösung durchzusetzen. Arafat ließ sich ebensowenig festnageln wie ein Tropfen Quecksilber. Um sich diese Flexibilität zu bewahren, mußte er allerdings oft mit gespaltener Zunge reden, worunter langfristig seine Glaubwürdigkeit litt. (Als er in späteren Jahren von den Israelis ernstgenommen werden wollte, machte ihm dieses Problem schwer zu schaffen.)

Eine weitere Taktik, derer Arafat sich bei seinen Einigungsbemühungen bediente, bestand darin, die Ideologie der PLO möglichst einfach zu halten. Aufrufe zum „Klassenkampf" gegen die arabische Bourgeoisie, wie sie zum Beispiel vom marxistischen Flügel der PLO unter Georges Habasch formuliert wurden, lehnte er ab, genauso wie er sich weigerte, die PLO vor den Karren eines bestimmten Blocks im arabischen Lager spannen zu lassen. Arafat vertrat die folgende Linie: „Ich nutze den Sohn des palästinensischen Lagerbewohners für meine Armee und das Bankkonto des palästinensischen Millionärs für meine Bürokratie. Für beide ist stets Platz in meinem Haus."

Das einzige ideologische Credo, an das sich Arafat während seiner Jahre in Jordanien und im Libanon strikt hielt, war der kleinste gemeinsame Nenner der palästinensischen Politik: daß Palästina arabisches Land sei und daß ein jüdischer Rechtsanspruch auf einen eigenen Staat in diesem Gebiet niemals anerkannt werden dürfe. Auch in der 1964 in Kairo verfaßten PLO-Charta wurde diese Position festgeschrieben; sie war die rote Linie, die Arafat nicht überschritt. Ansonsten achtete er darauf, sich ideologisch nicht festzulegen. Er konnte sich daher wie ein Wetterhahn mit jedem politischen Wind drehen und alle sich bietenden diplomatischen Chancen nutzen. Ein Mann, der seine Zeit mit dem Lesen oder Schreiben von politischen Traktaten verbringt, war er nie.

Die stärkste Unterstützung fand Arafat immer bei den Palästinensern in libanesischen, jordanischen und syrischen Flüchtlingslagern. Sie besetzten die Schlüsselpositionen in seiner Guerilla-Armee und in der Bürokratie der PLO. Die meisten Flüchtlinge stammten aus Städten und Dörfern, die bereits vor dem Sechstagekrieg von 1967 innerhalb der israelischen Grenzen lagen, also zum Beispiel aus Haifa, Jaffa oder Galiläa. An einem Palästinenserstaat auf dem Jordan-Westufer und im Gazastreifen waren sie nicht besonders interessiert – schließlich waren sie dort nicht zu Hause. Sie vertraten überwiegend die palästinensische Maximalforderung, die an dem Traum festhielt, daß Israel eines Tages verschwinden würde und alle Palästinenser wieder in ihre ehemaligen Wohngebiete zurückkehren könnten. Arafat war in den sechziger und siebziger Jahren das Sprachrohr ihrer Hoffnungen und Erwartungen; er war die Person, die sich ihrer Träume annahm. Unter den Palästinensern in den israelisch besetzten Gebieten auf dem Westufer und im Gazastreifen nahmen viele im Laufe der Zeit eine realistischere Haltung ein, mußten sie sich doch tagtäglich mit der israelischen Realität auseinandersetzen. In den sechziger und siebziger Jahren übten sie allerdings nur einen begrenzten Einfluß auf die Politik der PLO aus. Das dynamische Element in der palästinensischen Politik waren die Guerillas; sie waren es, die kämpften und starben. Den Palästinensern auf dem Westufer und im Gazastreifen blieb nichts anderes übrig, als ihrer Führung zu folgen.

Arafats Fähigkeit, die Einheit der Palästinenser zu wahren, ergab sich unter anderem auch aus der Tatsache, daß er der erste Palästinenserführer war, der über einen längeren Zeitraum hinweg Löhne und Gehälter zahlen konnte. Die Gehaltsschecks waren nicht besonders hoch und trafen manchmal erst mit Verspätung ein, doch immerhin kamen sie, und wenn sie kamen, waren sie auch gedeckt. Geradezu genial war Arafats Talent, anderen Araberführern das Spielchen vom guten und bösen Buben vorzumachen: Wenn eine radikalmarxistische Fraktion der PLO mal wieder ein Flugzeug entführt oder eine andere Untat begangen hatte, flog er nach Riad und sagte zu den Saudis: „Schaut her, meine Freunde, ich sitze auf einem Vulkan. Wenn mir irgend etwas zustößt, geraten diese Leute außer Rand und Band. Wer weiß, wozu sie noch alles fähig sind. Sie sind wütend, und wütende Männer sind zu absoluten Wahnsinnstaten immer imstande. Also helft mir, ich bitte euch. Unterstützt mich. Es ist nur ein kleiner Preis für euren Seelenfrieden." Arafat baute mit dem arabischen Reuegeld einen milliardenschweren Wertpapierbestand auf, der Sozialhilfe, Stipendien, Zeitungen, Rundfunksender, Gesundheitsfürsorge, Ausbildungsprogramme, Gewerkschaften, diplomatische Missionen, Waffenkäufe und Gehälter für PLO-Bürokraten und -Guerillas in Höhe von mehr als zweihundert Millionen Dollar jährlich finanziert. An die sechzigtausend Palästinenserfamilien sind wirtschaftlich unmittelbar von Arafat und der PLO abhängig.

Das dritte Merkmal, das die PLO Arafat verdankte, war Relevanz. Mit der Vereinigung der Palästinenser unter einem gemeinsamen Banner und der Errichtung eines institutionellen Rahmenwerks zur Aufrechterhaltung dieser Einheit versammelte Arafat eine kritische Masse hinter der palästinensischen Sache, die – anders als in den fünfziger und sechziger Jahren – einfach nicht mehr ignoriert werden konnte. Doch Arafats Relevanz wuchs nicht nur aufgrund der Zahl seiner Gefolgsleute. Durch die Explosion der Ölpreise nach dem Nahostkrieg von 1973 wurden die arabischen Staaten zu einer internationalen Finanzmacht. Arafat nutzte die neue arabische Stärke weidlich aus. Mit ihrer Hilfe gelang es ihm, die Vereinten Nationen und über hundert Einzelstaaten zur Anerkennung der PLO als einziger legitimer Vertretung des palästinensischen Volkes zu bewegen. Niemand konnte es während des Ölbooms riskieren, die arabische Welt zu ignorieren. Es war alles andere als ein Zufall, daß Arafat ausgerechnet 1974, als die Ölpreise ihren höchsten Stand erreichten, zum erstenmal zu einer Rede vor den Vereinten Nationen eingeladen wurde. Der Aufstieg der PLO läßt sich nur im Zusammenhang mit dem Aufstieg der OPEC verstehen. Arafat verfocht mit Erfolg die Strategie, die palästinensische Forderung nach Selbstbestimmung ständig weltweit präsent zu halten und alle möglichen internationalen Foren dafür zu nutzen. Der sich daraus ergebende Legitimitätsbonus für die PLO wurde von Jahr zu Jahr größer.

Denjenigen, die darauf nicht hören wollten, machte Arafat die Bedeutung der PLO auf andere Weise klar. Die Organisation beschränkte sich nicht auf den Guerillakrieg gegen israelische Soldaten und Zivilisten, sondern verübte auch außerhalb des Nahen Ostens terroristische Anschläge. Arafat hatte aus den Erfahrungen des kurdischen Rebellenführers Mustafa Barsani gelernt. Gefragt, warum die von ihm geführte kurdische Befreiungsbewegung niemals soviel Aufmerksamkeit in der Weltöffentlichkeit gefunden hat wie zum Beispiel die der Palästinenser, hatte Barsani geantwortet: „Weil wir nur in unserem eigenen Land kämpften und nur unsere eigenen Feinde töteten." Die PLO unter Jassir Arafat beging diesen Fehler nicht. Sie exportierte ihren Krieg in andere Länder und tötete Menschen, die mit dem eigentlichen Konflikt nicht das geringste zu tun hatten. Sie kämpfte stets auf zwei Kriegsschauplätzen – direkt vor Ort und vor der Weltöffentlichkeit – und strich beständig die Gewinne ein.

Unabhängigkeit, Einigkeit und Relevanz – diejenigen Eigenschaften, denen Arafat und seine PLO ihre einzigartige Stellung in der Geschichte Palästinas verdankten – waren auch die Ursache für die spätere Lähmung der Organisation.

Arafats Hauptklientel während der sechziger, siebziger und frühen achtziger Jahre waren die außerhalb Israels lebenden Flüchtlinge im Westjordanland und im Gazastreifen. Voraussetzung für die Wahrung der Einheit unter den Palästinensern war, daß ein Existenzrecht des Staates Israel nie auch nur in Erwägung gezogen wurde; andernfalls, dies wußte Arafat, wäre die PLO sofort zerfallen. Arafat war stets ein politischer Führer, der den Konsens seines Volkes widerspiegelte; er gestaltete ihn jedoch nicht. Das Schicksal des jordanischen Königs Abdullah und des ägyptischen Präsidenten Anwar el-Sadat hatte ihm gezeigt, was jene erwartet, die ihren Völkern zu weit voraus sind.

Arafat steckte also in einem Dilemma: Solange er Israel nicht klar und unzweideutig anerkannte, bestand nicht die geringste Hoffnung, auch nur einen Quadratzentimeter palästinensischen Territoriums durch Verhandlungen zurückzugewinnen. Eine vertragliche Lösung ohne die totale Anerkennung ihres Staates zumindest in den Grenzen von vor 1967 war für die Israelis schlichtweg undenkbar. Eine kriegerische Rückeroberung des Landes kam ebensowenig in Frage, denn dazu fehlten Arafat die erforderlichen Mittel. Die Araberstaaten schickten ihm Schecks, aber keine Divisionen. Mit anderen Worten: Der PLO-Führer steckte in der Zwickmühle zwischen einer Entscheidung, die er nicht treffen, und einem Krieg, den er nicht führen konnte.

Aber Jassir Arafat fand einen Ausweg aus dem Dilemma oder zumindest einen Modus vivendi. Er bescherte der PLO und der palästinensischen Politik eine vierte und letzte Eigenschaft, nämlich Theatralik. Um die Bewegung bis zu jenem fernen Tag am Leben zu halten, an dem die Araber endlich erwachen werden und gemeinsam mit der PLO in die Schlacht um Palästina ziehen (oder aber der Westen Israel endlich dazu zwingt, ein Stück Palästina herauszurücken), bearbeitete Arafat sein Volk mit Hoffnungen, Slogans und Phantasien. Der Schauspieler Arafat verstand es, einer ganzen Nation die Hoffnung zu bewahren, daß gleich hinter der nächsten Ecke, nach der nächsten Gipfelkonferenz oder als unausweichliche Folge des nächsten Kriegs ein eigener Staat auf sie wartete – vorausgesetzt, man geduldete sich noch ein wenig und verlor nicht den Mut.

Arafat erreichte sein Ziel, indem er in den verschiedensten Rollen auftrat. An manchen Tagen spielte er zum Beispiel den „Reisenden". Kein Staatsmann der Welt absolvierte auch nur annähernd so viele Staatsbesuche pro Jahr wie Arafat. Für ein Volk, dessen Freizügigkeit so beschränkt war, daß viele Menschen nicht einmal einen Paß besaßen, war ein Führer, der ohne jeden Paß überallhin reisen konnte, die Verkörperung eines Wunschtraums. Und es kam noch besser: Wenn Arafat irgendwo landete, wurde er nicht gleich, nur weil er Palästinenser war, von einem Zollbeamten beiseite genommen und in einem separaten Raum gefilzt oder verhört, sondern man empfing ihn mit Salutschüssen, Marschmusik und rotem Teppich. Ihm zu Ehren flatterten palästinensische Fahnen im Wind. Arafat liebte solche Empfänge, das Abschreiten der Ehrengarde, das Gefühl, genauso behandelt zu werden wie alle anderen arabischen Staatsoberhäupter.

An anderen Tagen spielte er den „General". Er gab dem palästinensischen Volk, das niemals über echte militärische Macht verfügt hatte und so lange waffenlos gewesen war, einen Führer mit dem Titel eines Oberbefehlshabers der Streitkräfte, der stets einen Revolver bei sich trug. War die Waffe geladen? Ich weiß es nicht. Doch kam es darauf überhaupt an? Die Pistole war einfach da.

An wieder anderen Tagen spielte Arafat den „Revolutionär". Er holte die Palästinenser aus ihren verschlafenen Dörfern, ihrer Händlerkultur und ihren traditionell-konservativen arabischen Heimen und verwandelte sie quasi über Nacht in „Revolutionäre", die am Tisch des Vorsitzenden Mao sitzen und mit Stäbchen speisen konnten.

Manchmal spielte Arafat auch den „Mr. Universum": Er gab diesem palästinensischen Volk, das so viele Jahre von der Welt nicht wahrgenommen worden war und ständig unter dem Gefühl litt, daß die Welt es einfach vergessen wollte, einen Führer, dessen Gesicht – mindestens – so bekannt war wie das des amerikanischen Präsidenten.

Und dann schlüpfte Arafat gelegentlich auch in die Rolle des „Vorsitzenden". Er gab sich geschäftig, rastlos, blätterte unablässig in Papieren und Dokumenten, war heute hier und morgen dort – und vermied alles, was bei seinem Volk den Eindruck hätte erwecken können, die ganze Mühe lohne sich nicht.

„Akten, Akten, Akten!" rief er in einem Interview mit einem Reporter der Zeitschrift *Vanity Fair* aus, das im Februar 1989 erschien und während eines Flugs in seinem Privatjet stattgefunden hatte. „Diese Akten nehmen einfach kein Ende. Weil ich sowohl eine Bürokratie verwalten als auch eine Revolution führen muß, habe ich doppelt soviel zu tun wie ein Staatschef! Obwohl ich gar keiner bin. Sehen Sie den Karton da drüben? Das sind die nicht ganz so geheimen Unterlagen. Und den Aluminiumkoffer dort? Da sind die streng geheimen Unterlagen drin. Ich bin sehr stolz auf unser Kommunikationssystem. Es kostet viel Geld. Die japanische Sharp Corporation sagt, die PLO sei ihr bester Kunde. Aber jeder Dollar, den wir dafür ausgeben, rentiert sich. In weniger als einer halben Stunde können wir mit all unseren diplomatischen Missionen Verbindung aufnehmen. In aller Welt."

Schließlich spielte Arafat gelegentlich auch die Rolle des „Sehers". Sie war die wichtigste. Er lehrte sein Volk, die Welt nur mehr durch eine Kristallkugel zu betrachten – und zwar durch *seine*. Man muß sich die mißliche Lage der Palästinenser vor Augen führen: Gefangen zwischen Israelis und Arabern, war ihre Perspektive alles andere als rosig. Eine genaue Lagebeurteilung verbot sich, weil unter dem Strich nur Elend und Resignation herauskommen konnten. Arafat verstand es, die Unterschiede zwischen Phantasie und Realität zu verwischen und die Proportionen derart zu verzerren, daß breiter Raum entstand für erfindungsreiche Interpretationen: Niederlagen konnten zu Siegen erklärt werden, und totale Finsternis ließ sich in den Lichtschimmer am Ende eines Tunnels verwandeln.

Ein Leben ohne Illusionen ist unerträglich, vor allem für einen Flüchtling. Arafat vermittelte den Palästinensern alle Illusionen und sogar ein wenig von der Substanz, die sie brauchten, um ihr Vertriebenenschicksal ertragen zu können. Seine Taktik verlangte allerdings ein Standquartier, das ganz besondere Voraussetzungen erfüllen mußte: Es mußte offen sein für Illusionen, tolerant gegenüber Sehern, frei von Gesetzen und so unterhaltsam, daß es sich lohnte, dort die Erlösung Palästinas abzuwarten. Nachdem Arafat und die Seinen 1970 bei dem Versuch, die jordanische Hauptstadt Amman einzunehmen, gescheitert und von König Hussein vertrieben worden waren, flohen sie nach Beirut und fanden dort genau die Stadt, die sie gesucht hatten. Jedenfalls bildeten sie sich das ein.

Die erste Pressekonferenz der PLO in Beirut, an der ich teilnahm, werde ich nie vergessen.

Es war im Juni 1979. In einem heruntergekommenen Wohnblock in Westbeirut gaben Jassir Arafat und ein paar hochrangige PLO-Führer ihre Statements ab. Ich habe keine Ahnung mehr, worum es im einzelnen ging. Gut erinnern kann ich mich dagegen an den alten schwarzen Cadillac Eldorado, der vor dem Haus parkte. Es war ein Modell aus den späten sechziger Jahren, mit großen „Haifischflossen" am Heck. Ich fragte einen Kollegen nach dem Besitzer dieses Wagens. Der Journalist antwortete: „Jenes revolutionäre Fahrzeug gehört Zuhair Mochsen." Mochsen, ein stierhafter Mann mit Silberhaar und einer diamantenbehängten syrischen Ehefrau namens Alia, war Führer der El-Saika, der prosyrischen Fraktion der PLO. Wenn es je einen Salonrevolutionär gab, dann ihn. Wegen der vielen Perserteppiche, die er und seine Spießgesellen im libanesischen Bürgerkrieg gestohlen hatten, war er in Beirut auch unter dem Namen „Herr Teppich" bekannt. Wenn ihn das harte Geschäft der Revolutionsführung gar zu arg plagte, setzte sich Mochsen für eine Weile nach Cannes ab, wo er an der berühmten Promenade La Croisette eine Wohnung besaß.

Im Juli 1979 zog Mochsen sich einmal mehr zu einem Erholungsurlaub nach Cannes zurück. Er hatte die PLO-Delegation beim Gipfeltreffen der OAU (Organization of African Unity) in Liberia geleitet und sich dabei überanstrengt. Nach einer langen Nacht an den Vingt-et-un-Tischen des Palm Beach Casino kehrte Mochsen am 25. Juli gegen ein Uhr früh zu seiner Wohnung zurück. Just in dem Moment, da seine Frau ihm die Tör öffnete, sprang ein junger Mann mit einer Pistole vom Kaliber 32 – man beschrieb ihn später als „arabisch aussehend" – aus dem Schatten hervor und beklekkerte den Marmorfußboden mit Teilen von Mochsens Gehirn. Ich befand mich an jenem Tag im Beiruter Informationsbüro der PLO. Die Stellungnahme, die Arafats dortiger Sprecher herausgab, war pure Ironie. Der große Revolutionär Mochsen, hieß es, ein palästinensischer „Held und Märtyrer", sei „auf dem Weg in die Schlacht" getötet worden.

Sosehr mich Mochsens Art auch anwiderte – die Begegnung mit dem Guerillaführer war mir eine wichtige Lehre. Die Stadt Beirut war auf Mythen erbaut. Jede Nacht dort schien aus Tausendundeiner Nacht zu stammen – verführerisch, theatralisch, trügerisch. Der Unterschied zwischen Worten und Taten ging in Beirut nur allzuoft verloren. Es war eine Schau-Kultur, eine Stadt voller Zerrspiegel, die kleine Leute groß, Dicke dünn und unbedeutende Menschen bedeutend erscheinen ließen. Man setzte sich dort gern in Szene – Revolutionäre am Tag, Händler und Spieler in der Nacht. In Beirut imitierte nicht das Leben die Kunst – es *war* Kunst. Mit ein bißchen Geld und einem Fotokopiergerät konnte man sich in Beirut jede beliebige Identität kaufen. Eine mit zwei halbwüchsigen Gaunern bemannte Straßensperre an einer vielbefahrenen Straße genügte – und schon war man ein Viersternegeneral, eine politische Partei, ein Steuereintreiber – ach was, eine ganze Befreiungsbewegung, wenn man es darauf anlegte! Das Gesetz der libanesischen Politik lautete: Ich habe eine Straßensperre, also bin ich.

Niemand wurde von den Reizen und Risiken Beiruts so umgarnt wie Jassir Arafat und seine PLO. Auf der einen Seite war die Stadt ein Gottesgeschenk für Arafat. Mit seinen manipulatorischen Fähigkeiten spielte er libanesische Moslems und libanesische Christen gegeneinander aus und schuf sich einen eigenen Ministaat, der seine persönliche Unabhängigkeit vergrößerte. Die Stadtteile Fakhani, Sabra und Schatila in Westbeirut wurden zu Arafats erstem quasisouveränem Territorium – ein Baumhaus, in das er sich immer wieder zurückziehen konnte, wenn der Druck der arabischen Regierungen zu stark wurde. Beirut erhöhte auch Arafats Bedeutung, da die PLO hier relativ leicht Kontakte zur – im wesentlichen unkritischen – internationalen Presse knüpfen konnte. Viele Pressevertreter identifizierten sich mit der PLO; sie hielten sie für eine unterdrückte

Minderheit, für Revolutionäre im Stil der „Achtundsechziger". Beirut bot Arafat und der PLO darüber hinaus eine Basis für Guerilla-Attacken direkt ins israelische Kernland sowie für die Vorbereitung spektakulärer Flugzeugentführungen oder internationaler Terrorangriffe wie dem Olympia-Massaker von 1972 in München, die allesamt dazu beitrugen, daß die palästinensische Sache bei niemandem in Vergessenheit geriet. Schließlich kam Beirut auch Arafats Fähigkeiten als Einiger der PLO zugute, befanden sich doch die Hauptquartiere nahezu aller Unterorganisationen des Dachverbands ebenfalls in Beirut. Da seine eigene El-Fatah die mächtigste Fraktion war, konnte Arafat in beschränktem Maße physischen und ökonomischen Druck ausüben.

Obwohl Arafats einzigartige Führungsqualitäten in Beirut noch stärker zur Geltung kamen als zuvor, wurde seine politische Lähmung dort eklatanter. Warum? Weil in Beirut, dieser Stadt der Illusionen, das „Warten auf Godot" geradezu Spaß bereitete. Beirut machte es der PLO leicht, ihre kompromißlose Verweigerungspolitik gegenüber Israel fortzusetzen, die jede Verhandlungslösung ausschloß. Statt dessen tat man weiter so, als rüste man zum Krieg gegen Israel, während de facto nichts dergleichen geschah.

Beirut und der von Arafat dort errichtete palästinensische Ministaat nahmen der PLO-Führung (und bis zu einem gewissen Grade auch dem Fußvolk) jene Ungeduld, mit der nationale Befreiungsbewegungen gemeinhin ihre Ziele durchzusetzen versuchen. Das Ziel der PLO war bekanntlich die Wiedereroberung Palästinas, ganz oder zumindest teilweise. Doch Beirut mit seinem attraktiven Nachtleben, seinen Restaurants und seinem intellektuellen Flair wurde für viele PLO-Funktionäre zum *watan el-badil,* einer „Ersatzheimat", die in vieler Hinsicht aufregender war als die langweiligen Dörfer in Galiläa, in denen ihre Väter aufgewachsen waren. Was Wunder, daß Khalil el-Wasir alias Abu Dschihad („Vater des Krieges"), der damalige militärische Stellvertreter Arafats, auf die Frage, warum keine Einigung mit Israel in Sicht sei, erklärte: „Wir lassen uns nicht unter Zeitdruck setzen."

Warum sollten sie auch? Für Revolutionäre in der dritten Welt waren die siebziger Jahre eine große Zeit, und die PLO feierte kräftig mit. Ihre Druckereien spuckten großartige Manifeste aus, und ihre Siebdruckkünstler produzierten dramatische Poster mit Maschinengewehren über Landkarten von Palästina und palästinensischen Männern und Frauen in Heldenpose. Es war die Che-Guevara-Zeit von Westbeirut. Georges Habasch reiste nach Nordkorea, um mit dem Revolutionsführer Kim Il Sung über die Weltrevolution zu diskutieren; der radikale PLO-Guerillaführer Najef Hawathmah plauderte mit Breschnew über Lenin, und Arafat hielt Kriegsrat mit Revolutionskameraden von Castro bis Mao. In Faisal's Restaurant in Westbeirut saßen die palästinensischen Intellektuellen beisammen und stritten beim besten Hummus und Arrak der Region über die Zielrichtung ihrer Revolution und die Tücken des zionistischen Feinds. Ali Hassan Salameh, einer der führenden Geheimagenten Arafats und ein Mann mit besonderer Vorliebe für Seidenhemden und maßgeschneiderte Anzüge, heiratete die libanesische Schönheitskönigin und ehemalige Miß Universum Georgina Rizk, eine Maronitin. Mit Frauen wie ihr ließ sich das Leben in Beirut allemal ertragen. Ali Hassan allerdings fand ein vorzeitiges Ende bei der Explosion einer Autobombe im Zentrum von Beirut. Es war die Rache der Israelis für seine Beteiligung am Münchner Olympia-Massaker von 1972.

Arafat persönlich ließ sich nicht korrumpieren. Aber er nahm es hin, daß einige seiner engsten Mitarbeiter den Verlockungen Beiruts erlagen. Sein langjähriger Geheimdienstchef, Atallah Mohammed Atallah alias Abu Saim, lebte in einer riesigen, rundum mit Spiegeln versehenen Luxuswohnung in der Rue Beschir Kessar. Seine zweiundzwanzig Leibwächter – von denen jeder etwa dreihundert Dollar im Monat verdiente – hausten in zwei angrenzenden Wohnungen. Abu Saim hatte zwei Frauen – eine in Jordanien und eine im Libanon. Letztere, eine attraktive libanesische Maronitin, pflegte in einem roten Mercedes durch Westbeirut zu kutschieren. Da der Chef seiner Leibwache mit einem meiner besten Beiruter Freunde bekannt war und diesem immer brühwarm erzählte, was sein Boß sich gerade wieder geleistet hatte, war ich über Abu Saim recht gut informiert. Besonders gern erzählte er die Geschichte von der Party.

Abu Saim, so der Leibwächter, befahl ihm eines Abends per Sprechfunk, im Mandarin, einem bekannten Beiruter Feinkostgeschäft, ein Kilo Kaviar zu besorgen.

Der Leibwächter, ein einfacher Soldat, fragte zurück: „Was ist Kaviar?"

„Zerbrich dir nicht den Kopf darüber", erwiderte Abu Saim. „Fahr einfach hin und frag danach."

Es war allerdings schon zehn Uhr abends, und so stand der Leibwächter, als er beim Mandarin eintraf, vor verschlossenen Türen. Daraufhin klingelten er und seine Leute die Nachbarn heraus und erfuhren, wo der Besitzer des Ladens wohnte. Als die Guerillas bei ihm anklopften, spähte der Mann durchs Guckloch, sah, daß eine

Horde Bewaffneter vor der Tür stand, und fing an, um sein Leben zu betteln.

Der Leibwächter versuchte, ihn zu beruhigen. „Wir kommen von Abu Saim", sagte er. „Er will Kaviar."

Kaum hatte der Ladenbesitzer dies gehört, warf er sich voller Erleichterung ein paar Kleider über, ging ins Geschäft und gab dem Leibwächter gleich zwei Kilo Kaviar. Der Mann konnte, wie er meinem Freund später erzählte, den Geruch von „diesem Zeug" nicht ausstehen. Er brachte ihn mit ausgestreckten Armen in Abu Saims Wohnung – so als trüge er einen toten Fisch.

Mit einer solchen Stadt als Refugium im Hintergrund kann es kaum noch verwundern, daß Jassir Arafat eine große Chance für ein unzweideutiges Friedensangebot an Israel vertat. Es war am 13. November 1974. Er war eingeladen worden, vor der Vollversammlung der Vereinten Nationen zu sprechen, und die ganze Welt hörte zu.

Arafats Friedensinitiative bestand in dem Hinweis auf eine Entschließung des Palestine National Council, des Exilparlaments der Palästinenser, in dem die PLO sich zur Schaffung einer „unabhängigen kämpferischen nationalen Autorität für das Volk in jedem befreiten palästinensischen Territorium" aussprach. Damit wollte Arafat signalisieren, daß er bereit wäre, einen den Gazastreifen und das Westjordanland umfassenden palästinensischen Staat zu akzeptieren. Das Problem war nur: Die Welt (von Israel ganz zu schweigen) verstand ihn nicht.

Fünf Jahre später verpaßte er eine weitere große Chance: Ägyptens Präsident Anwar el-Sadat handelte damals das Camp-David-Abkommen aus, das unter anderem eine Klausel über die Autonomie der Palästinenser im Westjordanland und im Gazastreifen enthielt. Sie hätte zur Keimzelle eines künftigen palästinensischen Staats werden können.

Selbst PLO-Führer gestehen in freimütigen Momenten ein, daß die PLO seit ihrer Übersiedlung nach Beirut zu Beginn der siebziger Jahre nur mehr heiße Luft produziert hat. So bemerkte Salah Khalaf alias Abu Ijad, die Nummer zwei in der politischen Hierarchie der PLO, in einem Interview der kuweitischen Zeitung *Al-Anba* (Ausgabe vom 7. September 1988): „Seit 1974 sind wir auf dem Weg zu einem unabhängigen Palästinenserstaat keinen einzigen Schritt vorangekommen."

Die PLO genoß in Beirut nicht nur den Hummus und das Nachtleben, sondern fand auch Geschmack an der realen Macht – auch dies ein Grund, die Rückkehr nach Palästina nicht zu übereilen. Die PLO setzte den libanesischen Moslems in Westbeirut den Stiefel in den Nacken und fand – zumindest was Teile ihrer Mitgliedschaft betraf – durchaus Gefallen daran. Ihr ganzes Leben lang waren diese Flüchtlingssöhne von den palästinensischen und arabischen Oberschichten herumgestoßen worden, und nun war es ihnen endlich gelungen, das Blatt zu wenden. Sie kosteten ihre neue Macht genüßlich aus. In den frühen siebziger Jahren wurde die PLO zur führenden Miliz in Westbeirut – einerseits, um die eigenen Zivilisten vor den Falangisten zu schützen, andererseits aber auch auf Ersuchen der libanesischen Moslems, die in ihnen ein Schwert im Kampf gegen die Christen sahen. Die PLO verstrickte sich so sehr in die internen libanesischen Auseinandersetzungen, daß Abu Ijad eines Tages sagen konnte: „Die Straße zur Befreiung Jerusalems verläuft quer durch Dschunija", dem von falangistischen Milizen kontrollierten Hafen in Ostbeirut. Mit anderen Worten: Bevor man Jerusalem befreien konnte, mußte Dschunijah befreit werden. Arafat wurde zum De-facto-Bürgermeister von Westbeirut, und man muß ihm zugute halten, daß er der Stadt ihre relative Offenheit und ihren eher westlichen Charakter bewahrte. Von seinen Mitstreitern läßt sich das nur mit Einschränkungen behaupten. Oft genug geschah es, daß sich die verschiedenen Untergruppen der PLO, wenn sie nicht gerade gegen Falangisten oder Israelis kämpften, in Beirut, Sidon und im Südlibanon schwere Gefechte mit libanesischen Schiiten und Sunniten lieferten – zum Beispiel im Juni 1982, am Vorabend der israelischen Invasion.

Der libanesische Politologe Ghassan Salame traf den Nagel auf den Kopf, als er sagte: „Die PLO-Führer waren archetypische Kleinbürger. Sie waren weder Standespersonen noch Angehörige hochqualifizierter Berufsgruppen, sondern eher Lehrer wie Abu Ijad oder Ingenieure wie Arafat. Aus Familien ohne Macht und Geld stammend, bildeten sie eine frustrierte Klasse. Wie jede andere Miliz im Libanon wurde die PLO daher zu einer Organisation für den gesellschaftlichen Aufstieg einer bestimmten Bevölkerungsschicht. Man glaube ja nicht, daß es ihnen keinen Spaß machte, die Söhne der palästinensischen Oberschicht herumzukommandieren. Die PLO widmete sich im Libanon ihrem gesellschaftlichen Aufstieg so besessen, daß sie sich um Palästina gar nicht mehr kümmerte."

Die PLO wurde in Beirut verwöhnt – mit dem Ergebnis, daß sich eine asketische, eigenständige, ja mutige junge Guerillaorganisation, die sich vor allem im kargen südlibanesischen Bergland aufhielt und von dort aus den bewaffneten Kampf gegen Israel aufzunehmen versuchte, in eine reiche, übergewichtige, korrupte Quasi-Armee und einen ebensolchen Staat mit schlemmenden Befehlshabern, silberfarbenen Mercedeslimousinen und ganzen Brigaden von Schreibtischrevolutionären verwandelte, deren Bäuche genauso geschwollen waren wie ihre Rhetorik. Anstatt den Kampf gegen Israel auf die einzig erfolgversprechende Weise, nämlich mit einer ausgeklügelten Guerillataktik, fortzusetzen, verfiel die PLO in zwei kräftezehrende Extreme.

Zum einen versuchten die Palästinenser mit zunehmender Verstrickung in die libanesische Schau-Kultur, zu der eben auch eitle Männer in Uniformen gehörten, ihre militärischen Verbände in eine konventionelle arabische Armee zu verwandeln. Sie legten sich alte sowjetische Panzer zu und organisierten sich in Brigaden mit Offizieren, Mannschaften und Chauffeuren. Jeder zweite PLO-Funktionär, dem man begegnete, nannte sich Hauptmann oder Oberst. Die Oldtimer-Panzer aus dem Koreakrieg nahmen sich auf der libanesischen Bühne sicher ganz eindrucksvoll aus, waren im Gefecht gegen andere libanesische Milizen vielleicht sogar nützlich, eigneten sich aber in keiner Weise für eine konventionelle Panzerschlacht gegen die ultramodern ausgerüstete israelische Armee.

Einige PLO-Fraktionen fielen genau ins andere Extrem. Sie vermieden von vornherein jede Form der konventionellen militärischen Auseinandersetzung mit Israel und konzentrierten sich statt dessen auf schlagzeilenträchtige terroristische Überfälle und Flugzeugentführungen inner- und außerhalb Israels. Hinzu kam die gelegentliche Beschießung Galiläas mit Granaten. Der Terrorismus war eine andere Form des Theaters. Mit Terroranschlägen gewinnt man im Fernsehzeitalter Aufmerksamkeit, aber keinen Krieg. Es steht außer Frage, daß solche spektakulären Aktionen die palästinensische Frage immer dann wieder auf die Tagesordnung brachten, wenn die Welt sie am liebsten vergessen hätte. In diesem Sinne glaube ich, daß der Terrorismus, moralisch verwerflich wie er ist, in der Anfangsphase der PLO durchaus seine Funktion erfüllte. Aber als terroristische Operationen bald nicht mehr als notwendige Etappen innerhalb eines langfristig angelegten Kampfes galten, sondern zum Selbstzweck wurden, untergruben sie die Position der PLO.

Weil die PLO-Führung sich in ihre Pressemappe verliebte, schadete ihr der mediengerechte Terrorismus im Endeffekt mehr, als er ihr nützte. Schlagzeilen wurden zu einem narkotischen Ersatz für wirksame politische Basisarbeit oder militärische Operationen. Außerdem verleiteten sie die Führer der PLO dazu, ihre Stärke gröblich zu überschätzen. Sie hielten Presseberichte für echte Macht und theatralische Gesten wie Flugzeugentführungen für echten Krieg gegen Israel, was wiederum zu der Illusion beitrug, daß die Geschichte auf ihrer Seite stünde und sie selbst immer stärker würden. Unter diesen Voraussetzungen kamen Konzessionen an Israel natürlich nicht in Frage.

Einmal erlebte ich den Zynismus und die Theatralik Beiruts hautnah. Es war 1979, einen Tag nachdem jemand versucht hatte, den Christenführer Camille Chamoun mit einer Autobombe in die Luft zu jagen. Die Bombe explodierte den Bruchteil einer Sekunde zu spät, so daß Chamoun mit dem Schrecken davonkam. Am Nachmittag des darauffolgenden Tages suchte ich ihn in seiner Ostbeiruter Wohnung auf, um ihn zu interviewen. Das Wohnzimmer war voller Blumenbuketts mit Glück- und Genesungswünschen. An vielen steckten noch die Visitenkarten der Absender. Während ich auf Chamoun wartete, fiel mir ein besonders großes Blumengebinde ins Auge. Auf der beigefügten weißen Visitenkarte prangte der Name Jassir Arafats. Diese beiden Männer hatten so viele junge Menschen zur Verteidigung ihrer eigenen persönlichen Macht in den Tod geschickt – und sandten einander Blumen. Das war Beirut. Beirut war ein Theater, und Arafat glaubte, er könne dort bis in alle Ewigkeit die Hauptrolle spielen.

Doch dann platzte eines Tages ein Fremder herein, der nicht einmal eine Eintrittskarte gekauft hatte. Er war ein großer, dicker Mann, der die Logik des Spiels nicht begriff.

Im Innern des Kaleidoskops: Die israelische Invasion im Libanon

Alle deine Freunde sind falsch; alle deine Feinde sind echt.

Mexikanisches Sprichwort

Von Ariel Scharon bekam Arafat niemals Blumen. Was immer man von dem ehemaligen israelischen General und Verteidigungsminister halten mag – Scharon spielte nicht mit seinen Feinden. Er tötete sie. Nach einigen Jahren in Beirut begriff ich allmählich, warum die Juden einen eigenen Staat hatten und die Palästinenser nicht. Die europäischen Juden, die Israel aufgebaut hatten, stammten aus einer Kultur mit scharfen Kanten und rechten Winkeln. Es waren berechnende, harte Männer, denen der Unterschied zwischen Erfolg und Mißerfolg, zwischen Worten und Taten stets vollauf bewußt war. Da die Juden immer eine Nation für sich gewesen waren, entwickelten sie ihre eigenen autonomen Institutionen und verließen sich dabei auf ihre eigene, tief verwurzelte Stammessolidarität. Daraus resultierte eine gewisse Zielstrebigkeit. Nie hätten sie sich mit einer „Ersatzheimat" zufriedengegeben. Das Leben bedeutete für sie mehr, als daß sie es mit einem fatalistischen Schulterzucken hätten abtun können.

Die Zielstrebigkeit der europäischen Zionisten war unter anderem durch eine gewisse Rücksichtslosigkeit gekennzeichnet. Die Menschen kamen aus Ghettos und waren nicht daran gewöhnt, von der Außenwelt zum Kaffee eingeladen zu werden. Sie waren niemals Teil des nahöstlichen Kaleidoskops gewesen – ganz anders als zum Beispiel die Libanesen, in deren Land der Feind von heute immer der Freund von morgen sein konnte. Für die europäischen Juden war der Feind von heute auch der Feind von morgen. Die Welt war zweigeteilt: in Juden und Nichtjuden oder *Gojim*. Die Araber ihrerseits bestanden in den Augen der Zionisten aus zwei Untergruppen von *Gojim* – aus V-Männern und Feinden. Den V-Männern erteilte man Befehle, die Feinde brachte man um.

Der Lebensrhythmus der arabischen Welt war stets ein anderer. Die Menschen in der arabischen Gesellschaft sind geschmeidiger, flexibler; ihr Leben verläuft in unbestimmten Halbkreisen und kennt keine rechten Winkel. Die religiösen Symbole des Westens, das Kreuz und der Davidstern, sind beide voller Ecken und Kanten. Das Symbol der Moslems ist die Mondsichel – ein weiter, weicher, unbestimmter Bogen. In der arabischen Gesellschaft gab es immer die Möglichkeit, Mißerfolge rhetorisch abzufedern; immer fanden sich Mittel und Wege, auch den ärgsten Feind zu einer Tasse Kaffee zu bitten. Und bisweilen schickte man ihm sogar Blumen.

Oft rief mir mein Hauswirt in Beirut, Fast Eddy Ghanum, mit seiner Baritonstimme vom Balkon aus zu: „Thomaaaaas, trink einen Kaffee mit uns!" Mir kam diese Einladung immer wie ein Balzruf vor, und tatsächlich rief Eddy mich nur dann zum Kaffee, wenn er etwas von mir wollte: höhere Miete, eine getürkte Quittung fürs Finanzamt, ein handsigniertes Foto von Ronald Reagan – irgend etwas. Und jedesmal fanden wir beim Kaffee einen Kompromiß.

Mein Freund Fuad Adschami wurde als kleiner Junge in Beirut von seinem Vater, einem Hausbesitzer, regelmäßig losgeschickt, die Miete zu kassieren. „Bevor ich ging", erzählte Fuad mir einmal, „pflegte mein Vater zu mir zu sagen: ‚Wie immer du es anstellst, trink auf gar keinen Fall Kaffee oder Tee mit den Leuten. Du sollst die Miete kassieren, sonst gar nichts. Wenn du dich zu Kaffee oder Tee einladen läßt, bringst du keine Miete heim.' Die islamische Gesellschaft überzieht die Menschen mit einer Art Spinnennetz, das ihnen Zurückhaltung auferlegt. Die europäischen Zionisten hingegen entstammen einer anderen Kultur und einer anderen Glaubenswelt. Kein Netz hindert ihren Tatendrang. Und dementsprechend errichteten sie ihren Staat. Sephardim oder arabische Juden hätten Israel niemals aufbauen können. Sie hätten statt dessen mit den Palästinensern Kaffee getrunken."

Die rücksichtslose Zielstrebigkeit der europäischen Zionisten findet ihre Verkörperung in Ariel Scharon. Anfang 1982, fünf Monate vor der israelischen Invasion, stattete er Ostbeirut einen geheimen Besuch ab. Was er mir darüber erzählte, werde ich nie vergessen:

„Ich wollte die Falangisten an Ort und Stelle kennenlernen, wollte wissen, wie sie bei sich zu Hause aussehen. Am besten erinnere ich mich, wie ich in ihrem Hafen (Dschunija) ankam. Es war Nacht, und um uns brannten überall Lichter. Ich fragte sie: ‚Was sind das für Lichter?‘ – Sie antworteten: ‚Das sind die Lichter unserer Schiffe.‘ – ‚Um was für Schiffe handelt es sich?‘ fragte ich – ‚Um Handelsschiffe. Sie werden hier be- und entladen. Wir liefern nach Saudi-Arabien, in die Golfstaaten, überallhin. Krieg ist Krieg, und Geschäft ist Geschäft, Arik.‘ Später fuhren wir mit dem Wagen kreuz und quer durch Beirut. Beschir Gemayel chauffierte mich persönlich. Ein paar Leibwächter begleiteten uns, doch die Fahrtroute bestimmten wir selbst. Ich sah die vielen hübschen Mädchen und alles, was sich sonst dort tat. Es herrschte Krieg, aber die Menschen gingen ihren Geschäften nach. Könnten wir auch so leben? fragte ich mich. Nein. Im Libanon ist alles Kompromiß. Kompromisse, Kompromisse, immer nur Kompromisse. Könnten wir als Juden hier leben und ständig Kompromisse schließen? Ich glaube, die Antwort heißt nein. Wenn ein Land wie der Libanon eine militärische Niederlage erleidet, wird es viele Opfer zu beklagen haben, es wird einen Prestigeverlust und ein paar andere Unannehmlichkeiten hinnehmen müssen. Doch bei den Libanesen geht nichts zu Ende, es ist nie aus und vorbei. Den Juden hingegen droht das Ende.“

Scharon machte eine kleine Pause, bevor er mit gepreßter Stimme hinzufügte: „Ein bitteres Ende.“

Ariel Scharon trank also mit niemandem Kaffee. Mit zerstörerischer Zielstrebigkeit drangen seine Truppen in den Libanon ein. Doch für den Libanon gilt das gleiche wie für alle Spiegelkabinette: Es ist allemal leichter, hinein- als herauszukommen. Arafat kannte Beirut immerhin. Er wußte um den Charakter dieser Stadt und warum er sich dort niedergelassen hatte. Aber Scharon hatte – aller Geheimbesuche zum Trotz – keine Ahnung (was im übrigen für die meisten Israelis galt). Daher kostete der Rückzug Scharon und seine Armee schließlich fast ebensoviel Kraft wie der Einmarsch.

Ich sah sie kommen, und ich sah sie gehen. Sie waren in der Tat seltsame Invasoren. Wie arglose Reisende kamen sie nach Beirut. Als sie drei Jahre später die Stadt wieder verließen, glichen sie verärgerten Touristen, die man übers Ohr gehauen und denen man alles bis auf den letzten Koffer einschließlich der Reiseschecks geraubt hatte.

Am 13. Juni 1982 gegen zehn Uhr abends brachte der falangistische Rundfunksender die erste Nachricht. Wir scharten uns um das alte deutsche Radio im Reuter-Büro und versuchten zu begreifen, was unsere Ohren uns mitteilten: Die israelische Armee stand vor den Toren Beiruts.

Man kann sich heute kaum noch vorstellen, wie sehr die Tatsache, daß Israel eine arabische Hauptstadt belagerte, uns und die Welt damals schockierte. Eine Woche nach Beginn der Invasion parkte eine Kolonne israelischer Panzer und gepanzerter Mannschaftswagen acht Kilometer vom Zentrum Beiruts entfernt unweit des libanesischen Präsidentenpalasts in Baabda am Rand eines steil abfallenden Berghangs, von dem aus sich ein herrlicher Blick auf die darunterliegende Stadt bietet. Die Hauptstraße zwischen Beirut und Damaskus war damit abgeriegelt, und da alle anderen südlichen Zufahrtsstraßen schon früher unterbrochen worden waren, befand sich Beirut nun im Belagerungszustand.

Am Morgen des 14. Juni stand ich sehr früh auf und wagte mich über die Grüne Linie, die den moslemischen Westen Beiruts – wo mein Quartier, das Commodore, lag – von der christlichen Hälfte der Stadt trennt. Reporter und Zivilisten konnten damals noch frei von einer Seite zur anderen wechseln – vorausgesetzt, sie hatten nichts gegen einen kleinen Spießrutenlauf an diversen Armeen, Milizionären und Heckenschützen vorbei. Um ehrlich zu sein: Ich wollte diese Israelis, die auf einmal vor meiner Türschwelle ihre Zelte aufgeschlagen hatten und mich ebenso wie meine moslemischen Nachbarn das Fürchten lehrten, unbedingt mit eigenen Augen sehen. Ich war nach Beirut gekommen in der Vorstellung, praktisch der einzige Jude dort zu sein. Nun plötzlich bekam ich Gesellschaft.

Ihre braunen, schmutzüberkrusteten gepanzerten Mannschaftswagen, insgesamt ungefähr dreißig an der Zahl, parkten in schnurgerader Linie an der Straße nach Baabda. Ein paar israelische Soldaten mit staubigen Bärten und ungekämmten Haaren lehnten an den eisernen Trittbrettern ihrer Fahrzeuge, dösten vor sich hin oder frühstückten aus Konservenbüchsen. Andere hatten ihre Kameras gezückt und machten Fotos von Beirut. Mit meinem Notizblock in der Hand lief ich herum und fragte überall: „Spricht hier jemand Englisch?" Die meisten bedachten mich nur mit unfreundlichen Blicken, bis ich schließlich einen netten Jungen traf, der mir vom Dach eines Fahrzeugs aus zurief: „Ja, ich! Wo kommen Sie her?"

„Ich bin von der *New York Times*", antwortete ich.

„Der *New York Times*", wiederholte der Soldat mit amerikanischem Akzent. „Kennen Sie Bill Farrell?"

Bill war mein Mitarbeiter. Einige Jahre zuvor war er Bürochef der *New York Times* in Israel gewesen.

„Natürlich", gab ich zurück. „Er ist mein Kollege hier in Beirut."

„Fein", sagte der Soldat. „Er ist mit meiner Familie in Jerusalem bekannt. Grüßen Sie ihn von Rose Weinbergs Sohn!"

Jedesmal wenn ich an die israelische Invasion im Libanon denke, fällt mir Rose Weinbergs hübscher, rotwangiger Junge ein, der sich mir an jenem sonnigen Morgen in Beirut vorstellte. Er hatte das frische Gesicht und die warmen, unschuldigen Augen der Männer, die auf Plakaten für Jaffa-Orangen werben. Doch noch vor Ende des Sommers sollte ihm und mir das Lachen vergehen.

Neun von zehn Israelis werden heute sagen, daß sie von Anfang an gegen die Libanon-Invasion waren. Das ist reiner Unsinn. Gewiß, es gab schon zu Beginn einige wenige Kritiker, die aus ihrer Meinung keinen Hehl machten, doch ansonsten fanden die Mythen, Ängste und Erwartungen, die Verteidigungsminister Scharon und Ministerpräsident Menachem Begin zur Attacke blasen ließen, in weiten Kreisen der Bevölkerung Zustimmung – und zwar keinesfalls nur bei der rechtsorientierten Likud-Partei, sondern auch in Kreisen der traditionell links von der Mitte stehenden Arbeiterpartei. Von sich aus hätte die Arbeiterpartei wahrscheinlich nie eine Libanon-Invasion in die Wege geleitet, doch nachdem die Panzer erst einmal rollten, erwies sie sich in den ersten Monaten als willige Komplizin. Ihre Unterstützung ging von derselben Grundvorstellung aus, die auch den Likud beherrschte: Man hielt diesen Krieg für eine weitere Runde in Israels langem Überlebenskampf gegen den ewigen Feind, die durch die PLO repräsentierten Palästinenser. Man war sich in Israel weitgehend darüber einig, daß Arafat und seine Leute im Südlibanon über zuviel Feuerkraft verfügten, daß sie den Norden Israels nun schon allzuoft mit Granaten beschossen hatten und daß ihnen ihr Westbeiruter Ministaat mittlerweile zuviel internationale Anerkennung bescherte. Daß die Zahl der Guerillaopfer verschwindend gering war (ein Toter in den zwölf Monaten vor der Invasion), interessierte ebensowenig wie die Tatsache, daß die PLO ziellos in Beirut herumschwirrte und sich hauptsächlich mit anderen Moslemmilizen prügelte, vor allem mit den Schiiten. Der böse Bube Arafat mußte gebändigt werden, bevor er noch größer und mächtiger wurde. Daher stand im ersten Monat des Krieges niemand anders als Jizchak Rabin, der ehemalige Ministerpräsident der Arbeiterpartei, neben Ariel Scharon in den Außenbezirken von Beirut und drängte darauf, der Stadt das Wasser abzudrehen. Ungefähr zur selben Zeit verkündete Schlomo Avineri, Politologe an der Hebräischen Universität und einer der führenden Ideologen der Arbeiterpartei, vor Reserveoffizieren sinngemäß, Israel habe das Recht, bis ins Herz Beiruts vorzustoßen und die PLO auszumerzen. Erst als der

Krieg zunehmend unpopulärer wurde, protestierten die Führer der Arbeiterpartei lauthals und behaupteten, sie hätten höchstens eine vierzig Kilometer tiefe Invasion des Südlibanon gutgeheißen, keinesfalls aber einen Blitzkrieg bis nach Beirut. Die „großen Pläne" habe man ihnen vorenthalten. Wären freilich die „großen Pläne" von Erfolg gekrönt gewesen – Rabin und andere hätten begeistert zugestimmt, entsprangen sie doch Mythen und Sehnsüchten, die in der Arbeiterpartei ebenso tief verwurzelt waren wie im Likud. Ein oder zwei Männer allein haben noch nie einen Krieg geführt. Die israelische Libanon-Invasion bildet da keine Ausnahme. Sie war nicht bloß Begins oder Scharons Krieg. Sie war Israels Krieg, und genau deshalb lohnt es sich, noch einmal näher auf sie einzugehen.

Für die jungen israelischen Soldaten vergingen die ersten Wochen nach der Invasion wie im Rausch. Es waren Tage der Entdeckungen und, wie sie glaubten, neuen Freundschaften. Jeder zweite israelische Soldat, der mir im Libanon begegnete, erzählte mir von seinen libanesischen Bekanntschaften, den „Pierres" und den „Leilas". Mehr als genug israelische Offiziere, die mit der militärischen Oberaufsicht über dieses oder jenes Dorf betraut waren, genossen es, den „Lawrence vom Libanon" zu spielen und sich von den Dorfbewohnern wie Lord Sowieso behandeln zu lassen. Die israelischen Soldaten waren, wie es schien, allesamt eifrige Hobbyfotografen. Unentwegt knipsten sie: die „schweizerische" Landschaft, die mediterranen Fischrestaurants im Hafen von Dschunija und die munteren libanesischen Mädchen mit Kleopatra-Augen und Designerbikinis, die der Phantasie kaum noch Spielraum ließen. Das war nicht der Sinai mit lauter finster dreinblickenden Beduinen und barfüßigen ägyptischen Soldaten, sondern der größte Duty-Free-Shop der Welt. In den ersten Wochen des Krieges kamen die israelischen Soldaten vollbeladen mit Gebäck, Videofilmen, Kirschen, ja sogar mit libanesischem Haschisch der Spitzenklasse auf Heimaturlaub. Viele schmuggelten ihre Naschereien in hohlen Panzerplatten ihrer Panzer über die Grenze. Wer hatte behauptet, Krieg sei die reine Hölle?

Neri Horowitz, ein junger Israeli aus Jerusalem, der als Fallschirmjäger eingesetzt war und sich ein klares Auge für die Widersinnigkeiten des Krieges bewahrt hatte, sagte mir, in seiner Erinnerung denke er bei Beirut zuerst immer an einen Einkaufsbummel, nicht an den Krieg.

„Meiner Mutter brachte ich beim ersten Heimaturlaub dänische Butterkekse und englischen Tee mit, worauf sie ganz versessen ist.

Meine Schwester bekam ein T-Shirt mit einer Libanonzeder darauf. Es war, als kehrte ich von einer Europareise zurück. In Baabda ging ich einmal einfach in den Supermarkt. Ich nahm mir einen Einkaufswagen und schob ihn, umgeben von lauter libanesischen Hausfrauen, die Regalreihen entlang. Mein Gewehr trug ich am Schulterriemen."

Und dann kamen die amerikanischen Juden. Die Großspender vom „United Jewish Appeal" wurden mit Bussen nach Ostbeirut gekarrt und von der israelischen Armee zur Frontbesichtigung eingeladen. Dort posierten sie dann in Flak-Jacken auf schlammverkrusteten Panzern und sahen mit Feldstechern zu, wie echte Artillerie echte „Terroristen" in die Luft jagte. Die ganz großen Spender – ab hunderttausend Dollar jährlich – erhielten spezielle Geheimdienstberichte mit topographischen Karten. Nichts regte die Spendenbereitschaft eines amerikanischen Juden mehr an als eine Fahrt mit siegreichen israelischen Truppen. Das war mal was anderes, als einen Baum zu pflanzen oder einen Kibbuz zu besuchen und einem israelischen Bauern beim Melken zuzusehen! Das war wahre Stärke, rohe jüdische Kraft, und die amerikanischen Juden genossen das Gefühl, daran teilzuhaben.

Wohin man auch kam im Libanon – überall ließen Juden sich fotografieren. Das war keine Nation im Krieg, sondern eine Nation auf der Reise. Gewiß, da gab es ein paar unangenehme Straßenkämpfe gegen einzelne palästinensische Widerstandsnester im Bereich der südlibanesischen Hafenstadt Sidon – aber die wollte man rasch „ausputzen". Der Libanon war nicht viel mehr als ein verdrecktes Haus, das es wieder auf Hochglanz zu bringen galt.

Hauptmann Teddy Lapkin von der Golani-Brigade, einer Elitetruppe, die bei der Invasion die Vorhut bildete, erinnert sich an den Moment, da seine erste Einheit die Grenze überschritt: „Wir befanden uns bei dem Dorf Taibe, von wo aus man die Burg Beaufort sehen konnte (eine Bergfestung der PLO). Wir sahen unsere Flugzeuge, die Skyhawks, herankurven und ihre Bomben abwerfen, sahen auch die Spuren, die das Feuer unserer Artillerie an der Burg hinterließ, und wir dachten bei uns: ‚Okay, bringen wir's hinter uns.' Zu einem amerikanischen Hauptmann der UN-Beobachtungstruppe gleich hinter der Grenze sagte ich: ‚Wir wollen dieses gottverdammte Problem ein für allemal aus der Welt schaffen.'"

Zwei Monate später, nach Beendigung seines ersten Libanoneinsatzes, hatte Lapkin begriffen, daß dieses „gottverdammte Problem" vielleicht doch nicht so leicht aus der Welt zu schaffen war. Die meisten Israelis hielten den Libanon damals noch immer für ein nettes Ausflugsziel.

„Ende Juli trampte ich nach Beirut. Ich wurde von einer Reserve-Einheit mitgenommen, die zuvor noch nicht im Libanon gewesen war. Die Leute benahmen sich wie eine Touristengruppe, schwenkten ihre Kameras und riefen: ‚He, haltet mal an, wir wollen was fotografieren!‘ Ich war schlichtweg von den Socken, sagte aber kein Wort. Insgeheim dachte ich, zum Teufel, wo glauben die eigentlich, daß sie sind? Sie müssen verstehen, in der ersten Zeit, bis ungefähr zum September, machte es richtig Spaß im Libanon. Da fuhr man zum Beispiel nach Dschunija und sah sich die christliche Enklave an, oder man nahm sich einen Jeep und sagte zu seinem Vorgesetzten: ‚He, Jossi, ich fahr' kurz runter zum Fischlokal.‘ Viele Kameraden bandelten im Dorf Monte Verde oberhalb von Beirut mit libanesischen Frauen an. Die Frauen waren zum Teil ganz super... und ihre Ehemänner arbeiteten in Brasilien. ‚Im Winter komm' ich mal zum Skifahren her‘, sagten die Soldaten. Es war der Indianersommer der israelischen Invasion, ein letztes Aufbäumen des Sommers vor dem Herbst und den verminten Straßen.“

Die naive Einstellung, Israelis könnten im kommenden Winter im Libanon bereits Skiferien machen, belegt die profunde israelische Ahnungslosigkeit über die wahre Natur der libanesischen Gesellschaft und ihrer Hauptakteure. Weder die israelischen Universitäten noch der Geheimdienst hatten sich vor der Invasion 1982 intensiv mit dem Libanon beschäftigt, was unter anderem daran lag, daß das Land bis dahin kein aktiver Feind Israels gewesen war. Da sich in Israel nur wenige aus dem Libanon stammende Juden niedergelassen hatten, herrschte zudem ein echtes Defizit an Informationen aus erster Hand. Die paar israelischen Libanonexperten, die es gab, bezogen ihre Informationen vorrangig aus Rundfunksendungen und Zeitungsartikeln, die natürlich nur wenig von der Vielgestalt und Verlogenheit des politischen Lebens im Libanon vermittelten.

Gefragt, wie gut er auf den Einsatz im Libanon vorbereitet gewesen sei, antwortete mein Freund Avraham Burg, ein israelischer Fallschirmjägeroffizier: „Wir wußten, daß im Süden Christen lebten. Von dem, was nördlich davon los war, hatten wir nicht die geringste Ahnung.“ Seine Antwort ist bezeichnend für den damaligen Wissensstand der meisten Israelis bis hinauf zur Ministerebene. „Wir wußten, daß da oben so eine Art Belfast des Nahen Ostens lag“, fuhr Burg fort. „Na gut, dachten wir, da gibt's also 'ne Reihe verschiedener Stämme. Was einen Sunniten von einem Schiiten unterschied, wußten wir nicht. Und dann marschierten wir auf einmal ein, ganz plötzlich. Es war wie ein Fenster, und wir wußten, daß es dahinter etwas gab – nur hatten wir keine Ahnung, was. Auf jeden Fall marschierten wir erst mal ein. Erst danach entdeckten wir, daß wir in ein sich ständig veränderndes Kaleidoskop geblickt hatten."

Und so war es auch: Ohne jede wirkliche Kenntnis von Land und Leuten drangen die Israelis in den Libanon ein, mit Panzern, Artillerie und Flugzeugen, die Köpfe voller Mythen – Mythen über das Land, über den Charakter der christlich-maronitischen Verbündeten, über die Palästinenser und über die eigene Fähigkeit, den Nahen Osten nach israelischen Vorstellungen umzugestalten. Alle Erfolge der militärischen Macht wurden schließlich durch diese Mythen unterminiert. Es sollte nur drei Monate dauern.

Was die Israelis von Anfang an nicht begriffen, war, daß der Libanon sich in Wahrheit aus – mindestens – zwei Libanons zusammensetzte: Er war, wie bereits erwähnt, eine Fusion aus Maroniten und Sunniten, die jeweils unterschiedliche christliche und islamische Sekten repräsentierten. Beide Lager waren ungefähr gleich stark. Und das begriffen die Israelis nicht – vor allem deshalb, weil ihre Grundvorstellungen über die gesellschaftliche Situation im Libanon nicht aus dem Jahr 1982 stammten, sondern nach wie vor von den ersten Kontakten zwischen zionistischen Amtsträgern in Palästina und Beiruter Vertretern der christlichen Maroniten in den dreißiger und vierziger Jahren geprägt waren. Auf den ersten Blick hatten Maroniten und Juden zahlreiche Gemeinsamkeiten: Manche Maroniten sahen sich als die Phönizier der Neuzeit und wollten die phönizische Diaspora wieder in die alte Heimat Libanon zurückführen – genauso, wie die Zionisten die Juden nach Israel zurückbringen wollten. Gemeinsam, so dachten sie, können wir die alte Kultur des Mittelmeerraums wiederherstellen. Andere Maroniten und Juden sahen sich als „Leuchtfeuer der westlichen Zivilisation"; sie fühlten sich bemüßigt, Licht in jenes dunkle Zeitalter zu bringen, in dem die ungewaschenen moslemischen Araberhorden ihrer Ansicht nach immer noch lebten. Aufgrund ihrer Kontakte zu den Maroniten – die libanesischen Moslems interessierten sich nicht für die Juden und umgekehrt – verfestigte sich unter den frühen Zionisten schon bald die Überzeugung, der Libanon sei ein christliches Land, so wie Israel dereinst ein jüdisches Land sein würde. Gewiß, es gab im Libanon ebenso wie in Israel eine arabisch-moslemische „Minorität", doch im wesentlichen, so meinten die Zionisten, herrschten dort christliche Geschäftsleute, die den künftigen Judenstaat mit

Vergnügen anerkennen würden – vorausgesetzt, ein einziges arabisches Land ginge mit gutem Beispiel voran.

Nach dem Krieg von 1948 schloß der Libanon in völliger Übereinstimmung mit den übrigen arabischen Staaten seine Grenzen zu Israel und brach auch alle anderen Verbindungen ab. Die Folge war, daß die romantischen Vorstellungen aus der Zeit der ersten jüdisch-maronitischen Kontakte in der israelischen Psyche zur fixen Idee gerannen. Zwischen 1948 und 1982 lautete die Klischee-Antwort aller Israelis, die man auf den Libanon ansprach: „Wir wissen nicht, welches arabische Land als erstes mit uns Frieden schließen wird. Sicher ist nur, daß der Libanon das zweite sein wird."

Wenn ich israelische Soldaten im Libanon darauf hinwies, daß es in diesem Land auch Araber gebe, so war es, als hätte ich ihnen mitgeteilt, daß auch in Israel Araber lebten. Sie antworteten: „Ja, ja, das wissen wir, aber die *wirklichen* Libanesen sind die Christen", genauso wie sie sich selbst für die *wirklichen* Herren Palästinas hielten. Wer hätte ihnen daraus einen Vorwurf machen sollen? Jeder israelische Soldat, der die libanesische Grenze überschritt, bekam eine vom Informationskorps der Armee herausgegebene Broschüre mit dem Titel *Libanon* in die Hand gedrückt. In der vierzehn Seiten umfassenden Schrift, die einen Abriß der libanesischen Geschichte enthielt, wurden die Schiiten – in den achtziger Jahren immerhin die größte libanesische Religionsgemeinschaft – gerade zweimal beiläufig erwähnt. Über die politischen Ziele der Invasion hieß es: „Das Hauptziel der Israelis im Libanon besteht darin, die Existenz der Christen zu sichern und eine politische Lösung zu finden, die dem Libanon die Wiederherstellung seiner Souveränität ermöglicht."

Hätten die Israelis begriffen, daß der Libanon in Wirklichkeit aus zwei Libanons besteht, dann wäre ihnen auch klargewesen, daß die einseitige Unterstützung der Christen und die Vertreibung Jassir Arafats und seiner PLO-Guerillas *kein* Mittel zur Wiederherstellung der Stabilität und der staatlichen Souveränität des Landes waren. Die Gegenwart der PLO war lediglich ein Symptom der libanesischen Leiden; sie verschlimmerte sie zwar, war aber nicht deren Ursache. Die eigentliche Ursache für die Probleme im Libanon lag vielmehr darin, daß die beiden Libanons – der christliche und der islamische – schon seit der Staatsgründung, als man sie buchstäblich zusammengewürfelt hatte, immer wieder aneinandergeraten waren. Beide, Moslems und Christen gleichermaßen, hatten stets, wenn sie sich von der anderen Seite in ihrer Existenz bedroht fühlten, nach ausländischer Unterstützung gerufen, und so waren mal die Syrer, mal die PLO und mal die Israelis ins Land gekommen.

Relativ friedlich und stabil war der Libanon immer nur dann, wenn zwischen Christen und Moslems ein Machtgleichgewicht herrschte; wenn es, wie die Libanesen selbst es auszudrücken pflegten, „keinen Sieger und keinen Besiegten" gab und folglich auch keines der beiden Lager ausländischer Hilfe bedurfte.

Hätten die Israelis begriffen, daß der Libanon in Wirklichkeit aus zwei Libanons besteht, dann wären sie auch nie auf den Gedanken gekommen, der Libanon könne als zweites arabisches Land einen Friedensvertrag mit dem Judenstaat schließen. Der Libanon lebte von seiner Stellung als Warenumschlagplatz zwischen dem Westen und der arabischen Welt – und zwar sehr gut. Westliche Handelsgüter wurden in Beirut gelöscht oder hergestellt und von dort aus per Lkw oder Flugzeug nach Saudi-Arabien, Kuweit und Syrien, ja sogar bis nach Oman expediert. Im Westen oder nach westlichen Kriterien ausgebildete Libanesen wirkten nach ihrem Studium als Hotelmanager oder Geschäftsleute in den verschiedensten Teilen der arabischen Welt. Umgekehrt ließen Saudis, Kuweitis, Syrer und andere Araber ihre Finanzangelegenheiten von Beiruter Banken abwickeln, schickten ihre Kinder auf libanesische Schulen und Universitäten und suchten während der sommerlichen Hitze Erholung in den libanesischen Bergen. So abhängig, wie seine Wirtschaft von der arabischen Welt nun einmal war, konnte der Libanon allenfalls als *letztes* arabisches Land einen Friedensvertrag mit Israel unterzeichnen.

Ein Mythos gebiert den anderen. Da die Israelis den Landescharakter mythologisierten, mythologisierten sie auch Beschir Gemayel und seine maronitische Falange-Miliz, mit der sie im Sommer 1982 gemeinsam gegen die PLO vorgingen. Weil der israelische Ministerpräsident Menachem Begin den Libanon für ein primär christliches, von Moslems bedrohtes Land hielt, verglich er die Lage der Maroniten und anderer christlicher Sekten mit der der Juden. Immer wieder stellte Begin die Frage, warum die Christenheit der Welt nicht vehement gegen das „Abschlachten" ihrer libanesischen Glaubensbrüder durch die Moslems protestierte. Einer von Begins engsten Mitarbeitern sagte einmal zu mir: „Man muß sich stets vor Augen halten, daß Begin in einem katholischen Land aufgewachsen ist, nämlich in Polen. Als kleiner Junge wurde er von den Katholiken verfolgt. Er war geradezu vernarrt in die Idee, die Katholiken im Libanon retten zu können. Er wollte ihr heiliger Georg sein – und gleichzeitig den Katholiken Europas seine Verachtung zeigen. Es sollte seine späte Rache sein. Die Maroniten wußten genau, wie sie Begin behandeln mußten. Sie erinnerten ihn bei jeder sich bietenden

Gelegenheit an die Geschichte des Königs Hiram von Tyrus (einer südlibanesischen Hafenstadt), der nach der Bibel die Zedern für Salomos Tempel zur Verfügung gestellt hatte. Begin hörte sie immer wieder gern."

So benebelt von der eigenen Mythologie war Menachem Begins Bewußtsein (und das seiner meisten Landsleute), daß ihm jeder Blick dafür fehlte, was für „Christen" er da im Libanon eigentlich retten wollte. Das war kein kapuzentragender Mönchsorden in einem belagerten Kloster, sondern eher ein moralisch verkommener, reicher und korrupter Haufen Mafia-ähnlicher Patrone, die Goldketten, starkes Eau de Cologne und gepanzerte Mercedeslimousinen bevorzugten. Sie waren Christen vom Schlage des „Paten". Angespornt von einer Mischung aus Furcht und Geiz, waren diese christlichen Bandenführer zu allem bereit, um die ihnen im Vertrag von 1943 eingeräumte politische Vormachtstellung zu bewahren – und dies, obwohl die Moslems in der Zwischenzeit eindeutig die Bevölkerungsmehrheit stellten.

Gegen die Ermordung solcher Christen protestierte die Welt schon deshalb nicht, weil die Täter oft genug nicht unter den Moslems, sondern in den eigenen Reihen zu suchen waren. Die libanesischen Christen zerfleischten sich in einem Kleinkrieg, den sie um ihre Einflußgebiete und Pfründen führten. Nur zwei Jahre vor der israelischen Invasion konnte ich über ein Ereignis berichten, das als der „Tag der langen Messer" in die Annalen einging: Am 7. Juli 1980 versuchte Beschir Gemayel, seine christlichen Hauptverbündeten und -rivalen in Ostbeirut, Danny Chamouns Tiger-Miliz, ein für allemal zu erledigen. Nicht um ein Dogma oder um die Auslegung heiliger Texte ging es in jener Schlacht, sondern ausschließlich darum, wessen Miliz in Zukunft die illegalen Zölle, die Günstlingswirtschaft und die Schutzgeldringe in Ostbeirut kontrollieren durfte. Gemayels Männer überfielen die „Tiger" in ihren Kasernen sowie im Safra Beach Club, wo viele von ihnen ihre Freizeit verbrachten. Augenzeugen zufolge wurden einige der Anhänger Chamouns im Swimmingpool von am Beckenrand hockenden Falangisten durch Kopfschüsse getötet; andere wurden zusammen mit unbeteiligten Clubgästen von Maschinengewehrgarben niedergemäht. Wieder andere wurden aus den Fenstern des Safra-Hotels gestoßen und in der Luft abgeknallt wie Enten in einem Videospiel. Gemayel war mit den Regeln von Hama vollauf vertraut. Ehud Yaari, für arabische Angelegenheiten zuständiger Korrespondent des israelischen Fernsehens, machte Beschir einmal Vorhaltungen, weil er ein paar Drusen mißhandelt hatte. Beschirs Antwort: „Ehud, wir sind hier nicht in Norwegen und auch nicht in Dänemark." Ein weiterer Grund dafür, daß die Israelis nie den wahren Charakter ihrer maronitischen Verbündeten erkannten, lag in ihrer Anfälligkeit für Schmeicheleien – eine durchaus verständliche Schwäche, wenn man bedenkt, daß sie während der gesamten bisherigen Geschichte ihres Staates von einem Meer feindlich gesinnter Araber umgeben waren. Eines Tages blinzelte ihnen von den hinteren Rängen der feindlichen Arena jemand zu, und der Name dieses Jemands war Beschir Gemayel. Und Gemayel blinzelte nicht nur – er flüsterte den Israelis ein, daß er und sie gemeinsam imstande wären, dem Libanon eine neue Gestalt zu geben und einen Friedensvertrag zu schmieden. Ein ehemaliger Angehöriger des israelischen Geheimdienstes Mossad berichtete: „Die Maroniten bewirteten uns köstlich. Sie versorgten uns mit Informationen über die PLO. Nur ein Narr hätte das ablehnen können. Es war nur eine kleine Dosis, aber für uns schon zuviel. Wir wurden süchtig. Da kam man in geheimer Mission nach Dschunija, sah all die hübschen Mädchen dort im Hafen und die arabische High-Society, und zusätzlich bekam man noch Informationen über die PLO! Und dann entwickelte sich diese Kumpanei. Einige Leute von uns blieben als Instrukteure dort und ließen sich einwickeln. Es war ein Entree in die arabische Welt, wie wir es nie zuvor gekannt hatten – mit einem kleinen Schuß James Bond. Wer hätte dem widerstehen können?"

Ein israelischer Freund berichtete mir von einem Erlebnis aus den späten siebziger Jahren – jener Zeit also, als die Kontakte zwischen Israel und den maronitischen Milizen gerade intensiviert wurden. Er war zum Abendessen bei David Kimche eingeladen. Kimche, der in Tel Aviv wohnte, war damals ein hochrangiger Mossad-Mann und gehörte zu den frühen Architekten der Allianz zwischen Israel und den Gemayels. Sein Gast an jenem Abend war Danny Chamoun. Außerdem waren mehrere israelische Gesprächspartner geladen. Der Abend zog sich in die Länge, der Wein floß reichlich, und Chamoun wurde zusehends gelöster. Auf einmal nahm Chamoun meinen Freund beiseite und sagte mit unsicherer Stimme: „Eines dürfen Sie nicht vergessen: Ihr Israelis seid unsere Werkzeuge. Wenn ihr uns nicht helft, wenden wir uns eben an die Syrer."

„Ich ging sofort zu Kimche und erzählte ihm, was ich soeben gehört hatte", berichtete mein Freund. „Aber Kimche wischte meine Information mit einer Handbewegung beiseite. ‚Achten Sie nicht auf ihn', sagte er. ‚Er ist betrunken.'" Möglicherweise war Chamoun tatsächlich betrunken. Seine Bemerkung indessen war nüchtern und wäre besser beachtet worden. Doch Kimche (und viele seiner Mitarbeiter im Mossad) waren nicht bereit, darauf zu hören. Wenn höhere Chargen der Falangisten über die Palästinenser sprachen, konnte einem das Blut in den Adern gerinnen. Die politischen Führer Isreals ließen sich daher zu dem Glauben verleiten, daß die PLO den Falangisten noch verhaßter war als ihnen selbst. Sie wußten nicht, daß sich die Falangisten, wenn sie über libanesische Drusen, Sunniten und Schiiten redeten, der gleichen abfälligen Sprache bedienten. Die Ereignisse im Sommer 1982 waren für die Falangisten nichts weiter als eine neue Runde im seit 1975 tobenden libanesischen Bürgerkrieg. Es ging ihnen nicht primär um die Vertreibung der PLO. Sie wollten vielmehr als Sieger aus dem Bürgerkrieg hervorgehen, um in Zukunft die Macht nicht mehr mit den Moslems teilen zu müssen. Wie jeder libanesische Stamm, der auf sich hielt, wollten die Maroniten das Ei *samt* der Schale. Die Israelis kamen ihnen dazu gerade recht – und man wußte genau, wie man sie zu behandeln hatte: Die Palästinenser waren der Köder – und Israel der hungrige Fisch, den man mit ihnen lockte.

Ein israelischer Freund von mir war im Libanon als Fallschirmjäger im Einsatz. Er erzählte mir, wie er darauf kam, daß man ihn an der Nase herumführte. „Unser Bataillon war unweit von Aley im Schuf-Gebirge stationiert. Eines Tages kam ein falangistischer Offizier mit der Nachricht zu uns, in einem Haus weiter unten in der Straße hielten sich vier palästinensische Terroristen von der Saika (einer prosyrischen Fraktion der PLO) versteckt. Wir erhielten daraufhin den Befehl, das Haus zu zerstören, und das taten wir dann auch – und zwar gründlich, mit Raketen und so. Als wir die Trümmer beiseite räumten, fanden wir vier Leichen – allesamt Drusen. Wir hatten ein richtig schlechtes Gewissen."

Während der ersten drei Kriegsmonate hielten die Falangisten sich zurück und überließen den Israelis die Drecksarbeit. Neri Horowitz, der Fallschirmjäger, erinnert sich: „Im August 1982 war ich mit einer Einheit auf einem Dach in der Nähe der Grünen Linie stationiert. Nicht weit davon stand auch ein Panzer von uns. Das Haus gehörte einem Christen. Wir wußten, daß die Palästinenser drüben in Westbeirut versuchten, Munition von einem Haus zum anderen zu schaffen. Jedesmal wenn wir sie dabei beobachteten, nahm unser Panzer das betreffende Haus unter Beschuß – und unser christlicher ‚Hausherr' kam raufgerannt und guckte, wenn der Panzer feuerte, mit Vorliebe durch unsere Ferngläser. Und wenn wir irgendwas trafen, fing er an zu jubeln und hüpfte vor Freude auf und ab. Eines Tages bekamen die Palästinenser spitz, was wir dort trieben, und feuerten eine Granate auf uns ab. Das Haus wurde leicht beschädigt. Sofort kommt der Typ aufs Dach gelaufen und brüllt uns an: ,Verschwindet! Raus! Haut ab!'"

Teddy Lapkin, Hauptmann der Golani-Brigade, erinnert sich an einen anderen Vorfall: Im Spätsommer 1982 erhielt er den Befehl, zusammen mit einer Falangisteneinheit in die moslemische Stadt Maschghara im Süden der Bekaa-Ebene einzudringen, wo die PLO und einige ortsansässige Moslems Waffen gehortet hatten. „Wir machten ein paar Gefangene. Meine Leute banden ihnen die Hände auf dem Rücken zusammen. Da fingen die Falangisten plötzlich an, wie wild auf die Gefesselten einzudreschen. Wenn ich nicht dazwischengegangen wäre, hätten sie sie umgebracht. Ich sperrte die Gefangenen in einen Raum zusammen und ließ sie rund um die Uhr von einem meiner Leute bewachen, um sicherzustellen, daß die Falangisten sie nicht töteten. Die Falangisten eigneten sich hervorragend für Militärparaden. Sie waren immer wie aus dem Ei gepellt – eine Truppe gutbewaffneter Friseure, bei denen man den Eindruck hatte, sie lieferten sich militärische Modekonkurrenzen. In Wirklichkeit waren sie Papiersoldaten, die beim ersten Windhauch umfielen. Aber sie wußten genau, wie sie uns vor ihren Karren spannen konnten."

Wenn sich israelische Soldaten über das Benehmen der Falangisten beschwerten, wurde ihnen meistens von höchster Stelle befohlen, sich zurückzuhalten. „Ärgert Beschir nicht!" war ein vielgeäußerter Satz im libanesischen Hauptquartier der Israelis. Ein Geheimdienstoffizier erklärte diese Rücksicht folgendermaßen: „Kaum waren wir drin (im Libanon), entdeckten wir eine Menge Dinge, die uns nicht gefielen. Aber da war es bereits zu spät, wir konnten nicht mehr zurück. Wir brauchten die Falangisten. Sie mußten uns den Weg zeigen und uns sagen, wer im Libanon was war. Sie waren unsere einzigen Verbündeten. Am meisten aber brauchten wir Beschir. Die ganze Sache hing an ihm."

Die Israelis hatten, als sie im Libanon einmarschierten, nicht nur eine falsche Vorstellung von ihren Verbündeten, den Falangisten, sondern ließen sich auch in bezug auf ihre Feinde, die Palästinenser, von einem Mythos leiten. Viele Israelis waren inzwischen davon überzeugt, daß so etwas wie eine legitime palästinensische Nation mit einem legitimen nationalen Anspruch auf einen Teil Palästinas nicht existierte. Sie sahen die Palästinenser statt dessen als Teil einer undifferenzierten arabischen Volksmasse, deren Verbreitung sich von Marokko bis zum Irak erstreckte. Eine eigenständige, an das Land Palästina gebundene kulturelle, historische oder ethnische Identität billigten sie ihnen nicht zu. Es handelte sich um den ältesten und langlebigsten Mythos in der Geschichte des Zionismus. Zu Beginn des zwanzigsten Jahrhunderts, als die zionistische Bewegung noch in ihren Kinderschuhen steckte, mochte er notwendig gewesen sein: Um Juden in Moskau, Johannesburg, New York, Mexico City, London und Montreal den Umzug nach Palästina schmackhaft zu machen, blieb den Zionisten im Grunde nicht viel anderes übrig, als die Araber weitgehend zu ignorieren. Hätten sie gesagt: „Wir wollen, daß ihr kommt, doch ihr müßt wissen, daß es dort noch eine andere Nation gibt, die ihre legitimen Ansprüche bis zum letzten Blutstropfen verteidigen wird", so wären viele Juden wahrscheinlich geblieben, wo sie waren. Also glaubte man daran, ein „Volk ohne Land" zu sein, das „ein Land ohne Volk" besiedelte. Arafat war nicht der einzige politische Führer in der Region, der begriff, daß manche Dinge nur durchzusetzen sind, wenn man bewußt die Tatsachen ignoriert und sich statt dessen an Mythen hält. Aus Mythen schöpfen die Menschen Zuversicht für die Durchführung von Projekten, die sie bei rationaler Erwägung gar nicht erst in Angriff nehmen würden.

Israels „Gründervater" David Ben Gurion wußte, daß eine Bewegung wie der Zionismus, um erst einmal richtig in Gang zu kommen, in ihrer Anfangsphase notwendigerweise bestimmte Realitäten verkennen mußte. Doch war ihm ebenso klar – und das unterschied ihn von anderen israelischen Politikern sowie von Jassir Arafat –, daß irgendwann einmal der Punkt erreicht sein würde, an dem man die Realität anerkennen mußte. Der Anfangsmythos zerstört, falls er nicht durch die Realität gebändigt wird, unweigerlich das ersehnte Ziel. Schon in den dreißiger Jahren akzeptierte Ben Gurion daher die Vorstellung von einer Aufteilung Palästinas in zwei separate Staaten – einen für die Juden und einen für die palästinensischen Araber. Das Programm wurde 1947 von den Vereinten Nationen übernommen. Ben Gurion spürte, daß die Hoffnung auf einen Judenstaat ohne internationale Legitimation und Unterstützung nicht realisierbar war. Beides jedoch erforderte Kompromißbereitschaft.

Ben Gurions damaliger Erzrivale Menachem Begin akzeptierte diese Anpassung an die Realität nie. Er verwarf den Teilungsplan der Vereinten Nationen und hielt, in Übereinstimmung mit dem alten zionistischen Programm, beharrlich an der Forderung nach jüdischer Souveränität über das gesamte biblische Land Israel vom Mittelmeer bis zum Jordan und darüber hinaus fest. Nachdem seine Likud-Partei 1977 die Parlamentswahlen gewonnen hatte, wurde

Begin Ministerpräsident. Er nutzte sein Amt dazu, zahlreiche Israelis von seinen Ansichten zu überzeugen – was freilich nicht besonders schwer war, gab es doch selbst unter den Anhängern der Arbeiterpartei viele, die nicht an die Existenz einer legitimen palästinensischen Nation glaubten und folglich auch nicht einsahen, daß sie das Land mit ihnen zu teilen hatten. Es war die ehemalige Ministerpräsidentin der Arbeiterpartei Golda Meir, die 1969 in einem Interview mit der Londoner *Sunday Times* auf die Frage nach den Palästinensern antwortete: „Es gibt sie nicht." Die Unterstützung der Arbeiterpartei für den Teilungsplan war 1947 weitgehend von taktischen Erwägungen bestimmt gewesen. Nachdem sie ihren Staat endlich hatten, sahen viele in den Palästinensern am liebsten „arabische Flüchtlinge", die in den benachbarten Araberstaaten (mit denen Israel über kurz oder lang Frieden schließen würde) angesiedelt werden sollten. Selbst nach der Besetzung des Jordan-Westufers und des Gazastreifens im Jahre 1967, als ihr Land erneut mit einer großen Zahl von Palästinensern konfrontiert wurde, sahen die meisten Israelis am liebsten darüber hinweg oder bezeichneten sie wie Begin als „Araber des Landes Israel".

Da Begin den Gedanken an eine legitime palästinensische Nation mit einem legitimen Anspruch auf Palästina von Grund auf ablehnte, sah er in jeder politischen oder militärischen Aktion im Namen eines palästinensischen „Pseudonationalismus" eine illegitime und potentiell kriminelle Handlung. Doch in Begins Augen stellte die PLO nicht nur eine physische Bedrohung dar; er sah in ihr auch eine zutiefst beunruhigende, existenzgefährdende Herausforderung der zionistischen Bewegung. Die PLO verkörperte offiziell den palästinensischen Anspruch auf Palästina und damit die direkte Verneinung des zionistisch-jüdischen Anspruchs. Wo immer die Israelis auftraten – die PLO folgte ihnen und erzählte jedem, der bereit war, ihr zuzuhören, daß Palästina nicht den Juden gehörte.

Grob vereinfacht lag das „Palästinenserproblem" für Begin, Scharon und viele andere Israelis nicht darin, daß zwei gleichermaßen legitimierte nationale Gemeinschaften – Juden und Palästinenser – auf dem Boden Palästinas eine Heimat suchten. Sie sahen in den Palästinensern nur marodierende arabische Banden, die Juden umbrachten, Terroranschläge verübten und sich weigerten, das gottgegebene Recht des jüdischen Volkes auf ein Land Israel zwischen Mittelmeer und Jordan anzuerkennen. Hauptverantwortlich für die Ermordung israelischer Bürger und hartnäckigste Verfechterin falscher Ansprüche auf jüdisches Land war eine arabische Organisation namens PLO. Das „Palästinenserproblem" war also die PLO. Wenn wir die PLO loswerden, dachten Scharon und Begin, dann sind wir auch das Palästinenserproblem los. War die PLO erst einmal aus dem Weg, so würden die Palästinenser im Westjordanland und im Gazastreifen ihre Forderung nach Unabhängigkeit aufgeben und eine Form begrenzter Autonomie im Sinne der Vereinbarungen von Camp David akzeptieren. Israel würde dadurch in die Lage versetzt, ganz Palästina zu kontrollieren, ohne die Macht oder das Land mit den dort lebenden „Arabern" teilen zu müssen. Ähnliche Hoffnungen hegten die Maroniten im Libanon: Auch sie wollten das Land unter ihre Kontrolle bekommen und die Macht nicht mit den Moslems teilen.

Die Vorstellung, es könne Israel gelingen, die physische und existentielle Herausforderung seitens der Palästinenser ein für allemal zu beseitigen, rührte an die Seele der meisten Israelis und berauschte sie geradezu. Deshalb waren so viele von ihnen bereit, Begin und Scharon auf ihrem Marsch nach Beirut zu begleiten. Wie alle anderen Stämme im Nahen Osten trachteten auch die Israelis nach dem Ei samt der Schale.

Um die Invasion tatsächlich zu verwirklichen, bedurfte es jedoch noch eines weiteren israelischen Mythos – des Mythos der Macht. Menachem Begin – Jahrgang 1913 – verbrachte die prägenden Jahre seiner Jugend in Polen. Es war eine Zeit des virulenten Antisemitismus, eine Welt, in der man auf die Juden spuckte. Sein Leben lang hatte er nach einer Chance gesucht, die Erniedrigungen, unter denen er und seine Vorfahren seit Jahrhunderten gelitten hatten, vergessen zu machen. Jüdische Macht, jüdische Generäle, jüdische Panzer und jüdischer Stolz – daran fand Menachem Begin Gefallen. Sie waren für ihn wie Pornographie. Er brauchte einen Krieg, um seine tiefe Sehnsucht nach Würde zu befriedigen und seine traumatische Furcht vor jüdischer Impotenz zu kurieren. Er brauchte nach meiner Überzeugung eine Chance, fünfhunderttausend jüdische Soldaten in eine Schlacht gegen Arafat zu führen, der für ihn nur mehr der letzte in einer langen Reihe von Antihelden war, die sich im Laufe der Geschichte zum Ziel gesetzt hatten, das jüdische Volk niederzumetzeln. Kein Wunder, daß er auf dem Höhepunkt des Krieges fast enthusiastisch verkündete, er fühle sich bei der Belagerung Arafats, als verfolge er „Hitler in seinem Bunker".

Begins Machtphantasien – und dies machte ihn noch gefährlicher – waren gekoppelt mit dem Selbstverständnis eines Opfers. Wer sich selbst als Opfer begreift, wird kaum je seine Handlungen moralisch hinterfragen oder sich irgendwelche Beschränkungen auferlegen. Warum sollte er auch? Schließlich ist er ja das Opfer... Bei einem israelischen Luftangriff im Libanon wurde ein kleines libanesisches Mädchen schwer verletzt. US-Präsident Reagan stellte sich ein Foto des verbundenen Körpers auf den Schreibtisch. Als Begin davon erfuhr, stellte er auf *seinen* Schreibtisch ein berühmtes Foto aus dem Zweiten Weltkrieg. Es zeigt ein jüdisches Kind mit einem Judenstern am Ärmel. Mit erhobenen Armen liefert es sich den Nazis aus.

Obwohl Begin der Krieg ein tiefes persönliches Bedürfnis war, fehlte ihm wohl das letzte Quentchen Mut oder das Know-how, ein ganzes Land und eine ganze Armee in seinem Sinne zu manipulieren. Ariel Scharon besaß beides. Begins Opferkomplex teilte er nicht, doch war auch er besessen von Machtphantasien. Scharon wußte um die militärische Stärke Israels und bildete sich ein, mit ihrer Hilfe ein ganzes Bündel komplizierter, tief verwurzelter Probleme gleichsam mechanisch lösen zu können. Er glaubte, das winzige Israel könne die PLO aus Beirut vertreiben, Beschir Gemayel als Präsidenten einsetzen, Syrien und die libanesischen Moslems neutralisieren, den Libanon zur Unterzeichnung eines Friedensabkommens veranlassen sowie am Ende die Palästinenser im Westjordanland und im Gazastreifen zur Anerkennung der israelischen Herrschaft zwingen. Anders als Hafis el-Assad wußte Scharon nicht, wo er aufhören mußte; er erkannte nicht die Grenzen der Macht in einem zersplitterten, unberechenbaren Land wie dem Libanon. Assad war ein brutaler Realist, dessen Programm sich aufs reine Überleben beschränkte. Scharon war ein brutaler Realist mit einer Strategie – oder, wie es der israelische Politologe Jaron Esrahi auszudrücken pflegte: „im taktischen Bereich ein Realist, im strategischen Bereich hingegen ein Mann, der einerseits Mythen schuf und andererseits von Mythen besessen war". Genau diese Eigenschaften machten ihn im Libanon so gefährlich. Er agierte mit einer Entschlossenheit und einer unerschütterlichen Geradlinigkeit, als wüßte er genau, wohin ihn seine Strategie führte. In Wirklichkeit hatte er nicht die geringste Ahnung von der Welt, in die er vorstieß. Seine Strategie im Libanon beruhte einzig und allein auf Selbsttäuschungen, und deshalb führte er Israel letztlich in ein Desaster. Scharons Vorgehen war ein klassisches Beispiel für falsche Führung.

Doch Ariel Scharon ist eine geschichtsträchtige Figur, wie sie manche Leute sehr verführerisch finden. Einer seiner Bewunderer war Menachem Begin. Begin brauchte einen Krieg, und Scharon, geleitet und unterstützt von seinem Generalstabschef Rafael Eitan, der die Araber haßte, war gerade der Richtige dafür. Scharon war sich freilich darüber im klaren, daß das israelische Volk seine langfristigen Kriegsziele nicht akzeptieren würde; für die Inthronisierung eines Präsidenten Beschir Gemayel hätte es sein Blut nicht vergossen. So nannte Scharon die israelische Invasion „Operation Frieden für Galiläa", eine Militäraktion mit dem Ziel, die PLO aus dem Gebiet jenseits der israelischen Nordgrenze zu vertreiben. Es klang einfach, bescheiden und logisch – einer solchen Operation konnten alle Israelis zustimmen, Likud- und Arbeiterpartei-Anhänger gleichermaßen. Was sonst noch auf der Tagesordnung stand, sollten sie erst später erfahren.

In derselben Minute, da die israelische Armee die libanesische Grenze überschritt, begann Jassir Arafats Traumwelt einzustürzen. Die Vorstellung, die PLO sei noch immer die Avantgarde eines neuen Nationalbewußtseins und das Gewissen der arabischen Welt, war die erste Illusion, die zerstob. Arafat hatte diesen Gedanken in seinen Reden so oft wiederholt, daß er zum Schluß selbst daran glaubte. Daß die arabische Welt in den zehn Jahren zwischen 1973 und 1982 entweder am Reichtum oder an der Rute zerbrochen war, hatte er offensichtlich völlig übersehen. Die wohlhabenderen Staaten waren der revolutionären Rhetorik der PLO, des endlosen Geschwätzes und des sich totlaufenden Aktionismus müde geworden. Gleichzeitig ergab sich durch den Sieg des Ayatollah Khomeini in der iranischen Revolution von 1979 eine Bedrohung durch radikalislamische Kräfte, die in den arabischen Ölländern militärisch wie ideologisch als wesentlich gefährlicher eingestuft wurde denn alle Gefahren, die von Israel ausgingen.

Ihre mangelnde Bereitschaft, die Palästinenser in ihrem Kampf zu unterstützen, kompensierten die Araber mit Geld und Rhetorik. Sie versüßten der PLO alle Niederlagen, sei es in Amman oder im Libanon, mit Siegesbuketts und bestätigten sie noch bei ihren revolutionären Sprüchen, mit denen sich die Palästinenser, ein schwaches, allseits schikaniertes Volk, notwendigerweise abreagierten. Nie jedoch nahmen die Araber Arafat beiseite und sagten ihm: „Hör mal zu, mein Freund, die machtpolitische Konstellation spricht gegen dich. Dein Volk geriet in einen üblen Sturm namens Zionismus. Das hätte jedem von uns passieren können, aber euch hat's eben erwischt. Wenn du deinem Volk was Gutes tun willst, dann arrangier dich mit den Juden. Sieh zu, daß du soviel Land rausschlägst wie möglich, und vergiß den Rest." Statt dessen, so Fuad Adschami, „ließen die Araber die Palästinenser im Stich und schworen ihnen dabei ewige Treue".

In den siebziger Jahren prahlte Arafat gern damit, daß sich die palästinensischen Guerillas in der arabischen Welt verbreiten würden wie „Fische im Meer", doch dank der arabischen Indifferenz im Sommer 1982 wurden sie wie Fische in einem Faß zusammengedrängt. Saudi-Arabiens König Feisal kämpfte im Krieg von 1973 mit der Ölwaffe. Neun Jahre später bestand der einzige Beitrag, den sein Nachfolger Fahd zur Verteidigung Beiruts leistete, darin, daß er zum Telefon griff und Präsident Reagan bat, die Israelis zur Wiederherstellung der Westbeiruter Wasserversorgung zu bewegen. Die Araber hatten im Sommer 1982 die Wahl zwischen Nachrichten über die wichtigsten Ereignisse der israelischen Libanon-Invasion und Übertragungen von der gleichzeitig laufenden Fußballweltmeisterschaft. Daß sich die meisten von ihnen für den Fußball entschieden, war für viele Palästinenser ein bitterer Schock.

Nicht die Araberführer selbst waren es, die Arafat vom Ernst der Lage überzeugten, sondern ihre libanesischen Stellvertreter, die Sunnitenbosse in Westbeirut. Die Sunniten hatten die PLO im libanesischen Bürgerkrieg als Keule benutzt, während umgekehrt die PLO sich der Sunniten bedient hatte, um weiterhin in der Stadt bleiben zu können. Mit den ersten israelischen Bombenangriffen auf Westbeirut platzte der Kuhhandel. Nun wurden die Kosten für den Erhalt der PLO den libanesischen Moslems plötzlich zu hoch. Nach fast einmonatiger Belagerung der Stadt durch die israelische Armee legten die Moslemführer Arafat die Daumenschrauben an und zwangen ihn auf dem Höhepunkt einer rasch eskalierenden Konfrontation am 3. Juli 1982 zum Verlassen der Stadt.

Der Schauplatz war der historischen Stunde angemessen: Es handelte sich um die weiße zweistöckige Villa des ehemaligen libanesischen Ministerpräsidenten Saïb Salam, die 1912 von dessen Vater, einem Abgeordneten im osmanischen Parlament, errichtet worden war. An jenem Samstag trafen sich die acht führenden Köpfe der Westbeiruter Sunniten im marmorgefliesten Speisesaal zu einer Unterredung. Es ging um die Frage, wie man die PLO am besten zum Verlassen der umzingelten Stadt überreden könne. Arafat und sein engster politischer Berater, Hani el-Hassan, waren für 12.30 Uhr geladen. Salam schilderte mir später den Verlauf der Sitzung.

Arafat trug eine frisch gebügelte erbsengrüne Armeeuniform samt der dazugehörigen Mütze. Als er und sein Berater eintrafen, geleitete man sie sogleich in den Speisesaal und ließ sie an dem langen Chippendaletisch Platz nehmen, den ein antiker Kandelaber erhellte. Salam, siebenundsiebzig, ein mit allen Wassern gewaschener Politiker, eröffnete die Diskussion mit einer Lobrede auf Arafat und der Versicherung, daß dessen Männer sich gegen einen übermächtigen Feind hervorragend geschlagen hätten. „Die PLO hat sich mit Ehre bedeckt", sagte er, „doch nun ist der Zeitpunkt gekommen, uns in Ehren zu verlassen."

Arafat saß zur Rechten Salams; seine Mütze lag vor ihm auf dem Tisch. Er hörte sich an, was die Sunnitenbosse ihm zu sagen hatten, und brachte seine Gegenargumente vor. Die Würde und die Ehre der PLO stünden auf dem Spiel, meinte er. Es gehe darum, „das Gesicht zu wahren". Seine Männer seien unter keinen Umständen bereit, vor den Israelis ihr Gesicht zu verlieren. Eher fielen sie im Straßenkampf, als daß sie Beirut unehrenhaft verließen. Als Salam merkte, daß er mit sanfter Überzeugungskraft nicht weiterkam, hob er die Stimme. Die militärische Schlacht sei nun vorüber, rief er, und es sei jetzt an der Zeit, daß sich die PLO in eine rein politische Organisation verwandle – um ihrer selbst als auch um der Westbeiruter Bevölkerung willen.

Sichtlich getroffen und in die Defensive gedrängt, gab Arafat zurück: „Ihr wollt uns wohl rausschmeißen, wie?"

„Angesichts der Opfer, die wir für euch und eure Sache gebracht haben", erwiderte Salam mit noch lauterer Stimme als zuvor, „solltet ihr uns das nicht unterstellen. Es ist sowohl für euch als auch für uns das beste, wenn ihr verschwindet – mitsamt eurer Ehre."

Viereinhalb Stunden lang ging die Diskussion in diesem Ton weiter, unterbrochen nur von gelegentlichen, zur Mäßigung mahnenden Einwürfen der anderen. Als das libanesische Fernsehen ein paar Aufnahmen von der Konferenz drehen wollte, entlud sich die Spannung zwischen Arafat und seinen Kontrahenten sogar vor laufenden Kameras in einem lautstarken Wortgefecht. Einer der sunnitischen Teilnehmer mußte seinen ganzen politischen Einfluß beim libanesischen Fernsehen aufbieten, um zu verhindern, daß der Film in den Abendnachrichten ausgestrahlt wurde. Gegen 17.15 Uhr erklärte Arafat sich bereit, die Ergebnisse des Gesprächs mit seinen Kollegen in der PLO-Führung zu beraten.

Zwei Stunden später kehrten Arafat und Hani el-Hassan zurück und ließen sich mit den sunnitischen Würdenträgern und der Familie Salam zum traditionellen abendlichen *iftar*-Mahl nieder. Man stimmte darin überein, daß während des Essens nicht über Politik geredet werden sollte. Arafat war recht schweigsam und aß nur wenig. Nach dem Essen bat er, ihn zu entschuldigen; er wolle die Abendgebete allein sprechen. Als er zurückkam und sich wieder an den Eßtisch setzte, verkündete er, daß er eine Erklärung abgeben wolle. Er zog einen weißen gefalteten Briefbogen aus der Brusttasche, setzte seine dunkle Brille auf und begann, sichtlich bekümmert, aber mit volltönender Stimme einen Text vorzulesen, der in seiner eigenen Handschrift unter dem Briefkopf des Oberbefehlshabers der PLO stand: „An unseren Bruder, den (libanesischen) Ministerpräsidenten Schafik el-Wassan. Unter Bezugnahme auf die geführten Gespräche hat das Palästinensische Oberkommando folgende Entscheidung getroffen: Die PLO hat nicht den Wunsch, weiterhin im Libanon zu verweilen."

Nach der Verlesung der entscheidenden Zeilen überreichte Arafat den Briefbogen Salam. Noch am selben Abend wurde auch der amerikanische Sonderbotschafter Philip C. Habib von dem Schreiben in Kenntnis gesetzt.

Doch tiefsitzende Mythen sind nicht totzukriegen, und je größer sie sind, desto langsamer sterben sie. Ich hielt Arafats Auftritt von Anfang an für ein taktisches Manöver mit dem Ziel, Zeit zu gewinnen. Er spekulierte darauf, ausländische Mächte könnten Israel zurückpfeifen und damit der PLO den Verbleib in Beirut ermöglichen. Drei Tage nachdem Arafat zum erstenmal seine Bereitschaft zu erkennen gegeben hatte, die Stadt zu verlassen, interviewte ich ihn im Informationsbüro der PLO. Obwohl er nach außen hin bei bester Laune war, forderte der Krieg auch von ihm seinen Tribut. Seine Augen waren rotgerändert, und beim Sprechen tippte er mit den Zehenspitzen immer wieder nervös auf den Boden. Als ich ihn fragte, ob er von der arabischen Reaktion auf die Invasion enttäuscht sei, sah er mir in die Augen und fragte rhetorisch zurück: „Wie lange werden die Araber noch schweigen?"

Der Ton seiner Stimme verriet mir, daß Arafat noch immer mit einem Eingreifen der Araber rechnete. Zumindest erwartete er sich von ihnen eine wirksame Maßnahme, die dazu angetan gewesen wäre, den enormen Druck, der auf den um ihr Leben kämpfenden Palästinensern lastete, ein wenig zu mildern. Nach einem weiteren Monat israelischer Bomben- und Granatenangriffe auf Westbeirut hegten er – und alle anderen Palästinenser – diese Illusion nicht mehr.

Der andere Mythos, der von den Israelis unterminiert wurde, war der, die PLO stelle eine reale militärische Macht dar. Tatsache ist, daß die PLO trotz zahlreicher Vorwarnungen auf die israelische Invasion kaum vorbereitet war. Obwohl sich die Guerillas wacker schlugen, gelang es der israelischen Armee, in weniger als einer Woche ohne größere Schwierigkeiten bis nach Beirut vorzustoßen. Hartnäckiger Widerstand begegnete ihr nur in der Umgebung der Palästinenserlager von Sidon sowie im Schuf-Gebirge, wo syrische

Panzereinheiten stationiert waren. Hätte Israel in der zweiten Kriegswoche nicht aus politischen Gründen auf den sofortigen Einmarsch in Westbeirut verzichtet, so wäre die PLO innerhalb von wenigen Tagen vernichtend geschlagen worden.

Die Niederlage auf dem Schlachtfeld war vielen Palästinensern allerdings ziemlich gleichgültig – schließlich gab es für alles *baadel*, eine Kompensation. Diese bestand für manche Guerillas allein schon darin, endlich jenen Krieg gegen die Juden führen zu können, der ihren Vätern und Großvätern 1948 teilweise vorenthalten worden war. Diesmal standen ihnen keine arabischen Armeen im Wege. Juden und Palästinenser standen einander Aug in Aug gegenüber.

Ein paar Tage, nachdem die Israelis sämtliche PLO-Stützpunkte im Südlibanon überrannt hatten, traf ich mich in einem Bunker unterhalb eines Wohnblocks in Westbeirut mit Georges Habasch, dem Führer der Volksfront zur Befreiung Palästinas. Der ehemalige Kinderarzt kämpfte seit 1948, das heißt seit seinem einundzwanzigsten Lebensjahr, gegen Israel. Unter den Palästinenserführern war er mit Abstand der charismatischste. Die Luft im Bunker war verbraucht, und es roch nach Moder. Umgeben von einer Schar ihm ergebener junger Guerillakämpfer, saß „Doktor Georges" aufrecht hinter einem kleinen Tisch. Die Tatsache, daß die Schlacht im Südlibanon verloren war, schien nicht die geringste Rolle zu spielen. Das wichtigste war, daß überhaupt eine Schlacht stattgefunden hatte. Indem es seine gesamte Armee gegen sie ins Feld führte, verschaffte Israel den Palästinensern die nachhaltigste Form der Anerkennung.

Habaschs Silberhaar schimmerte im trüben Licht. Jeder seiner Bemerkungen verlieh er mit heftigen Fausthieben auf die Tischplatte Nachdruck, wobei jedesmal eine kleine Staubwolke aufwirbelte.

„Ich danke Gott", rief er, den Widersinn nicht bemerkend, daß er als großer arabischer Marxist den Allmächtigen anrief, „ich danke Gott, daß ich es noch erleben durfte, wie eine Palästinenserarmee gegen eine israelische Armee kämpft! Nun kann ich getrost sterben..." Mit einer weiten Armbewegung verwies er mich auf seine Jünger und fügte hinzu: „Es täte mir ungemein leid, wenn diesen jungen Männern etwas zustieße – doch ich kann nun sterben, denn wir haben tatsächlich gegen die Israelis gekämpft."

Habasch blieb am Leben, ebenso wie Arafat. Ihrer markigen Rhetorik zum Trotz erklärten sie sich letztlich doch bereit, Westbeirut zu verlassen – um, wie sie behaupteten, die Stadt zu schonen. Ich bezweifle sehr, daß die arabische Welt ihnen das abgekauft hat;

wahrscheinlich glaubten nicht einmal viele Palästinenser daran. Sie gingen, weil sie umzingelt waren und heilfroh sein mußten, wenn sie mit dem Leben davonkamen. Die eigentliche Tragödie bestand darin, daß die Theatralik und die zahlreichen Fehlkalkulationen der Palästinenserführer zu Lasten anderer Palästinenser gingen, deren Engagement ehrlich war. Unter den Guerillas, Flüchtlingen und Bürokraten befanden sich viele Männer und Frauen, die ihre Refugien in Jordanien, Syrien und anderswo aufgegeben und sich der PLO angeschlossen hatten. Sie hätten eine erheblich bessere Führung verdient gehabt.

Arafat hatte zugesagt, am 21. August 1982 mit der Evakuierung seiner Guerillas zu beginnen. Am frühen Morgen jenes Tages fand ich mich am Beiruter Hafen ein und wartete auf die Landung der internationalen Friedenstruppe, die die PLO beim Verlassen des Landes eskortieren sollte. Als erste trafen die Franzosen ein. Einige von ihnen schwärmten sogleich aus, um den wichtigsten Verkehrsknotenpunkt an der Straße nach Westbeirut zu besetzen. Es war vereinbart, daß sie ihn von einer Einheit der von den Syrern kontrollierten Palästinensischen Befreiungsarmee (PLA) übernehmen sollten. Der verantwortliche Offizier der PLA hatte jedoch schon seit Wochen keinen Kontakt mehr mit seinen Befehlshabern gehabt und besaß auch keine Instruktion, wie er sich beim Eintreffen der Franzosen verhalten sollte. So sagte er zu dem französischen Kommandanten, er möge ihm doch bitte schriftlich bestätigen, daß er, der verantwortliche Offizier der Palästinenser, seine Stellung „mit Würde" geräumt habe. Der Franzose lieh sich von mir Papier und Stift und verfaßte ein entsprechendes Schreiben. Daraufhin bestand der Palästinenser auf einer förmlichen Übergabezeremonie. Auf der einen Seite ließ er seine Männer antreten, einen zerlumpten Haufen mit lauter verschiedenen Helmen und bunt zusammengewürfelten Uniformen. Sie hatten vermutlich schon seit Wochen kein Badezimmer mehr von innen gesehen. Ihnen gegenüber nahm eine Einheit sonnengebräunter französischer Fremdenlegionäre Aufstellung. Die Soldaten trugen spiegelnde Sonnenbrillen und saubere Khakiuniformen mit aufgerollten Ärmeln, die den Blick auf muskelstrotzende Arme freigaben.

So blieben sie ein paar Minuten lang stehen. Die beiden Befehlshaber brüllten militärische Kommandos, und die Gewehre wechselten von einer Schulter zur anderen. Nach der Beendigung der Zeremonie ließ der Palästinenser seine Männer wegtreten. Sie drehten sich um und wollten verschwinden, doch da stolperte einer von ihnen, und mehrere andere purzelten über ihn. Niemand lachte.

Irgend etwas an diesen Guerillakämpfern und an der Art, wie sie auf der Einhaltung der Formalitäten bestanden, verriet eine Würde, über die zu lächeln sich verbot. Ich konnte nicht umhin, ihnen und ihrem Einsatz Ehrfurcht zu zollen. Obwohl ihnen keine schwereren Waffen als Panzerabwehr-Granaten zur Verfügung standen, hatten sie die Einfallstraßen nach Westbeirut gegen eine israelische Armee verteidigt, die mit den modernsten Waffen der Welt ausgerüstet war – ein reines Himmelfahrtskommando! Sie waren bloß Halbwüchsige, aber ihre Blicke verrieten, daß sie – anders als ihre Führer – bereit gewesen wären, bis zum Ende zu kämpfen.

Vielleicht war es ja ein kluger Entschluß von Arafat, Beirut zu verlassen, um den Kampf, wie er damals selbst immer wieder hervorhob, zu einem späteren Zeitpunkt fortsetzen zu können. Doch nach dem Auszug aus dem Libanon war die PLO nicht mehr dieselbe wie früher, ja, die gesamte arabische Welt hatte sich verändert. Irgend etwas erstarb in ihr am 30. August 1982, jenem Tag, an dem Jassir Arafat das griechische Kreuzfahrtschiff „Atlantis" bestieg und sich nach Athen bringen ließ. (So angewidert war er vom Verhalten der Araber, daß er sich weigerte, in einem arabischen Land von Bord zu gehen.)

Arafats Rückzug markierte in der arabischen Politik das Ende einer Ära. Nach dem Debakel von 1967 war die PLO wie ein Phönix aus der Asche gestiegen und hatte der arabischen Nation die Wiederherstellung ihrer Würde verheißen. Und vorübergehend sah es tatsächlich so aus, als könnte es ihr gelingen. Die Guerillas galten als Herolde einer kommenden Revolution. Sie würden, so glaubte man, die alten, korrupten Regimes hinwegfegen und die Araber wieder in eine Macht verwandeln, mit der man rechnen mußte. Für die Jugend war es eine Epoche der romantischen politischen Schwärmerei, und dank der Ölrevolution der OPEC gab es genügend Geld und westliche Sykophanten, die die wildesten Erwartungen und Illusionen nährten. Doch in der Hitze der Schlacht um Beirut schrumpfte der nationale arabische Traum zu einem Häufchen zerknüllter Siebdruckhelden und leerer Sprüche zusammen.

Lina Mikdadi, eine Schriftstellerin libanesisch-palästinensischer Herkunft, war dabei, als sich Arafat am 30. August im Hause Walid Dschumblats von seinen moslemischen Verbündeten verabschiedete. In ihrem Buch *Surviving the Siege of Beirut* (1983) schildert die Autorin, die zur „Che-Guevara-Zeit" des arabischen Nationalismus mit seinen Studentenstreiks, Protestmärschen und revolutionären Posen in Beirut aufwuchs, die Szene wie folgt: „Zu Hause bei Walid Dschumblat versuchten die beiden Männer nach außen hin Tapferkeit zu demonstrieren. ‚Ich bin froh, daß mein Vater (der ermordete Drusenführer Kemal Dschumblat) diesen Tag nicht mehr erlebt', sagte Walid Dschumblat... Die Show der Maulhelden zog nicht mehr; das leere Lächeln und die gegenseitigen Komplimente erfüllten keinen Zweck. Mich überkam eine Woge der Wut und der Verzweiflung: Arafat mochte mit dem Leben davonkommen – wir aber waren geschlagen, am Boden zerstört. Nein, ich sträubte mich gegen diese Gedanken: Die Israelis hatten es schließlich nicht geschafft, ins Zentrum von Westbeirut vorzudringen. Arafat erhob sich, um zu gehen. Als die Frauen in einer letzten Abschiedsgeste Reiskörner warfen, weinte ich mir die Augen aus. Ich weinte um unser verlorenes arabisches Nationalgefühl, weinte über die Gleichgültigkeit der arabischen Welt, weinte, weil ich daran denken mußte, daß Israelis auf dem Flughafen von Beirut standen."

Der libanesische Historiker Kemal Salibi fuhr zum Hafen, um Arafat bei der Abfahrt zu sehen. „Am besten erinnere ich mich an Walid Dschumblat", erzählte er. „Er war kein großer Freund Arafats, doch immerhin begleitete er ihn zum Schiff." Als Arafat an Bord gehen wollte, zog Walid eine Pistole und feuerte inmitten der ihn umgebenden Menschenmenge einen Salut in die Luft. Es war dies eine sehr symbolträchtige Geste. Der Salut galt nicht der Person Arafat, sondern der Sache, die sein Abgang repräsentierte. Westbeirut war der letzte Hort des arabischen Gewissens, und deshalb hatten in den vergangenen Sommerwochen so viele Westbeiruter ihre Sympathien für die PLO entdeckt. Sosehr sie die Guerillas außer Landes wünschten, sowenig waren sie bereit, Arafats Kopf den Israelis auszuliefern. Es war, als erkannten die Menschen in Westbeirut, daß sie mit ihrem Beistand für die PLO den letzten verbliebenen Rest arabischer Würde verkörperten. In jenen letzten Sommerwochen in Westbeirut zu sein wurde zu einer Art Ehrenzeichen. Deshalb harrte auch ich dort aus. Ich wollte dortbleiben. Man konnte dieses Gefühl schier mit den Händen fassen, und das war es auch, was Walid schließlich in Tränen ausbrechen ließ. Zur Hölle mit der arabischen Welt, drückte er damit aus, wir sind die einzigen echten Araber, die es noch gibt. Die einzigen echten Araber sind die Bewohner von Westbeirut."

Bevor er an Bord ging, sagte Arafat mit unbeabsichtigter Offenheit zu seinen libanesischen Freunden: „Ich bin sehr stolz, weil wir die Ehre hatten, diesen Teil von Beirut zu verteidigen. Ich verlasse diese Stadt, doch mein Herz bleibt hier."

Anstatt Westbeirut, wie versprochen, in sein Stalingrad zu verwandeln, zog Arafat nach Tunis weiter und etablierte sein Hauptquartier im Fünfsternehotel Salwa Beach. Kurz nach dem Abschluß der Evakuierung suchte ich seine Leute dort auf. Es war eine merkwürdige Szenerie: Lauter PLO-Funktionäre in einem Zweihundert-Zimmer-Hotel, zu dessen Lobby ein üppiger Baumgarten mit zahlreichen umherstolzierenden Pfauen gehörte. Unermüdlich servierten die Kellner den Guerillas im Ruhestand, die sich die Zeit mit endlosen Schach- und Pingpongpartien vertrieben, arabischen Kaffee. Als die Leute erfuhren, daß ich gerade aus Beirut kam, scharten sie sich um mich. Die einzige Heimat, die viele von ihnen je gekannt hatten, war Westbeirut. Das reale Palästina war nur ein Traum – der Libanon war das konkrete Palästina, wo sie zur Schule gegangen waren und die Straßen beherrscht hatten. Sie löcherten mich mit Fragen nach Freunden, Familienmitgliedern und den Plätzen, an denen sie sich am liebsten aufgehalten hatten. Wir saßen am Strand, und eine mediterrane Brise tanzte über den leeren, rosa gestrichenen Minigolfplatz, der den Hoteleingang bewachte. Über allem hing ein Hauch von Melancholie – das Gefühl, daß etwas zu Ende gegangen und eine Chance verpaßt worden war.

„In Beirut lebten wir im Exil", sagte einer von Arafats führenden Mitarbeitern. „Hier sind wir im Exil vom Exil."

Poker auf Beiruter Art

Nach dem Rückzug der PLO aus Beirut schienen alle Trümpfe in den Händen Israels zu liegen. Arafat und seine Mitstreiter hatten ihre letzte unabhängige Operationsbasis verloren. Sie waren über den gesamten Nahen Osten versprengt worden, standen unter der Kontrolle der verschiedenen arabischen Regierungen und stellten somit für Israel keine unmittelbare Bedrohung mehr dar. Gleichzeitig hatten die Luftwaffe und die Flugabwehrtruppen der Syrer in den Auseinandersetzungen mit den Israelis schwere Verluste hinnehmen müssen, die wettzumachen Jahre in Anspruch nehmen würde. Syriens historisch bedingter starker Einfluß auf die libanesische Politik schien ernsthaft gefährdet zu sein.

Der Abzug von zirka vierzehntausend PLO-Kämpfern und syrischen Soldaten aus Beirut war mehr oder weniger gleichbedeutend mit der Entwaffnung der libanesischen Moslems, die fortan dem Diktat der falangistischen Milizen und ihrer israelischen Hintermänner ausgeliefert waren. Mit einer Kombination aus Einschüchterungsmaßnahmen und dem massenhaften Einsatz unregistrierter Banknoten konnten Falangisten und Israelis genügend islamische Parlamentsabgeordnete „überreden", bei der Wahl des neuen libanesischen Präsidenten am 23. August 1982 für Beschir Gemayel zu stimmen. Gemayel war der einzige Kandidat. Begin und Scharon erhofften sich von ihm in seiner sechsjährigen Amtszeit die Konsolidierung der israelischen Militärerfolge aus den ersten drei Monaten seit Beginn der Invasion. Auf diese Weise, so hofften sie, könnte sich Israel eines Tages zurückziehen, ohne daß der Libanon wieder in die alten Zustände verfiel. Um die beim Abzug der Israelis entstehende Lücke zu schließen, sollte Gemayel die libanesische Armee wiederaufbauen. Es galt, die Syrer von Beirut fernzuhalten, ein neuerliches

Fußfassen der PLO in den palästinensischen Flüchtlingslagern zu verhindern und – zur Krönung des Ganzen – einen Friedensvertrag zwischen dem Libanon und dem Judenstaat unter Dach und Fach zu bringen. Begin und Scharon hatten voll auf Beschir Gemayel gesetzt, und nun sah es so aus, als zahlte sich der Einsatz aus. Die versprochenen „vierzig Jahre Frieden" schienen kurz bevorzustehen.

Aber Poker ist ein eigenartiges Spiel. Da gewinnst du die ganze Nacht hindurch, und dann kommt die letzte Runde. Du wirst übermütig und setzt alles auf vier Könige. Todsicheres Blatt, denkst du dir. Plötzlich grinst dich der Geber an und sagt, er möchte noch eine Karte. Vor deinen Augen zieht er eine Karte aus dem Stapel und legt sein Blatt auf den Tisch: vier Asse.

Den ganzen Sommer über hatte Syriens Präsident Hafis el-Assad im Libanon nur Verluste eingefahren. Mit der Wahl Beschirs schien er sich nun endgültig mit einem israelischen Sieg abfinden zu müssen. Doch wenn es im nahöstlichen Pokerspiel um den Jackpot geht, fliegen die Spielregeln aus dem Fenster, und es gelten nur noch die Regeln von Hama. In der letzten Runde stach Assad die vier Könige Israels mit einem As, das er vom Grund des Kartenstapels genommen hatte. Die Israelis riefen nach dem Sheriff, doch Assad lachte nur darüber.

„In dieser Gegend", rief er ihnen zu, „bin ich der Sheriff! "

Am 14. September 1982 gegen 16.10 Uhr traf sich Beschir Gemayel im Bezirksbüro der Falange im Ostbeiruter Stadtteil Aschrafie mit einer Gruppe von Parteifunktionären. Er suchte das zweistöckige Wohnhaus jeden Dienstagnachmittag um diese Zeit auf. Bei diesem Treffen ging es um Einzelheiten der Machtübertragung von der Falangistenpartei und ihrer Miliz auf Beschirs Regierung und die künftig unter seinem Kommando stehende libanesische Armee.

Was Beschir Gemayel nicht wußte oder ignorierte, war der Umstand, daß im selben Gebäude auch Verwandte eines sechsundzwanzigjährigen Mannes namens Habib Tanius Schartuni lebten, ein Mitglied der Damaskus-treuen Nationalen Syrischen Sozialistischen Partei (NSSP), die sich für die Vereinigung Syriens, des Libanons und Palästinas stark machte. Darüber hinaus war Schartuni ein aktiver Agent des syrischen Geheimdienstes. Seine Vorgesetzten hatten ihn auf die Besuche Beschirs in besagtem Gebäude angesetzt, und da seine Schwester dort wohnte, achteten die falangistischen Wachen kaum auf ihn. Nach Untersuchungen von Jacques Reinich, einem ehemaligen Offizier des israelischen Geheimdienstes, der an der Universität von Tel Aviv eine Doktorarbeit über Beschir Gemayel schrieb, beschlossen die Syrer, Gemayel im Zeitraum zwischen seiner Wahl zum Präsidenten und seiner Vereidigung zu beseitigen. Von Nabil el-'Alam, einem höheren NSSP-Funktionär, wurde Schartuni nach Westbeirut beordert. Dort lernte er, wie man mit einem Sprengsatz umgeht, der in einen Koffer paßt und mit einem Funkzünder zur Explosion gebracht werden kann. Am 11. September schmuggelte Schartuni anläßlich eines Besuchs bei seiner Schwester die Bombe ins Haus. Am 13. September erhielt er, laut Reinich, von einem „syrischen Geheimdienstoffizier" in Rom den Befehl, Beschir Gemayel am Nachmittag des folgenden Tages zu ermorden. Schartuni deponierte den Koffer auf dem Boden des Wohnzimmers seiner Schwester, das sich direkt über dem Raum befand, in dem Beschir seine Gespräche führen würde. Dann stellte er den Zahlencode der Bombe ein. Damit war sichergestellt, daß die Detonation unmittelbar nach Erhalt des entsprechenden Funksignals stattfinden würde.

Am Spätnachmittag des nächsten Tages rief Schartuni seine Schwester an und bat sie, sofort zu ihm zu kommen; er habe sich eine Schnittwunde an der Hand zugezogen. Es war ein einfacher Trick, um sie aus dem Haus zu locken. Schartuni selbst kletterte aufs Dach eines angrenzenden Wohnblocks und wartete auf Beschir Gemayel und seine Begleiter.

Wie Reinich schreibt, eröffnete Beschir die Gesprächsrunde mit einer Geschichte über ein viele Jahre zuvor errichtetes Denkmal des ersten libanesischen Präsidenten, Bischara el-Khuri. Als sich dessen Söhne darüber beschwerten, daß die Statue nicht viel Ähnlichkeit mit ihrem Vater habe, hätten die Erbauer des Denkmals geantwortet, sie würden „sich schon daran gewöhnen". Dann sagte Beschir Gemayel zu den versammelten Falangisten: „All jenen, die sich noch nicht mit dem Gedanken an meine Präsidentschaft anfreunden konnten, sage ich: Ihr werdet euch daran gewöhnen."

Augenblicke später löste Schartuni per Knopfdruck das Funksignal aus, das die Bombe zur Detonation brachte. Das Gebäude brach in einer Wolke aus Staub und Trümmern zusammen. Mein Kollege Jonathan Randal, Nahostkorrespondent der *Washington Post,* führte aus, daß Beschirs zerschmetterte Leiche lediglich an den Überresten seiner markanten Nase, dem Grübchen am Kinn sowie an seinem sechseckigen Ehering identifiziert werden konnte. Schartuni wurde kurz nach dem Attentat festgenommen und legte ein Geständnis ab.

Bei den Israelis brach sofort Panik aus – und dies mit gutem

Grund. Beschir Gemayel war die Schlüsselfigur der gesamten Invasion gewesen. Nachdem sie ihn verloren hatten, beschlossen Begin und Scharon, nun doch in Westbeirut einzumarschieren, um wenigstens ihr unmittelbares Kriegsziel, die Zerschlagung der PLO, zu erreichen. Die übrigen politischen Ziele, die man sich gesetzt hatte, konnten warten. In den frühen Morgenstunden des 15. September 1982 schwärmten israelische Truppen aus und drangen in den Westteil der libanesischen Hauptstadt ein – obwohl man zuvor den Amerikanern mündlich versichert hatte, Westbeirut nach dem Abzug der PLO nicht mehr zu besetzen.

Zwei Ziele schienen Scharons Armee besonders zu interessieren. Das eine war das Forschungszentrum der PLO. Es gab dort zwar weder Waffen und Munition noch Guerillakämpfer, dafür aber etwas viel Gefährlicheres: Bücher und alte Dokumente über Palästina, darunter Grundbucheintragungen über den Landbesitz palästinensischer Familien, Fotosammlungen über das Leben der Araber in Palästina, vor allem aber Karten aus der Zeit vor 1948, auf denen unter anderem sämtliche arabischen Dörfer eingezeichnet waren, die später durch den Staat Israel von der Landkarte getilgt wurden. Das Forschungszentrum glich einer Arche, in der das Erbe der Palästinenser aufbewahrt wurde, gleichsam die Zeugnisse der nationalen Identität. Für Scharon waren diese Dokumente in mancher Hinsicht die wichtigste Kriegsbeute. (Im Zusammenhang mit einem Gefangenenaustausch erzwang die PLO im November 1983 die Rückgabe des Archivs.)

Das zweite Ziel waren die palästinensischen Flüchtlingslager Sabra und Schatila. Scharon behauptete, nach ihm vorliegenden Geheimdienstberichten seien zwei- bis dreitausend Guerillas in diesen Lagern zurückgeblieben. Ich habe den Verdacht, daß ihm diese Informationen aus falangistischen Quellen zugespielt wurden. Die PLO hatte tatsächlich einige Männer in den Lagern zurückgelassen – einerseits zum Schutz der Zivilbevölkerung, andererseits auch als Keimzelle einer künftigen Neuorganisation –, doch waren die von Scharon zitierten Zahlen nach meiner Überzeugung grob übertrieben. Wie dem auch sei, die israelische Armee drang nicht nach Sabra und Schatila ein, sondern beschränkte sich darauf, die Lager zu umzingeln. Sie hatte bei dem Versuch, die palästinensischen Flüchtlingslager in der Umgebung der südlibanesischen Hafenstadt Sidon einzunehmen, zu starke Verluste hinnehmen müssen. Nun war es an der Zeit, daß auch die Verbündeten etwas taten. So gab der israelische Generalstab am Donnerstag, den 16. September 1982, nur zwei Tage nach Beschir Gemayels Tod, die schicksalhafte „Order Nr. 6" aus, in der es hieß, daß die „Flüchtlingslager (Sabra und Schatila) nicht betreten werden sollen. Durchsuchung und Säuberung der Lager erfolgt durch Falangisten und die libanesische Armee."

Ich war nach dem Rückzug der PLO in Urlaub gefahren und wollte noch ein paar freie Tage in London verbringen. Ich wartete auf dem New Yorker Kennedy Airport auf den Abflug, als plötzlich mein Name ausgerufen wurde. Am Telefon war mein Chefredakteur. Seine Anweisungen kamen in abgehacktem Stakkato: „Beschir Gemayel ist ermordet worden. Fliegen Sie sofort nach Beirut."

Da der Beiruter Flughafen geschlossen war, mußte ich nach Damaskus fliegen und mir dort ein Taxi nehmen. Normalerweise dauerte die Autofahrt drei Stunden, doch hatten die Falangisten wegen Beschirs Beerdigung alle östlichen Zufahrtsstraßen nach Beirut blockiert. Mir blieb nichts anderes übrig, als die Nacht nach dem Transatlantikflug im halbfertigen Haus des Taxifahrers irgendwo in der Bekaa-Ebene zu verbringen. Ich hatte buchstäblich keine Ahnung, wo ich mich befand. Ich erinnere mich nur noch an die Dunkelheit: Es war rundum so finster, daß ich jeden einzelnen Stern am Himmel sehen konnte.

Im Morgengrauen standen wir auf und setzten unsere Fahrt nach Beirut fort. Es war am Freitag, den 17. September 1982. Wir hatten gerade den Kamm des Libanon-Gebirges überquert und sahen im Tal vor uns die Stadt, als über dem Gebiet des Lagers Schatila eine Phosphorgranate abgefeuert wurde; ich erkannte sie an ihrem charakteristischen weißen Rauch. Was hat denn das zu bedeuten? fragte ich mich. Endlich wieder im Commodore-Hotel, erfuhr ich von amerikanischen Pressekollegen, daß Gerüchten zufolge die Falangisten in Schatila eingedrungen seien. Da das Lager jedoch von den Israelis abgeriegelt sei, könne niemand die Gerüchte überprüfen. Beim Abendessen erzählte mir mein Freund Roberto Suro vom *Time*-Magazin, daß es ihm im Laufe des Tages gelungen sei, bis an den Rand von Schatila vorzudringen. Er war bis zum Kreisverkehr vor der westlich von Schatila gelegenen kuweitischen Botschaft gekommen, von wo aus man das Lager überblicken konnte. Dort stieß er auf eine Gruppe von falangistischen Milizionären, die sich, sichtlich entspannt, von israelischen Soldaten bewirten ließen.

„Ein hochgewachsener, hagerer Kerl mit Flieger-Sonnenbrille sah so aus, als sei er der Anführer der Milizionäre", erzählte mir Roberto. „Deshalb wandte ich mich an ihn. Während unseres Gesprächs hörte man Gewehrfeuer und Explosionen im Lager, doch der Bursche zuckte mit keiner Wimper, sondern tat so, als wäre alles in bester Ordnung. Ich fragte ihn, was los sei, doch er grinste mich bloß an. In der Nähe saßen israelische Soldaten auf einem Panzer. Trotz der Schüsse im Lager lungerten sie nur herum, blätterten in Illustrierten und hörten Musik von Simon and Garfunkel. Mir war ziemlich klar, daß das Lager nach Beendigung der Belagerung unter der Kontrolle der Falangisten stehen würde. Deshalb fragte ich diesen Falangistenoffizier, was sie mit Sabra und Schatila vorhätten. Seine Antwort werde ich nie vergessen. Er sagte: ‚Wir machen daraus ein Einkaufszentrum.'"

Keiner von uns wußte zu diesem Zeitpunkt, daß am Tag zuvor ungefähr eintausendfünfhundert falangistische Milizionäre mit Lastwagen von Ostbeirut zum Flughafen transportiert worden waren. Von dort aus wurden sie in kleinen Einheiten von jeweils etwa einhundertfünfzig Mann in die Lager Sabra und Schatila geschickt, die von der israelischen Armee die ganze Nacht über in gleißendes Licht getaucht wurden. Die Falangisten wollten nicht nur Beschir Gemayels Tod rächen, sondern auch die Opfer früherer stammeskriegsartiger Auseinandersetzungen, die sie mit den Palästinensern geführt hatten und bei denen zahlreiche Menschen umgekommen waren, wie beispielsweise die christlichen Einwohner des südlich von Beirut gelegenen Dorfes Damour, die im Februar 1976 von palästinensischen Guerillas massakriert worden waren. Scharon gab ihnen die Gelegenheit: Vom Donnerstag, den 16. September bis zum Samstag, den 18. September durchkämmten falangistische Kommandos die Stadtviertel Sabra und Schatila und liquidierten alle Menschen, die ihnen über den Weg liefen.

Am frühen Samstag morgen „entdeckten" die Israelis schließlich, daß die Falangisten seit drei Tagen in den Lagern Palästinenser abschlachteten. Das Oberkommando der israelischen Armee befahl den Falangisten, die Lager zu verlassen – und zog die eigenen Truppen dann soweit wie möglich von den Lagern zurück, um ja nicht mit den Massenmorden in Verbindung gebracht zu werden. Als wir Journalisten am Samstag vormittag am Tatort erschienen, um herauszufinden, was an den Gerüchten dran war, hinderte uns daher niemand mehr am Betreten der Lager und einer ausführlichen Berichterstattung.

Der erste Mensch, den ich in Schatila sah, war ein sehr alter Mann mit sorgfältig gestutztem weißem Bart; nach meiner Schätzung muß er an die Neunzig gewesen sein. Neben ihm lag ein hölzerner Gehstock. Als ich ihn entdeckte, war er wohl schon seit ein paar Stunden tot. Der Mörder hatte sauber gearbeitet: Die aus nächster Nähe abgefeuerte Kugel hatte lediglich ein kleines blutverkrustetes Loch auf seiner Schläfe hinterlassen. Wahrscheinlich hatte er seinem Opfer in die Augen geblickt und dann abgedrückt. Der alte Mann lag am Westrand des Lagers auf dem Erdboden und vermittelte uns nur eine kleine Ahnung von dem, was uns in den Straßen und Gassen erwartete, über denen der Hauch des Todes hing. Ich sah eine Frau mit aufgeschlitzter Brust. Aus einem hastig ausgehobenen Grab im roten Lehm ragten ein Arm und ein Bein, als wolle uns die dort verscharrte arme Seele anflehen, ihrer zu gedenken. Selbst Pferde hatte man mit Kugeln durchsiebt, bis ihnen die Bäuche geplatzt waren. Am häufigsten sah ich jedoch junge Männer, die meisten zwischen Zwanzig und Dreißig, die man mit gefesselten Händen und Füßen an die Hauswände gestellt und dann nach Unterweltmanier mit Maschinenpistolen niedergemäht hatte. Wo waren die zweitausend PLO-Kämpfer, die angeblich in den Lagern zurückgeblieben waren? Hätte es sie tatsächlich gegeben, so wären sie gewiß nicht auf diese Weise gestorben.

Eine alte Frau in einem schäbigen braunen Kleid stand über einer aufgedunsenen Leiche, schwenkte in der einen Hand einen Schal und in der anderen irgendwelche Briefe oder Dokumente. Immer wieder kreischte sie auf arabisch: „Hu, hu, bist du mein Mann? Mein Gott, hilf mir. Meine Söhne sind alle tot. Mein Mann ist tot. Was soll ich tun? *I Allah*, o Gott, o Gott!"

Auf der gegenüberliegenden Straßenseite verließ eine andere Mutter die Todesszenerie in ihrem Haus. Mit einem verblichenen Farbfoto ihres Sohnes Abu Fadi und einem Vogelkäfig, in dem ein Papagei hin und her hüpfte, kam sie heraus. Während der Vogel munter vor sich hin krächzte, stolperte die Frau umher und klagte: „Wo ist Abu Fadi? Wer bringt mir meinen geliebten Sohn zurück?"

Niemand weiß genau, wie viele Menschen während des dreitägigen Massakers in den Lagern getötet oder von den Falangisten abtransportiert und anderswo ermordet wurden. Die einzige unabhängige Todesstatistik stammt vom Internationalen Komitee des Roten Kreuzes, dessen Mitarbeiter ein paar Tage nach dem Massaker zweihundertzehn Leichen in einem Massengrab bestatteten – hundertvierzig Männer, achtunddreißig Frauen und zweiunddreißig Kinder. Da die meisten Opfer schon viel früher von ihren Verwandten beerdigt worden waren, schätzte das Rote Kreuz die Gesamtzahl der Toten auf achthundert bis tausend.

Die israelischen Soldaten behaupteten nachher, sie hätten nicht gewußt, was in den Lagern vorging. Sie hörten nicht die Schreie der Menschen, die ermordet wurden. Sie sahen durch ihre teleskopartigen Feldstecher nicht, daß unschuldige Zivilisten niedergemetzelt wurden. Hätten sie etwas gesehen, so wären sie natürlich sofort eingeschritten.

All dies ist durchaus richtig. Die israelischen Soldaten sahen kein Massaker an unschuldigen Zivilisten. Sie hörten auch nicht die Schreie unschuldiger Kinder vor ihren Gräbern. Was sie sahen, war die „Säuberung" eines Gebiets von einer „Terroristenplage". Sie sahen aufgeregt hin und her laufende „Terroristenkrankenschwestern" und „halbwüchsige Terroristen", die versuchten, sie zu verteidigen. Was sie hörten, waren die Schreie von „Terroristinnen". „Terroristen" zu retten, widerspricht der israelischen Psyche. Ein „Massaker an Terroristen" gibt es für sie überhaupt nicht.

So entmenscht hatten viele Israelis die Palästinenser in ihren Köpfen, so lange hatten sie schon in Radio und Fernsehen die Begriffe „Palästinenser", „PLO" und „Terroristen" gleichgesetzt – man sprach tatsächlich von „Terroristenpanzern" und „Terroristenkrankenhäusern" –, daß sie zwischen kämpfenden Palästinensern und palästinensischen Zivilisten schlichtweg nicht mehr unterscheiden konnten. Die Kahan-Kommission (der von der israelischen Regierung eingesetzte Untersuchungsausschuß zur Klärung der Ereignisse von Sabra und Schatila) fand heraus, daß israelischen Offizieren aus Kreisen der Falangisten bereits in den ersten Stunden des Massakers Hinweise auf die Ermordung palästinensischer Zivilisten zu Ohren gekommen waren. Einige Offiziere gaben diese Informationen sogar an ihre Vorgesetzten weiter, die darauf jedoch nicht reagierten. Am ungeheuerlichsten war der Fall des Brigadegenerals Amos Jaron, der zwei Stunden nach Beginn der Operation von einem Geheimdienstmann über den Inhalt des Funkspruchs zwischen einem Falangemilizionär innerhalb des Lagers und seinem für die Kontakte zu den israelischen Truppen verantwortlichen Verbindungsoffizier informiert wurde. Der Milizionär hatte gemeldet, daß er fünfundvierzig Palästinenser gefangenhalte, und um Instruktionen gebeten, was er mit ihnen tun solle. Der Verbindungsoffizier hatte daraufhin geantwortet: „Handeln Sie nach dem Willen Gottes." Jaron sah sich selbst durch diese Meldung nicht veranlaßt, die Operation zu beenden.

Die Israelis hatten Sabra und Schatila so sehr dämonisiert, daß sie in den Lagern nichts anderes sahen als Brutstätten des palästinensischen Terrorismus. Sie wußten nicht einmal, daß sich vermutlich ein Viertel der Bevölkerung von Sabra und Schatila aus armen schiitischen Zuwanderern vom Land zusammensetzte. Sie hatten die Häuser von Palästinensern gekauft, die es sich inzwischen leisten konnten, in die City zu ziehen. So war zum Beispiel die Straße, in der das Massaker begann, hauptsächlich von libanesischen Schiiten bewohnt. Ein Foto, das am Tag nach der Entdeckung des Massenmords in der Zeitung *As-Safir* erschien, fing die blinde, stammesfehdenartige Wut ein, mit der die Falangisten durch die Lager gezogen waren. Es zeigte lediglich eine Hand, deren Finger sich um eine Kennkarte krampften. Die Karte gehörte, wie sich leicht entziffern ließ, der zweiunddreißigjährigen Ilham Dahir Mikdaad, einer Schiitin, deren gesamte, annähernd vierzig Personen umfassende Familie von den Falangisten niedergemacht worden war. Ihre Leiche war mit einer quer über die Brüste verlaufenden Reihe von Schußwunden aufgefunden worden. Was geschehen war, lag auf der Hand: Die Frau hatte die Kennkarte einem Falangisten entgegengehalten, um ihm zu zeigen, daß sie keine Palästinenserin war, sondern Libanesin. Im gleichen Augenblick hatte der Mörder sie auch schon niedergeschossen.

Sabra und Schatila stürzten mich in eine Art persönliche Krise. Das Israel, dem ich in den Außenbezirken von Beirut begegnete, war nicht das heldenhafte Israel, mit dem sich zu identifizieren man mir beigebracht hatte. Es war ein Israel, das für sich die „Reinheit der Waffen" in Anspruch nahm, in Wirklichkeit jedoch – wie alle anderen Bewohner der Region – den Regeln von Hama längst folgte. Die Israelis wußten, was sie taten, als sie die Falangisten in diese Lager ließen. Die Kahan-Kommission berichtet, daß Agenten des israelischen Geheimdienstes Mossad in diversen Gesprächen mit Beschir Gemayel „Dinge (von ihm) hörten, die nicht den geringsten Zweifel daran ließen, daß dieser Falangistenführer nach seinem Machtantritt das Palästinenserproblem im Libanon lösen wollte – selbst wenn dies regelwidrige Maßnahmen gegen die Palästinenser erforderte."

Immerhin – die Israelis nahmen ihre Verwicklung in ein Massaker wenigstens so ernst, daß sie eine Untersuchung anordneten. Das ist mehr, als die Syrer je zustande brachten. Doch was kam schließlich bei der Untersuchung heraus? Scharon, der nach den Erkenntnissen der Kahan-Kommission „persönliche Verantwortung" für die Geschehnisse in den Lagern trug, mußte als Verteidigungsminister zurücktreten und sich vorübergehend mit dem Amt eines Ministers ohne Geschäftsbereich zufriedengeben. Schon in der nächsten israelischen Regierung wurde er Minister für Industrie und Handel. Israels Generalstabschef Rafael Eitan, der auf die Frage, ob Israel die Falangisten in die Lager geschickt habe, Dutzende von Pressevertretern aus aller Welt belogen hatte, wurde ebenfalls für sein

Verhalten gerügt. Man erlaubte ihm jedoch, seine Dienstzeit ehrenvoll zu beenden; danach wurde er ins israelische Parlament gewählt. Brigadegeneral Jaron teilte man mit, daß er niemals mehr in der Truppe ein Kommando führen dürfe, doch dann wurde er zum Generalmajor befördert und zum Leiter des Personalwesens der israelischen Armee ernannt. Im August 1986 erhielt er einen der begehrtesten Posten überhaupt: Er wurde israelischer Militärattaché in Washington.

Eine Untersuchung, die zu solchen „Strafen" führt, kann nicht ernstgenommen werden. Für mich bedeutete sie die erstmalige Konfrontation mit einer populären Form der Heuchelei, wie sie mir auf dem Weg von Beirut nach Jerusalem noch oftmals begegnen sollte. Ein libanesischer Freund von mir nannte sie „doppelmoralische Buchführung". Alle Spieler auf der nahöstlichen Bühne beherrschen sie. Um ihre Rechtschaffenheit unter Beweis zu stellen, halten sie einen Moralkodex für Außenstehende bereit. Ein zweiter, für den internen Gebrauch bestimmter Kodex propagiert ihre Unbarmherzigkeit.

Zum damaligen Zeitpunkt verstand ich diese Art der moralischen Buchführung noch nicht. In meiner Vorstellung waren Sabra und Schatila eine Schande für Israel und das jüdische Volk. Nach meinem Besuch in den Lagern kochte ich vor Wut – einer Wut, die ich an der Schreibmaschine abreagierte. Mit allen mir zu Gebote stehenden Fähigkeiten stürzte ich mich in die Arbeit. Das Ergebnis, eine minutiöse Rekonstruktion des Massakers, erschien am 26. September 1982 als vierseitige Reportage in der *New York Times* und brachte mir den Pulitzer-Preis für außenpolitische Berichterstattung ein. Ich arbeitete Tag und Nacht an dem Artikel und fand kaum Schlaf. Heute weiß ich, daß ich von zwei widerstrebenden Gefühlen getrieben wurde. Ein Teil von mir wollte Begin und Scharon festnageln und mit dem über jeden Zweifel erhabenen Beweis für die Beteiligung ihrer Armee an dem Beiruter Massaker zu ihrem baldigen Sturz beitragen. Ich hielt die beiden damals fälschlicherweise für die Alleinschuldigen. Doch da war auch noch eine andere Stimme in mir. Sie suchte nach Alibis, nach Beweisen für Begins und Scharons Unschuld, nach irgendeiner Bestätigung für die Behauptung, daß Israel nicht wußte, was in den Lagern vorging. Als „objektiver" Berichterstatter soll man sich zwar nicht von derartigen Emotionen leiten lassen – Tatsache ist jedoch, daß ich durch sie zu einem besseren Reporter wurde.

Eine Woche nach dem Massaker bekam ich als einziger westlicher Journalist die Erlaubnis, Generalmajor Amir Drori zu interviewen, den Oberbefehlshaber der israelischen Truppen im Libanon. Ich wurde in den nordöstlich von Beirut gelegenen Ort Aley gefahren, wo die Israelis im Sommerpalast eines kuweitischen Scheichs ihr Hauptquartier eingerichtet hatten. Das Interview fand an einem langen hölzernen Konferenztisch statt, an dessen Schmalseite Drori saß. Er war umgeben von seinem Stab, zu dem neben Brigadegeneral Jaron auch mein Begleitoffizier, Stuart Cohen, gehörte. Cohen, einen freundlichen israelischen Reservisten britischer Herkunft, hatte ich tags zuvor auf das Dach eines Beirutes Wohnblocks geführt, der den israelischen Truppen vor Sabra und Schatila als Hauptquartier gedient hatte. Ich gab ihm mein billiges Fernglas (das nicht annähernd so stark war wie die von den israelischen Truppen benutzten Feldstecher) und zeigte ihm, wie gut man von dort aus verschiedene freie Flächen innerhalb der Lager überblicken konnte. Die frisch umgegrabene Erde über den von den Falangisten ausgehobenen und rasch wieder zugeschütteten Massengräbern war noch deutlich erkennbar. Stuart war entsetzt. Das entsprach nicht der Linie, die ihm vom Hauptquartier vorgegeben worden war.

Ich muß gestehen, daß ich dieses Interview nicht mit der inneren Distanz führte, die mein Beruf von mir verlangt hätte. Ich hieb mit der Faust auf den Tisch und brüllte Drori an: „Wie konnten Sie das tun? Wie können Sie behaupten, nichts gesehen zu haben? Wie können Sie sagen, daß Sie nichts gewußt haben?" In Wirklichkeit kreisten diese Fragen um mein eigenes Selbstverständnis als Jude. „Wie konntet ihr *mir* das antun, ihr Schweinehunde?" fragte ich sie indirekt. „Ich dachte immer, ihr wärt nicht so wie die anderen. Ich dachte immer, *wir* wären nicht so wie die anderen. Ich bin der einzige Jude in Westbeirut. Was soll ich denn den Leuten jetzt sagen? Was soll ich zu mir selbst sagen?"

Drori konnte mir keine Antwort darauf geben. Es war völlig klar, daß seine Leute entweder hätten wissen müssen, was geschah – oder es tatsächlich wußten und nichts dagegen unternahmen. Auf der Fahrt zurück ins Hotel schlug mir die Sache buchstäblich auf den Magen. Wieder im Commodore, rief ich sogleich den außenpolitischen Ressortleiter der *Times,* Craig Whitney, an.

„Craig", sagte ich, „der Kerl konnte mir meine Fragen nicht beantworten. Lassen Sie wen anders die Story schreiben."

„Immer mit der Ruhe", erwiderte Craig mit sanfter Stimme. „Sie waren bei ihm, deshalb müssen Sie auch den Artikel schreiben."

Was ich natürlich auch tat. Am nächsten Morgen begrub ich Amir Drori auf der Titelseite der *New York Times* – und mit ihm alle meine Illusionen über den jüdischen Staat.

Ein paar Wochen später, am 9. Oktober 1982, sah ich Jassir Arafat in Amman. Die Toten von Sabra und Schatila waren beerdigt. Arafat war zu Gesprächen mit König Hussein in die jordanische Hauptstadt gereist; es war sein erster Besuch in Amman seit seiner Vertreibung im Jahr 1970. Am Abend nach seiner Ankunft hielt Arafat auf einer ihm zu Ehren gegebenen Versammlung im PLO-Hauptquartier eine Rede. Tausende von Palästinensern waren erschienen, um ihn willkommen zu heißen. Er stand auf der Tribüne und sprach erregt und wild mit den Armen gestikulierend auf sie ein. „Wir haben fünftausend Menschenleben in Sabra und Schatila verloren, doch sind wir zur Befreiung unserer Heimat auch bereit, fünfzigtausend zu verlieren!" Arafat übertrieb stets die Anzahl der in den beiden Lagern umgekommenen Palästinenser. Nach meinem Dafürhalten würdigte er damit die tatsächlich Getöteten herab, nur um der PLO eine weitere nützliche Statistik zu verschaffen. Die wirkliche Zahl war entsetzlich genug. Doch an diesem Abend in Amman störte sich niemand an Arafats Rechenkünsten.

Die Menschen wollten ihm nahe sein, ihn berühren. Die Palästinenser begegneten ihm wie einem Rockstar nach dem Konzert: Sie zerrten an seinen Kleidern, versuchten, seinen Bart zu streicheln oder seine karierte Keffje zu tätscheln – es war ein wahrer Spießrutenlauf. Als er die Rednertribüne verließ, mußten ihn seine Leibwächter durch die dichtgedrängte Menschenmenge ziehen. Als er an mir vorbeikam, sah ich nur seinen Kopf und sein lächelndes Gesicht über einem Meer von hochgereckten Händen.

Was hatte das alles zu bedeuten? Im Grunde war Arafat doch erledigt. Ich glaube, mit Arafat berührten die Palästinenser in einer gewissen Weise sich selbst, vergewisserten sich, daß es sie noch gab, daß sie noch am Leben waren. Welche Maßstäbe man auch anlegte im Sommer 1982 hatte Arafat abgewirtschaftet. In jeder anderen nationalen Befreiungsbewegung hätte man ihn abgesetzt. Doch Arafat wurde durch Ereignisse gerettet, an denen er selbst unbeteiligt war. Die Preisgabe der Palästinenser durch die arabische Welt, die Niedermetzelung der Palästinenser durch die Falangisten sowie ein paar Monate später der Versuch Präsident Assads, einen Führungswechsel in der PLO zu erzwingen – all dies trug dazu bei, daß die Bindungen zwischen Arafat und dem palästinensischen Volk enger wurden als je zuvor.

Bei all seinen Mißerfolgen war Arafat ein Stehaufmännchen, das allen Nachstellungen seiner Widersacher entkam und überlebte. Allein durch diese Fähigkeit wurde er für die Palästinenser zum Symbol ihrer eigenen Entschlossenheit, nicht in Vergessenheit zu geraten und sich bei der Verfolgung ihrer Ziele weder von arabischen noch von den israelischen Kräften beirren zu lassen. Die Palästinenser waren nicht bereit, Arafats Kopf auszuliefern (sosehr er es vielleicht verdient hätte), denn sein Kopf war ihr Kopf.

Nach dem Sommer 1982 wurde Arafat mehr und mehr zum Symbol der palästinensischen Weigerung, von der politischen Weltbühne zu verschwinden. Er wurde von seinem Volk weniger nach seinen Leistungen beurteilt als nach dem, was er darstellte. Niemand drückte dies besser aus als eine Studentin der Bir-Seit-Universität. Auf meine Frage, warum sie nach wie vor Arafat unterstütze, obwohl dieser ihr Volk von einer Niederlage in die andere geführt habe, antwortete sie mir mit Tränen in den Augen: „Arafat ist der Stein, mit dem wir die Welt bewerfen."

Indem er sich in ein Symbol des palästinensischen Überlebenswillens verwandelte, gelang es Arafat, PLO-Führer zu bleiben. Es war, als hätte es den Sommer 1982 überhaupt nicht gegeben. Eine Bewegung mag sich ihrer Führer entledigen – ihre Flagge behält sie bei. Mir wurde dies endgültig klar im Februar 1983, als der Palästinensische Nationalrat, das Exilparlament der PLO, in Algier zu seiner ersten Sitzung nach der Libanoninvasion zusammentrat. Anstelle einer kritischen Aufarbeitung des PLO-Verhaltens im Libanon erlebte ich ein bombastisches Festival zur Feier des „glorreichen Sieges der PLO in Beirut" – eines Sieges, der logischerweise keinerlei Änderungen in der PLO-Führungsspitze erforderlich machte.

Als der gemäßigte PLO-Mann Issam Sartawi zu der Versammlung sprechen wollte, wurde er von Arafat daran gehindert. Aus Protest gegen diese Behandlung trat Sartawi aus der Organisation aus. Er stürmte aus dem Konferenzsaal und sagte zu mir: „Es ist eine Ungeheuerlichkeit, daß die Generalsekretäre aller PLO-Unterorganisationen unseren Kampf im Libanon als strahlenden Sieg darstellen! Der Libanon war eine einzige Katastrophe. Ich beuge mein Haupt vor dem Mut der Leute, die dort gekämpft haben. Aber wenn Beirut ein so großer Sieg war, dann fehlen uns nur noch ein paar vergleichbare Erfolge, und wir können unser nächstes Treffen auf den Fidschi-Inseln abhalten."

Sartawi fügte hinzu, die PLO habe den Nahost-Friedensplan Leonid Breschnews, der stillschweigend Israels Recht auf eine friedliche Existenz anerkenne, bereits akzeptiert. Warum also, fragte er, bekenne man sich nicht auch offen dazu und nutze die daraus resultierenden politischen Vorteile – zum Beispiel die Anerkennung durch die Vereinigten Staaten und die Unterstützung durch die Friedensbewegung in Israel? Natürlich mache Begin es ihnen sehr schwer, weil er *a priori* alle Verhandlungen ablehne, aber gerade das sei ein Grund, Israel den Schwarzen Peter zuzuschieben.

Doch zu solchen Kompromissen mit der Realität sollte es nicht kommen – und Sartawis Uhr war gleichfalls abgelaufen. Ungefähr zwei Monate später, am 10. April 1983, wurde er in der Lobby eines Hotels im portugiesischen Küstenort Albufeira aus nächster Nähe von sechs Kugeln eines Attentäters getroffen. Sartawi hatte an der Tagung der Sechzehnten Sozialistischen Internationale teilgenommen. Der radikale Palästinenserführer Abu Nidal übernahm in Damaskus die Verantwortung für den Mordanschlag. Sartawi, so meinte er, sei ein „billiger Diener der CIA, des Mossad und des britischen Geheimdienstes" gewesen.

Der Palästinensische Nationalkongreß in Algier ging auf Sartawis Ratschläge nicht ein, sondern einigte sich auf eine Haltung, die von den Palästinensern als *la'am* bezeichnet wird. *La'am,* eine Kombination der arabischen Wörter für ja und nein, ist eine perfekte Beschreibung der Politik, die die PLO damals und in den darauffolgenden Jahren verfolgte. *La'am* bedeutete im wesentlichen die Ablehnung des Nahostplans von US-Präsident Ronald Reagan und anderer Vorschläge, die damals im Gespräch waren, doch war die Ablehnung nicht so kategorisch, daß Arafat Gefahr lief, in die totale Bedeutungslosigkeit abzugleiten oder von König Hussein als Verhandlungsführer der Palästinenser ersetzt zu werden.

Daß ich mir von dem Treffen mehr erhofft hatte, war naiv. In der Lobby des Konferenzzentrums Club des Pins in Algier hatte die PLO eine sechzehn Meter lange Bildwand mit riesigen Farbfotos von niedergemetzelten Männern, Frauen und Kindern aus Sabra und Schatila aufgebaut. Mir fiel dazu nur ein: Die PLO gefiel sich in der Rolle des Opfers, denn ein Opfer ist über alle Selbstkritik erhaben. Das viel aktuellere Thema der israelischen Siedlungen im Westjordanland ignorierte die PLO. Im Grunde wollten die PLO-Führer gar nicht wissen, was auf dem Westufer vorging, denn hätten sie es gewußt, so wären sie gezwungen gewesen, etwas zu unternehmen. Sie hätten entweder konkrete Zugeständnisse machen oder aber konkrete Vorbereitungen für einen neuen Krieg treffen müssen. Arafat war selbst nach Beirut weder zum einen noch zum anderen bereit. Er tat noch immer so, als sei die Zeit auf seiner Seite, und nach seinem Geschichtsverständnis war sie es tatsächlich. In seiner Sicht hatten die Zionisten in Palästina noch keine tiefen Wurzeln geschlagen; sie waren lediglich ein spätes Erbe des Holocaust, das der Westen auf den Nahen Osten abgewälzt hatte. Wie alle anderen Implantationen aus der Kolonialzeit würden sie eines Tages einfach dahinschwinden. In jenem *Playboy*-Interview vom September 1988 wurde Arafat gefragt, ob er von Anfang an gewußt habe, daß der Kampf um Palästina so lange dauern würde. „Ja", lautete die Antwort. „Von Anfang an hatten wir den Wahlspruch: ‚Es ist kein Picknick. Es ist ein langer, harter Kampf.' Die Vietnamesen kämpften fünfunddreißig Jahre lang, die Algerier hundertfünfzig, die Rhodesier ungefähr hundert und die Saudis fünfhundert Jahre lang. Wir waren aber ebenfalls von Anfang an davon überzeugt, daß wir früher oder später unsere Ziele erreichen würden, denn wir schwimmen *mit* dem Strom der Geschichte, die Israelis jedoch *gegen* ihn."

Anstatt ein realistisches Bild Israels zu zeichnen und die sich daraus ergebenden politischen Optionen abzustecken, tat Arafat also, was er immer schon getan hatte: Er erfüllte das Leiden der palästinensischen Flüchtlinge mit Bedeutung, indem er sie mit Hoffnungen und Schlagworten verwöhnte. Mit der formellen Anerkennung Israels hätte er den aus Jaffa, Haifa und Galiläa stammenden Flüchtlingen im Libanon, in Syrien und Jordanien zu verstehen gegeben, daß sie vierzig Jahre lang umsonst gelitten hatten und daß die vielen Menschen in Beirut für nichts und wieder nichts gestorben waren. Dies auszusprechen, weigerte sich Arafat. Er griff nach wie vor nach den Sternen und sagte den Palästinensern, daß ihr Leiden, solange die Verbannung andauere, eines Tages zur Befreiung führen könne. Das Leiden mit einer gewissen Bedeutung zu erfüllen ist allemal einfacher, als Menschen zu der Einsicht zu zwingen, daß ihnen in Wirklichkeit nur zwei Optionen offenstehen: eine schlechte und eine noch schlechtere. In diesem Fall hieß die Alternative: entweder ein winziger Palästinenserstaat im Westjordanland und im Gazastreifen, möglicherweise in einer Föderation mit Jordanien, oder aber überhaupt nichts.

In Arafats zeitlichen Kategorien war Beirut ein kleinerer Rückschlag, ein historischer Schluckauf, aber keineswegs ein Ereignis, das schnelle Entscheidungen oder gar historische Zugeständnisse erfordert hätte. Während ich also in der Lobby des Club des Pins stand, auf meine Armbanduhr sah und dachte: „Wieso reißt ihr euch nicht zusammen, akzeptiert das Existenzrecht Israels und seht zu, daß ihr dabei soviel herausschlagt wie möglich?", sahen auch Arafat und seine Kollegen auf ihre Uhren und machten ihre eigenen Kalkulationen. Doch während meine Uhr Minuten und Stunden anzeigte, schienen die Zeiger ihrer Uhren Jahrzehnte und Jahrhunderte zu bezeichnen.

Meine letzten Zweifel daran, daß Arafat unfähig war, sich ernsthaft mit der Alternative auseinanderzusetzen, vor der er stand, wurden im April 1983 in Amman beseitigt. Der PLO-Vorsitzende war zu einer letzten Verhandlungsrunde mit König Hussein über den Reagan-Plan vom 1. September 1982 angereist. Die Friedensinitiative des amerikanischen Präsidenten sah die Schaffung eines selbstregierten palästinensischen Gebiets im Westjordanland und im Gazastreifen vor, das mit Jordanien eine Konförderation bilden sollte. Sie propagierte die Bildung einer gemeinsamen jordanisch-palästinensischen Delegation, die mit den Israelis über die Rückgabe des Jordan-Westufers verhandeln sollte. Seit dem Camp-David-Abkommen waren die Aussichten der Palästinenser auf eine Zurückgewinnung ihres Landes und eine Beendigung der israelischen Okkupation nicht mehr so günstig gewesen. Mehr noch: Der Plan hatte die volle Unterstützung des amerikanischen Präsidenten. Die neu zu schaffende politische Einheit hätte sich langfristig in einen eigenständigen Palästinenserstaat oder etwas sehr Ähnliches entwickeln können. König Hussein ersuchte Arafat formell um die Zustimmung der PLO zur UN-Resolution 242, die eine indirekte Anerkennung Israels beinhaltete, oder aber um eine Art Mandat für Jordanien, um zumindest erste Verhandlungen über den von der Regierung Begin hartnäckig abgelehnten Reagan-Plan in die Wege leiten zu können. Bei einem Ja Arafats wäre Begin in die Zwickmühle geraten. Doch Arafat und die PLO-Führung sagten nein zu Hussein und zu Reagan. Als einige meiner Kollegen und ich Abu Dschihad bedrängten, uns die Ablehnung zu begründen, brüllte er uns an: „Was bringt der Plan der PLO?" Vordergründig nicht viel – doch beinhaltete er eine Fülle von Möglichkeiten für die Palästinenser, vor allem für jene im Westjordanland und im Gazastreifen.

Kurz vor der Ablehnung des Reagan-Plans gab Arafat eine Pressekonferenz im Ammaner Büro der PLO. So viele Reporter waren erschienen, daß sich die Schlange der Wartenden über alle Treppen des vierstöckigen Gebäudes hinzog. Auch ich stand, eingepfercht zwischen drängelnden Kameraleuten, auf einer Treppe, als uns plötzlich Jassir Abed Rabbo, der offizielle Sprecher der PLO, von oben entgegenkam. Seine Augen leuchteten auf, als er die Reporterschar sah. Er lächelte breit und sagte nur: „Schön, schön!" Einmal mehr diente die Tatsache, daß die PLO die Hauptsendezeit in Anspruch nahm, als Ersatz für Palästina.

Arafat bildete sich anscheinend ein, er könne ewig zwischen echten Friedenskonzessionen und echten Kriegsvorbereitungen hin und her lavieren. Erstere hätten das gemäßigte Lager in Israel, letztere die Falken im eigenen Lager zufriedengestellt. Der Grat, auf dem er balancierte, wurde jedoch im Frühjahr 1983 zusehends schmaler.

Arafats Schwierigkeiten begannen im Mai 1983 mit einer Meuterei in der El-Fatah, seiner eigenen PLO-Unterorganisation. Anführer der Revolte war Oberst Said Abu Musa, ein langjähriger Widersacher des PLO-Chefs. In ihren Ursprüngen war die Revolte eine genuine Protestbewegung unter den El-Fatah-Freischärlern in der Bekaa-Ebene. Ausgelöst wurde sie durch die Besetzung zweier hoher Befehlsposten in der Bekaa-Ebene und im Südlibanon mit Arafat-Vertrauten. Einer der beiden, Oberst Hadschi Ismail, war PLO-Befehlshaber im Südlibanon, bis er sich am zweiten Kriegstag in einem Krankenwagen aus dem Staub machte und dabei den Safe seiner Dienststelle mitgehen ließ. Der andere war unter dem Namen Abu Hadschem bekannt und galt seit langem als einer der großen Profiteure der Revolution. Niemand, dem an einer ernsthaften militärischen Auseinandersetzung mit Israel gelegen war, hätte solchen Männern Befehlspositionen übertragen. In einem Interview mit der arabischen Wochenzeitung *Kifah el-Arabi* begründete Abu Musa, ein weithin respektierter Guerillakämpfer, warum er den Zeitpunkt für einen Wechsel an der Spitze der PLO für gekommen hielt: „Arafat hat die palästinensische Revolution in eine verrottete Bürokratie verwandelt. Sie ist schlimmer als die Bürokratie eines x-beliebigen Entwicklungslands. Natürlich erwies sich diese Einrichtung als völlig kampfunfähig. Bei Kriegsausbruch liefen ihre Führer davon – und das Fußvolk mußte den Preis dafür zahlen."

Abu Musa fügte hinzu, daß die PLO eigentlich eine revolutionäre Bewegung sein und sich von jenen arabischen Regimes unterscheiden solle, deren Führer lebenslang im Amt blieben, ganz egal, was sie täten. Bei mehreren Gelegenheiten sagte er: „Arafat hat die PLO nicht von seinem Vater geerbt."

Abu Musa war Berufssoldat. Er fand heraus, daß die Armee der PLO viel korrupter war als die jordanische, bei der er zuvor gedient hatte. Er hatte nur ein Problem: Er war ein ehrlicher Mann in einer Region, die Ehrlichkeit nicht belohnt. Kaum hatte er seine Rebellion öffentlich bekanntgegeben, da wurde er auch schon von den Syrern und den Libyern ideologisch und vor Ort unterstützt. Mit dem Hinweis auf diese Unterstützung gelang es Arafat, die Rebellen vollkommen zu diskreditieren. Ich war dabei, als Abu Musas Soldaten mit syrischer Hilfe die Anhänger Arafats im nordlibanesischen Tripoli in die Enge trieben. Es war im September 1983. Arafat, der per Schiff angereist war, um seine Scharen ins Feld zu führen, rief mehrere Reporter zur Pressekonferenz in einem Ölbaumhain außerhalb von Tripoli zusammen. Zunächst erschien am Treffpunkt eine Gruppe von Freischärlern, die sich zu einer Art Ehrengarde aufstellte. In einem grünen Mercedes fuhr schließlich Arafat vor. Er stieg aus, schritt mit seinem Gehstock die Ehrenformation ab und eröffnete die Pressekonferenz unter einem Ölbaum. Als wir ihn auf Abu Musa ansprachen, machte er eine wegwerfende Bewegung mit dem Handgelenk und sagte: „Stellen Sie mir keine Fragen über trojanische Marionetten und Pferde!"

Wie er sich die Rebellion erkläre, fragten wir. Arafat zog daraufhin einen goldenen Federhalter aus seiner Brusttasche, hielt ihn hoch und sagte: „Hier. Assad will meinen Federhalter. Er will die Entscheidungsgewalt über Palästina, und ich bin nicht bereit, sie ihm zu geben."

Es war ein brillanter Schachzug. Mit Assads unwissentlicher Hilfe verwandelte Arafat eine durchaus gerechtfertigte Protestbewegung gegen seine Führung in eine syrische Verschwörung gegen das palästinensische Volk. Vor die Wahl gestellt zwischen Arafat und den Syrern, schlugen sich die Palästinenser natürlich auf Arafats Seite. In der PLO muß zwar dringend aufgeräumt werden, sagten sie sich, gewiß, und Arafat ist ein Schlitzohr. Aber er ist *unser* Schlitzohr und zudem das einzige Schlitzohr von uns, das überall in der Welt bekannt und anerkannt ist... Arafat überlebte also einmal mehr, und wieder nicht auf Grund seiner Leistungen, sondern als Symbol. Darin lag das Geheimnis seines Teflon-Überzugs – und der Grund für das Scheitern von Abu Musas Revolte.

Arafat tönte, Tripoli solle sein „Stalingrad" werden. Dasselbe hatte er bereits von Beirut behauptet. Und auch diesmal entschied sich, als die Schiffe kamen, um ihn und seine viertausend Guerillas in Sicherheit zu bringen, erneut für das Weiterleben als Symbol und gegen den Tod als Märtyrer. Mit seinem Abzug aus Tripoli verlor Arafat sein letztes Refugium in jenem Gebiet, aus dem die PLO hervorgegangen war. Er hatte nun keinen unmittelbaren Kontakt mehr mit den palästinensischen Flüchtlingen im Libanon, in Jordanien und in Syrien. „Führen" im eigentlichen Sinne des Wortes konnte er sie fortan nur noch indirekt durch Stellvertreter. Auch seine letzte direkte Verbindung zu Israel war gekappt, so daß er seine Hoffnungen, den Judenstaat in irgendeiner signifikanten Weise militärisch unter Druck zu setzen, begraben mußte.

Doch seltsam ist der Geschichte Lauf. Ariel Scharon hatte geglaubt, durch den Einmarsch in Beirut und die Zerschlagung der PLO die israelische Herrschaft über das Westjordanland und den Gazastreifen auf ewig festschreiben zu können. Doch weil er die PLO immer dämonisiert hatte, konnte er einfach nicht begreifen, daß Beirut Theater war und daß Arafat alles daransetzte, auch in Zukunft auf dieser Bühne eine Hauptrolle zu spielen. Alles, was Arafat im Grunde wollte, war ein kleines Fleckchen Land für sich und sein Volk sowie Sitz und Stimme in den Machtgremien der arabischen Welt. Beirut hatte ihm all dies gegeben. Beirut war nicht Palästina, aber es war erträglich. Es war zur Ersatzheimat geworden, und hätte Scharon sich damit abgefunden, so wäre die PLO vielleicht heute noch dort. Doch Scharon nahm das libanesische Theater ernst. Er jagte Arafat und seine Freischärler außer Landes und machte sie dadurch wieder zu heimatlosen Nomaden – mit dem Ergebnis, daß sie künftig all ihre Energien aufs Feld der Diplomatie verlegen mußten. Er ließ ihnen gar keine andere Wahl. Das Ziel ihrer diplomatischen Bemühungen war jedoch genau das Gebiet, das Scharon endgültig unter seine Kontrolle zu bringen trachtete, nämlich das Westjordanland und der Gazastreifen. Dort lebten nun auf engem Raum die meisten Palästinenser, dort würde die direkte Konfrontation mit Israel ihre Fortsetzung finden.

Arafat mußte mit den Bewohnern der besetzten Gebiete in Kontakt bleiben und darauf achten, daß König Hussein sich nicht mit ihnen und den Israelis unter Ausschluß der PLO arrangierte. Um Hussein Zurückhaltung aufzuerlegen und sich eine Landverbindung zum Westjordanland zu erhalten, schloß Arafat am 11. Februar 1985 ein Abkommen mit Jordanien, in dem sich die beiden Partner auf eine gemeinsame Verhandlungsstrategie einigten. Obwohl PLO-Falken wie Georges Habasch das Abkommen erbittert bekämpften, bestand es im wesentlichen wieder nur aus *la'am*. So bestätigte es zwar das Prinzip, sich den Frieden mit Land abkaufen zu lassen, doch war es Hussein in keinem Punkt gelungen, Arafat auf Details festzulegen. Der PLO-Chef akzeptierte weder die Anerkennung der UN-Resolution 242 noch eine Konföderation mit Jordanien. Er gab Hussein gerade genug nach, um dessen Interesse wachzuhalten. Für einen Durchbruch im Verhältnis zu den Israelis reichte es nicht. Ein Jahr später erklärte Hussein das Abkommen für null und nichtig, warf die PLO aus Jordanien hinaus – und schickte Jassir Arafat wieder in die Erdumlaufbahn. Selbst ohne einen Quadratmeter festen Boden unter den Füßen gelang es dem PLO-Führer, eine Bruchlandung zu vermeiden. Im freien Flug schwebte er von Neu-Delhi nach Kairo, von Kairo nach Prag

175

und von Prag nach Genf – getragen von den palästinensischen Hoffnungen auf nationale Unabhängigkeit, die er nach wie vor verkörperte.

Rückblickend könnte man sagen, daß Arafat nach seinem Rückzug aus Beirut im August 1982 einem Schauspieler auf der Suche nach einer Rolle glich. Er hatte keine Bühne mehr, sein Ensemble war großenteils, die Statisten nahezu ausnahmslos verschwunden. Immer hatte er den Moses spielen wollen, der sein Volk heimführt ins Gelobte Land – doch die einzige Rolle, die ihm nach Beirut noch offeriert wurde, war die des Noah, des großen Überlebenden.

Bei unserer Begegnung in Tripoli konnte ich nicht ahnen, daß ich Jassir Arafat fünf Jahre später auf einer neuen Bühne in einer neuen Rolle erleben würde. Es war ein anderes palästinensisches Ensemble als im Libanon, welches ihm diese Rolle antrug. Diesmal war es die Bevölkerung des Westjordanlands und des Gazastreifens. Sie erhoben sich eines Morgens im Dezember 1987 gegen die israelischen Besatzer und merkten bald, daß sie einen Sprecher brauchten, der ihren Text der Welt vortrug. Arafat wurde die Hauptrolle angeboten, jedoch unter einer Bedingung: Er mußte den Text vortragen, den die Palästinenser im Westjordanland und die Bewohner des Gazastreifens geschrieben hatten – und dieser war ein anderer und weitaus schwierigerer als die Zeilen, die er einst in Beirut rezitiert hatte. Aber er fand sich auch in dieser Rolle zurecht und schaffte mit dem neuen Text das Comeback auf der internationalen Bühne. Mehr davon später.

Auch Menachem Begin wankte unter dem Druck des Libanonkriegs – und für ihn gab es letztlich kein Comeback. Vom Beginn der Invasion bis zur Ermordung Beschir Gemayels war es im Grunde egal, von welchen Mythen und Illusionen Begins und Scharons Vorstellungen über den Libanon geprägt waren. Israel führte einen konventionellen Krieg und war auf dem konventionellen Schlachtfeld so himmelhoch überlegen, daß es bei der Verfolgung seiner Ziele über alle Fehler und falschen Vorstellungen wie mit einer Dampfwalze hinwegrollte.

Nach der Ermordung Gemayels änderte sich die Lage: Die Israelis hatten vor dem Rückzug ihrer Armee ihre eigene rohe Gewalt durch seine rohe Gewalt ersetzen wollen, und das ging nun nicht mehr. Israel mußte den Weg nach Hause allein finden – und wurde dabei, wie sich herausstellte, von den eigenen Mythen und Mißverständnissen über den Libanon eingeholt.

Ziel der Israelis war es, im Libanon eine Regierung zu etablieren, die stark und stabil genug war, um eine Rückkehr des Landes zum *Status quo ante bellum* zu verhindern. Strenggenommen standen ihnen nur zwei Möglichkeiten offen: Zum einen hätten sie versuchen können, die Instabilität des Libanon zu überwinden und zwischen Christen und Moslems einen Konsens zu schaffen. Um dies zu erreichen, durfte man freilich nicht auf einen falangistischen Sieg im libanesischen Bürgerkrieg hinarbeiten, der ohne dauerhafte israelische Unterstützung ohnehin unrealisierbar gewesen wäre. Vielmehr wäre es darauf angekommen, die Falangisten zur Hinnahme von Verfassungsänderungen im Sinne einer größeren Machtbeteiligung der Moslems zu bewegen. Gleichzeitig hätte man auf die Moslems einwirken und sie zur größtmöglichen Reduzierung ihrer Forderungen animieren müssen. Nur so hätte die Chance bestanden, bei beiden Religionsgemeinschaften Interesse an einer relativ starken Zentralregierung zu wecken. Das Zustandekommen einer solchen Lösung hätte freilich selbst die klügste Macht vor gewaltige Schwierigkeiten gestellt und neben einer ausgeklügelten politischen Taktik auch den wohldosierten Einsatz von Zuckerbrot und Peitsche verlangt; es hätte von vornherein den Verzicht auf jeden Gedanken an einen formellen israelisch-libanesischen Friedensvertrag bedeutet, da der fragile Konsens im Libanon der Belastung durch einen solchen Vertrag nie standgehalten hätte. Israel hätte sich mit stillen De-facto-Sicherheitsarrangements begnügen müssen.

Die andere Option war viel einfacher zu realisieren: Anstatt die Ursachen der libanesischen Instabilität zu überwinden, hätte sich Israel auf die Bekämpfung der Symptome, das heißt der chronischen Gesetzlosigkeit, konzentrieren können. Man hätte einen starken Mann an die Spitze der libanesischen Machtpyramide setzen und sich auf eine Stabilisierung des Landes von oben und mit eiserner Faust verlassen müssen.

Da Begin und Scharon jedes innenpolitische Konzept für den Libanon fehlte, da sie nicht die Zeit hatten, endlos in Beirut zu bleiben, und da sie nicht mutig genug waren, von den Falangisten politische Zugeständnisse an die libanesischen Moslems zu verlangen, entschieden sie sich natürlich für die zweite Option. Sie suchten einen Ersatz für Beschir Gemayel und gaben sich mit einer blassen Imitation zufrieden – Beschirs älterem Bruder Amin Gemayel, Gelegenheitsplayboy, Gelegenheitsgeschäftsmann und permanente Null. Unmittelbar nach Beschirs Tod wurde der damals vierzigjährige Amin zum Präsidenten gewählt. Er hatte sämtliche Schwächen Beschirs und keine seiner Stärken. In jüngeren Jahren war er in Ostbeirut als „Mr. Zweiprozent" bekannt gewesen, da in der christlichen Hälfte der Stadt kaum ein größeres Geschäft abgewickelt wurde, ohne daß er und seine Getreuen von der Falange-Partei seine Finger im Spiel hatten. Amin fehlte der Killerinstinkt seines Bruders. Der Sitz des Scheitels in seiner perfekten Frisur schien ihn immer weit mehr zu interessieren als ernste Staatsgeschäfte. Seine größte Lebensleistung bestand darin, daß er als Sohn Pierre Gemayels, des Gründers der Falange, auf die Welt gekommen war. Amin galt vor seiner Wahl, zumindest im Vergleich zu seinem Bruder, als politisch „gemäßigt", doch kaum war er Präsident, legte er genau die gleiche Verachtung gegenüber den libanesischen Moslems an den Tag wie Beschir. Betroffen davon waren vor allem Drusenführer Walid Dschumblat und der Chef der schiitischen Amal-Milizen, Nabih Birri. Aus Gründen, auf die ich im nächsten Kapitel noch näher eingehen werde, behandelte Amin die Drusen und Schiiten wie den letzten Dreck, trieb sie damit den Syrern in die Arme und verwandelte den vor sich hin schwelenden libanesischen Bürgerkrieg in ein loderndes Feuer. Im Frühjahr 1983 merkten die Israelis, daß das von ihnen besetzte Haus in Flammen stand.

Menachem Begin war dermaßen versessen auf einen Friedensvertrag, daß er kaum wahrzunehmen schien, wie der Libanon in Flammen aufging. Er hatte seinem Volk vierzig Jahre Frieden versprochen und brauchte den Vertrag unbedingt zur Rechtfertigung der Invasion – von den sechshundertfünfzig gefallenen Israelis ganz zu schweigen. Bei dem Versuch, Amin Gemayel zur Unterzeichnung des Dokuments zu nötigen, scheute er keine Mittel. Er erinnerte mich an einen Mann, der wild entschlossen ist, einen Scheck für eine unbezahlte Rechnung zu bekommen, obwohl alle Welt weiß, daß der Schuldner kein Geld hat. Die Libanesen, mit allen Wassern gewaschene Händler, die sie nun einmal waren, stellten ihm fröhlich den heißbegehrten Scheck aus: Am 17. Mai 1983 unterzeichnete Amin Gemayels Regierung einen Friedensvertrag mit Israel, der ausführliche Bestimmungen zum Schutz der israelischen Nordgrenze enthielt. Keine einzige Klausel des Vertrags wurde je in Kraft gesetzt. Die Syrer setzten Amin mit Hilfe ihrer Verbündeten im Libanon so sehr unter Druck, daß er an eine Erfüllung des Vertrags nicht einmal denken konnte.

Als sich die israelische Invasion zum erstenmal jährte, muß Begin begriffen haben, daß er in größten Schwierigkeiten steckte. Beschir Gemayel war physisch, Amin Gemayel politisch tot. Israel hatte keinen starken Mann mehr anzubieten. Israel konnte nur mehr zwischen dem Schlimmen und dem noch Schlimmeren wählen: Schlimm war es, auf unbegrenzte Zeit im Libanon zu verharren, um die militärischen Errungenschaften des Kriegs zu erhalten. Noch schlimmer war ein einseitiger Rückzug ohne Friedensvertrag oder formelle Sicherheitsvereinbarungen. Doch die Entscheidung sollte nicht mehr von Menachem Begin getroffen werden. Wer der Realität keine Chance läßt, die eigene von Mythen beherrschte Vorstellungswelt zu korrigieren, wird früher oder später erleben, daß sie sich selbst Geltung verschafft. Diese Erfahrung mußte, wie Jassir Arafat, schließlich auch Begin machen. Im Spätsommer 1983 schlug die Realität wie eine Flutwelle über Begin zusammen, nachdem er zuvor, im November 1982, schon den Tod seiner geliebten Frau Alisa hatte hinnehmen müssen. Diese beiden Ereignisse trieben ihn in eine tiefe Depression, von der er sich nie wieder erholte.

Abgehärmt und niedergeschlagen versammelte der neunundsechzigjährige Ministerpräsident am 30. August 1983 zum letztenmal sein Kabinett um sich. Seine Ansprache war kurz: „Ich kann nicht mehr." Zwei Wochen später trat er offiziell von seinem Amt zurück, leerte seine Schubladen und schloß sich in seiner Wohnung, Zemach-Straße 1 in Jerusalem, ein. Seither hat er sich kaum noch vor die Tür gewagt. Historisch und politisch gesehen, ist sein Fall höchst bemerkenswert: Ein Mann, der sein ganzes Leben mit Leib und Seele Politiker war, der größte Redner seiner Nation, wird über Nacht zum Schweiger. Israelische Zeitungen nannten ihn den „Gefangenen in der Zemach-Straße" – eine nicht unpassende Bezeichnung, denn alle Anzeichen weisen darauf hin, daß Begin offenbar über sich selbst zu Gericht gesessen, sich für schuldig befunden und ins Gefängnis gesperrt hat.

Manche sagen, es waren die Zahlen, die ihm den Rest gaben. Die israelische Antikriegsbewegung unter Führung der Organisation „Frieden jetzt!" hatte seit einiger Zeit vor seiner Wohnung Stellung bezogen und ein riesiges Plakat mit der jeweils aktuellen Zahl der im Libanon gefallenen israelischen Soldaten hochgehalten. Jeden Tag, wenn Begin das Haus verließ und zur Arbeit ging, sah er sich mit diesen Zahlen konfrontiert. Er wollte als Mann des Friedens in die Geschichte eingehen, nicht als Kriegsherr. Doch Begin war zeitlebens eine gespaltene Persönlichkeit: Er hatte eine manische Seite, die Flaggen, Orden und Symbole liebte und entschlossen war, dem jüdischen Volk seine Würde wiederzugeben, verfügte aber auch über eine nüchterne, pedantische, advokatenhafte Ader, die ganz und gar der Herrschaft des Rechts verschrieben war. Die erste Seite trieb ihn nach Beirut, die zweite trieb ihn zurück. Die erste Seite brauchte einen Krieg, einen großen, ja großartigen Krieg, die zweite hingegen forderte Gerechtigkeit, als über die wahren Kosten des

Kriegs abgerechnet wurde. Konfrontiert mit den realen Konsequenzen seiner eigenen Rhetorik, verstummte Begin.

Er machte eine Erfahrung, die auch anderen Staatsmännern im Nahen Osten nicht erspart bleiben mag: Egal, ob man Araber oder Jude ist – für die Schmach, die der Großvater erlitt, gibt es keine Wiedergutmachung. Die Toten können nicht erlöst werden, nur die Lebenden. Wer darauf fixiert ist, das Andenken des Vaters zu erlösen, wird nie imstande sein, die Chancen zu erkennen, die ihm seine eigene Welt bietet.

Nachdem sich erwiesen hatte, daß der Friedensvertrag vom 17. Mai ohne jede Bedeutung war, begann Israel im September 1983 mit dem einseitigen Rückzug aus dem Libanon. Der erste Schritt bestand darin, daß man das Schuf-Gebirge oberhalb von Beirut verließ und sich statt dessen am Awwali-Fluß im überwiegend von Schiiten bewohnten Südlibanon einquartierte. Dort, so gelobten die Israelis, wollten sie dann zum Schutz ihrer Nordgrenze auch bleiben. Wenn der Libanon sie nicht schütze, würden sie eben selbst dafür sorgen. Doch das war leichter gesagt als getan. Die Israelis waren von den libanesischen Schiiten anfänglich als Befreier begrüßt worden. Die Freischärler der PLO hatten die schiitischen Dörfer in Schlachtfelder verwandelt und sich des öfteren an Hab und Gut der Schiiten vergriffen. Häuser, Autos oder was ihnen sonst gefiel – nichts war vor ihnen sicher. Doch als die Schiiten merkten, daß die Israelis die Absicht hatten, im Südlibanon zu bleiben, wandten sie sich mit ungewöhnlicher Heftigkeit gegen die Besatzer. Die Israelis schürten den Zorn der Schiiten auf ihre Weise: Zur besseren Kontrolle des Gebiets bedienten sie sich der Hilfe lokaler Christenmilizen. Außerdem nahmen sie keinerlei Rücksicht auf die religiösen Gefühle der Schiiten. (Da es in Israel so gut wie keine Schiiten gibt, hatten die meisten israelischen Soldaten keine Ahnung davon.)

Ein wenig bekannt gewordener Zwischenfall am 16. Oktober 1983 trug mehr als jedes andere Ereignis dazu bei, daß sich die libanesischen Schiiten von potentiellen Verbündeten in unversöhnliche Feinde Israels verwandelten. An jenem Tag hatten sich im Herzen des südlibanesischen Marktstädtchens Nabatija zwischen fünfzig- und sechzigtausend Schiiten versammelt, um das Aschura-Fest zu begehen. Aschura ist der höchste Feiertag ihres Kalenders und dient der Erinnerung an das Martyrium Husseins, des Enkels des Propheten Mohammed, im Jahre 680 n. Chr. Bei der alljährlich an diesem Tag stattfindenden Feier ehren die Schiiten

Husseins Tod und seinen Kampf gegen ungerechte politische Machtverhältnisse, wobei sie zum Teil soweit gehen, sich bis aufs Blut zu geißeln.

Die Aschura-Feier 1983 in Nabatija war in vollem Gange, als plötzlich ein israelischer Militärkonvoi die Stadt durchqueren wollte und mit einem Hupkonzert die Leute zur Räumung der Straße aufforderte. Es war das gleiche, als hätte jemand am Jom Kippur, dem jüdischen Versöhnungsfest, in einer Synagoge eine Verstärkeranlage voll aufgedreht.

Die Schiiten sahen in der israelischen Störung eine rüde Verletzung ihrer heiligsten Stunde und begannen umgehend, den Konvoi mit Steinen und Flaschen zu bewerfen. Einige Fahrzeuge wurden sogar umgestürzt. Die israelischen Soldaten gerieten in Panik. Sie schossen in die Menge, wobei mindestens zwei Menschen getötet und fünfzehn weitere verletzt wurden. Augustus Richard Norton, ehemaliges Mitglied der UN-Truppe zur Überwachung des Waffenstillstands, war Anfang der achtziger Jahre im Südlibanon stationiert. Der Zwischenfall von Nabatija, so Norton in seinem Buch *Amal and the Shia,* sei zwar von der Zahl der Opfer her bedeutungslos gewesen, habe jedoch dazu geführt, daß der mittlerweile aufgestaute Haß auf die israelische Präsenz im Südlibanon feste Formen annahm. Vor dem Zwischenfall hatte es seitens der Schiiten nur sporadische Angriffe auf Israelis gegeben, und diese gingen fast ausnahmslos auf das Konto kleiner Splittergruppen. Die Mehrheit der Schiitengemeinde, die durch die Amal-Milizen repräsentiert wurde, hatte sich daran nicht beteiligt. Nach Nabatija drohten nun schiitische Kleriker im Südlibanon jedem, der mit den Israelis Handel trieb, er werde „in der Hölle braten", und die Amal wetteiferte mit anderen Schiitenmilizen darum, wer den Israelis die höchsten Verluste zufügte.

Die Schiiten attackierten die Israelis, wie und wo sie nur konnten – mit Überfällen aus dem Hinterhalt, Nagelbomben, Straßenbomben, explodierenden Eseln, Rot-Kreuz-Krankenwagen, die mit TNT bepackt waren, sowie mit Heckenschützen. Syrien und der Iran waren nur allzugern bereit, sie mit Rat und Tat zu unterstützen. Die Schiiten agierten mit einer gnadenlosen Härte, wie sie die Israelis bislang noch bei keinem arabischen Feind erlebt hatten. Sie waren nicht nur zum Töten bereit, sie waren auch bereit zu sterben. Nach einem Gefecht veröffentlichten sie keine Kommuniqués, sondern genossen ihre Erfolge in relativer Stille. Für die israelischen Soldaten wurde der Südlibanon zum Alptraum. Bald fürchteten sie sich vor dem Verlassen ihrer Stützpunkte, denn jeder Gegenstand, jeder

Felsen, Busch oder Baum konnte unmittelbar neben ihnen explodieren. Anfang 1984 dachten sie kaum noch an die palästinensische Gefahr, sondern begannen vom „israelisch-schiitischen Konflikt" zu reden – noch zwei Jahre vorher hatte kaum ein Israeli gewußt, was ein Schiit ist. Um dem wachsenden Widerstand in der Region zu begegnen, mußte die israelische Armee drakonische Sicherheitsmaßnahmen einführen: Autos wurden durchsucht, Straßenkontrollen durchgeführt, es gab Reise- und Handelsbeschränkungen – das alles stachelte den Zorn der Schiiten im Südlibanon natürlich nur noch weiter an.

Glücklicherweise endeten die israelischen Wahlen im Juli 1984 unentschieden. Likud und Arbeiterpartei waren gezwungen, eine Koalition zu bilden. Die Regierung der nationalen Einheit stand unter der Führung von Schimon Peres und Jizchak Schamir. Ich sage „glücklicherweise", weil ich der Meinung bin, daß der Likud ohne Begin nicht die moralische Kraft aufgebracht hätte, die Libanoninvasion als Fiasko zu bezeichnen und die Truppen mit leeren Händen heimkehren zu lassen. Er brauchte die Arbeiterpartei als Stütze, als politischen Feuerschutz. Selbst in der Regierung der nationalen Einheit wandten sich die meisten Likud-Minister mit dem Argument, der Norden Israels würde in Zukunft permanenten Raketenangriffen ausgesetzt sein, gegen den Truppenabzug. Mit knapper Mehrheit wurden sie überstimmt. Im April 1985 beendeten die Israelis ihren bedingungslosen Rückzug aus dem Libanon. Lediglich einen schmalen Schutzgürtel entlang der Nordgrenze hielten sie noch besetzt.

Ich war inzwischen von Beirut nach Jerusalem gezogen. In öffentlichen Diskussionen, die damals in Israel über den Libanon geführt wurden, fiel mir ein etwas verschrobener Humor auf. Es war jene Art von Humor, in die man verfällt, wenn man merkt, daß man an der Nase herumgeführt worden ist. Kurz nach dem Rückzug der Israelis stattete ich im israelischen Außenministerium Izchak Lior einen Besuch ab. Lior leitete das Nahostreferat. Zuvor war er Leiter des israelischen Verbindungsbüros in Ostbeirut gewesen. Mein Besuch fiel in die Zeit, da gerade Samir Dschadscha, der fanatische maronitische Medizinstudent, die Kontrolle über die falangistischen Milizen an sich gerissen hatte. Aus Gründen, die mir bis heute schleierhaft sind, hatte er begonnen, die Moslems in der Stadt Sidon von nahe gelegenen christlichen Dörfern aus mit Granaten zu beschießen. Weder war Dschadscha imstande, die Beschießung über einen längeren Zeitraum hinweg aufrechtzuerhalten, noch konnte er politischen Nutzen daraus ziehen. Vielmehr provozierte er die islamischen Milizen in Sidon, die daraufhin nicht nur ihn und seine Männer zurücktrieben, sondern auch zahlreiche christliche Dörfer überrannten und die Bewohner aus ihren Häusern vertrieben. Jahrelang hatten dort Christen und Moslems friedlich nebeneinander gelebt.

„Sag mal, Izchak", sagte ich und kratzte mich am Kopf. „Warum hat Dschadscha das getan? Warum hat er Sidon beschossen, obwohl er mit einem Vergeltungsschlag gegen alle Christen in der Gegend rechnen mußte?"

Lior strich sich über seinen Kinnbart, zog an seiner Pfeife und dachte einen Augenblick nach, ehe er in einem Ton, als sei das doch völlig klar, erwiderte: „Weil er genug Munition hatte, deshalb."

Kaum waren die Israelis abgezogen, da kehrte im Libanon alles zur Anomalität zurück. Der Bürgerkrieg flammte auf und ebbte wieder ab, die palästinensischen Freischärler sickerten wieder in den Südlibanon ein, und hin und wieder schlug, wie ehedem, in Nordisrael eine Rakete ein. Die tiefste Demütigung mußte Israel im Winter 1986 einstecken: Nach Berichten von Beiruter Zeitungen hatte die Falange damit begonnen, der PLO libanesische Pässe und Einreisevisa zu verkaufen. So konnten einige von Arafats Leuten zurückkehren und auf seiten der im Libanon lebenden Palästinenser gegen die Schiiten kämpfen, in denen die Falangisten inzwischen ihre Hauptkonkurrenten im Kampf um die Vormacht im Libanon sahen. „Der Feind meines Feindes ist mein Freund", sagt das arabische Sprichwort; folglich wurden Arafat und die Falangisten wieder Freunde. So ist das Leben in einem politischen Kaleidoskop.

Die Ereignisse im Sommer 1982 führten zu grundlegenden Veränderungen sowohl in der PLO und in der arabischen Welt als auch in Israel und der jüdischen Welt. Durch die „Säuberung" des Libanon verlor Israel seinen Glanz. Für viele Juden und Israelis resultierte aus der Libanoninvasion eine Änderung ihrer Gefühle gegenüber Israel, eine Enttäuschung darüber, daß Israel nicht „vernünftig" und „korrekt" gehandelt hatte. Die große Mehrheit der Israelis reagierte indessen wie betäubt. Der Krieg im Libanon wurde zum Krieg, den jedermann vergessen wollte. Schlomo Gasit, ehemaliger Chef des militärischen Geheimdienstes, sagte einmal zu mir: „Es gibt einfach zu viele Schuldige... Wir können es uns nicht leisten, eine Untersuchungskommission einzusetzen, während wir gleichzeitig auf die Fortsetzung der gemeinsamen Arbeit hoffen. Wir dürfen uns einfach nicht völlig demoralisieren lassen. Der Preis dafür ist, daß wir aus dem Krieg nichts lernen – doch diese Gefahr besteht selbst dann, wenn wir uns auf eine Untersuchungskommission einlassen. "

Anstatt gemeinsam aus dem Krieg zu lernen, schufen sich die Israelis – je nach Parteipräferenz – ihre eigenen Erklärungen, und zwar gerade so viele, wie nötig waren, um den Krieg so schnell wie möglich zu vergessen.

Eine populäre Erklärung innerhalb der Arbeiterpartei lautete, daß der Krieg allein auf das Konto von Begin und Scharon ging. Die beiden waren eben verrückt – was Begin schließlich schon dadurch bewies, daß er sich in seiner Wohnung einsperrte. Seit man die beiden aus dem Verkehr gezogen hatte, war wieder alles in Ordnung.

Eine zweite, nicht minder populäre Erklärung kursierte unter den Anhängern der Likud-Partei. Ihr zufolge war das gesamte Libanon-Fiasko der Arbeiterpartei zuzuschreiben; schließlich habe sie Scharon nie erlaubt, den Krieg mit eiserner Faust zu führen, so wie er es gern getan hätte. Freilich ignorierten die Anhänger dieser Theorie stets die Anschlußfrage: Gesetzt den Fall, Scharon hätte den gesamten Libanon mit seiner Eisenfaust zerschmettern dürfen – wer hätte denn *danach* das Land übernehmen sollen?

Die populärste Erklärung allerdings (und die, die offenbar nicht totzukriegen ist) besagte, daß Israel überhaupt keine Schuld am unerfreulichen Ausgang der Libanoninvasion traf. Schuld sei vielmehr der Libanon selbst. Auf die Politik Israels sei es gar nicht angekommen. Mit anderen Worten: Anstatt einzusehen, wie falsch und trügerisch die in Israel herrschenden Vorstellungen über den Libanon waren und wie sehr die israelische Präsenz im Land die Situation noch verschlimmert hatte, hielten die Israelis an ihren vorgefaßten Meinungen fest und erklärten den Libanon für verrückt: *noch* ein Land, in dem man die Juden haßte. Jedesmal, wenn mir ein Israeli mit dieser Erklärung kam, fühlte ich mich an einen Cartoon von Pat Oliphant aus den Anfangstagen der Invasion erinnert. Damals machte im Nahen Osten der Spruch „Besucht Israel, bevor es euch besucht! " die Runde. Der Cartoon zeigte einen israelischen Panzer an der Grenze zu Tibet. Drüben stehen zwei kleine Tibeter und schießen mit Steinschleudern auf die heranstürmenden israelischen Soldaten. Ganz unten am Bildrand sagt die kleine Ente: „Stellt euch vor, sogar hier gibt's Antisemitismus! "

Die weitverbreitete israelische Vorstellung vom verrückten Libanon spiegelt sich exakt, wenngleich unbeabsichtigt, in einem Film mit dem Titel *Two Fingers from Sidon* wider. Der Film wurde 1985 von der israelischen Armee produziert und verfolgte das Ziel, Soldaten auf den Einsatz im Libanon vorzubereiten. Daß er erst in dem Moment fertig wurde, als die Truppen sich aus dem Libanon zurückzogen, hinderte die Armee nicht daran, ihn trotzdem vorzuführen – und er kam so gut an, daß er schließlich sogar für die Öffentlichkeit freigegeben wurde. In meiner Lieblingsszene trifft Gadi, ein munter dreinblickender junger Leutnant, der gerade die Offiziersschule hinter sich gebracht hat, auf einem Stützpunkt irgendwo im Südlibanon ein und bittet einen anderen Soldaten um eine kurze Einweisung in die politischen Verhältnisse im Libanon. Der Angesprochene, Georgie, ein abgebrühter Veteran des Libanonkriegs, sitzt in einer Feldküche und schält Kartoffeln. Nun erklärt er Gadi, worum es in diesem Krieg geht.

„Schau her", sagt Georgie, „ich sag' dir, wie's ist. Bis gestern wußte ich selbst nicht, was los war, ehrlich. Aber gestern war hier so ein Experte für arabische Politik und hielt uns einen Vortrag über die gegenwärtige Lage. Und jetzt ist mir alles klar: Die Christen hassen die Drusen, Schiiten, Sunniten und die Palästinenser. Die Drusen hassen die Christen. Nein ... doch: Die Drusen hassen die Christen, die Schiiten und die Syrer. Die Schiiten werden schon seit Jahren von den anderen beschissen und hassen dementsprechend alle. Die Sunniten hassen jeden, den ihr Anführer ihnen zu hassen befiehlt. Die Palästinenser hassen sich gegenseitig und nebenbei alle anderen. Einen gemeinsamen Nenner haben sie aber alle: Sie hassen uns, die Israelis. Sie würden uns am liebsten alle in die Luft jagen, was ihnen jedoch wegen der israelischen Armee nicht gelingt. Allerdings nicht wegen der gesamten Armee – sondern nur wegen der Spinner hier im Libanon."

Schokoladenkekse
in Dantes Inferno

They Came in Peace

*Inschrift auf dem Denkmal zu Ehren der 241 in Beirut
ums Leben gekommenen amerikanischen Soldaten
in Camp Johnson, Jacksonville, North Carolina*

Ein komisches Land, dieser Libanon. Kaum packt eine Armee ihre Koffer und macht, daß sie fortkommt, da marschiert auch schon mit Pauken und Trompeten die nächste ein. Immer scheint jemand ungeduldig an die Tür zu klopfen, während drinnen ein anderer sitzt, der unbedingt hinauswill. Anders als die PLO und die Israelis kamen die Soldaten des U.S. Marine Corps jedoch als „Friedenstruppe", und zum Beweis führten sie eine Liste mit zehn Vorschriften mit sich, die genau festlegte, wann sie ihre Waffen benutzen durften und wann nicht.

Wann immer ich an die Libanonexpedition der Marines denke, die im August 1982 begann und im Februar 1984 zu Ende ging, fällt mir eine bemerkenswerte Szene aus Tadeusz Borowskis Erzählung *Das Schweigen** ein. Borowski, ein polnischer Schriftsteller, der unter den Nazis in KZ-Haft saß, beschreibt darin das Ende eines SS-Aufsehers, der kurz vor der Befreiung des Vernichtungslagers Auschwitz durch amerikanische GIs einer Gruppe von Häftlingen in die Hände fällt und von ihnen niedergemacht wird.

---

* Aus dem Zyklus *Die steinerne Welt*, in: Tadeusz Borowski, *Bei uns in Auschwitz*, R. Piper & Co. Verlag, München 1982

Sie erwischten ihn im Block der deutschen Kapos, gerade in dem Augenblick, als er das Bein über die Fensterbank schwingen wollte. Wortlos zogen sie ihn herunter und schleppten ihn, schnaufend vor Haß, hinaus, auf einen Seitenweg. Dort, während die schweigende Menge einen dichten Kreis um sie bildete, schlugen unzählige Hände auf ihn ein. Im gleichen Augenblick kamen warnende Worte vom Lagertor, die von Mund zu Mund gingen. Bewaffnete Soldaten liefen über die Hauptstraße, wichen den kleinen Menschengruppen aus, die überall im Lager herumstanden. Die Menge verließ den Platz vor dem Häuschen der deutschen Kapos und verschwand in den Baracken. Doch nicht ohne den Nazi-Aufseher. Die Gefangenen schleppten den SS-Mann in ihr Blockhaus, warfen ihn auf eine Pritsche, deckten ihn zu und setzten sich auf ihn drauf. Mit Unschuldsmiene erwarteten sie die Ankunft der amerikanischen Soldaten.

An der Tür entstand ein plötzliches Gewimmel, ein sehr junger amerikanischer Offizier mit einem Helm aus Pappe kam herein und sah sich mit freundlichen Augen um. Er trug eine tadellos gebügelte Uniform, sein Revolver hing tief, bei jedem Schritt schlug er ihm gegen die Schenkel. (...)

Die Männer im Block verstummten (...)

„Gentlemen", sagte der Offizier und nahm den Helm ab. (...) „Ich weiß, daß Sie nach allem, was Sie erlebt und gesehen haben, Ihre Henker zutiefst hassen. Wir, Soldaten aus Amerika, und Sie, Männer aus Europa, haben gemeinsam dafür gekämpft, daß Recht über Unrecht siegen möge. Wir werden das Recht schützen. Sie müssen wissen, daß alle Schuldigen bestraft werden, hier, in diesem Lager, und in allen anderen auch." (...)

Von allen Pritschen ertönten laute Rufe und Klatschen. Jeder versuchte, dem jungen Mann aus Übersee durch Lachen oder durch eine Geste seine Sympathie zu bekunden (...)

Der Commander wünschte den Häftlingen eine angenehme Ruhe und baldiges Wiedersehen mit ihren Lieben und verließ, begleitet vom freundschaftlichen Gemurmel der Männer, den Block, um weiterzugehen, zum nächsten Block.

Erst als der junge amerikanische Offizier auch die letzte Baracke hinter sich hatte, als er mit den beiden Zivilisten und in Begleitung seiner Soldaten in der Kommandantur verschwunden war, zerrten wir den Mann von der Pritsche herunter, wo er, das Gesicht tief in den Strohsack gedrückt, geknebelt, mit Decken zugedeckt und mit unseren Körpern abgeschirmt, gelegen hatte. Wir schleppten ihn auf den Betonboden vor dem Ofen, und dort, unter wütendem, haßerfülltem Schnaufen der ganzen Baracke, wurde er zu Tode getreten.

Genauso erging es den Marines in Beirut – nette, milchgesichtige Boys gerieten mir nichts, dir nichts in einen leidenschaftlichen Konflikt, an dessen Entwicklung sie völlig unbeteiligt waren und dessen Bösartigkeit und Gefährlichkeit sie nicht einmal erahnen konnten. In den ersten Monaten nach der Ankunft der Marines in Beirut verbargen die Bewohner des Libanon ihre Dolche im Gewande, senkten die Stimmen und fraßen ihre Haßgefühle in sich hinein, während diese geschniegelten Männer aus dem fernen Land ihnen etwas von Demokratie, Freiheit und Patriotismus erzählten. Nach einer Weile allerdings langweilte sie das Gerede, und der Ruf des Dschungels wurde übermächtig. Anders als die KZ-Opfer in Borowskis Erzählung warteten die Libanesen jedoch nicht auf das Ende des amerikanischen Vortrags, bevor sie sich wieder den alten, ihnen so vertrauten instinktgelenkten Fehden zuwandten.

So wurde den Marines eine Lehre erteilt, mit der sie nicht im entferntesten gerechnet hatten – und wie allen anderen Eindringlingen in Beirut kam auch sie diese Erfahrung teuer zu stehen.

Was mich während der Anwesenheit der Marines in Beirut immer wieder faszinierte, war, wie sehr es den Amerikanern am Herzen lag, daß unsere Jungs was Anständiges zu essen bekamen – eine Besorgtheit, die bisweilen gigantische Ausmaße annahm. Zum Beispiel im Fall der dreitausend Burritos.

„Wir wußten nicht, woher sie kamen", erzählte Oberstleutnant George T. Schmidt von der 24th Marine Amphibious Unit (MAU), dem letzten Kontingent der Marines, das in Beirut zum Einsatz kam. Seine Bemerkung bezog sich auf eine unerwartete Sendung mexikanischer Delikatessen. „Aber wir waren gerade erst in Beirut eingetroffen, da können Sie sich das Chaos vorstellen. Und mitten in dieses Chaos platzt der Anruf, daß am Flughafen ein Paket für uns liege. Wir also hin – und stellen fest, daß es dreitausend Burritos sind. Wir hatten keine Ahnung, wo sie herkamen, kein Absender, nichts. Es war heiß, und so schickten wir jemanden hin, der sich um sie kümmern sollte, doch bei all dem Hin und Her klappte das nicht so recht. Schließlich stellte unser Doktor fest: ‚Diese Dinger sind hinüber.' Also warfen wir sie weg. Der Presse haben wir davon nichts erzählt, weil die schon so viel Zirkus um die (zweitausend) Hamburger aus Minneapolis gemacht hatte. Die hätten sich ja gar nicht mehr eingekriegt, wenn sie erfahren hätten, daß wir dreitausend oder fünftausend Burritos oder wieviel auch immer weggeschmissen hatten. Ich kann Ihnen bis heute nicht sagen, woher die Burritos kamen. Irgendwo in den Staaten saß halt ein spendabler

Mensch, der sich Sorgen machte, daß die Boys nichts Anständiges zu essen bekamen."*

Die Burritos waren erst der Anfang. Im Büro des Sprechers der Marines im Hauptquartier am Beiruter Flughafen stapelten sich schon bald die Kartons mit Schokoladenkeksen und selbstgebackenen Kuchen, und die Wände waren dekoriert mit meterlangen Briefen, auf denen ganze Schulen oder Stadtviertel den Ledernacken viel Erfolg bei ihrer Mission wünschten. Ich suchte den Sprecher der Marines allein schon deshalb gern auf, weil es bei ihm immer so viel zum Naschen gab. Wobei ich allerdings gestehen muß, daß ich mir dabei stets irgendwie deplaziert vorkam: Kekse futtern in Dantes Inferno. Insgeheim war ich immer darauf gefaßt, daß einer dieser Kekse in meiner Hand explodierte. Ich lebte eben schon zu lange in Beirut. Anders die Marines. Die Art, wie sie sich über Mammis Süßigkeiten hermachten, war für mich geradezu ein Symbol für die vertrauensselige Naivität, mit der sie gleichsam durch die Drehtür in den Libanon kamen.

Wenn all dem, was die Marines im Libanon richtig oder falsch machten, ein gemeinsames Sentiment zugrunde lag, so war dies ein naiver, unschuldiger Optimismus. Er zeigte sich bereits in dem Entschluß zu dieser Operation. Der Vorschlag, amerikanische Truppen in den Libanon zu schicken, kam ursprünglich von niemand anderem als PLO-Chef Jassir Arafat. Nach Angaben amerikanischer Diplomaten hatte er während der Verhandlungen im Sommer 1982 darauf bestanden, daß neben französischen und italienischen Soldaten auch amerikanisches Militär den Abzug seiner Männer aus dem von Israel belagerten Westteil Beiruts überwachen müsse. Arafat war kein Dummkopf. Er wußte genau, daß ein amerikanischer Schutzschirm die beste Garantie dafür war, daß Israel sein Versprechen, nicht in Westbeirut einzumarschieren, auch in dem Moment halten würde, da die PLO ihre Wachen abzog.

Um die PLO zum Abzug zu bewegen, stimmte Präsident Reagan der Entsendung eines Kontingents von achthundert Marines zu, die am 25. August 1982 im Hafen von Beirut landeten. Dem Abkommen zufolge, das US-Sonderbotschafter Philip C. Habib über libanesische Vermittler mit der PLO ausgehandelt hatte, sollten die amerikanischen Truppen dreißig Tage lang im Land bleiben. Nachdem jedoch die Evakuierung der vierzehntausend syrischen Soldaten

---

* Das Interview mit Oberstleutnant Schmidt stammt aus dem Archiv des *Marine Corps Oral History Program* und wurde vom Leiter des Projekts, Benis M. Frank, am 17. März 1983 geführt. Für die Erlaubnis, diese Schatztruhe voller Interviews einsehen zu dürfen, bin ich Mr. Frank zu großem Dank verpflichtet.

und PLO-Freischärler bereits in der ersten Septemberwoche erfolgreich abgeschlossen war und weil Habib aus der Mission unter keinen Umständen einen Daueraufenthalt machen wollte, befahl der amerikanische Präsident den Abzug der Ledernacken schon für den 10. September, also zwei Wochen vor Ablauf der Dreißig-Tage-Frist. Die Franzosen und Italiener folgten kurz danach. Keiner der Beteiligten ahnte, wie schnell er wieder zurückkehren würde.

Am 14. September, nur fünf Tage nachdem er eine Ehrengarde der Marines abgeschritten hatte, wurde der designierte libanesische Präsident Beschir Gemayel von einer Bombe zerrissen, und die Israelis marschierten in Westbeirut ein. Zwei Tage später kam es zu den Massakern in den Flüchtlingslagern. Die Bilder niedergemetzelter Palästinenser in den schmutzigen Straßen von Sabra und Schatila sandten Schockwellen aus, die auch im fernen Washington widerhallten. Die Botschaft war laut und deutlich: Hätten es die Amerikaner mit dem Rückzug ihrer Marines nicht so eilig gehabt und die vereinbarte Dreißig-Tage-Frist eingehalten, so wäre es nie zu den Massakern gekommen. Aus einem überwältigenden Schuldgefühl heraus sah sich die Reagan-Administration veranlaßt, die Marines wieder nach Beirut zurückzuschicken. Offen eingestehen konnte man diese Beweggründe allerdings nie. Die amerikanische Öffentlichkeit wußte nichts von dem Versprechen ihrer Regierung an Arafat, daß Israel nicht in Westbeirut einmarschieren würde. Ein hochrangiger Mitarbeiter der amerikanischen Botschaft in Beirut drückte es so aus: „Die Marines wurden nach Beirut zurückgeschickt, weil wir uns für die Ereignisse in den Lagern mitverantwortlich fühlten. Zugeben konnten wir das natürlich nicht. Gleichzeitig mit dem Beschluß, die Marines wieder zurückzuschicken, entwickelte Washington daher auch eine plausible Begründung."

Das Weiße Haus formulierte seine Begründung am Wochenende zwischen Samstag, dem 18. September (dem Tag, an dem das Massaker publik wurde), und Montag, dem 20. September (dem Tag, an dem Amerikas neue Libanonpolitik offiziell bekanntgegeben wurde). Präsident Reagan erklärte, die Marines würden nach Beirut zurückgeschickt „mit der Aufgabe, die Regierung des Libanon in die Lage zu versetzen, die volle Souveränität über ihre Hauptstadt wiederherzustellen". Dies sei „die wesentliche Vorbedingung für eine (künftige) Ausdehnung ihrer Autorität über das ganze Land". Die Marines, sagte Reagan, sollten „präsent" sein, um die libanesische Zentralregierung zu unterstützen. Auch die Franzosen und Italiener erklärten sich zur Rückkehr bereit, doch während sie Stellungen im

Herzen Westbeiruts bezogen, wurden die eintausendfünfhundert Marines in der bevölkerungsärmsten Gegend der Stadt einquartiert, am Internationalen Flughafen und in seiner Umgebung, gleich neben Einheiten der libanesischen Armee. Die Aufenthaltsdauer war diesmal nicht beschränkt.

Hinter der Wochenendlaune, der dieser Beschluß entsprang, steckte ein tief in der amerikanischen Psyche verwurzeltes Motiv: Ein „Alles-ist-machbar"-Optimismus, die Überzeugung, daß alle Probleme gelöst werden können – vorausgesetzt, die Beteiligten verhalten sich vernünftig.

Zunächst schien der amerikanische Optimismus durchaus gerechtfertigt. Die bloße Gegenwart der Marines führte bei vielen Beirutern zu der Überzeugung, daß der siebenjährige Bürgerkriegsalptraum nun seinem Ende entgegenging und die Rekonstruktion des alten Libanon bevorstand. Immerhin hatten sich die Vereinigten Staaten von Amerika, das mächtigste Land der Welt, den Wiederaufbau der Zentralregierung und der libanesischen Armee zum Ziel gesetzt. Von nun an mußte einfach alles besser werden. Die Libanesen bezogen ihr Amerikabild im wesentlichen aus Filmen, und dort kam die Kavallerie nie zu spät. Als die Marines ihre Stellungen in Westbeirut bezogen, wirkte ihr Optimismus zunächst ansteckend: Die Hauptverbindungsstraße zwischen Ost- und Westbeirut wurde zum erstenmal seit drei Jahren wieder für den Verkehr geöffnet; Bulldozer säuberten die Grüne Linie; Architekten entwickelten Pläne zum Wiederaufbau des Stadtzentrums. Ghassan Tueni, der in Amerika ausgebildete Verleger der führenden Beiruter Tageszeitung *An-Nahar,* berichtete mir eines Nachmittags voller Stolz, daß die „Che-Guevara-Zeit in der libanesischen Politik vorbei ist. Die Leute haben sich austoben können, aber nun reicht es ihnen. Bärte und Jeans sind out, Krawatten in!"

Die Marines mischten sich unter die Moslems und Palästinenser in Westbeirut und stiegen den Libanesinnen nach, von denen sich viele nur allzugern einfangen ließen. Tagsüber patrouillierten sie lässig durch die Straßen der Stadt und verteilten Kaugummi unter die libanesischen Kinder. Zahlreiche Libanesen kamen zum Stützpunkt am Flughafen, verkauften alles von Honigkuchen bis zu arabischen Kopfbedeckungen und liefen herum, als gehöre der Platz ihnen. So vertrauensselig waren die ersten Marines im Libanon, daß mehr als hundert von ihnen, darunter auch einige Offiziere, einem schnauzbärtigen Libanesen, der sich als Besitzer einer Wäscherei ausgab, bedenkenlos ihre Uniformen überließen. Danach ließ er sich nie wieder bei den Marines blicken.

Die amerikanischen Dienststellen, die für die Entsendung der Marines nach Beirut zuständig waren, glaubten offenbar nicht nur, daß das libanesische Problem – wie alle anderen Probleme – relativ leicht zu lösen sei, sondern setzten anscheinend auch voraus, daß die Lösung amerikanischen Vorstellungen entsprechen müsse. Die Amerikaner warfen einen Blick auf den Libanon, sahen, daß das Land einen „Präsidenten", ein „Parlament" und einen „Oberbefehlshaber" hatte, und sagten sich: Na also, die haben ja schon die richtigen Institutionen. Das einzige Problem ist, daß diese Institutionen zu schwach sind. Sehen wir also zu, daß wir die Zentralregierung und die Armee wieder in Schuß bringen, dann sind sie genauso wie wir...

Mit anderen Worten: Um den Libanon erklären und die amerikanische Präsenz dort rechtfertigen zu können, übertrug die Reagan-Administration einfach ihre vertraute Vorstellungen auf dieses fremde Land, als da waren die amerikanische politische Kultur, der Patriotismus, das Prinzip einer geeinten Nation unter Gott. Als daher der junge „Kennedy" des Libanon, Amin Gemayel, kurz nach der Ankunft der Marines die Amerikaner bat, über ihre „symbolische" Präsenz hinaus auch die Hauptverantwortung für die Ausbildung und Bewaffnung der ihm selbst und seinem maronitischen Oberbefehlshaber Ibrahim Tannous unterstehenden libanesischen Armee zu übernehmen, sagte die Reagan-Administration ja. Das Ausbildungsprogramm begann im Dezember 1982 und schuf eine Art Symbiose zwischen der libanesischen Armee und den Marines. Die libanesischen Absolventen des Trainingsprogramms erhielten khakifarbene Tarnuniformen, die nahezu identisch waren mit denen der Marines; bei Straßenkontrollen waren sie praktisch nicht zu unterscheiden. Zur selben Zeit bezog ein Beraterteam der Special Forces der US-Armee Büroräume im libanesischen Verteidigungsministerium in Jarse, an der Grenze zum christlichen Ostteil Beiruts. Oft rief der libanesische Generalstab an und holte sich Rat zu operativen Maßnahmen wie Truppenverschiebungen und dergleichen. Seine Fragen wurden in aller Unschuld beantwortet.

Die militärische Zusammenarbeit unterminierte langfristig die gesamte Mission der Amerikaner. Sie übertrugen ihre politischen Vorstellungen auf den Libanon und merkten dabei nicht, daß die Libanesen mit ihnen genauso verfuhren. Um mit den Amerikanern zurechtzukommen, sie gewissermaßen an ihr kleines Land anzupassen, integrierten sie sie in das ihnen vertraute politische Umfeld, und dieses Umfeld war die Fehde. Präsident Gemayel benutzte die Marines nicht als Krücke zum Wiederaufbau seines Landes, sondern als Keule im Kampf gegen seine moslemischen Widersacher. Anstatt die ihm aus der amerikanischen Unterstützung erwachsende Stärke zur Bildung einer politischen Entente mit den Drusen- und Moslemführern zu nutzen (die sich damals noch nicht auf die Seite der Syrer geschlagen hatten und zu maßvollen Kompromissen bereit waren) und auf diese Art und Weise eine echte nationale Einheit herbeizuführen, agierte Gemayel mit typischer Stammesfehdenlogik, und die besagt: Wie kann ich einen Kompromiß schließen, wenn ich schwach bin? Und warum sollte ich einen Kompromiß schließen, wenn ich stark bin?

Amin Gemayel hielt sich für stark. Wadia Haddad, sein Nationaler Sicherheitsberater, war sich der amerikanischen Unterstützung für den libanesischen Präsidenten so sicher, daß er sich vor dem Syrer Rifaat el-Assad – einem arabischen Diplomaten zufolge, der bei der Unterredung zugegen war – einmal brüstete: „Ich habe die Vereinigten Staaten in die Tasche gesteckt." Mehr als einmal warnten Gemayels Berater seine moslemischen und christlichen Gegner: „Benehmt euch anständig! Wir sind nicht allein."

Gänzlich ignorierte Gemayel die Fühler, die der Führer der schiitischen Amal-Milizen, Nabih Birri, nach ihm ausstreckte. Ein libanesischer Präsident, der Bereitschaft gezeigt hätte, Mittel für den Wiederaufbau der vornehmlich von Schiiten bewohnten und von den Israelis beim Einmarsch verwüsteten südlichen Stadtteile Beiruts zur Verfügung zu stellen, hätte leicht Birris Unterstützung gewonnen. Gemayels Regierung stellte zwanzigtausend Libanesische Pfund (etwa viertausend US-Dollar) für jene Gebiete bereit – was vielleicht gerade zur Instandsetzung einer Dreizimmerwohnung reichte. Noch schlimmer war, daß eine der ersten Amtshandlungen der Regierung Gemayel darin bestand, illegal errichtete Barackensiedlungen entlang der südlichen Ausfallstraßen von Bulldozern niederwalzen zu lassen. Mit anderen Worten: Gemayel ließ ausgerechnet in jenen Teilen der Stadt, wo der größte Wohnungsmangel herrschte, Häuser demolieren. Ein junger Schiitenführer, Ali Hamadan, sagte damals: „Amin verkehrte mit uns ausschließlich durch das Verteidigungsministerium. Den Bildungsminister, den Bauminister und den Sozialminister wollte er nicht in unsere Wohngebiete schicken."

In der amerikanischen Fernsehsendung „Face the Nation" fand im Oktober 1983 eine Diskussion statt, an der mein schiitischer Freund Professor Fuad Adschami, der Kommandant des Marine Corps, General P. X. Kelley, und Amin Gemayels Botschafter in Washington, Abdullah Bouhabib, teilnahmen. Ernst und aufrichtig verkündete

Kelley, daß er dem Oberbefehlshaber der libanesischen Armee, Ibrahim Tannous, „überallhin in den Kampf" folgen würde, während Bouhabib eloquent über die enorme Bedeutung der amerikanischen Hilfe für den von Gemayel geplanten Wiederaufbau des Libanon schwadronierte. Fuad hingegen sprach für alle libanesischen Moslems, die sich von Gemayels Regierung schlecht behandelt fühlten, und warnte die Amerikaner vor der Verwicklung in eine Familienfehde, von der sie nichts verstanden. Ein paar Wochen später schickte *Face the Nation* Fuad eine Abschrift des gesendeten Textes sowie ein Hochglanzfoto, das die drei Diskussionsteilnehmer zusammen mit Moderator Leslie Stahl zeigte. Fuad erzählte mir, daß kurz darauf ein Freund von ihm Botschafter Bouhabib in seinem Washingtoner Büro aufsuchte und dort das gleiche Foto entdeckte. Allerdings zeigte es nur zwei Personen – P. X. Kelley und Botschafter Bouhabib. Von Fuad sah man nur den Ellbogen. Fuads Freund, Schiit wie er, konnte der Versuchung nicht widerstehen und fragte Bouhabib: „Sag mal, Abdullah – wem gehört denn dieser Ellbogen?"

Die Episode beschreibt bildhaft, wie Amin Gemayel und die Maroniten die Lage sehen wollten: Gemeinsam mit den Amerikanern wollten sie die Zukunft des Libanon bestimmen – allein.

Den Drusenführer Walid Dschumblat behandelte Gemayel wie einen hinterwäldlerischen Bergbauern, der es nicht einmal wert war, in den Präsidentenpalast eingeladen zu werden. Schlimmer noch: Als die falangistischen Milizen eine alte Rechnung mit den Drusen begleichen wollten – es ging um die Vorherrschaft im Libanon-Gebirge –, da sah Gemayel tatenlos zu, ja, er unterstützte sie wahrscheinlich sogar. Die Drusen hatten in den vergangenen Jahren den überwiegenden Teil des Schuf-Distriks am Südrand des Gebirges kontrolliert, während die (größere) Kesuran-Region im Norden und Osten unter maronitischer Kontrolle stand. Die grobe Aufteilung des Gebirges zwischen den Angehörigen dieser beiden Gemeinschaften – die eine lange Geschichte aus Antipathie und Kooperation miteinander verband – bildete die Grundlage der Machtbalance zwischen Christen und Moslems im Libanon.

Nach dem Einmarsch der Israelis im Libanon versuchten die Falangisten, mit israelischer Hilfe den Drusen die Macht im Schuf zu entreißen. Die Maroniten behaupteten, sie wollten nur die christliche Landbevölkerung im Schuf schützen, obwohl diese seit Jahren einigermaßen friedlich mit den Drusen zusammenlebte. Die Drusen merkten sehr schnell, daß ihr einziges echtes Siedlungsgebiet im Libanon bedroht war, und reagierten entsprechend ungnädig. Nur einen Monat nach Gemayels Amtsantritt im September 1982 tobte zwischen Falangisten und Drusen eine Stammesfehde um die Kontrolle des Schuf.

Es gelang Amin Gemayel sogar, die konservativen Sunniten Westbeiruts zu vergrätzen, obwohl sie seine Präsidentschaft stillschweigend unterstützten. Während des ersten Jahres seiner Regierungszeit verschwanden an die eintausend Moslems und Palästinenser aus Westbeirut. Sie wurden entweder von der Armee verhaftet und ohne Gerichtsverhandlung inhaftiert oder aber – mit unbekanntem Schicksal – von Falangisten entführt. Am Anfang hatten viele Westbeiruter Moslems in der Hoffnung auf *law and order* die christlich geführte libanesische Armee willkommen geheißen, als sie einmarschierte und die PLO ersetzte. Sie waren sogar bereit gewesen, über diverse Überreaktionen der Armee hinwegzusehen, und warteten nun auf ein ähnlich scharfes Durchgreifen im christlichen Ostbeirut. Als es jedoch ausblieb, erwachte im Westen der Stadt die stille Wut, und es kam zu ersten Angriffen der Moslems auf die Armee. Gemayel antwortete darauf mit der Verhängung einer Ausgangssperre ab acht Uhr abends. Für das, was drüben in Ostbeirut geschah, war er blind; die Aktivitäten der Milizen und der Falange-Partei seines Vaters mit ihrer Privatarmee und ihren Schmuggelgeschäften kümmerten ihn nicht. Er hatte nicht einmal Truppen in Ostbeirut stationiert. Die islamische Bevölkerung Westbeiruts mußte abends in ihren Wohnungen hocken und durfte sich im Radio die Werbesendungen der Jet-set-Disco in Ostbeirut anhören, deren Besucher zum „Tanz rund um die Uhr" geladen wurden.

Schließlich verprellte Gemayel auch die Syrer, indem er sich auf direkte Verhandlungen mit Jerusalem einließ. Es ging um den Rückzug der israelischen Truppen sowie um einen Vertrag über Sicherheit, Handel und Tourismus.

Sollte es irgendeine Gruppe innerhalb der moslemischen Gemeinschaft im Libanon gegeben haben, die von Gemayel *nicht* vor den Kopf gestoßen wurde, so ist sie mir unbekannt geblieben. Seine Sturheit wurde schon bald zum ärgsten Handicap der Amerikaner.

„Am Anfang war Beirut ganz toll", sagte mir José Medina vom Marine Corps. „Die Leute hielten einen überall an und schenkten einem was. Wir fühlten uns wirklich als gerngesehene Gäste. Die Menschen sahen in uns ihre Beschützer gegen die Israelis. Doch mit der Zeit wendete sich das Blatt. Aus irgendeinem Grund dachten sie, wir wären gegen sie."

Kein Wunder. Da die Marines unverdrossen die libanesische Armee ausbildeten und unterstützten, sah man in ihnen bald nur noch Helfershelfer des Gemayel-Regimes. Daß es Schwierigkeiten geben könnte, erfuhr zum erstenmal eine Gruppe von Marines im Frühjahr 1983, sechs Monate nach ihrer Ankunft in Beirut. Nach der Rückkehr von einem Patrouillengang berichteten sie, daß libanesische Jugendliche sie mit Steinen beworfen und beschimpft hätten. In Beirut begnügt sich niemand lange mit Steinen. Am 16. März 1983 wurden fünf Marines bei einem Granatenangriff in Westbeirut verletzt. Auf so etwas waren sie nicht vorbereitet. Sie waren, was den Waffeneinsatz betraf, an strenge Verhaltensvorschriften gebunden. Zu den zehn „Einsatzrichtlinien" zählten unter anderem die folgenden:

1. Wenn auf dem Posten (motorisierte Streife oder Patrouillengang): volle Magazine eingeschoben, Schloß geschlossen, keine Patrone im Lauf, Waffe gesichert.
2. Keine Kugel in den Lauf ohne Genehmigung eines diensthabenden Offiziers oder in Notwehr.
4. Zur Unterstützung der Verteidigung sind einheimische Truppen zu alarmieren. Dem Hauptquartier ist Meldung zu machen.
7. Wenn unter gegnerischem Beschuß, feuern Sie gezielt zurück. Wenn möglich, organisieren Sie Scharfschützen aus verbündeten Truppen.

Ein paar Wochen nach dem Granatenangriff am 16. März feierte die Che-Guevara-Zeit der libanesischen Politik fröhliche Urständ, und zum erstenmal sahen sich die Marines mit den „Einsatzrichtlinien" konfrontiert, die in diesem Lande galten. Es geschah am 18. April 1983, mittags um 13.03 Uhr. Ich saß gerade im Arbeitszimmer meiner neuen Wohnung, gleich um die Ecke von der ersten, die in die Luft gesprengt worden war, und hörte den BBC World Service. Drei Minuten nach Beginn der Nachrichten wurde mein Transistorradio von einer gewaltigen Explosion umgeworfen, die das ganze Gebäude erschütterte. Ich rannte die Treppen hinunter und zur Haustür hinaus. Sofort fiel mir eine graue, pilzförmige Wolke auf, die in einiger Entfernung unweit der Küste emporschoß. Ohne weiter nachzudenken, fing ich an zu rennen. Ich rannte und rannte, und als ich näher kam, sagte ich mir: Nein... Das darf doch nicht wahr sein...!

Ein Kamikazefahrer hatte einen Chevrolet-Kleinlaster in die Eingangstür der amerikanischen Botschaft gesteuert und eine Bombe gezündet. Eine gewaltige Explosion hatte die gesamte Vorderfront des Gebäudes zum Einsturz gebracht und mehr als sechzig Menschen getötet. Mit offenem Mund starrte ich hinauf zu einem Mann, der mit dem Kopf voran aus den zerklüfteten Überresten des vierten Stocks herunterbaumelte. Die weiter unten gelegenen Räumlichkeiten spien Rauch und Feuer wie ein leidender Drache.

In bester libanesischer Stammesfehdentradition hatte eine islamische oder pro-syrische Gruppe Amin Gemayel ein Rauchsignal zukommen lassen. Die Botschaft lautete kurz und bündig: Deine amerikanischen Freunde sind nicht so unbezwingbar, wie du dir das einbildest. Paß auf!

Einen Monat nach dem Angriff auf die Botschaft, am 17. Mai 1983, wurde der von den Vereinigten Staaten vermittelte Friedensvertrag zwischen der Regierung Gemayel und Israel unterzeichnet – eine Übereinkunft, die Israel einseitig bevorzugte und daher, obwohl sie gar nicht durchführbar war, die Ressentiments der libanesischen Moslems nur noch verstärkte. US-Außenminister George F. Shultz war im April persönlich zwischen Beirut und Jerusalem hin und her gependelt, um dem Vertrag den letzten Schliff zu geben. Schafik el-Wassan, der moslemische Ministerpräsident des Libanon und einziger leitende Mitarbeiter Gemayels mit Wohnsitz in Westbeirut, warnte während der gesamten Verhandlungen vor einem Vertrag, wie ihn die Amerikaner aus der Taufe heben wollten. Der Zorn der Straße, so Wassan, richte sich mehr und mehr gegen eine derartige Übereinkunft mit Israel. Ständig versuchte er Washington dazu zu bewegen, auf eine Mäßigung der israelischen Forderungen nach formalen Sicherheitsgarantien sowie nach der Aufnahme von diplomatischen und Handelsbeziehungen zu drängen. Israel sollte sich statt dessen mit stillen De-facto-Vereinbarungen zufriedengeben; dies sei für alle Beteiligten das beste. Am 8. Mai 1983, dem letzten Tag seiner Pendeldiplomatie, traf Außenminister Shultz im Präsidentenpalast zu Baabda mit einer Gruppe hochrangiger libanesischer Regierungsbeamter zusammen, um die letzten Einzelheiten zu besiegeln. Nach getaner Arbeit begann ein allgemeines Händeschütteln und Schulterklopfen; man gratulierte sich zum Erfolg. Nur einer machte nicht mit – Wassan. Er sah vielmehr dem amerikanischen Außenminister direkt in die Augen und sagte: „Sie sollen wissen, daß dies der traurigste Tag meines Lebens ist. Diese Übereinkunft ist unehrenhaft. Ich glaube nicht, daß Amerika sein Bestes getan hat (um Israels Forderungen in Grenzen zu halten). Ich bin sehr unglücklich."

Den ganzen Sommer über und auch noch zu Beginn des Herbstes versuchte US-Botschafter Robert S. Dillon, Präsident Gemayel zu versöhnlichen Gesten gegenüber seinen moslemischen und christlichen Gegnern zu bewegen, die immer weiter ins syrische Lager abdrifteten. Dillon erkannte, daß der Wiederaufbau der libanesischen Armee ohne die gleichzeitige Förderung der nationalen Versöhnung auf tönernen Füßen stand. Gemayel wies seinen Rat kühl zurück, und die Beziehungen zwischen den beiden Männern verschlechterten sich rapide. Als Dillon im Oktober 1983 aus dem Amt schied, weigerte sich Gemayel, ihm den Zedernorden zu verleihen, obwohl er damit gegen eine libanesische Regierungstradition verstieß. Daß er die Ordensverleihung seinem Außenminister Elie Salem überließ, war eine vorsätzliche Beleidigung des Botschafters.

Der letzte Rest amerikanischer Glaubwürdigkeit in den Augen der libanesischen Moslems ging verloren, als Israel am 4. September 1983 beschloß, seine Truppen aus dem Schuf-Gebirge abzuziehen. Ein Jahr lang hatten die Israelis von dort aus versucht, Amin Gemayel unter Druck zu setzen und ihn zur Unterzeichnung eines Friedensvertrags zu nötigen. Doch kaum stellte sich heraus, daß der Präsident den Vertrag nicht erfüllen konnte, da zogen sie sich zum Awwali-Fluß im Südlibanon zurück und überließen es den Marines, mit dem Scherbenhaufen Beirut fertig zu werden. Im Schuf entstand ein Vakuum, das alle möglichst schnell füllen wollten. Von der einen Seite kamen die Drusen unter Führung ihres obersten Kriegsherrn Walid Dschumblat, der im Rückzug der Israelis eine Chance sah, den Übergriffen der Falangisten auf das Land seiner Väter Einhalt zu gebieten. Von der anderen Seite kamen die Falangisten und Gemayels libanesische Armee; sie hofften, das strategisch wichtige Gebiet nach dem Abzug der Israelis endgültig in den Einflußbereich der Christen und der Zentralregierung zwingen zu können. Die Schiiten und die Syrer unterstützten die Drusen. Dem US-Marine Corps, das aufs engste mit der libanesischen Armee verflochten war, blieb nun gar keine andere Wahl: Es mußte sein Gewicht für Gemayel in die Waagschale werfen. Die politischen Entscheidungsträger in der Reagan-Administration bildeten sich anscheinend ein, sie unterstützten die rechtmäßigen Ansprüche einer Regierung auf volle Souveränität über ihr nationales Territorium. In Wirklichkeit unterstützte Gemayel nur das „Recht" der Christen, die Drusen zu beherrschen.

Es war die Schlacht um ein obskures Bergdorf im Schuf namens Suk el-Gharb, die schließlich dazu führte, daß sich die Marines aus einer neutralen Friedenstruppe in eine weitere libanesische Bürgerkriegsfraktion verwandelten. Kurz nach Beginn des Kampfes um die Vorherrschaft im Schuf, im September 1982, gab der Oberbefehlshaber der libanesischen Armee, Ibrahim Tannous, seinen amerikanischen Militärberatern zu verstehen, daß ihm an einem direkten Engagement der Marines auf seiten der libanesischen Armee gelegen sei; schließlich würden die Drusen ja auch aktiv von den Syrern unterstützt. Die Amerikaner weigerten sich hartnäckig. Am 19. September 1983, gegen zwei Uhr morgens, unternahmen dann jedoch von Syrern und Palästinensern unterstützte drusische Einheiten einen schweren Artillerie- und Infanterieangriff gegen die strategisch wichtige, den Gebirgskamm oberhalb von Beirut beherrschende Stellung der libanesischen Armee in Suk el-Gharb. Sollte es den Drusen und ihren Verbündeten gelingen, Suk el-Gharb einzunehmen, so wären der Präsidentenpalast von Baabda, das Verteidigungsministerium in Jarse sowie der von den Falangisten beherrschte Ostteil Beiruts ins Schußfeld ihrer Waffen geraten. Am 19. September zwischen sieben und acht Uhr morgens kamen führende Ausbilder der US-Army mit Brigadegeneral Carl Stiner, dem militärischen Berater von Nahost-Sonderbotschafter Robert McFarlane, im libanesischen Verteidigungsministerium zusammen. Da erschien, sichtlich erregt, General Tannous bei Stiner und informierte ihn über die „massive" Offensive, der sich seine Truppe in Suk el-Gharb gegenübersehe; er glaube nicht, daß die Verteidiger „die nächsten dreißig Minuten" überstehen würden. Außerdem sei einem der drei Haubitzenbataillone der libanesischen Armee, die Suk el-Gharb schützen sollten, die Munition ausgegangen. Er brauche jetzt unmittelbar amerikanische Hilfe.

General Stiner gab seine Informationen an Robert McFarlane weiter, der im nahe gelegenen Wohnsitz des amerikanischen Botschafters weilte und wegen des schweren Granatwerferfeuers die ganze Nacht über kein Auge zugetan hatte. Ohne Tannous' Lagebeurteilung von unabhängiger Seite bestätigen zu lassen, befahl McFarlane dem Befehlshaber des Marine Corps in Beirut, Oberst Timothy Geraghty, dafür zu sorgen, daß die ihm unterstellten Kriegsschiffe den libanesischen Truppen Feuerschutz gäben. Oberst Geraghty wehrte sich energisch gegen diesen Befehl. Er wußte, daß seine Soldaten dadurch in eine rein innerlibanesische Auseinandersetzung hineingezogen und die Vergeltungsschläge der Moslems sich nicht gegen die Kriegsschiffe draußen vor der Küste, sondern gegen die auf dem Festland stationierten Marines richten würden. Seine Einwände wurden jedoch von McFarlane und Stiner zurückgewiesen. Am frühen Vormittag des 19. September feuerten die Lenkwaffenkreuzer „Virginia", „John Rodgers" und „Bowen" sowie der Zerstörer „Radford" dreihundertsechzig Granaten auf die drusisch-syrisch-palästinensischen Truppen, um den belagerten Libanesen etwas Luft zu verschaffen. Am nächsten Morgen erfuhren die Amerikaner, daß in den Kämpfen am Vortag lediglich acht Soldaten der libanesischen Armee getötet und zwölf verwundet worden waren. Waren die Amerikaner bewußt hinters Licht geführt worden? Man wird es wahrscheinlich nie erfahren. Ein höherer amerikanischer Offizier sagte mir später, es sei „eine hübsche Gelegenheit (für Gemayel)" gewesen, „seinen Willen durchzusetzen". Amin Gemayel hatte die Amerikaner vor den Karren seiner Stammesfehde spannen wollen – und das war ihm gelungen.

Gefreiter Eddi DiFranco war der einzige Wachposten des Marine Corps, der den Kamikazefahrer zu Gesicht bekam. Der Mann steuerte am 23. Oktober 1983 kurz nach Tagesanbruch seinen mit zwölftausend Pfund Dynamit beladenen gelben Mercedes-Laster in das vierstöckige Beiruter Hauptquartier des Marine Corps. DiFranco konnte sich später weder an die Haarfarbe noch an sein Gesicht erinnern. Er wußte nicht, ob der Mann dick oder dünn war, von hellem oder dunklem Teint. Alles, woran der Gefreite sich erinnern konnte, war, daß ihm dieser islamische Selbstmordfahrer, als er an ihm vorbeibrauste, um 241 amerikanische Soldaten in die Luft zu jagen, „ins Gesicht sah... und dabei lächelte".

Feldwebel Stephen E. Russell sah das Lächeln nicht, sondern hörte bloß den brüllenden Lärm. Er stand in seiner mit Sandsäcken gesicherten Wachstube am Haupteingang des Gebäudes, als sein Blick plötzlich auf einen riesigen Lastwagen fiel, der um den Parkplatz herumkurvte. Der Fahrer brachte den Motor auf Touren, bevor er den Zaun des Geländes durchbrach und mit Vollgas auf die Eingangstür zuhielt. Marine-Corps-Historiker Benis M. Frank berichtete, daß Russell „sich fragte, was der Lastwagen auf dem Gelände des Hauptquartiers zu suchen habe. Fast im selben Augenblick erkannte er, daß Gefahr im Verzug war. Eiligst verließ er die Wachstube, rannte quer durch die Empfangshalle zum Hintereingang und brüllte: ‚In Deckung! In Deckung!!' Im Rennen warf er einen Blick zurück und sah, wie der Lastwagen in die Wachstube krachte. Ein oder zwei Sekunden später explodierte das Fahrzeug und schleuderte Russell aus dem Gebäude hinaus."*

Oberst Geraghty saß in seinem Büro um die Ecke und studierte die morgendliche Pressemappe, als plötzlich sämtliche Fensterscheiben

---

* Benis M. Frank: *US Marines in Lebanon, 1982–1984,* History and Museums Division, US Marine Corps, 1987.

zerbarsten. Er rannte hinaus und war sofort von einer Rauchwolke umgeben. „Ich lief um die Hausecke, und auch dort war alles wie vernebelt, und von oben rieselten Trümmerteile herab... und dann... lichtete sich der Nebel, und ich drehte mich um... Das Hauptquartier war verschwunden. Ich kann Ihnen nicht sagen, welche Gefühle mich überkamen. Es war einfach unfaßbar."*

Auch für mich. Es war genau 6.22 Uhr. Knapp fünfzehn Kilometer weiter, im Zentrum von Westbeirut, lag ich im Bett und schlief. Trotz der Entfernung schreckte uns die Explosion im Hauptquartier der Marines auf. Im ersten Augenblick glaubten Ann und ich, es wäre ein Erdbeben. Erst ein paar Monate zuvor hatte ein Erdstoß unser Haus in ähnliche Schwingungen versetzt. Wir reagierten wie immer in solchen Situationen: Wir blieben reglos im Bett liegen und warteten auf das Geheul der Sirenen. Blieb es aus, so handelte es sich weder um ein Erdbeben noch um eine Explosion, sondern nur wieder um einen Überschallknall, wie ihn die israelischen Kampfflugzeuge am Himmel über Beirut zu Tausenden produzierten. Es dauerte ungefähr eine Minute, bis überall die Sirenen zu heulen begannen. Ann und ich sprangen in unseren Fiat und folgten dem ersten Feuerwehrwagen, dem wir begegneten. Nach einer Fahrt kreuz und quer durch die leeren Straßen von Beirut gelangten wir schließlich zur Kaserne der französischen Fallschirmjäger, einem zehnstöckigen Wohnblock, der durch einen Bombenanschlag zerstört worden war. Der Attentäter hatte sich in der dazugehörigen Tiefgarage mitsamt seinem Fahrzeug in die Luft gejagt. Erst nachdem ich ungefähr eine Stunde lang Augenzeugen und Betroffene interviewt hatte, erwähnte jemand, daß auch die Marines „eine Rakete bekommen" hätten. Daraufhin fuhren ein paar von uns in aller Ruhe zum Hauptquartier des Corps, nur um dort Marines in blutverschmierten Uniformen in den Überresten des ehemaligen Hauptquartiers herumstochern zu sehen. Rettungsteams wühlten sich mit Preßluftbohrern durch den Berg aus geborstenen Betonträgern und spähten verzweifelt nach Toten und Verwundeten aus. Immer wieder feuerten unbekannte Heckenschützen auf die Helfer und erschwerten dadurch die Rettungsarbeiten.

Die Marines waren nach Beirut gekommen, um die Libanesen zu schützen – nun brauchten sie selber Schutz.

Nach dem Anschlag wurde viel darüber diskutiert, ob nicht ein zusätzlicher Schlagbaum hier und ein zusätzlicher Wachposten dort ein solches Attentat hätten verhindern können. Die Erklärung liegt

* *Marine Corps Oral History Collection.* Interview vom 28. Mai 1983.

jedoch nicht im Bereich der technischen Sicherheitsmaßnahmen, sondern auf politisch-kulturellem Gebiet. Von ihren Oberen in Washington zur Unterstützung Amin Gemayels gezwungen, waren die Marines zur kriegführenden Partei im uralten Streit der libanesischen Volks- und Glaubensgemeinschaften geworden. Da sie in bester Absicht nach Beirut gekommen waren, brauchten sie lange Zeit, um das einzusehen – und manche von ihnen merkten es nie. Kurz nach dem Attentat stellte ich in einem Artikel in der *New York Times* die These auf, daß das Marine Corps inzwischen nichts weiter sei als eine von vielen libanesischen Milizen. Der Sprecher des Corps in Beirut schnitt den Artikel aus und hängte ihn an sein Schwarzes Brett, wo er von anderen Marines mit Obszönitäten wie *Fuck you, Tom* und *Thanks, Asshole* bekritzelt wurde. Selbst nachdem sie erkannt hatten, daß sie in einen Stammeskrieg verwickelt waren, unterließen die Marines sämtliche Vorsichtsmaßnahmen – gingen doch solche Gefahren wie Autobomben oder Kamikazeattentate über den Horizont ihrer konventionellen amerikanischen Ausbildung hinaus. Gefreiter Manson Coleman, ein hünenhafter Corps-Soldat mit einem warmen Lächeln und den höflichen Umgangsformen der amerikanischen Provinz, diente in Beirut als Wachposten. Nach dem Anschlag auf das Hauptquartier sagte er einmal zu mir: „Wir bekamen dauernd Berichte über irgendwelche Aktionen, die die Terroristen angeblich gegen uns im Schilde führten. Einmal hieß es, wir sollten auf Hunde achten, die TNT-Ladungen unter ihren Bäuchen trügen. Also knallten wir ein paar Tage lang alle Hunde ab, die uns vor die Flinte kamen. Man stelle sich mal vor, wie tief einer sinken muß, um Hunde mit TNT zu bepacken! Wir haben ja auch ein paar erfindungsreiche Methoden entwickelt, andere Menschen um die Ecke zu bringen, aber wir sind an die Genfer Konvention gebunden. Na ja – diese Leute hier haben noch nie irgendwelche Konventionen gehabt."

Oberst Geraghty, ein strenger, beherrschter Mann, der einem stets den Eindruck von Anständigkeit und Aufrichtigkeit vermittelte, war auf die bösen Überraschungen von Beirut auch nicht besser vorbereitet als seine Männer. Doch wer hätte ihm daraus einen Vorwurf machen können? Er saß in der Falle zwischen zwei politischen Kulturen, die keinerlei Berührungspunkte hatten. Fragte man Geraghty, ob er jemals mit einem Kamikaze-Angriff gerechnet habe, lautete seine Antwort kategorisch: „Nein, nein. Das war neu, beispiellos. Wir hatten über hundert Autobombendrohungen erhalten – Kleinlaster, Krankenwagen, UN-Fahrzeuge, jede Sorte. Gegen solche ... Sachen hatten wir auch entsprechende Vorkehrungen getroffen. Aber nie hätten wir mit der schieren Wucht eines Fünftonners gerechnet, der mit neunzig oder hundert Stundenkilometern und einer Explosionskraft von zwölf- bis sechzehntausend Pfund Dynamit daherkommt. (Das) überstieg einfach die Kapazität jeder Abwehrmaßnahme. Wann hat man je von einer so großen Bombe gehört?" Oberst Geraghty fügte hinzu: „Der Fahrer des Lasters mag ja ein Fanatiker gewesen sein – aber Sie können mir glauben, hinter der Planung und Ausführung des Anschlags steckte ein kühler, harter, politischer und berechnender Kopf."*

Ob ein syrischer oder ein iranischer Kopf oder ein Zwitterwesen aus beiden dahintersteckte, wird sich nie mehr mit Gewißheit sagen lassen. Daß eines der beiden Länder die Hand im Spiel gehabt haben muß, davon sind amerikanische Geheimdienstexperten inzwischen überzeugt. Und damit sind wir bei dem anderen Grund für die Tatsache, daß die Marines völlig unvorbereitet in die Falle tappten: Sie wurden praktisch hineingetrieben. Sie waren nicht nur Opfer der eigenen Naivität, sondern mehr noch Opfer der Ignoranz und Arroganz der schwachen, zynischen und zum Teil sogar käuflichen Vertreter der Reagan-Administration, die sie überhaupt erst in eine solch unmögliche Situation hineinmanövrierten. Reagan, Shultz, McFarlane, der damalige Verteidigungsminister Caspar Weinberger und CIA-Direktor William Casey werden sich einst für das, was sie den Marines angetan haben, vor der Geschichte rechtfertigen müssen. Indem sie Amin Gemayel blind unterstützte, den Israelis bei der mit amerikanischen Waffen durchgeführten Libanoninvasion praktisch freie Hand gab und auch nichts gegen die überzogenen israelischen Forderungen bei dem Friedensvertrag mit Beirut unternahm, sorgte die Regierung Reagan dafür, daß sich die Machtbalance im Libanon einseitig zugunsten der Maroniten und zu Lasten zahlreicher anderer libanesischer Stämme, namentlich der islamischen, verschob. Washington brachte damit über viele Menschen großes Leid – und wurde letztlich dafür zur Kasse gebeten. Als ich am Morgen des Anschlags auf das Hauptquartier der Marines das Haus verließ, in dem ich wohnte, spielten auf einem Sandplatz nebenan mehrere Libanesen Tennis. Die Explosion mochte den Boden unter ihren Füßen erschüttert haben – ihr Spiel hatte sie nicht unterbrechen können. Für mich war es, als sagten sie: „Schau her, Amerika. Als du hierherkamst, hast du behauptet, ein ehrlicher Makler zu sein. Doch dann nahmst du Partei. Wenn man aber in dieser Gegend

* *Marine Corps Oral History Collection.* Interview vom 28. Mai 1983.

hier Partei nimmt, dann geschieht eben so etwas wie heute. Also begrab deine Toten und laß uns in Ruhe Tennis spielen."

Die Reagan-Administration brauchte auch viel zu lange, um zu erkennen, daß sie mit der Unterstützung der israelischen Invasion und des libanesisch-israelischen Friedensvertrags vom 17. Mai Syrien verprellte, das den Libanon traditionell als seine Einflußsphäre betrachtete, und letztlich auch dafür wurde sie zur Kasse gebeten. Und schließlich begriff das Reagan-Team viel zu spät, daß im fernen Teheran Ayatollah Khomeini den Amerikanern noch immer grollte, weil sie jahrelang den Schah unterstützt hatten. Er gab sich nicht damit zufrieden, daß er sie aus dem Iran vertrieben hatte; sie sollten aus der ganzen Region verschwinden.

Alle betroffenen Parteien beschlossen, Amerika auf die einzige ihnen vertraute Art zu bekämpfen – und das geschah eben nicht nach den Regeln der Genfer Konvention. Ich würde ihr Vorgehen niemals rechtfertigen, kann ihnen aber eine gewisse Logik nicht absprechen. Oberst Geraghty hatte recht: Dahinter steckten kühle, berechnende Köpfe.

Amerikas Arroganz war die Arroganz der Macht. In Beirut – mehr noch vielleicht als in Vietnam – erfuhren die Vereinigten Staaten, wie weit die Demokratisierung zerstörerischer Machtmittel bereits fortgeschritten ist. Die ersten zweihundert Jahre seiner Geschichte verbrachte Amerika in ruhmreicher Isolation vom Rest der Welt. Von zwei großen Ozeanen geschützt, ließ es sich nach der Unabhängigkeit lediglich zweimal auf militärische Auseinandersetzungen mit fremden Mächten ein, und zwar in den Kriegen gegen Mexiko und gegen Spanien, die jedoch beide keine ernsthaften Herausforderungen darstellten. Amerika hatte es einfach nicht nötig, sich mit den weniger erfreulichen Bereichen der Diplomatie, mit Spionage und verdeckten Operationen zu befassen – sein Überleben in der Welt war auch so gewährleistet.

Im zwanzigsten Jahrhundert ließ sich die Isolation nicht länger aufrechterhalten. Amerika wurde in beide Weltkriege hineingezogen, war jedoch inzwischen zu einer so übermächtigen Militärmacht herangewachsen, daß mangelnde Kriegslist durch schiere militärische Schlagkraft mehr als ausgeglichen wurde. Wer braucht schon List und Tücke, wenn er über Schlachtschiffe wie die „Iowa" und die „New Jersey" verfügt, die mit Granaten von der Größe eines Chevrolet bestückt sind? Wohin setzt sich ein vier Zentner schwerer Gorilla? Dorthin, wo er sich hinsetzen will...

Dies blieb so bis zum Vietnamkrieg. Mit ihm begann der militärische und wirtschaftliche Vorsprung, den die Amerikaner dem Rest der Welt gegenüber aufwiesen, zu schwinden. Außerdem änderte sich die moderne Kriegführung dergestalt, daß auf einmal ein analphabetischer Bauer mit eine Stinger-Rakete auf der Schulter imstande war, ein zweihundert Millionen Mark teures Kampfflugzeug abzuschießen. Kleinere Mächte wie Syrien und der Iran, ja sogar unbedeutende Milizen konnten mit zwölftausend Pfund Dynamit, einem gestohlenen Lastwagen und unkonventionellen Methoden, wie dem Einsatz von Himmelfahrtskommandos, die amerikanische Libanonpolitik neutralisieren. Die Vereinigten Staaten sahen sich plötzlich an allen Ecken und Enden mit den Grenzen ihrer Macht konfrontiert, hatten jedoch noch keine Vorstellung von der Welt entwickelt (oder von der erforderlichen Diplomatie und Technik der Machtausübung), die so subtil, nuanciert und raffiniert war wie die Welt selbst. Die Welt hatte sich verändert – und Amerika war darauf nicht vorbereitet.

Die amerikanischen Regierungsvertreter, die für die Entsendung des Corps zuständig waren, aber auch die Marines selbst waren so stolz auf ihre detailgenauen Feldkarten und ihre Nachtsichtgeräte, daß ihnen der Gedanke, ihre konventionelle Stärke könne an einem Ort wie Beirut keine militärische Überlegenheit garantieren, einfach nicht in den Sinn kam. Sie waren überzeugt, daß der maßvolle Einsatz von Kriegsschiffen wie der „New Jersey" und von Kampfflugzeugen, verbunden mit verbalen Drohungen, zur Einschüchterung der einheimischen Kräfte genügten.

Ihre Gedankenwelt war derart von konventionellen Vorstellungen geprägt, daß sie sogar ihr herkömmliches Feindbild auf die Libanesen übertrugen. So heißt es in einem Tagesbericht der Marines, auf dem Gelände des Corps seien Männer mit „Warschauer-Pakt-Uniformen" gesichtet worden. Also waren doch nur wieder die Russen am Werk! Daß die Farbe der Uniform im Libanon über die tatsächliche politische Couleur ihres Trägers nicht mehr aussagt als die Augenfarbe, war den Marines noch gar nicht aufgefallen. Als ich nach dem Rückzug aus Beirut auf dem Hubschrauberträger „Guam" Marine-Corps-Soldaten interviewte, nahm mich ein ernster junger Mann beiseite und fragte mich im Flüsterton, so daß seine Kameraden ihn nicht hören konnten, ob es denn stimme, daß „alle Drusen Kommunisten sind".

Nach dem Attentat auf das Hauptquartier der Marines sagte der italienische Botschafter im Libanon, Franco Lucioli Ottieri, zu mir: „Kennen Sie den Spruch, daß man immer den letzten Krieg noch einmal führt? Ihr Amerikaner habt euch auf eine Konfrontation an der Ostfront eingerichtet. Schön und gut – aber die Ostfront zur

Sowjetunion hin ist abgesichert. Ihr seid jedoch jammervoll schlecht vorbereitet auf den Krieg in der dritten Welt. Ihr seid wie ein großer Elefant: Wenn's gegen einen anderen Elefanten geht, seid ihr großartig, doch gegen eine Schlange habt ihr große Probleme. Eure ganze Mentalität und eure puritanische Natur halten euch zurück. Der Libanon ist voller Schlangen."

Ein paar Monate nach dem Eintreffen der Marines in Beirut schickte Präsident Gemayel den ehemaligen Ministerpräsidenten Saib Salam mit einem Brief an Präsident Reagan nach Washington. Der Brief war bedeutungslos; worauf es ankam, war allein der Briefträger. Daß Salam die Gelegenheit zu einem Gespräch mit Reagan bekam, hatte er Gemayel zu verdanken: Er revanchierte sich auf diese Weise für die Unterstützung, die Salam seiner Präsidentschaft hatte zukommen lassen.

Salam, ein sunnitischer Moslem, hatte an der Amerikanischen Universität in Beirut studiert und war der Prototyp des pro-amerikanischen Politikers aus der dritten Welt. Wie so viele andere Politiker aus Ländern, die jahre- oder jahrhundertelang nicht imstande waren, ihre Probleme selbst zu lösen, war Salam überzeugt, daß es irgendwo in der Welt eine entfernte Macht gibt, die das letzte Wort hat und über die militärische Stärke verfügt, es auch durchzusetzen. Zur Zeit seiner Geburt waren es die Türken gewesen; als er heranwuchs, die Briten und Franzosen, und nun, da er alt wurde, die Amerikaner. Wer selbst nie Macht gehabt hat, gibt sich stets Illusionen darüber hin, was die Mächtigen tatsächlich bewirken können. Ich konnte Salam auf jedes beliebige Problem im Nahen Osten ansprechen, das einer Lösung harrte – er nickte immer nur mit dem Kopf und sagte: „Amerika, Amerika, Amerika."

Salams Besuch bei Reagan machte in sämtlichen libanesischen Zeitungen Schlagzeilen. Nach seiner Rückkehr suchte ich ihn in seiner riesigen Villa in Westbeirut auf. Als er mich an der Tür empfing, trug er einen eleganten grauen Anzug mit einer weißen Nelke im Knopfloch.

„Saib!" sagte ich, leicht verdutzt. „Warum tragen Sie denn diese Nelke?"

Er zwinkerte mir zu und antwortete: „Weil ich mit Reagan gesprochen habe – und weil er mir gesagt hat, daß er, was den Libanon angeht, keinen Rückwärtsgang kennt."

Doch Salams Nelke verwelkte schließlich. Amerika legte den Rückwärtsgang ein, und wahrscheinlich steckte sich der bitter enttäuschte Saib Salam nie wieder eine Nelke an.

Präsident Reagans Äußerung gegenüber Saib Salam, er kenne in der Libanonfrage „keinen Rückwärtsgang", war, daran habe ich nicht den geringsten Zweifel, nichts weiter als eine jener Höflichkeitsfloskeln, mit denen Staatsoberhäupter ihre Besucher zur Tür begleiten. Ich bin sicher, daß Reagan die Bemerkung gleich wieder vergessen hat. Salam hingegen vergaß sie nie. Er steckte sich ihretwegen eine Nelke an, als ob er im Lotto gewonnen hätte. Andere Libanesen gingen noch weiter. In den Monaten nach der Ankunft der Marines begegnete man im Libanon auf Schritt und Tritt Leuten, die sagten: Dies oder das hab' ich erst getan, als ich hörte, daß die Amerikaner kommen. Einer meiner engsten libanesischen Freunde, ein islamischer Dozent an der Amerikanischen Universität, tauschte in der festen Überzeugung, der Kurs der libanesischen Währung werde unter dem amerikanischen Schirm sofort gewaltig steigen, seine gesamten Ersparnisse in Höhe von zirka fünfundzwanzigtausend US-Dollar in Libanesische Pfund um. Die Rechnung ging jedoch nicht auf. Während der US-Dollar damals ungefähr vier Libanesische Pfund kostete, muß man heute an die fünfhundert Pfund pro Dollar auf den Tisch legen.

Ein mir bekanntes junges Ehepaar, Nabil Jakub und seine Frau Vicky, lebten seit dem Beginn des libanesischen Bürgerkriegs in Abu Dhabi. Nabil hatte dort ein kleines Elektroinstallationsgeschäft eröffnet und etwas Geld auf die hohe Kante gelegt. Er träumte von dem Tag, da der Krieg vorüber sein würde und er nach Beirut zurückkehren könnte. Als die Marines im Libanon landeten, waren die Jakubs überzeugt, der ersehnte Tag sei gekommen. Im Herbst 1982 hoben sie ihre gesamte Barschaft ab. Allein der Umzug von Abu Dhabi nach Beirut und die Verlegung des Geschäfts kosteten sie siebzigtausend Dollar. Für hundertfünfzigtausend Dollar kauften sie eine Drei-Zimmer-Wohnung unweit der Hamra-Straße, wo Nabil eine Beraterfirma für Wiederaufbauprojekte gründen wollte.

„Ich war davon ausgegangen, daß die Amerikaner alles genau geplant hatten, daß nichts mehr schiefgehen könne", sagte Nabil zu mir. Wir saßen auf der Wohnzimmercouch in seiner neuen Wohnung. „Immer wieder sprachen sie von ihren Plänen und wiederholten ihre Zusagen. Wir glaubten, im Libanon würde unter dem Schutz der Amerikaner eine neue Ordnung entstehen."

Doch kaum hatten Nabil und Vicky sich im Sommer 1983 endgültig in Beirut niedergelassen, da wendete sich das Blatt. Die libanesische Wirtschaft geriet in eine Krise, und niemand wagte es mehr, in den Wiederaufbau zu investieren.

Bei unserer letzten Begegnung war Nabil arbeitslos. Zum Abschied sagte er, nur halb im Scherz: „Ich habe vor, Reagan wegen Geschäftsschädigung und seelischer Grausamkeit zu verklagen. Ihr Amerikaner begreift ja gar nicht, welche Hoffnungen ihr in anderen Menschen erweckt. Ihr hattet einen unmittelbaren Einfluß auf unsere Entscheidungen."

Der libanesische Politologe Ghassan Salame, der früher an der Amerikanischen Universität lehrte, machte mich einmal auf den Widerhall der täglichen Pressekonferenzen des Weißen Hauses und des amerikanischen Außenministeriums in Beiruts arabischer Presse aufmerksam. Eine Pressekonferenz des Außenministeriums dauerte etwa eine Stunde, und in dieser einen Stunde wurde vielleicht eine Frage zur Libanonproblematik gestellt, welche der Sprecher mit der stereotypen Bemerkung beantwortete, daß Amerika zu seinen Verpflichtungen stehe. Keine amerikanische Zeitung hätte diese Stellungnahme auch nur einer beiläufigen Erwähnung für wert befunden, doch in Beirut machte sie Schlagzeilen. Der damalige Sprecher des Außenministeriums, Alan Romberg, war 1983 im Libanon bekannt wie kaum ein anderer Amerikaner. „Alle meine Studenten waren fest davon überzeugt, daß Reagan jeden Tag über den Libanon sprach", meinte Ghassan.

Das gleiche galt für Präsident Gemayel. Ein hochrangiger Mitarbeiter der amerikanischen Botschaft in Beirut erklärte mir, daß Gemayel „immer wieder Vermutungen anstellte, bis zu welchem Punkt wir ihn unterstützen würden. Mit dem, was wir ihm gesagt hatten, stimmten diese Vermutungen nie überein. Richtig ist allerdings auch, daß wir ihm nie deutlich genug die Wahrheit gesagt haben. Niemals hörte er von uns ein klares: ‚Bis hierher und nicht weiter.' Darüber hinaus bekamen die falschen Vorstellungen Amins sicherlich auch dadurch Auftrieb, daß der Präsident immer wieder generalisierend davon sprach, wir würden die Libanesen ‚auf ihrem ganzen Weg' begleiten."

Und die Moral von der Geschicht'? Fuad Adschami hat sie vielleicht am besten formuliert: „Wie alle Menschen im Nahen Osten haben die Libanesen eine lebhafte Phantasie. Keine Großmacht sollte daher irgendwem im Nahen Osten Avancen machen. Wer einen kleinen Finger ausstreckt, muß damit rechnen, daß die ganze Hand genommen wird. Gib Ariel Scharon den kleinen Finger – und schon marschiert er nach Beirut. Gib Amin Gemayel den kleinen Finger – und schon versucht er, in die schiitischen Vororte Beiruts einzudringen. Jeder will grünes Licht von Amerika und Unterstützung. Jeder will euch in seine Pläne einspannen. Eure Größe gefällt ihnen, aber sie wollen euch klein nach Hause schicken. Eure Unschuld gefällt ihnen, aber sie wollen euch als Hure heimschicken."

Anfang 1984 verschärfte sich der Krieg zwischen Drusen und Maroniten um die Kontrolle des Schuf-Gebirges. Im Verlauf dieser Auseinandersetzung sollten die Marines den wahren Libanon erst richtig kennenlernen. Achtzehn Monate nachdem sie, ausgerüstet mit unvollständigen Karten, „Einsatzrichtlinien" und naivem amerikanischen Optimismus, in Beirut gelandet waren, begriffen sie endlich, daß sie in einem Land die Zentralgewalt unterstützen sollten, in dem es gar keine Zentrale gab, sondern nur zerstrittene Cliquen. Nach dieser Erkenntnis blieb ihnen nichts anderes übrig, als sich hinter ihren Sandsäcken zu verschanzen, tunlichst zu vermeiden, ins innerlibanesische Kreuzfeuer zu geraten, und abzuwarten, bis Präsident Reagan den Sieg verkündete und sie wieder heimholte. Sie stellten den Granatenbeschuß zur Unterstützung der libanesischen Armee ein und beschränkten sich auf Selbstschutzmaßnahmen. Jeder, der auf sie feuerte, bekam es doppelt zurück. Wir pfeifen auf die Richtlinien, sagten sie sich, wir zahlen's ihnen heim. Die britischen, französischen und italienischen „Friedenstruppen" verhielten sich ähnlich. Die libanesische Tageszeitung *As-Safir* bezeichnete die multinationale Friedenstruppe fortan als die „internationale Miliz". Während der Wochen des Wartens auf einen eleganten Abgang war es recht lehrreich, sich mit den Marines zu unterhalten, sahen sie doch mittlerweile die libanesische Innenpolitik nicht mehr als simple Fortsetzung der amerikanischen Vorstellungen, sondern vielmehr als deren direktes Gegenteil.

Auf meine Frage, wie er die Verhältnisse im Libanon beurteile, erklärte mir Sergeant Jeffrey Roberts: „Das war für mich ein Bürgerkrieg – nur eben nicht einfach Norden gegen Süden, sondern Norden gegen Süden, Osten gegen Westen, Nordosten gegen Südwesten und Südosten gegen Nordwesten. Und wir saßen mittendrin. Es gab einfach zu viele Parteien. Wenn wir uns auf eine bestimmte Seite schlugen, hatten wir vier andere gegen uns."

Noch prägnanter drückte sich der Sprecher des Marine Corps, Keith Oliver, aus. „Wissen Sie", sagte er zu mir und schüttelte den Kopf, „diese Leute musizieren einfach nach anderen Noten als wir."

In Wirklichkeit musizierten sie überhaupt nicht. Das Hauptquartier der Marines am Beiruter Flughafen lag inmitten einer Heide- und Dünenlandschaft. Es war ein Gebiet, in dem Tag für Tag libanesische Jugendliche Tauben jagten. Selbst als die Marines in

Alarmzustand versetzt worden waren, ließen sich einige Unverdrossene nicht von ihrem Jagdvergnügen am Rand des Kasernengeländes abbringen. Schließlich wurde ein Offizier ausgeschickt, um mit ihnen zu reden.

„Hört mal zu", sagte er zu den Libanesenjungen, „wir sind Marines. Vor dem Hauptquartier der Marines werden keine Tauben geschossen, verstanden?"

Aber die Jungs kamen wieder, jeden Tag, und jagten mit ihren alten Vorderladerflinten Tauben, und jedesmal schrillten bei den nervösen Ledernacken die Alarmglocken. Der aufgebrachte Marine-Corps-Sergeant, von dem ich diese Geschichte erfuhr, brummte hinter vorgehaltener Hand: „Wissen Sie, was? Man müßte diese Kerle einfach abschießen. Eine andere Sprache verstehen sie nicht."

Mit der Überzeugung, daß alles machbar und alles erklärbar ist, waren die Marines in Beirut gelandet. Als sie ihre Koffer wieder packten, geschah es in dem Gefühl, daß an einem solchen Ort nichts machbar und nichts erklärbar ist.

Das Ende eines gewissen Etwas

ESTRAGON: Ich kann nicht mehr so weitermachen.
WLADIMIR: Das sagt man so.
ESTRAGON: Sollen wir auseinandergehen? Es wäre vielleicht besser.
WLADIMIR: Morgen hängen wir uns auf. *Pause.* Es sei denn, daß Godot käme.
ESTRAGON: Und wenn er kommt?
WLADIMIR: Sind wir gerettet.

Samuel Beckett, WARTEN AUF GODOT

An einem Novembermorgen des Jahres 1983, ungefähr einen Monat nach dem Anschlag auf das Hauptquartier der Marines, verübte ein Mann in einem braunen Anzug vor dem Haus, in dem wir wohnten, Selbstmord. Dave Zucchinos kleine Tochter Adrien entdeckte ihn zuerst. Sie stand auf dem Balkon, der unmittelbar unter dem unseren lag, steckte den Finger durch die Gitterstäbe und zeigte auf ihn. So wurde ihre Mutter auf die Leiche aufmerksam. Von anderen Nachbarn erfuhren wir später, daß der Mann im braunen Anzug eine Weile auf dem Parkplatz hin und her gegangen war und dabei Gift aus einer mit Totenkopf und gekreuzten Knochen gekennzeichneten Dose getrunken hatte. In der anderen Hand trug er einen Plastikbeutel. Als er umkippte und in Krämpfe verfiel, sahen die Nachbarn von weitem zu. Irgendwer rief schließlich die Polizei. Als diese vierzig Minuten später am Ort des Geschehens aufkreuzte, war die Leiche bereits kalt. Der Polizei war das ganz recht so: Man brauchte nicht so viele Augenzeugen zu befragen, und es gab weniger Papierkram. Bei der Inspektion des Plastikbeutels, den der Tote bei sich trug, förderten die Polizisten Hunderte und Aberhunderte Libanesischer Pfund zutage. Nach einer kurzen Beratung nahmen sie das Geld an sich und ließen den Toten zurück, um einige Zeit später mit dem amtlichen Leichenbeschauer wiederzukommen. Er sollte die Leiche fotografieren, doch der Verschluß seiner Kamera klemmte. Endlich erbarmte sich ein Nachbar und bedeckte den toten Mann im braunen Anzug mit einem rosa Leinentuch, bis schließlich ein Krankenwagen erschien und die Leiche abtransportierte.

Mike, der Friseur, dessen Laden gleich um die Ecke lag und der seinen Kunden zum Bürstenschnitt kostenlose Proben seiner Philosophie lieferte, erzählte mir später, der Mann sei bereits die dritte Person gewesen, die sich auf dem hoch über dem Meer gelegenen Parkplatz umgebracht habe. Auf meine Frage nach den Gründen antwortete er: „Denen gefällt die Aussicht."

Der schreckliche Selbstmord fast auf der Schwelle unseres Hauses ist bezeichnend für die Stimmung, die in Beirut um die Jahreswende 1983/84 um sich gegriffen hatte. Sie wurde beherrscht von zerstörten Hoffnungen und tiefster Verzweiflung. Die Marines waren nach Beirut gekommen, um Stärke, Präsenz, Sicherheit und Ruhe zu demonstrieren, während die Libanesen ihre Meinungsverschiedenheiten lösten und mit dem Wiederaufbau ihrer Nation begannen. Doch ein lächelnder Kamikazefahrer und der außer Kontrolle geratene Krieg im Schuf machten all diese Pläne zur Farce. Nach alldem, was die Libanesen durchgemacht, nach den großen Hoffnungen, die sie auf die Amerikaner gesetzt hatten, standen sie nun vor der niederschmetternden Erkenntnis, daß die Zeit des Radikalismus eben doch noch nicht vorüber war. Die Bärte, die Jeans und die ungebändigte Leidenschaft der Stammesfehden waren nicht verschwunden, sondern hatten lediglich überwintert – bis zum Ende der amerikanischen Jahreszeit.

Und daß diese Jahreszeit zu Ende ging, brauchte ihnen niemand ausdrücklich zu sagen. Sie spürten es in den Knochen. Irgendwann in dieser Zeit suchte ich Rijad Hidschal, den mir liebsten politischen Analytiker in Beirut, auf und bat ihn um seinen Kommentar. Hidschal hatte niemals Politologie studiert, er hatte eigentlich überhaupt nichts studiert. Er verkaufte Fensterglas und war in Beirut jene Instanz, die einem Meinungsforschungsinstitut am nächsten kam. Liefen seine Geschäfte gut, so bedeutete dies, daß die Libanesen optimistisch gestimmt waren: Sie ersetzten ihre bei Bombenexplosionen zerstörten Fensterscheiben durch neue. Liefen die Geschäfte schlecht, so hieß das, daß ihr Vertrauen in die politische Lage gleich Null war: Also wurden die zerbrochenen Fensterscheiben nur durch Plastikfolien ersetzt, die erheblich billiger waren als Glas. Hidschal saß, als ich zu ihm kam, zwischen hohen Stapeln unverkaufter Fensterscheiben. Die Kamikaze-Attacken auf die Amerikaner seien der Wendepunkt gewesen, sagte er; seither sei es mit seinem Geschäft rapide bergab gegangen. Nur ein Narr würde in Beirut jetzt noch Geld für Glas ausgeben.

„Seit Wochen haben wir keine einzige Fensterscheibe mehr verkauft", jammerte Hidschal. „Doch wollen Sie wirklich wissen, wie schlimm die Lage ist? So schlimm, daß nicht einmal ich in meiner eigenen Wohnung neue Fensterscheiben einsetze, obwohl sie alle zerschossen sind. Ja, das ist wahr. Zum viertenmal sind unsere Fenster jetzt kaputtgegangen. Diesmal haben wir sie nur durch Plastikfolien ersetzt. Jeden Tag steht unser Viertel unter Raketenbeschuß. Wie kann ich da noch Glas einsetzen?"

Ja, wie? Als Anfang 1984 die Gefechte im Schuf-Gebirge auf Beirut übergriffen, begann ich mich zu fragen, ob nicht der ganzen Stadt ein ähnlich qualvoller Tod wie dem Mann im braunen Anzug bevorstand.

Aber warum sollte man sich über den Tod dieser Stadt besonders aufregen?

Weil Beirut niemals nur eine Stadt gewesen ist. Beirut war eine Idee – eine Idee, die nicht nur für die Libanesen, sondern für die gesamte arabische Welt Bedeutung besaß. Heute genügt allein schon das Wort „Beirut", um die Vorstellung von einer Hölle auf Erden hervorzurufen. Doch das war keineswegs immer so. Viele Jahre lang repräsentierte Beirut – vielleicht nicht ganz zu Recht – etwas ganz anderes, fast Liebevolles: Die Idee der Koexistenz und den Geist der Toleranz; die Vorstellung, daß verschiedene Religionsgemeinschaften – Schiiten, Sunniten, Christen und Drusen – in einer gemeinsamen Stadt und einem gemeinsamen Land zusammenleben, ja sogar ein blühendes Gemeinwesen schaffen können, ohne dabei ihre individuellen Wesenszüge aufgeben zu müssen.

Der Geist von Beirut war früher bekannt als „levantinischer" Geist. Das Wort „levantinisch" leitet sich ab vom altfranzösischen Wort *levant*, das, wörtlich übersetzt, „aufsteigend" bedeutet. „Levante", das Land der aufgehenden Sonne, war die geographische Sammelbezeichnung für die Länder des östlichen Mittelmeerraums. Das levantinische Politikverständnis entwickelte sich in den dortigen Siedlungsgebieten und versuchte, den verschiedenen Stämmen, Dorfgemeinschaften und Sekten auf besondere Weise gerecht zu werden. Es inspirierte die Beiruter – und letztlich auch die Libanesen insgesamt – zu dem Glauben, es könne ihnen gelingen, aus der Verschmelzung von siebzehn unterschiedlichen christlichen, moslemischen und drusischen Sekten eine moderne arabische Republik zu schaffen, und ging von der Annahme aus, daß Menschen, wenn sie schon nicht imstande sind, mit ihrer Stammesvergangenheit zu brechen, zumindest lernen können, dieselbe beim Betreten ihrer Stadt in den Hintergrund treten zu lassen. In seinen besten Tagen war Beirut eine „pluralistische Gesellschaft, in der mehrere durch ererbte religiöse und familiäre Bindungen unterschiedene Gemeinschaften unter einem gemeinsamen Dach zusammenlebten" (so der libanesische Historiker Albert Hurani, bei dem ich in Oxford studierte).

Der levantinische Geist entwickelte sich in Beirut in der Folge der industriellen Revolution, als der aufblühende libanesische Seidenhandel und die Erfindung des Dampfschiffs viele Männer und Frauen aus Amerika und Westeuropa in die Levante zogen. Bei den Einwanderern aus dem Westen handelte es sich um katholische und protestantische Missionare, Diplomaten und Kaufleute, jüdische Händler, Reisende und Ärzte. Mit ihnen kamen der westliche Kommerz, westliche Umgangsformen, westliche Ideen – und vor allem eine bestimmte vornehme, offene und tolerante Lebenseinstellung, auch gegenüber anderen Kulturen. Die Sitten und Gebräuche dieser Schicht wurden peu à peu von den Eliten der lokalen Bevölkerung nachgeahmt, die auf diese Weise eine hochintelligente Mischung aus westlichen, arabischen, griechischen und türkischen Kulturelementen hervorbrachte. „Ein Levantiner zu sein", schrieb Hurani, „bedeutet, in zwei oder mehr Welten gleichzeitig zu leben, ohne einer von ihnen anzugehören."

Die Beiruter City war die Verkörperung des levantinischen Weltbilds. Die überdachten Märkte, die von Steinbögen überspannten Gassen, die Häuser mit den roten Dächern, die Werkstätten der Handwerker, die arabesken türkischen Brunnen und die Bücherstände um den Rijad-el-Solh-Platz in der Beiruter Altstadt produzierten – und reproduzierten – den levantinischen Geist der Koexistenz. Siebentausend Läden drängten sich einst im Herzen von Beirut. Der drusische Metzger arbeitete Tür an Tür mit dem maronitischen Flickschuster, der griechisch-orthodoxe Geldwechsler neben dem sunnitischen Kaffeeverkäufer, und der Nachbar des schiitischen Lebensmittelhändlers war ein armenischer Juwelier. Die Beiruter City war wie ein großer Mixer, in dem die verschiedensten libanesischen Stämme und Völkergemeinschaften aus ihren Bergdörfern zusammentrafen und versuchten, sich zu einer einzigen, kosmopolitischen Nation zu vermischen.

„Als kleiner Junge entdeckte ich dort die libanesische Gesellschaft", berichtet der libanesische Soziologe Salim Nasr, „die verschiedenen Akzente, Kulturen und Bekleidungsgewohnheiten. Ich befand mich an dem Ort, wo der Staat dem Rest der Welt und die verschiedenen Komponenten des Staates einander begegneten."

Mit der Zerschlagung des ottomanischen Reiches nach dem Ersten Weltkrieg begann auch der Niedergang der levantinischen Weltanschauung. In Smyrna, Basra, Saloniki, Alexandria und Aleppo würgten ihr griechische, türkische und arabische Nationalisten die Luft ab. Für heterogene Kulturen und den toleranten Geist einer vergangenen Epoche fehlte ihnen die Geduld oder das Interesse. Doch in Beirut lebte die Idee weiter – vor allem unter den christlichen und islamischen Eliten. Sie pflegten regen Kontakt miteinander, es gab Mischehen und geschäftliche Verbindungen. Sie vor allem waren es, die Beirut zu einem kosmopolitischen Manhattan der arabischen Welt machten – zu einem Refugium für politisch Radikale und einem Sprungbrett für die arabische Avantgarde. Abgehalfterte arabische Politiker schrieben hier ihre Memoiren, ehrgeizige Künstler und Dichter aus dem arabischen Raum versuchten in Beirut den arabischen Broadway zu erobern.

Im Treibhaus von Beirut fand der levantinische Geist ideale Bedingungen, weil ein nahezu perfektes Machtgleichgewicht zwischen islamischen und christlichen Sekten existierte. Keine Gruppe und keine nationalistische Ideologie war stark genug, die anderen zu dominieren und die für eine levantinische Gesellschaft unerläßliche kulturelle Vielfalt zu unterdrücken. Darüber hinaus verfügte die levantinische Idee in Beirut über eine starke wirtschaftliche Basis. Die Findigkeit ihrer polyglotten Bevölkerung und deren Fähigkeit, Geld zu einer Brücke zwischen der europäischen und der arabischen Welt zu machen, waren die einzigen natürlichen Ressourcen der Stadt. Die Beiruter mußten daher zu einem friedlichen Modus vivendi finden. Die profitable Rolle des erfolgreichen Mittlers zwischen dem arabischen Osten und dem christlichen Westen erforderte Kooperationsbereitschaft.

Zur Stärkung dieser Mittlerfunktion trugen auch Beiruts Bankgeheimnis, die Casinos und das wilde, ausschweifende Nachtleben bei. Die Stadt wurde dadurch zu einer attraktiven Oase für eine arabische Welt, die London und Marbella noch nicht entdeckt hatte. In allen Regionen der Erde muß es eine Stadt geben, in der alle sonst gültigen Regeln außer Kraft gesetzt sind, wo die Sünde die Norm ist

215

und man mit Geld alles und jeden kaufen kann. Asien hat Hongkong, Europa Monaco und der Nahe Osten hatte Beirut. Die erste Runde des libanesischen Bürgerkriegs dauerte vom April 1975 bis Ende 1978. Sie brachte Beirut Wunden bei, traf es aber nicht tödlich. Die Fronten in diesen ersten Jahren verliefen im wesentlichen zwischen maronitischen Falangisten in Ostbeirut und Palästinensern sowie später auch Syrern und ein paar kleineren islamischen Milizen in Westbeirut. Das Ausmaß der kriegerischen Auseinandersetzungen, in denen sich auf beiden Seiten Libanesen gegenüberstanden, war damals noch relativ gering, doch waren die Straßenkämpfe heftig genug, um den Beiruter Mixer in zwei Teile zu zerbrechen. Die sogenannte Grüne Linie, die die kämpfenden Parteien im West- und Ostteil der Stadt trennte, verlief quer durch die Stadtmitte und verwandelte sie in eine Geisterstadt aus ausgebrannten Gebäuden. Das einst so lebendige Zentrum der Stadt, Symbol der Einigkeit Beiruts, wurde so zum Symbol seiner Uneinigkeit. Nationale Institutionen, Ministerien, die Zentralbank, die Fluggesellschaften, ja sogar die Amerikanische Universität funktionierten allerdings bis zu einem gewissen Grade nach wie vor, und beiderseits der Grünen Linie gab es Nischen, in denen auch das multikulturelle Flair der Stadt weiterlebte. Beruhigte sich die Lage, gab es sofort wieder einen regen Verkehr über die Grüne Linie hinweg: Viele libanesische Christen aus dem Osten der Stadt gingen in Westbeirut zur Arbeit, und viele libanesische Moslems taten im Osten das gleiche. Das Land war mehr physisch als psychisch getrennt, und viele Libanesen glaubten aufrichtig, daß ihr Staat, sobald erst einmal die „ausländischen Agitatoren" verschwunden wären, in mehr oder weniger vertrauter Form wiedererstehen würde.

Zur endgültigen Zerstückelung Beiruts und des Libanon kam es Anfang 1984 – und es waren keine „ausländischen Agitatoren", die das Schlachtermesser schwangen. Vielmehr rissen die Libanesen ihr Land und ihre Flagge mit eigenen Händen entzwei.

Auslösendes Ereignis dieses nationalen Selbstmords war die Eskalation des Krieges um die Vorherrschaft im Schuf-Gebirge. Die falangistische Offensive gegen die Drusen im Schuf war ein nackter Machtkampf. Je länger er sich hinzog, desto stärker kamen die tiefsitzenden Gefühle der Stammessolidarität und der Selbsterhaltung bei den Drusen zum Tragen. Die Kämpfe zwischen Drusen und Maroniten arteten zu einem Krieg aus, in dem keine Gefangenen gemacht wurden und alle Hemmungen entfielen. Während der Auseinandersetzungen im Schuf begegnete mir einmal ein drusischer Milizionär in der unverkennbaren erbsengrünen Uniform eines Falangisten, der offensichtlich von ihm am selben Vormittag getötet worden war. Wie ein Indianer mit einem Skalp hatte sich der Druse mit der Uniform samt den hohen schwarzpolierten Gucci-Stiefeln seines Opfers davongemacht. Auf meine Frage, wie er denn zu den Klamotten gekommen sei, antwortete er mit dem dünnen Lächeln einer Katze, die gerade einen Wellensittich verschlungen hat.

Die einzige Art der Kriegführung, die die beiden Kontrahenten zu beherrschen schienen, war das Massaker. Sie überfielen nicht nur die Dörfer des Gegners, sondern legten sie vollkommen in Schutt und Asche, bevor sie wieder abzogen. Ein höherer Offizier der israelischen Armee berichtete mir einmal über seine Versuche, einen Gefangenenaustausch zwischen Drusen und Falangisten zu vermitteln. Beide Seiten hatten gegnerische Zivilisten als Geiseln genommen: „Eines Tages entführten die Drusen eine Gruppe von Christen. Folglich stürmten auch die Falangisten los und kidnappten achtzig Drusen. Wir bemühten uns sofort um Vermittlung. Dr. Samir Dschadscha, der Kommandant der Christen im Schuf, saß mit einer Liste der achtzig entführten Drusen bei mir im Büro. Während der Verhandlungen klingelte das Telefon. Einer von Dschadschas Leuten teilte uns mit, die Drusen hätten vierzehn ihrer christlichen Geiseln getötet. Dschadscha schüttelte bloß den Kopf und sagte: ‚Wenn sie vierzehn von uns getötet haben, muß ich mindestens zwanzig von ihnen töten.' Dann zog er direkt vor mir, also wirklich direkt vor meinen Augen einen Kugelschreiber hervor und fing an, verschiedene Namen auf der Gefangenenliste anzukreuzen. Die betreffenden Drusen sollten getötet werden. Er zeigte nicht die geringste Emotion. Er wirkte auf mich wie ein Geschäftsmann, der irgendwas ausrechnet."

Der Krieg im Schuf setzte einen Virus frei, der von den Bergen herab zunächst Beirut und dann den Rest des Libanon überflutete und mit dem Gift der interkommunalen Spannungen infizierte. Als die Schlacht um den Schuf Anfang 1984 eskalierte, griff Gemayels von Christen geführte libanesische Armee die Schiiten in Westbeirut an, um zu verhindern, daß sie den Drusen in den Bergen zu Hilfe kamen. Die Schiiten reagierten daraufhin mit Gegenangriffen auf die Christen, wo immer sie sie finden konnten, und entwanden der libanesischen Armee die Kontrolle über so viele Beiruter Stadtviertel wie möglich. Als die Sunniten erkannten, daß Drusen und Schiiten drauf und dran waren, Westbeirut unter sich aufzuteilen, schickten auch sie ihre Milizen los, um noch den einen oder anderen Winkel für sich zu behalten. Bald kam es zwischen ihnen auf der einen und Drusen und Schiiten auf der anderen Seite zu Schießereien, und ehe man sich's versah, tobte in Beirut ein Krieg aller gegen alle. Die Fremden – Israelis, Syrer und Palästinenser – waren plötzlich nur noch Zuschauer, und es kämpften nur noch Libanesen gegen Libanesen. Jeder Libanese machte sich Gedanken über die eigene Identität und die seiner Nachbarn. Jedem war klar, daß er, völlig unabhängig von seinen politischen Ansichten, allein schon wegen der in seinem Personalausweis angegebenen Religionszugehörigkeit, getötet werden konnte, und so schloß er sich aus Gründen der Sicherheit noch enger an seine eigene Sekte an.

Nadine Camel-Toueg, eine junge Journalistin christlich-libanesischer Herkunft, beschrieb die während der heißesten Phase des Schuf-Kriegs in Beirut herrschende Stimmung wie folgt: „Man konnte nicht länger ein christenfreundlicher Moslem oder ein schiitenfreundlicher Christ sein. Für solche Feinheiten war kein Platz mehr. Ich arbeitete in einem teils aus Moslems und teils aus Christen bestehenden Journalistenteam in Westbeirut. Die meisten von uns machten aus ihrer pro-arabischen, pro-palästinensischen Einstellung kein Hehl. Doch mit Beginn des Schuf-Kriegs zeigte plötzlich jeder wieder seine ursprünglichen Farben, so als wären sie nur vorübergehend übertüncht gewesen. Bei uns arbeitete ein christlicher Kollege, der nie etwas mit den Falangisten im Sinn gehabt hatte. Von einem Tag auf den anderen schlug er sich auf ihre Seite. Ein anderer wurde plötzlich Schiit. Wer oder was bist du? Schiit? Dann ab zu deinem Clan! Wer oder was bist du? Christ? Dann ab zu *deinem* Clan! Es gab keine Freiräume mehr. Die libanesische Regierung brachte nicht einmal mehr Kabinettssitzungen zustande, weil es keinen neutralen Tagungsort mehr gab, auf den man sich einigen konnte."

Die Kämpfe im Schuf und in Beirut erreichten am 6. Februar 1984 ihren Höhepunkt. Die ganze Wut auf Amin Gemayel, die sich im Lauf der Zeit in Westbeirut aufgestaut hatte, brach sich nun Bahn. Am Vortag waren die moslemischen Minister in Gemayels Kabinett auf Druck ihrer Gefolgschaft zurückgetreten, nachdem die libanesische Armee zuvor, weil schiitische und drusische Milizionäre keine Truppenverstärkungen mehr nach Westbeirut einließen, eine Woche lang wahllos schiitische Wohngebiete mit Granaten beschossen hatte. Am Abend des 5. Februar hatte Amin Gemayel endlich Kompromißbereitschaft angedeutet und seinen christlichen und islamischen Gegnern Versöhnungsgespräche sowie die Bildung eines Kabinetts der nationalen Einheit vorgeschlagen, in dem alle politischen Kräfte vertreten sein sollten.

Es war ein bißchen zu spät. Ich erinnere mich noch gut daran, daß

Gemayels im Fernsehen übertragenes Friedensangebot unmittelbar nach der allwöchentlichen Folge der Fernsehserie *Dallas* angesetzt war, die sich in Beirut ebensogroßer Beliebtheit erfreute wie in Amerika. Da sich der Beginn der Rede verzögerte, zeigte das libanesische Fernsehen vier Stunden lang immer wieder dieselbe *Dallas*-Folge. Ich wartete im Büro der Nachrichtenagentur Reuter auf die angekündigte Rede. Nachdem wir den Film zum viertenmal gesehen hatten, bemerkte einer der anwesenden libanesischen Reuter-Reporter: „Es paßt eigentlich sehr gut, daß *Dallas* ausgerechnet jetzt gezeigt wird. Schließlich geht es in der Sendung genauso zu wie im Libanon. Jeder kämpft gegen jeden, und alles dreht sich unentwegt im Kreise, ohne daß es je einen Sieger gibt und ohne daß irgend etwas dabei erreicht wird."

Wie recht er hatte! In einem letzten verzweifelten Versuch, ihre Autorität zu wahren, ordnete Gemayels libanesische Armee am nächsten Morgen eine sofortige Ausgangssperre für Westbeirut an. Wer eine Stunde später noch auf der Straße gesehen wurde, mußte damit rechnen, auf der Stelle erschossen zu werden. Die Drusen und die schiitischen Amal-Milizen hielten sich nicht an die Ausgangssperre, sondern rüsteten sich zur entscheidenden Schlacht. In den Straßen herrschte echte Panik. Die Menschen verließen fluchtartig ihre Büros, um noch rechtzeitig nach Hause zu kommen. Ich sah Autos mit hoher Geschwindigkeit zurücksetzen und mit anderen Wagen zusammenstoßen; Mütter, die aufgeregt ihre Kinder von der Straße holten; Menschen, die in die Supermärkte drängten und sich mit allem Eßbaren, dessen sie habhaft werden konnten, eindeckten. Ich selbst begab mich auf schnellstem Weg zu Ann, die in einer Zeitungsredaktion arbeitete, nahm sie beim Arm und sagte: „Jetzt wird's ernst." Dann zog ich sie vor den Augen ihrer verblüfften Kollegen zur Tür hinaus. Wir erreichten das Commodore gerade noch rechtzeitig, bevor die Kämpfe, die wie fernes Donnergrollen in den Vorstädten begonnen hatten, mit dem Getöse einer Flutwelle über die City hereinbrachen. Meinen Bericht für die Zeitung schrieb ich in jener Nacht im Badezimmer meines Apartments, vor fliegenden Glassplittern zusätzlich durch meine Matratze geschützt.

Wir übernachteten zusammen mit etwa zweihundert anderen Menschen in der im Keller gelegenen Hoteldiskothek. Draußen in den Straßen tobte die Schlacht: Drusische, schiitische und sunnitische Soldaten desertierten reihenweise aus der libanesischen Armee und schlossen sich ihren jeweiligen Milizen an, um die Reste der Gemayel-Truppe ein für allemal aus Westbeirut zu verjagen. Das war ihre Antwort auf das Friedensangebot. Im Schuf machten die

Drusen den Falangisten endgültig den Garaus und schleiften vieler-
orts ihre an Autostoßstangen gebundenen Leichen durch die Straßen. Ohne den Schutz der Israelis und der libanesischen Armee
erwiesen sich die Falangisten als eben die Zinnsoldaten, für die man
sie immer gehalten hatte. Die libanesische Regierung, um deren
Stärkung und Wiederaufbau willen die Marines im Libanon gelandet waren, lag in Trümmern; die „Mitte", die sie hatten stützen
sollen, existierte nicht mehr. Das fiel selbst Präsident Reagan auf,
und so verlor er nicht viel Zeit und ordnete die Heimkehr der Ledernacken an. Am 26. Februar 1984 beendeten die Marines ihren Rückzug aus dem Libanon.

Viele Libanesen waren entweder zu jung, um sich an das kosmopoli-
tische Leben in der Beiruter City zu erinnern, oder so arm, daß sie
niemals etwas davon gehabt hatten. Folglich bedauerten sie auch
seinen Untergang nicht. Für die christliche und islamische Bourgeoisie hingegen, die die schönen Seiten Beiruts in vollen Zügen
hatte genießen können, wird das Leben nie wieder so sein wie früher.
Gewiß, um das Schicksal der schiitischen, palästinensischen und
sogar christlichen Unterschicht, auf deren Rücken Beiruts *joie de
vivre* ruhte, hatten sie sich nie besonders gekümmert; auch glaubten
sie weit mehr, als es angebracht gewesen wäre, an die Phantasievor-
stellung von einer libanesischen Demokratie. Aber sie waren meine
Freunde, und ich war zufällig zugegen, als ihre Welt ausgelöscht
wurde.
Noch lange nach Beginn des Bürgerkriegs behielten viele dieser
echten Beiruter Bürger die Adressen ihrer Büros in der verwüsteten
City auf ihren Briefbögen bei – als Symbol der Solidarität mit der
Vergangenheit und der Hoffnung auf eine bessere Zukunft. Einige
von ihnen wanderten im Lauf der Zeit aus; ein Beirut, in dem
Christen und Moslems in getrennten, isolierten Ghettos zu leben
gezwungen waren, konnten sie nicht ertragen. Viele aber blieben.
Sie bilden heutzutage eine ganz neue Klasse Beiruter Flüchtlinge.
Sie sind „Existenzflüchtlinge", heimatlose Seelen im inneren Exil.
Sie hausen noch immer in ihren alten Wohnungen, deren Wände mit
bukolischen Szenen aus dem libanesischen Landleben dekoriert
sind. Sie sitzen in ihren Lieblingssesseln und tragen dieselben lieb-
gewonnenen alten Hausschuhe – aber sie sind nicht mehr zu Hause
und werden es nie mehr sein. Sie haben Beirut nicht verlassen –
Beirut verließ sie.

Ich wurde immer wieder von Libanesen gefragt, ob ich Beirut schon vor Ausbruch des Bürgerkriegs einmal besucht hätte. Ich mußte das bedauernd verneinen, worauf die Erinnerung den Blick meiner Gesprächspartner zu verschleiern pflegte und sie ins Schwelgen gerieten, „wie schön das Leben doch damals gewesen ist – der Libanon war wirklich die Schweiz des Nahen Ostens".

Auf die Postkartenansichten traf das gewiß zu: Schneegekrönte Berge überragten Beirut, an jeder Straßenecke fand sich eine Bankfiliale, es gab ein Parlament, das mit allen Fallstricken einer Demokratie im europäischen Stil zu kämpfen hatte. Wie aber konnte sich diese Stadt praktisch über Nacht aus einer Himmels- in eine Höllenvision verwandeln? Weil sie einfach zu schön war, um wahr zu sein. Weil Beirut selbst in seiner Blütezeit eine Stadt mit doppeltem Boden war.

Den wahren Boden Beiruts bekam ich erstmals am 7. Februar 1984 zu Gesicht, also am Tag nachdem Drusen und schiitische Amal-Milizen der libanesischen Armee die Herrschaft über Westbeirut entrissen hatten. Es war in der Bar des Commodore. Am Vormittag waren schiitische Milizionäre der neuen radikalen und pro-iranischen Organisation Hisbollah truppweise durch die Straßen gestürmt und hatten Bars und Bordelle in der Umgebung der Hamra-Straße in Westbeirut durchkämmt. Einige Etablissements zündeten sie an, andere demolierten sie mit Eisenstangen.

Ich saß gerade im Restaurant des Hotels beim Mittagessen, als in der Lobby Unruhe entstand. Ich drehte mich um und erblickte einen hochgewachsenen breitschultrigen schiitischen Milizionär mit schwarzem Bart, wildem Blick und einem Schnellfeuergewehr in den Händen. Er steuerte auf die Bar zu. Daß er dort keinen Drink ordern wollte, war klar. Junis, der Barkeeper, hatte schon mit einem solchen Besuch gerechnet und daher vorsorglich alle Flaschen mit alkoholischen Getränken unter der Theke versteckt. Dort, wo sie zuvor gestanden hatten, stapelten sich jetzt Pepsi-Cola- und Perrier-Dosen zu einer hohen Pyramide. Doch der Milizionär ließ sich davon nicht täuschen. Er marschierte hinter die Theke, stieß Junis beiseite und zerschlug alle Whiskey-, Schnaps- und Likörflaschen sowie die dazugehörigen Gläser mit dem Kolben seines Gewehrs. Nicht eine einzige Flasche blieb verschont. Nach vollendeter Arbeit marschierte er wieder hinaus. Zurück blieb eine Alkoholpfütze auf dem Fußboden und eine vollkommen verblüffte Journalistenschar, die wie gebannt auf ihren Stühlen hockte.

Die Szene war in mehrfacher Hinsicht erschreckend. Die Unnachgiebigkeit, mit der der Gunman Flasche um Flasche zertrümmert hatte, erweckte in mir das unbehagliche Gefühl, er könne ohne weiteres mit menschlichen Köpfen genauso verfahren. Er fühlte sich im Besitz der absoluten Wahrheit – schließlich gehörte er zur Partei Gottes –, und es gab nichts und niemanden, der ihm hätte Einhalt gebieten können. Nicht weniger beunruhigend für mich – und vermutlich auch für viele Angestellte des Commodore, die die Szene mit wütend zusammengepreßten Lippen und über der Brust verschränkten Armen beobachtet hatten – war die Tatsache, daß dieser Mann im Grunde unser Nachbar war. Er war kein Eindringling aus Syrien oder Israel. Er war Libanese, wahrscheinlich sogar aus Beirut. Jahrelang hatte er mit uns in derselben Stadt gewohnt, vielleicht sogar im selben Stadtviertel, und doch wußten wir von seiner Existenz so gut wie nichts – unsere Schuld, nicht seine. Es war, als habe er mit seinen Gewehrkolbenhieben nicht nur die Bar des Commodore zertrümmert, sondern zugleich auch den doppelten Boden Beiruts. Alles, was vom feinen levantischen Geist noch übriggeblieben war, wurde mit einemmal fortgerissen und gab den Blick frei auf einen Pfuhl aus Wut und Stammesgegensätzen, der sich im Laufe von Jahrzehnten unter der Oberfläche angestaut hatte – namentlich bei jenen Beirutern, die nie oder nur hinter einer Maske das Beiruter Spiel mitgespielt hatten.

Vor allem gärte es unter den libanesischen Schiiten, den ewig Unterprivilegierten des Landes. Die Schiiten, ein ländlich orientiertes Volk, schienen sich jahrhundertelang schweigend in die Rolle des libanesischen Lasttiers gefügt zu haben. Doch durch die Kämpfe zwischen Palästinensern und Israelis im Südlibanon waren in den siebziger und frühen achtziger Jahren zahllose Schiiten aus ihren Heimatdörfern vertrieben worden. Zu Tausenden waren sie in die Barackensiedlungen am Rande von Beirut geströmt, die man zu Recht als „Elendsgürtel" der Stadt bezeichnete. Sie lebten vor den Toren Beiruts, doch die Stadt gewährte ihnen im Grunde niemals Einlaß – weder gesellschaftlich noch politisch noch wirtschaftlich. Anfang der achtziger Jahre waren die Schiiten die zahlenmäßig stärkste Religionsgemeinschaft des Landes und stellten nahezu die Hälfte der Gesamtbevölkerung, waren in der Regierung jedoch nur durch ein paar korrupte Feudalherren repräsentiert. Die sunnitische Aristokratie sah genauso verächtlich auf sie herab wie die Maroniten.

1984 war die Geduld der libanesischen Schiiten am Ende. Sie wollten nicht länger tatenlos auf die Öffnung der Tore warten. Die israelische Invasion und der Schuf-Krieg hatten ihnen die Schwäche des libanesischen Staates demonstriert; andererseits hatte die

Islamische Revolution im Iran deutlich gemacht, daß die Schiiten in der Welt eine Macht darstellen konnten. Ermuntert durch die fernen Flötentöne eines Rattenfängers namens Khomeini, beschlossen die Schiiten des Libanon, daß die Tage der Erniedrigung und des Schweigens gezählt seien. Es war Zeit für einen Befreiungsschlag; Zeit für ihr Volk, Beirut, die Stadt, die ihm immer versagt geblieben war, für sich zu beanspruchen. Seither beherrschen die Schiiten Westbeirut.

Der schiitische Milizionär, der die Bar des Commodore verwüstete, rächte sich allerdings nicht nur an einem Symbol für etwas, das ihm bislang versagt worden war, sondern auch an einem Symbol, dessen Bedeutung er vermutlich nie begriffen hatte. Die Mitglieder der Oberklasse Beiruts hatten nie verstanden, daß der levantinische Geist, der sie erfüllte, sich weitgehend auf ihre Kreise beschränkte – auf die modernste, am stärksten säkularisierte und urbanisierte Schicht der libanesischen Gesellschaft. Einen Großteil ihrer Landsleute hatte er nie erreicht – die Schiiten in den südlibanesischen Dörfern nicht, aber auch nicht die anderen libanesischen Moslems und Christen im Hinterland, jenseits der Stadtgrenzen. Dort herrschte vielmehr noch immer der Geist der Väter. Sie nannten sich zwar Beiruter oder Libanesen, doch diese Identitäten waren bloß wie Uniformen, die man zur Arbeit in der City trug. Diese Menschen ahmten in den Straßen Beiruts die vornehme Sprache der Levantiner nach, sprachen zu Hause aber einen ganz anderen Dialekt. Sobald die Spannungen zwischen den Volksgruppen eskalierten – wie beispielsweise während des Schuf-Kriegs –, waren sie stets bereit, dem Ruf ihres Stammes zu folgen. Für sie war der Libanon niemals die Schweiz des Nahen Ostens, sondern immer nur der Turm zu Babel.

Nachdem die Marines Beirut verlassen hatten, wußten die Libanesen, daß vom Ausland keine Rettung mehr zu erwarten war und daß sie auch keine „ausländischen Agitatoren" mehr für ihre Probleme verantwortlich machen konnten. Nichts war für die Beiruter deprimierender als diese Erkenntnis. Zu leiden und sein Leiden in den Schlagzeilen der *New York Times* wiederzufinden war eine Sache – zu leiden und darüber allenfalls zwei Absätze unter „ferner liefen" zu finden, gleich neben dem Bericht über das Busunglück in Kalkutta, eine ganz andere. Kurz nach dem Abgang der Marines sagte Samia, die Sekretärin des Verlegers der Zeitung *An-Nahar*, zu mir: „Wissen Sie, warum wir das Radio abdrehen, wenn in den Nachrichten gleich als erstes die neusten Meldungen vom irakisch-iranischen

Krieg kommen? Da merken Sie, wie die Welt die Libanesen behandelt. Es gibt nur eine Sache, die schlimmer ist als dauernder Granatenbeschuß – und das ist dauernder Granatenbeschuß, über den du am nächsten Morgen kein Wort in den Nachrichten der BBC hörst."

Mein größtes Mitgefühl galt jedoch nicht Samia und ihren Freunden: Sie hatten in einem Mythos gelebt und den Preis dafür bezahlt. Anders ihre Kinder: Sie kannten nur den Preis. In regelmäßigen Abständen organisierte ich Treffen mit Beiruter Oberschülern und Studenten und diskutierte mit ihnen über ihre Lebensumstände. Kurz bevor ich Beirut verließ, kam ich mit einer solchen Diskussionsrunde an der Amerikanischen Universität zusammen. Zu Beginn bat ich alle Teilnehmerinnen und Teilnehmer, sich kurz mit Namen und Altersangabe vorzustellen. Ehe jemand auf meine Bitte reagieren konnte, flüsterte Rima Koleilat, eine fünfundzwanzigjährige Soziologiestudentin, leise vor sich hin: „Wir sind alle hundert Jahre alt."

Ja, so muß es der verlorenen Generation der libanesischen Jugend wohl vorgekommen sein – jenen Kindern, die bei Ausbruch des Bürgerkriegs neun oder zehn Jahre alt gewesen waren. Sie waren gerade in einem Alter, da die Welt sie zu interessieren begann, fingen an, Zeitung zu lesen, bekamen erstmals ein wenig von der Politik mit und träumten davon, was sie einmal werden wollten – da brach 1975 der Bürgerkrieg über sie herein und zerstörte ihre Jugend. Über Nacht waren aus Kindern Erwachsene geworden. Für Jugendliche in Beirut war es „normal", bei der Examensvorbereitung die Rockmusik im Radio so laut zu stellen, daß sie den Geschützdonner übertönte. „Normal" war es, praktisch nie abends auszugehen. „Normal" war, daß mindestens drei gute Freunde und ein Verwandter eines gewaltsamen Todes gestorben waren. Nur wenige hätten zwischen Chuck Berry und Little Richard oder zwischen den frühen und den späten Beatles zu unterscheiden gewußt – aber so gut wie alle waren schon mit fünfzehn imstande, eine Katjuscha-Rakete allein an ihrem Pfeifton von einem 155-Millimeter-Mörser zu unterscheiden. Während die Eltern noch ein anderes Leben gekannt hatten und sich nach dessen Verlust niemals wieder so recht zu Hause fühlten, kannten die Kinder kein anderes und fühlten sich daher immer unvollkommen.

Nada Sehnaoui, eine junge, aufstrebende libanesische Filmemacherin, vermittelte mir einmal beim Abendessen das Wesentliche dieser inneren Leere, als sie ein Gespräch über ihre Eltern in eine Einschätzung ihres eigenen Lebens verwandelte. „Die meisten von uns haben das Gefühl, daß uns einfach etwas entgangen ist", sagte sie mit eintöniger, emotionsloser Stimme. „Meine Mutter erlebte in den fünfziger und sechziger Jahren eine wunderbare Zeit. Immer wieder sagt sie zu mir: ‚Ach, du weißt ja gar nicht, was dir entgangen ist!' Ich denke, wir sind einfach zur falschen Zeit am falschen Ort auf die Welt gekommen. Ich wäre lieber Italienerin gewesen, glaube ich. Oder Ägypterin... Nein, Italien wäre schon schön gewesen. Irgendwo anders eben – irgendwo, nur eben nicht hier und nicht in dieser Zeit."

Der verlorenen Generation der Libanesen entging nicht nur ihre Jugend, ihr entging auch die Heimat. Der größte Teil des Libanon war Ausland für sie – allenfalls ein Bild auf einem alten Kalender oder eine verblichene Postkarte in der Schublade, aber nichts, was man persönlich erfahren, riechen oder berühren kann. Die Okkupationen durch Syrer und Israelis hatten in Verbindung mit der Aufteilung des Libanon in sektiererische Kantone dafür gesorgt, daß manche Teile des Landes für nahezu alle libanesischen Religionsgemeinschaften zum Sperrgebiet wurden. Hassan Tannir, ein islamischer Student an der Beiruter Universität, den ich in seiner Eigenschaft als freiwilliger Rotkreuzhelfer kennengelernt hatte, bemerkte einmal, daß er ohne seine Arbeit beim Rettungsdienst nie erfahren hätte, wie der christliche Ostteil Beiruts samt seinem mondänen Hafen Dschunija aussieht.

„Mein kleiner Bruder", meinte Tannir, „fragt mich immer, was hinter der Grünen Linie liegt, wie es in Dschunija und auf der Fernstraße nach Norden aussieht. Er kennt das alles nicht. Er kennt auch nicht unser Haus in den Bergen. Er ist noch nie in seinem Leben auf einen Baum geklettert."

In der Tat waren die jüngsten Kinder, die Kinder unter zehn Jahren, die nicht einmal eine entfernte Erinnerung an normalere Zeiten besaßen, am meisten geschädigt. Die Vorstellung, was einst aus ihnen für Erwachsene werden sollen, macht schaudern. Ramsi Khalaf zum Beispiel war zwei Jahre alt, als ich 1984 Beirut verließ. Wenn der Granatenbeschuß in der Umgebung der Wohnung zu heftig wurde, versuchten ihn seine Eltern mit dem Hinweis zu beruhigen, das Donnern und Blitzen gehöre lediglich zu einem Gewitter. Nach einer Weile fiel Ramsi jedoch auf, daß irgend etwas fehlte, und so sah er eines Abends, als der Beschuß wieder einmal sehr stark war, zu seinem Vater auf und fragte: „Papa, regnet es schon wieder ohne Wasser?"

Die Akademikerin Sofia Saadeh erzählte mir, sie habe eines Nachmittags beim Nachhausekommen ihre beiden zehn und vierzehn Jahre alten Söhne beim „Beirutspielen" überrascht. Die zwei hätten vor allen Zimmertüren Kontrollstellen aus Pappkarton errichtet und darauf bestanden, daß ihre Mutter ihnen vor Betreten der Räume den Personalausweis zeigte.

Im Februar 1984, kurz nachdem die Drusen im Kampf um die Vorherrschaft in jener Region die Falangisten endgültig bezwungen hatten, führte ich im Schuf-Gebirge ein Gespräch mit dem fünfundfünfzigjährigen drusischen Kaufmann Nabih. Er stand mit seinem fünfzehnjährigen Sohn Ramsi vor seinem Laden im Dorf Qabr Chamoun. Wochenlang war der Laden von falangistischer Artillerie und Maschinengewehrfeuer verwüstet worden. Sämtliche Fenster waren zu Bruch gegangen, und die Decke war stellenweise nur mehr ein Chaos aus baumelnden Kabelenden und bloßgelegten Stahlverstrebungen. Ausführlich beschrieb mir Nabih die „Barbarei" der Falangisten und die Zerstörungen, die sie beim Versuch, die Ortschaft in ihre Gewalt zu bekommen, angerichtet hatten. Dann legte er stolz seinem Sohn die Hand auf die Schulter und sagte: „Sehen Sie den Jungen hier? Er hat auch mitgekämpft."

Sachlich und ein bißchen von oben herab setzte Ramsi daraufhin den Bericht seines Vaters fort. „Ich war in der Schule, aber da bin ich weg, als sie anfingen, unsere Leute zu töten. Wenn wir nicht kämpfen, werden sie uns alle umbringen."

Nabih strahlte vor Stolz über die Antwort seines Sohnes. Jeder Vater tut das im Libanon. Ein paar Wochen später erzählte ich die Geschichte Richard Day, dem Psychologen an der Amerikanischen Universität. Ich fragte ihn, was für eine Art „psychologischer Revolution" erforderlich wäre, um dem Libanon Frieden zu bringen. Richard, zu dessen Aufgaben die Beratung libanesischer Studenten mit kriegsbedingten psychischen Störungen gehörte, gab die Frage sofort zurück, und seine Stimme troff vor Zynismus: „Wann es Frieden geben wird im Libanon? Sobald die Libanesen ihre Kinder mehr lieben, als sie sich gegenseitig hassen!"

Nachdem die Welt sie alleingelassen hatte und sie somit ihre Fehden alleine austragen mußten, trafen sich die moslemischen und christlichen Kriegsherren des Libanon im März 1984 unter syrischer Vermittlung im schweizerischen Lausanne zu einer Friedenskonferenz. Da es daheim kein neutrales Fleckchen Erde mehr gab, auf das sie sich als Konferenzort hätten einigen können, blieb nur noch der Ausweg in ein fremdes Land. Die verschiedenen Delegationen, darunter auch Präsident Amin Gemayel, versammelten sich im eleganten Hotel Beau Rivage am Ufer des Genfer Sees. Dort sah man dann libanesische Milizenführer vor dem Metalldetektor in der Lobby anstehen, gefolgt von Leibwächtern in schlechtsitzenden Anzügen mit unförmigen Ausbeulungen in den Jacketts. Sie reihten sich ein hinter wohlhabenden europäischen Matronen mit Pudeln an diamantenbesetzten Halsbändern. Die Schweizer hatten das Hotel mit Stacheldrahtverhauen und hinter Sandsäcken verschanzten Maschinengewehrnestern abgeriegelt und die Fenster des Konferenzsaals mit sechs Meter hohen Stahlplatten bedeckt. Ich fand nie heraus, ob mit dieser Hochrüstung Eindringlinge von außen abgeschreckt oder aber die Libanesen am Davonlaufen gehindert werden sollten.

Die Illustrierte *Vogue* hatte schon Monate zuvor einen Fototermin für Modeaufnahmen im Beau Rivage vereinbart, der nun zufällig mit der Libanonkonferenz zusammenfiel. Die Anwesenheit der Modeleute verstärkte die surrealistische Atmosphäre noch zusätzlich. Der unternehmungslustige *Vogue*-Fotograf ließ sich die Gelegenheit nicht entgehen. Er brachte zwei Schweizer Soldaten, die in der Lobby Wache standen, dazu, einem seiner in die allerneueste Pariser Designermode gekleideten Fotomodels Handschellen anzulegen. Während sich im Konferenzsaal die libanesischen Stammesführer stritten, zerrten draußen vor den Türen die Schweizer Wachsoldaten eine sich mit Händen und Füßen „wehrende" rothaarige Schönheit durch die Lobby. Während der *Vogue*-Fotograf hektisch ein Bild nach dem anderen schoß und das Model dabei unablässig anfeuerte, wurden die beiden ihrerseits von den Pressefotografen fotografiert. Im Hintergrund spornte eine Reportergruppe von der schreibenden Zunft begeistert die beiden Soldaten an: „Schlagt sie noch mal, schlagt sie noch mal!"

Das war zweifellos der Höhepunkt der Konferenz, die gleich mit einem Mißklang begonnen hatte, weil Drusenführer Walid Dschumblat darauf bestand, vor seinem Sitzplatz eine drusische statt einer libanesischen Fahne aufzupflanzen. Von nun an ging's bergab. Walid hielt sich vorwiegend in seiner Suite auf und gab dem *Playboy* ein ausführliches Interview. Vor jeder Gesprächsrunde verkündete er seinen Leibwächtern: „Okay, die Show beginnt, gehen wir!" Nach neun Tagen fruchtlosen Verhandelns, unterbrochen nur von Banketts mit Räucherlachs und Hummersuppe, platzte die Friedenskonferenz schließlich. Die borniertten libanesischen Politiker waren zu keinerlei Kompromissen bereit. Daheim in Beirut machten sich die Zeitungen offen über die Milizhäuptlinge lustig: Sie zeigten Fotos, auf denen sich die Herren mit Chateaubriand vollstopften, gleich neben Bildern von bei den letzten Straßenkämpfen verstümmelten Kindern.

Nach dem Fiasko von Lausanne hasteten alle zurück nach Beirut, wo sich bereits die nächste Phase des Bürgerkriegs andeutete. Die Niederlage der libanesischen Armee gegen Schiiten und Drusen sowie die gescheiterte Konferenz zwangen Amin Gemayel zu der Erkenntnis, daß er den Libanon nicht allein regieren konnte. Auf syrischen Druck nahm er am 30. April 1984 die Führer der anderen Milizen in sein von Raschid Karame geleitetes Kabinett auf. Nabih Birri, Chef der schiitischen Amal-Milizen, wurde Minister für Justiz und Hydroelektrizität, Walid Dschumblat Minister für Verkehr, Tourismus und öffentliche Aufgaben, Maronitenführer Camille Chamoun übernahm das Ressort für Finanzen und Wohnungsbau; Pierre Gemayel, der Gründer der Falange, wurde Post- und Gesundheitsminister, und Schiitenführer Adel Osseiran wurde zum Verteidigungsminister ernannt – genau der richtige Posten für einen schwer an der Parkinsonschen Krankheit leidenden Mann. Somit verfügte jede Miliz nicht nur über einen Teil des libanesischen Territoriums, sondern konnte sich auch mit einem Stückchen Armee und einem Stückchen Regierung schmücken. Die Wölfe hatten nun endgültig im Schafstall das Kommando übernommen, und vorläufig gab es nichts mehr, worüber sie sich hätten streiten können.

Dennoch wurde an der Grünen Linien zwischen Ost- und Westbeirut weiterhin gekämpft, wenn zeitweise auch nur sporadisch. Zunächst begriff niemand, warum dies so war. Ich fragte meinen Nachbarn, Dr. Munir Schammaa, einen Arzt am Krankenhaus der Amerikanischen Universität, doch der warf nur die Arme hoch und sagte: „Das ist kein Krieg, das ist ein Erdbeben. Aus einem Erdbeben kann man nichts lernen. Bei einem starken Erdbeben kommen Menschen ums Leben – einfach so. Hier ist das nicht anders. Es gibt keine einsehbaren Gründe für eine Fortsetzung der Kämpfe. Es geschieht einfach – wie ein Erdbeben."

Mein Assistent Ichsan Hidschasi beschrieb seine Gefühle bei der Rückkehr von einem Auslandsurlaub. „Es ist, als käme man in einen Raum, in dem, wie man weiß, aus unerfindlichen Gründen jeder gegen jeden kämpft. An der Tür stehen Syrer und Israelis, verteilen Waffen an alle Eintretenden und sagen: ‚Hier, nimm das, es ist schärfer, es tötet noch besser!' Ist man erst einmal drinnen, so kämpft man sofort selber, genau wie alle anderen. Die einzige Überlebenschance besteht darin, mit dem Rücken zur Wand in einer Ecke Schutz zu suchen."

Ungefähr um diese Zeit suchte ich Ichsan einmal in seinem Büro auf. Am Tag zuvor hatten schwere Mörsergefechte zwischen Ost- und Westbeirut gerade in jenem Viertel furchtbare Zerstörungen angerichtet. Zahlreiche am Straßenrand parkende Autos waren durch Granaten in Brand gesetzt worden. Ein Wagenbesitzer hatte offenbar schon gesehen, was mit seinem Gefährt geschehen war: Das verbogene und verkohlte Wrack taugte nicht einmal mehr für den Schrottplatz. Auf eine vorstehende, spitze Glasscherbe, die von der Windschutzscheibe übriggeblieben war, hatte er einen Zettel gespießt: *Womit haben wir das verdient? Wir sind doch Menschen. Möge uns jemand helfen, diesen Krieg zu beenden.*

Doch wie immer steckte hinter diesem Erdbeben auch eine Logik. Sie besagte, daß im Libanon nicht mehr nur ein einziger Bürgerkrieg tobte, sondern gleich drei Bürgerkriege nebeneinander, die niemand mehr zu kontrollieren imstande war – auch nicht die Kombattanten.

Der erste und größte Krieg war derjenige, der 1975 begonnen hatte und 1984 im Schuf seinen Höhepunkt erreichte. Er wurde zwischen christlichen und islamischen Milizen ausgetragen und drehte sich im wesentlichen darum, wer künftig in der libanesischen Regierung das Sagen haben sollte. Diese Konfrontation führte zur Teilung des Landes und der Hauptstadt.

Der zweite Bürgerkrieg brach Ende der siebziger Jahre *innerhalb* der beiden Hälften des Landes aus. Moslems kämpften gegen Moslems und Christen kämpften gegen Christen um die Entscheidung, welche Moslems beziehungsweise welche Christen in ihrer jeweiligen Landeshälfte fortan den Ton angeben sollten. In diesem zweiten Bürgerkrieg kam es vor, daß sich am Montag Drusen und Schiiten um die Vorherrschaft in einem bestimmten Westbeiruter Straßenzug bekriegten, während am Dienstag Sunniten und Schiiten um die Straße nebenan fochten. Auf der anderen Seite der Grünen Linie, in Ostbeirut, tobten ähnliche Auseinandersetzungen zwischen falangistischen Milizen und der ebenfalls von Christen geführten libanesischen Armee sowie einem ganzen Schwarm kleinerer christlicher Parteien.

Der dritte Bürgerkrieg war ein stiller Bürgerkrieg, der meine Aufmerksamkeit stets mehr fesselte als die anderen beiden. Er brach Anfang der achtziger Jahre aus und entfachte ebenso viele Leidenschaften wie die ersten beiden. In diesem Krieg standen sich die vom Chaos im Lande profitierenden moslemischen und christlichen Milizen auf der einen und die unter diesem Chaos leidende libanesische Zivilbevölkerung auf der anderen Seite gegenüber.

Im Verlauf der ersten zehn Jahre des Bürgerkriegs entwickelten sich die diversen Christen- und Moslemmilizen, die ursprünglich nur Privatarmeen und Interessenvertretungen der verschiedenen

Religionsgemeinschaften gewesen waren, zu Organisationen, die Mitgliedern der unteren libanesischen Gesellschaftsklasse Möglichkeiten zum sozialen und wirtschaftlichen Aufstieg boten. Je länger der Bürgerkrieg dauerte, desto größer wurden ihre Chancen: Mehr und mehr verdrängten sie die traditionelle Aristokratie, die Kapitalisten und Industriellen, von den Schalthebeln der libanesischen Gesellschaft. Kleinkriminelle wie der moslemische Milizenführer Ibrahim Koleilat, frustierte kleinbürgerliche Advokaten wie der Führer der schiitischen Amal-Milizen, Nabih Birri, beamtete Schulmeister wie der schiitische Extremist Hussein Mussawi und Medizinstudenten wie Falangistenboß Samir Dschadscha (der durch seine Ernennung zum Führer der Milizen rückwirkend auch Absolvent einer Medizinischen Hochschule geworden war und seither als „Dr. Samir" fungierte) – sie alle wurden quasi über Nacht zu einflußreichen Männern in der Stadt. Der Bürgerkrieg öffnete ihnen einen Weg nach oben, der sich unter anderen Voraussetzungen nicht geboten hätte. Man brauchte plötzlich kein Diplom in Betriebs- oder Volkswirtschaft mehr, um aufzusteigen, ja nicht einmal mehr gute Beziehungen. Plötzlich ging es auch ohne Französischkenntnisse und ohne abgeschlossenes Studium an der Amerikanischen Universität. Es war gleichgültig, ob man tüchtig oder untüchtig, im Import oder Export tätig war. Es zählte nur noch die Zugehörigkeit zu einer Miliz.

Die neue Klasse der Karrierediebe, Handelsmilizionäre und Gangster, die ihre Maschinengewehre unter politischen Manifesten verbargen, bildeten, um es mit dem Ausdruck eines Freundes, des libanesischen Bankiers Elias Saba, zu sagen, die „Kriegsgesellschaft"; und obwohl sie sich unablässig bekämpften, war den christlichen und moslemischen Stützen dieser Gesellschaft intuitiv klar, daß sie trotz aller politischen Gegensätze ein gemeinsames Anliegen verband: Sie wollten unter allen Umständen eine Wiederbelebung der libanesischen Zentralregierung, der Armee und der Polizei verhindern. Die Mitglieder der „Kriegsgesellschaft" hatten sogar ihre eigene „offizielle" Standeskarosse – den Mercedes. Im Normalfall war er silberfarben und mit so vielen Radio- und Funkantennen bestückt, daß man ihn am liebsten zum Friseur geschickt hätte.

Die „Handelsmilizionäre" verfügten über illegale Privathäfen und Straßenkontrollen. Sie kamen zu Geld, indem sie ihre militärische Macht zur Kontrolle der Dienstleistungen und der Warenverteilung – von Haschisch bis zum staatlich subventionierten Benzin – einsetzten. Saba erklärte mir, wie das System im kleinen funktionierte: „Meine Bank hat eine kleine Zweigstelle in meinem Heimatdorf Kura im Nordlibanon. In jenem Gebiet herrscht die Miliz der Nationalen Syrischen Sozialistischen Partei. Ihre Leute kamen eines Tages zu mir und verlangten von mir ein Mitspracherecht bei der Ernennung des Filialleiters. Dann fragten sie mich nach der Zahl der Angestellten. ‚Fünfzehn‘, antwortete ich. ‚Gut‘, sagten sie. ‚Fünf davon werden wir ernennen.‘ Außerdem, so fügten sie hinzu, erwarteten sie eine monatliche ‚Versicherungsgebühr‘, damit der Bank keine Unannehmlichkeiten entstünden. Beim Benzin ist es das gleiche. Benzin wird vom Staat zu einem angeblich kontrollierten Preis verkauft. Es kommt per Schiff nach Ostbeirut und wird mit Tanklastern weitertransportiert. Sobald ein solcher Lastzug in Westbeirut eintrifft, wird er von Milizionären angehalten. Sie kaufen die gesamte Ladung für, sagen wir, eine Million Libanesische Pfund. Von dem Erlös bezahlt der Fahrer dem Staat seinen Anteil. Die Milizionäre verteilen schließlich das Benzin und verlangen von ihren Kunden das Dreifache des amtlichen Preises."

Ich kannte einen Bauunternehmer in Ostbeirut, der an der Küste ein mehrstöckiges Wohnhaus mit Luxusappartements errichten wollte. Die libanesische Regierung war aber nur zur Genehmigung eines vierstöckigen Gebäudes bereit. Der Mann zahlte der Falange-Miliz eine Million Dollar und bekam daraufhin die Genehmigung für ein fünftes Stockwerk. Kurz darauf starb Pierre Gemayel, Präsident Amin Gemayels Vater, und Amin beschloß, ihm in seinem Heimatdorf Bikfaja ein Denkmal zu errichten. Der Bauunternehmer zahlte einem Mann aus Bikfaja ebenfalls eine Million Pfund für die geplante Pierre-Gemayel-Statue und erhielt alsbald die Genehmigung für ein sechstes Stockwerk. Angesichts der großen Zahl von Handelsmilizionären in Ostbeirut hätte er, wäre er nur reich genug gewesen, wahrscheinlich sogar einen Wolkenkratzer bauen können.

Nennt mir einen beliebigen Menschen, der heutzutage im Libanon mit der Verteilung von Gütern und Dienstleistungen zu tun hat – und ich werde euch beweisen, daß es ein Milizionär, der Bruder eines Milizionärs, der Cousin eines Milizionärs oder der Freund eines Milizionärs ist.

Parallel zur „Kriegsgesellschaft" entwickelte sich im Libanon aber auch eine „Friedensgesellschaft", die christliche und moslemische Nichtkombattanten vereinte. Als die Milizen das libanesische Kabinett und die Wirtschaft übernahmen, geschah etwas, das der Libanon bisher noch nicht erlebt hatte: Das Land geriet an den Rand des wirtschaftlichen Zusammenbruchs. Bekam man 1984, als ich den Libanon verließ, für einen US-Dollar fünf Libanesische Pfund, so waren es drei Jahre später schon fünfhundert. Die Wirtschaft wurde gleichsam zu einem Heckenschützen, dem man nicht entkommen konnte – gleichgültig, ob man Christ oder Moslem, Ost- oder Westbeiruter war.

Die Sehnsucht nach einer Regierung, die wenigstens imstande wäre, den totalen wirtschaftlichen Ruin zu vermeiden, war bei Christen und Moslems gleichermaßen stark. Das galt genauso für den eingefleischten Haß auf die Kriegsgesellschaft. Bezeichnend dafür war eine Befragung, die der *Beirut Daily Star* im Frühjahr 1984 in den Straßen von Beirut durchführte. Ein Fotograf und ein Reporter stellten zufällig vorbeikommenden Passanten die Frage: „Was würden Sie tun, wenn Sie Regierungschef in diesem Land wären?" Vier der später von der Zeitung zitierten Menschen äußerten sich dahingehend, daß sie sämtliche Politiker des Landes ermorden würden. Am deutlichsten wurde Amal Tawil, ein dreißigjähriger Student. „Wenn ich Präsident wäre", sagte er, „würde ich alle politischen Führer dieses Landes ohne jede Ausnahme exekutieren und ihre Leichen ins Meer werfen lassen."

Solche Ansichten waren der Kitt, der die libanesische Friedensgesellschaft zusammenhielt und ihr sogar die Kühnheit verlieh, die Kriegsgesellschaft in einer offenen Konfrontation herauszufordern. Freilich war es von Beginn an ein ungleicher Kampf, denn die Friedensgesellschaft war lediglich mit hochgradiger Entrüstung und moralischer Überzeugungskraft bewaffnet – und dies in einem Land, in dem selbst eine Friedensbewegung nicht ohne den Schutz einer Miliz auskommt.

Ich war zufällig zugegen, als die Friedensgesellschaft im milden Frühling des Jahres 1984 zum Krieg aufrief. Als die fast schon zum Ritual gewordenen Schießereien entlang der Grünen Linie ohne erkennbaren Grund einfach kein Ende nahmen, stellten sich die Zivilisten, jene vielen anonymen Menschen, die weder mit der Politik noch mit den Milizen irgend etwas zu tun hatten, plötzlich quer. Die Schießbudenfiguren probten den Aufstand. Wenn weder die Marines noch ihre eigenen Politiker sie retten konnten, dann wollten sie es eben selbst versuchen. Sie nannten ihre Revolte eine „Friedensbewegung". In Wirklichkeit war es eher eine „Recht auf Leben"-Kampagne für libanesische Erwachsene – die erste von vielen.

Die Bewegung nahm ihren Ausgang vom Wohnzimmer einer neunundzwanzigjährigen Westbeiruter Kindergärtnerin namens Iman Khalife. Es war am Nachmittag des 10. April 1984, drei Tage vor dem neunten Jahrestag des ersten Bürgerkriegs. „Ich saß zu Hause und begutachtete einige arabische Kinderbücher für unsere

Bibliothek", erzählte mir Frau Khalife bei einem Interview in ihrem Büro. „Draußen krachten die Granaten – es war ganz fürchterlich. Ich hatte so einen gelben Schreibblock in der Hand und dachte plötzlich: Ich möchte etwas für all die Menschen schreiben, die jetzt stumm in ihren Wohnungen sitzen."

Iman Khalife schrieb daraufhin eine Art Bewußtseinsstrom-Gedicht, in dem sie einen Friedensmarsch vorschlug. Sie las das Gedicht einem befreundeten Journalisten vor, der ihr sagte, wenn sie fünfzig Unterschriften zusammenbrächte, die die Forderung des Gedichts unterstützten, dann würde er es an alle örtlichen Zeitungsredaktionen schicken. Tatsächlich veröffentlichten innerhalb von ein paar Tagen fast alle Beiruter Zeitungen das arabische Gedicht auf ihren ersten Seiten. Es begann so:

Neun Jahre dieses Krieges sind verstrichen,
und vor unseren Augen schwanden alle Friedensvorschläge
dahin.
So sitzen wir schicksalsergeben in unseren Bunkern ... essen ...
trinken ... schlafen.
Ist es nicht an der Zeit, daß wir uns fragen: Wohin?
Bis wann?
Wollen wir dem zehnten Jahr erlauben, uns zu töten?
Haben wir Angst? Was kann uns noch schrecken?
Laßt uns hinausgehen und unsere Stimmen vereinen mit all den
anderen, die jetzt noch schweigen.
Auf daß sie sich verdichten zu einem widerhallenden Schrei.
Laßt uns hinausgehen aus unserem Schweigen und schreien mit
einer Stimme:
Nein zu diesem Krieg! Nein zu dem zehnten Jahr!

Unterstützt von einem breiten Freundeskreis in Ost- und Westbeirut, setzte Iman Khalife den Friedensmarsch für den 6. Mai 1984 an. In beiden Teilen der Stadt bildeten sich Organisationskomitees, die zur Teilnahme aufriefen und sogar Plakate und Aufkleber mit dem Slogan „Ja zum Leben – Nein zum Krieg" herausbrachten. Nach Imans Plan sollten sich die Menschen aus Ost- und Westbeirut zum einzigen damals offenen Übergang der Grünen Linie am Beiruter Nationalmuseum begeben und dort in einer Art spontanen Umarmung ihre Zusammengehörigkeit demonstrieren.

„Wenn wir richtig aufgekratzt sind, reißen wir vielleicht sogar die Barrikaden ein", sagte sie mit mutwillig funkelnden Augen „Immer wieder bekomme ich zu hören: ,Wir werden diesen Marsch nicht lebend überstehen.' Und jedesmal antworte ich: ,Na gut, dann sterben wir eben. Wir riskieren ohnehin jeden Tag auf dem Weg zur Arbeit oder zum Einkaufen unser Leben... Da können wir, wenn wir uns schon der Gefahr aussetzen, wenigstens die Stimme erheben.'" Auf meine Frage, ob sie bei der Polizei oder den Milizen um Erlaubnis für ihren Marsch nachgesucht habe, fragte sie in scharfem Ton zurück: „Glauben Sie, daß man zur Revolte eine Genehmigung braucht?"

Das nicht, aber man braucht Gewehre. In der Zeit vor dem 6. Mai wurden die Plakate, die „Ja zum Leben – Nein zum Krieg" propagierten, überall in Westbeirut von rivalisierenden, aber in dieser Frage einigen Milizionären aller Couleur abgerissen. Sie wußten ganz genau, daß sich der Friedensmarsch gegen sie richtete. Am Abend des 5. Mai begann dann wie auf Verabredung eines der heftigsten Mörser- und Artilleriegefechte seit Beginn des Bürgerkriegs. Innerhalb weniger Stunden wurden zweiundzwanzig Menschen, die an der Grünen Linie wohnten, getötet und hunderzweiunddreißig weitere verletzt – einzig und allein deshalb, um einen Friedensmarsch zu verhindern! Iman Khalife und ihren Freunden blieb, um weitere Todesopfer zu vermeiden, nichts anderes übrig, als den Demonstrationszug abzusagen. Nachdem mich Nawaf Salam, Dozent an der Amerikanischen Universität und einer der Organisatoren, telefonisch von der neuen Lage unterrichtet hatte, fügte er ironisch hinzu: „Eines unserer Hauptziele haben wir ja erreicht. Kaum hatten wir den Marsch abgesagt, da stellten die Milizen ihre Kämpfe ein, und Beirut erlebte eine der ruhigsten Nächte seit Monaten."

Iman Khalife war so enttäuscht, daß sie sich weigerte, mit mir auch nur zu sprechen. „Die Leute wissen, wie ich mich fühle", sagte sie und legte den Hörer auf. Am Morgen meinten Salam und sechs andere Organisatoren, nicht tatenlos herumsitzen zu dürfen, und fuhren daher zum vereinbarten Treffpunkt an der Grünen Linie. Ich schloß mich ihnen an. Zuerst entfernten sie eine fast zwei Meter hohe Marmorplatte mit der arabischen Inschrift „Ja zum Leben – Nein zum Krieg", die sie auf einem Erdhaufen aufgerichtet hatten und ursprünglich an diesem Vormittag hatten enthüllen wollen. Die Szene kam mir vor wie ein Begräbnis. Während eine Frau aus der Gruppe still in ihr Taschentuch weinte, legten Salam und Dr. Nadschib Abu Haidar die Marmorplatte mit großer Vorsicht in den Kofferraum eines Autos, als handele es sich um einen Toten, der kurz zuvor dem Kreuzfeuer zum Opfer gefallen war. Bevor sie wieder davonfuhren, verharrten sie einige Minuten in Schweigen – für ihre Gedenktafel, für sich selbst und für die Stadt Beirut. Dann verlasen sie eine vorformulierte Stellungnahme, sprachen sie in den Wind: „Das Komitee des 6. Mai hat beschlossen, die Marmorplatte heute zu entfernen. Wir protestieren damit gegen die Umstände, die zur Absage dieses Friedensmarsches führten."

Kurz bevor ich im Juni 1984 Beirut verließ, wollte ich noch einmal das Nationalmuseum besuchen und sehen, was von dem unmittelbar an der Grünen Linie gelegenen Gebäude noch übriggeblieben war. Emir Maurice Chehab, der betagte Direktor, war nur allzu glücklich, mich durch sein Museum zu führen. Ich werde diesen Besuch nie vergessen.

Als das Nationalmuseum gleich zu Beginn des Bürgerkriegs in die Kreuzfeuerzone geriet, hatte man die wertvollsten Exponate eiligst entfernt und versteckt. Die großen Statuen, Stelen und Bas-Reliefs in den Hauptsälen konnte man jedoch nicht transportieren, weshalb Chehab sie mit Holz verschalen und die Verschalung mit Beton ausgießen ließ. Jedes der unbezahlbaren Objekte wurde also mit einem über dreißig Zentimeter dicken Zementpanzer umgeben, der jeder Kugel standhielt. Nach Beendigung des Krieges sollten sie wieder ausgemeißelt werden.

Die derart geschützten Statuen ergaben eine etwas merkwürdige Ausstellung. Betrat man zum Beispiel die Ramses-Galerie im Erdgeschoß, so fiel der Blick auf eine Vielzahl quadratischer Zementsäulen unterschiedlicher Höhe. Chehab, der das Museum schon seit Jahrzehnten leitete und jedes Ausstellungsstück in- und auswendig kannte, verzichtete trotzdem nicht auf seine Führung. Er deutete auf einen fünf Meter hohen Zementblock mit einer Grundfläche von vielleicht zweieinhalb Quadratmetern und sagte: „Hier haben wir eine eindrucksvolle ägyptische Statue aus Byblos. Und hier ...", er ging ein paar Schritte weiter, verwies mich auf einen identischen Zementblock und fuhr mit vor Begeisterung bebender Stimme fort: „Hier ist eine unserer besterhaltenen Stelen mit altphönizischen Schriftzeichen." Um seinen Worten Nachdruck zu verleihen, tätschelte er die Zementsäule. Nach ungefähr einer Stunde war ich soweit, daß ich glaubte, die beschriebenen Objekte tatsächlich vor mir zu sehen.

Wenn ich heute an den Libanon denke, fällt mir unweigerlich diese Museumsführung ein. Ich glaube immer noch, daß in diesem Land ein Kern des alten levantinischen Geistes erhalten geblieben ist. Man müßte ihn nur herausmeißeln können aus dem dickschichtigen Narbengewebe, das sich in den langen Jahren des Bürgerkriegs gebildet hat.

Im September 1988 lief Amin Gemayels Amtszeit als Präsident des Libanon ab, doch die moslemischen und christlichen Parlaments-abgeordneten konnten sich auf keinen Nachfolger einigen. Gemayel ernannte daraufhin Michel Aoun, Maronit und General der libanesi-schen Armee, zum Interims-Staatsoberhaupt bis zur Abhaltung von Neuwahlen. Die Moslems weigerten sich jedoch, Aouns Autorität anzuerkennen, und bestimmten Ministerpräsident Selim el-Hoss zu ihrem amtierenden Staatspräsidenten. Zur Stunde, da ich diese Zeilen schreibe, gibt es zwei libanesische Regierungen – eine in West- und eine in Ostbeirut. Trotz dieser Spaltung haben die radi-kalen christlichen und moslemischen Gruppen, die sich für eine formale Teilung des Landes aussprechen, nur wenig Unterstützung gefunden. Beide Seiten bestehen darauf, die Fassade der libanesi-schen Staatlichkeit und Legalität aufrechtzuerhalten und wollen sich die Wiedervereinigungsoption nicht nehmen lassen. Auch heute noch scheinen viele Libanesen in einer neuen, reformierten Version des alten vereinigten Libanon die ideale politische Zukunft zu sehen.

Selbst die überwiegende Mehrzahl der libanesischen Schiiten möchte nichts anderes sein als Maroniten – freilich nicht in religiö-ser, sondern in gesellschaftlicher, politischer, pädagogischer und materieller Hinsicht. Sie, die Erben der Ruinen des Libanon, schei-nen sich heute nach einigen seiner alten Inhalte zu sehnen. Nachdem sie sich einen angemessenen Anteil am Kuchen erobert haben, wol-len sie wieder das alte Kuchenblech.

Nadine Camel-Toueg, die junge christliche Journalistin aus West-beirut, erzählte mir 1987, daß der Portier in ihrem Wohnblock viele Jahre lang ein Christ gewesen sei. Während des Schuf-Kriegs setzte er sich nach Ostbeirut ab und wurde durch einen tiefgläubigen Schiiten aus einem südlibanesischen Dorf namens Hassan ersetzt. Eines Abends – Nadine saß gerade in ihrem Wohnzimmer –, klopfte es, und der schiitische Pförtner stand vor der Tür.

„Er stand da und hielt einen Zettel in der Hand", erinnerte sich Nadine. „,Könnten Sie mir bitte beim Ausfüllen dieses Formulars hier helfen?' fragte er mich. ,Selbstverständlich', antwortete ich und las es kurz durch. Es war ein Aufnahmeantrag für eine sehr mon-däne Schule – das Collège Protestant. Seine Tochter, so erzählte er mir, lebe in der Republik Elfenbeinküste und dort gebe es keine guten französischen Schulen. Da sie gut verdiene, wolle sie ihre Kinder in eine französische Schule in Beirut schicken. Und dann sagt er zu mir: ,Wissen Sie, im Südlibanon, da gibt es eine sehr gute französische Schule. Sie ist noch besser als all diese Schulen hier in Beirut. Da dürfen die Kinder nicht einmal während der Pause Arabisch sprechen!' Der Mann ist Schiit, auf seiner Tür steht groß und breit in Arabisch: ‚Es gibt keinen Gott außer Allah.' Aber er will seine Enkel auf eine französischen Schule schicken, wo sie kein Wort Arabisch sprechen dürfen. Das ist sehr bezeichnend."

Der libanesische Historiker Kemal Salibi meint, daß es sich bei dem, was seit 1975 im Libanon geschieht, nicht bloß um einen stammesfehdenartigen Bürgerkrieg handle. „Man kann es auch einen ‚Wettstreit um zivilisatorischen Fortschritt' nennen. Die Schiiten rufen den anderen Moslems und den Christen zu: ‚Wir wollen so sein wie ihr. Wir sind vielleicht noch ein bißchen unbeholfen, weil wir uns nicht richtig ausdrücken können, doch wir wollen mit dabeisein.' Ich entstamme einer christlichen Familie. 1866 lebte sie noch in den Bergen, und fast alle waren Ziegenhirten. Sie hatten dauernd irgendwelche Fehden, brachten sich gegenseitig um und kämpften gegen andere Stämme. Dann zogen sie nach Beirut und veränderten sich innerhalb dreier Generationen von Grund auf. Auch die Sunniten hielten wir anfangs für ungehobelte Bauern – inzwischen gehören sie zur Bourgeoisie... Wer vermag also schon zu sagen, was die Zukunft bringen wird?"

Kurz vor der Beendigung meiner Arbeiten an diesem Buch sah ich in London Nawaf Salam wieder, meinen engsten libanesischen Freund. Nawaf, der Inbegriff eines libanesischen Optimisten, kommt aus dem zur sunnitischen Elite gehörenden Salam-Clan, der vor dem Aufstieg der Schiiten Westbeirut regierte. Er erzählte mir, wie das Leben in Westbeirut inzwischen aussah – einer Stadt, die zu verlassen oder gar aufzugeben er sich immer noch hartnäckig weigerte.

„Alle Mythen sind mittlerweile verschwunden", sagte Salam, „doch das ist vielleicht der Beginn der Einsicht und läßt Leute wie mich weitermachen. Wir wissen jetzt, daß die Demokratie, die wir hatten, gar keine Demokratie war, sondern ein von Sekten bestimmtes Machtgleichgewicht. Die Freiheit war keine echte Freiheit, sondern eine Art organisierte Anarchie, und die Pressevielfalt war weitgehend eine von der arabischen Welt subventionierte Kakophonie. Doch selbst nachdem alles in Stücke gefallen ist, bleibt uns eine gewisse offene Gesellschaft. Bei den Maroniten hat ein vereinigter Libanon nach wie vor Präferenz. Sie wollen keinen separaten Staat. Ein vereinigter Libanon steht auch bei den Schiiten an erster Stelle, nicht eine islamische Republik. Ohne Wasser, ohne Strom und ohne Polizei erfreuen wir uns immer noch einer gewissen Lebensqualität, wie man sie sonst in keinem anderen Land der arabischen Welt findet. In Beirut werden nach wie vor mehr Bücher publiziert und die Presse ist nach wie vor freier als irgendwo sonst im arabischen Raum. Ich ziehe die Amerikanische Universität in Beirut noch immer der Universität von Amman vor, und die Beiruter Zeitung *An-Nahar* der syrischen *Al-Baath*. Obwohl alles in Trümmern liegt, lebt die Idee Beirut weiter. Die Herausforderung liegt nun darin, es auf soliden Fundamenten wiederaufzubauen – und nicht auf erheuchelten. "

Man sagt, daß manche Männer in Zeiten hineingeboren werden, die sie nicht ändern können. Ich saß Salam am Eßtisch gegenüber, hörte ihm zu und fragte mich, wie wohl sein künftiges Schicksal aussehen mochte: ein guter Mensch, hineingeboren in eine schlechte Umgebung; eine optimistische Seele, hineingeboren in eine schlimme Zeit, die sie einfach nicht ändern konnte. Doch je mehr sein Optimismus und sein Enthusiasmus auf mich einwirkten, desto stärkere Zweifel beschlichen mich: Tat ich wirklich recht daran, wenn ich einen Nachruf auf den Libanon schrieb?

Kurz nach der Begegnung mit Salam in London las ich in der *Jerusalem Post* einen Artikel der Associated Press über das Leben in Beirut Ende der achtziger Jahre. Seitdem die syrische Armee 1987 nach Westbeirut zurückgekehrt sei, um dort zur Wiederherstellung eines gewissen Maßes an Recht und Ordnung beizutragen, seien – so der Artikel – die bewaffneten schiitischen Fundamentalisten in den Untergrund gedrängt worden und das Leben habe sich ein wenig verbessert. Neue Restaurants entstünden über den Ruinen der alten… Des weiteren hieß es in dem Artikel:

„Sicher, noch immer explodieren Autobomben in verkehrsreichen Straßen, … töten oder verwunden Passanten im ewigen Kreislauf der Gewalt im Libanon… Es gibt nur wenige Tage, an denen nicht beide Teile der Stadt durch explodierende Granaten und Gewehrfeuer sich bekämpfender Milizen erschüttert werden… Telefone funktionieren nur gelegentlich, Briefe aus dem Ausland werden manchmal erst nach Monaten zugestellt… Und doch sind die Zeitungen voller Anzeigen für modische Kleidung, Pariser Parfüm und Nachtklub-Shows. Die Hamra- und die Mazraa-Straße sind gesäumt von Reklametafeln für Reizwäsche. "

Bei der Lektüre dieses Artikels kam mir plötzlich der Gedanke, daß die Hoffnung im Libanon keine Blume, sondern ein Unkraut ist. Der zarteste Sonnenstrahl, der kleinste Tropfen Wasser genügen, und schon schießt es zwischen den geborstenen Steinen Beiruts hervor und breitet sich aus.

Den alten Libanon gibt es nicht mehr; man kann ihn nicht wieder aufbauen, genausowenig wie man ein zerschlagenes Ei wieder zusammennähen kann. Aber kann nicht wieder etwas Ähnliches entstehen? Hier bin auch ich nicht ganz ohne Hoffnung. Unter Trümmern und Ruinen lebt noch ein Teil vom Geist des alten Libanon. Wer weiß, ob er nicht eines Tages in neuer Gestalt wieder zum Vorschein kommt. Deshalb betone ich, daß ich das Ende von *etwas* erlebte – aber vielleicht nicht das Ende von *allem* – nicht, solange es Menschen gibt wie Nawaf Salam und solange unterhalb der Kriegsgesellschaft eine Friedensgesellschaft existiert, in der das Unkraut gedeiht.

Zeit zu gehen

In einer regnerischen Aprilnacht im Jahre 1984 beschloß ich, Beirut zu verlassen. Ann war während des Schiiten-Aufstands im Februar zusammen mit mehreren hundert anderen Amerikanern per Helikopter evakuiert worden; seither bewohnte ich unsere höhlenartige Wohnung allein.

Um zu verhindern, daß falangistische oder israelische Schiffe der Küste zu nahe kamen, hatten die Drusen gleich neben dem Haus eine Maschinengewehrstellung mit einem alten Kaliber-50-Maschinengewehr eingerichtet. Nichts bringt das Adrenalin schneller in Wallung als Maschinengewehrfeuer, Kaliber 50, das einen zu mitternächtlicher Stunde aus dem Schlaf reißt. Mir kam es immer so vor, als stürme eine ganze Armee verrückt gewordener Milizionäre die Wohnung. Ich hatte inzwischen meinen Bewegungsablauf so perfektioniert, daß ich noch in der Sekunde des ersten Schusses nach zwei raschen Körperdrehungen unter dem Bett verschwunden war.

Wie dem auch sei, an jenem Aprilabend ging ein furchtbares und langanhaltendes Gewitter über Beirut nieder. Irgendwie gelang es mir, zwischen den einzelnen Donnerschlägen ein wenig Schlaf zu finden, doch als gegen zwei Uhr morgens mehrere Explosionen die Wohnung erschütterten und die Fenster klirren ließen, fuhr ich wieder hoch. Noch nicht ganz wach, vermochte ich im ersten Moment nicht zu sagen, ob es sich bei dem Krachen um Donner oder Granaten handelte. Ich spitzte die Ohren und vernahm das näher kommende Pfeifen. Das ganze Viertel lag unter direktem Beschuß aus Ostbeirut.

Ich folgte meinem ersten Impuls und verschwand, so schnell ich konnte, im Bad, das in der Mitte der Wohnung lag und der einzige

Raum ohne Fenster war. Dort saß ich dann auf der Toilette, den Kopf in die Hände gestützt, und wartete auf das Ende der Beschießung. Über die Rohrleitungen konnte ich die Stimmen der Frauen hören, die unter mir wohnten und ebenfalls im Badezimmer Zuflucht gesucht hatten. Eine von ihnen jammerte: „Gott helfe mir, ich halte das einfach nicht länger aus!" Als die Beschießung stärker wurde, erwachte mein Reporterinstinkt. Auf Händen und Füßen kroch ich ins Büro und wählte die Nummer der außenpolitischen Redaktion der *New York Times*. Doch bevor sich jemand melden konnte, legte ich wieder auf.

Du Idiot, dachte ich bei mir, solche Beschießungen gibt es hier seit Beginn des Bürgerkriegs vor neun Jahren! Heute hat es halt dein Haus erwischt – aber das ist doch keine Meldung wert. Wärst du sonstwo in der Stadt, so hättest du dir das Kopfkissen über die Ohren gezogen und weitergepennt!

Ich kroch also zurück ins Badezimmer, setzte mich wieder auf die Toilette und wartete auf die Waffenruhe. Ich dachte nur noch eines: Das ist wirklich der absolute Wahnsinn. Ich bin der Korrespondent der *New York Times* in Beirut. Ich stehe unter Granatenbeschuß – und keinen Menschen auf der ganzen Welt interessiert das. Es wird Zeit, daß ich gehe.

Bis zu meinem endgültigen Abschied sollten noch einige Monate verstreichen, und je näher der Termin rückte, desto stärker wurden meine Zweifel, ob es wirklich richtig war, zu gehen.

Ich wurde von Beirut angezogen wie die Motte vom Licht. Einige meiner Kollegen, die nach Beirut gekommen waren, sahen sich außerstande, die Stadt zu verlassen; sie waren längst süchtig nach den Adrenalinstößen und dem täglichen Bumbum, das einem einen Platz auf der ersten Seite der Zeitung oder in den Abendnachrichten garantiert. Auch ich war dagegen nicht immun, doch war das für mich nie alles. Wenn ich heute an Beirut zurückdenke, kann ich mich kaum noch an die Momente der höchsten Aufregung und unmittelbaren Lebensgefahr erinnern. Im Gedächtnis geblieben sind mir indessen bestimmte Augenblicke oder Szenen – all jene bemerkenswerten Begegnungen, deren Zeuge ich war und die mir mehr über die Menschen sagten und über das Holz, aus dem sie geschnitzt sind, als alles, was ich in den vorangegangenen fünfundzwanzig Jahren meines Lebens darüber erfahren hatte. Ich sah dort, zu welchem Mitleid die Menschen fähig sind und zu welch abgrundtiefer Grausamkeit, zu welcher Genialität und zu welch bestürzender Torheit; ich lernte sie in ihrem Wahn kennen und in ihrer unermeßlichen Leidensfähigkeit.

Die Libanesen freilich, die Hauptakteure im Film meiner Erinnerung, empfanden diesen für einen Journalisten vielleicht reizenden Nervenkitzel überhaupt nicht. Für sie gab es bloß den abstumpfenden täglichen Kampf ums Überleben, erhellt von Augenblicken der Sorglosigkeit. Daß meine Sternstunden normalerweise ihre Alpträume waren, vergaß ich nie.

Eine Episode, die mir Gerald Butt, der BBC-Korrespondent in Beirut, erzählte, machte mir diese Tatsache unzweideutig klar. Sie trug sich im Spätsommer 1982 zu.

Eine Gruppe libanesischer Ärzte und Krankenschwestern hatte sich zu einem Protestmarsch über die Grüne Linie von West- nach Ostbeirut entschlossen, um die Weltöffentlichkeit auf die israelische Belagerung und den dadurch verursachten Mangel an medizinischen Hilfsgütern im Westteil der Stadt aufmerksam zu machen. Der Marsch sollte am Übergang bei der Galerie Sama'an über die Grüne Linie führen – eine trostlose, von halbzerstörten Mietshäusern gesäumte Straße, aus der, abgesehen von den Heckenschützen, sämtliches Leben vertrieben war.

„Damals hielt ich das gar nicht für besonders gefährlich", erinnerte sich Butt später. „Ich dachte bloß, na gut, das ist eine Story, über die man berichten könnte. Deshalb schloß ich mich dem Protestmarsch an. Ungefähr zwanzig Ärzte und Krankenschwestern nahmen daran teil, und irgendwer ganz vorne trug eine Rotkreuzflagge. Ungefähr auf halbem Weg über die Grüne Linie sah ich mich um und mußte feststellen, daß es nirgendwo Deckung gab. In der Nähe schlugen Granaten ein, überall waren Heckenschützen, und mittendurch marschierte ich Seite an Seite mit diesen Ärzten. Was tue ich eigentlich hier? schoß es mir durch den Kopf, und ich drehte mich um. Und was sehe ich? Nur ein paar Meter hinter uns geht ein Libanese und führt einen Schimmel am Zügel! Einen Schimmel! Das Tier sah aus wie ein Rennpferd. Der Besitzer mußte von dem geplanten Demonstrationszug über die Grüne Linie gehört haben und wollte die Gelegenheit nutzen, in unserem Schutz sein Pferd aus Westbeirut herauszubekommen. Wegen der herrschenden Lebensmittel- und Wasserknappheit konnte er es dort wahrscheinlich nicht mehr halten. Es war ein absolut surrealistischer Anblick: die Ärzte, die Rotkreuzflagge, die Granateneinschläge – und dann dieser Mann mit seinem weißen Rennpferd am Zügel!"

Solche Szenen waren es, die Beirut für einen Reporter so attraktiv machten und ihn oft viel länger bleiben ließen, als sein gesunder Menschenverstand im riet. Die Berichte auf der Titelseite, die sechsspaltigen Überschriften über dem Verfassernamen – das war gewiß aufregend und interessant, blieb jedoch ohne Langzeitwirkung. Was bleibt, sind die Momente.

Um das zu begreifen, mußte ich allerdings, wie jeder andere in Beirut, durch eine harte Schule. Ich hatte ursprünglich mit meinen Vorgesetzten vereinbart, bis zur endgültigen Evakuierung der PLO im Sommer 1982 in Beirut zu bleiben. Danach wollte ich Urlaub machen, um meine strapazierten Nerven zu beruhigen. Meine Vorgesetzten sahen ein, daß mir persönlich sehr viel daran lag, bis zum Höhepunkt der Krise in Beirut auszuharren. Ich hatte die Invasion vom ersten Tag an miterlebt und wollte nun wissen, wie sie zu Ende ging. Ich wollte für die *New York Times* das letzte Kapitel über die Zeit der PLO in Beirut schreiben.

Wie schon geschildert, war ich am ersten Tag des Abzugs der PLO, dem 21. August 1982, schon früh hinunter zum Hafen gefahren, um die Ankunft der französischen Friedenstruppen zu beobachten. Ein paar Stunden später erschienen die ersten Lkw mit PLO-Freischärlern. Sie schienen samt und sonders neue Uniformen zu tragen; ich weiß nicht, woher sie sie bekommen hatten. Es gab einige tränenreiche Abschiedsszenen, im wesentlichen jedoch Victory-Zeichen – und es wurden so viele Schüsse in die Luft abgefeuert, daß der Boden unter meinen Füßen schon bald mit messingnen Patronenhülsen übersät war.

Ein Lkw nach dem anderen erschien, und die Guerillas füllten die Fähren, die sie nach Tunis bringen sollten. Nach ein paar Stunden war alles vorbei.

Ich blieb noch eine Weile am Ort, um die Szene nachzuschmecken. Sie markierte das Ende einer Ära. Ich wurde in eine Unterhaltung mit einigen jungen Palästinensern hineingezogen, die sich von ihren Brüdern verabschiedet hatten, und als ich mich schließlich von ihnen trennte, war die Straße leer bis auf zwei Nachzügler – Arthur Blessit und sein Sohn Joshua. Arthur Blessit war bekannt als der „Prediger vom Sunset Boulevard"; er war zu Fuß von Israel nach Westbeirut gewandert und hatte dabei die ganze Strecke ein über vier Meter langes, am unteren Ende mit einem Rad versehenes Holzkreuz hinter sich hergezogen. Joshua, sein junger Sohn, trug ein ähnliches, aber kleineres Kreuz auf der Schulter. Unfreundlich formuliert: Arthur war einer der vielen Spinner, die der Krieg um Beirut angezogen hatte.

Arthur und Joshua waren an jenem Tag ebenfalls zum Hafen gekommen, um den Abzug der PLO mitzuerleben. Als ich mich auf den Weg machte, schulterte Arthur behutsam sein riesiges Kreuz und sagte zu seinem Sohn: „Nun, Joshua, ich glaube, wir haben den

Frieden gesehen, um dessentwillen wir gekommen sind. Es ist an der Zeit, nach Hause zu gehen."

Auch für mich wurde es Zeit. Es war inzwischen vier Uhr nachmittags geworden. Ich begab mich auf schnellstem Wege zum Reuter-Büro, um endlich die Story zu schreiben, auf die ich drei schwierige Monate hindurch gewartet hatte. Ich schrieb und schrieb mit der Emsigkeit eines Reporters, der genau weiß, daß sein Bericht eine kleine Lücke in einer wichtigen historischen Dokumentation ausfüllen wird.

Und dann wurde der Alptraum eines jeden Berichterstatters plötzlich Realität.

Ich hatte meinen Artikel gerade beendet, als sämtliche Nachrichtenverbindungen zwischen Westbeirut und dem Rest der Welt auf einmal zusammenbrachen. Alle Leitungen waren tot – selbst die des Commodore. Telefon, Telex – alles. Kaputt. Erledigt. Aus.

Da saß ich nun mit meinem letzten Kapitel über den Sommer 1982, alles fix und fertig – und es gab keine Möglichkeit, meine Nachrichten nach New York zu übermitteln. Der Generator am Beiruter Post- und Telegrafenamt war ausgebrannt, und niemand würde sich an einem Samstagnachmittag zur Grünen Linie vorwagen, um ihn zu reparieren.

Es war das erste und einzige Mal in jenem Sommer, daß Beirut vollkommen von der Außenwelt abgeschnitten war. Der Blackout dauerte vierundzwanzig Stunden. Die Leute am Telex perforierten vorsorglich ihre Bänder mit meinem Text; ich selbst saß die ganze Nacht am Telex des Commodore, nur um für den Fall bereit zu sein, daß die Verbindung plötzlich wieder klappte. Doch daraus wurde nichts. Die *New York Times* brachte einen Bericht von Associated Press, der gerade noch rechtzeitig vor dem Zusammenbruch der Leitungen übermittelt worden war.

Mir blieb ein Souvenir: mein Abschied von der PLO und dem Prediger vom Sunset Boulevard, den niemals jemand lesen sollte. Der Artikel liegt noch immer in einem Schuhkarton – doch eines ist für mich persönlich wichtiger: die Erinnerung an den Augenblick, und die wird für mich stets mehr bedeuten als irgendein vergilbter Zeitungsausschnitt.

Nach allem, was geschehen ist, weiß ich, daß Beirut eine bestimmte Anziehungskraft auf mich ausübt, die sich jeder Erklärung entzieht. Ich kann mir selbst keinen Reim darauf machen. Es ist ein irrationales Gefühl, das, wie ich glaube, viele Presseleute ein- oder zweimal im Laufe ihrer Karriere überkommt und sie dazu veranlaßt, Dinge zu tun, die Normalbürger für vollkommen verrückt halten würden – zum Beispiel als Berichterstatter nach Beirut zu gehen und daran auch noch Gefallen zu finden. Oft genug war der Aufenthalt dort einfach widersinnig. Aber wie viele meiner Kollegen konnte ich mich nur schwer von Beirut trennen, weil in der täglichen Konfrontation mit diesem Widersinn auch eine große Befriedigung lag.

Jerusalem

Seitenwinde

Und meine Hand soll über die Propheten kommen, die Trug reden und Lügen wahrsagen. Sie sollen in der Gefangenschaft meines Volks nicht bleiben und in das Buch des Hauses Israel nicht eingeschrieben werden und ins Land Israel nicht kommen . . . Weil sie mein Volk verführen und sagen: „Friede!", wo doch kein Friede ist, und weil sie, wenn das Volk sich eine Wand baut, sie mit Kalk übertünchen, so sprich zu den Tünchern, die mit Kalk tünchen: „Die Wand wird einfallen!" Denn es wird ein Platzregen kommen und Hagel wie Steine fallen und ein Wirbelwind losbrechen. Siehe, da wird die Wand einfallen. Was gilt's? Dann wird man zu euch sagen: Wo ist nun der Anstrich, den ihr darüber getüncht habt?

Hesekiel 13, 9–12

Die einzige Garantie einer Nation gegen fortwährenden Bürgerkrieg ist die Existenz von Nachbarn.

Paul Valéry

Am Morgen des 1. Juni 1984 fuhr ich von Beirut nach Jerusalem. Das Taxi kam frühzeitig. Auf dem sandigen Parkplatz mit Ausblick auf das Mittelmeer nahm ich Abschied von Mohammed. Ich weinte wie nie zuvor seit meiner Ankunft in Beirut. Ich weinte um all das, was Mohammed und ich gemeinsam durchgemacht hatten, und um all das Leid, das er fortan ohne mich in den Ruinen seiner zerstörten Heimatstadt würde ertragen müssen.

Der Beiruter Taxifahrer brachte mich bis zur israelischen Front am Awwali-Fluß im Süden. Dort mußte ich aussteigen, meine Koffer und Golfschläger durch den israelischen Checkpoint und noch eine Meile weiter die Straße entlangziehen. Dann nahm mich ein anderes libanesisches Taxi auf und brachte mich nach Rosch Hanikra an der israelisch-libanesischen Grenze. Die christlichen und schiitischen Milizionäre, die mich an ihren Straßensperren auf dem Weg nach Süden kontrolliert hatten, waren allesamt fasziniert von meinen Golfschlägern: Ein langer Stahlschaft mit keulenartigem Ende konnte nach ihrer Überzeugung nichts anderes als eine Waffe sein. Auch am Grenzübergang nach Israel sorgten die Schläger für einen längeren Aufenthalt. Hier wußten die Soldatinnen zwar, daß es sich nicht um Waffen handelte, doch vermochten sie einfach nicht zu fassen, wie jemand mit einem Satz Golfschlägern geradewegs aus dem Hobbes'schen Dschungel kommen konnte. Sie versuchten, den Kopf meines Schlageisens abzudrehen, weil sie glaubten, ich schmuggle Gewehrkugeln oder andere Konterbande darin. Dann holten sie alle Golfbälle aus meiner Tasche und legten sie auf einen Tisch. Natürlich dauerte es nur Sekunden, bis alle Bälle vom Tisch gerollt waren und kreuz und quer durch das Zollgebäude sprangen. Die Mädchen und ich sprangen hinterher, um sie wieder einzufangen, bevor sie in den Libanon zurückrollten...

Auf der Taxifahrt nach Jerusalem, vorbei an israelischen Feldern, in Gedanken immer noch in Beirut, fiel mir ein Verkehrsschild auf, das ich mein Leben lang nicht mehr vergessen werde. Es stand an der Schnellstraße zwischen Haifa und Tel Aviv und besagte (auf hebräisch) soviel wie „Vorsicht! Seitenwinde!" Meine Güte, dachte ich. Da komme ich aus einem Land, wo die Menschen sterben wie die Fliegen – und hier warnen sie mich vor Seitenwind! Wenn das kein funktionierender Staat ist!

Ich fand dann schnell heraus, daß das Schild eher eine politische Diagnose denn eine meteorologische Warnung verkündet hatte: Israel und der Libanon hatten sehr viel mehr Gemeinsamkeiten, als ich mir je hätte träumen lassen. Die Ursache dafür liegt darin, daß beide Nationen seit Ende der sechziger Jahre auf der Suche nach einer neuen Antwort auf die politischen Grundfragen sind: Was für einen Staat wollen wir eigentlich? Welche Grenzen soll er haben, welches System der Gewaltenteilung, welche Grundwerte? Im Libanon hatten demographische und soziale Veränderungen die Fragen wieder akut werden lassen, in Israel war es dagegen, wie ich bald erfuhr, das wechselhafte Kriegsgeschick. Weder dem libanesischen noch dem israelischen Volk ist es gelungen, die internen Differenzen über diese Grundfragen zu lösen – mit der Folge, daß beide Nationen einer politischen Lähmung anheimgefallen sind. Der Unterschied bestand allein in der Art der Lähmung. Beruhte die libanesische Regierungsunfähigkeit darauf, daß die verschiedenen politischen Fraktionen ihre Differenzen offenlegten und sie buchstäblich auf der Straße ausfochten, so war in Israel das Gegenteil der Fall: Zur Lähmung der Regierungsarbeit kam es dort, weil sich die verschiedenen politischen Parteien nur in einem einig waren, nämlich darin, ihre Differenzen zu übersehen und zu vertuschen und pragmatische Kompromisse zur Aufrechterhaltung des Status quo zu suchen. War das libanesische Kabinett untauglich, weil es praktisch niemanden repräsentierte, so repräsentierte das israelische Kabinett praktisch *jede Meinung* und war daher ebenso untauglich. Im Libanon nannte man die Lähmung „Anarchie", in Israel „nationale Einheit", doch der Effekt war in beiden Ländern der gleiche: totale politische Unbeweglichkeit.

Die politische Lähmung Israels ist nur verständlich, wenn man sich die Umstände in Erinnerung ruft, die einst zur Gründung des Staates führten. Wie mir der israelische Politologe Areyh Naor erklärte, hatten die zionistischen Juden, die Israel gründeten, vor allem drei Ziele im Sinn: Sie wollten einen Staat schaffen, der jüdisch war und zugleich demokratisch, und er sollte geographisch dort angesiedelt sein, wo sich die ursprüngliche Heimat des jüdischen Volkes – das Land Israel – befand. Dieses Gebiet umschloß praktisch das gesamte Palästina vom Mittelmeer bis zum Jordan und darüber hinaus noch einige Landstriche im heutigen Jordanien. Im November 1947, als die Vereinten Nationen den Juden ungefähr die Hälfte dieses Gebiets für ihren geplanten Staat anboten, während sie die andere Hälfte der arabischen Bevölkerung Palästinas versprachen, mußten die zionistischen Führer sich den Grundfragen der Staatsgründung zum erstenmal stellen. Der damalige Führer der zionistischen Bewegung in Palästina, David Ben Gurion, war ein Staatsmann von Format. Er schreckte nicht davor zurück, klar und deutlich auszusprechen, vor welcher Wahl das jüdische Volk stand, und kämpfte dann um eine demokratische Legitimierung für diejenige Option, die er für die beste hielt. Was er sagte, war sinngemäß folgendes: „Von unseren drei Zielen lassen sich in dieser Welt nur zwei verwirklichen. Wir haben die Möglichkeit, einen jüdischen demokratischen Staat zu schaffen, allerdings nur in einem Teil des Landes Israel. Wir können auch weiterhin das ganze Land fordern, doch damit laufen wir Gefahr, am Ende mit leeren Händen dazustehen. Wenn wir uns aber schon auf Kompromisse einlassen müssen, so sollte es in der Gebietsfrage sein. Wir geben uns also jetzt mit einem halben Laib Brot zufrieden und träumen davon, den Rest später zu bekommen."

Und so geschah es. Von 1948 bis 1967 konnte der Zionismus auf der Basis seiner zweieinhalb erreichten Ziele leben und gedeihen. Israel war ein jüdischer Staat mit mehrheitlich jüdischer Bevölkerung; es war eine Demokratie, die einen Teil des Landes Israel regierte – jedoch nicht das ganze.

Dann kam im Juni 1967 der Sechstagekrieg, in dessen Verlauf Israel das Jordan-Westufer und den Gazastreifen besetzte und somit die jüdische Herrschaft praktisch über das gesamte ursprüngliche Land Israel ausdehnte. Die alten zionistischen Vorstellungen waren damit erfüllt. Von diesem Moment an stellte sich die schwierige Frage, was für ein Staat Israel sein sollte, erneut. Und auch diesmal ließen sich allenfalls zwei von drei Zielen erreichen. Israel konnte sich, so die eine Lösung, das eroberte Gebiet einverleiben und ein jüdischer Staat bleiben – nur ging diese Lösung unweigerlich zu Lasten der israelischen Demokratie. Denn die einzige Möglichkeit, die palästinensischen Bewohner des Westjordanlands und des Gazastreifens auf Dauer ruhig zu halten, bestand darin, sie zu unterdrücken und ihnen niemals politische Rechte zu gewähren.

Die zweite Option wäre gewesen, Westufer und Gazastreifen zu annektieren und ein demokratischer Staat zu bleiben. Dies hätte jedoch bedeutet, den jüdischen Charakter des Staates aufzugeben, denn bei gleichbleibenden Auswanderungs- und Geburtenraten war es klar, daß die damals bereits mehr als eine Million Menschen zählende palästinensische Bevölkerung in den besetzten Gebieten zusammen mit den rund fünfhunderttausend israelischen Arabern spätestens zu Beginn des 21. Jahrhunderts die Mehrheit stellen und die Juden bei jeder Wahl überstimmen würden.

Die dritte Option lautete: Israel bleibt jüdisch und demokratisch. Dies setzte voraus, entweder weite Teile von Westufer und Gazastreifen wieder aufzugeben, oder die Mehrzahl der dort Ansässigen zu vertreiben. Doch da die Welt einer gewaltsamen Vertreibung der Palästinenser niemals zugestimmt hätte, reduzierte sich diese Option im Grunde auf die Aufgabe des eroberten Territoriums.

Daher hing bereits am siebten Tag des Sechstagekriegs, noch inmitten des Siegesjubels, die Frage nach der eigenen Identität wie ein Damoklesschwert über den Israelis: Was sind wir? Eine jüdische Nation, aber keine Demokratie? Eine Demokratie im ganzen Lande

Israel, aber keine jüdische Nation? Oder aber ein jüdischer demokratischer Staat auf einem Teilgebiet des alten Landes Israel?

Anstatt sich definitiv für eine dieser drei Möglichkeiten auszusprechen, ließen die beiden größten politischen Parteien des Landes – die Arbeiterpartei und der Likud-Block – zwanzig Jahre verstreichen, ohne eine Entscheidung zu treffen. Dies galt zumindest für die Praxis und die Alltagsrealität; in der Theorie und auf dem Papier gab es genug Lösungsvorschläge. Als ich in Jerusalem eintraf, rechnete ich mit heftigen Seitenwinden. Doch es regte sich, im übertragenen Sinne, nicht das kleinste Lüftchen.

Meine Ankunft in Jerusalem im Juli 1984 fiel mitten in den Wahlkampf – in einen Wahlkampf, den ich gedanklich immer mit jungen Israelis auf Surfbrettern assoziieren werde. Weder die Arbeiterpartei noch der Likud-Block befaßten sich in ihren Wahlkampfsendungen mit Israels Hauptproblem, nämlich der Frage, was aus dem Westufer und dem Gazastreifen werden sollte. Statt dessen sendeten beide Parteien poppige Werbespots, in den Israels Pepsi-Generation mit strahlenden Gesichtern und klingenden Stimmen verkündete, wie herrlich das Leben in einem vom Likud regierten Israel sei – oder um wieviel besser es würde, käme die Arbeiterpartei an die Macht. Am besten gefielen mir die Szenen, in denen junge Leute an der Küste vor Tel Aviv auf Riesenwellen surften – als wäre Wellenreiten in Israel Volkssport. Man hätte meinen können, die Werbespots richteten sich alle an eine wahlentscheidende, aber politisch nicht festgelegte Klientel aus lauter Küstenbewohnern. Erst später ging mir auf, daß die Surferfilmchen eine unbeabsichtigte Metapher waren. Sie standen für die Art und Weise, wie die beiden größten Parteien des Landes sich von den Ereignissen mitreißen ließen und versuchten, elegant über die vielen ungelösten Probleme hinwegzugleiten, die unter den Wellen auf sie lauerten.

Ich konnte im Wahlkampf natürlich nicht umhin, die wichtigsten israelischen Politiker zu interviewen. Der erste war Oppositionsführer Schimon Peres von der Arbeiterpartei. Wir trafen uns im Parteibüro am Strand in Tel Aviv. Nervös steckte sich Peres während des Interviews eine Zigarette nach der anderen an. Als ich ihn auf seine Einstellung zu Westufer und Gazastreifen ansprach, wählte er seine Worte so sorgfältig, als schliche er auf Zehenspitzen über ein Minenfeld. Trotz mehrfacher Versuche meinerseits, ihn zu einer deutlicheren Aussage zu bewegen, weigerte er sich entschieden, die Worte „territoriale Kompromisse" in den Mund zu nehmen, lehnte es also ab, mit der Aussage zitiert zu werden, seine Partei sei bereit, Land gegen Frieden einzuhandeln. Mitarbeiter von Peres erzählten mir später, daß er enorme Angst hatte, Wähler aus dem rechten Spektrum zu verprellen. Als ich nicht lockerließ und fragte, was die Sozialisten in puncto Westufer und Gazastreifen anders machen wollten als der Likud, meinte er, man wolle „auf die Gründung neuer Siedlungen in dichtbevölkerten arabischen Gebieten verzichten" – eine Aussage, die mir keine echte Alternative zum Status quo zu sein schien. Was mich noch mehr verblüffte, war jedoch die Tatsache, daß Peres das Westjordanland „Judäa und Samaria" nannte, also dieselben biblischen Bezeichnungen verwendete wie der Likud. Es war eine verbale Inbesitznahme. Die Angleichung an den Sprachgebrauch des nationalreligiösen Rechtsblocks war kaum dazu angetan, einer Mehrheit von Israelis den Verzicht auf das Gebiet schmackhaft zu machen.

Ein paar Wochen nach dieser Begegnung interviewte ich Ministerpräsident Jizchak Schamir von der Likud-Partei. Seine Antworten waren im einzelnen alles andere als bemerkenswert. Nur eine blieb mir im Gedächtnis haften, und zwar betraf sie meine Frage, ob er noch immer zu der 1967 vom UN-Sicherheitsrat beschlossenen Resolution Nr. 242 stünde. Die Resolution fordert Israel auf, sich im Austausch für das Zugeständnis der Araber, Israel habe das Recht, „in sicheren und anerkannten Grenzen" zu leben, aus den besetzten Gebieten zurückzuziehen. „Diese Forderung ist für uns unannehmbar geworden", antwortete Schamir und fügte hinzu, Israel müsse „unverzüglich" weitere Siedlungen auf dem Westufer errichten.

Hm, dachte ich bei mir, Israel ist ganz schön weit nach rechts abgedriftet... Da kam ich frisch aus Beirut, wo ich, wie jeder andere Reporter auch, bis zur Erschöpfung versucht hatte, Arafat das Zugeständnis zu entlocken, die PLO akzeptiere die Resolution Nr. 242 – nur um jetzt von Israels Ministerpräsident zu hören, daß er sie ebensowenig akzeptiere, wenn auch aus anderen Gründen.

Die Wahlen gingen mit einem Patt aus, das die beiden Großparteien zur Bildung einer nationalen Einheitsregierung zwang. Einige Monate danach war ich zu einer Dinnerparty im eleganten Jerusalemer Heim der prominenten Philanthropin Gita Sherover eingeladen, bei der auch Verteidigungsminister Jizchak Rabin von der Arbeiterpartei anwesend war. Irgendwann klingelte das Telefon: ein dringender Anruf für den Minister. Als er nach einigen Minuten an den Eßtisch zurückkehrte, fragte ihn die Gastgeberin, worum es gegangen sei.

„Das war Weizman", brummte Rabin und meinte damit seinen Amtsvorgänger Eser Weizman vom Likud-Block. „Er wollte, daß ich der Familie von Fahd Kawasmeh gestatte, den Leichnam zum

Begräbnis nach Hebron zu überführen. Weizman fühlt sich schuldig, weil er ihn des Landes verwiesen hat."

Fahd Kawasmeh war Bürgermeister von Hebron gewesen, bis Weizman ihn nach dem Mord an einem jüdischen Siedler im Mai 1980 des Landes verwiesen hatte. Am 29. Dezember 1984 war Kawasmeh in Amman ermordet worden, vermutlich von syrischen Agenten. Anscheinend hatte er sich durch seine gemäßigte Haltung in der Frage der palästinensisch-israelischen Verhandlungen unbeliebt gemacht. Am Tag nach der Tat hatte die Familie Weizman gebeten, bei Rabin die Erlaubnis für die Rückführung des Toten in seine Heimatstadt zu erwirken.

„Was haben Sie geantwortet?" fragte Gita.

„Ich habe es abgelehnt – ich will keine Demonstrationen", erklärte Rabin mit einer wegwerfenden Handbewegung.

Minutenlang herrschte ungemütliches Schweigen am Tisch. Rabins frostiger Ton gab allen Anwesenden zu denken. Ich war nicht der einzige Gast, den seine mitleidlose Haltung betroffen machte – schließlich hatte die Familie Kawasmeh um nichts weiter gebeten, als den Leichnam ihres Oberhaupts im Land seiner Vorväter bestatten zu dürfen. Für eine solche Bitte, meinte ich, sollte jeder Jude Verständnis haben, vor allem, wenn er der Arbeiterpartei angehörte.

Gita setzte dem Schweigen schließlich ein Ende, indem sie leise fragte: „Was wäre schon dabei gewesen, wenn Sie ja gesagt hätten?"

Nach mehreren Erlebnissen dieser Art begann ich mich unwillkürlich zu fragen, ob überhaupt noch Unterschiede zwischen Arbeiterpartei und Likud-Block bestanden – zwischen Rabin und Schamir, zwischen Schamir und Peres, zwischen Peres und Rabin. Jeder von ihnen nannte das Jordan-Westufer „Judäa und Samaria", jeder von ihnen pries die Milde der israelischen Militärherrschaft in den besetzten Gebieten und hielt sie für die „aufgeklärteste aller Zeiten". Und jeder von ihnen schien entschlossen, alle ideologischen Unterschiede auszuklammern und auf immer und ewig am Status quo festzuhalten.

Warum war das so?

Jahrelang hatte die politische Führung Israels sich um die Beantwortung der Frage, was mit den besetzten Gebieten geschehen solle, drücken können, denn die arabischen Nachbarn hatten es versäumt, diese Frage unmißverständlich zu formulieren und somit Israel zu einer Antwort zu zwingen. Nie hatten sie Israel davon überzeugen können, daß ein Rückzug kein Sicherheitsrisiko bedeutete – infolgedessen war die Mehrheit der Israelis zum Bleiben um jeden Preis bereit. Kein arabischer Politiker hatte Israel jemals Anlaß gegeben, nach einer Alternative zu suchen. Auf ihrer Gipfelkonferenz in Khartum Ende August/Anfang September 1967 – drei Monate nach dem Sechstagekrieg – hatten die arabischen Staaten beschlossen, Israel weder anzuerkennen noch mit Israel zu verhandeln. Auch ein Friedensschluß mit Israel wurde abgelehnt. An diese Devise, die auch von der PLO getragen wurde, hielten sie sich jahrelang. Einzig Ägypten gab die kompromißlose Haltung auf und bot 1978 Israel im Austausch für die besetzte Sinai-Wüste einen Friedensvertrag an. Einem so klar formulierten Angebot konnte Israel sich nicht entziehen. Es stimmte zu. Doch das blieb, bis vor kurzem, die einzige Ausnahme.

An einem verregneten Nachmittag im Winter 1987, auf dem Weg von der Jerusalemer Innenstadt zu meinem Büro, fiel mir auf dem Zionsplatz eine Gruppe von vielleicht zwanzig Menschen auf, in deren Mitte zwei junge Israelis standen. Einer von ihnen trug ein Schild mit der – englisch formulierten – Aufschrift: „Schluß mit der Besetzung. Sofortige Beendigung israelischer Brutalitäten!" Die beiden jungen Männer lieferten sich einen heftigen Wortwechsel mit anderen Israelis. Den Regen, der sie durchweichte, schien keiner auch nur wahrzunehmen. Zornige Argumente flogen hin und her – die gewohnte Litanei: „Die Araber wollen uns alle töten!" – „Was seid ihr doch naiv!" – „Faschistenpack!" Die vielen Menschen, die vorbeigingen – vornehmlich Israelis, aber auch Araber –, nahmen von der Auseinandersetzung keine Notiz. Auch ich ging weiter meines Wegs und dachte mir, daß dem Bild der im Regen miteinander streitenden Israelis etwas gespenstisch Symbolhaftes innewohnte, das bezeichnend war für den israelisch-palästinensischen Dialog von 1988.

Diese Szene bot bis zu einem gewissen Grad die Erklärung dafür, warum die israelische Politik nach wie vor auf der Stelle trat – aber eben nur bis zu einem gewissen Grad. Denn sosehr die Israelis darauf gewartet haben mochten, daß sich die Araber nach dem Sechstagekrieg auf ein Abkommen „Land gegen Frieden" einließen, sowenig waren die meisten von ihnen auf eine schnelle Räumung der besetzten Gebiete erpicht.

Der Grund dafür ist ganz einfach: Sowohl die Arbeiterpartei als auch die Herut-Partei, das Rückgrat des heutigen Rechtsblocks Likud, hatten sich in diese Gebiete verliebt. Nicht die Küstenebene von Tel Aviv und Haifa, sondern die Altstadt von Jerusalem und die Städte Jericho, Hebron und Nablus im Westjordanland waren in ihrem Bewußtsein die Urheimat der Juden, die Bühne, auf der sich die biblischen Dramen abgespielt hatten. Sie bildeten das Kernland Israels, das die Gründerväter der zionistischen Bewegung für ihren Staat beansprucht hatten. Allein die Erwähnung der Namen rührte tief an die jüdische Seele sowohl der Likud-Anhänger als auch der Sozialisten. Ja, die metaphysische Bindung an „Groß-Israel" war bei der Arbeiterpartei womöglich noch intensiver als beim rechtsorientierten politischen Gegner. Zentrales Ziel des zionistischen Programms der Arbeiterpartei war die moralische Verpflichtung, das ganze Land zu erlösen und zu besiedeln. Ein Punkt, den die meisten amerikanischen Juden nie verstanden haben.

Die Unterschiede zwischen David Ben Gurion und Menachem Begin lagen mehr in der Taktik als in ihren Zielen. Seit Beginn der zionistischen Bewegung wanderte der sozialistische Nachwuchs an den Wochenenden mit der Bibel unter dem Arm durchs Land. Ben Gurion akzeptierte den Teilungsvorschlag nur mit dem größten Bedauern. In seiner Rede vom 7. August 1937 vor dem 20. Zionistischen Weltkrongreß in Zürich erklärte er: „Zur Durchsetzung des Zionismus ist es besser, sofort einen jüdischen Staat zu gründen, selbst wenn dieser nur ein Teilgebiet im Westen Israels umfassen sollte (gemeint war das Gebiet westlich des Jordan). Ich ziehe eine solche Lösung der Verlängerung des britischen Mandats für den gesamten Westen Israels vor. Doch bevor ich meine Argumente näher erläutere, möchte ich eine prinzipielle Bemerkung machen: Wenn man uns einen Judenstaat im Westen Israels nur unter der Bedingung anbietet, daß wir fortan auf unser historisches Recht auf das ganze Land Israel verzichten, dann würde ich die Staatsgründung verschieben. Keinem Juden steht es zu, das Recht des jüdischen Volkes auf das ganze Land Israel aufzugeben. Es steht außerhalb der Machtbefugnisse jeder jüdischen Körperschaft, ja nicht einmal die Gesamtheit der heute lebenden Juden ist dazu berechtigt, irgendeinen Teil des Landes Israels preiszugeben."

Für die politischen Erben Ben Gurions – das heißt für die Generäle der Arbeiterpartei und Strategen des Sechstagskrieges Mosche Dajan, Jizchak Rabin, Mordechai Gur, Uzi Narkiss und David Elasar – war die Rückkehr nach Jerusalem und ins Westjordanland also keineswegs ein erstes Rendezvous mit einer Unbekannten. Ganz im Gegenteil: Es war eher die Wiedervereinigung mit einer alten Liebe, und kaum hatten sie sich gefunden, drangen all die so lange unterdrückten Sehnsüchte wieder an die Oberfläche. Kein Wunder, daß die allgemeine Stimmung in Israel nach dem Sechstagekrieg ziemlich genau der Haltung entsprach, die eine Bemerkung des Verteidigungsministers Mosche Dajan von der Arbeiterpartei über Verhandlungen mit König Hussein deutlich macht: „Wenn er verhandeln will, so kennt er meine Telefonnummer." Im Grunde war Israel nur froh, wenn sich nichts änderte.

Es waren die Ministerpräsidenten der Arbeiterpartei von 1967 bis 1977 – Levi Eschkol, Golda Meir und Jizchak Rabin –, die, gedrängt von ihren Ministern Schimon Peres und Jigal Allon, den jüdischen Siedlungen auf dem Westufer den Boden bereiteten – nicht der Likud. Anfangs sprachen sie nur von Siedlungen, die aus Sicherheitsgründen unerläßlich seien – wie jene im Jordantal und in der Umgebung von Jerusalem. Doch als die Arbeiterpartei der Annexion der Jerusalemer Altstadt und des Tempelbergs zustimmte und damit der Verschmelzung des modernen Israel mit dem Kernland seiner biblischen Vergangenheit, hatte sie einen Präzedenzfall geschaffen. Es war nun nur noch eine Frage der Zeit, bis überall im Westjordanland jüdische Siedlungen wie Pilze aus dem Boden schossen.

Am 4. April 1968 war es soweit. Am Vorabend des Passahfestes zogen mehrere orthodox-jüdische Familien, angeführt von den Rabbis Mosche Levinger und Elieser Waldman, mitsamt ihren Kindern nach Hebron. Dort mieteten sie für die Feiertage das kleine Park-Hotel, dessen Besitzer Araber waren. Den israelischen Behörden hatten sie mitgeteilt, nur für die Passahwoche im Hotel bleiben zu wollen. In Wirklichkeit richteten sie sich auf einen längeren Aufenthalt ein. Sie übernahmen das Hotel, sorgten für eine koschere Küche und schworen am Ende der Ferien, sich von niemandem mehr aus der Stadt vertreiben zu lassen, in der die jüdischen Patriarchen Abraham, Isaak und Jakob begraben liegen und in der Stammvater Abraham einst für vierhundert Schekel Silber sein erstes Stück Land in Palästina (Kanaan) erworben hat. Rabbi Waldman erklärte später: „Unser Ziel war es, bis zum Ende unseres Lebens dort zu wohnen."

Ausgerechnet Jigal Allon, Kibbuznik und Minister der Arbeiterpartei, gehörte zu den ersten israelischen Amtspersonen, die die Siedler besuchten. Er versicherte sie seiner Unterstützung, indem er sagte: „Hebron ist die Wiege der Nation. Hier hat es immer schon Juden gegeben, bis man sie gewaltsam vertrieb ... Es ist undenkbar, daß es Juden verboten sein sollte, sich in der alten Stadt ihrer Väter niederzulassen."

Zwischen ihren eigenen Gefühlen hin und her gerissen, gab die von der Arbeiterpartei geführte Regierung schließlich nach und erlaubte den Siedlern fürs erste, in einem Armeelager in Hebron zu bleiben. Später wurde ihnen gestattet, eine jüdische Siedlung na-

mens Kirjat Arba zu errichten. Auf meine Frage, warum die Regierung so rasch auf den Standpunkt der Siedler eingeschwenkt sei, antwortete Rabbi Waldman lakonisch: „Jüdische Wurzeln."
Wir saßen in seiner Wohnung in Kirjat Arba. Waldman fuhr fort: „Wir sind zu unseren Ursprüngen zurückgekehrt. Mosche Dajan und Jigal Allon wetteiferten miteinander darum, wer von ihnen unser Schutzherr sein dürfe. Schon Monate bevor wir nach Hebron gingen, gab es Kontakte zu Eschkol, dem Ministerpräsidenten der Arbeiterpartei. Er sagte niemals: Nein, das geht nicht. Er riet uns nur, noch ein wenig Geduld zu haben. Und eines Tages meinte Jigal Allon: ‚Wenn ihr keine Tatsachen schafft, kommt am Ende gar nichts zustande. Wartet die Zustimmung der Regierung nicht ab – zieht los und schafft Fakten.' Allon berichtete uns nach jeder Kabinettssitzung, was vorgefallen war. Und ich will Ihnen noch was erzählen: Als Allon den Allon-Plan vorlegte, nach dem die Hälfte des Westjordanlands wieder unter arabische Herrschaft gestellt werden sollte, waren wir überrascht und verletzt. Wir beschwerten uns bei ihm, worauf er – ausgerechnet Jigal Allon! – sagte: ‚Wir Juden müssen uns klug verhalten. Kein einziger Araber wird diesem Plan jemals zustimmen.' Das war sein ganzer Kommentar. Typisch Jigal Allon."

Bis zu einem gewissen Grade ließen sich Allon und seine Kollegen allein schon von der Kraft und der ideologischen Hingabe der jüdischen Siedler mitreißen. Sie erinnerten die müde gewordenen Parteiführer wahrscheinlich an ihre eigene Jugend und Begeisterungsfähigkeit. Wenn ich eines im Nahen Osten gelernt habe, so die Tatsache, daß die sogenannten Extremisten oder religiösen Zeloten – jüdische und islamische gleichermaßen – in ihren Staaten bei weitem nicht so extremistisch sind, wie wir oft meinen.

Ihrem Tun liegen fast immer Gefühle und Sehnsüchte zugrunde, die von vielen anderen Menschen geteilt werden, und darum werden sie von vielen toleriert oder sogar unterstützt.

Der israelische Politologe Ehud Sprinzak nennt das Kind beim Namen, wenn er sagt, die sogenannten Extremisten seien gewöhnlich nur die Spitze des Eisbergs, der mit seiner Hauptmasse tief in seiner jeweiligen Gesellschaft verankert sei.

Die jüdischen Besiedler des Westufers bildeten keine Ausnahme. Während die Gesellschaft in Israel im Anschluß an den Sechstagekrieg immer moderner, materialistischer, steriler und amerikanisierter wurde, identifizierten sich viele Israelis insgeheim mit jenen Männern, die, das Gewehr in der Hand und Stacheldraht zu ihren Füßen, die felsigen Hügel des Westufers erklommen und Ausschau nach sich in der Ferne zusammenrottenden Arabern hielten. Die Siedler lebten die unterdrückten Sehnsüchte der zunehmend verbürgerlichten israelischen Gesellschaft aus – sie waren wieder Pioniere. Die Führung der Arbeiterpartei wurde von der Dynamik der Ereignisse mitgerissen. Ohne zugkräftige ideologische Alternative war sie weder imstande, den Siedlern Einhalt zu gebieten, noch vermochte sie die langfristigen Folgen abzuschätzen. Niemand kam auf den Gedanken, die Begeisterung der vielen Siedler könne subventioniert sein – eine Begeisterung, die zwar mit Zelten und Campingbussen begann, doch mit dem Bau von Swimmingspools und geteerten Straßen, mit Armeeschutz, Steuernachlässen und ranchartig ausgebauten Vorstadthäusern endete.

Die Ereignisse von Hebron wurden zum Vorbild, das im Laufe der kommenden zehn Jahre überall im Westjordanland nachgeahmt werden sollte: Jüdische Siedler, die auszogen und Tatsachen schufen, halbherziger Widerspruch seitens der Regierung, offene Unterstützung durch verschiedene Minister der Arbeiterpartei ... bis die Regierung irgendeinen spitzfindigen Kompromiß mit ihnen schloß, der ihnen das Bleiben ermöglichte – woraufhin neue Siedler loszogen und neue Tatsachen schufen.

Die Anziehungskraft historischer Erinnerungen war es allerdings nicht allein, was die Führung der israelischen Arbeiterpartei dazu bewegte, die Augen vor den mit der Besetzung des Westjordanlands und des Gazastreifens einhergehenden Problemen zu verschließen. Es kam hinzu, daß sie sich an der eigenen Macht berauschte. Der pragmatische Ansatz, die Überzeugung, daß neue Realitäten nur durch sorgfältige Planung und schrittweises Vorgehen geschaffen werden können, war stets eine der Stärken des Zionismus in der Arbeiterpartei gewesen. Mit Beharrlichkeit und unermüdlichem Fleiß in der politischen und militärischen Planung hatte man den Judenstaat gegründet und aufgebaut und schließlich auch den Sechstagekrieg gegen drei gegnerische Armeen gleichzeitig gewonnen.

Doch während die Arbeiterpartei dank dieser Einstellung den Krieg gewann, verlor sie, wie der israelische Philosoph David Hartman meint, die Erklärung für ihren Sieg. Sie vergaß einfach die wahren Ursachen des Erfolgs. Israels Sieg war so überwältigend und bildete einen so starken Kontrast zu der am Vorabend des Krieges im Lande herrschenden Stimmung – viele Menschen hatten in Erwartung eines neuerlichen Holocausts bereits Gräber ausgehoben –, daß zahlreiche Israelis der eigenen Courage nicht mehr trauten. „Sie fingen auf einmal an, Geschichten zu erzählen", erinnerte sich Hartman, „die alle ungefähr so klangen: ,Da waren wir mitten in der Sinai-Wüste, als plötzlich fünftausend ägyptische Soldaten auf uns zukamen. Wir waren bloß zu sechst und hatten nur einen Panzer. Also feuerten wir ein bißchen in die Luft, sprachen ein paar Gebete, schlugen Lärm, soviel wir konnten – und wie durch ein Wunder drehten sich die Ägypter plötzlich um und liefen davon.' Kein Mensch erwähnte je die Elitetruppen, die jahrelange sorgfältigste Vorbereitung, die endlosen Zielübungen der Bomber. Der Sechstagekrieg drohte über uns zu kommen wie ein neues Auschwitz – und als sich dann alles ganz anders entwickelte, entschieden die Israelis, das sei wohl nur einem Wunder zu verdanken."

Der plötzliche Umschwung von äußerster Gefährdung zu vermeintlicher Allmacht stürzte die Israelis nach einem Wort des damaligen Außenministers Abba Eban in einen Rauschzustand. Der Sieg brachte „militärisch zwar die Rettung und war auch politisch ein enormer Gewinn ..., erwies sich psychologisch gesehen jedoch als totaler Fehlschlag, weil er als Folge der Vorsehung und messianisch interpretiert wurde. Und kaum haftete ihm etwas Messianisches an, waren Regierung und Parlament in ihren Entscheidungen nicht mehr souverän ... Die Tatsache, daß die arabischen Regime trotz der schweren Niederlage, die sie erlitten hatten, immer noch funktionsfähig waren, geriet vollkommen in Vergessenheit. Daher klangen alle unsere Verlautbarungen imperativ: ,Wir werden, wir wollen, wir fordern!'"

Die Parteiführer und Generäle – vor allem die einst so harten und nüchternen Pioniere Rabin, Dajan und Allon – waren plötzlich weltberühmt. Die Kibbuzniks fuhren auf einmal in großen Limousinen, und alle Welt fand Dajans Augenklappe todschick. Trunken vor Glück verlor die Arbeiterpartei jeglichen Realitätssinn. Ihre Führung hatte keinerlei Zukunftsvisionen anzubieten, geschweige denn realistische Pläne zur Durchsetzung neuer Ziele. Wann immer sie wissen wollte, was sie tun sollte, ließ sie eine Umfrage machen, aus der sie dann erfuhr, daß die meisten Israelis ihren neuen Grund und Boden liebten. Von „Regierung" im eigentlichen Sinne konnte keine Rede mehr sein. Man sonnte sich derart in seiner eigenen Großartigkeit, daß Rabin, Generalstabschef während des Sechstagekriegs, noch im August 1973 verkünden konnte, die israelische Premierministerin Golda Meir habe „bessere Grenzen als König David und König Salomon".

Zwei Monate nach Rabins Prahlerei, am Jom-Kippur-Tag im Oktober 1973, war das Festival der Selbstherrlichkeit vorüber. Ägypten und Syrien griffen an. Innerhalb von neunzig Minuten wurden die israelischen Verteidigungslinien am Suezkanal von den Ägyptern überrannt. Die israelischen Soldaten waren auf den Überraschungsangriff in keiner Weise gefaßt. Praktisch von einem Tag auf den anderen stürzte Israel aus einer maßlos übersteigerten Euphorie in die Niederungen der Depression. Vier Jahre später verlor die Arbeiterpartei, die seit der Staatsgründung ununterbrochen die Regierungsmehrheit gestellt hatte, zum erstenmal die Macht. In gewisser Weise war es bezeichnend, daß die ohnehin schon mit verschiedenen Finanzskandalen belastete Partei stürzte, nachdem bekannt geworden war, daß Leah Rabin, die Frau des damaligen Ministerpräsidenten Jizchak Rabin, ein illegales Bankkonto in Washington besaß.

Abgelöst wurde die Arbeiterpartei von der Likud-Partei unter Führung Menachem Begins. Sie verdankte ihren Wahlerfolg vorrangig dem Versprechen, Israels Sechstagekrieg-Glorie, die im Jom-Kippur-Krieg verlorengegangen war, wiederherzustellen. Auch Begin und sein Likud waren Anhänger des Wunderglaubens, nur waren sie ihm in anderer Weise verfallen als ihre politischen Gegner, was vor allem dem Gusch-Emunim-Block zu verdanken war, einer jüdischen Siedlerbewegung mit messianischem Sendungsbewußtsein, die in dem ideologischen Tief, das der Niederlage von 1973 folgte, geradezu einen Boom erlebte.

Der Gusch Emunim erklärte den Sieg des Jahres 1967 unverblümt zum Werk Gottes, der damit die beiden Hälften des Landes Israel wiedervereinigt hätte. Diese Wiedervereinigung, argumentierten die Rabbis des Gusch Emunim, sei das notwendige erste Stadium auf dem Weg zur Erlösung des jüdischen Volkes und damit auch zur endgültigen universalen Erlösung. Die Aufgabe israelischen Territoriums bedeute folglich, das Mandat Gottes zu verschmähen und der erlösenden Revolution den Rücken zu kehren.

Den Likud faszinierten zwei Aspekte der Gusch-Emunim-Philosophie besonders: Da war zunächst einmal der Alles-oder-nichts-Ansatz – die Vorstellung, wenn man nicht alles besäße, besäße man gar nichts. Für Nationalisten im Likud-Block waren die Juden erst wieder richtig zu Hause, wenn ihnen Groß-Israel einschließlich des Westjordanlandes gehörte, während die Heilsverkünder des Gusch Emunim meinten, ohne Groß-Israel gäbe es keine Erlösung. Keine der beiden Vorstellungen erlaubte die Preisgabe auch nur eines Quadratzentimeters des besetzten Landes. Nicht minder wichtig für den Likud war, daß die Ideologie des Gusch Emunim ihm eine Geschichtsinterpretation lieferte, die zu dem Glauben verleitete, das ganze Territorium sei tatsächlich verfügbar. Die Gusch-Version der Wundergeschichte, daß der Sieg im Sechstagekrieg allein Gottes Werk gewesen sei, drängte die israelische Politik noch weiter ins Reich des Messianischen, wo Stärke nicht aus der Wahrnehmung der Realität erwuchs, sondern aus dem eigenen Glauben. Die Gusch-Rabbiner behaupteten, solange die Israelis nur an die erlösende Mission der Heimkehr des jüdischen Volkes ins Land ihrer Väter glaubten, könne Israel behalten, was es wolle, und fremde Ansprüche einfach ignorieren. Nachdem die Besiedlung des Westjordanlandes Teil eines messianischen Prozesses geworden war, erübrigte sich jede rationale Begründung. Kein Wunder, daß Begin, von Professoren der Hebräischen Universität nach seiner Politik gegenüber den 1,7 Millionen Arabern in den besetzten Gebieten befragt, die simple Antwort gab: „Ich verstehe euch nicht. Früher, in den zwanziger Jahren, als wir bloß hunderttausend waren, sie dagegen eine Million, habt ihr doch auch nicht die Hoffnung verloren. Und wenn ihr damals, als es 1:10 zu ihren Gunsten stand, die Hoffnung nicht aufgegeben habt – wieso dann ausgerechnet heute, da wir in der Mehrheit sind?"

Das besagte nichts anderes als: Was kümmern uns die Folgen? Wenn unser Anliegen bereits einmal in der Geschichte die objektive Realität überwinden konnte, dann kann es das immer wieder – vorausgesetzt, wir erhalten uns unseren Glauben! Im selben Moment, da wir unseren Glauben an diesen Mythos verlieren, da wir auch nur den kleinsten Kompromiß mit der Realität eingehen – in diesem Moment verlieren wir alles.

Hinter dieser Weltanschauung verschanzten sich die rechten Ultras bis an die Grenze des Absurden. Sie diente zur Rechtfertigung praktisch allen politischen Handelns, für das es keine realistische Begründung gab. Israel, so äußerte sich 1984 der Leiter einer jüdischen Siedlung mir gegenüber, könne sich unmöglich aus dem Libanon zurückziehen, denn sobald der Glaube an die Fähigkeit der Armee, jedes besetzte Gebiet zu halten, erst einmal verlorengegangen sei, komme alles ins Rutschen. Am Ende stehe dann unweigerlich die Preisgabe des Westufers. Die gleichen Leute führten 1987, als längst klar war, daß der Bau des Milliarden kostenden Lavi-Jets das Land in den Ruin stürzen würde, das Argument ins Feld, das Kampfflugzeug müsse allein deshalb gebaut werden, weil die Israelis sonst ihren Glauben verlören, das Unmögliche verwirklichen zu können – und damit zwangsläufig auch die Kraft und die Fähigkeit, wenigstens das Mögliche zu erreichen.

Jedes Jahr zum Purimfest sendet der staatliche Rundfunksender

Stimme Israels eine getürkte Nachricht. Zum Purimfest 1988 verkündete er als erste Nachricht des Tages, daß Maccabi Tel Aviv, die beliebteste Basketballmannschaft des Landes, an einen reichen amerikanischen Juden verkauft worden sei, der die Spieler nach New York exportieren und in „Brooklyn Sabras" umbenennen wolle. Der Bericht war – einschließlich Interviews mit Spielern, die ihren Umzug nach New York bejubelten – so realistisch aufgemacht, daß eine Reihe von israelischen Politikern umgehend nach Sofortmaßnahmen schrie, die das Team in Israel halten sollten. Den Vogel schoß meiner Meinung nach Juval Neeman von der ultranationalistischen Tehija-Partei ab, der, weit davon entfernt, die Falschmeldung als Jux zu erkennen, in einem landesweit ausgestrahlten Interview allen Ernstes erklärte: „Heute verlieren wir Maccabi Tel Aviv, morgen werden es Judäa und Samaria sein."

Die Arbeiterpartei hatte, solang sie an der Macht war, die Siedlerbewegung wenigstens noch auf das spärlich bevölkerte Jordantal und jene isolierten Orte beschränken können, die ihr von den ideologisch geleiteten Siedlern „aufgezwungen" worden waren. Doch nach ihrem Sturz brauchte sich Begin nur noch an das von den Sozialdemokraten gelieferte Beispiel zu halten und das zionistische Ethos auf das Jordan-Westufer zu übertragen – alles andere ergab sich ganz von selbst. Heute leben über hundertvierzigtausend israelische Juden in Ostjerusalem, und es gibt mindestens hundertdreißig Städte und Siedlungen auf dem Westufer und im Gazastreifen, von denen drei Viertel erst nach 1977 errichtet wurden. Doch der Likud und seine ultrarechten Verbündeten führten nicht nur die Politik der Arbeiterpartei fort – sie raubten ihr auch ihre ältesten Symbole. So verwendete zum Beispiel die für die Besiedlung eintretende Tehija-Partei im Wahlkampf 1984 ein Plakat, das den verstorbenen Yakov Schabtai beim Hissen einer israelischen Flagge zeigte. Die Aufnahme stammt aus dem Jahr 1949, als Schabtai an einem Jugendlager der Arbeiterpartei teilnahm, und wurde zum Symbol der jungen Pioniere. Schabtai, ein begabter Schriftsteller, wurde später zu einem glühenden Anhänger der israelischen Friedensbewegung (er war so konsequent, daß er sich strikt weigerte, jemals das Westjordanland zu betreten.) Doch weil das Foto so schön den nationalistischen Stolz und den jugendlichen Schwung der Besiedlungspolitik illustrierte, beanspruchte die Tehija-Partei es für ihre Zwecke. Schabtais Witwe mußte einen Anwalt einschalten und mit einem Prozeß drohen, bevor die Partei es aufgab, den Verstorbenen als Symbol für ihre eigenen Ziele zu mißbrauchen.

Begin, der sich stets als Hardliner darstellte, mußte in Wirklichkeit – ebenso wie die Führung der Arbeiterpartei – ein Gutteil seiner Ideologie einer pragmatischen Politik opfern. Sein Nationalismus forderte zwar eine Annexion des Westufers, doch als er 1977 tatsächlich die Macht errungen hatte, mußte er sehr bald feststellen, daß sein Programm undurchführbar war: Der amerikanische Druck, innenpolitische Widerstände und regionale Zwänge waren zu groß. Vor allem aber mußte Begin 1978, um den Friedensvertrag mit Ägypten zu bekommen, den Vereinbarungen von Camp David zustimmen, die die „legitimen Rechte der Palästinenser" anerkannten und bekräftigten, daß ihnen für eine Übergangsperiode Autonomie eingeräumt werden solle; der spätere Status der Gebiete sei dann Gegenstand von Verhandlungen.

Da Begin also das Westufer nicht annektieren konnte, andererseits aber weder die Absicht hatte, das Gebiet zurückzugeben noch den Palästinensern die im Camp-David-Abkommen versprochene Autonomie zu gewähren, führte er die funktionell-pragmatische Politik der Arbeiterpartei fort: Formell ließ er die Frage nach dem endgültigen Status des Westjordanlandes zwar weiterhin offen, schuf aber gleichzeitig immer wieder neue vollendete Tatsachen – neue Verbindungsstraßen zwischen den besetzten Gebieten und Israel, eine fortschreitende Enteignung von Grundbesitzern, neue jüdische Siedlungen. Es war eine pragmatische Politik, die sowohl der Arbeiterpartei als auch dem Likud-Block gefiel, ermöglichte sie es ihnen doch, auch weiterhin die Augen vor den existentiellen und moralischen Fragen zu verschließen, die durch die Besetzung aufgeworfen wurden. Die Sozialdemokraten konnten auf den de jure legalen Status des Westufers verweisen, sich insgeheim sagen, daß sie sich ja doch noch alle Optionen offenhielten – und gleichzeitig die Märkte im Westjordanland für billige Einkäufe am Wochenende nutzen; sie kamen in den Genuß der günstigeren Mieten in den neuen Westufer-Vororten von Tel Aviv und Jerusalem, der Sicherheit, die das zusätzliche Territorium bot, und der herzerfrischenden Freude, über jene Hügel zu spazieren, über die einst Josua gewandelt war. Die Likud-Leute hingegen konnten auf die De-facto-Situation in den besetzten Gebieten verweisen, sich insgeheim sagen, daß alle Optionen bereits genutzt und das Land in der Tat annektiert war. Der Verzicht auf eine offizielle Annexion gab ihnen die Freiheit, so viele jüdische Siedlungen zu errichten, wie sie wollten, ohne jemals einen politischen Preis dafür bezahlen zu müssen. Der Welt konnten sie jederzeit verkünden, es sei ja alles nur „vorübergehend", man warte auf eine endgültige Regelung – und in Gedanken hinzufügen: „... die den gegenwärtigen Status dann endgültig festschreibt." Anfang der achtziger Jahre stand somit fest, daß die funktionellen Differenzen über die Westufer-Frage zwischen den Mehrheiten in der Arbeiterpartei und im Likud-Block ganz und gar unbedeutend geworden waren. Was Likud und Sozialdemokraten noch voneinander unterschied, war einzig und allein die Rhetorik. Wer in dieser Schmierenkomödie nicht mitspielen wollte und statt dessen bei seiner Parteiführung die Rückkehr zu den ideologischen Positionen des jeweiligen Programms einforderte, wurde gezwungen, die Partei zu verlassen. Die Arbeiterpartei stellte sich blind und taub gegenüber der Tatsache, daß die israelische Besetzung des Westufers sämtlichen weltlichen, humanen, sozialen und praktischen Grundsätzen der eigenen Ideologie zuwiderlief. Der Likud-Block verweigerte sich der Einsicht, daß eine wirkliche Annexion von „Judäa und Samaria" niemals zu verwirklichen war.

Es war also nur folgerichtig, daß die unbeirrten Annexionsbefürworter 1979, nachdem Begin den Friedensvertrag mit Ägypten unterzeichnet hatte, den Likud-Block verließen und ihre eigene Partei gründeten – die Tehija unter Führung der ehemaligen Likud-Mitglieder Geula Cohen und Juval Neeman. In der Arbeiterpartei verloren jene Mitglieder, die noch aufrecht zu den Prinzipien der Weltlichkeit, der Liberalität und der territorialen Kompromißbereitschaft standen, entweder ihr Parlamentsmandat, wie Abba Eban, oder spalteten sich ebenfalls ab, wie Schulamith Aloni, Jossi Sarid und Amnon Rubinstein. Sie gründeten Parteien wie die Demokratische Bewegung für Veränderung (DASH) oder die Bürgerrechtspartei (RATZ), die eine reale humane Politik sowie den realen Rückzug aus den besetzten Gebieten forderten.

David Hartman beschrieb diesen Prozeß folgendermaßen: „Israels moralische Propheten wurden von den großen Parteien samt und sonders ausgegrenzt und den kleinen Splittergruppen überlassen. So wurden sie zu einsamen Rufern in der Wüste, und die Arbeiterpartei und der Likud-Block, die beide ihre ideologischen Mythen gegen einen funktionellen Pragmatismus eingehandelt hatten, konnten sie problemlos ignorieren." (Dies war auch der Grund dafür, daß es beiden schließlich relativ leichtfiel, gemeinsam eine Regierung der nationalen Einheit zu bilden: Sie haben in vieler Hinsicht größere Gemeinsamkeiten untereinander als mit den kleinen radikalen Parteien am linken bzw. rechten Flügel des politischen Spektrums.)

Landesfremde, die einer Debatte in der Knesset, dem israelischen

Parlament, beiwohnten und die Politiker miteinander streiten sahen, staunten immer wieder über die gesunde Demokratie in Israel. In Wirklichkeit erlebten sie lediglich, wie sich die Minderheiten vom äußersten rechten und äußersten linken Rand gegenseitig niederschrien – über die Köpfe des massiven Blocks aus Arbeiterpartei und Likud hinweg, der träge in seiner funktional-pragmatischen Allianz verharrte. Das Ganze war eine Kakophonie aus Monologen – alles redete durcheinander, niemand hörte zu. In Amerika findet dieser hysterische Konkurrenzkampf in der Werbung statt, zwischen praktisch gleichartigen Produkten wie Hundefutter oder Frühstücksflocken. Parallelen ließen sich ziehen, betrachtet man die Auseinandersetzung zwischen Likud und Arbeiterpartei. Beide verwiesen auf ihre Parteiprogramme und warben: „Schaut her, wir sind ganz anders als die anderen!" Doch im Alltag verkauften sie beide das gleiche Schappi.

Das unausgesprochene pragmatische Einverständnis zwischen Arbeiterpartei und Likud-Block erfuhr nur durch den Libanonkrieg eine zeitweilige Unterbrechung. Verteidigungsminister Scharon vom Likud stellte die Ereignisse zwar dar, als ginge es in der Hauptsache um „Frieden für Galiläa", doch in Wirklichkeit hatte der Krieg mit diesem Teil Israels herzlich wenig zu tun. Mit dem Einmarsch in Beirut versuchte Scharon vielmehr, eine Lösung für das existentielle Problem zu finden, das die 1,7 Millionen Palästinenser im Westjordanland und im Gazastreifen für die israelische Gesellschaft darstellten. Scharon hoffte, er könne die in den besetzten Gebieten lebenden Palästinenser durch die Zerstörung der PLO dazu zwingen, ihre Forderung nach einem unabhängigen Staat aufzugeben und statt dessen irgendeine Art eingeschränkter Autonomie zu akzeptieren. Auf diese Weise, so glaubte er, könne Israel das Westufer behalten, ohne sich Vorwürfe machen zu müssen, daß es den Palästinensern ihr Recht auf Selbstbestimmung nehme.

„Seht her", hätte Scharon der Welt am liebsten mitgeteilt, „unsere Palästinenser regieren sich selbst. Wir können also wirklich einen jüdischen demokratischen Staat in Groß-Israel – einschließlich Westufer und Gazastreifen – haben. Wer will da noch behaupten, wir könnten von drei Zielen nur zwei erreichen?"

Der Libanonkrieg offenbarte daher erneut die tiefgehende Spaltung Israels über die Grundfragen der Nation: Wie soll die israelische Gesellschaft künftig aussehen? Für welche Werte tritt Israel ein? Soll aus dem Land ein jüdisches Südafrika werden, in dem die Palästinenser auf Dauer in „Homelands" auf dem Westufer verbannt bleiben? Oder ein jüdisches Preußen, das sämtliche Nachbarn schikaniert? Oder soll es Staatsgrenzen erhalten, die allein von der Erwägung bestimmt werden, wie eine demokratische und jüdische Bevölkerung in Frieden und Sicherheit mit ihren Nachbarn zusammenleben kann?

Indem der Libanonkrieg diese Fragen unvermittelt wieder offen auf den Tisch legte, enthüllte er noch einen weiteren Grund für die Unfähigkeit der beiden großen Parteien zu entschlossenen Antworten. Beide wußten nur zu gut, daß ihr Land, brachen die wahren und mit Leidenschaft verfochtenen ideologischen Differenzen erst einmal auf, unschwer dort landen konnte, wo der Libanon schon war. Auch im Libanon hatte man sich erst im Parlament bekämpft – und dann auf der Straße. Anders ausgedrückt: Einen führenden israelischen Politiker zu fragen, was Israel eigentlich sei, heißt, ihn zur Anzettelung eines Bürgerkriegs anzustiften.

Alle Israelis wurden sich dieser Gefahr bewußt, als am 10. Februar 1983 in Jerusalem Emil Gruenzweig, ein dreiunddreißigjähriger Aktivist der „Frieden-jetzt"-Bewegung, von einer Handgranate getötet wurde, die ein fanatischer Begin-Anhänger in einen Demonstrationszug gegen den Libanonkrieg geworfen hatte. Die *Jerusalem Post* berichtete, daß den von der Explosion verwundeten „Frieden-jetzt"-Demonstranten, als sie in das Krankenhaus eingeliefert wurden, von Likud-Anhängern noch Beleidigungen hinterhergebrüllt wurden. „Schade, daß sie euch nicht alle in die Luft gejagt haben!" zitierte die *Post* einen der Schreihälse.

Mehrere Jahre später erzählte mir Avraham Burg, ein junges religiöses Mitglied der Arbeiterpartei, der bei dem Handgranatenangriff leicht verwundet worden war, er halte den Tod Gruenzweigs für den markantesten Wendepunkt in der israelischen Politik. Er führte beide Parteien wieder vom Abgrund weg und hielt sie gerade in dem Moment, da es unausweichlich zu werden schien, davon ab, die existentiellen Fragen anzuschneiden.

„Als der Fall Gruenzweig bekannt wurde, meinten die Leute, nein, das geht zu weit", sagte Burg. „Sie erkannten, wie tief der Abgrund war, der zwischen uns gähnte, und machten, daß sie fortkamen. Es war einfach zu furchterregend."

In der Tat wünschten sich die Israelis nach dem Libanonkrieg und nach dem Mord an Gruenzweig nicht die Wahrheit, sondern Einigkeit; sie wollten keine Debatte über existentielle Fragen, die nur alte Wunden aufriß – sie wollten ihre Ruhe. Und ihre Politiker waren nur allzugern bereit, diesem Wunsch nachzukommen.

So warben, als ich während des Wahlkampfes im Juli 1984 nach

Israel kam, sowohl die Arbeiterpartei als auch der Likud mit Werbespots voller Surfer um Wählerstimmen und versprachen für den Fall, daß sie gewählt wurden, die Bildung einer Regierung der nationalen Einheit. Es ist vielleicht kein Zufall, daß eine neue Definition des Wortes Konsens, die sich zunehmender Beliebtheit erfreut, ausgerechnet von einem israelischen Politiker stammt: Konsens, meint Abba Eban, heißt, daß „sich alle einig sind, gemeinsam zu vertreten, was keiner persönlich glaubt".

Ohne daß die Israelis es bemerkt hätten, wurde ihr Land beinahe so führungslos wie der Libanon. Nachdem die beiden großen Parteien im September 1984 die Regierung der nationalen Einheit gebildet hatten, kamen sie überein, alle schwierigen Probleme auf die lange Bank zu schieben und sich ausschließlich gemeinsamen Zielen zu widmen, beispielsweise der Sanierung der Wirtschaftslage. Im Grunde genommen wurde damit jede wirkliche politische Maßnahme auf die lange Bank geschoben – denn was ist Politik anderes als die Formulierung konkreter Alternativen, und was ist politische Führung anderes als die Durchsetzung dieser Alternativen in der öffentlichen Debatte? Peres, Rabin und Schamir hatten Angst davor, den Israelis einen Ausweg aus dem Status quo anzubieten, hatten Angst, sie mit der Realität im Westjordanland zu konfrontieren und daraus Konsequenzen zu ziehen.

Statt dessen zerfielen die politischen Führungskräfte Israels in zwei Kategorien: in Gemäßigte ohne Mumm in den Knochen und in Helden ohne Aussicht auf Siege. Schamir erklärte, Israel müsse „bis in alle Ewigkeit" in Judäa und Samaria bleiben, und er versprach, „irgend etwas wird geschehen" und verhindern, daß die Palästinenser zu Beginn des 21. Jahrhunderts die Bevölkerungsmehrheit stellen: Vielleicht wird die Sowjetunion ihre Juden ausreisen lassen, vielleicht gibt es in Amerika ein Pogrom – irgend etwas wird geschehen. Peres hingegen erklärte, Israel müsse und könne wegen des Westjordanlands und des Gazastreifens etwas unternehmen – und versprach im gleichen Atemzug, daß es eine Lösung ohne Opfer gebe: Israel müsse weder mit der PLO verhandeln noch auf palästinensische Unabhängigkeitsforderungen eingehen. Vielmehr werde man Jordanien dazu überreden, einen Teil des Westufers im Austausch gegen einen Friedensvertrag zurückzugeben – und zwar nach einer sehr, sehr langen Übergangszeit. Mit anderen Worten: Sowohl Peres als auch Schamir versagten nicht nur als politische Führer, sondern sie vernebelten der israelischen Öffentlichkeit die Sinne. Sie verführten die Menschen dazu, das Unglaubliche zu glauben, zu hoffen, wo es nichts zu hoffen gab, ihre Stärke für Schwäche und ihre Schwäche für Stärke zu halten. Sie redeten den Menschen ein, der Atem der Geschichte treibe sie voran, wiewohl er ihnen in Wahrheit ins Gesicht blies.

David Ben Gurion war stets der Ansicht gewesen, ein Staatsmann sei in erster Linie an die Fakten gebunden und erst in zweiter Linie an sein Volk, dessen subjektiver Wille den Fakten angepaßt werden müsse. Schamir und Peres sahen die Dinge genau andersherum: Sie fühlten sich primär dem subjektiven Willen des Volkes unterworfen. Mit geradezu religiöser Hingabe spürten sie ihm durch Meinungsumfragen nach, und Woche für Woche paßten sie die Realität ihm an. Die Peres, Rabins und Schamirs waren keineswegs inkompetent. Sie waren alle gestandene Technokraten, die Enormes geleistet hatten. Sie hatten mitgeholfen, aus dem Nichts eine Nation zu schaffen, und waren noch großenteils von Israels visionären Gründervätern entdeckt und wegen ihrer administrativen Fähigkeiten und ihrer verbindlichen, nirgendwo aneckenden politischen Persönlichkeiten zu Abgeordneten und Armeeoffizieren ausersehen worden. Aber sie hatten ihre Aufgabe stets darin gesehen, die Visionen anderer zu verwirklichen, und nicht darin, eigene Visionen zu formulieren und durchzusetzen.

Gegen Ende der achtziger Jahre hatte sich offenbar eine Art symbiotischer Lähmung zwischen Israels führenden Politikern und der Nation ergeben. Die politischen Probleme des Landes schienen beiden Seiten gleichermaßen erschreckend und unlösbar. Sowohl die Politiker als auch ihre Wähler hatten das Gefühl, daß eigentlich niemand mehr etwas daran ändern könne; folglich tat die Führung nur noch so, als treffe sie Entscheidungen, während sie in Wirklichkeit nur auf die Ereignisse reagierte und niemals selbst die Initiative ergriff. Die israelische Öffentlichkeit hingegen begab sich in einen emotionalen Winterschlaf.

„Sei so gut und laß uns nicht über ‚die Lage' reden" – diesen Satz hörte man nun oft in Israel. Als im Herbst 1987 die staatseigenen Rundfunk- und Fernsehsender beinahe zwei Monate lang bestreikt wurden, empfanden das die meisten Israelis als Wohltat: Endlich einmal keine Politiker, die sich nur gegenseitig anbrüllten, aber nichts zu sagen hatten! Die Leute wußten, daß ihnen nichts entging: Sie hatten von ihren Politikern schon seit Jahren nichts mehr erfahren, das sich als echte Neuigkeit hätte bezeichnen lassen können.

Die Schlagzeilen in den Zeitungen, die den Israelis täglich einhämmerten, daß es keinen Ausweg aus dem arabisch-israelischen Konflikt gebe, veranlaßten in zunehmendem Maße auch die israelischen Künstler, alle politischen Themen fallenzulassen und ihre Zuflucht in einem abstrakten, anti-intellektuellen postmodernen Trend zu suchen, der jede – oder zumindest jede klare – Aussage vermied. Dies geschah nach einem Jahrzehnt, in dem die Protest- und Antikriegskunst dominiert hatte. Der Maler Mosche Gerschuni, der sich auf dem Höhepunkt des Libanonkrieges vorwiegend dem Thema der Opferung Isaaks gewidmet hatte und auf dessen Bildern die blutrote Farbe dominierte, erzählte mir, er habe sich einige Monate nach Kriegsbeginn, als die täglichen Listen mit den Namen der Gefallenen immer länger wurden, von einem Moment auf den anderen entschlossen, das Opferungsthema fallenzulassen und nur noch Blumen zu malen – vor allem Alpenveilchen und Anemonen. Ich fragte ihn nach den Gründen. „Das habe ich mich auch gefragt", sagte er. „Was tust du da? Bist du verrückt geworden? habe ich mich gefragt. Aber dann wurde mir klar, daß ich mich kaputtmachen würde, wenn ich nicht aufhörte, mich zu engagieren. Es wurde Zeit, mich wieder mehr um mich selbst zu kümmern, statt die ganze Bürde der jüdischen Geschichte auf meinen Schultern zu tragen. Seitdem lese ich keine Zeitung mehr und höre kein Radio mehr. Meine Existenz als politisch denkendes Wesen ist beendet."

Vielen Israelis erging es ähnlich. Kurz nach meinem Gespräch mit Gerschuni – um die Mitte des Jahres 1987 – traf ich mich mit dem israelischen Filmemacher Amnon Rubinstein, der mir von einem ähnlichen Trend unter Israels Cineasten berichtete: „Die Leute wollen einfach nichts mehr hören und sehen", meinte er. „Wir haben das Gefühl, daß sich alles festgefahren hat und niemandem eine Lösung einfällt. Es ist, als befänden wir uns in einem dunklen Tunnel, und das Licht, das wir sehen, ist nicht der Ausgang, sondern der Zug, der auf uns zurast."

Der erfahrene religiöse Politiker Josef Burg erzählte immer gern einen Witz über zwei Israelis, die über Philosophie diskutieren. Fragt der eine den anderen: „Bist du ein Optimist oder ein Pessimist?" Antwortet der andere: „Natürlich bin ich Optimist. Ich bin überzeugt, daß der heutige Tag besser wird als der morgige."

Über diesen Witz lachten alle Israelis, die ich kannte, und sie lachten damit über sich selbst. Die herrschende Lähmung des politischen Systems in Israel ist nicht nur durch einen Mangel an Führungswillen und Klarheit von oben entstanden, auch nicht allein durch die Tatsache, daß es Israels Feinde, die Palästinenser, so lange unterließen, die Frage nach ihrer eigenen Identität aufzuwerfen. Der tiefsitzende Fatalismus, der die Geschichte der Juden durchzieht und begleitet, trägt ebenfalls ein gerüttelt Maß zu dieser Lähmung bei.

Die zionistische Revolution hatte sich zum Ziel gesetzt, die Juden von ihrer jahrhundertealten Ghettomentalität – von dem Gefühl, stets die Schwächeren, stets die hilflosen Opfer zu sein – zu befreien. Sie wollte beweisen, daß die Juden nicht bis in alle Ewigkeiten zum Dulden verurteilt waren, sondern daß sie ihr Schicksal selbst in die Hände nehmen konnten – daß dieses Volk, dessen Existenz und Schicksal stets von fremden Mächten bestimmt worden war, eine Gemeinschaft eigener Wahl bilden konnte, die stark genug war, ihre eigene politische Geschichte zu bestimmen. Der Zionismus versuchte dies zu erreichen, indem er jüdische Bürger schuf, eine jüdische Regierung, eine jüdische Armee, ein jüdisches Kabinett und einen jüdischen Präsidenten – und indem er die hebräische Sprache wiederbelebte. Die Tragödie und gleichzeitig die Ironie der zionistischen Revolution liegt darin, daß es ihr zwar gelang, aus der Asche des Holocaust all diese Instrumente und Institutionen zu schaffen, daß ihr aber bei dem Versuch, einen Schlußstrich unter die kollektive Selbsteinschätzung der Juden als ewige Opfer zu ziehen, der Erfolg versagt blieb. Viele Israelis haben auch heute noch, obwohl sie längst ihre eigene Sprache sprechen und ihren Kopf vor niemandem mehr beugen müssen, das Gefühl, sie seien – wie einst die Bewohner der Judenghettos – Opfer der Umstände und ihre Zeit sei nur geborgt. Sie haben sich noch immer nicht von den Fesseln der Vergangenheit befreit.

Obwohl Israel über eine der stärksten und modernsten Armeen der Welt verfügt, sehen sich die politischen Führer des Landes aus diesem Grund bis heute praktisch außerstande, darüber nachzudenken, wie sie ihre überwältigende Macht durch kühne politische Strategien zur Formulierung neuer positiver Optionen, namentlich im Hinblick auf die besetzten Gebiete, heranziehen könnten. Sie betrachten sich noch immer als ein Volk, das nur auf die Geschichte reagiert, aber nicht selbst gestaltend in den Lauf der Geschichte eingreift. Die politische Führung Israels wartet noch immer auf den Anruf der Araber – sie weiß offenbar kaum, wie man selbst eine Nummer wählt. Selbst das Camp-David-Abkommen mußte von Sadat angeregt werden – Begin hätte es nie getan. Müßte ich eine Karikatur vom heutigen Israel entwerfen, so würde ich einen Rettungsschwimmer zeichnen, der von Kopf bis Fuß nur so strotzt vor Muskeln, jedoch, sobald ihn jemand ins Bassin stößt, nichts weiter tut, als Wasser zu treten.

„Es ist sehr merkwürdig“, sagte Abba Eban einmal. „Als wir

wirklich noch schwach und angreifbar waren und tatsächlich mit unserer Vernichtung rechnen mußten, da waren wir viel freier, fröhlicher und selbstbewußter. Heute, da das Gerede von der Zerschlagung Israels durch die PLO bloß noch lächerlich ist, fühlen wir uns ernsthaft bedroht und sind übernervös. Es scheint den Leuten einfach nicht in den Kopf zu wollen, daß unsere Macht eine Realität ist.

Die Vorstellung eines umkämpften, hochgradig gefährdeten Landes Israel sowie Wörter wie ‚Liquidation‘, ‚Auslöschung‘ und ‚Zerstörung‘ sind in unseren nationalen Wortschatz eingegangen und haben sich auch in den Köpfen unserer amerikanischen Freunde festgesetzt. Man könnte glatt meinen, wir seien so eine Art waffenloses Costa Rica, die PLO dagegen Napoleon, Alexander der Große und der Hunnenkönig Etzel in einer Person. Die Rhetorik der Israelis basiert nicht mehr auf den derzeitigen Realitäten, sondern auf den Erinnerungen an die Geschichte der Juden – und das ist ein Fehler der politischen Führung.“

Eine der wichtigsten Arbeiten der israelischen Nahostforschung in den siebziger Jahren war ein Buch des ehemaligen Chefs des militärischen Geheimdienstes, Jehosafat Harkabi. Der Titel des Buches – *Arabic Strategies & Israel's Response* – hat mir immer großen Spaß gemacht. Die Araber haben Strategien, die Israelis nur Reaktionen darauf. Der Titel erinnert mich an die von der Propaganda-Abteilung des israelischen Außenministers herausgegebenen Landkarten, auf denen ein winziges Israel umringt war von arabischen Ländern, in die kleine Kanonen und Panzer eingezeichnet waren. Alle Kanonen waren auf Israel gerichtet. Keine einzige Landkarte zeigte israelische Kanonen, die auf die Araber gerichtet waren.

Wo immer man heute in Israel hinkommt – allenthalben spürt man die Vergangenheit. Mit der Unablässigkeit von Wellen rollt sie wieder und wieder auf die Menschen zu und flüstert: Euer Los, ihr Israelis, ist dasselbe wie das Los aller Juden. Ihr seid dazu bestimmt, Opfer zu sein. Ich habe das stets am deutlichsten am nationalen Gedenktag, dem Jom Hasikaron, gespürt, der alljährlich dem Unabhängigkeitstag vorausgeht. Punkt zwölf Uhr mittags beginnen von Metulla im Norden bis Eilat im Süden die Sirenen zu heulen, und jeder israelische Jude hält mitten in der Bewegung inne und nimmt Habachtstellung an. In meinem ersten Jahr in Israel fuhr ich gerade mit dem Fotografen Micha Bar-Am eine Schnellstraße entlang, als die Sirenen losgingen. Urplötzlich – und ohne ein Wort der Erklärung – riß Micha das Steuer herum, kam mit kreischenden Bremsen auf dem Seitenstreifen zum Stehen, riß seine Tür auf, sprang heraus und blieb in Habachtstellung neben dem Wagen stehen. Alle anderen Autofahrer auf der Schnellstraße taten genau das gleiche. Es war ein denkwürdiger, gespenstischer Anblick – als hätte jedermanns Hirn ein imperatives Signal aus dem All empfangen und ich allein, der ich noch immer auf meinem Beifahrersitz verharrte, wäre dafür unempfindlich. Im Jahr darauf sah ich die gleiche Szene wiederholt, diesmal allerdings im Zentrum von Jerusalem: Autos, die mitten auf den Kreuzungen stehenblieben, überall Menschen, die zu Eis erstarrten – auf den Trottoirs, an den Snackbartheken, in Klassenzimmern, an Gräbern, alle in stocksteifer Habachtstellung zum Gedenken. Sie gedachten der Toten aus den Kriegen 1948, 1956, 1967, 1973, 1982 sowie aus den dazwischen liegenden Scharmützeln. Die Sirenen heulten, und die Menschen blieben stehen und ließen sich – unsichtbar und unhörbar – von der Vergangenheit einspinnen.

„Viele Israelis haben das Gefühl, daß sie nur zufällig Auschwitz oder Bergen-Belsen entgangen sind, nur durch glückliche Fügung nicht am Suezkanal waren, als 1973 die Ägypter einfielen", erklärte mir David Hartman. „Wenn sie Szenen aus dem Holocaust sehen, sagen sie sich: ‚Dort wäre ich, hätte Gottes Gnade es nicht verhindert.‘ Sie stehen an den Gräbern ihrer Kameraden aus den Kriegen und fragen sich: ‚Wieso bin ich nicht tot?‘ In Israel dominiert das Gefühl, daß das Erdendasein nichts Organisches ist, nichts von der Umwelt Genährtes. Man ist nicht richtig verwurzelt. Man ist zwar da, aber gegen den Willen und Wunsch aller anderen. Man kann einfach nie richtig entspannen. Unsere Politiker sollten eigentlich, wenn sie morgens aufwachen, ihre Vorstellungskraft bemühen und sich sagen: ‚Diese und diese und diese Option steht mir offen. Kraft habe ich genug – also, wo fange ich heute an?‘ Aber das tun sie nicht. Sie wollen einfach nur den nächsten Tag hinter sich bringen, die nächste Woche, den nächsten Monat. Über den Tag hinaus können sie nicht denken. Man führe sich das nur mal vor Augen: Der Unabhängigkeitstag wird genau einen Tag nach dem nationalen Gedenktag gefeiert! Heute sieht man die weinenden Witwen und Waisen aus all den vielen Kriegen – und morgen soll man die Unabhängigkeit feiern! Kein Mensch weiß, wie er sich verhalten soll. Also laufen sie herum und hauen sich gegenseitig mit albernen Plastikhämmern auf den Kopf. Wie sollen sie nach dem Gedenktag auch eine normale Fröhlichkeit empfinden können? Bei einer Feier, die quasi aus dem Nichts kommt? Das ist hier jedes Jahr ein Tanz auf dem Vulkan. Und jeden Tag ein Tanz über Gräbern."

Der israelische Romancier David Grossman schilderte mir den denkwürdigsten Moment seiner Hochzeit folgendermaßen: „Wir hatten meine Tante Itka eingeladen, die Auschwitz überlebt und eine eintätowierte Nummer auf dem Arm hat. Bei unserer Hochzeit trug sie einen Verband über der Nummer. Ich fragte sie, ob sie sich verletzt habe. Nein, meinte sie, sie habe ihn nur angelegt, um der Hochzeitsgesellschaft an diesem Freudentag den Anblick ihrer Nummer zu ersparen. Dieser Verband ist ein Symbol für Israel. Ganz Israel lebt mit solch einem Verband, und jeder weiß ganz genau, daß sich darunter der Holocaust verbirgt – ein Abgrund, in den man jederzeit stürzen kann.“

Das Motto Theodor Herzls, jenes österreichischen Journalisten, der als Vater des Zionismus gilt, war erfüllt vom Geist der freien Wahl und der Eigeninitiative. Ihn wollte er dem Volk der Juden mitgeben. „Wenn ihr es wollt“, sagte Herzl, „dann ist es kein Traum.“

Degania, der erste jüdische Kibbuz, von zionistischen Pionieren im Jahre 1909 errichtet, war sozusagen das Denkmal für Herzls Motto. In den ersten Jahren nach der Staatsgründung empfanden die im Lande geborenen Israelis großenteils nur Verachtung für die Opfer des Holocaust, ja oftmals selbst für jene, die ihn überlebt hatten. Die weitverbreitete Meinung war, sie hätten sich widerstandslos wie Vieh zur Schlachtbank führen lassen. Die Zionisten galten demgegenüber als kühne Pragmatiker, die ausgezogen waren, um gegen harten britischen und arabischen Widerstand den Judenstaat zu gründen.

Ruth Firer, Forscherin an der Pädagogischen Hochschule der Hebräischen Universität und Spezialistin für die Behandlung des Themas Holocaust an israelischen Oberschulen, erinnert sich an den Geist der frühen Jahre: „Als ich in den fünfziger Jahren hier studierte, galt der Holocaust als Familiengeheimnis, ja als Schande, über die man nicht sprach“, erklärte sie mir. „In der Schule erfuhren wir fast nichts darüber. Damals dachte jeder, die Zukunft müsse über die Vergangenheit triumphieren. Wir alle – sowohl unsere Eltern als auch wir Kinder – versuchten das Geschehene zu verbergen. Wenn überhaupt an den Schulen über den Holocaust gesprochen wurde, dann über den heroischen Aufstand im Warschauer Ghetto – und damit hatte sich's.“

Es ist ein Jammer, daß es in der Folgezeit zu einer ganzen Serie von traumatischen Ereignissen kam, die sich geradezu dazu verschworen zu haben schienen, den Geist des Holocaust und alles, was er in der jüdischen Geschichte repräsentierte, wiederaufleben zu lassen. Im Laufe dieses Prozesses wandelte sich das israelische Motto von Herzls „Wenn ihr es wollt, dann ist es kein Traum“ zu *„Kacha, Ma*

Laasot? – So sind die Dinge nun mal, was können wir schon dagegen tun?" Mit anderen Worten: Unsere Zukunft ist vorbestimmt – ein ständiger Kampf ums Überleben in einer feindseligen Welt.

Ich glaube, der Wandel setzte ein mit dem Prozeß gegen den Nazi-Kriegsverbrecher Adolf Eichmann im Jahre 1961. Die Verhandlung holte nicht nur die Überlebenden des Holocaust, sondern auch den Holocaust selbst aus der Versenkung, in der die Israelis ihn hatten verschwinden lassen. Die Älteren waren gezwungen, offen über ihre Gefühle nachzudenken, während die junge Generation, die in Israel aufgewachsen war und nun die ergreifenden Zeugenaussagen der Überlebenden genauestens verfolgte, zum erstenmal Interesse an dem zuvor tabuisierten Kapitel der Familiengeschichte entwickelte.

„Zum erstenmal drangen die Geschichten der Überlebenden an die Öffentlichkeit und wurden legitimiert", erzählte mir Ruth Firer. „Die Leute hörten sie jeden Tag bei der Gerichtsverhandlung und konnten sie in den Zeitungen nachlesen. Von nun an wurden die Überlebenden nicht mehr als Vieh betrachtet, das sich willig hatte zur Schlachtbank führen lassen. Erstmals wurde bekannt, daß viele von ihnen Widerstand geleistet hatten, daß viele von ihnen Helden waren – Helden, die wir Israelis gut verstehen konnten. Sie hatten ums Überleben *gekämpft*, und das rechneten wir ihnen hoch an."

Nach dem Eichmann-Prozeß wurden Überlebende des Holocaust dazu eingeladen, Vorträge an den höheren Schulen zu halten. Das Thema Holocaust wurde erstmals in die Unterrichtspläne der zwölften Klassen aufgenommen. Doch erst fünf Jahre später, im Mai 1967, war es soweit, daß ausnahmslos jeder Israeli einen Hauch der Vernichtung zu spüren bekam. Nur allzuleicht vergißt man heute, daß im Monat vor dem Junikrieg 1967 viele Israelis überzeugt waren, ihre geborgte Zeit sei abgelaufen: Der ägyptische Präsident Gamal Abdel Nasser schlug die Kriegstrommeln, schuf ein gemeinsames militärisches Oberkommando mit Jordanien und drohte, Israel vom Angesicht der Erde zu tilgen. Der Mai 1967 war einer der wichtigsten Monate in der Geschichte Israels: In diesem Monat verschmolz das wachsende Bewußtsein um den Holocaust erstmals mit der Einsicht in die kritische politische Lage der Gegenwart.

Das Ausmaß der Bedrohung, die die Israelis im Mai 1967 empfanden, läßt sich an den Schlagzeilen der *Jerusalem Post* ablesen. Da heißt es beispielsweise am 25. Mai 1967: „Luftschutzräume inspiziert" – „3000 verlassen das Land" – „Warenhäuser nach Käufersturm die ganze Nacht geöffnet" – „Thora-Schriftrollen in Feld-Synagogen" – „Rabbinat ruft zu zusätzlichen Gebeten auf". Tags darauf, am 26. Mai, berichtete die *Jerusalem Post*, ein „selbsternannter Erfinder mittleren Alters hat gestern der Armee drei seiner Patente angeboten: einen kosmischen Todesstrahler, ein motorloses Flugzeug sowie einen Instant-Wasserentsalzungsapparat. Dieses Angebot war nur eines von vielen, die dem Verteidigungsministerium ins Haus flatterten."

„Den Monat vor dem Sechstagekrieg wird niemand in diesem Lande jemals vergessen", sagte Ruth Firer dazu. „Sämtliche arabischen Länder um uns schlossen militärische Bündnisse mit dem Ziel, uns zu vernichten. Wir stapelten Sandsäcke vor unsern Häusern und horteten Lebensmittel. Die Leute befürchteten im Ernst, wir würden von allen Seiten umzingelt und niedergemetzelt. In diesen Tagen begriff ich erstmals so wie nie zuvor, was der Holocaust bedeutete. Plötzlich wurde uns klar, daß es nicht einfach um ‚Wenn ihr es wollt, dann ist es kein Traum' ging. Wir hatten das Gefühl, Opfer der Umstände zu sein, auf die wir keinen Einfluß nehmen konnten – genau wie die Menschen, die in die Mühlen des Holocaust geraten waren. Das brachte die Leute auf den Gedanken, es könne alles noch einmal geschehen – sogar hier in Israel. Womöglich würde der Dritte Tempel nur kurze Zeit stehen, und die jüdische Geschichte könnte sich wiederholen."

Nach einer kurzen Pause fügte sie hinzu: „Mittlerweile tragen wir alle die Last der Vergangenheit auf unseren Schultern, und sie ist außerordentlich schwer."

Der Sieg im Sechstagekrieg von 1967 vermochte diese Last nur vorübergehend zu erleichtern. Der neuerliche Krieg im Jahr 1973, als sich Ägypten und Syrien zu einem Überraschungsangriff an Jom Kippur verbanden, machte sie schwerer als je zuvor. Seitdem trägt buchstäblich jeder Israeli an ihr. Und statt gegen die „Holocaustierung" der israelischen Psyche anzugehen, haben führende Politiker des Landes – wie Golda Meir, Menachem Begin und Jizchak Schamir – diese Opferhaltung eher noch gefördert, indem sie aus den Palästinensern die neuen Nazis machten und aus Israel ein modernes Warschauer Ghetto, das sich gegen den Rest der Welt zur Wehr setzen muß. Insbesondere Begin hat in seinen Reden die Israelis immer wieder als Erben der jüdischen Rolle des Opfers dargestellt, dazu verurteilt – wie alle Juden in der Geschichte –, einsam zu bleiben.

Heute ist der Holocaust – unglücklicherweise, muß man sagen – zu einem wesentlichen Bestandteil des Geschichtsunterrichts an den höheren Schulen Israels und in den Offizierslehrgängen der Armee geworden. Niemand pilgert mehr zum Kibbuz Degania, der Urform aller Kibbuzim. Die meisten israelischen Jugendlichen, die ich traf, hatten keine Ahnung, was Degania bedeutet; längst gilt es nicht mehr als das „Tor Israels". Degania wurde abgelöst von Jad Waschem, dem riesigen Mahnmal, das auf einem der Hügel Jerusalems zu Ehren der sechs Millionen Opfer des Holocaust errichtet wurde. Keinem Staatsgast bleibt eine Besichtigung des Denkmals erspart. Kein Jugendlicher in Israel, der nicht schon einen Ausflug zum Jad Waschem gemacht hätte. Und die meisten fahren zusätzlich noch nach Polen, um die Todeslager von Auschwitz, Majdanek und Treblinka mit eigenen Augen zu sehen. Die sublime Botschaft, die daraus abzulesen ist, lautet: Ohne diese Konzentrationslager gäbe es heute keinen Staat Israel.

Als ich Israel im Sommer 1988 verließ, war unter den führenden Pop-Alben der Hitlisten einer mit dem Titel *Asche und Staub.* Die Musik stammte von Yehuda Poliker, die Texte hatte Yaacov Gilad geschrieben – beide in Israel geborene Söhne von Überlebenden des Holocaust. Die meisten Songs auf dieser Platte hatten den Massenmord zum Thema, und einer der beliebtesten trug den Titel „Der kleine Bahnhof Treblinka". Er erzählte von einer Fahrt mit dem Todeszug zum KZ Treblinka, wo schätzungsweise siebenhundertfünfzigtausend Juden in den Gaskammern umkamen. Eine der Strophen dieses Liedes habe ich nie vergessen. Sie lautet:

Manchmal dauert die Fahrt
fünf Stunden und fünfundvierzig Minuten.
Und manchmal dauert die Fahrt
dein ganzes Leben lang bis zum Tod.

Israel wird allmählich zu einem einzigen Jad-Waschem-Denkmal mit Luftwaffe. Die Vergangenheit hat mit der zionistischen Revolution gleichgezogen und steht wahrscheinlich schon im Begriff, sie zu überholen. Der Holocaust ist drauf und dran, zum entscheidenden Charakterzug der israelischen Gesellschaft zu werden. Selbst Sephardim und orientalische Juden, die aus muslimischen Ländern nach Israel kamen und den Völkermord nicht miterlebt haben, behandeln ihn heute wie einen Teil ihrer eigenen Familiengeschichte. „Der Holocaust ist längst kein Trauma mehr, von dem nur einzelne Familien in Israel betroffen sind", sagte Sidra Esrahi, eine israelische Literaturwissenschaftlerin. „Er ist zu einer kollektiven Krankheit geworden, von der die gesamte Nation betroffen ist."

Dies ist, wenigstens zum Teil, die Erklärung dafür, daß die Israelis bisher noch beinahe alles nahezu klaglos hingenommen haben, was ihnen ihre Regierung auferlegte. Ob es um die übertrieben hohen

Steuern geht oder um zusätzliche dreißig Tage Reservedienst in der Armee – die Israelis scheinen alles zu schlucken. Sidras Mann Jaron, selbst in Israel geboren, erklärte mir, warum das so ist: „Ich fürchte, viele Menschen halten beinahe alles für erträglich – solange es nur keine Gaskammern gibt und kein Genozid an Juden stattfindet."

Glücklicherweise ist die „Jad-Waschemisierung" Israels noch nicht vollständig, hat sich die vorzionistische negative Einschätzung der eigenen Stärke noch nicht bei allen Israelis durchgesetzt. Eine gesunde politische Führung vorausgesetzt, könnte der Trend sich noch umkehren. Davon bin ich seit einem Besuch des Luftwaffenstützpunkts Hatzerim überzeugt. Ich hatte dort jenen israelischen Luftwaffenpiloten kennengelernt, unter dessen Kommando 1981 eine F-16-Bomberstaffel den irakischen Atomreaktor in Bagdad zerstört hatte. Heute untersteht ihm das Pilotentraining an der Flugschule der Luftwaffe. Oberst Z. – ich versprach ihm, seinen Namen nicht zu nennen – wurde in einem Kibbuz bei Haifa geboren und wuchs dort auf. Er hatte, wie so viele andere hohe Offiziere der israelischen Armee, keinerlei Zweifel daran, daß Israel in Wirklichkeit genug Macht und Stärke besaß, die eigene Zukunft zu gestalten – die apokalyptische Rhetorik der Politiker hatte ihn noch nicht infiziert.

Zu Beginn unseres Gesprächs erzählte ich ihm, ich hätte gehört, die israelische Luftwaffe habe ein „Holocaust-Quiz" gesponsert, um herauszufinden, welcher Pilot am besten über den Massenmord an den sechs Millionen Juden Bescheid wüßte.

„Es war schrecklich!" antwortete Oberst Z. „Ich habe den Chef der Luftwaffe, Generalmajor Avihu Binun, angefleht, das nicht zuzulassen. Da wurden doch tatsächlich Fragen gestellt wie: ‚Wie viele Juden wurden in Treblinka umgebracht? Wie viele in Buchenwald?' Sie wollten sichergehen, daß die Leute die Ziffern genau kennen. Eine der Fragen wollte wissen, wie viele Juden in ein libysches KZ gekommen seien, und einer der Jungs antwortete: Fünfhunderttausend. Die richtige Antwort war fünfhundert! Verstehen Sie – alles wird so groß aufgeblasen, daß man die Perspektive verliert und am Ende gar nicht mehr begreift, was es bedeutet, wenn fünf oder sechs Juden getötet werden. Wenn sie einen Dreijährigen ständig prügeln, dann wird er mit achtzehn immer noch Angst haben. Und das ist die Grundhaltung hier – die eines geschlagenen Kindes. Es ist die Grundorientierung im heutigen Israel. Sehen Sie, ich selber wurde nach meinem rumänischen Großvater benannt, den die Nazis umbrachten. Ich wuchs mit Geschichten über geprügelte Juden auf, so daß selbst ich nicht ganz frei bin von diesem Komplex. Meine Vernunft sagt mir zwar, ich sollte ihn nicht haben, aber ich kann ihm nicht entfliehen."

Ich fragte: „Wenn Sie eine Rede an die ganze Nation halten könnten, was würden Sie, mit Ihrem Wissen über die Stärke der israelischen Luftwaffe, den Leuten erzählen?"

„Ich würde ihnen sagen, daß wir stark genug sind, um Kompromisse schließen zu können", antwortete er ohne Zögern. „Daß eine starke Nation voller Selbstvertrauen würdige Kompromisse eingehen kann. Wenn alle Leute wüßten, was ich weiß, hätten sie viel weniger Angst vor Konzessionen. Wenn wir uns immer nur als hilflose Opfer betrachten, sind wir weder imstande, unsere eigene Stärke wahrzunehmen, noch können wir die Möglichkeiten erkennen, die uns offenstehen. Und deshalb haben wir schon viele gute Gelegenheiten verstreichen lassen. Das versuche ich auch meinem Sohn beizubringen, aber es ist nicht leicht."

Nein, das ist es wohl nicht. Eine Nation, die sich in ihrer kollektiven Vorstellung immer nur am Rande eines Vulkans leben sieht oder in den unheimlichen Gängen des Jad-Waschem-Denkmals, macht keine Pläne für die Zukunft und denkt nicht über beherzte Initiativen nach. Sie orientiert sich bloß noch am nackten Überleben.

Kurz nachdem Jizchak Schamir im Oktober 1986 Ministerpräsident geworden war, besuchte ich ihn gemeinsam mit A. M. Rosenthal, dem damaligen Chefredakteur der *New York Times*. Schamir, dessen gesamte Familie im Holocaust umgebracht wurde, ist geradezu ein Musterbeispiel für jene führenden Politiker Israels, die im Morgen nur das Gestern sehen.

Kurz vor Ende des Interviews, das in Schamirs Büro stattfand, stellte Rosenthal dem Premier eine jener kosmischen Reporterfragen, denen kein Staatsoberhaupt entgeht. „Mr. Schamir", begann er mit einer grandiosen Geste, die auf einen imaginären Horizont zu deuten schien, „in zwei Jahren ist Ihre Amtszeit um. Was wünschen Sie, daß die Leute dann über Sie sagen?"

Schamir neigte sich vor, legte die Hände ineinander, sah Rosenthal in die Augen und antwortete: „Ich wünsche mir, daß sie sagen, bei mir sei alles ruhig geblieben."

Wem gehört dieses Land eigentlich?

Als ich kürzlich mit dem Bus durch die König-Georg-Straße in Jerusalem fuhr, war mir die junge Frau, die im rückwärtigen Teil des Busses neben dem (ultra-orthodoxen) Haredi-Juden saß, zunächst nicht besonders aufgefallen, da die beiden – er mit seinem schwarzen Hut, schwarzen Mantel und langen Bart, sie in Sandalen, Rock und ärmellosem Top – nur ein Teil der typischen Szenerie bildeten, zu der auch Soldaten auf Urlaub, eine Babuschka-Großmutter und Fünfjährige mit Rucksäcken gehörten. Auch der eine oder andere amerikanisch aussehende Rabbi, bei denen man immer den Eindruck hat, sie eilten zu einem dringenden Termin, war dabei. Erst nachdem die junge Frau den Haredi höflich gebeten hatte, das Fenster zu schließen, hob ich den Blick von meiner Zeitung und beobachtete, wie er ziemlich sachlich zur Antwort gab: „Würden Sie bitte Ihre Ärmel verlängern?"

„Mister", sagte die Frau und hob die Stimme, um ihr Mißfallen kundzutun, „das offene Fenster stört mich!"

Der Haredi wirkte verblüfft.

„Madame, die nackten Arme stören mich", sagte er.

Mit finster entschlossener Miene und deutlicher Aussprache jeder Silbe, so daß die Antwort in jedermanns Ohren widerhallte, gab sie zurück: „Sind das meine Arme oder Ihre Arme?"

Rabbi Schlomo Riskin in der JERUSALEM POST vom 20. Mai 1988

In den dreißiger Jahren stand auf dem Mughrabi-Platz in Tel Aviv eine Uhr, deren Zifferblatt nicht verglast war. Eines Tages, so heißt es, ordnete Bürgermeister Meir Dizengoff an, die Uhr zu entfernen.

Nach dem Grund befragt, erklärte der Bürgermeister: „Weil jeder Jude, der daran vorbeigeht, sie nach seiner eigenen Uhr stellt."

Mir wurde diese Anekdote schon kurz nach meiner Ankunft in Jerusalem erzählt, doch wieviel Wahrheit sie auch heute noch enthält, verstand ich erst, als ich schon geraume Zeit in Israel lebte. Ich machte die Entdeckung, daß den Israelis nicht nur die Entscheidung über die politische, sondern auch die spirituelle Definition ihrer Nation schwerfällt.

Wohl das Erstaunlichste am einzigen Judenstaat der Welt ist die Tatsache, daß er aufgebaut und zusammengehalten wurde *trotz* der abgrundtiefen Differenzen über die Frage, wie genau sich ein Jude zu definieren hat und wie die jüdische Lebensart in einem Judenstaat aussehen sollte. Ich habe im Laufe der Zeit viele amerikanische und westeuropäische Juden getroffen, die mir erzählten, sie seien nach Israel gegangen, um sich dort als Juden „selbst zu finden". Darauf habe ich ihnen stets geantwortet, dafür sei Israel vermutlich der ungeeignetste Ort der Welt. Dort verliert man sich eher als Jude – denn wer sich, bevor er nach Israel kommt, selbst nicht kennt, wird sich in der verwirrenden Vielfalt von Möglichkeiten, die auf ihn einstürmen, sobald er israelischen Boden betritt, unweigerlich verirren.

Ich selbst wuchs, wie die meisten amerikanischen Juden, mit einem „landlosen" Judentum auf – jenem Judentum, das die Juden praktizierten, seit sie vor zweitausend Jahren von den Römern aus Palästina vertrieben wurden. In dieser Art Judentum dreht sich alles um die Synagoge, um die Feiertage und um die Zusammenkünfte der Gemeinde. Spirituell gesehen, unterscheiden sich Juden in der Diaspora nur in ihrer Einstellung gegenüber der Einhaltung der Rituale, das heißt also, daß sie entweder dem orthodoxen, dem konservativen oder dem reformierten Glauben anhängen – wobei die Orthodoxen sich am strengsten und die Reformierten sich am wenigsten an die Rituale halten.

In Israel ist das ganz anders. Die Unterschiede der Juden bestehen weniger in der Zugehörigkeit zu verschiedenen Synagogen als vielmehr in der Einstellung zum Land Israel und seinem Staat. Die Wiedervereinigung des jüdischen Volkes mit dem Land seiner Väter und die Errichtung eines modernen Staates in diesem Land haben für den einzelnen eine Fülle neuer Möglichkeiten zur Selbstdefinition als Jude eröffnet. Einige davon waren in der Diaspora vollkommen unbekannt.

Die Vielzahl von Optionen läßt sich in vier breitgefächerte Denkschulen einteilen. Die erste und größte besteht aus weltlich orientierten Israelis, die sich um die Rituale wenig kümmern, aus Männern wie Schimon Peres und Jizchak Schamir, jenen also, die persönlich am Aufbau des neuen Staates Israel mitgewirkt haben. Sie kamen zum Teil aus Protest gegen ihre Großväter und gegen das orthodoxe, synagogenorientierte Ghettojudentum Osteuropas nach Israel. Für die weltlich orientierten Zionisten wurden die Rückkehr ins Gelobte Land, der Aufbau einer modernen Gesellschaft und einer modernen Armee sowie die Einhaltung der jüdischen Feiertage in der Form von nationalen Feiertagen zum Religions- und Glaubensersatz. In Israel, so meinten sie, ist der Himmel jüdisch, der Basketballsport jüdisch, der Staat jüdisch und der Flughafen jüdisch – wozu soll man da noch in die Synagoge gehen? Die Rückkehr ins Land der Väter war für sie Rückkehr zur „Normalität". Das religiöse Ritual als bestimmender Wesenszug ihrer jüdischen Identität entfiel. Wissenschaft, Technologie und die Begrünung der Wüste – das war ihre neue Thora.

Die weltlich orientierten Israelis, die ungefähr fünfzig Prozent der jüdischen Bevölkerung ausmachen und ihre Kinder in staatliche nichtreligiöse Schulen schicken, waren überzeugt, die Zukunft gehöre ihnen und ihresgleichen. Sie hielten die traditionsgebundenen Juden für eine vorübergehende Erscheinung in der jüdischen Geschichte. Sie erklärten sich bereit, jeden Juden, der es wünschte – egal, aus welchem Teil der Welt er kam –, sofort in ihrem neuen Staat einzubürgern, waren sie doch davon überzeugt, daß die ultra-orthodoxen Juden aus den selbstgeschaffenen Ghettos in Europa oder Jerusalem spätestens nach einem Jahr in der neuen Heimat ihre schwarzen Hüte und Mäntel abwerfen und sich der zionistischen Revolution anschließen würden. Wieso sollte ein Jude, der gerade den mittelalterlich anmutenden polnischen Ghettos entronnen war, auf die Idee kommen, die gleichen Ghettos in einem modernen jüdischen Staat von neuem zu errichten? Nicht wenige weltliche Israelis erzählten mir, ihre Väter hätten sie als Kinder ins ultra-orthodoxe Mea-Schearim-Viertel von Jerusalem geführt und ihnen gesagt: „Schau dir diese Leute gut an, solange du's noch kannst. Das sind Relikte der Vergangenheit, Dinosaurier aus dem Keller der Weltgeschichte. In spätestens einer Generation sind sie ausgestorben."

Die zweite, ebenfalls große Denkschule faßt die religiösen Zionisten zusammen, orthodoxe Juden traditioneller oder moderner Einstellung, die den zionistischen Staat zwar voll unterstützen, sich jedoch weigern, in ihm einen Ersatz für die Synagoge zu sehen. Sie betrachten den Staat und die Synagoge und ein Leben gemäß den Vorschriften der Thora als durchaus miteinander vereinbar. Sie halten die Entstehung des Staates Israel für ein religiöses Ereignis und glauben, daß der Judaismus, vorausgesetzt, man interpretiert ihn in einer dem 20. Jahrhundert angemessenen Form, auch in einem modernen jüdischen Staat eine Zukunft hat. Die religiösen Zionisten stellen etwa dreißig Prozent der jüdischen Bevölkerung. Sie dienen in der Armee, feiern den Unabhängigkeitstag als neuen religiösen Feiertag und schicken ihre Kinder auf religiös orientierte staatliche Schulen.

Bei der dritten Denkschule handelt es sich um religiöse Zionisten, die von messianischem Sendungsbewußtsein beseelt sind. Sie repräsentieren ungefähr fünf Prozent der Bevölkerung und bilden das Rückgrat der Gusch-Emunim-Siedler-Bewegung im Westjordanland. In ihren Augen ist die Wiedergeburt des Judenstaats nicht nur ein religiöses Ereignis – sie ist auch der erste Schritt eines Prozesses, der mit dem Erscheinen des Messias seinen Höhepunkt erreichen wird. Der Staat ist ihrer Meinung nach ein notwendiges Instrument dazu; seine Innen-, Verteidigungs- und Außenpolitik sollte allein diesem Ziel unterworfen sein. Dies bedeutet vor allem, daß jeder Zentimeter Boden Groß-Israels besiedelt werden muß.

Viertens und letztens gibt es noch die ultra-orthodoxen nicht zionistischen Juden, die auf hebräisch *Haredim* genannt werden („die in der Furcht Gottes Lebenden"). Ihnen gehören etwa fünfzehn Prozent der jüdischen Bevölkerung an. Obwohl sie sehr strenggläubig sind, sehen die Haredim in der Wiedergeburt des Staates Israel keineswegs ein Ereignis von großer religiöser Bedeutung. Sie meinen, der Judenstaat sei erst dann verwirklicht, wenn der Messias gekommen und das Gesetz erfüllt ist. Bis dahin sind sie damit zufrieden, im Land der Väter zu leben, ganz egal, ob es von Briten oder weltlich orientierten Zionisten regiert wird. Dort fühlen sie sich Gott näher, können sich enger an die jüdischen Gesetze halten – und sind an Ort und Stelle, wenn der Messias kommt.

Die Haredim glauben, der Höhepunkt jüdischen Lebens und Lernens von Beginn der Diaspora bis heute sei in den großen Jeschiwa- oder Talmudschulen und Rabbiner-Dynastien zu sehen, die im achtzehnten, neunzehnten und zwanzigsten Jahrhundert in den jüdischen Städten und Ghettos Osteuropas existierten. Dort lebten die Juden weitgehend isoliert von ihrer nichtjüdischen Umgebung. Die Haredim versuchen diese Lebensart auch im heutigen Israel aufrechtzuerhalten. Aus diesem Grunde tragen die Männer noch heute die schwarzen Kaftane und Pelzmützen aus dem achtzehnten Jahrhundert. Viele ihrer Talmudschulen sind nach den Städten Osteuropas benannt, aus denen sie kommen. Sie sprechen lieber Jiddisch als

Hebräisch, und die Mehrzahl von ihnen läßt ihre Söhne und Töchter weder Armeedienst leisten noch an den Feiern zum israelischen Unabhängigkeitstag teilnehmen. Daß sie Abgeordnete ins Parlament entsenden, dient lediglich dem Zweck, der israelischen Gesellschaft mehr Religiosität zu verordnen und Staatsgelder zur Erhaltung ihrer im ganzen Land verstreuten privaten Talmudschulen lockerzumachen.

Die zionistischen Väter, die vor vierzig Jahren mit ihren Söhnen nach Mea Schearim pilgerten, um ihnen die Haredim als aussterbende Art vorzuführen, irrten sich also gründlich. Sie ahnten nicht, daß die Haredim-Väter *ihren* Söhnen die weltlich orientierten Juden vorführten und sagten: „Schau dir diese hohlen weltlichen Juden gut an! In einer Generation wird ihnen vielleicht aufgehen, daß die Rückkehr der Juden ins Land der Väter keine politische, sondern eine spirituelle Handlung ist und entsprechend spirituelle Reaktionen erfordert. In vierzig Jahren sehen sie dann alle so aus wie wir."

Tatsache ist, daß keine der vier Richtungen in der Debatte um die israelische Identität jemals imstande war, sich mit den drei anderen an einen Tisch zu setzen und zu einem Konsens über die Bedeutung des Staates Israel und seiner Grenzen für das israelische Volk zu kommen – zu sehr waren sie alle davon überzeugt, daß die anderen drei Gruppen von allein verschwinden würden.

Es ist also nur logisch, daß ein Nebeneinander der unterschiedlichsten Zukunftsvisionen entstand. Israel wurde noch unreligiöser und noch orthodoxer, noch weltlicher und noch messianischer orientiert – und das alles zur gleichen Zeit. Weit davon entfernt, eine „neue jüdische Identität" oder einen „neuen Juden" zu schaffen, scheint Israel jede einzelne geistige Richtung des Judentums aus den Kellern seiner dreitausendjährigen Geschichte hervorgeholt zu haben – was zur Folge hat, daß das ganze Land heute ein lebendes Museum ist. Es gibt dort mehr jüdische Haredi-Talmudschulen litauischer Prägung als jemals in Litauen existierten – und gleichzeitig gibt es die einzige jüdische Schwulenbar und den einzigen jüdischen Surfbrettladen.

Nichts vermag die radikal gegenläufigen Trends, die das israelische Treibhaus in den vergangenen vierzig Jahren hervorgebracht hat, deutlicher zu illustrieren als die Tatsache, daß sich im Wahlkampf vom November 1988 siebenundzwanzig verschiedene Parteien um einhundertzwanzig Knesset-Sitze stritten. Da geschah es zum Beispiel, daß der Lubawitscher Rebbe Menachem Mendel Schneerson, der in Brooklyn lebt, die ultra-orthodoxe Agudat Israel mit ganzseitigen Anzeigen in israelischen Zeitungen unterstützte.

Darin wurden die Wähler aufgefordert, einen Coupon auszufüllen, in dem sie schworen, sie hätten Agudat gewählt. Wer diesen Coupon an den Rebbe schickte, bekam als Gegenleistung einen persönlichen Segen des Rebbe gesprochen, einen Segen für „Gesundheit, ein langes Leben, Wohlergehen und Erfolg bei allen seinen Unternehmungen". Zur gleichen Zeit ließ einer der Hauptrivalen des amerikanischen Rebbe, Ovadia Josef, ehedem Oberhaupt der sephardischen Rabbiner, im israelischen Fernsehen Werbespots senden, die jedem, der seine Schas-Partei wählte, einen Segen und „viele Söhne" versprachen. Immerhin wurden die Werbespots vom Wahlkontrollausschuß insofern zensiert, als Rabbi Josef der Satz gestrichen wurde: „Jeden, der Schas nicht wählt, wird Gott der Heilige, gesegnet sei Er, bestrafen."

Zwei weitere ultra-orthodoxe Sekten legten den Schwur ab, bis nach den Wahlen kein Obst zu essen, was sich gegen die konkurrierende Degel-Hatorah-Partei richtete, deren Symbol ein Obstbaum ist. Die liberale, weltlich orientierte Schinui-Partei von der anderen Seite des politischen Spektrums veröffentlichte eine ganzseitige Anzeige mit dem Porträt eines nicht besonders anziehend wirkenden ultra-orthodoxen Juden mit Schläfenlocken und druckte in großen Lettern darüber: „Er ist vom Armeedienst befreit und verfolgt euch trotzdem."

Angesichts dieser Wahlkampfanzeigen begann ich allmählich zu verstehen, was ein israelischer Freund einst gemeint hatte, als er sagte: „Es ist viel leichter, für die Rückkehr der Exilierten zu beten, als mit ihnen auszukommen."

Außerdem begann ich zu verstehen, warum es mitunter buchstäblich anstrengend ist, israelischer Jude zu sein. Im Juni 1988 saß ich eines Nachmittags im Haus des israelischen Historikers Yaacov Schavit in Ramat Aviv und versuchte herauszufinden, was die Stunde in Israel geschlagen hatte. Eine leichte Brise wehte zur Tür herein, während Schavits siebzehnjährige Tochter Noga in der Küche das Mittagessen zubereitete und Schavit selbst mir die Beschwerlichkeiten schilderte, die das tägliche Leben in einem Land verursacht, in dem die Zifferblätter der Uhren noch immer nicht verglast sind.

„Ich muß gestehen", sagte er, „daß ich kürzlich erst wieder zurückgekommen bin, nach zwei Jahren in Deutschland. Es war ein Paradies! Deutschland zwar, aber das reinste Paradies. Keine Nachrichten. Keiner, der auf den Messias wartet. Es war richtig erholsam. Hier lebst du in einem ungemein dynamischen Staat. Ständig wirst du in alles und jedes hineingezogen. Immer und ewig hörst du Nachrichten. Nie kannst du den utopischen Hoffnungen der Linken oder den messianischen Erwartungen der Rechten entgehen. Nie kannst du dich richtig entspannen. Ständig will irgendwer mit dir über deine Identität reden. Ständig wirst du aufgefordert, dich zu entscheiden. Bist du Jude? Wenn ja, was für einer? Bist du Zionist? Wenn ja, was für einer? Kaum stellst du den Fernseher an, debattieren sie schon wieder über die Grenzen, über die Bindungen zwischen Religion und Staat – nichts wird jemals richtig beschlossen und abgehakt. Du kommst einfach nie zur Ruhe."

An dieser Stelle sah Noga herein, die bis dahin stillschweigend in der Küche Kartoffeln geschält hatte, und rief ihrem Vater zu: „Aber das ist es doch gerade, was hier solchen Spaß macht!"

„Spaß!" murmelte Schavit und wandte den Blick gen Himmel mit der Miene eines Mannes, dem der Spaß allmählich zuviel wird.

„Trotzdem", antwortete Noga und trumpfte auf: „Weißt du denn nicht, daß die Schweiz die höchste Selbstmordrate der Welt hat?" In Israel kann sich wahrlich niemand über tödliche Langeweile beklagen.

Um die vier Hauptvisionen im Wettlauf um die jüdische Seele Israels besser verstehen zu lernen, stellte ich vier meiner israelischen Bekannten – alle ehedem Amerikaner, alle aus gänzlich unterschiedlichen Motiven nach Israel gezogen – die gleiche Frage: Wem gehört dieses Land eigentlich?

Hätte die Rimon-Schule für Jazz und Zeitgenössische Musik in Tel Aviv – Israels erste und einzige Universität für Rock'n'Roll – ein Schulmotto, so müßte es wohl lauten: „Juden wollen einfach nur Spaß haben."

Die Rimon-Schule ist geradezu die Verkörperung einer von vielen weltlich und westlich orientierten Israelis geteilten Vorstellung von Israel: Man möchte frei sein von allen religiösen Verpflichtungen und sich so normal fühlen dürfen wie beispielsweise ein Franzose – so gesegnet normal und so langweilig durchschnittlich, mit keinem höheren Ziel am Wochenende als der Strandparty mit ausreichendem Biervorrat. Was Israelis mit dieser Einstellung an ihrem Staat am besten gefällt, sind die Wärme und familiäre Geborgenheit des Lebens in einer jüdischen Gemeinde, und was sie sich wünschen, ist die Wärme des Ghettos, aber ohne die Isolierung, ohne den ständigen „Sturm und Drang" und vor allem ohne die Rabbiner des Ghettos. Was sie wollen, ist die Rimon-Schule.

Der Campus der Schule sieht aus wie ein heruntergekommener Armeestützpunkt – niedrige Kasernen, deren weißer Anstrich schon abblättert, ein Rasen, der schon seit Monaten nach dem Rasenmäher schreit. Früher war sie eine Schule für geistig Behinderte, und es gibt so manchen Ultra-Orthodoxen, der sie noch immer dafür hält. Der Proberaum für Rockmusik ist ein unterirdischer Bunker aus Stahlbeton, im Studentenjargon „Fachbereich Heavy Metal". Bei meinem Besuch fand ich dort eine bunt zusammengewürfelte Band vor, die die sechzig Zentimeter dicken Mauern mit ihrem Krach erschütterte. Die Band selbst war der reinste Rock'n'Roll-Zionismus: Der dunkeläugige Leadsänger war aus Tunesien eingewandert, die Familie des Saxophonisten kam aus Argentinien, der Leadgitarrist von Long Island. Der junge Mann an der elektrischen Orgel verfolgt seinen Stammbaum nach Polen zurück. In der Rimon-Schule trifft der Geist Elvis Presleys die Visionen Theodor Herzls.

1984 von vier israelischen Jazz- und Rockstars mit dem Ziel gegründet, der interessierten israelischen Jugend ein seriöses Studienprogramm für zeitgenössische Musik zu bieten, bildet die Rimon-Schule unter anderem Komponisten, Sänger, Jazzgitarristen, Rockmusiker und Arrangeure aus. 1988 verfügte sie über fünfundzwanzig Fachbereiche und hundertfünfunddreißig Studenten, hatte bereits den ersten Studentenjahrgang nach sechs Semestern diplomiert und wurde vom israelischen Ministerium für Bildung und Erziehung subventioniert. Wer behauptet da noch, Israel habe seine Seele verloren? Die Leute wissen bloß nicht, wo sie sie suchen sollen. Juwal Nadaw Haimowitz, Gesangsstudent und Mitglied des A-capella-Chors der Schule und daher viel auf Tournee, erklärte mir, seiner Überzeugung nach sei die Rimon-Schule die Quintessenz all dessen, was vom Zionismus erwartet wurde.

„Ich glaube, Herzl wäre hocherfreut über uns", sagte Haimowitz im Brustton der Überzeugung. „Ich glaube, er wollte, daß dieses Land ein Land wird wie alle anderen. Und wenn wir uns solch eine Schule leisten können, dann ist aus Israel genau das geworden, was Herzl vorschwebte."

Auf jeden Fall genau das, was Zeev Chafets vorschwebte. Durch Zeev hatte ich erstmals von der Rimon-Schule erfahren. Zeev stammt aus Detroit und besitzt das gewisse werftarbeiterphilosophische Gespür für das, was Otto Normalverbraucher in Gang hält, und das hellhörige Ohr eines frustrierten Rockstars, der genau weiß, wie er die Puppen zum Tanzen bringt. Kennen lernte ich Chafets bereits zu Beginn der achtziger Jahre, als er das Presseamt der Regierung Menachem Begin leitete; heute lebt er vom Bücherschreiben. In seiner Lieblingsbar erzählte er mir bei einigen Bierchen und einer dicken Zigarre von „seinem" Israel – dem der Juden, die einfach nur Spaß haben wollen.

„Ich kam 1967 hierher", sagte Chafets. „Vorher war ich an der Uni von Michigan. Einerseits kam ich, um hier zu studieren – Hebräisch lernen, vielleicht sogar Rabbi werden, all so'n Zeug, du weißt schon. Andrerseits, amerikanischerweise, waren's die sechziger Jahre, und alle Welt ging eben irgendwohin. Wenn ich mir meine damaligen Freunde angucke – einige sind ausgestiegen, einige gingen nach Kanada, andere zur Friedenstruppe und wieder andere in die Wüste. Ich hab's gemacht wie die meisten, bin durch die halbe Welt getrampt und zufällig hier gelandet, in der Easy-Rider-Art eben."

Was ihn dann in Israel gehalten habe, sei nicht so leicht einsehbar, meinte Zeev. Es war ein Gefühl echter Stammeszugehörigkeit – das gleiche Gefühl, das amerikanische Juden zu spontanem Applaus veranlaßt, wenn ihr El-Al-Flugzeug sicher in Tel Aviv landet: Sie applaudieren der verrückten Vorstellung von einem jüdischen Flugzeug, das auf einer jüdischen Landebahn auf einem jüdischen Flugplatz landet. Wer hat vor 1948 schon jemals von so etwas gehört? Das ist der Kitt, der viele Israelis an das Land bindet – nicht die Bibel, nicht die Religion, sondern die Poesie eines jüdischen Flughafens.

„Was diesen Laden hier im Grunde genommen zusammenhält", erklärte mir Chafets, „ist nicht die Demokratie. Auch nicht der Zionismus. Das schafft keine Ideologie und kein System. Was es schafft, das ist dieses angestammte jüdische Gefühl von Solidarität. Alle diese Menschen hier haben zweitausend Jahre lang geweint und gejammert und zu Gott gefleht, er möge ihnen ein Land geben. Dieses Land wollte ich sehen, und als ich da war, hab' ich schnell entdeckt, daß da eine Resonanz war. Ich fühlte mich sofort total zu Hause, obwohl die Leute hier ganz anders sind als die, bei denen ich aufgewachsen bin. Als die ersten Marokkaner nach Israel kamen, da gab's Theater, weil die immer auf der Straße gingen. Wieso taten die das? Gab's in Marokko keine Gehsteige? Alles Quatsch. Der Grund war einfach der, daß sie in *ihrem eigenen Land* waren. Hier gibt's keine Plantagenbesitzer, die ihnen auf die Finger und auf die Füße gucken. Hier können sie, verdammt noch eins, mitten auf der verdammten Straße gehen, wenn sie die Lust dazu überfällt. All das Zeug, was die Amerikaner hier so stört – mir gefiel das. Mir gefielen die schlechten Manieren. Mir gefiel die Direktheit hier, die Aufregung, der Streß. Ich fand's prima hier, richtig gemütlich. Ich hab's noch nie richtig ausgesprochen, aber auf irgendeiner unbewußten Ebene war's wohl so: Ich bin aus dem Flugzeug ausgestiegen und hab' mir gedacht, das isses, hier gehörst du her."

Und was unternimmt er, wenn er fünfe grade sein lassen will?
„Kein Problem, mich mit ein paar Topmusikern zusammenzutun
und zu rocken. Von Zeit zu Zeit spielen wir auf großen Partys. In
Amerika würde so was nie klappen. Und dann treffen wir uns –
Schaul, der Barkeeper hier, ich und noch ein paar – jedes Jahr vor
Jom Kippur. Dann setzen wir uns hier auf die Straße, trinken Bier
und futtern Hummus. Die Leute gehen vorbei, und jeden, den wir
kennen, sprechen wir an – und wenn wir voll genug sind, auch Leute,
die wir nicht kennen. Und wir sagen ihnen: ‚Wenn ich dich im
vergangenen Jahr beleidigt oder dir ein Unrecht angetan habe, tut es
mir leid. Bitte, vergib mir.‘ Das macht großen Spaß, und die Leute
lachen dann und sagen: ‚Ja, mir geht's genauso, bitte vergib du auch
mir‘, bevor sie weitergehen. Oder ich fahre am Sonntag morgen mit
Freunden an den Strand, da spürst du dann, daß dieses Land am
Mittelmeer liegt – der schlendernde Gang, die Sinnlichkeit der
Frauen, die Wärme, die Farben, reines Mittelmeer. Toll war es auch,
als Zuschauer mitzuerleben, wie das israelische Basketballteam
1977 die Russen schlug. Nicht, weil's ein großes Spiel gewesen wäre
– nur, weil's gegen die Russen ging. Einerseits war's Tal Brody mit
seinen Jungs, der das russische Team schlug – das ja immerhin aus
einem Riesenland kam –, andererseits war's mein Großvater. Es war
unser gemeinsamer rückwirkender Sieg über die Kosaken. Und jeder hat das so verstanden. Niemand brauchte es auszusprechen. Das
hätte kitschig geklungen. Aber verstanden haben es alle so.“
    Was mir an Chafets immer besonders gefallen hat, ist sein Humor.
Er versteht es, Israel eine humorvolle Seite abzugewinnen, und
vertritt damit einen bestimmten, sehr populären Typ Israeli. Er weiß
es zu würdigen, daß die Israelis in ihrer Mehrzahl weder Helden noch
Heilige sind und das auch gar nicht sein wollen, sondern ganz normale Leute, die froh sind, wenn sie halbwegs gut über die Runden
kommen, und sich über jedes kleine Glück freuen, die Spaß haben an
der Liebe (auch wenn's nicht immer der angestammte Partner ist)
und wenigstens einmal in drei Jahren nach Amerika fliegen wollen.
Ihre ganze Ideologie besteht darin, daß sie das alles in einem Judenstaat tun, in dessen Armee sie dienen und dessen Fahne sie grüßen.
    „Natürlich könnte man mich fragen, wieso ich nicht nach Kalifor-
nien gezogen bin, wenn ich einfach bloß Spaß am Leben haben will“,
meinte Chafets und kam damit meiner Frage zuvor. „Wieso dann in
Israel leben? Nun, ich wollte eben Spaß am Leben haben, und das
außerdem in einem jüdischen Land – einfach daran teilhaben. Meine
zionistischen Ziele beschränken sich darauf, daß ich in einem Judenstaat leben wollte, keineswegs in einem ganz bestimmten Juden-

staat. Mir genügt es, in einem Land zu leben, das meiner Familie gehört und von ihr geführt wird. Und wenn die Familie beschließt, nicht in den Drogenhandel, sondern in den Pelzhandel einzusteigen, dann ist das okay. Deshalb ist es mir auch ziemlich egal, wer hier gerade an der Regierung ist.

Es gibt immer wieder Leute, die sagen, wenn Scharon Premier wird, dann hauen sie ab. Was mich betrifft, so würde ich unter gar keinen Umständen abhauen. Hier ist meine Heimat, und wer haut schon von dort ab, wo er hingehört? Ich glaube, es war in *The French Connection*, wo ein französischer Flic mit Marseille herumprahlt und Popeye Doyle ihm antwortet: ‚Ich wär' lieber eine Mülltonne in New York als Bürgermeister von Marseille.‘ Nicht, daß ich was gegen andere Länder habe – aber bevor ich woanders leben müßte, wär' ich lieber eine Mülltonne in Israel. Da ich in Amerika aufgewachsen bin, war mir schon immer klar, daß ein gewaltiger Unterschied besteht zwischen den öffentlichen Reden und den politischen Taten, zwischen Ideologie und Realität. Ich kam also gar nicht erst auf den Gedanken, Israel müsse erst mal vollkommen werden, bevor man sich dran freuen könne. Das ist wie mit den beiden Burschen, von denen der eine meint, mit einer Frau, die nicht vollkommen ist, könne er nicht leben, worauf der andere, der die Sache ein wenig lockerer sieht, ihm zur Antwort gibt: ‚Mag ja sein, daß sie'n bißchen zu dick ist und vielleicht auch 'n bißchen dumm, aber was soll's, ich liebe sie nun mal.‘ Genauso geht's mir mit Israel. Vor zwanzig Jahren, als ich hier ankam, hatten die Leute noch die Vorstellung von einem grandiosen Israel, aber das war viel zu streng, viel zu anstrengend, um die Leute lange bei der Stange zu halten. Inzwischen ist das mit Disziplin und Ideologie viel lockerer geworden. Das kannst du mit einer Frau vergleichen, die nach der Party erst mal ihr Korsett auszieht. Das wichtigste, was ich hier in Israel gelernt habe, ist die Tatsache, daß Juden ganz normale Menschen sind. Wir sind keine Klischeefiguren, keine Romanfiguren von Bernard Malamud. Sieh dich um", sagte Chafets und deutete auf die inzwischen vollbesetzte Bar. „Wie oft hast du schon eine Bar gesehen, in der nur Juden rumsitzen?"

„Aber wie kann der Judenstaat soviel Bedeutung für dich haben", fragte ich, „wenn du gleichzeitig total unreligiös bist? Du kommst mir ein bißchen vor wie die Leute, die meinen, weil der Himmel über Israel jüdisch sei, bräuchten sie keine Synagogen mehr."

„Stimmt, da ist einiges dran. Ich finde es toll in Israel, daß ich hier Jude sein kann, ohne jeden Tag in die Synagoge laufen zu müssen", erwiderte Chafets. „Es ist der gleiche Unterschied wie zwischen einem gemieteten und einem gekauften Haus. Das ist jetzt mein Haus. Ich muß nicht mehr in die Synagoge gehen, um mich von den Nichtjuden zu unterscheiden. Wenn ich hier eine Frau kennenlerne, muß ich nicht erst überlegen, ob sie nun Jüdin ist oder nicht. Das kann mir egal sein, denn wenn ich sie hier kennenlerne und wenn sie Hebräisch spricht und in dieser Gesellschaft lebt, dann ist sie mir jüdisch genug. Ich muß mich nicht unbedingt immer an die jüdische Küche halten, um kulinarische Solidarität zu demonstrieren. Und aus dem gleichen Grund brauche ich auch keine Synagoge. Das ganze Land ist meine Synagoge. Das Sanktuarium war mir nie wichtig an der Synagoge, bloß der Versammlungsraum und die Küche. Deshalb ist das Leben hier eine richtige Erleichterung für mich. Ich kann ich selbst und ich kann Jude sein, aber ich brauche nicht die ganze Zeit daran zu denken. In Amerika mußt du als Jude ständig die jüdischen Spielregeln einhalten – dich also ständig gut benehmen. Israel ist das einzige Land, in dem du Jude sein kannst, ohne gleichzeitig domestiziert zu werden. Wenn du weder Augenarzt noch Rechtsanwalt werden, aber trotzdem Jude bleiben willst, dann ist das hier das richtige Land für dich."

Betreiben Sie nie einen Zeitungskiosk in der falschen Gegend!

Schimon Tsimche besaß den bestgehenden Kiosk mit hebräischen Zeitungen in Bnei Brak – vor dem Bombenanschlag. Heute verdient er eben noch das Nötigste, indem er Pitta mit Falafel verkauft.

Bnei Brak ist ein Vorort von Tel Aviv, in dem ausschließlich ultraorthodoxe Haredim wohnen. Es sind nur zwanzig Minuten Fahrt von Zeevs Lieblingskneipe bis nach Bnei Brak – das heißt, eher zwanzig Minuten und zweihundert Jahre, denn das Leben der Juden dort hat sehr viel mehr mit dem im Litauen des achtzehnten Jahrhunderts zu tun als mit dem im Norden von Tel Aviv. Wäre *Hester Street* hier verfilmt worden, hätte es nicht vieler Kulissen und Kostüme bedurft.

Ein kurzer Bericht über Tsimche in der *Jerusalem Post* brachte mich nach Bnei Brak. Dort hatte eine Mini-Bande von Haredim beschlossen, ihr Viertel von allen Zeitungskiosken zu säubern, die nichtreligiöse, pro-zionistische israelische Zeitungen verkauften. Die religiöse Gemeinde in Israel hat ihre eigenen Zeitungen, die sich im wesentlichen auf die für Orthodoxe interessanten Nachrichten beschränken – etwa, welcher Rabbi welche Talmudschule übernimmt – oder Anzeigen von Heiratsvermittlern abdrucken. Politische Nachrichten über den weltlichen Staat Israel werden weitgehend als zu vernachlässigende Größe betrachtet.

Tsimche mußte das auf drastische Weise lernen. „Ich habe Massen von Zeitungen verkauft", erzählte er mir an jenem Nachmittag, während er seine Kichererbsenbällchen in die Friteuse gab und sich ständig verstohlen umsah, ob nicht einer der schwarzgewandeten Ultra-Orthodoxen an der Bushaltestelle unsere Unterhaltung belauschte. „Ich hatte den bestgehenden Kiosk der ganzen Stadt, nicht bloß von Bnei Brak. Jeden Freitag habe ich von *Jediot Achronot* und *Maariv* fünfhundert Stück verkauft. An jedem hab' ich fünfzehn Prozent verdient. Bis es mit den Drohungen anfing."

Dann kam die Bombe – vielmehr das Bömbchen. Irgendwer plazierte es direkt an der Wand des Kiosks, der durch die Detonation zwar nicht zur Gänze zerstört wurde, doch war die Explosivkraft immerhin so stark, daß Schuttbrocken und Schrapnells durch die Luft flogen und das Schaufenster des Schneidergeschäfts gegenüber zertrümmerten. Der Schneider fand das gar nicht komisch. Tsimche war zu Tode entsetzt. Auf die Rückwand seines Kiosks – in den ihn eine Gruppe Haredim auch schon mal einen Tag lang eingeschlossen hatte, um ihn davon zu überzeugen, daß es besser wäre, keine israelischen Tageszeitungen wie *Jediot* und *Maariv* mehr zu verkaufen – hatte irgendwer unmißverständlich mit Farbe den Satz gesprüht: „Schluß mit dem Verkauf von Zeitungen!"

Fassungslos fragte ich Tsimche, ob er sich denn nicht beim Bezirksamt beschwert habe.

„Dort empfahl man mir, keine Zeitungen mehr zu verkaufen", sagte er. „Sie meinten, ich solle lieber Falafel verkaufen." (Das Bezirksamt wird ebenfalls von Haredim geleitet.)

Dann kehrte mir Tsimche abrupt den Rücken, setzte ein maskenhaftes Lächeln auf und bediente einen seiner ultra-orthodoxen Kunden. Ich verstand die Geste und ging. Tsimche saß schon tief genug in der Patsche.

Während ich die Hauptstraße von Bnei Brak hinunterschlenderte und mich immer weiter von Tsimches Falafelstand entfernte, beschloß ich, ein kleines Gehsteigexperiment durchzuführen. Ich hielt also einen modern wirkenden Orthodoxen an, erkennbar an seiner Aktentasche und an der gestrickten Jarmulka, dem Schädelkäppchen, wie es gemeinhin nur religiöse Juden tragen, die außerdem Zionisten sind.

„Entschuldigen Sie", sagte ich laut und vernehmlich, „können Sie mir sagen, wo ich hier eine *Maariv* kaufen kann?"

Mich traf ein Blick, als hätte ich mitten am Tag nach einer Prostituierten für den Abend gefragt. Der Mann ging weiter, bedeutete mir jedoch mit einem Kopfnicken, ihn zu begleiten, so daß er mir zuflüstern konnte: „Wissen Sie denn nicht, was in Bnei Brak vorgeht? Hier herrscht Terror, ultra-orthodoxer Terror." Dann lenkte er, ohne im Gehen innezuhalten, meinen Blick auf den Aktenhefter, den er in seiner Tasche trug. Er hob den Deckel ein ganz klein wenig an – wie ein Dealer, der Kokain anbietet –, und ich entdeckte darin eine Ausgabe der *Jediot,* Israels auflagenstärkster Tageszeitung. Er grüßte verstohlen, beschleunigte seinen Schritt und war bald darauf in dem breiten Strom aus schwarzen Hüten und Mänteln verschwunden.

Mich beunruhigte dieses Erlebnis und was es über die wachsende Macht der extremistischen Elemente innerhalb der Haredim-Gemeinde aussagte. Ich benutzte es als Aufhänger für einen ausführlichen Bericht in der *Times* über die Auseinandersetzung zwischen Haredim und weltlich orientierten Juden. Nach seiner Veröffentlichung wurde ich mit einer Flut von haßerfüllten Briefen überschwemmt. Absender waren ultra-orthodoxe Juden aus Amerika und Israel, die meinten, ich hätte ihre Gemeinde verleumdet. Jene, die Tsimche über Nacht vom Zeitungsverkäufer zum Falafelkoch degradiert hatten, seien bei weitem in der Minderzahl, behaupteten sie. Ich fragte zurück, wie es denn käme – wenn die Mehrheit der Ultra-Orthodoxen in Israel tatsächlich so gemäßigt sei –, daß nicht ein einziger von ihnen Tsimches Recht auf den Verkauf israelischer Zeitungen verteidigt hätte. Darauf bekam ich keine Antwort.

Nur einer der Beschwerdeführer gab nicht auf. Er war höflich, ja sogar charmant, dabei aber unnachgiebig in seiner Entschlossenheit, mich über die Verdienste der Haredi-Gemeinde zu belehren. Ich war nicht das erste Opfer des Rabbis Nota Schiller. Er ist der Direktor der Ohr-Somajach-Jeschiwa in Jerusalem, einer ultra-orthodoxen Institution, die sich darauf spezialisiert hat, Juden wieder ans Studium der Thora heranzuführen. Schiller wurde schon einmal bezichtigt, Juden wie am Fließband einer Gehirnwäsche zu unterziehen, was er vehement abstritt, allerdings nicht ohne augenzwinkernd hinzuzufügen, manchen Juden könne eine Gehirnwäsche nur guttun. Die gemäßigte Einstellung und Dialogbereitschaft der Ohr-Somajach-Schule ist keineswegs typisch für die Haredi-Gemeinde. Dennoch entschloß ich mich, Schiller beim Wort zu nehmen, als er mich einlud, einen Tag in seiner Talmudschule zu verbringen. Er wollte mir beweisen, daß die Haredim eine Vorstellung von Israels Zukunft hätten, die es an Dynamik, Faszination und Liberalität mit jeder zionistischen aufnehmen könne.

Ich stellte sehr bald fest, daß der in Brooklyn geborene Rabbi, der englische Literatur und Psychologie studiert hat, den orthodoxen

Judaismus sozusagen mit den Methoden der Madison Avenue verkauft. Unser Gespräch in seiner 1972 gegründeten Talmudschule begann Schiller mit einer Erklärung dafür, weshalb seine Gemeinde verleumdet werde.

„Die Juden wären nie an den Gestaden Israels gelandet", begann Schiller, der selbst erst als vierundzwanzigjähriger Student im Jahre 1961 nach Israel kam, „hätte es nicht die fortgesetzte Lehre der Talmudschulen Osteuropas gegeben und hätten die Großväter der Zionisten, die dieses Land gegründet haben, nicht so gelebt, wie ich es heute noch tue. Daß die Israelis hier als Juden leben können, haben sie nur dem orthodoxen Lebensstil ihrer Großväter zu verdanken. Sie brachten sozusagen das Geld auf die Bank, das die heutige Generation ausgibt. Die weltlich orientierten Juden sind der Orthodoxie also etwas schuldig. Es ist daher einfach falsch, uns als ewiggestrige, primitive Idioten darzustellen. Laßt uns so leben, wie wir wollen – das ist alles, was wir verlangen. Ich verlange nicht von Ihnen, daß Sie so leben wie ich. Aber ich erwarte eine gewisse Anerkennung für meinen Standpunkt, dem ja immerhin eine in der jüdischen Geschichte wurzelnde Vernunft und Beständigkeit zugrunde liegt. Diesem Standpunkt gegenüber haben Sie eine gewisse Schuld abzutragen, und diese Schuld versetzt mich in die Lage, Ihnen bestimmte Kompromisse abzuverlangen, über die wir miteinander verhandeln können. Im jüdischen Rechtskodex wird folgender Fall geschildert: Was passiert, wenn zwei Schiffe, aus entgegengesetzter Richtung kommend, gleichzeitig eine schmale Fahrrinne erreichen? Das eine Schiff ist voll beladen, das andere leer. Welches hat Vorfahrt? Diesen Fall führte Reb Avram Yeshayau Krelitz, einer der ersten großen Rabbiner Israels, ins Feld, als er mit Ben Gurion um mehr Verständnis für die Bedürfnisse der Haredi-Gemeinde stritt. Krelitz erklärte ihm, die Rabbiner hätten entschieden, daß das unbeladene Schiff dem beladenen die Vorfahrt lassen muß. ‚Denn sehen Sie', sagte er zu Ben Gurion, ‚wir schleppen die Last von mehreren tausend Jahren mit uns; ihr Zionisten seid immer noch ein leeres Schiff. Also müßt ihr uns die Vorfahrt lassen.'"

Als ich darauf bemerkte, die Haredim hätten nicht sonderlich viel Verständnis für Tsimches Lebensstil bewiesen, konterte Schiller, das sei in der Erniedrigung begründet, die sie so viele Jahre hindurch von seiten der weltlichen Juden hätten erdulden müssen.

„Bei den weltlichen Israelis finden sich drei verschiedene Meinungen über die Haredim", erklärte Schiller. „Die Ultraweltlichen meinen, die Haredim sollten zum Verlassen des Landes aufgefordert werden – sie seien bloß ein Anachronismus, eine Peinlichkeit, sie behinderten die Entwicklung des Landes. Eine zweite Gruppe betrachtet uns als ihre *fiddlers on the roof*. Das sind jene Israelis, die mit einer gewissen Sentimentalität am Ghetto-Image der Juden hängen. Für diese Israelis ist Mea Schearim so etwas wie Disneyland – niedlich und interessant, außerdem bringt's Touristen und damit Geld ins Land und erinnert sie an ihre Großväter, aber so recht ernst zu nehmen ist es nicht. Die dritte Einstellung entspricht dem Konzept des Schabbes-Goj – des Nichtjuden, der am Sabbat in der Synagoge die Lichter für die Juden löschte. Die weltlich eingestellten Israelis sehen uns in einer ähnlichen Funktion, sozusagen als ihre Schabbes-Juden. Sie wünschen sich, daß jemand an ihrer Stelle den Schabbes einhält – nämlich wir –, damit auch für ihre Enkel, die nicht in die Synagoge gehen, noch genügend echtes Judentum vorhanden ist, um deren weltlich-jüdische Identität noch aufrechtzuerhalten."

„Na schön", gab ich zu, „vielleicht haben Sie recht – ohne die Orthodoxie, die das jüdische Volk und seine Traditionen jahrhundertelang am Leben gehalten hat, hätte das Judentum niemals überlebt. Allerdings frage ich mich doch, wie das jüdische Volk, müßte es sich allein aufs orthodoxe Judentum verlassen, die kommenden fünfzig Jahre überleben soll. Keine orthodoxe Frau, kein einziger orthodoxer Mann dient in der israelischen Armee; nicht eine einzige Talmudschule erkennt den Unabhängigkeitstag als Feiertag an. Noch bemerkenswerter erscheint mir, daß die Orthodoxie die Verdienste der Reformierten und Konservativen um das Judentum vollkommen negiert. Ohne sie wären Tausende und Abertausende von Juden im zwanzigsten Jahrhundert ganz und gar vom Judentum abgekommen, einfach, weil sie sich von den Auslegungen und vom Lebensstil der Orthodoxen abgestoßen fühlen. Was macht die Orthodoxie also so kostbar für diesen Staat? Und wieso ist ihr der zionistische Staat Israel nicht viel wichtiger?"

„Wir wollen einen jüdischen Staat, der auf dem jüdischen Gesetz basiert", sagte Schiller. „Die weltlich orientierten Zionisten wollen einen Staat für alle Juden. Das ist der Unterschied. Ich will einen jüdischen Staat, aber ich bin durchaus bereit, mit den Zionisten der Arbeiterpartei zu leben und zu diskutieren, denn ich bin überzeugt, wenn wir die Diskussion nicht abbrechen, dann werden ihre Kinder oder Enkel eines Tages hier an der Ohr-Somajach-Jeschiwa oder einer ähnlichen Schule auftauchen und sich wieder dem Studium der Thora widmen. Juden können ohne Israel und ohne den Tempel überleben und haben es in der Tat zweitausend Jahre lang getan. Natürlich hätten wir am liebsten Israel, und zwar Groß-Israel, und den Tempel dazu. Aber es gibt nur eins, ohne das wir nicht bestehen können, und das ist die Thora. Daß wir uns all die vielen Jahre hindurch als ein Volk gefühlt haben, ist nur der Thora zu verdanken. Hätten wir uns allein ans Land geklammert, wären wir genauso spurlos verschwunden wie andere Kulturen auch."

„Aber bestimmt ist es für Sie als Jude doch von besonderer Bedeutung, daß der Staat ausgerechnet hier existiert? Zumindest das Land hat doch eine besondere Bedeutung für Sie?"

„Selbstverständlich", entgegnete Schiller. „Als das Volk der Juden vor dem Berg Sinai stand, erhielt es von Gott den Auftrag, seinen Geist als eine Nation in diesem Land zu erfüllen. Die Juden sind nicht nur eine Ansammlung von Individuen, sie sind eine Nation, und jede Nation braucht ihr Spielfeld. Die ideale Erfüllung der Thora ist nur in diesem Land möglich. Bestimmte *mizwot* (Gebote) – etwa die Einhaltung des Sabbatjahrs* – lassen sich nur hier im Land Israel einhalten. Aber das ist nicht der einzige Vorteil. Die totale Erfahrung des Judentums läßt sich anderswo nicht machen. Juden in der Diaspora sind nur Wochenendjuden. Sie können sich jederzeit herausstehlen. Hier können sie das nicht. Jerusalems Straßen zu beschmutzen ist nicht bloß eine Ordnungswidrigkeit – es ist ein spirituelles Vergehen."

„Wenn aber das Land solche Bedeutung hat, warum haben sich dann zwanzigtausend Haredim vom Armeedienst befreien lassen? Sind sie denn nicht auch verpflichtet, dieses Land unter Einsatz ihres Lebens zu verteidigen?"

„Wer in unserer Gemeinde die Verteidigungsleistungen der weltlich orientierten Israelis leugnet, ist undankbar", antwortete Schiller. „Und jeder, der die Leistung der Talmudschüler leugnet, ist unwissend. Ich halte es für durchaus legitim, den Armeedienst zurückzustellen, solange man produktiv ist und an einer Talmudschule lernt. Meiner Meinung nach gibt es hier viel zu wenige, die wachsam und gelehrt genug sind, um den Feind Assimilation zu bekämpfen. Auch davon wird das Überleben der kommenden Generation abhängen. Es ist ja nicht so, daß unsere jungen Männer, statt in der Armee zu dienen, jeden Tag an den Strand gingen. Die geistige Disziplin, das streng geregelte Leben, das die Talmudschüler führen, sind mit einer beiläufig getroffenen Entscheidung zur Kriegsdienstverweigerung nicht vergleichbar. Das ist nicht so einfach, wie nach Kanada abzuhauen. Selbst

---

* Die Thora befiehlt, in Israel alle sieben Jahre ein Sabbatjahr einzuhalten. In diesem Jahr soll der Ackerbau ruhen und das Land brachliegen dürfen.

in Israel gibt es viel einfachere Methoden, den Armeedienst zu umgehen."

„Wenn das Land Israel für Sie von spiritueller Bedeutung ist", fragte ich, „wie kommt es dann, daß viele prominente ultra-orthodoxe Rabbiner in Israel in der Frage der besetzten Gebiete politische ‚Tauben' sind – während die zionistischen Orthodoxen, beispielsweise der Gusch-Emunim-Block, fest davon überzeugt sind, die Besetzung Groß-Israels sei das notwendige erste Stadium zur Erlösung der Juden und der Welt?"

„Das Leben nach den Gesetzen der Thora hat immer Vorrang vor dem Leben auf einem bestimmten Territorium", erklärte mir Schiller – und kam damit zu dem Punkt, an dem sich die Wege seiner Haredim und vieler religiöser Zionisten trennen. „Nur durch die Rückkehr zur Thora – nicht zu einem bestimmten Ort oder Land – kann der Prozeß der Erlösung in Gang gesetzt werden. Die Erlösung kommt, wenn wir sie uns erworben haben – nicht, weil wir ein bestimmtes geographisches Gebiet bewohnen. Unsere Anwesenheit in Israel ist ein Schritt auf dem Weg zur Erlösung, aber das bedeutet nicht, daß wir nun überhastet die idealen biblischen Grenzen wiederherstellen müßten. Das wird geschehen, sobald es geschehen soll, deshalb braucht man diesen Prozeß nicht auf Kosten jüdischen Lebens zu übereilen. Wir brauchen den Mut zur Demut, und genau das ist es, was dem Gusch Emunim fehlt. Wenn ich den Fortbestand dieses Landes sichern kann, indem ich den Arabern diverse Gebiete zurückgebe, dann ist es meine Pflicht, das zu tun. Einige Leute kämpfen nur um das Land, andere hingegen kämpfen darum, daß das Land die Verteidigung auch wert ist."

„Aber für welche Juden? Die Haredi-Gemeinde steht an vorderster Front, wenn es gilt, dem reformierten und konservativen Judentum das legale Existenzrecht abzusprechen, bloß weil sie eine weniger strenge Auslegung der Thoragesetze anzubieten haben. Wie läßt es sich miteinander vereinbaren, daß Sie einerseits für die Weiterexistenz des jüdischen Volkes eintreten, andererseits aber gegen einen jüdischen Pluralismus sind?"

„Es fällt mir wirklich nicht schwer, einem reformierten oder konservativen Juden einen gewissen Status als Mensch und als Jude zuzugestehen", antwortete Schiller. „Wenn das Pluralismus ist, dann bin ich Pluralist. Was ich am Pluralismus jedoch ablehne, ist die Vorstellung, wir seien alle gleichberechtigt. Das sind wir nicht. Am Berg Sinai hat einst eine Offenbarung stattgefunden. Eine Botschaft und ein Code zur Interpretation dieser Botschaft wurden jahrhundertelang von einer Generation zur nächsten weitergegeben. Der Interpretationsrahmen war von Anfang an festgelegt. Innerhalb dieses Rahmens gibt es genug Möglichkeiten zur Auslegung – aber nicht außerhalb, und genau dort sind das reformierte und das konservative Judentum gelandet. Das ist, als würde man Fußball spielen, und dann kommt einer daher und fragt: Wieso üben wir nicht ein paar Handballwürfe? Nun, wir spielen aber nicht Handball, wir spielen Fußball, und wer die Dinge auf diese Weise pluralisiert, dem geht der Sinn für die ganze Sache verloren. Es sind eben zwei verschiedene Spiele. Die Reformierten und die Konservativen werfen alles in einen Topf, und das geht einfach nicht. Ich habe nichts gegen den reformierten Juden. Ich erkenne an, daß er Jude ist. Aber ich habe einiges gegen das reformierte Judentum."

Bevor ich ging, bot Schiller mir an, einmal eine Schulstunde in seiner Jeschiwa zu besuchen. Die Stunde entpuppte sich als höchst aufschlußreich, wenngleich nicht über den Talmud. Im Klassenraum saßen rund zwanzig junge Männer im Alter von neunzehn bis neununddreißig. Sie schienen alle aus Amerika oder aus dem westlichen Europa zu kommen. Mindestens die Häfte von ihnen trug Lacoste-Hemden mit dem bekannten Krokodilsignet auf der Brust, so daß mir der Gedanke kam, ich sei in die Sitzung einer Geheimbruderschaft geraten. Sie unterschieden sich in beinahe nichts von den Jugendlichen, die ich zwanzig Jahre zuvor im Kibbuz kennengelernt hatte – nur war dies kein Kibbuz, und hier wollte auch keiner Tomaten pflücken wie ich dereinst.

„Was macht ihr hier?" fragte ich sie rundheraus. „Amerikaner kommen im allgemeinen nicht nach Israel, um in der Jeschiwa die Schulbank zu drücken. Ihr solltet eigentlich im Kibbuz sein, Sümpfe trockenlegen, von einer Karriere als israelischer Kampfpilot träumen und am Strand hinter den Mädchen herpfeifen. Was macht ihr hier?"

Sie gaben mir alle die gleiche Antwort: „Das war Ihre Generation, Mr. Friedman, nicht unsere."

Und plötzlich war es, als starrten mir all die Statistiken ins Gesicht, die das israelische Ministerium für Einwanderung veröffentlicht und denen zu entnehmen ist, daß der Einwanderungsstrom weltlich orientierter amerikanischer Juden, die nach Israel kommen, um sich ihren zionistischen Pioniertraum zu erfüllen, kurz vor dem Versiegen steht. Vielleicht hatte Schiller recht – so viele Menschen vom Schlage Zeev Chafets, die einen Rock'n'Roll-Zionismus haben wollen, gibt es in Israel wohl nicht mehr. Solange sich alle Israelis dem Aufbau des Landes verschrieben hatten, machte mir einer von Schillers Jüngern klar, gingen die weltlich Orientierten im

Trockenlegen der Sümpfe auf. Doch als die Zeit gekommen war, eine langfristige Zielvorstellung zu entwickeln, stellte sich heraus, daß die weltlichen Juden nichts zu bieten hatten, die Orthodoxen dagegen durchaus. Daran mag es liegen, daß heute praktisch die einzigen Juden, die aus Amerika und Westeuropa nach Israel kommen, Ultra-Orthodoxe oder deren Anhänger sind.

Yaacov Asher Sinclair, ein achtunddreißigjähriger Engländer, der sein weltläufiges Leben in London unterbrach, um das religiöse Leben Israels zu studieren, nahm kein Blatt vor den Mund. „Nun ja, hierherkommen und den Helden spielen, weil du nichts anderes laufen hast", meinte er ohne einen Funken Bedauern, „ich glaube, das hat seinen romantischen Touch verloren. Wie sahen doch gleich die Zahlen vom vorigen Jahr aus? Achttausend Juden sind ins Land gekommen, vierundzwanzigtausend sind gegangen. Und wer ist gegangen? Genau die Leute, die mit dem weltlichen Zionismus aufgewachsen sind. Der erwies sich schließlich als hohl, füllte sie nicht mehr aus und war außerdem nicht mehr aufrechtzuerhalten. Ihre Liebe zu Israel enthielt eine ganze Portion Romantik, und jetzt entdecken sie, daß es ihnen nicht mehr romantisch genug ist. Es war nur eine vorübergehende Verblendung. Die einzige dauerhafte attraktive Herausforderung ist die Thora. Ich habe Israel schon mehrmals besucht, aber erst als ich mich der Religion zuwandte, erwachte in mir der ernsthafte Wunsch hierzubleiben. Ich hatte das Gefühl, daß dies der einzige Ort in der Welt ist, wo ich wirklich das lernen kann, was ich lernen wollte. Ich bin nicht hergekommen, weil ich Pilot oder Arzt werden will, weil ich das Land beackern, mich größer und freier fühlen oder mich am Strand sonnen will. Ich bin einzig und allein hergekommen, weil ich das Judentum, die Thora studieren wollte. Wenn es in den Staaten oder in Südafrika oder auf Madagaskar ein besseres Studienangebot in dieser Richtung gäbe, dann wäre ich dorthin gegangen. Aber hier ist es am besten."

Das klingt verführerisch, solange man sich innerhalb der Mauern einer Talmudschule befindet und drei Viertel von Israel sowie neunzig Prozent seiner Bevölkerung ausklammert, die zwar aus Juden besteht, aber aus Juden, die mit derartigen religiösen Visionen nicht das geringste mehr zu tun haben wollen. Ich fragte mich ein paar Tage später, als ich die Strandpromenade von Tel Aviv entlangspazierte, wie Schillers Visionen wohl auf Dauer gedeihen sollten, wenn sie den Israelis nichts anderes einhämmern als den Glauben, sie könnten als Juden nur dann überleben, wenn sie ihre Großväter imitieren. Wie lange, fragte ich mich, kann er verdienten, selbstbewußten Israelis, die praktisch aus dem Nichts einen Staat aufgebaut haben, noch erzählen, sie könnten als Juden nur dank der Investitionen der Rabbiner des achtzehnten Jahrhunderts überleben? Wie lange kann er israelischen Studenten noch erzählen, sie müßten Leib und Leben wagen, bloß damit die Talmudschüler in Ruhe die Thora studieren können? Die Fragen ließen mich nicht los, und ein paar Tage später rief ich Schiller an und fragte ihn, ob er nicht auch glaube, daß er auf verlorenem Posten stehe. Er hatte wie immer eine Antwort, und die bestand aus einer Anekdote.

„Ich habe in einer New Yorker Taldmudschule beim Rebbe Isaak Hunter studiert", sagte er. „Er hat einmal Israel besucht, und dabei kam er auch in den Kibbuz Jad Mordechai. Es kam zu einer Diskussion mit den Kibbuzältesten, in deren Verlauf er ihnen sagte: ‚Ben Gurion glaubte, die Zeit arbeite für ihn, denn je materialistischer das Land würde, desto weiter würde es sich von seinen Schtetl-Ursprüngen entfernen und sich von seiner sentimentalen Anhänglichkeit an die Religion der Väter befreien. Daher vermied er jede Konfrontation mit den Religiösen. Seiner Rechnung nach mußten sie ihm irgendwann einmal wie reife Früchte in den Schoß fallen. Aber Ben Gurion täuschte sich. Ein Blick auf die Höhen und Tiefen der jüdischen Geschichte zeigt, daß es immer dann, wenn es so aussah, als schwinde unsere Lebensart endgültig dahin, irgendwo zu einer Renaissance kam. Euch, die ihr hier im Kibbuz Jad Mordechai lebt, kann ich eines sagen: Eure Kinder werden dereinst entweder in Los Angeles enden oder in der Talmudschule Ohr Somajach. Jad Mordechai werden sie jedenfalls meiden. Und wenn's nicht eure Kinder sind, dann eure Enkel, soviel ist gewiß.'"

Und mit der Sicherheit eines Mannes, der weiß, daß ihm der Wind in den Rücken bläst, fügte Schiller hinzu: „Ich kann mich des Gefühls nicht erwehren, daß in diesen Worten eine tiefe Wahrheit verborgen liegt. Von Tag zu Tag, von Stunde zu Stunde klingt sie mir wahrer."

Aber nicht jeder Jude in Israel ist bereit, geduldig den Tag abzuwarten, da der Messias, auf einem Esel reitend, vom Himmel herabsteigen wird, um den Beginn einer vollkommenen Thoragesellschaft einzuläuten. Manchen dauert das zu lange, und so haben sie einen Plan entworfen, den Messias früher herbeizulocken.

Es war ein ganz einfacher Plan. Eine kleine Gruppe von jüdischen Siedlern auf dem Westufer des Jordan wollte aus einem israelischen Armeelager auf den Golanhöhen Dynamit stehlen, daraus eine Bombe basteln und dieselbe zu Füßen des Felsendoms – des drittwichtigsten Heiligtums des Islam – zur Detonation bringen. Die blaugoldene Moschee sollte in die Luft gejagt werden. Der Felsendom steht auf dem Tempelberg in Jerusalem, genau dort also, wo sich einst der Erste und der Zweite jüdische Tempel befanden. Die israelischen Verschwörer waren davon überzeugt, daß der Messias erst dann käme, wenn die moslemische „Entweihung" von Gottes Thron auf Erden, dem Zentrum jüdisch-nationaler Souveränität, beseitigt wäre.

Zum Glück für Israel (und den Rest der Welt) kam dieses Komplott zur Beschleunigung der Ankunft des Messias niemals zur Durchführung – was allerdings nicht daran lag, daß es nicht versucht worden wäre. Das Dynamit lag schon bereit, als die Polizei im Juni 1984 den Plan aufdeckte und siebenundzwanzig Männer beschuldigte, einer jüdisch-terroristischen Untergrundvereinigung auf dem Westufer anzugehören. Zu den Vergehen, für die sie später verurteilt wurden, gehörte nicht nur der geplante Anschlag auf den Felsendom, sondern auch der Mord an drei palästinensischen Studenten der Islamischen Hochschule in Hebron im Jahre 1983 (eine Vergeltungsmaßnahme für den Mord an einem Talmudschüler aus derselben Stadt), die Verstümmelung zweier palästinensischer Bürgermeister, Bassam Schaka und Karim Khalef, sowie ein versuchter Sabotageakt gegen arabische Busse in Jerusalem.

Die Verbrechen wurden vor meiner Zeit in Israel verübt, doch am 10. Juli 1985, als das Bezirksgericht von Jerusalem die jüdischen Terroristen verurteilte, war ich dabei. Die Gefängnisstrafen variierten zwischen wenigen Monaten und lebenslänglich und sind inzwischen fast ausnahmslos von Israels Präsidenten Chaim Herzog reduziert worden. Ich konnte nur den Kopf schütteln über das Selbstbewußtsein und die Selbstgerechtigkeit, die diese jungen Männer mit Jarmulka und langen Bärten im Gerichtssaal zeigten. Es erbitterte mich, mit ansehen zu müssen, wie sie unbekümmert herumschlenderten, mit ihren Frauen plauderten, frische Äpfel mampften und buchstäblich die Nase über den Richter rümpften. Die gleiche Arroganz hatte ich schon an Mitgliedern der Hisbollah, der „Partei Gottes", in Beirut beobachtet. Was ich hier in Jerusalem sah, war ganz einfach die jüdische Version. Während der Urteilsverkündung fragte ich mich, aus welchem finsteren Winkel der jüdischen Geschichte diese Leute gekrochen sein mochten. Waren wir wirklich Angehörige ein und derselben Religionsgemeinschaft? Von solchen Juden hatte mir niemand erzählt, als ich mich damals in Minneapolis auf meine Bar Mizwa vorbereitete.

Um eine Antwort auf meine Fragen zu bekommen, suchte ich Rabbi Elieser Waldman auf, einen der „Gründerväter" der Westjordanland-Siedler. Mehrere der Terroristen hatten bei ihm spirituellen Beistand gesucht. Er war zwar nicht persönlich in die Anschläge verwickelt, war jedoch von den gleichen religiösen Visionen durchdrungen wie die Täter. Rabbi Waldman gehörte zu jener Gruppe Juden, die in der Osterwoche des Jahres 1968 das in arabischem Besitz befindliche Park-Hotel in Hebron mieteten und von dort aus die jüdische Besiedlung des Westjordanlandes und des Gazastreifens in Gang setzten – ein Vorgehen, das nicht auf Sicherheitserwägungen beruhte, sondern ausschließlich der Erfüllung biblischer Visionen dienen sollte. In Israel geboren, doch von seinem dritten Lebensjahr an in Amerika aufgewachsen, residiert Waldman heute in Kirjat Arba bei Hebron, wo er eine Talmudschule leitet und außerdem für die ultrarechte Tehija-Partei tätig ist, die sich die Annexion des Westufers zum Ziel gesetzt hat. Als ich ihn besuchte, war Rabbi Waldman einundfünfzig Jahre alt. Der persönliche Eindruck, den er machte – ein Bart wie ein Weihnachtsmann, die sanft gurrende Stimme einer Taube, die schmalgliedrigen Hände eines Geigenvirtuosen –, stand im krassen Gegensatz zu den offenbar durch nichts gebändigten messianischen Visionen, die ihm im Kopf herumspuken. Den nachhaltigsten Eindruck bei mir hinterließen die von den Wänden blätternde Farbe in der Diele und die Höhe der Bäume im Vorgarten. Die Bäume mit den Jahresringen von zwanzig Wintern und die Farbpartikel auf der Türschwelle schienen der israelischen – und internationalen – Debatte über die Frage, ob Juden auf dem Westufer siedeln sollen oder nicht, Hohn zu sprechen. Waldman war und ist schon lange dort. Das besagen seine Wände, das besagen seine Bäume. Und seine Bibel sagt, daß er noch sehr viel länger dort bleiben wird.

Zu Beginn unseres Gesprächs stellte ich Rabbi Waldman die Frage, weshalb er sich, als er mit neunzehn Jahren aus Amerika nach Israel zurückkehrte, nicht für eine ultra-orthodoxe Talmudschule der Art, wie Rabbi Schiller sie leitet, entschieden hatte, sondern für die 1924 von Abraham Isaak Kook gegründete Schule Mercaz ha-Rav. Kook war ein mystischer Rabbi, der glaubte, die Rückkehr der Juden ins Gelobte Land markiere den Beginn eines Prozesses, an dessen Ende nicht nur die Erlösung der Juden, sondern die der ganzen Welt stünde – die Erlösung von einem Leben in Sünde und die sich daran anschließende Herrschaft von vollkommenem Frieden und vollkommener Gerechtigkeit. Nach der israelischen Besetzung des Westufers im Sechstagekrieg wurden die Lehren von Rabbi Kook sowie die seines Sohnes, Rabbi Zevi Juda Kook, von der Sied-

303

lerbewegung des Gusch Emunim als spirituelle und politische Leit-
linien übernommen.

„Als ich 1956 an die Mercaz-ha-Rav-Schule kam", erinnerte sich
Waldman, „gab es dort nur fünfunddreißig Schüler. Die Schule war
in einem alten Haus unweit des Zionsplatzes in Jerusalem unterge-
bracht, und ich wußte, daß ihre Ideologie meiner Richtung entsprach. Sie war die einzige Talmudschule, die verstand, daß das
Phänomen der jüdischen Erweckung zur Rückkehr nach Israel, zur
Errichtung von Siedlungen und zur Bebauuung des Landes Teil der
göttlichen Entscheidung ist, den Erlösungsprozeß einzuleiten."

„Was meinen Sie mit ‚Erlösung'?" fragte ich. „Ich dachte, das sei
eine christliche Vorstellung?"

„Die Christen haben den Erlösungsgedanken von uns übernommen", erklärte Rabbi Waldman. „Nach unseren Quellen bedeutet
Erlösung, daß das Volk der Juden in sein Land heimkehrt, als jüdisches Volk und unabhängige Nation ein neues Leben beginnt und
gemäß den jüdischen Wertvorstellungen lebt. Nur so kann es auf
dem Weg zu spiritueller und moralischer Vollkommenheit voran-
schreiten und das sein, was ihm befohlen wurde – ein leuchtendes
Beispiel für alle Nationen, das der ganzen Welt den Weg zur spirituellen und moralischen Vollkommenheit zeigt."

„Sie wollen damit sagen, daß die Rückkehr ins Land Israel gewisse jüdische Verpflichtungen einschließt?"

„Richtig", meinte der Rabbi. „Die Propheten haben uns verkündet, daß wir nur dann den Respekt der anderen Nationen gewinnen
werden, wenn wir eine unabhängige Nation in eigener Verantwortung bilden. Wer die Bibel richtig gelesen hat, weiß und versteht, daß
das Volk der Juden zum Wohle aller Völker der Welt in sein Land, zu
seinem Stolz und zu seinen spirituellen Werten zurückkehren muß.
Die jüdische Religion ist die einzige, die sowohl das Individuum als
auch die ganze Nation dazu verpflichtet, bestimmten geistigen und
moralischen Idealen entsprechend zu leben, und zwar Tag für Tag.
Es genügt nicht, einmal in der Woche in ein Bethaus zu gehen. Ein
religiöses Volk also, das vom Alltagsleben einer Nation getrennt ist,
kann für andere Völker kein leuchtendes Beispiel sein. Die weltlich
orientierten Zionisten kamen nach Israel zurück und erklärten, die
Thora und die Gesetze hätten nur dazu gedient, die Juden im Exil
zusammenzuhalten. Nun, da wir in unser Land zurückgekehrt sind,
meinen sie, wir brauchen diese Krücken des Exils nicht mehr. Ich
aber sage, genau das Gegenteil ist der Fall. Erst wenn wir in unser
Land zurückgekehrt sind, können wir voll und ganz die Rolle ausfüllen, die Gott uns zugeschrieben hat.

Im Exil lebten wir wie jüdische Individuen, konnten unsere spirituellen Werte nur persönlich, in der Familie und in der Synagoge ausleben. Aber der Schlüssel zu unserer weltgeschichtlichen Bedeutung liegt darin, diesen Werten auch in der Öffentlichkeit Ausdruck zu verleihen! Dazu ist es erforderlich, daß wir als Nation im Land unserer Väter leben. Ein unterdrücktes Volk kann nach den Gesetzen der Thora leben, aber kein spirituelles Leben führen. Jahrhundertelang haben wir mit unseren spirituellen Werten im Exil gelebt. Hat man unsere spirituellen Werte respektiert? Mitnichten. Man hat sie und uns mit Füßen getreten. Und Sie kennen ja das Sprichwort: ‚Der Weisheit der Unterdrückten wird kein Gehör geschenkt.' Mit Nationen ist es wie mit Schülern – dürfen sie den Lehrer ungestraft anbrüllen, so respektieren sie ihn nicht. Die Rückkehr ins Land der Väter ist also die notwendige Ausgangsbasis dafür, daß die Juden allen anderen Völkern ein leuchtendes Beispiel sein und ihre Werte auf sie übertragen können.

Das sagte Gott schon zu Abraham, als er ihm befahl: ‚Geh aus deines Vaters Hause in ein Land, das ich dir zeigen will.' Und nicht umsonst fügte Gott hinzu: ‚Und in dir sollen gesegnet werden alle Geschlechter auf Erden.' Aber wie sollen durch uns alle Geschlechter auf Erden gesegnet werden? Indem wir ein gewisses Maß an Vollkommenheit erreichen. Man kann nicht andere segnen, wenn man diese Vollkommenheit nicht selbst besitzt. Das heißt nicht, daß alle Nichtjuden zum Judentum übertreten werden, aber daß die generellen Werte des Judentums – der Glaube an Gott, die geistigen Werte, die Wertvorstellungen beim Umgang mit den Mitmenschen, Güte und Freundlichkeit – von den Juden beispielhaft vorgelebt werden, und das wird uns die Erlösung bringen."

„Und wann wird der Messias kommen?" fragte ich.

„Die Ankunft des Messias wird das letzte Stadium dieser Erlösung sein", erklärte Waldman. „Die einzige Möglichkeit für uns, die Ankunft des Messias zu beschleunigen, liegt darin, daß wir uns seiner wert erweisen, indem wir uns selbst so weit wie möglich erlösen. Und indem wir das Land der Väter erlösen, beschleunigen wir die Ankunft des Messias."

„Wie kommt es, daß Rabbi Kook das alles verstand, der Rest der ultra-orthodoxen Haredi-Gemeinde jedoch nicht? Die meisten ultra-orthodoxen Juden lehnen den Zionismus ab, und bis heute ist ihnen der Staat Israel gleichgültig, weil sie ihn als weltliches Unternehmen betrachten."

„Das liegt wohl daran, daß sie sich nicht eingehend genug mit den Quellen der Erlösung in der Thora und mit den Lehren unserer

Weisen befaßt haben", sagte Rabbi Waldmann in einem Ton, der Offenkundiges festzustellen schien. „Sie begriffen nicht, was vor sich ging. Sie hätten es begreifen sollen. Warum hatten sie keine Vorstellung von der Größe der Stunde? Weil die Mehrzahl der orthodoxen Juden aus den Gesetzesbüchern nichts über dieses tiefgreifende Thema, die Erlösung, gelernt hat."

„Wieso konnten sich so viele orthodoxe Rabbis so lange Zeit täuschen?" fragte ich.

„Viele Jahrhunderte lang haben Orthodoxe, die den Talmud und die Gesetzesbücher studierten, sich überhaupt nicht mit den Gesetzen befaßt, die das Leben im Lande Israel betreffen", meinte Rabbi Waldman. „Sie waren ja nicht hier, sie studierten ausschließlich jene Gesetze, die das Exil betreffen. Die sich auf Israel beziehenden Gesetze schienen ihnen viel zu weit hergeholt. Daher befaßten sie sich auch nicht mit der Erlösung und den Beziehungen zwischen religiösen und nichtreligiösen Juden. Wissen Sie, wie sie einen nichtreligiösen Juden im Exil nannten? Einen Goj. Ausgerechnet! Sie sahen sich den Zionismus von allen Seiten an und meinten, wenn wir uns dieser Bewegung anschließen, verlieren wir unsere Religion. Sie meinten, ein von weltlichen Juden gelenkter Zionismus könne nicht gottgewollt sein. Die Haredim glauben, die Erlösung käme erst dann, wenn die Entwicklung vollendet ist – wenn alle Juden Buße getan und die politische Führung fromm geworden ist. Solange wir dieses Stadium nicht erreicht haben, befinden wir uns ihrer Ansicht nach noch im Niemandsland. Die Erlösung existiert nicht. Sie glauben zwar, daß dies das Land Gottes ist, doch bevor nicht der Messias kommt und die Menschen spirituelle Vollkommenheit erreicht haben, halten sie den weltlichen Staat Israel im alten Land Israel für bedeutungslos. Aus diesem Grunde feiern sie auch den Unabhängigkeitstag nicht. In der Talmudschule Mercaz ha-Rav war er dagegen immer ein besonderer Feiertag. Von allen Talmudschulen war die unsere praktisch die einzige, die diesen Tag feierte. Wir betrachten die Erlösung als einen fortschreitenden Prozeß. Und jedes Stadium muß, auch wenn der Prozeß noch nicht abgeschlossen ist, für sich gewürdigt werden. Eines dieser Stadien ist der von weltlichen Juden aufgebaute jüdische Säkularstaat. Die Befreiung von Jerusalem, Judäa und Samaria im Jahre 1967 ist ein weiteres Stadium. Das waren alles wichtige Schritte vorwärts auf dem Weg zur Erlösung. Wir betrachten den Zionismus als ein göttliches Phänomen und Theodor Herzl als göttlichen *schaliach*, einen von Gott gesandten Botschafter, der das Volk der Juden erwecken sollte. Gott wußte, warum Er keinen orthodoxen Juden dazu erwählte – die weltlich orientierten Juden hätten ihn alle ignoriert. Also erwählte Er Herzl, einen unreligiösen Journalisten. Der Zionismus war wie ein Rettungsboot. Zuerst bringst du alle Juden dazu einzusteigen, und dann, wenn wir sie alle beisammen haben, dann werden wir sie die Thora lehren. Das war der Gedankengang Gottes."

„Aber wieso können Sie, selbst wenn das alles stimmt, das Volk der Juden nicht in den Grenzen von vor 1967 erlösen? Wieso brauchen Sie dazu Groß-Israel?"

„Es ist ein Gebot Gottes, daß das Volk der Juden das ganze Land Israel besiedeln soll", antwortete Rabbi Waldman leicht indigniert. „Das bedeutet, daß uns, solange wir nicht das ganze Land besitzen, weder spirituelle Vollkommenheit noch die Erlösung möglich sein wird. Judäa und Samaria sind das Herz des Landes Israel; sie müssen daher besiedelt werden, damit das Volk der Juden erlöst werden kann. Bedenken Sie, daß unsere Weisen das *mizwa* der Besiedlung des Landes Israel stets abgehoben von allen anderen Geboten sahen. Sie stellten es in den Mittelpunkt. Das *mizwa* der Besiedlung Israels wiegt alle anderen *mizwot* auf. Das ist im großen und ganzen nur von etwa sieben *mizwot* gesagt. Warum? Weil die Mehrzahl der sechshundertdreizehn Gebote nur in einem unabhängigen Groß-Israel von einer unabhängigen jüdischen Nation eingehalten werden kann. Nur die wenigsten *mizwot* können auch außerhalb Israels gehalten werden – diejenigen, die das Familien- und Privatleben sowie bestimmte Rituale betreffen. Aber der Großteil aller *mizwot* bezieht sich auf die Nation – auf den Tempel, das Land und das Sabbatjahr. Das sind die nationalen *mizwot*. Ohne sie können wir keine vollständige Thoragesellschaft sein. Die Wertstellung des Landes Israel wurde nicht von uns erfunden. Es steht alles in den Quellen. Unsere Weisen sagen uns, daß göttliche Inspiration nur im Land Israel erfahren werden kann. Nur hier ist Prophetentum möglich. Das heißt, daß sich nur hier die höchste spirituelle Ebene erreichen läßt."

„Wollen Sie damit ausdrücken, Rabbi, daß Sie selbst sich vor dem Sechstagekrieg als Jude unvollständig fühlten?"

„Ja", antwortete Rabbi Waldman. „Vor 1967 dachten meine Freunde und ich, wir hätten, was unseren Beitrag zur Erneuerung der jüdischen Nation betrifft, das Rettungsboot verfehlt. Im Befreiungskrieg von 1948 war ich erst zehn Jahre alt. Doch als der Sechstagekrieg 1967 kam, beherrschte uns das Gefühl: Nun ist unsere Chance gekommen! Gott hat uns das Privileg gewährt, an diesem großen Ereignis teilzuhaben. Denn der Ausgang des Sechstagekriegs war für uns ein noch deutlicheres Zeichen Gottes, ein noch größerer Schritt voran als der Befreiungskrieg. Ganz einfach deshalb, weil das, was wir nach dem Befreiungskrieg besaßen, nicht das Herz Israels war. Wir besaßen nur die Außenbasteien. Wenn unsere Väter und Vorväter vom Land Israel träumten, wovon träumten sie dann wohl? Von Tel Aviv? Von Haifa oder der Küstenebene mit ihren Sanddünen? Keineswegs! Sie träumten von Judäa und Samaria, von Jerusalem und Hebron, von Sichem (Nablus) und Jericho und vom Jordan. Hier ist das Volk der Juden groß geworden. Seit 1967 habe ich das Gefühl, nach Hause gekommen zu sein. Wenn Heimkehr in Israel irgendeine Bedeutung hat, dann in Hebron, nicht in Tel Aviv. In Hebron hat alles angefangen. Hebron war die erste Hauptstadt des vereinten Israel, in Hebron liegen die Urväter Abraham, Isaak und Jakob begraben. Es ist nicht so, daß wir 1948 territoriale Zugeständnisse gemacht und halb Israel aufgegeben hätten. Wir hatten gar nichts, und als sie uns einen Teil Israels anboten, blieb uns keine andere Wahl, als diesen Teil anzunehmen. Das war selbst damals schon schmerzvoll, aber wir sagten, na schön, nehmen wir den Teil und warten ab, was passiert. Daher hatten wir nach dem Sechstagekrieg das Gefühl, Gott habe uns die Tore zum Herzen Israels geöffnet, und daher glaubten und glauben wir, Er will uns damit sagen, es sei unsere Pflicht, dort zu siedeln und zu bauen. Uns davon abzuwenden hieße, dem gesamten Erlösungsprozeß den Rücken zu kehren."

„Sind Sie sicher, daß Gott es nicht lieber sähe, wenn Sie einen Teil des Landes wieder hergäben und sich so den Frieden mit den Palästinensern einhandelten?"

„Warum hat es wohl vierzig Jahre gedauert, bis die Juden von Ägypten nach Kanaan kamen?" meinte Rabbi Waldman, der gern eine Frage mit einer Gegenfrage beantwortete. „Moses sandte Späher aus, um zu erkunden, auf welchem Wege man am besten nach Israel hineinkäme. Bei ihrer Rückkehr behaupteten fast alle dieser Männer, das Land sei von Riesen besiedelt, die man nicht im Kriege bezwingen könne. Das Land frißt seine Bewohner, behaupteten sie. Die Kundschafter verschreckten die Kinder Israel derart, daß sie nicht weiterziehen wollten. Was Gott darauf antwortet, ist einer der stärksten Vorwürfe der Bibel. Er spricht: ‚Wie lange lästert mich dies Volk? Und wie lange wollen sie nicht an mich glauben trotz all der Zeichen, die ich unter ihnen getan habe? Ich habe euch aus Ägyptenland geführt, ich habe euch die Gesetze gegeben, ich habe euch Manna vom Himmel regnen lassen, und ihr wollt noch immer nicht an mich glauben.' Und schließlich sagt Gott der Herr: ‚Ihr wollt Israel gar nicht, also bekommt ihr es auch nicht. Eure Leiber sollen in dieser Wüste verfallen. Eure Kinder aber, die will ich hineinbringen, daß sie das Land kennenlernen, das ihr verwerft. Sie werden verstehen und an mich glauben.' Und daher mußten die Kinder Israels in der Wüste ausharren, vierzig Jahre lang, und nur ihre Kinder erreichten das Land der Väter. Nach zweitausend Jahren des Exils, nach einem Holocaust und nach einem Krieg gegen fünfzig Millionen Araber glaube ich, daß Gott für uns mindestens soviel getan hat wie für jene Generation, die Er aus Ägyptenland führte. Könnten wir Seine Worte heute vernehmen, würde Er uns dann nicht das gleiche sagen wie damals? Können Sie sich vorstellen, daß wir zu Gott gehen und sagen: ,Fein, Du hast uns ganz Israel gegeben, vielen Dank. Wir wissen es wirklich zu schätzen. Aber Du kannst einen Teil davon zurückhaben. Es ist mit zu vielen Schwierigkeiten verbunden. Ich will keine Probleme haben. Ein problemloses Leben ist mir lieber.' Was würde Gott wohl dazu sagen? Sagen Sie mir: Was würde Er sagen?"

Meine letzte Entdeckungsreise ins geistige Leben Israels begann mit der Bar Mizwa meines kleinen Cousins Giora. Die Feier fand in der kleinen Synagoge der Küstenstadt Aschkalon statt, die unweit des weltlich orientierten, von der Arbeiterpartei unterstützten landwirtschaftlichen Kibbuz lag, in dem Giora auf die Welt gekommen und aufgewachsen war. Nach der Bar Mizwa luden meine Tante und mein Onkel die engere Verwandtschaft zum Essen in ein nahe gelegenes Restaurant ein, das für seine herzhaft-ländliche Kost bekannt war. Als die Bedienung an unseren Tisch kam, war ich gespannt, was der Bar-Mizwa-Junge zu dieser besonderen Gelegenheit bestellen würde. Ein saftiges Rindersteak? Backhähnchen mit einer Riesenportion Pommes frites? Oder eine Pizza mit allen nur denkbaren Auflagen? Nichts von alledem. Giora wußte genau, was er wollte. Als sich die Bedienung ihm zuwandte, zögerte er keinen Moment mit seiner Bestellung.

„Ich hätte gerne weiße Steaks", erklärte er laut und deutlich. „Weiße Steaks" ist der herbräische Euphemismus für Schweinerippchen.

Ich amüsierte mich königlich. Es war noch keine Viertelstunde vergangen, seit wir die Synagoge verlassen hatten, da biß der Bar-Mizwa-Junge auch schon herzhaft in Schweinefleisch, dessen Genuß die jüdischen Speisegesetze strikt verbieten. Es störte mich nicht, denn ich halte mich selbst nicht an die koschere Küche. Es war einfach die Ironie des Augenblicks, die mich schmunzeln ließ. Ein paar Tage lang wollten mir Gioras Schweinerippchen nicht mehr aus dem Kopf. Sie schienen mir eine versteckte Botschaft zu enthalten, die ich unbedingt entziffern wollte. Dazu suchte ich meinen eigenen Rabbi auf, den Gründer und Direktor des Schalom-Hartman-Instituts für Höhere Judaistik, David Hartman.

Von der Talmudschule Ohr Somajach zum Schalom-Hartman-Institut ist es nur eine kurze Strecke, aber Sie werden keinen Bus finden, der Sie dorthin bringt. David Hartman und Nota Schiller haben einst beide die Talmud-Oberschule Chaim Berlin in Brooklyn besucht. Beide sind in Brooklyn geboren, beide haben in Amerika studiert, doch nach Israel kamen sie mit vollkommen gegensätzlichen Vorstellungen über das Land und über seine Zukunft. In den Augen des orthodoxen Establishments in Israel gilt Hartman als gefährlicher Radikaler – weit gefährlicher als alle reformierten oder konservativen Rabbis –, weil er direkt aus dem Zentrum der orthodoxen Talmudtradition kommt. Von 1960 bis 1971 war er ein prominenter orthodoxer Rabbi in Montreal und erwarb nebenbei noch einen Doktorgrad in Philosophie an der McGill University. 1971 emigrierte er mit seiner Familie nach Israel und gründete das Institut für Höhere Studien der Judaistik. Ziel dieses Instituts ist es, neue jüdische Denker und Erzieher heranzubilden, die das fortschrittlichste Gedankengut der westlichen Welt in die klassisch-jüdische Talmudtradition integrieren. Darüber hinaus versucht das Institut Wege zur Erneuerung des Judaismus zu finden, eine Basis für Pluralismus innerhalb der jüdischen Gemeinde zu schaffen und die Quellen der Toleranz zwischen Judentum, Christentum und Islam zu öffnen. Das Motto des Instituts lautet: Juden müssen das Ghetto nicht nur physisch hinter sich lassen, sondern auch ihr intellektuelles und spirituelles Erbe aus dem Ghetto holen.

Mit Hartman hatte ich schon oft über diverse Widersprüchlichkeiten diskutiert, die mir in Israel begegneten, und so war es ganz natürlich, daß ich mich auch diesmal wieder an ihn wandte, in der Hoffnung herauszufinden, was es mit Gioras Schweinerippchen auf sich hatte. Zur Beantwortung meiner Frage präsentierte er mir seine Vision von Israel, die Vision eines religiösen Zionisten. Sie wird von vielen geteilt, die nach Israel kamen, weil sie einerseits fromme Juden waren, andererseits aber auch Wert darauf legten, gleichberechtigt am weltlich-zionistischen Staat Israel teilzuhaben – ohne gleich die ganze Welt erlösen zu wollen.

„Die Israelis erzählen mir ständig" – so begann ich unser Gespräch –, „sämtliche amerikanischen Juden würden sich binnen zweier Generationen assimilieren und somit als Juden verschwinden, deshalb täten sie besser daran, nach Israel zu emigrieren. Wenn das aber bedeute, nach der Bar Mizwa Schweinerippchen zu essen – wie soll die Einwanderung dann die Assimilation verhindern?" „Ich will Ihre Frage mit einer Frage beantworten", sagte Hartman. „Können Sie die hebräische Sprache assimilieren? Die Antwort ist ja. In Amerika wollen die meisten Juden wenigstens drei Tage im Jahr Juden sein – zwei an Rosch Haschana, einen an Jom Kippur. Viele Israelis aber wollen nicht einmal das. Die weltlichen Zionisten, die diesen Staat gegründet haben, rebellierten gegen ihre Großväter und die ganze Welt des osteuropäischen Ghettojudentums. In ihrer Vorstellung sollte der gemeinsame Aufbau einer Nation, der Dienst am Staat und in der Armee, das Hissen der israelischen Fahne sowie die hebräische Sprache die herkömmliche spirituelle Identifikation ersetzen. Das war ihr ganzes Judentum.

Für sie war eine Bar Mizwa keine religiöse Angelegenheit, sondern ein Ausdruck nationaler Zusammengehörigkeit ohne jede spezifisch religiöse Bedeutung. Haben Sie schon einmal eine Hochzeit in einem Kibbuz miterlebt? Ehen im Kibbuz werden, wie alle Ehen in Israel, vom staatlichen Orthodoxen Rabbinat geschlossen. Der Staat schickt einen Rabbi, der die Gebete spricht und alle erforderlichen Formulare ausfüllt. Die Zeremonie ist völlig unfeierlich: Die Gäste stehen herum, plaudern und scherzen miteinander und bedienen sich am kalten Büfett. Kein Hauch von Erhabenheit, nicht die Spur des Gefühls, dies könne ein Augenblick der geistigen Einkehr sein. Gemessen an den spezifisch jüdischen Inhalten, die er beisteuert, könnte der Rabbi ebensogut ein Standesbeamter sein. Es herrscht spirituelle Leere, Entfremdung von den jüdischen Traditionen.

Übertrüge man das spezifisch Jüdische des Durchschnittsisraeli auf die Diaspora – zum Beispiel auf Los Angeles –, so reichte es nicht mehr aus, das Volk der Juden zusammenzuhalten. Ihre Schweinerippchen-Geschichte ist bezeichnend für den Lebensstil der meisten nichtreligiösen Israelis – egal, wie wir nach außen hin erscheinen möchten und wie gern wir's hätten, wenn die Spiritualität die Zukunft des Judentums entscheidend mitprägen würde. Judentum heißt für viele Israelis in Wirklichkeit: Ich bin bereit, zur Armee zu gehen. Ich bin bereit zu dienen. Ich bin bereit, heroische Opfer im Krieg zu bringen. Aber damit hat sich's ...

Die Zionisten der Arbeiterpartei haben einen Staat mit einem judaistischen Vakuum im Herzen aufgebaut. Ben Gurion glaubte, ein Weizmann-Institut der Wissenschaften könne die Hochstimmung der Pionierzeit aufrechterhalten. Ich hege großen Respekt für die schöpferischen Leistungen all derer, die diesen Staat aufgebaut

311

haben. Das Kibbuzsystem ist ein wunderbares Experiment in sozialer Gerechtigkeit und im gemeinschaftlichen Zusammenleben. Die Entstehung und Entwicklung einer hebräischen Literatur und Kultur ist eine tiefgreifende Revolution. Die Transformation des Juden vom Schüler zum Soldaten und Bauern kann gar nicht hoch genug geschätzt werden. Aber es ist meine tiefste Überzeugung, daß sich das jüdische Volk von Literatur und Wissenschaft allein nicht nähren kann. Auf Nationalstolz allein läßt sich kein Judenstaat aufbauen. Die jüdische Seele braucht geistige Nahrung. Israelische Politiker, die glauben, sie könnten das Volk der Juden allein mit dem Versprechen begeistern, aus Israel das Silicon Valley des Nahen Ostens zu machen, irren sich gründlich. Die Leute brauchen einen Halt im Leben. Sie brauchen das Gefühl, daß im Zentrum ihrer Familie und ihres Lebens ein Judentum steht, das mit der modernen Welt zurechtkommt."

„Damit sagen Sie im Grunde genommen, daß die weltlichen Zionisten einen Nationalismus ohne Anspruch auf das Judentum aufgebaut haben. Die Religion überließen sie einfach den Haredim. Eine Freundin berichtete mir einmal von einer ihrer Bekannten, die im Kibbuz Jodfata bei Eilat an der Südspitze der Negev-Wüste lebt. Nach dem Sechstagekrieg besuchte die Frau mit ihrer siebenjährigen Tochter Jerusalem und die Klagemauer. Das Kind war noch nie zuvor in Jerusalem gewesen, und nun standen sie inmitten von lauter Haredim imit langen schwarzen Mänteln und Pelzhüten. Die Kleine zog die Mutter am Ärmel und rief: ‚Sieh mal, Mama, da ist ein Jude!' Sie hatte zum erstenmal einen Haredi gesehen – in ihren Augen war das ein richtiger Jude."

„Das überrascht mich nicht", meinte Hartman. „Ben Gurion und die Zionisten der Arbeiterpartei dachten, sie könnten den Staat aufbauen und alle Glaubensfragen an die letzten Nachfolger ihrer Großväter verweisen – an die Haredim und das orthodoxe rabbinische Establishment, die aus Osteuropa die engstirnigste und rückschrittlichste Religionsauffassung mitgebracht hatten. Es war, als hätte man ein Haus gebaut und im Keller ein kleines Zimmerchen für Großpapa eingerichtet, wo er lesen und werkeln kann und ansonsten nicht stört. Vierzig Jahre später steigt jedoch Großpapa eines Tages die Kellertreppe herauf und ist wiederauferstanden. Es stellt sich heraus, daß er mitnichten gewerkelt, sondern eifrig Kinder gezeugt hat. Zunächst einmal erzählt er dir, daß er von nun an die Hausordnung bestimmen will. Er will die Küche und das Schlafzimmer übernehmen, und zur Krönung des Ganzen will er dir auch noch vorschreiben, wie du deine Freizeit zu verbringen hast. Da sich die Zionisten von der Arbeiterpartei nicht selbst um eine modernen Ansprüchen genügende Interpretation des Judentums bemühten, hatten sie den Israelis auch keine alternative geistige Vision zu bieten. "

„Demnach hätten der Gusch Emunim und die Haredim also recht mit ihrer Behauptung, Sümpfe trockenzulegen und einen israelischen Reisepaß zu besitzen genüge nicht. Viele Israelis sind begierig auf geistige Inhalte. Ist es das, was ihnen die Orthodoxen und die Ultras geben?"

„In Teilbereichen vermag ich den Orthodoxen zuzustimmen, zum Beispiel ihrer Diagnose der geistigen Leere hier im Land", sagte Hartman. „Was ich ablehne, sind die Rezepte, mit denen sie dagegen vorgehen wollen. Der Gusch Emunim verschreibt einen messianischen Ausflug in die Zukunft. Die Haredim predigen dagegen Enthaltsamkeit gegenüber dem Staat und dem nationalen Brimborium und sehnen sich nach der alten Leidenschaftlichkeit, mit der wir einst unser Leben in den osteuropäischen Ghettos führten – hübsch isoliert von den Gojim. Die einen bieten politisches Phantastentum, die anderen politischen Rückschritt an. Was mich betrifft, so lebe ich nicht in der Zukunft, und ich will auch nicht in der Vergangenheit leben. Ich möchte den Israelis eine Gegenwart, ein Heute bieten, das dem Alltagsleben Sinn verleiht."

„Aber wie? Gibt es denn eine Interpretation des orthodoxen Judentums, die die vielen nicht-frommen Juden ansprechen könnte, ohne gleichzeitig die traditionsgebundenen, wahrhaft frommen Juden abzuschrecken?"

„Fangen wir ganz von vorn an", meinte Hartman. „Zunächst einmal bin ich ein religiöser Zionist. Was heißt das? Das heißt, daß ich mich verpflichtet habe, in einem Staat zu leben und mein Judentum zu interpretieren, in dem viele Juden meine religiöse Überzeugung nicht teilen. Ich habe mich dazu entschlossen, mein geistiges Leben in der Gemeinschaft mit anderen Juden aufzubauen, die zum Beispiel in der Frage nach der Bedeutung Gottes und nach dem Sinn und Sein des jüdischen Volkes ganz anderer Meinung sind als ich. Es ist keineswegs so, daß ich den Standpunkt der weltlich Orientierten als gleichwertig mit meinem eigenen akzeptiere, aber ich habe die Dauerhaftigkeit unserer Differenzen akzeptiert. Ich sehe in ihnen nicht potentielle Konvertiten, die nur darauf warten, zu ihrem geistigen Erbe zurückgeführt zu werden, sondern schätzenswerte Menschen, die eben eine andere Einstellung zum Judentum haben als ich. Ich meine, daß der religiöse Pluralismus als eigener, dauerhafter Wert in der israelischen Gesellschaft verankert werden muß – weil die spirituelle Vielfalt hier auf ewige Zeiten zur politischen Landschaft gehören wird. Da ich meine Existenz einem kollektiven Rahmen anvertraut habe, der sich der Staat Israel nennt, erwachsen mir zudem gewisse Verpflichtungen. Ich habe nicht das Recht zu fordern, die weltlich orientierten Frauen müßten in der Armee dienen, meine Töchter aber davon auszunehmen, weil sie fromm sind. Denn wir alle sind für das Gedeihen dieser politischen Einheit verantwortlich. Ich kann nicht ein Parasitendasein auf Kosten anderer führen. Religiöser Zionist zu sein heißt, an allen Aspekten dieses Unternehmens Staat teilzuhaben."

„Aber wie können Sie von orthodoxen Juden soviel Toleranz gegenüber weltlichen Juden verlangen – und umgekehrt? Die Haredim behaupten, es gebe nur eine rechtmäßige Lebensweise, und das sei die ihre."

„Darauf antworte ich ihnen, daß es eine Ebene gegenseitiger Verpflichtungen gibt, die wichtiger ist als unsere Differenzen", erwiderte Hartman. „Das Gefühl, einer jüdischen Nation anzugehören, ist wichtiger als das Gefühl, gemeinsam die Thora empfangen zu haben. Ich stehe auf dem Standpunkt, daß wir eine gemeinsame ägyptische Vergangenheit haben. Wir alle waren gemeinsam als Juden in Ägyptenland, bevor uns Moses in die Wüste führte, um am Berg Sinai die Gesetze zu empfangen. Die Juden in Ägypten waren Heiden, keine religiöse Gemeinde, dennoch spielt der Aufenthalt in Ägypten eine wesentliche Rolle in unserer Geschichte und in unserem Gedächtnis. Denn dort sind wir eine Nation geworden. Wir sehnten uns alle gemeinsam nach politischer Freiheit, wir litten gemeinsam, wir empfanden uns gemeinsam als ein Volk, wir hatten ein gemeinsames politisches Schicksal – und das alles, bevor wir die Inhalte unserer religiösen Gemeinsamkeit diskutierten. Daß Ägypten vor dem Sinai kam, wird nur allzu leicht vergessen. Passah gab es vor dem Schawuotfest (das den Tag feiert, an dem Moses am Berg Sinai die Thora empfing). Die Haredim vergessen dies nur allzu gern. In ihren Augen ist der Sinai das A und O, der Anfang und das Ende der Welt. Sie definieren alles durch den Sinai. Zwar wissen sie, daß das jüdische Gesetz einen nicht-frommen Juden immer noch als Juden betrachtet, aber sie wissen nicht, wie sie mit ihm umgehen sollen, weil sie kein Konzept von einem jüdischen Volk ohne Sinai haben. Meiner Ansicht nach muß man zuerst ein Volk sein, bevor man zum Sinai zieht. Ganz allein hätte es keiner bis zum Sinai geschafft."

„Schön, aber was bedeutet das für das heutige Israel?"

„Folgendes: Ich sehe ein, daß wir trotz aller Unterschiede in religiösen Fragen eine Nation sind", antwortete Hartman. „Wer aber spielt mit, wer gehört zum Team? Jeder, der sich mir in Ägypten angeschlossen hat; jeder, der sich mir in Auschwitz angeschlossen hat; jeder, der meint, die jüdische Geschichte muß weitergehen, egal, wie stark er sich für diese Geschichte engagiert und wie er sie im einzelnen interpretiert. Das ist mein Team. Weiter: Wie wollen wir spielen, nach welchen Spielregeln gehen wir vor? Da kommen wir zum Sinai. Am Sinai wurden die Spielregeln festgesetzt."

„Aber nach allem, was ich vom orthodoxen Judentum in Israel zu sehen bekam, verträgt sich dessen Auslegung der Regeln nicht allzugut mit der modernen Welt. Inwieweit unterscheidet sich Ihre Interpretation der Geschehnisse am Sinai von der der Haredim oder des Gusch Emunim?"

„Zunächst einmal will ich klarstellen, daß wir uns noch immer uneinig darüber sind, was wir am Sinai wirklich gehört haben", erklärte Hartman. „Der Sinai bedeutet für mich, daß die Juden Fragen nach dem Sinn stellen müssen. Ein gemeinsames Schicksal, gemeinsames Leid und gemeinsam erlittene Unterdrückung ohne eine Sinngebung reichen nicht aus, eine Gemeinde zusammenzuhalten. Und genau das ist es, was die weltlichen Zionisten nicht verstehen. Die weltlich orientierten Gründer des Staates Israel glaubten, allein die ägyptische Erfahrung hielte uns als Nation zusammen – die Sinngebung am Sinai ignorierten sie. In meinen Augen sollte das Judentum dem einzelnen Israeli nicht nur einen *way of life* bieten, sondern auch eine weiterreichende moralische Richtschnur für Politik, Wirtschaft, Gesellschaft und all die anderen Themen, die eine Nation in ihrer Gesamtheit bewegen. Was besagt das? Es besagt, daß ich meine Tradition dergestalt interpretieren muß, daß sie in einem politisch souveränen Staat überlebens- und ausbaufähig ist. Und dazu brauche ich einen politisch souveränen Staat, der die Gewissensfreiheit anerkennt. Woher will ich das wissen? Wo steht das geschrieben? Es gibt hier orthodoxe Rabbis, die behaupten, die Demokratie sei kein jüdischer Wert. Mir ist es egal, ob die Demokratie ein jüdischer Grundwert ist. Es ist ein neuer politischer Wert, den ich erworben habe. Freiheit ist ebenfalls ein wichtiger politischer Grundsatz, so wie Autonomie und persönliche Verantwortung – bedeutende Werte, die Amerika mich gelehrt hat. Die Arbeit unseres Instituts sehe ich als Versuch, Wege zu finden, die es dem klassisch-orthodoxen Judentum ermöglichen, diese neuen, enorm wichtigen politischen Werte aufzunehmen, ohne daß es sich dabei selbst zerstört.

Führende christliche Neutestamentler und einige der hervorragendsten politischen Philosophen der Gegenwart kommen zum Studium an unser Institut. Gemeinsam arbeiten wir sowohl mit ihren als auch mit unseren Grundlagentexten – denn auch ich habe die Weisheit nicht mit Löffeln gegessen. Ich habe eine Heimat. Ich habe eine Identität. Ich habe Wurzeln, eine Familie, eine Geschichte. Ich habe die Thora. Nichts von alldem verleugne ich. Ich liebe das alles, doch bin ich mir bewußt, daß es außer meiner Geschichte, meiner Familie und meiner Thora auch noch andere Dinge auf der Welt gibt. Meine Thora lebt im Dialog mit der Welt. Ich kann von Aristoteles lernen, von Kant. Der Sinai ist nicht der Ursprung und das Ende aller Weisheit dieser Welt. Der Sinai ist mein Ausgangspunkt, aber ich bleibe dort nicht stehen. Vom Sinai ausgehend, lerne ich von der ganzen Welt, integriere sie sozusagen in den Sinai. Das ist der Unterschied zwischen modernen religiösen Zionisten und Haredim.

Die Haredim meinen, alles stehe in der Thora geschrieben und sie hätten nichts von der Welt zu lernen. Sie leben zwar in dieser Welt, schätzen sie aber nicht, weil sie meinen, sie hätte ihnen nichts zu bieten. Sie halten es für unnötig, ihre Einstellung zur Thora anhand der Schriften von Kant, Kierkegaard oder Freud zu überdenken – was haben die Gojim uns schon zu sagen, winken sie ab. Ich sehe das anders. Meiner Meinung nach sollten Israel und das Judentum das Fundament sein. Darauf aufbauend, können die Juden die besten Werte der Welt rezipieren und daraus lernen, ohne ihrer besonderen Eigenart verlustig zu gehen. Wir können es uns schlicht nicht leisten, unsere Tradition allein jenen zu überlassen, die alles Moderne strikt ablehnen. Sonst entwickelt sich noch ganz Israel zu einem einzigen Ghetto. Wer heute in Israel lebt, dem ist es jetzt schon nicht mehr möglich, die Vergangenheit auch nur eine Minute lang zu vergessen. Sie verfolgt dich, auf jedem Meter Boden, an jeder Straßenecke. Wir müssen sie wieder in unsere eigenen Hände nehmen, sie neu interpretieren, sie kompatibel machen mit der modernen Welt. Andernfalls wird sie unsere Zukunft manipulieren."

„Sie erwähnten Ägypten und den Sinai, doch nach dem Sinai kam ja noch das Gelobte Land – Israel. Welche Bedeutung hat *Land* in Ihren Augen?"

„Die Bedeutung des Landes liegt darin, daß es uns gestattet, das Judentum als Lebensart zu sehen. Die Heimkehr nach Israel drückt *auch* aus, daß das Judentum niemals ausschließlich auf der Synagoge basierte. Es drehte sich nie – wie manche Haredim zu glauben scheinen – ausschließlich um das Gebet und die religiösen Feiertage. Das Judentum im weitesten, das ganze Leben umfassenden Sinne sollte auch Antworten geben auf Alltagsfragen – wie gehe ich mit einem Streik des Krankenhauspersonals um, wie übe ich politische Macht aus und so weiter. Mit anderen Worten: In meinen Augen kehrt man nach Israel zurück, um die Bedingungen des Sinai zu erfüllen. Ich bin nicht hierhergekommen, um das Synagogenjudentum der europäischen Ghettos wiederzubeleben. Ich bin gekommen, um zu den Ursprüngen zurückzukehren – zum Judentum als Weltanschauung, nicht bloß als Ritual."

„Sie betrachten das Land also als Korrektiv gegen die Haredim und ihre Ritualbesessenheit. Doch wie steht es mit dem Gusch Emunim und seiner mystischen Interpretation der Rolle des Landes Israel bei der Erlösung des jüdischen Volkes und der ganzen Welt?"

„Das Land ist meiner Meinung nach auch ein Korrektiv zum Gusch Emunim", sagte Hartmann. „Das Judentum hat nichts mit der Heilung und Erlösung der Seele zu tun – das sind zentrale Anschauungen des Christentums. Das Land macht uns klar, daß das *irdische* Dasein entscheidend ist. Hier soll man eine Gemeinde errichten, eine Realität schaffen, eine nationale, gegenwartsbezogene Existenz. Aus diesem Grund war das Land ein wichtiges Symbol für uns, als wir noch in der Diaspora lebten. Immer wieder sagten wir uns: ‚Nächstes Jahr in Jerusalem!' – das war die Definition des Judentums. Nirgendwo steht geschrieben, daß das Judentum sich in eine Art Heilslehre verwandeln sollte. Es war von jeher nichts anderes als eine Lebenslehre für ein bestimmtes Volk, eine Stufe auf der Leiter, die zum Heute führen sollte, nicht in eine andere Welt. Das ist es, was die Leute vom Gusch Emunim nicht verstehen. In ihren Augen ist das Land ein Schritt auf dem Weg zur Erlösung und zu einem messianischen Reich, das nach den Gesetzen der Thora geführt wird. Darauf kann ich dem Gusch Emunim nur antworten, daß ich nicht weiß, wie Gott Israel und die Welt zu erlösen gedenkt. Ich kenne Seine Pläne nicht.

Die Bedeutung Israels liegt nicht darin, daß es zum messianischen Triumph des jüdischen Volkes führen wird. Das ist ein großmannssüchtiger Mythos, den ich ablehne, eine maßlos übertriebene Vorstellung von der Rolle Israels und des jüdischen Volkes in der Weltgeschichte. Meiner Meinung nach können das Land und die Steine diese Gesellschaft nicht ‚erlösen'. Worauf es ankommt, ist nur die Menschenliebe und unser Verhalten im Alltag. Der Gusch Emunim glaubt, wenn er das Land erlöst, wird Gott das Volk erlösen. Meiner Meinung nach haben wir das Volk zu erlösen. Punktum. Wohin diese Erlösung führen wird, weiß ich nicht – aber es kann auf jeden Fall nichts Schlechtes sein. Ich glaube daran, daß das Morgen besser sein wird als das Heute – und das wird nicht daraus resultieren, daß ich auf irgendeinem Hügel in Hebron sitze, sondern daß ich meinen arabischen Friseur und meinen Gemüsehändler und meinen Taxifahrer schon heute besser behandle. Das Morgen wird nicht deshalb besser sein als das Heute, weil ich die Landesgrenzen ausdehne, sondern weil ich der Ethik, der Moral, der Koexistenz zwischen Völkern und Kulturen sowie der Lebensqualität oberste Priorität einräume. Mit der Mißhandlung von zwei Millionen Arabern locke ich den Messias nicht herbei. Niemand kann von sich behaupten, daß das, was er tut, die Erlösung der Welt nach sich ziehen wird. Das hat Stalin gesagt – und daraufhin zwanzig Millionen Menschen umgebracht. Jedes Volk, das sich für den Erlöser der Welt hält, übersieht das Böse, das es tagtäglich begeht. Wer seine Augen auf die Ewigkeit richtet, läuft Gefahr, gegenüber seinem Nächsten blind zu sein."

Hartman kam zum Schluß: „Fassen wir zusammen: Die Heiligkeit des Volkes hat Vorrang vor der Heiligkeit des Landes. Das Land hat keine mystische Bedeutung. Das einzige, worauf es ankommt, sind die Taten der Menschen. Im Judentum beruht Heiligkeit nicht auf Steinen oder Büchern. Sie beruht auf dir und mir und auf der Art unseres Lebens im Hier und Heute."

Die Verwerfungslinie

Wenn man aus dem Libanon kommt und die israelische Grenze überschreitet, fällt als erstes ins Auge, wie ordentlich alles aussieht. Israelische Bananenpflanzungen präsentieren sich, im Gegensatz zu den chaotischen Feldern im Libanon, in exakten parallelen Reihen, und die Wohnhäuser in den Kibbuzim sind in symmetrischen Mustern angeordnet. Die Straßen sind schnurgerade, und die weißen Mittellinien wirken wie frisch nachgezogen. Wohin der Blick auch fällt, alles strahlt Ordnung und Planung aus. Selbst die israelische Küstenlinie wirkt gerader als die libanesische.

Die geraden Linien sollten mich noch eine ganze Weile an der Nase herumführen. Es dauerte mehrere Monate, bis ich den Wald aus rechten Winkeln durchdrungen hatte und die gezackte vulkanische Verwerfungslinie entdeckte, die sich direkt unter der Oberfläche der israelischen Gesellschaft entlangzieht und jederzeit in einem Erdbeben aufbrechen kann. Während im Libanon viele verschiedene Verwerfungsgräben die siebzehn christlichen und islamischen Sekten voneinander trennen, sind Israel und die besetzten Gebiete nur auf einem einzigen errichtet – und der trennt israelische Juden und palästinensische Araber voneinander. Die libanesischen Regierungen waren immer wieder von Erschütterungen entlang der religiösen Verwerfungsgräben heimgesucht worden – bis 1975 ein schweres Beben sämtliche Gräben auf einmal aufriß und das ganze Land unter gewaltigem Getöse in den Abgrund stürzte.

In Israel besaß die Regierung viel mehr Stabilität und größeren Zusammenhalt. Zwanzig Jahre lang, vom Juni 1967 bis zum Dezember 1987, schaffte es die israelische Regierung, alle Beben und Schockwellen abzufedern, die der Graben zwischen Palästinensern und Juden aufwarf. Sie war dabei so erfolgreich, daß viele Israelis –

und auch manche Palästinenser – seine Existenz einfach vergaßen. Mich hingegen hatte das Leben in Beirut sehr empfindlich für geologische Turbulenzen gemacht, so daß ich sie – wie Überlebende eines Erdbebens – unaufhörlich spürte. Wenn ich im Gespräch mit Israelis einfließen ließ, ihr Land erinnere mich deutlicher an den Libanon, als ihnen lieb sein konnte, schlug mir jedesmal offene Empörung entgegen. „Was reden Sie denn da!" fuhr mich ein bekannter Neurologe vom Hadassah-Hospital an, als ich auf einer Dinnerparty in Jerusalem diesen Vergleich zog. „Bürgerkrieg in Jerusalem? Gaza nicht anders als Beirut? Sie haben wohl zu lange im Libanon gelebt!"
Das hatte ich in der Tat.

Am Freitag, dem 6. November 1987, brachte die *Jerusalem Post* folgende Meldung über den palästinensischen Besitzer des Restaurants Dallas in Ostjerusalem, dessen arabische Küche recht beliebt in der Stadt ist: „Wenn es nach Mohammed Hussein geht, so werden praktizierende Juden bald in der Lage sein, sich in Ostjerusalem zu verköstigen (also im arabischen Teil der Stadt). Vergangenen Monat beantragte Hussein beim lokalen Religionsrat die Erteilung einer Kaschrut-Lizenz für sein Restaurant Dallas ... im Herzen des wichtigsten arabischen Einkaufsgebiets der Stadt. Hussein zufolge besteht großer Bedarf für ein koscheres Restaurant in Ostjerusalem. ‚Ständig werde ich von Juden gefragt, ob wir eine Lizenz haben‘, sagte er. Hussein ist der Meinung, daß das Restaurant – nur einen Steinwurf von der Salah-e-Din-Straße, den Gerichten und dem Justizministerium entfernt – eine Klientel anziehen wird, die sich an die jüdischen Speisegesetze hält. Hussein, ein gläubiger Moslem, hat großes Verständnis für die Belastungen, die religiöse Speisevorschriften mit sich bringen: ‚Ich sehe darin eine Möglichkeit, den Leuten bei der Ausübung ihres Glaubens zu helfen.‘"
Mohammed Husseins Plan, koschere Mahlzeiten auf die Speisekarte seines arabischen Restaurants zu setzen, war nicht etwa der verrückte Einfall eines isolierten palästinensischen Quislings, der sich bei der Besatzungsmacht einschmeicheln will. Er war vielmehr geradezu prototypisch für den unausweichlichen Prozeß der Verschmelzung zwischen Israelis und Palästinensern in den besetzten Gebieten zu einer einzigen, binationalen Gesellschaft – ein Prozeß, der nach dem Sechstagekrieg 1967 eingesetzt hatte und zwanzig Jahre lang kontinuierlich vorangeschritten war.
Die Israelis ihrerseits bezogen das Westufer und den Gazastreifen in ihre bestehenden Systeme der Kommunalverwaltung, Zonenein-

teilung, Stadtplanung, Verkehrsbeschilderung sowie den öffentlichen Nahverkehr mit ein. Wenn man vom israelischen Kernland aus ins Westjordanland fuhr, so konnte man im Straßen- und Landschaftsbild keine Unterschiede feststellen. Die beiden Gebiete gingen nahtlos ineinander über – was unter anderem erklärt, warum Israelis, die nach 1967 aufwuchsen, oftmals keine Ahnung haben, wo die Grenze verläuft, und die größten Schwierigkeiten hätten, bäte man sie, die Umrisse des Westjordanlandes auf einer Karte nachzuzeichnen. Bis gegen Ende der achtziger Jahre hatten sich mehr als siebzigtausend Israelis in Städten und Siedlungen auf dem Westufer (ohne Ostjerusalem) angesiedelt. Sie waren in der Mehrzahl keine waffenstarrenden religiösen Eiferer auf der Suche nach dem Messias, sondern israelische Yuppies auf der Suche nach einem Haus mit Garten, die, allenfalls mit Nahverkehrsfahrplänen bewaffnet, nach Tel Aviv und Jerusalem zur Arbeit fuhren. Rund fünfundachtzig Prozent der jüdischen Siedler in den besetzten Gebieten leben heute in Wohngebieten, von denen aus sich Tel Aviv und Jerusalem in einer halben Stunde erreichen lassen.

Der samstägliche Einkauf in arabischen Dörfern und auf arabischen Märkten wurde für viele Israelis zur Selbstverständlichkeit. Ein hochrangiger Offizier des israelischen militärischen Geheimdienstes erzählte mir einmal, er fahre jeden Sonntag nach einer streng geheimen Unterrichtung des israelischen Kabinetts über die Aktivitäten der abgelaufenen Woche direkt vom Büro des Ministerpräsidenten zu seinem arabischen Lieblingsrestaurant nach Bethlehem, um dort seinen Appetit auf gegrilltes Lamm und arabische Salate zu stillen.

Doch während die ganze Welt sich allein darauf zu konzentrieren schien, in welchem Ausmaß Israel im Westjordanland und im Gazastreifen Wurzeln schlug, bemerkten nur die wenigsten, wie sehr umgekehrt auch die dort lebenden Palästinenser unbewußt in der israelischen Gesellschaft Fuß faßten. Niemand hat diesen palästinensischen Integrationsprozeß mit größerem Scharfblick und größerer Ehrlichkeit beobachtet als der palästinensische Philosoph Sari Nusseibeh, der an der Bir-Seit-Universität auf dem Westufer lehrt. Sari, damals Ende Dreißig, ist der Sohn des prominenten palästinensischen Politikers Anwar Nusseibeh. Er ist in Jerusalem geboren und aufgewachsen – vor 1967, als die Stadt noch unter jordanischer Herrschaft stand – und hat jeden Schritt auf dem Wege zur „Israelisierung" seiner palästinensischen Mitbürger sehr genau verfolgt.

„Alles hat mit den Egged-Bussen angefangen", sagte Sari in Anspielung auf die nationale israelische Omnibusgesellschaft. „Nach dem Krieg von 1967 wagte sich kein Palästinenser auch nur in die Nähe der Egged-Busse. Sie sahen aus wie fürchterliche Ungeheuer aus dem Weltall, die fremde Wesen von einem unbekannten Ort zum anderen transportierten. Manche waren der Meinung, wir sollten grundsätzlich nicht mit israelischen Bussen fahren, denn damit würden wir die Besetzung anerkennen. Ganz allmählich gewöhnten sich die Palästinenser dann aber doch an die Busse. Der Egged-Bus ist eben das israelische Transportsystem, und wir lernten es zu benutzen."

Die Palästinenser hatten das Gefühl, ihnen bliebe keine andere Wahl: Entweder lernten sie, mit den Egged-Bussen zu fahren und ihre Geschäfte mit den Israelis nach deren Bedingungen abzuwikkeln – oder aber sie weigerten sich und hatten nichts zu essen. Israel kontrollierte sämtliche Rohstoffimporte sowie die Ausfuhrwege für Fertiggüter und war nicht gewillt, den Palästinensern die Entwicklung einer eigenen industriellen Infrastruktur zuzugestehen, die mit der israelischen Wirtschaft hätte konkurrieren oder die Basis für einen unabhängigen Staat bilden können.

Die Israelis ermutigten die Palästinenser allerdings, als Gastarbeiter nach Israel zu kommen, Handel mit der israelischen Wirtschaft zu treiben und ihre Agrarüberschüsse nach Jordanien zu exportieren. Auf diese Weise, so hofften sie, würden die Palästinenser individuellen Wohlstand entwickeln, als Gemeinschaft jedoch arm bleiben. Obwohl die Palästinenser die Tatsache der israelischen Besetzung ständig anprangerten, gingen sie auf die von Israel gesetzten Regeln ein und spielten mit – es war dies ihre Version der doppelmoralischen Buchführung. Auf diese Weise gelang es ihnen zu überleben – und dies in manchen Fällen gar nicht schlecht –, ohne gleichzeitig das Gefühl haben zu müssen, sie hätten ihren Anspruch auf Unabhängigkeit aufgegeben.

Nusseibeh kommentiert: „Wirft man einen Blick auf die Entwicklung unserer Arbeiterschaft und unseres Handels in den vergangenen zwanzig Jahren, so kann man nur sagen, daß diese Integration und Assimilation mit Israel der entscheidende Faktor war. Unser gesamtes wirtschaftliches Wohlergehen, ja unsere gesamte Existenz hing parasitisch von Israel ab. Sämtliche palästinensischen Aktivitäten erforderten irgendeine Form der Zustimmung seitens der israelischen Behörden – und wir gingen brav hin und holten sie uns. Als Individuen redeten wir zwar unablässig von palästinensischer Unabhängigkeit und Einzigartigkeit – als Gemeinschaft verhielten wir uns aber genau entgegengesetzt."

Es war in der Tat so, daß die ungefähr einhundertzwanzigtausend Palästinenser, die gegen Ende der achtziger Jahre im Westjordanland und im Gazastreifen lebten, jeden Morgen nach dem Aufwachen ihre aus Israel stammende *Tnuva*-Milch und ihren israelischen *Elite*-Kaffee tranken, in ihre Jeans *made in Israel* schlüpften, ihre von israelischen Behörden ausgestellten Personalausweise in die Gesäßtasche schoben, in einen Pickup stiegen, der einem israelischen Unternehmer, Fabrikanten oder Ladenbesitzer gehörte, und den ganzen Tag bei der Arbeit in einer israelischen Stadt Hebräisch sprachen. Die gleichen palästinensischen Arbeiter zahlten ihre Steuern an israelische Finanzämter, bestachen, wenn sie eine Baugenehmigung brauchten, vielleicht sogar einen israelischen Beamten, lasen ihre von Israel zensierte arabische Zeitung, fuhren mit ihren von Israel ausgestellten Führerscheinen zum Flughafen, um mit ihren von Israel ausgestellten Reisepapieren nach Europa oder Amerika zu fliegen. In ihrer Abwesenheit kauften ihre Kinder israelische *Tambour*-Farbe, um die Wände mit anti-israelischen Graffiti zu besprühen. Nach Sonnenuntergang gaben manche Palästinenser – gekauft und bezahlt vom israelischen Inlandsgeheimdienst Schin Bet – Informationen über ihre Nachbarn weiter. Am nächsten Tag standen sie im Morgengrauen auf, um eigenhändig eine israelische Siedlung nach der anderen auf dem Westufer und im Gazastreifen hochzuziehen. Es kam sogar vor, daß Palästinenser auf ihrem eigenen, von Israel konfiszierten Land am Bau einer israelischen Siedlung mitwirkten.

In der Altstadt von Jerusalem, in Bethlehem und Jericho boten palästinensische Händler Jarmulkas (Schädelkäppchen), Menoras (siebenarmige Leuchter), T-Shirts mit der Aufschrift „I love Israel" und andere typisch jüdische Gegenstände zusammen mit Keffjen, Koranen und anderen traditionellen arabischen Souvenirs feil. Eine Teigwarenfabrik in dem Dorf Beit Sahur, eine Tahini-Fabrik in Nablus und eine Getränkefabrik in Ramallah sind nur Bespiele für Dutzende von palästinensischen Nahrungsmittelherstellern, die sich von Rabbis aus nahe gelegenen jüdischen Siedlungen das Koscher-Zertifikat beschafften – denn nur so konnten sie Zugang zum lukrativen israelischen Markt gewinnen. 1987 gab es mehr als achthundert Palästinenser vom Westufer und Gazastreifen, die länger als zehn Jahre offiziell in Israel gearbeitet hatten und seit ihrem fünfundsechzigsten Geburtstag ihre Renten von jenem jüdischen Staat bezogen, den sie eigentlich nicht anerkannten.

Einmal besuchte ich Rabbi Jonathan Blass und seine Frau Schifra, jüdische Siedler, die mit ihren Kindern in der Siedlung Neve

Tzuf ungefähr dreißig Kilometer nördlich von Jerusalem im Westjordanland leben. Im Laufe unseres Gesprächs erwähnten sie voller Stolz, daß ihr vierzehnjähriger Sohn Schlomo kürzlich ein gemeinsames Unternehmen mit dem Sohn des Muezzins aus dem benachbarten palästinensischen Dorf Deir Nizam gegründet habe. „Und was war das für ein Unternehmen?" fragte ich. „Sie stellen Jarmulkas her", sagte Frau Blass. „Nein, nicht selber. Der Sohn des Muezzins läßt die Schädelkäppchen von einigen Frauen aus seinem Dorf stricken, Schlomo sorgt für die Aufträge und den Verkauf. Viele Jarmulkas der Gusch-Emunim-Siedler wurden von den Frauen aus Deir Nizam genäht. Vor kurzem exportierten sie einen Posten von fünfhundert Stück nach Südafrika. Die aufgenähten Muster hat der Sohn des Muezzins aus einem Buch, das von der zionistischen Jugendbewegung B'nai Akiva herausgegeben wurde. Wir hatten es ihm geschenkt. Er weiß genau, welchen Stil und welche Farben die einzelnen jüdischen Richtungen bevorzugen. Eine besonders schöne Jarmulka zeigt die Skyline von Jerusalem. Er macht auch hebräische Buchstaben – alles, was gewünscht wird."

Unter den stets wachsamen Augen der israelischen Steuerbehörden entwickelten die Palästinenser eine florierende Geschäftstätigkeit. Eine Studie des West Bank Data Base Project, einer unabhängigen Forschungsorganisation, die sich auf die besetzten Gebiete konzentriert und von Jerusalems ehemaligem stellvertretenden Bürgermeister Meron Benvenisti geleitet wird, kam zu dem Schluß, daß „die besetzten Gebiete niemals eine fiskalische Bürde für die israelische Staatskasse darstellten. Im Gegenteil, die palästinensische Bevölkerung steuerte große Summen zum israelischen Staatshaushalt bei". Nach Benvenistis Studie kassierte die israelische Regierung von Bewohnern der besetzten Gebiete auf zweierlei Art Steuern: einmal durch Einkommen-, Vermögen- und Mehrwertsteuern, die in den besetzten Gebieten selbst erhoben wurden und die dazu dienten, die israelische Militärverwaltung und den Kapitalaufwand für Straßen, Krankenhäuser und kommunale Infrastruktur im Westjordanland und im Gazastreifen zu finanzieren. Und zum zweiten durch Mehrwertsteuer auf Güter, die Palästinenser bei Aufenthalten in Israel erwarben, sowie durch Verbrauchsteuern, Einfuhrzölle und Lohnsteuerabzüge. Außerdem wurden von jedem Westufer- und Gazabewohner, der mit offizieller Genehmigung in Israel arbeitete, rund zwanzig Prozent des Lohns bzw. Gehalts zur Deckung der Sozialversicherung einbehalten. Da die meisten Leistungen aus der Sozialversicherung jedoch ausschließlich Israelis zustanden, flossen die palästinensischen Beiträge direkt in den Staatssäckel. Ein Teil dieser Summen stopfte das finanzielle Loch, das die Besetzung den Israelis verursachte und das durch die Steuereinnahmen in den besetzten Gebieten nicht ganz beseitigt werden konnte. Was dann noch übrigblieb – Benvenisti zufolge ungefähr fünfhundert Millionen Dollar im Laufe der ersten zwanzig Jahre der Besetzung –, wurde von Israel für eigene Projekte ausgegeben.

Hinzu kam, daß sich die Palästinenser unter der israelischen Besetzung so gesittet betrugen, daß Israel zwischen 1967 und 1987 täglich nur an die zwölfhundert Soldaten einsetzen mußte, dazu ein paar hundert Polizisten der israelisch-drusischen Grenzpolizei und ein paar hundert Schin-Bet-Agenten, um die insgesamt 1,7 Millionen Palästinenser im Westjordanland und Gazastreifen unter Kontrolle zu halten. Die Okkupation war deshalb so billig und so effizient, weil Israel ein ganzes Netz von „Kontaktstellen" schuf und die Palästinenser dazu brachte, sich ihren Anordnungen freiwillig zu fügen. Rohe Gewalt und massiver Personaleinsatz waren kaum je vonnöten, um die Palästinenser in Schach zu halten.

„Um ihre Kontrolle effizient ausüben zu können, waren diese Kontaktstellen in fünfundneunzig Prozent aller Fälle auf unsere Zustimmung und Mitarbeit angewiesen", erklärte Nusseibeh. „Ein Beispiel: Du erhältst einen schriftlichen Befehl, dich beim Militärgouverneur in Beth El zu melden, und du weißt genau, daß sie dich dort einsperren werden. Dennoch gehst du hin, ohne daß dich einer bedrängt, anstatt den Befehl einfach zu mißachten und damit die Israelis zu zwingen, eine ganze Armee-Einheit in dein Dorf zu schikken, wenn sie dich kriegen wollen. Ein anderes Beispiel: Du willst an deinem Haus einen Anbau errichten, und man sagt dir, daß du dafür eine Baugenehmigung brauchst. Statt nun den Anbau einfach hinzustellen und die Vorschriften der Israelis zu ignorieren, reihten sich die meisten Leute brav in die Warteschlange ein und holten sich ihre Genehmigung, ohne daß ihnen jemand die Pistole auf die Brust hätte setzen müssen. Das gleiche galt für die Pressezensur. Selbst die radikalsten Palästinenserblätter wanderten Tag für Tag getreulich zur israelischen Zensur. Einmal bekamen wir den schriftlichen Befehl, die Bir-Seit-Universität zu schließen. Wir erfuhren davon aus der Zeitung. Anstatt aber nun erst recht vollzählig an der Uni zu erscheinen und die Israelis zu einer Räumung herauszufordern, blieben wir einfach zu Hause sitzen. Geradezu ein Symbol für die Fügsamkeit der Palästinenser unter der israelischen Okkupation war unsere Bereitschaft, die von Israel ausgestellten Personalausweise immer bei uns zu tragen. Die Ausweise waren das A und O der

Okkupation. Sie erzählten den Israelis, woher du kamst, zu welcher Familie du gehörtest und wo sie dich finden konnten. Die Israelis sorgten dafür, daß wir nicht verreisen, nicht Auto fahren, keinen Handel treiben, nichts importieren, ja nicht einmal in ein Krankenhaus aufgenommen werden konnten, ohne unseren Ausweis vorzulegen – und wir haben willig mitgespielt. Ich schätze, daß die israelischen Truppen in höchstens fünf Prozent der Fälle die Befolgung ihrer Befehle oder die Einhaltung eines Gesetzes mit physischer Gewalt erzwangen. Fast immer unterwarfen wir uns ganz von selbst."

Die Palästinenser im Westjordanland und im Gazastreifen beschwerten sich zwar ununterbrochen über die Symptome der israelischen Besetzung – über die Konfiszierung von Grund und Boden, die willkürlichen Verhaftungen, die Zerstörung von Häusern und die Ausgangssperren –, unternahmen jedoch als Gemeinschaft kaum etwas, das dazu angetan gewesen wäre, das Besatzungssystem zu unterminieren. Gelegentlich kam es zu einem Streik oder einer Demonstration von Rechtsanwälten oder Studenten – also von stark politisierten Elementen der Gesellschaft –, auch gab es in der Konfrontation mit israelischen Truppen hin und wieder Opfer zu beklagen, doch blieben diese Aktionen zumeist ohne Substanz und ohne Resonanz in der Bevölkerung.

Ziviler Ungehorsam auf Massenbasis, der das Besatzungssystem tatsächlich hätte erschüttern können, wurde zwar in PLO-Schriften, die in den siebziger und achtziger Jahren in den besetzten Gebieten verbreitet wurden, immer wieder ausführlich diskutiert, aber so gut wie nie in die Tat umgesetzt. Im Jahre 1980 erließ die Militärregierung die Order Nr. 854, derzufolge sämtliche Lehrpläne der Universitäten forthin in die Zuständigkeit der israelischen Armee fallen sollten. Die palästinensischen Universitäten und ihre Studenten leisteten gegen diese Anordnung geschlossenen Widerstand – bis die Israelis schließlich nachgaben. Doch war dieser echte gemeinsame Widerstand die Ausnahme, nicht die Regel.

Warum organisierten sich die Palästinenser nicht, warum leisteten sie nicht gemeinsam Widerstand und lösten sich vom israelischen System? Zunächst einmal deshalb, weil ihnen die stabile, unabhängige ökonomische Basis fehlte, auf die sie hätten zurückgreifen können, und weil sie nicht bereit waren, die wirtschaftlichen und individuellen Härten des zivilen Massenungehorsams hinzunehmen, der allein imstande gewesen wäre, die Israelis unter Druck zu setzen. Zum zweiten nutzte Israel seine militärische Macht und seinen Schin-Bet-Geheimdienst, um jeden Versuch der Palästinenser, eine Massenorganisation auf die Beine zu stellen, von vornherein zu unterbinden. Jeder Palästinenser, der sich auch nur andeutungsweise wie ein lokaler Politmatador gebärdete, wurde sofort verhaftet. Palästinensersprecher wurden von Israel zwar toleriert, doch jeder Sprecher, der mehr als drei Gefolgsleute aufbrachte, wurde über kurz oder lang verhaftet, ausgewiesen oder mit Drohungen zum Schweigen gebracht.

Drittens gab es ja die PLO. Die Guerillaführer, die zunächst in Beirut und später in Tunis saßen, beanspruchten die alleinige Verantwortung für den Kampf gegen Israel sowie für alle zu treffenden politischen Entscheidungen. Die Palästinenser im Westjordanland und im Gazastreifen konnten sich also beruhigt mit dem israelischen System arrangieren, ja sogar noch davon profitieren – und dabei in Sachen ihrer Befreiung stets auf die PLO verweisen. Auf die Frage, wann sie eigentlich selbst die Verantwortung für ihre Befreiung in die Hände nehmen wollten, bekam ich von Einwohnern der besetzten Gebiete nie eine überzeugende Antwort.

Viertens war die palästinensische Gesellschaft ebenso wie die libanesische gekennzeichnet von ethnischen und familiären Zwisten, von Stammesrivalitäten, Sektenstreitigkeiten und regionalen Differenzen, die allemal dazu angetan waren, die Organisation einer konzertierten Massenaktion zu erschweren: Die palästinensischen Christen mißtrauten den palästinensischen Moslems, die moslemischen Fundamentalisten mißtrauten den Kommunisten, die Pro-Jordanier den PLO-Anhängern, die Hebroniten den Jerusalemiten, die Mitglieder eines dörflichen Familienclans weigerten sich, mit einem anderen zusammenzuarbeiten. Aufgrund solcher Rivalitäten fiel es dem Schin Bet niemals schwer, sogenannte Stinker zu rekrutieren – palästinensische Informanten, die ihn stets darüber auf dem laufenden hielten, wer in welchem Dorf oder Flüchtlingslager was zu wem gesagt hatte.

Als letzter Faktor kam hinzu, daß die Palästinenser des Westjordanlands und des Gazastreifens längst selbst davon überzeugt waren, die israelische Besetzung funktioniere nur durch brutale Gewaltanwendung – und nicht etwa durch ihre stillschweigende Zustimmung und Kooperation –, daß sie den Glauben an die eigene Stärke verloren hatten. Sie trauten es sich gar nicht mehr zu, das israelische System herauszufordern. Clinton Bailey, Beduinenexperte an der Universität von Tel Aviv, berichtete mir von einer Unterhaltung mit einem ihm bekannten palästinensischen Händler in der Jerusalemer Altstadt, die die selbstauferlegte politische Impotenz der Palästinenser illustriert.

„Ich ging in die Altstadt, um ein Geschenk zu kaufen, und suchte einen bestimmten Laden in der König-David-Straße auf", erzählte mir Bailey. „Er gehört einem palästinensischen Kaufmann in den Dreißigern, ein sehr geselliger und charismatischer Bursche, der immer die modernsten Jeans trug und mit jedem vorbeigehenden Mädchen flirtete. Er lud mich zum Tee ein, und als wir uns setzten, fragte ich ihn, was es denn so Neues gebe in seinem Leben. ‚Ich bin jetzt ein Hadschi', erklärte er." *Hadschi* ist der Ehrentitel für Mekkapilger, die Pilgerfahrt selbst heißt auf arabisch *hadsch*.

„Ich fragte ihn, wann er denn in Mekka gewesen sei. – ‚Im vergangenen Sommer, 1987', antwortete er. ‚Dann müssen Sie ja während der schlimmen Auseinandersetzungen zwischen den Saudis und den iranischen Pilgern dortgewesen sein', sagte ich." Im August 1987 hatten saudische Truppen das Feuer auf iranische Pilger eröffnet und ungefähr vierhundert von ihnen getötet. Nach saudischen Angaben hatten sie einen Aufruhr angezettelt; die Iraner hingegen behaupteten, sie hätten die Attacke der Saudis nicht provoziert.

„Der Ladenbesitzer antwortete: ‚Ja, ich war dort. Ich habe alles gesehen. Meine Unterkunft in Mekka lag genau an der Ecke, wo es zu der Konfrontation kam.' "

Bailey fragte ihn, welche Version über die Ereignisse denn nun stimme, die saudische oder die iranische, worauf ihm der Kaufmann mit einem Anflug von Verachtung antwortete: „Die iranische natürlich! Kommen Sie mir ja nicht mit den Arabern! Die Araber sind einfach Dreck. Wir würden doch unsere eigenen Mütter verkaufen. Die Saudis haben die Iraner ohne Vorwarnung aus dem Hinterhalt überfallen. Sie haben viele Menschen erschossen und viele andere schwer verwundet. Aber eines kann ich Ihnen sagen: Von den Iranern hat keiner geschrien. Ich bin auf die Straße hinuntergegangen, um den Leuten zu helfen. Da lag eine verwundete Frau in der prallen Sonne. Ich wollte sie in den Schatten tragen, doch sie sagte zu mir: ‚Nein, nein, nehmen Sie Ihre Hände weg! Ein Mann darf eine Frau nicht anfassen. Das ist verboten!' Ich versuchte ihr klarzumachen, daß sie in Lebensgefahr sei, aber sie wiederholte bloß: ‚Hände weg!' Und dann war da ein saudischer Polizist, der auf einen alten Mann zutrat und ihn fragte, ob er Iraner oder Türke sei. Der Alte wußte genau, wenn er ‚Iraner' sagte, würde ihn der Polizist zusammenschlagen. Er sagte es trotzdem. Der Polizist schlug ihn zusammen, bis er blutete – aber der Alte schrie nicht."

„Jede Episode, die der Mann mir erzählte", erinnerte sich Bailey, „endete mit dem gleichen Satz: ‚Aber sie schrien nicht.' Es war der Mut und die Tapferkeit der Iraner, die ihn so beeindruckten – das war etwas ganz anderes als der Kleinmut seines eigenen Volkes. Die Schiiten im Libanon, die Afghanen, wer auch immer: Alle waren bereit, einen Preis für die eigene Freiheit zu zahlen – nur sie, die Palästinenser aus dem Westjordanland nicht."

Anfang der achtziger Jahre waren T-Shirts mit einem aufgedruckten Olivenbaum und dem Schriftzug „I love Palestine" bei den jungen Palästinensern im Westjordanland sehr beliebt. Gewöhnlich trugen sie sie allerdings unter ihren normalen Hemden, damit die israelischen Soldaten sie nicht sehen konnten. Diese hatten nämlich Order, Palästinenser, die sie in solchem Outfit erwischten, auszuziehen und festzunehmen. Ich fragte mich jedesmal, wie die Anklage wohl lautete. Auf „aufrührerische Unterwäsche" vielleicht?

Die israelische Hatz auf den „T-Shirt-Terrorismus" regte die Palästinenser zu phantasievollen Alternativtaktiken an. Ein besonders beliebter Streich war es, die Wipfel junger Bäume mit dem Lasso einzufangen, eine palästinensische Flagge daranzubinden und dann den Baum wieder loszulassen – sollten die Israelis doch sehen, wie sie die Fahne herunterbrachten. Die nahmen meistens eine Axt zur Hand und fällten gleich den ganzen Baum. In den letzten Jahren fand man in den besetzten Gebieten kaum eine Wäscheleine, auf der nicht irgendein Wäschestück in den palästinensischen Farben hing, und es dürfte kaum einen palästinensischen Jugendlichen gegeben haben, der nicht wenigstens ein Halstuch, einen Schlüsselanhänger, eine Halskette oder einen Armreif in der Form oder in den Farben Palästinas besessen hätte. All diese Dinge entstammten der Produktion geheimer Untergrundfabriken.

Es handelte sich bei diesen Insignien allerdings keineswegs um einen Modetick. Sie waren vielmehr ein Ausdruck für das allmähliche Entstehen eines palästinensischen Nationalgefühls, einer eigenen Identität – und die direkte Folge der seit 1967 andauernden israelischen Okkupation. Die Menschen definieren sich ebensooft durch ihre Feinde wie aus sich selbst heraus, und dies galt besonders für die Palästinenser im Westjordanland und im Gazastreifen.

Wie konnte es dazu kommen? Zum besseren Verständnis muß man sich in Erinnerung rufen, daß Palästina nach 1948 in drei Teile gerissen wurde – einen Brocken hatten die Juden übernommen, den Gazastreifen hatten sich die Ägypter geschnappt, und das Westjordanland war an Jordanien gefallen. Die geographische Einheit Palästinas war zerstört – und unter anderem deshalb geriet die Palästinafrage zwischen 1948 und 1967 ein wenig in Vergessenheit. Daß ein vertriebenes Volk sein Land von *einer* anderen Nation zurückbekommt, ist denkbar; daß *drei* Nationen sich zu einer Rückgabe bewegen lassen, hingegen kaum. Paradoxerweise wurde die geographische Einheit Palästinas ausgerechnet durch die israelische Okkupation wiederhergestellt. Dieselben Völker – Juden und palästinensische Araber – stritten sich um dasselbe Territorium wie zwanzig Jahre zuvor ihre Väter: das ehemalige britische Mandatsgebiet Palästina. Der einzige Unterschied bestand darin, daß es nun nicht mehr die Briten waren, die das Sagen hatten. Deren Rolle hatten die Juden übernommen.

Der Sieg Israels im Sechstagekrieg brachte jedoch nicht nur die Palästinafrage erneut aufs Tapet. Er schuf auch die Voraussetzungen für eine Wiedergeburt der palästinensischen Identität. Der Prozeß begann bei den jungen Palästinensern, die nach 1967 erwachsen wurden, und bezog rückwirkend auch die Eltern mit ein. Die ältere Generation war zwischen 1948 und 1967 herangewachsen, als das Westjordanland unter jordanischer und der Gazastreifen unter ägyptischer Herrschaft standen. Sowohl die ägyptische als auch die jordanische Kultur ähnelte in vieler Hinsicht der palästinensischen – weshalb die ältere Generation sich weder politisch noch kulturell bemüßigt fühlte, unablässig auf die Wahrung ihrer einzigartigen palästinensischen Identität zu pochen. Im Gegenteil, viele Palästinenser „jordanisierten" bzw. „ägyptisierten" sich in den Jahren zwischen 1948 und 1967, und nicht wenige von ihnen gingen, da Jordanien – im Gegensatz zu Ägypten – ihnen die Bürgerrechte gewährte, sogar so weit, ihre politische Leitfigur nicht in einem Palästinenser, sondern in dem Beduinenkönig Hussein zu sehen.

Die Identität der Jugendlichen, die unter der israelischen Besetzung auf die Welt kamen, wurde von einer gänzlich anderen Atmosphäre geprägt. Sie hatten von vornherein keine Chance, das Erbe ihrer Väter anzutreten. Als sie heranwuchsen, waren Jordanien auf dem Westufer und Ägypten im Gazastreifen durch Israel und dessen einzigartige Mischung aus westlicher und hebräischer Kultur ersetzt worden. Diese Option war für die jungen Palästinenser nicht in der Weise akzeptabel wie einst die ägyptische und die jordanische Kultur für ihre Eltern. Ganz im Gegenteil: Die Jugendlichen verachteten die Israelis und legten größten Wert darauf, ihre Andersartigkeit deutlich kundzutun. Und da weder eine jordanische noch eine ägyptische Identität zur Verfügung stand, war es nur natürlich, daß sie sich auf ihre eigenen Wurzeln besannen und ihr palästinensisches politisches und kulturelles Erbe in einer Weise hervorhoben, wie es schon lange nicht mehr der Fall gewesen war.

Die Behauptung, daß es der Unterdrückung durch ein fremdes,

nicht-arabisches Volk bedurfte, um die Palästinenser zur Selbstbehauptung ihrer Identität zu bewegen, ist gewiß keine Übertreibung. Munir Fascheh, Studentensprecher an der Bir-Seit-Universität, der auf dem Westufer aufwuchs, als es noch zu Jordanien gehörte, bemerkte mir gegenüber einmal, er habe zwischen 1947 und 1967 die Frage nach seiner Herkunft immer nur zögernd beantwortet. „Dem Gesetz nach war ich Jordanier, meinem Gefühl nach aber Palästinenser. Heute gibt es auf dem Westufer keinen Menschen unter fünfundzwanzig mehr, der sich für etwas anderes als einen Palästinenser hält. Bedenkt man, daß sechzig Prozent der Palästinenser im Westjordanland unter zwanzig sind, so heißt das, daß Jordanien für drei Viertel der Bevölkerung überhaupt nicht mehr existiert."

Gleichzeitig bedurfte es einer westlich geprägten Demokratie wie der israelischen, um den Palästinensern die Freiheit zur Gründung nach außen hin unpolitischer Gewerkschaften, Universitäten, Zeitungen, Theatergruppen und anderer kultureller Vereinigungen zu verschaffen. Zwar war die Freiheit, die diese Organisationen genossen, nicht mit der der Israelis vergleichbar – aber sie war ungleich freier als alles, was die Palästinenser unter jordanischer oder ägyptischer Herrschaft jemals gekannt hatten. In der von den Israelis zensierten palästinensisch-arabischen Presse in Ostjerusalem erschienen Jassir Arafats Bild und Name wahrscheinlich häufiger als in allen Zeitungen Ammans. Die palästinensischen kulturellen Einrichtungen wurden zum ersten rudimentären Rahmen ihrer nationalen Hoffnungen.

Der Sechstagekrieg schuf auch die Voraussetzungen dafür, daß sich die Palästinenser außerhalb Palästinas – also im Libanon, in Jordanien und Syrien – plötzlich von armen, verlorenen Flüchtlingen in eine eigenständige politische Kraft verwandeln konnten. Nachdem sie von 1948 bis 1967 die Palästinafrage monopolisiert und zu einem ausschließlich panarabischen Thema gemacht hatten, gestatteten die arabischen Regierungen nach der Niederlage von 1967 den Palästinensern erstmals, ihr Schicksal selbst in die Hand zu nehmen. Die Araber brauchten nach dem israelischen Sieg Zeit, sich neu zu formieren. Während dieser Phase ließen sie den Palästinensern und der PLO freie Hand in der Auseinandersetzung mit Israel. Arafat und seine PLO nützten diese Öffnung, diese Emanzipation, nach Kräften aus und erwiesen sich schließlich als die eigentlichen Sieger des Sechstagekriegs. Dies galt sowohl für die Exilpalästinenser als auch für die Bewohner der besetzten Gebiete. Dennoch nahm ihre Entwicklung bei übereinstimmenden Zielvorstellungen einen ganz unterschiedlichen Verlauf: Die PLO und ihre

Anhänger in Beirut wurden nicht von Israel, sondern vorrangig von der innerarabischen Politik, vom Libanon und von der allgemeinen revolutionären Stimmung der ausgehenden sechziger Jahre geprägt. Arafat und die PLO betraten die Szene zur gleichen Zeit, da die Studenten in Paris Barrikaden bauten und der Vietkong der Supermacht USA Paroli bot.

Die Palästinenser auf dem Westufer und im Gazastreifen dagegen unterlagen einer völlig anderen geschichtlichen Entwicklung und wurden von anderen Erfahrungen geprägt. Zunächst einmal nahm, bedingt durch die ständige Konfrontation mit der israelischen Kultur, an der sie weder teilhaben konnten noch wollten, in ihrem Denken und in ihren Institutionen die Betonung des Palästinensischen immer mehr zu – eine Entwicklung, die freilich durch die ökonomisch bedingte physische Anpassung vieler Palästinenser an das dominierende israelische System konterkariert wurde. Sie gerieten dadurch in eine Identitätskrise: Vom Hals an aufwärts schworen sie Jassir Arafat Treue; von den Schultern an abwärts waren sie dem israelischen Ministerpräsidenten verpflichtet. Die T-Shirts unter ihren Hemden und Pullovern, die palästinensischen Kalender auf ihren Schreibtischen, die Schlüsselanhänger in ihren Hosentaschen waren ausschließlich für sie selbst bestimmt – eine Art selbstausgestellter Personalausweise, die ihnen als greifbare Beweise dafür dienten, daß sie wirklich und wahrhaftig, wie ihre Köpfe sagten, Palästinenser waren und nicht, wie ihre Körper suggerierten, Israelis.

Mir wurde dieser Identitätskonflikt erst klar, als mir Palästinenser in den besetzten Gebieten erzählten, daß sie sich in ihren eigenen Häusern und Dörfern nicht mehr zu Hause fühlten, obwohl sie sich in stärkerem Maße als je zuvor ihres Palästinensertums bewußt wurden. Mitunter, sagten sie, seien es nur Kleinigkeiten, deretwegen sie sich in der eigenen Heimat wie Fremde vorkamen – etwa wenn sie eine Telefonnummer in Israel oder im Westjordanland anwählten und vom Anrufbeantworter eine hebräische Auskunft erhielten, von der sie kein Wort verstanden. Da waren auch die Straßenschilder, auf denen groß die Ortsnamen in Hebräisch und Englisch prangten, wobei sie das kleinere Arabisch zwischen sich zu erdrücken schienen. In Ramallah, einer ausschließlich von Arabern bewohnten Stadt nördlich von Jerusalem, steht zum Beispiel das Wort „Polizei" auf hebräisch und englisch an der israelischen Polizeistation. Ein arabischer Schriftzug fehlt, als wären Palästinenser vom Polizeischutz ausgeschlossen.

Und dann die kleinen Schikanen: Ein palästinensischer Teenager aus dem Flüchtlingslager Kalandia bei Jerusalem erzählte mir, er sei an einem heißen Sommertag, als die Lagerbewohner einen politischen Streik durchführten, von einem israelischen Soldaten angehalten worden. Der Soldat nahm dem Jungen Armbanduhr und Fahrrad weg und sagte ihm, er bekäme beides erst dann zurück, wenn er einen Ladenbesitzer zur Öffnung seines Geschäfts bewegt und dieser die gesamte Einheit mit Eiskrem versorgt hätte. Manchmal ging es indessen auch um wirklich bedeutende Angelegenheiten. Da war zum Beispiel die ständige Ungewißheit, was den eigenen Grundbesitz betraf, denn er konnte jederzeit von den Israelis konfisziert werden. Seit 1967 hat Israel sich im Westjordanland über fünfzig Prozent und im Gazastreifen dreißig Prozent des Landes entweder angeeignet oder seine Nutzung mit Beschränkungen belegt. Und auch die persönliche Unsicherheit kam hinzu: Nie wußte man, ob nach einer Bombenexplosion nicht der eigene Sohn bei einer Razzia verhaftet wurde; nie, ob nicht der Vater vor den Augen des Sohnes geohrfeigt wurde, bloß weil er einem israelischen Soldaten an einem Kontrollpunkt die falsche Antwort gegeben hatte.

Ich interviewte einmal einen israelischen Infanteristen namens Mosche Schukun über seinen Dienst im Gazastreifen. Er meinte, seine eigenartigsten Missionen seien immer die nächtlichen Festnahmen von Palästinensern gewesen.

„Bei diesen Durchsuchungen drangen wir nachts in die Häuser ein, um die Leute zu überraschen", erklärte Schukun. „Das ist mitunter ganz schön peinlich. Einmal kamen wir zu einem Ehepaar in Gaza, und zwar kurz bevor oder nachdem sie... na, Sie wissen schon. Und diese Palästinenserin trug ein ganz durchsichtiges Nachthemd. So ein Ding, das absolut nichts der Phantasie überläßt. Und schön war sie auch. Da standen wir nun – vier junge Kerle, die ihre Maschinengewehre auf den Ehemann richteten. Er stieg aus dem Bett und fragte uns, ob er mal zum Pinkeln raus könne. Okay, sagten wir, und dann standen wir da, bewachten das Mädchen mit unseren Maschinengewehren. Ich kann Ihnen sagen, sie mußten uns dort später regelrecht rauszerren."

Als ich diese Geschichte hörte, dachte ich unwillkürlich, wie entsetzlich es für das betroffene Paar, ob nun schuldig oder nicht, gewesen sein mußte, daß man mit Gewalt in ihre intimste Privatsphäre eindrang – von der tiefen Demütigung ganz zu schweigen.

Kein Wunder, daß unter solchen Bedingungen für viele junge Palästinenser des Westjordanlands „zu Hause" der schrecklichste Ort der Welt geworden ist. Mohammed Ischteidscheh, ein kleiner lockenhaariger Mann knapp über dreißig, der an der Bir-Seit-Universität Politologie studiert hatte, stammte aus einem Dorf bei Nablus und wurde wegen politischer Agitation schon dreimal zu Hause verhaftet.

„Ich fühle mich zu Hause nicht mehr zu Hause", sagte Ischtejjeh zu mir. „Das Heim meiner Familie ist sogar der gefährlichste Aufenthaltsort für mich, denn dort suchen mich die Israelis jedesmal zuerst. Als sie 1979 zum erstenmal kamen und mich verhafteten, war es Nacht, und sämtliche Hunde im Dorf fingen an zu bellen. Seit damals kann ich kein Hundegebell mehr hören. Wenn ich zu Hause bin und die Hunde bellen in der Nacht, dann sitze ich stundenlang am Fenster und warte darauf, daß jemand kommt. Ich wünschte, wir hätten vierundzwanzig Stunden lang Tageslicht. Ich kann in meinem eigenen Bett nicht mehr unbeschwert schlafen. Wenn ich außer Landes bin, schlafe ich immer am besten. Für meine Mutter ist es besonders schlimm. Bin ich zu Hause, sorgt sie sich um mich – bin ich aber fort, hat sie Sehnsucht nach mir."

Johar Assi, einen fünfundzwanzigjährigen Palästinenser aus einem Dorf bei Ramallah, lernte ich bei Interviews mit den palästinensischen Häftlingen des israelischen Daharija-Gefängnisses kennen. Auf meine Frage, ob er sich darauf freue, freizukommen und wieder nach Hause zurückkehren zu können, erhielt ich eine überraschende Antwort:

„Wie kann ich mich zu Hause fühlen?" fragte er grimmig zurück. „Wo ich fünf Onkel in Jordanien habe, die nicht hierher reisen dürfen? Ich traue mich kaum, außerhalb unseres Dorfes einen Spaziergang zu machen, könnte ich doch jederzeit einem israelischen Soldaten über den Weg laufen, der mich nach meinem Ausweis fragt und wissen will, wo ich arbeite; der mir dann befiehlt, am nächsten Tag im militärischen Hauptquartier zu erscheinen, wo sie versuchen werden, mich als Kollaborateur anzuwerben. Und wenn ich in meinem Dorf herumgehe und jemand sieht Johar leise mit Mohammed reden, dann ist bestimmt irgendwo ein Informant, der es brühwarm den Israelis erzählt. Eine Woche drauf werd' ich zur Armee bestellt und gefragt: ‚Was hattest du vergangene Woche mit Mohammed zu flüstern?' Also bleib' ich lieber allein zu Hause und unterhalte mich im wesentlichen nur noch mit meinem Vater."

Die Israelis brachten es nicht nur fertig, daß sich die Palästinenser im Westjordanland und im Gazastreifen nicht mehr zu Hause fühlten – sie schafften es sogar, daß sie sich in ihrer eigenen Haut wie Fremde vorkamen. Wie bereits dargestellt, hatte sich die PLO gegen Ende der sechziger Jahre in der Absicht, die Aufmerksamkeit der ganzen Welt auf sich zu ziehen, auf mehrere spektakuläre terroristische Aktionen und Flugzeugentführungen eingelassen. Für die Israelis war dies ein probater Vorwand, die gesamte palästinensisch-nationalistische Bewegung zu brandmarken und als kriminelles „terroristisches" Phänomen einzustufen. Mit der Zeit wurden die Bezeichnungen „Palästinenser" und „Terrorist" austauschbar; niemand auf der Welt hielt sie noch säuberlich auseinander. Das Etikett „Terroristen" wurde – obgleich neunundneunzig Prozent aller Palästinenser niemals in irgendwelche terroristischen Aktivitäten verwickelt waren – zu einer schweren Last für die Palästinenser, die alle miteinander zu tragen hatten, ganz gleich, wo sie sich aufhielten.

Sie spürten sein Gewicht, sobald ein Beamter der Einwanderungsbehörden, ein Zollbeamter, ein Flughafenangestellter oder ein Hotelportier einen Blick in ihren Reisepaß warf: Dort stand zwar in schwarzer Tinte „Palästinenser" unter der Rubrik Nationalität, doch gleich daneben unsichtbar „Terrorist". Wer es las, pflegte dem Paßinhaber einen mißtrauischen Blick zuzuwerfen, unweigerlich gefolgt von den Worten: „Kommen Sie bitte mal mit." Wie entwürdigend so etwas sein kann, realisierte ich erst, als mir mein Freund Dschamil Hamad, ein prominenter Journalist aus Bethlehem, von dem bitteren Ende einer USA-Reise erzählte.

„Wir kamen von New York und waren in Frankfurt gelandet", erinnerte sich Hamad, der mit seinem säuberlich gestutzten Schnurrbart, seiner Brille und seinem graumelierten Haar eher wie ein Gemüsehändler ohne Schürze denn wie ein potentieller Flugzeugentführer wirkt. „Ich wartete auf den Anschlußflug nach Tel Aviv. In New York hatten die Sicherheitsbeamten schon mein gesamtes Gepäck durchsucht. Als ich in Frankfurt die Maschine nach Tel Aviv besteigen wollte, fragten sie mich nach meinem Ticket und nach meinem Paß. Ich reiste mit einem israelischen *Laissez passer* (einem speziellen Reisedokument, das Israel palästinensischen Flüchtlingen ausstellt). Der Mann am Gate fragte mich: ‚Sie wollen nach Tel Aviv?' Ich bejahte, worauf er fragte: ‚Wo kommen Sie her?' – ‚Aus New York', sagte ich. – ‚Wo ist Ihr Gepäck?' – ‚Das haben sie schon in New York durchgecheckt', antwortete ich. Darauf er: ‚Bitte warten Sie einen Moment.' Sie ließen sämtliche Passagiere einsteigen, dann nahmen sie mich mit aufs Flugfeld, holten das gesamte Gepäck aus dem Flugzeug und baten mich, das meinige zu identifizieren. Die Passagiere saßen währenddessen im Flugzeug und glotzten durch die Fenster. Es dauerte fast eine Stunde, bis alles Gepäck ausgeladen war und ich meins gefunden hatte. Dann brachten sie mich in ein Zimmer, wo ich mich ausziehen mußte – bis auf die Haut.

Sie durchsuchten mich von Kopf bis Fuß, selbst im Intimbereich. Dann endlich ließen sie mich ins Flugzeug. Die anderen hatten inzwischen neunzig Minuten warten müssen und waren entsprechend wütend auf mich. Zu den Passagieren, die in meiner Nähe saßen, sagte ich: ‚Ladies and Gentlemen, es tut mir sehr leid. Ich war nicht in der Bar, ich war auch nicht betrunken. Die Sache ist ganz einfach: Ich bin Palästinenser.'"

„Was hast du in diesem Moment empfunden?" fragte ich.

„Nie zuvor hab' ich mich so fremd gefühlt, so sehr als Außenseiter", sagte Hamad mit zusammengebissenen Zähnen. „Ich gehörte einfach nicht dazu. Ich war furchtbar wütend auf alle, auf die ganze Welt. Wenn ich in diesem Moment eine Bombe gehabt hätte – ich hätte am liebsten die ganze Welt hochgehen lassen."

Eines Nachmittags war ich zum Essen an der Islamischen Universität von Gaza eingeladen, einem kargen Komplex aus niedrigen Gebäuden im Herzen des von den Israelis besetzten Gazastreifens. Es stellte sich heraus, daß die Baulichkeiten weit interessanter waren als die Mahlzeit. Der einzige Schmuck an den Wänden, deren Farbe schon abblätterte, bestand aus gerahmten Koranversen in geschwungenem Arabisch. Doch an der Nordwand des Speisesaals hing eine riesige Fotografie, an die fünf Meter hoch und an die sieben Meter breit. Das Bild sah aus wie eine Strandszene auf Hawaii: Palmen, weißer Sand, ein klarer blauer Himmel und der stille azurblaue Ozean.

„Was soll denn das hier?" fragte ich meine Gastgeber.

„Es ist als eine Art Kompensation für die Studenten gedacht", erklärte Dekan Atif Radwan. „Den ganzen Tag sehen sie nur Elend. Wir halten es für wichtig, daß sie wenigstens beim Essen etwas Schönes vor Augen haben."

In palästinensischen Häusern in den besetzten Gebieten sind die Wände fast ebensooft mit Szenen aus Hawaii oder den Schweizer Alpen geschmückt wie mit Koranzitaten. Mir kamen diese Kalenderbilder immer vor wie Ersatzfenster, die den Palästinensern den Blick auf die Welt ermöglichen sollten. Von der israelischen Welt derart umklammert, daß sie sich wie Fremde im eigenen Land fühlten, importierten sie sich ihre eigenen Ausblicke: Landschaften ohne Juden, unbedrohlich, tröstlich – und vor allem stumm. Denn der israelische Schatten, der den Palästinensern auf Schritt und Tritt folgte, besaß eine Stimme – eine Stimme, die unablässig flüsterte: „Es gehört nicht euch. Palästina gehört nicht euch. Es gehört uns."

Sosehr sie es auch versuchten – den meisten Palästinensern gelang es nicht, dem flüsternden israelischen Schatten auf Dauer aus dem Weg zu gehen. Früher oder später meldete er sich wieder – durch eine offene Tür, ein offenes Fenster oder über das Telefon. Und aus dem Schatten erwuchs ein palästinensischer Zorn, der mit jedem Jahr der israelischen Okkupation weiter anschwoll. Am meisten erzürnte die Palästinenser, daß sie ihre palästinensische Identität ausgerechnet zu einem Zeitpunkt, da sie sich herauskristallisierte und allenthalben in der Welt mehr Beachtung fand als je zuvor, weder kulturell noch politisch zum Ausdruck bringen konnten. Wie geothermische Dampfblasen sammelte sich die Wut unter der Kruste der israelischen Gesellschaft.

In Jerusalem konnte man jeden Morgen so gegen halb sechs auf dem sogenannten menschlichen Fleischmarkt beobachten, wie diese Wut sich anstaute. Kaum war die Sonne über dem Moab-Gebirge aufgegangen, da begann auch schon das allmorgendliche Ritual der Palästinenser. Mit verschlafenen Gesichtern – sie hatten ihre Dörfer auf dem Westufer zum Teil schon um vier Uhr morgens verlassen – reihten sie sich entlang der Straße auf, die durch das Damaskustor aus der Jerusalemer Altstadt hinausführt, in der einen Hand ihr eingewickeltes Frühstücksbrot, in der anderen die billige Zigarette, mit der sie ihre Lunge wärmten. Stundenlang standen sie dort und warteten auf israelische Bauunternehmer und andere Arbeitgeber, die dann langsam an ihnen vorbeifuhren, sie begutachteten und schließlich die Glücklicheren unter ihnen auswählten – für einen Eintagsjob. Eines Morgens mischte ich mich unter sie.

Der erste, der aufkreuzte, war ein israelischer Unternehmer im grünen Volvo, um den sich sofort ein Dutzend palästinensischer Arbeiter sammelte. Jeder versuchte unter heftigem Gebrauch der Ellbogen zum offenen Fenster des Wagens vorzudringen und seinen Kopf hindurchzustecken. Der Unternehmer wurde nervös. Die Umzingelung mißfiel ihm.

„Wieviel? Wieviel?" riefen die Arbeiter ihm zu.

„Fünfundzwanzig Schekel für heute", gab er auf arabisch zurück. Das waren rund 14,50 US-Dollar.

„Welche Arbeit?" fragten die Männer.

„Asphaltieren", war die Antwort.

Das Angebot fand nur wenige Interessenten, waren die meisten Jobsucher doch mit dem Bus oder mit dem Taxi von Hebron gekommen, was allein schon mindestens fünf Dollar retour kostete. Sie schüttelten schweigend die Köpfe und traten zurück. Nur ein paar jüngere quetschten sich auf den Rücksitz, und der Unternehmer brauste davon. Dann näherte sich ein Kleinlaster; der Fahrer fuhr langsam, und die Arbeiter schwärmten bereits wieder aus, doch da gab der Mann plötzlich Gas, und weg war er. Einer der Palästinenser spuckte ihm nach.

„Nach welchen Kriterien werden die Jobs verteilt?" fragte ich Mohammed, einen vierzigjährigen Vater von zehn Kindern aus dem Dorf Jatta bei Hebron. „Wir gehen einfach auf das Auto zu", erklärte er. „Wer zuerst kommt, mahlt zuerst. Es ist, als wären fünfzig Hunde hinter einem einzigen Knochen her. In Hebron würde ich für den halben Lohn arbeiten – aber dort gibt's keine Arbeit."

Ein paar Jugendlichen stellte ich die Frage, ob sie schon einmal am Bau einer jüdischen Siedlung auf dem Westufer mitgearbeitet hätten.

„Sie gehen ja auch nicht zu Ihrem eigenen Begräbnis, oder?" meinte einer, womit er klarmachte, daß dergleichen für ihn nicht in Frage kam. Aber die meisten seiner Freunde nickten zustimmend.

„Glauben Sie, wir wissen nicht, daß wir ihnen damit nur helfen, ihren Staat aufzubauen?" fragte mich Muhammad Nawaf, ein vierundzwanzigjähriger Student der Universität von Bethlehem. „Ich hab' an Efrat mitgearbeitet", fuhr er fort. Efrat ist eine jüdische Siedlung bei Bethlehem. „Es ist eine einzige Demütigung, und du weißt genau, daß du gegen dein eigenes Volk handelst – aber du brauchst ja was zu essen."

Aus dem Hintergrund rief einer: „Soll Arafat mal was für uns tun, dann brauchen wir nicht mehr für die Juden zu arbeiten!"

An diesem Punkt brach unsere Unterhaltung ab, denn wieder fuhr ein Wagen vor, dessen Fahrer einen Job anbot – und wie stets reagierten ihre Körper anders als ihre Lippen, die eben noch von palästinensischer Würde und palästinensischem Leid gesprochen hatten. Das Auto zog sie von mir fort, wie ein Magnet Eisenspäne anzieht.

Es ist gewiß nicht leicht, wenn die Seele im ewigen Tauziehen zwischen körperlichen und geistigen Ansprüchen das Tau spielen muß, ja es kann sogar äußerst qualvoll sein. Ich erfuhr dies von Abu Laila, einem vierundzwanzigjährigen schwarzhaarigen Palästinenser aus dem Flüchtlingslager Kalandia. Weil er einer Arafat-freundlichen Jugendgruppe angehörte, war er seit seinem vierzehnten Lebensjahr in mehr oder minder regelmäßigen Abständen immer wieder in israelischen Gefängnissen gelandet. Abu Laila – „Vater der Nacht" – war sein *nom de guerre;* seinen wirklichen Namen hat er mir nie genannt. Seit seinem Schulabgang im Jahre 1982 mußte er sich, wenn er nicht gerade in israelischen Gefängnissen saß, in israelischen Städten Arbeit suchen. Mit seinem Doppelleben erschien er mir geradezu als Prototyp der palästinensischen Männer seiner Generation: militanter Palästinenser bei Nacht, israelischer Kuli bei Tage.

„Meinen ersten Job in Israel bekam ich 1982, kurz nach dem israelischen Einmarsch in den Libanon", erzählte mir Abu Laila eines Abends, als wir mit ein paar Freunden in Kalandia beisammensaßen. „Als Aushilfe auf dem Mahne-Yehuda-Markt in Jerusalem, wo ich Gemüsekisten schleppen mußte. Ich bekam den Job nur deshalb, weil die Israelis alle eingezogen waren. Ich wußte genau, daß ich diese Arbeit anstelle von Soldaten machte, die währenddessen in Beirut meine Brüder umbrachten – aber mir blieb keine andere Wahl. Was hätte ich tun sollen? Ich brauchte das Geld. An manchen Tagen fuhren wir mit Lastwagen herum und holten die Gemüsekisten ab, und die ganze Zeit lief das Radio, auf hebräisch natürlich, und sie sagten, die israelische Armee sei hier eingedrungen und dort eingedrungen und eingedrungen und eingedrungen – und je öfter ich das hörte, desto winziger fühlte ich mich."

Die Palästinenser aus dem Westjordanland und dem Gazastreifen gehörten nie zu jenen Arabern, die am brutalsten unterdrückt wurden – die israelische Besatzung war im Vergleich zu manch anderem Regime im Nahen Osten noch milde. Aber die Palästinenser mußten die meisten Demütigungen hinnehmen.

In der überwiegend von Christen bewohnten Stadt Ramallah im Westjordanland ging am 18. Dezember 1986 um die Mittagszeit ein sechzehnjähriger palästinensischer Schüler mit unschuldiger Miene auf einen israelischen Soldaten zu, der sich im Zentrum der Stadt auf Patrouillengang befand.

Der Soldat war in voller Kampfmontur, bewaffnet mit einem Sturmgewehr, mehreren Handgranaten und einem Messer. Der Teenager trug eine blaue Schulmappe. Normalerweise befinden sich in einer solchen Tasche Bücher. Doch als der Junge den Soldaten erreichte, holte er aus der Mappe eine Axt, schrie irgend etwas über Palästina und begann, auf den Israeli einzuhacken.

„Ich spürte mehrere Hiebe auf dem Rücken", berichtete Ariel Hausler, der Soldat, später den Reportern. „Als ich mich umdrehte, schlug er noch einmal zu, und die Axt ritzte mich an der Stirn. Ein Wunder, daß ich nicht ernsthafter verletzt wurde."

Trotz seiner blutenden Kopfwunde gelang es Hausler, den Jugendlichen zu fassen, und ein zweiter Soldat rang ihn schließlich nieder. Wenige Tage später wurde der israelische Armeesprecher von israelischen Journalisten gefragt, ob er inzwischen wisse, welche Splittergruppe der PLO den Jungen für einen solch dreisten Angriff am hellichten Tag angeworben und bezahlt habe. Die Antwort des Sprechers mußte die Fragesteller beunruhigen: Der Junge hatte für den Anschlag kein Geld bekommen. Er hatte auf eigene Initiative gehandelt. Offenbar hatte er an jenem Morgen gleich nach dem Aufstehen beschlossen, einem israelischen Soldaten ein Beil ins Hirn zu schlagen – und war sogleich zur Tat geschritten.

Der Vorfall machte mich neugierig. Ich bemühte mich um ein Interview mit dem Jungen, erhielt jedoch nicht die erforderliche Genehmigung. Ich hatte das Gefühl, daß hinter der Tat mehr steckte, als die Israelis zugeben wollten. Mir schien, als gäbe es noch immer individuellen und in kleinen Gruppen organisierten spontanen Widerstand gegen Israel, obwohl sich die Palästinenser insgesamt – vor allem die Erwachsenen, die wirtschaftliche Verluste befürchteten – mit dem israelischen System arrangiert hatten. Der individuelle Widerstand, dessen Anfänge in die Zeit unmittelbar nach der Besetzung des Landes zurückreichte, wurde hauptsächlich von Jugendlichen getragen, die vom israelischen System wenig zu erwarten hatten. Ganz im Gegenteil: Viele von ihnen hatten Oberschulen und Technische Hochschulen besucht, ja sogar die Universität, doch die einzigen Jobs, die ihnen nach Beendigung der Ausbildung offenstanden, waren untergeordnete Arbeiten als Putzkräfte, Kellner oder Maurer.

Anfang 1987 organisierte ich eine Diskussionsrunde mit einer palästinensischen Studentengruppe von der Bir-Seit-Universität im Westjordanland. Wir sprachen über die Wut, die sich unter der glatten Oberfläche der israelisch-palästinensischen Gesellschaft zusammenbraute – eine Wut, die sich mit zunehmender Häufigkeit in kleinen Eruptionen Bahn brach. Die Studenten äußerten sich in leidenschaftlichen Tönen über die aussichtslose Lage ihrer Generation. Jeder Blick in die Zukunft unter der israelischen Besetzung zeigte ihnen nur Sackgassen – politische, kulturelle und berufliche. Eine achtzehnjährige dunkeläugige Studentin namens Meral, die mit geballten Fäusten sprach und deren Stimme immer wieder in Schluchzen umzukippen drohte, traf den Nagel auf den Kopf, als sie sagte: „Ich glaube, unsere Generation hat psychologisch einen Punkt erreicht, wo wir es den Juden nur noch heimzahlen wollen. Wir haben das Gefühl, die Juden wollen uns einfach nur quälen. In einer solchen Atmosphäre kommt es dann auf seiten der Palästinenser ganz automatisch zu Gewaltausbrüchen. Geplant sind sie nicht – sie passieren einfach."

Das bereits erwähnte, von Meron Benvenisti geleitete Forschungsprogramm West Bank Data Base Project hat den wachsenden Zorn der Palästinenser gleichsam kartiert wie ein Geologe die Erdwärme. Jahr für Jahr zählte Benvenisti die von organisierten PLO-Zellen verübten Gewaltakte gegen Israelis, bei denen Feuerwaffen eingesetzt wurden, und verglich sie mit den nach seiner Klassifikation eher spontanen Attacken mit Steinen, Brandsätzen und Messern. Dabei fand er heraus, daß in den Jahren 1977 bis 1984 auf jeden von außen geplanten Gewaltakt pro Jahr elf spontane anti-israelische Aktionen kamen. 1985 lag das Verhältnis bei sechzehn Spontanaktionen gegen eine geplante, und 1986 war es auf achtzehn zu eins gestiegen.

„Die immer weiter auseinanderklaffenden Zahlen", erklärte Benvenisti 1986, „deuten auf eine neue Phase im palästinensischen Widerstand und in der Auseinandersetzung mit den Israelis hin. Gewaltakte werden inzwischen zum größten Teil bei hellem Tageslicht verübt, und zwar von Individuen und Gruppen, die spontan ihre Gefühle äußern und sich von den Konsequenzen ihrer Taten nicht abschrecken lassen."

Dr. Ejad el-Sarradsch, der einzige Psychiater im Gazastreifen und somit für siebenhunderttausend Einwohner zuständig, brauchte solche Zahlenspiele nicht. Die vulkanische Wut, die sich in den Seelen seiner Mitmenschen zusammenbraute, erkannte er auch so. Als ich ihn im Sommer 1987 in Gaza interviewte, erzählte er mir von einem jungen Mann, der ihn kürzlich in seiner Praxis aufgesucht hatte. Seit jenem Besuch fröstelte ihn bei dem Gedanken an die Zukunft.

„Der junge Mann flüsterte mir zu: ‚Doktor, ich habe ein Geheimnis.' Herrje, dachte ich, schon wieder so ein Paranoider – so stellen die sich nämlich gewöhnlich vor. Darauf fährt er fort: ‚Ich will bloß einen einzigen Israeli umbringen. Ich habe mir ausgerechnet, daß das die Lösung unseres Problems ist: Jeder von uns muß einen Israeli umbringen.' Er habe gehört, ich besäße ‚Einfluß' und könnte ihm vielleicht eine Bombe verschaffen. Ich erklärte ihm, daß dem nicht so sei, und dachte bei mir, vielleicht ist's doch besser, wenn ich den Knaben mal untersuche. Ich war überzeugt, er hätte eine Psychose. Also hab' ich ihn eine Stunde lang untersucht. Er war vollkommen normal!"

Genauso normal war Yehuda Ben-Tov.

1987, kurze Zeit nachdem ein israelischer Zivilist beim Einkaufen auf dem Marktplatz in Gaza von einem unbekannten Palästinenser erschossen worden war, wurde der siebzehnjährige Ben-Tov, der aus Aschkalon, der Heimatstadt des Opfers, stammte, von der *Jerusalem Post* interviewt und gefragt, wie Israel seiner Meinung nach mit dem Problem Gaza umgehen sollte.

„Sie sollten die Luftwaffe hinschicken und alles dem Erdboden gleichmachen", sagte Ben-Tov. „Alles. So wie kürzlich dieser Tornado in Texas."

Yehuda Ben-Tov war nicht der einzige, der so dachte. Denn im gleichen Zeitraum, da sich der palästinensische Zorn gegen die Israelis zusammenbraute, keimte in den Israelis eine ähnliche Wut gegen die Palästinenser auf, die ihnen nie gestatteten, sich in Ruhe an ihrem Land zu erfreuen.

Auch in dieser Hinsicht war der Sechstagekrieg der Wendepunkt. Er erweiterte, dank des hinzugekommenen Westjordanlands und des Gazastreifens, das Heimat- und Raumgefühl bei manchen Israelis beträchtlich. Israelis, die, bildlich gesprochen, zwanzig Jahre lang sehr beengt in einem winzigen Zimmer gelebt hatten, konnten nun endlich einmal die Beine ausstrecken und tief durchatmen. Zum erstenmal hatten sie das Gefühl, genug Platz zu haben. Bei anderen Israelis verstärkte die Besetzung von Westjordanland, Jerusalem und Gazastreifen eher das spirituelle Heimatgefühl. Die Rückkehr zu den historischen Städten Hebron, Jerusalem, Nablus und Jericho bedeutete für viele religiöse Israelis erst die wahre Rückkehr nach Zion, nachdem sie bis 1967 stets nur das Gefühl gehabt hatten, es gerade bis zur Türschwelle geschafft zu haben. „In Judäa und Samaria zu leben", gestand mir einmal Israel Harel, Führer einer israelischen Siedlerbewegung in Ofra auf dem Westufer, „das ist Heimkehr im wahrsten, tiefsten Sinn. Meine Bindung an das Land ist schon beinahe erotisch."

Wenn man zur Zeit des Passahfests über die jüdischen Märkte in Jerusalem schlenderte, roch es überall nach frischgebackenen Matzen. Freitagabends ertönt eine Sirene in der ganzen Stadt und verkündet, daß der Sabbat beginnt. Am Sabbatmorgen herrscht auf den Straßen Jerusalems oft so wenig Verkehr, daß die Heimkehrer von den Synagogen mitten auf der Straße gehen können. Wo sonst konnten sich Juden jemals so sehr zu Hause fühlen?

Allerdings hatte die Sache einen Haken. Die nämlichen Territorien – die hinzugewonnenen Räume im Hause Israel – beherbergten bereits eine Bevölkerung, die es den Israelis auf Dauer unmöglich machte, zur Ruhe zu kommen. In den neuen Zimmern wohnten bereits 1,7 Millionen Palästinenser mit eigener nationaler Identität, eigenem Nationalgefühl und eigenem Besitzanspruch auf das ganze Haus. All diese Eigenschaften gewannen durch den direkten Kontakt mit den Israelis noch zusätzlich an Schärfe und Konturen. Was für ein Pech! Genau zu jenem Zeitpunkt, da die Israelis wirklich an das Ende ihres Exils zu glauben begannen, ja, da sie über mehr Macht verfügten als jede andere jüdische Gemeinschaft vor ihnen – ausgerechnet da kamen die Palästinenser und rieben ihnen ständig unter die Nase, daß sie nicht allein waren in ihrem Land.

Die politische und militärische Herausforderung Israels durch die Palästinenser war schon zwischen 1948 und 1967 Realität gewesen, wurde in jener Epoche jedoch hauptsächlich als Bedrohung von außen betrachtet. Die Israelis sahen in den Palästinensern lediglich Angehörige einer riesigen Araberhorde, die Israels Existenz bedrohten, und tatsächlich war ja auch die Identität der Palästinenser bis zu einem gewissen Grad den Zielen der panarabischen Koalition unterworfen. Als aber die Palästinenser des Westjordanlands und des Gazastreifens unter israelische Oberhoheit gerieten, konnte man sie nicht mehr als Bedrohung von außen einstufen. Sie waren kein Feind mehr hinter einer klar abgesteckten Grenze, abgeschottet durch Stacheldrahtverhaue und Wachtürme, sondern stellten auf einmal ein inneres Sicherheitsrisiko dar, das die Lebensqualität jedes einzelnen Israeli im ganzen Land beeinträchtigte.

Die innere Bedrohung verlief parallel mit dem Aufstieg der PLO zum international anerkannten Repräsentanten des palästinensischen Volkes und zur Guerillatruppe mit Sitz in Beirut. Die Aktivitäten der PLO außerhalb und die der Palästinenser von Westufer und Gazastreifen innerhalb des Landes ergänzten sich und hingen wie ein dunkler Schatten über Israel. Ob zu Hause oder im Ausland, bei den Vereinten Nationen oder auf einer Frauenkonferenz in Nairobi – überall begegneten Israelis ihrem palästinensischen Schatten, der ihnen in Wort und Tat unablässig zu verstehen gab: „Es ist nicht eure Heimat. Palästina gehört nicht euch. Es gehört uns."

Diese permanente Herausforderung traf die Israelis im Nerv. Die Palästinenser versteckten Bomben in israelischen Supermärkten, in Flugzeugen, unter Bussitzen, ja sogar in einem alten Kühlschrank im Herzen Jerusalems. Die Palästinenser entführten israelische Flugzeuge, brachten die israelische Olympiamannschaft um und jagten israelische Botschaften in die Luft. Keiner dieser Anschläge bedrohte, wie Ägypten und Syrien das taten, den Staat Israel in seiner Existenz – dennoch war der herrschende Zustand auf gewisse

Weise noch schlimmer. Er gab den Israelis das Gefühl, nicht mehr Herr im eigenen Haus zu sein, und brachte eine erschreckende Unwägbarkeit in ihren Alltag. Es war, als lebten sie in einer wunderschönen Villa, die immer wieder von Einbrechern heimgesucht wurde. Jeder Israeli, der die Straße überquerte, ins Kino ging oder einen Supermarkt betrat, hielt Ausschau nach herrenlosen Päckchen oder Gegenständen. Wenn die *Jerusalem Post* überschüssigen Anzeigenplatz hatte, so rückte sie eine Füllanzeige ein mit den Worten: „Mißtrauen kann Leben retten! Achten Sie auf verdächtige Objekte!"

Dalia Dromi, Ende Dreißig, ist eine alte Freundin von mir. Sie wuchs in Netanja, einer Küstenstadt nördlich von Tel Aviv auf. Vor dem Sechstagekrieg hielten Strategie-Experten Netanja für einen der gefährdetsten Orte Israels, weil er an der schmalsten Stelle des Flaschenhalses zwischen Tel Aviv und Haifa liegt – nur vierzehn Kilometer vom nächsten jordanischen Militärstützpunkt in Tulkarm entfernt. Dalia machte nach dem Sechstagekrieg die Erfahrung, daß sich ihr Heimatgefühl in einer Weise veränderte, wie sie es zuvor nie für möglich gehalten hätte.

„Vor dem Krieg warst du in Netanja, kaum hast du mal richtig Gas gegeben, auch schon über der Grenze", erklärte Dalia. „Trotzdem hat mich die Grenze, so seltsam es klingen mag, nie gestört. Israel war damals nur ein schmaler Streifen Land, aber ich hab' mich nie persönlich bedroht gefühlt. Jeder wußte, wo die Grenze war, jeder wußte, daß da unsere Armee stand und uns vor dem Feind auf der anderen Seite beschützte – also hat sich keiner weiter drum gekümmert. Heute hingegen fühle ich mich immerzu bedroht. Ich weiß nicht, wo die Grenze ist und woher der Feind kommt. Vor 1967 bin ich immer allein an den Strand gegangen – heute würde ich das nie tun. Und wenn ich an den Strand gehe, dann achte ich darauf, daß ich nicht in eine Menschenmenge gerate – es könnte ja einer auf die Idee kommen, eine Bombe hineinzuwerfen. Ich kann mich nicht erinnern, daß ich vor 1967 jemals Angst gehabt hätte – heute habe ich ständig Angst. Israel war vor 1967 sehr klein, aber erst jetzt habe ich das Gefühl, in einem kleinen Land zu leben. Wenn mir einer mit ‚strategischen Grenzen' kommt, muß ich lachen. Die Grenze ist doch heute überall! Wenn ich durch das Dorf Wadi Ara fahre und ein Palästinenser mich mit Steinen bewirft, dann ist da die Grenze. Oder wenn ich auf der Straße nach Haifa durch das israelisch-arabische Dorf Dschisr a-Zarka fahre und mir ein Stein nachfliegt, dann ist da die Grenze. Verstehst du, die Grenze verfolgt mich sogar bis in mein eigenes Bett. Sie geht abends mit mir nach Hause und steht morgens wieder mit mir auf. Vorher, als Israel bloß vierzehn Kilometer breit war, hatte ich immer das Gefühl, das Land gehört mir ganz allein. Sicher, es lebten auch Araber hier, aber niemand sah in ihnen Palästinenser, niemand empfand sie als persönliche Bedrohung. Das waren in unseren Augen israelische Araber, Bürger unseres Staates. Früher konnte ich überall hingehen, ohne mich bedroht zu fühlen. Die Angst kam erst nach 1967."

Hätte ich die Aufgabe, das Leben in Israel in einem einzigen Bild zusammenzufassen, so würde ich dafür eine Aufnahme des israelischen Fotografen Toby Greenwald wählen. Es ist das einzige Bild von Israel, das ich als Erinnerung mit nach Hause genommen habe. Es zeigt einen wunderschönen alten Mandelbaum mit weit ausgebreiteten Ästen. Er steht am Ufer des Sees Genezareth, eingerahmt von den ruhigen blauen Wassern des Sees – ein Bild, das im Grunde vollkommene Ruhe und Frieden ausstrahlen müßte. Aber im Schatten des Baumes, gleich neben dem Wurzelwerk, ist eine Stahltrommel in den Boden eingelassen. Obendrauf steht auf hebräisch: „Sicherheitsschacht". Darin „entsorgt" die Polizei nicht explodierte Bomben. Solche Stahltrommeln findet man in ganz Israel.

Ein Nachbar von mir in Jerusalem, ein israelischer Student, legte regelmäßig jeden Freitag um zwei Uhr nachts Led-Zeppelin- und Heavy-Metal-Platten auf und drehte dann die Lautsprecher voll auf. Das Gedröhne ließ mich mitunter buchstäblich aus dem Bett fallen. Da lag ich dann wach und schäumte vor Zorn. Nicht einmal in meinem eigenen Haus und in meinem eigenen Bett war es mir vergönnt, Ruhe zu finden! Mehr als einmal tagträumte ich, ich hätte eine Bazooka, marschierte damit in die Wohnung des Kerls, legte Stereoanlage samt Lautsprecher in Schutt und Asche und hinterließe nichts als himmlische Ruhe. Ich glaube, viele Israelis haben im Laufe der Zeit, ohne es jemals auszusprechen, ganz ähnliche Wunschträume entwickelt – den Palästinensern gegenüber, die sie nicht einmal in ihren eigenen Betten zur Ruhe kommen ließen und ihnen alle schönen Bilder ruinierten. Als der rassistische Rabbi Meir Kahane zur Ausweisung aller Palästinenser aus dem Westjordanland und dem Gazastreifen nach Jordanien aufrief, beendete er seine Reden stets damit, daß er seinen israelischen Zuhörern in die Augen blickte und erklärte: „Vergeßt nicht, ich spreche aus, was ihr denkt!" Ein kleiner Kahane steckt wohl in jedem Israeli.

Ruth Firer, die israelische Hochschullehrerin, deren polnischen Eltern es gelungen war, dem Holocaust zu entkommen und ihre kleine Tochter aus Sibirien nach Israel zu bringen, hat warme, freundliche Augen. Sobald jedoch die Rede auf palästinensische

Gewaltakte gegen Juden kommt, wird ihr Blick stahlhart, ihre Miene versteinert, und von ihrer liberalen politischen Einstellung ist nichts mehr zu spüren.

„Seit einigen Tagen", erzählte sie mir, als sich gerade einmal wieder die palästinensischen Überfälle auf israelische Ziele häuften, „gehe ich nicht mehr in die Altstadt. Dort werden zu viele Juden erstochen. Früher gingen wir am Schabbes dort zum Einkaufen, aber jetzt sperrt dich die Angst in deiner eigenen Heimat ein. Das ist grausam, eine Schande ist das! Wir sind doch in dieses Land gekommen, um uns nicht mehr fürchten zu müssen! Nach Kriegsende hatte mein Vater ein Angebot, nach Amerika zu gehen. Er lehnte es ab, weil er meinte, er könne sich dort nicht einleben. Er wollte nicht noch einmal ganz von vorn anfangen, als Jude in einem fremden Land unter lauter Gojim. Die Nazis hatten die gesamte Familie umgebracht. Er kam nach Israel und fand hier eine neue Heimat. Und jetzt wollen uns die Palästinenser diese Heimat wegnehmen. Aber das lassen wir nicht zu. Sie können mir nicht das Grundrecht auf Heimat nehmen. Ich bin durchaus bereit, mit ihnen zu teilen, aber wenn sie auch noch Tel Aviv und Haifa haben wollen, dann werden sie mit mir und meinen beiden Söhnen darum kämpfen müssen."

Die Israelis leiden um so mehr unter der verfahrenen Situation, als sie über eine der modernsten Luftstreitkräfte der Welt verfügen, über eine Armee, die nahezu eine Million Männer und Frauen mobilisieren kann, und über Hunderte von modernen Panzern.

„Ich finde es furchtbar frustrierend", gestand mir Israel Harel, „daß wir so viel Macht haben und trotzdem nicht imstande sind, unser Eigentum damit zu schützen. Als ich im Krieg von 1973 am Suezkanal im Einsatz war, empfand ich keine unmittelbare Angst. Ich habe mich danach gedrängt, als einer der ersten den Kanal überqueren zu dürfen, und die Angst, die ich dabei empfand, war eher abstrakt. Aber jetzt hören Sie sich mal folgende Geschichte an: Vor ein paar Jahren fuhr ich von Petach Tikuah nach Elkanah, einer jüdischen Siedlung auf dem Westufer, und kam dabei durch die palästinensische Stadt Kfar Kassem. Und mitten auf der Strecke sah ich plötzlich vor mir eine Straßensperre, daneben zehn oder zwanzig palästinensische Kinder. Darum herumfahren konnte ich nicht. Die Gören fingen an, meinen Wagen mit Steinen zu bewerfen. Die einzige Möglichkeit war, rückwärts zu fahren. Ich legte also den Rückwärtsgang ein, doch da tauchten hinter mir noch ein paar Dutzend Kinder auf. Ich kann Ihnen sagen, ich hab' mich gefühlt wie die Maus in der Falle! Nach all den Kriegen, die du schon mitgemacht hast, dachte ich mir, geht's dir ausgerechnet hier an den Kragen... Die einzige Lösung, die mir einfiel, war, mein Schießeisen rauszuholen und um mich zu ballern, aber das hätte natürlich auch nichts gebracht. Selbst wenn ich ein oder zwei der Kinder erschossen hätte, wäre ich geliefert gewesen. Also trat ich aufs Gaspedal und fuhr ganz schnell rückwärts. Ein paar von den Kindern habe ich gerammt, aber immerhin – ich bin entkommen. Und da sitze ich nun, ich, Israel Harel, Fallschirmjäger bei der ersten Einheit, die 67 in Jerusalem einmarschierte, und 73 bei einer der ersten Einheiten, die den Suezkanal überquerten. Ich kenne unsere militärische Stärke genau, aber die haben mir Angst eingejagt – mir! Und es waren Kinder!"

Um sich ihr Heimatgefühl trotz der konstanten Bedrohung seitens der Palästinenser zu erhalten, entwickelten die Israelis verschiedene Bewältigungsstrategien. Die einen, geführt von linksgerichteten Aktivisten der Friedensbewegung, machten sich das Argument zu eigen, Heimat sei und könne nichts anderes sein als der Ort, wo das eigene Volk die Mehrheit bilde und wo man als Jude ein freies und demokratisches Leben führen könne, ohne das Gefühl haben zu müssen, andere Menschen zu unterdrücken. Heimat definiere sich demnach als Israel in den Grenzen vor dem Sechstagekrieg – ohne Westufer und Gazastreifen, die folglich wieder unter arabische Hoheit gestellt werden müßten. Viele Anhänger dieser Richtung vermeiden es mit voller Absicht, die Grüne Linie zu den besetzten Gebieten zu überschreiten. Sie glauben, sich in Tel Aviv weiterhin zu Hause fühlen zu können, solange sie nicht in Nablus gewesen sind und dort den Haß in den Augen der palästinensischen Jugendlichen gesehen haben.

Janet Aviad, Soziologin und eine führende Kraft in der israelischen Friedensbewegung, bemerkte dazu: „Selbstverständlich berühren die biblischen Orte auf dem Westufer auch mich sehr tief. Trotzdem habe ich in meinem Kopf gleichsam einen Zaun darum gezogen und bin noch nie dort gewesen. Mit einem Kolonialisierungsprozeß will ich nichts zu tun haben. Wenn ich die Grüne Linie einmal übertrete, dann nur bei Demonstrationen. Ich kämpfe schon lange für eine Wiederherstellung der Grünen Linie, muß aber zu meinem Unbehagen feststellen, daß sie in allen modernen Landkarten fehlt."

In der Zeit um den zwanzigsten Jahrestag des Sechstagekriegs schwärmten Aktivisten der Friedensbewegung, ausgerüstet mit alten Landkarten, Pinseln und Eimern voll grüner Farbe, an den Wochenenden aus und malten quer über die Straßen und Felder eine grüne Linie. Mit dieser Aktion wollten sie sich und anderen in Erinnerung rufen, wo die eigentliche Heimat lag.

Doch während die israelische Linke sich niemals zu Hause fühlen kann, solange Israel die besetzten Gebiete behält, verkündet die Rechte, unter Führung sendungsbewußter jüdischer Siedler, sie könne sich niemals heimisch fühlen, wenn Israel die besetzten Gebiete zurückgäbe. Die Siedler argumentieren, Heimat sei nicht notwendigerweise dort, wo man die Mehrheit stelle, sondern dort, wo die Bibel, die Geschichte oder gar die eigene Seele es einem sagten. Siedler, die sich zum Beispiel an einem Ort wie Elon Moreh – einer jüdischen Siedlung im Westjordanland mit Ausblick auf die Großstadt Nablus, mit hunderttausend arabischen Einwohnern – heimisch fühlen wollen, tun einfach so, als gäbe es die Palästinenser gar nicht. Bei einem Besuch der Siedlung befragte ich einmal verschiedene Einwohner, was sie denn sähen, wenn sie durch Nablus und die umliegenden arabischen Dörfer nach Hause führen.

„Ich habe das Gefühl, ich fahre durch die Seiten der Bibel", antwortete Elchanan Oppenheim, Leiter des Schulamts in Elon Moreh. „Wenn ich eine Araberin bei der Ernte sehe, dann sehe ich die Moabiterin Ruth in den Kornfeldern. Ich lebe in der Bibel. Über die unmittelbar gegenwärtigen Dinge sehe ich hinweg."

Radscha Schehadah war dem Weinen nahe. Die israelische Regierung hatte soeben – es war im August 1985 – die Praxis der „Administrativhaft" wieder ins Leben gerufen, eine Sicherheitsvorkehrung aus der britischen Mandatszeit, die es der Regierung gestattete, jede Person (sprich: jeden Palästinenser), die sich der Unruhestiftung verdächtig macht, bis zu sechs Monaten ohne formelle Anklage zu inhaftieren. Die einzige Bedingung war, daß die betroffene Person innerhalb von sechsundneunzig Stunden einem Militärrichter vorgeführt werden mußte. Der Richter hatte die Beweise zu prüfen, die die Sicherheitskräfte gegen den Häftling vorbrachten, und danach den Haftbefehl entweder zu bestätigen, die Haftdauer zu verkürzen oder den Haftbefehl außer Kraft zu setzen. Noch in der Woche, in der die Administrativhaft wiedereingeführt worden war, fand Schehadah – einer der führenden palästinensischen Anwälte im Westjordanland – heraus, daß zwei seiner Kollegen unter diesem Statut verhaftet worden waren.

„Man hatte gerade die ersten fünfzehn Personen verhaftet, darunter auch zwei Außendienstmitarbeiter der Gruppe „Gesetz im Dienste des Menschen", berichtete Schehadah. Bei der genannten Gruppe handelte es sich um eine Rechtsschutzorganisation, deren

Mitbegründer er war. „Ich ging ins Gefängnis von Dscheneid bei Nablus, um Beschwerde gegen ihre Verhaftung einzulegen. Man führte mich in einen Raum, in dem bereits acht andere Anwälte warteten. Kurz darauf betrat ein Mann mit einem Wolfsgesicht und einem großen Karton voller Dokumente den Raum. In meiner Dummheit hielt ich ihn für einen weiteren Anwalt und dachte, der hat sich aber gut vorbereitet... Ich empfand richtige Schuldgefühle, hatte ich selbst doch nur eine Kopie der Militärischen Anordnung Nr. 378 mitgebracht, die das Prozedere bei Militärgerichtsverhandlungen über Verstöße gegen das Sicherheitsgesetz regelte. Wir saßen alle herum und warteten auf den Richter."

Endlich ließ sich der israelische Armeerichter blicken. Im Westjordanland und im Gazastreifen werden alle von Palästinensern verübten Verstöße gegen das Sicherheitsgesetz vor israelischen Militärgerichten verhandelt, die über eigene Richter und Staatsanwälte verfügen.

„Der Richter setzte sich", erzählte Schehadah, „lehnte sich zurück und fragte: ‚Wer möchte etwas sagen?' ‚Wozu soll ich etwas sagen?' fragte ich. ‚Wie lautet die Anklage? Wo sind die Beweise?' ‚Hier herrscht Redefreiheit', sagte er, ‚Sie können alles sagen, was Sie wollen.'

Darauf stand einer der Anwälte auf, dann der nächste und der übernächste, und jeder sprach über seinen Klienten. Der Richter zeigte keinerlei Reaktion, einen Protokollführer gab es nicht. Er behandelte uns wie kleine Kinder, die man damit beruhigt, daß man sie frisch von der Leber weg reden läßt. Ich saß dem Wolfsgesicht gegenüber, das den Aktenkarton mittlerweile unter seinen Stuhl gestellt hatte. Einer der israelischen Anwälte glaubte, er hätte ein wirklich gutes Argument. Sein Klient, so sagte er, sei verhaftet worden, weil er sich geweigert habe, Kollaborateur zu werden. Nach diesen Worten stand das Wolfsgesicht auf, ging zum Militärstaatsanwalt und flüsterte ihm etwas zu. Da endlich ging mir auf, daß der Mann zum Schin Bet gehörte (dessen Geheimagenten für die Sammlung von Beweismaterial gegen verdächtige Palästinenser zuständig waren). Wir redeten also frei von der Leber weg, und als wir fertig waren, bat uns der Richter höflich, den Raum zu verlassen. Nach einer Weile wurden wir wieder hineingerufen. Alle Verhafteten waren da. Der Richter meinte, es lohne nicht, jeden Fall einzeln zu verhandeln. Er befahl den fünfzehn Beschuldigten aufzustehen und verkündete: ‚Ich bestätige die Administrativhaft für Sie alle.'"

Wie immer, wenn die israelische Armee einen Palästinenser eines

Sicherheitsvergehens beschuldigt, blieb den Anwälten die Akteneinsicht versagt, da es sich um verdeckt ermittelte Beweise handelte, die der Schin Bet durch Informanten und abgehörte Telefongespräche zusammengetragen hatte. Die Akteneinsicht – so der Schin Bet – hätte dem Beschuldigten oder dem Anwalt die Spitzel und die inoffiziellen Mittel verraten, mit deren Hilfe die Beweise gesammelt worden waren. Die Aufgabe der Verteidigung wurde dadurch enorm erschwert, wenn nicht sogar ad absurdum geführt. Sie sprach jeder ordentlichen Prozeßführung hohn.

„Ich war traurig und verletzt", erzählte mir Schehadah später. „Als ich hinausging, standen mir die Tränen in den Augen, und meine Klienten mußten mich aufmuntern. ‚Mach dir nichts draus', meinten sie, ‚sechs Monate Gefängnis, das geht doch schnell vorbei.' Ich ging hinaus und fragte mich, was ich da eigentlich noch zu suchen hatte."

Insgeheim wußte Radscha Schehadah ganz genau, was er dort zu suchen hatte. Mit Gerechtigkeit oder mit seiner Person hatte das kaum etwas zu tun. Der Schin Bet und die Militärgerichte waren die Waffen, mit denen die israelische Öffentlichkeit ihre Wut an den Palästinensern ausließ – die Wut über jeden Stein, jede Bombe, jedes terroristische Attentat gegen israelische Ziele außerhalb des Landes, ja gegen jede Rede, die die Palästinenser vor den Vereinten Nationen gehalten hatten. Die Palästinenser hatten Steine geworfen – nun schlugen die Israelis mit Paragraphen zurück.

Die Behandlung des Palästinenserproblems dem Schin Bet und den Militärgerichten zu überlassen hatte zwei Vorteile für die Israelis: Zum einen blieben die Vorgänge so praktisch im verborgenen – sowohl für die israelische als auch für die Weltöffentlichkeit. Der Schin Bet operierte wie eine unsichtbare Hand, verhaftete die Palästinenser bei Nacht und Nebel, warb Spitzel an, baute Wanzen in Telefone ein, ließ Palästinenser hinter den verschlossenen Türen der Verhörräume windelweich prügeln; ja, er arrangierte weitverbreiteten Gerüchten zufolge sogar „Unfälle": Da kam es dann vor, daß sich gewisse, besonders unbotmäßige Palästinenser beim Basteln einer für Israelis bestimmten Bombe angeblich selbst in die Luft jagten. Die Palästinenser wurden also in Schach gehalten, ohne daß sich die israelischen Bürger darüber Gedanken machen mußten.

Mehr noch – es war alles „legal", zumindest nach israelischen Begriffen. Für den Anstrich der Gesetzmäßigkeit, der es den Israelis ermöglichte, Rache an den Palästinensern zu üben und sich dabei trotzdem noch als unbefleckte Kulturnation vorzukommen, sorgten die Militärgerichte. Nur selten mußten die israelischen Sicherheitskräften zu wirklich „illegalen" Mitteln greifen: Für jeden Akt der Unterdrückung – egal, wie willkürlich er war – fand sich gewöhnlich ein passender Paragraph des israelischen Militärgesetzes. Gab es ihn noch nicht, so wurde das Gesetz entsprechend modifiziert. Es herrschte, um es mit Meron Benvenisti zu sagen, „die Herrschaft mit dem Gesetz anstelle der Herrschaft des Gesetzes".

Warum aber legten die Israelis so großen Wert auf diese Scheinlegalität? Weil sich ohne diese Maskierung der Konflikt zwischen ihnen und den Palästinensern als billige, schmuddelige Stammesfehde entpuppt hätte, die mit dem israelischen Selbstverständnis und dem Erscheinungsbild, das man dem Westen präsentieren wollte, schlichtweg unvereinbar gewesen wäre. So griff man also auf Militärgerichte mit ihren Richtern, Anwälten und dem dazugehörigen juristischen Kauderwelsch zurück.

Ich stellte mir den Schin Bet und die israelischen Militärgerichte bald als zwei monströse Gebäude vor, die genau über dem israelisch-palästinensischen Verwerfungsgraben errichtet waren. Allein durch ihr Gewicht und ihre Stärke absorbierten sie die Erschütterungen und den Dampfdruck direkt unter der Oberfläche der israelischen Gesellschaft und verhinderten, daß die Kluft offen zutage trat. Aber die Israelis ignorierten die Tatsache, daß sich die Fundamente der beiden Gebäude, je häufiger und intensiver die palästinensischen Erschütterungen wurden, immer mehr verzogen. Bis es plötzlich knirschte und krachte und die Risse in den Mauern für alle Welt sichtbar wurden.

Der erste große Riß zeigte sich in der Nacht vom 12. auf den 13. April 1984, als vier achtzehnjährige Palästinenser aus dem Gazastreifen einen israelischen Egged-Bus auf der Strecke von Tel Aviv nach Aschkalon entführten. Israelische Antiterroreinheiten folgten ihm und brachten den Bus zum Stehen, indem sie drei Reifen zerschossen. Nach einer die ganze Nacht währenden Belagerung wurde der Bus im Morgengrauen von den Spezialtruppen gestürmt. Zwei der Entführer sowie eine junge Soldatin waren auf der Stelle tot.

Die beiden anderen Entführer, Cousins namens Madschdi und Subhi Abu-Dschuma, wurden lebend aus dem Bus gezerrt. Avraham Schalom, der damalige Chef des Schin Bet und verantwortlicher Einsatzleiter, ließ fünf seiner Agenten sowie sechs Soldaten und Polizisten antreten und befahl ihnen, die beiden Entführer zu erledigen. Was dann auch geschah: Mit Fäusten, Gewehrkolben und Steinen wurden den beiden jungen Männern die Schädel eingeschlagen. Es handelte sich bei Schaloms Befehl offensichtlich um den instinktiven Racheakt eines Stammesoberhaupts, der von seinen Untergebenen auch klar als solcher erkannt und genüßlich ausgeführt wurde. Das israelische Gesetz, dies wußten sie alle, sah für Entführung nicht die Todesstrafe vor. Wollte man Rache, dann mußte man sie an Ort und Stelle üben: Auge um Auge und Zahn um Zahn hieß die Devise, und als alles vorbei war, wurde der israelische Armeesprecher angewiesen, der Öffentlichkeit mitzuteilen, die beiden palästinensischen Entführer seien „auf dem Weg ins Krankenhaus gestorben".

Da war allerdings noch ein kleines Problem: Eine neue israelische Boulevardzeitung namens *Hadaschot* hatte einen der Entführer fotografiert, als er – in Handschellen zwar, aber sichtlich lebendig – abgeführt wurde, und wollte nun unbedingt wissen, wie dieser Mann auf dem Weg ins Krankenhaus hatte zu Tode kommen können. (Eine zweite israelische Zeitung, *Maariv*, besaß ähnliche Fotos, zog es aber vor, nicht darüber zu berichten.) Die israelische Zensur behielt die Angelegenheit unter Verschluß, bis sich David K. Shipler, mein Vorgänger als Chefkorrespondent der *New York Times* in Israel, über sie hinwegsetzte und die Existenz der Fotos publik machte.

Im Anschluß daran kam es zu einer ganzen Reihe von regierungsamtlichen Untersuchungen, für die sich Avraham Schalom zusammen mit drei Mitarbeitern eine ausgetüftelte Vertuschungsstory ausdachte. In seiner Version der Ereignisse wurde der Schwarze Peter allein dem Brigadegeneral Jizchak Mordechai zugeschoben, dem damals höchsten Offizier der Infanterie und der Fallschirmjäger. Mordechai war an der ersten Vernehmung der Entführer beteiligt gewesen, bei der man herausfinden wollte, ob in dem Bus vielleicht noch eine Sprengladung versteckt war. Er hatte die beiden Palästinenser bei der Vernehmung zwar hart angefaßt, sie dem Schin Bet jedoch quicklebendig überstellt.

Schließlich schaltete sich Generalstaatsanwalt Jizchak Samir – ein aufrechter Kämpfer für die Herrschaft des Rechts, von denen es in Israel noch immer eine ganze Reihe gibt – in die Affäre ein und bestand auf einer polizeilichen Untersuchung. Einen Monat später sorgte die Tatsache für Schlagzeilen, daß Schamir, Peres, Rabin und die meisten Kabinettsmitglieder beschlossen hatten, Samir aus seinem Amt zu entfernen und ihn durch einen weniger unbotmäßigen Generalstaatsanwalt zu ersetzen, der bereit war, die Sache unter den Teppich zu kehren. Es kam zu einem Kuhhandel: Schalom trat von seinem Posten als Schin-Bet-Chef zurück, wofür Präsident Chaim Herzog am 26. Juni 1986 ihm und seinen drei Helfern bei der

Vertuschungsaktion das Generalpardon aussprach. Präsident Herzog erzählte mir später, daß nur jeder zehnte Brief, den er von israelischen Bürgern zu der Affäre bekommen habe, die Begnadigung mißbilligte.

Diese und andere Risse im Gemäuer des Schin Bet bewogen die Regierung zur Einsetzung einer Kommission, die die Praktiken des israelischen Inland-Geheimdienstes bei der Behandlung und Befragung palästinensischer Sicherheitshäftlinge unter die Lupe nehmen sollten. Zum Leiter der Kommission wurde ein ehemaliger Richter am Obersten Gerichtshof, Mosche Landau, ernannt. Im Januar 1987 veröffentlichte die Kommission ihren Bericht.

Er machte deutlich, daß es ganz und gar unüblich war, Palästinenser aus dem Westjordanland und dem Gazastreifen, die im Verdacht standen, an Gewaltakten oder politischen Aktionen gegen den Staat Israel beteiligt gewesen zu sein, zu verhaften und in einem ordentlichen Gerichtsverfahren zu verurteilen. Es gab einfach viel zu viele. Hätte man jedem ein ordentliches Gerichtsverfahren gewährt, so wären die Kapazitäten der israelischen Militärgerichtsbarkeit binnen kürzester Zeit erschöpft gewesen. Noch wichtiger war jedoch, daß der Schin Bet zugegeben hatte, verdächtige Palästinenser meist aufgrund geheimdienstlicher Ermittlungen zu verhaften. Derartige Beweise waren aber vor Gericht nicht zulässig, oder aber der Schin Bet lehnte es ab, sie vor Gericht vorzulegen – schon gar nicht in Anwesenheit eines palästinensischen Verteidigers. Der Schin Bet umging das Problem, indem er die überwiegende Mehrzahl der eines Vergehens gegen die Sicherheitsgesetze Beschuldigten zum Geständnis brachte – wodurch sich die Durchführung eines ordentlichen Gerichtsverfahrens und die Beschaffung gerichtsverwertbarer Beweise erübrigte. Der Beschuldigte wurde dem Richter vorgeführt, bestätigte, daß er das Geständnis unterschrieben hatte, und wurde verurteilt. Bequemer konnte man es nicht haben.

Was, so mochte man sich fragen, bewog die Palästinenser nur dazu, so bereitwillig Geständnisse zu unterschreiben? Die Landau-Kommission gab der Öffentlichkeit erstmals eine schlüssige Anwort auf diese Frage: War ein verdächtiger Palästinenser verhaftet worden, so führte ihn ein Schin-Bet-Agent in ein Zimmer, wo er ihn vor die Wahl stellte, entweder ein Geständnis abzulegen oder aber sich einem Verhör zu unterziehen. Viele gestanden gleich. Wer sich für das Verhör entschied, wurde so lange gefoltert – oder, wie es die Landau-Kommission formulierte, „physisch unter Druck gesetzt" –, bis er zu einem Geständnis bereit war. Daraufhin wurde ein israelischer Polizist herbeigeholt, der das Geständnis auf hebräisch niederschrieb. Vor Gericht fragte der israelische Militärrichter dann den Palästinenser, ob er sein Geständnis aus freien Stücken abgelegt habe. Viele Betroffene verneinten. Sie sagten, man habe ihnen eine schwarze Tüte über den Kopf gezogen und sie gefoltert, das hebräisch abgefaßte Geständnis könnten sie nicht einmal lesen. Also wurde der Polizist in den Verhandlungsraum geholt, der das Geständnis niedergeschrieben hatte. Er sagte aus, daß er von Folter, Einschüchterung und ähnlichem nichts bemerkt habe; der Beschuldigte habe vielmehr in seiner, des Polizisten, Anwesenheit freiwillig ein Geständnis abgelegt und unterzeichnet...

Als sich im Jahre 1971 jedoch die Beschuldigungen häuften, daß palästinensische Häftlinge vor der Protokollierung ihres Geständnisses gefoltert worden seien, beschlossen die Militärgerichte, die mit dem jeweiligen Fall befaßten Schin-Bet-Agenten vorzuladen und anzuhören.

Die Landau-Kommission formulierte das folgendermaßen: „Nun (1971) standen die Verhörenden (des Schin Bet) erstmals vor einem schwerwiegenden Dilemma: Im Zeugenstand mußten sie unter Eid Fragen über das Zutandekommen der Geständnisse beantworten. Das Gesetz verpflichtete sie selbstverständlich – wie alle anderen Zeugen – dazu, vor Gericht die Wahrheit und nichts als die Wahrheit zu sagen... (Doch) bei einer wahrheitsgemäßen Aussage wären zwangsläufig auch alle Verhörmethoden zur Sprache gekommen – mit dem Ergebnis, daß sie dem Feind bekannt und damit unbrauchbar würden. Die Rede ist von zahlreichen unterschiedlichen Methoden, einschließlich der gegen die Verhörten eingesetzten Druckmittel."

Was tat der Schin Bet also? „Von Anfang an", fand die Landau-Kommission heraus, „waren die Befrager entschlossen, die Anwendung pyhsischen Drucks... zu verschweigen" und „belogen die Gerichte". Siebzehn Jahre lang behauptete der Schin Bet jedesmal, wenn ein Palästinenser vor Gericht aussagte, er sei mit Folter oder Einschüchterungsmethoden zum Ablegen eines Geständnisses gezwungen worden, der Beschuldigte hätte die Geschichte erfunden. Und in buchstäblich jedem einzelnen Fall galten vor den israelischen Militärgerichten die Aussagen des Schin Bet mehr als die des betroffenen Palästinensers – gleichgültig, wie viele schwarzblaue Flecken er dem Richter zeigte.

Die Landau-Kommission bezeichnete die Praktiken des Schin Bet als „ideologische Kriminalität", da sie, wie es hieß, aus dem Wunsch heraus entstanden seien, dem palästinensischen Terrorismus die Stirn zu bieten. Die Kommission fuhr fort, sie empfehle nicht, die in die Affäre verwickelten Schin-Bet-Leute gerichtlich zu verfolgen; sie hätten schließlich „nur Befehle ausgeführt". Die „politischen, gesetzlichen, juristischen und militärischen Behörden", so hieß es weiter, „wußten nichts von den Meineiden der Schin-Bet-Leute und können daher (ebenfalls) nicht zur Verantwortung gezogen werden". Abschließend sprach die Landau-Kommission die Empfehlung aus, das Gesetz zu ändern – ganz im Sinne der israelischen Tradition, daß Gesetze beim Kampf gegen Palästinenser nur lästig sind. Die Kommission empfahl eine nicht zur Veröffentlichung bestimmte Reihe von „Richtlinien zur... begrenzten... Ausübung psychologischen und physischen Drucks", im Klartext Folter und Einschüchterung. Diese Richtlinien wurden von Kabinett und Parlament ohne Debatte angenommen.

Doch war es nicht nur der Schin Bet allein, der sich eine doppelmoralische Buchführung leistete. Wenn jüdische Siedler das Recht selbst in die Hand nahmen und Racheakte an Palästinensern begingen, zeigte sich die israelische Justiz auffallend verständnisvoll. Die Beispiele dafür sind Legion. Eines der krassesten ereignete sich im Oktober 1987. Nissan Isch-Gojev, israelischer Siedler im Westjordanland, war mit einem Lkw der Müllabfuhr in der Gegend von Nablus unterwegs. Auf dem Weg zum Flüchtlingslager Balata traf er auf eine Gruppe palästinensischer Jugendlicher, die vorbeifahrende Autos mit Steinen bewarfen. Zwei israelische Polizisten, Zeugen der Konfrontation, sagten aus, die Steine „waren nicht ernst zu nehmen". Dennoch, so ihre Aussage, sei der israelische Siedler ausgestiegen und habe „aus der Hüfte" zweimal mit seiner Maschinenpistole auf die Gruppe gefeuert. Der hundert Meter entfernt stehende dreizehnjährige Haschem Lutfi Ib-Maslem wurde tödlich getroffen.

Als der Fall vor Gericht verhandelt wurde, beantragte Staatsanwalt Mosche Schiloh eine zehn- bis zwölfjährige Gefängnisstrafe, um andere Siedler davon abzuschrecken, ebenfalls das Recht selbst in die Hand zu nehmen. Richter Uri Strosman am Tel Aviver Bezirksgericht, der den Vorsitz in der Verhandlung führte, sah die Dinge anders.

Nachdem Richter Strosman alle Seiten gehörte hatte, sprach er am 22. Februar 1988 das Urteil: „Bei der Urteilsfindung hatte das Gericht die besonderen Tatumstände zu berücksichtigen. Zu meinem Bedauern wurden diese Umstände von (palästinensischen) Kindern und Jugendlichen hervorgerufen, die sich, anstatt sich in diesen verrückten Zeiten in der Obhut ihrer Eltern und Erzieher zu befinden, mit Steinewerfen beschäftigten, und zwar in einem so gefährlichen Maße, daß die Polizei alarmiert wurde. Ich halte es daher nicht für angebracht, den Angeklagten mit der vollen Härte des Gesetzes zu bestrafen, und verurteile ihn hiermit zu sechs Monaten Haft, in welcher Zeit er sich gemeinnützigen Tätigkeiten zu widmen hat."

Der Oberste Gerichtshof hob Strosmans Urteilsspruch später auf und verurteilte Isch-Gojev zu drei Jahren Gefängnis.

Das Verhalten des Obersten Gerichtshofs zeigte, daß die israelische Kombination aus Militärgerichtsbarkeit und Besatzungsrecht nicht ausschließlich auf faulem Zauber beruht. Die meisten der vom Schin Bet überführten Palästinenser hatten sich tatsächlich der Planung oder Ausführung von Gewaltakten gegen israelische Zivilisten schuldig gemacht, auch wenn die gegen sie erbrachten Beweise unvollständig oder unzulässig oder nur durch Druckmittel zustande gekommen waren. Obendrein schuf allein schon die Tatsache, daß Israel im Westjordanland und im Gazastreifen ein Rechtssystem und eine Gerichtsbarkeit unterhielt, eine gewisse Rechtskultur und übte einen mäßigenden Einfluß auf die israelischen Militärbehörden aus. Doch je länger die Besetzung dauerte, desto schwächer wurde dieser mäßigende Einfluß des Systems.

Persönlich haben mich, offen gestanden, die Rechtsmißbräuche der Israelis nie sonderlich überrascht; schließlich führten sie einen Krieg mit einem Nachbarvolk, das sich an keinerlei Spielregeln hielt. Was mich ärgerte, war ihre Scheinheiligkeit – der permanente Selbstbetrug, der darin bestand, immer so zu tun, als hielte allein Israel sich unentwegt an Recht und Moral, während seine Feinde nichts anderes waren als bösartige, barbarische Terroristen. In Wahrheit war es so, daß beide Seiten glaubten, sie führten einen Überlebenskampf. Die eine Seite kämpfte mit Messern und Pistolen, die andere mit Geheimagenten und Gerichten. Und während beide sich vor aller Welt immer wieder lauthals über die Bösartigkeit der jeweils anderen beklagten, sprachen ihre Blicke, wann immer sie sich gegenüberstanden – sei es in einem Verhörzimmer oder beim Überfall in einer dunklen Gasse –, eine ganz andere Sprache. Sie sagten: Ich tue *alles,* um zu überleben. Mach dir darüber keine Illusionen!

Zwanzig Jahre lang wiederholte sich das gleiche Spiel: Da waren auf der einen Seite die Palästinenser, die nach außen hin vom Widerstand redeten und individuell sogar Widerstand leisteten, sich als Gemeinschaft jedoch dem israelischen System unterwarfen – und auf der anderen die Israelis, die sich vor der Weltöffentlichkeit als „aufgeklärte" Besatzung rühmten, hinter verschlossenen Türen jedoch keine Mittel scheuten, um die Palästinenser ruhigzuhalten. In dieser wechselseitigen Beziehung wurden Israelis und Palästinenser enge Nachbarn und erbitterte Feinde in einem. An jedem beliebigen Tag konnte es passieren, daß die israelische Armee in einem Dorf auf dem Westufer sämtliche männlichen Einwohner über achtzehn verhaftete, während im Nachbardorf ein israelischer Arbeitsvermittler sämtliche Palästinenser über achtzehn für den Bau einer neuen jüdischen Stadt anwarb. Ein Palästinenser war imstande, morgens in einer jüdischen Siedlung auf dem Westufer ein Bushäuschen zu errichten und abends dortselbst eine Paketbombe zu verstecken, um einen x-beliebigen Juden, der sich dort niederließ, zu töten oder zu verstümmeln. Meron Benvenisti hat diesen irrwitzigen Konflikt einen „Krieg im Zwielicht" genannt – eine halb kriegerische, halb friedliche Existenz, in der es keine Schützengräben, keine Fronten und keinen Stacheldraht gab, ja nicht einmal mehr allgemein akzeptierte Unterschiede zwischen Zivilisten und Soldaten, zwischen Feinden und Nachbarn. Es war ein Krieg, wie Benvenisti gerne behauptete, zwischen „zwei Völkern, die an der gleichen Kanalisation hängen".

Und Benvenisti mußte es wissen. Er wohnte in einem geduckten alten Steinhaus in einem der wenigen Viertel Jerusalems, in dem Araber und Juden Tür an Tür leben. Vor einigen Jahren legte einer seiner palästinensischen Nachbarn in den Vorgarten eines jüdischen Hauses, nur ein paar Schritte von Benvenistis eigener Behausung entfernt, eine Bombe. Keine große Bombe – bloß eine kleine Plastiktüte voll Dynamit mit einem primitiven Zünder.

Wenig später verhaftete die Polizei den Nachbarssohn Suhair Kawasmeh. Er gestand, die Bombe gelegt zu haben, und wurde zu achtzehn Jahren Gefängnis verurteilt.

Im Zuge eines Gefangenenaustauschs zwischen israelischen und palästinensischen Kämpfern im Libanon kam er jedoch schon nach vier Jahren wieder frei. Als er kurz danach heiraten wollte, lud er – ganz der gute Nachbar – Benvenisti zur Hochzeit ein. Die Einladung erfolgte in hebräischer Sprache, die Kawasmeh im Gefängnis gelernt hatte.

„Da saß ich also auf dieser Hochzeitsfeier", erzählte mir Benvenisti, „und fragte mich: Was ist das für ein Mann? Mein Feind oder mein Nachbar? Er ist mein Nachbar, aber einer, der meine Kinder umgebracht haben könnte. Auch in Amerika kann dein Nachbar mit dir verfeindet sein – aber nicht so wie hier. Hier ist er mein Todfeind. Hier ist er Soldat. Er kämpft für sein eigenes Volk gegen mein eigenes Volk, wie in einem richtigen Krieg – trotzdem ist er mein Nachbar."

Und genau aus diesem Grunde – weil dieser Krieg im Zwielicht zwei Gemeinschaften, zwei Völker, zwei Stämme, zwei Nationen in einen Kampf ohne Fronten verwickelte – wurden kaum noch Unterschiede zwischen Zivilisten und Soldaten gemacht. Jede Seite sah in jedem Angehörigen der anderen nur den potentiellen Feind. Die Beziehungen zwischen Israelis und Palästinensern wurden mit der Zeit so stark politisiert, daß es am Ende keine einfachen Verbrechen und keine Unfälle mehr zwischen ihnen gab – es gab nur noch kriegerische Handlungen.

Auch der herkömmliche Tod hatte in dieser Beziehung keinen Platz mehr – es gab nur noch Märtyrertum. Ofra Moses, eine fünfunddreißigjährige Mutter von drei Kindern, lebte in der Siedlung Alfei Menasche im Westjordanland, fünfzehn Autominuten von den Vororten Tel Avivs entfernt. Am 11. April 1987 wollte sie mit ihrer Familie Matzen fürs Passahfest einkaufen. Ein Palästinenser, der sich in einem Orangenhain verbarg, schleuderte einen Brandsatz durch das offene Fenster ihres Autos, worauf Ofra Moses bei lebendigem Leib verbrannte. Sie starb in dem Bewußtsein, eine unschuldige Zivilistin zu sein. Für viele Palästinenser hingegen war sie als Siedlerin im Westjordanland eine Angehörige der Besatzungsmacht, ein gewaltsamer Eindringling, eine Soldatin – und somit ein legitimes Ziel für einen Anschlag. Ein palästinensischer Anwalt – politisch der gemäßigste Vertreter seiner Zunft, den ich je kennengelernt habe – meinte empört: „Im arabischen Programm des Israelischen Rundfunks hieß es, daß der Bürgermeister des arabischen Nachbardorfs nach Alfei Menasche gekommen sei, um den dortigen Siedlern im Namen seiner Bürger sein Beileid zum Tod von Frau Moses auszusprechen. Aber da kann von Bedauern keine Rede sein. Sie gehörte zu den Siedlern, der Wurzel allen Übels – und da erwartet man von uns Bedauern über ihren Tod? Mir tut es kein bißchen leid um sie!"

Zwei Tage nach dem Tod von Ofra Moses wurde bei einer Demonstration palästinensischer Nationalisten auf dem Gelände der Bir-Seit-Universität im Westjordanland der dreiundzwanzigjährige Musa Hanafi aus Rafah im Gazastreifen von israelischen Soldaten erschossen. Ich fragte Oberstleutnant Jehuda Meir, Befehlshaber der Truppen im Bezirk Nablus, was die palästinensischen Studenten für seine Leute darstellten. Offensichtlich betrachteten sie sie ja nicht als Teilnehmer einer unbedeutenden Protestversammlung, bei der es vorwiegend um studentische Ziele ging.

„Meine Leute sehen in ihnen Soldaten ohne Uniformen und Waffen", sagte der israelische Offizier. „Denn wenn die palästinensischen Demonstranten Waffen hätten, würden sie sie auch benutzen. Sie demonstrieren hier nicht wegen Büchern oder Lehrplänen. Was diese Studenten motiviert, ist ihr nationales Anliegen."

Selbst auf den Friedhöfen wurde nicht mehr zwischen Zivilisten und Soldaten unterschieden. Normalerweise bekommen im Krieg getötete Zivilisten ein Zivilbegräbnis. Der Krieg im Zwielicht schuf andere Verhältnisse: Zivilisten, deren Tod sich auch nur entfernt mit dem Konflikt in Verbindung bringen ließ, wurden sowohl in Israel als auch in den besetzten Gebieten als Märtyrer und Kriegshelden bestattet. Beide Seiten versuchten, solche Todesfälle zu Beweisen für die Rechtmäßigkeit ihres Anliegens und zur Rechtfertigung für Racheakte zu stilisieren. Palästinensische und israelische Begräbnisse ähnelten einander geradezu gespenstisch. Jede Seite zog am offenen Grab die altvertrauten Slogans hervor wie Pistolen aus dem Halfter.

Bei Ofra Moses' Begräbnis hielt Verkehrsminister Chaim Corfu die Totenrede. Und was sagte er über die Frau, die beim Matzeneinkauf getötet worden war?

„Ebenso wie die Soldaten, die gestern im Libanon bei der Verteidigung Galiläas fielen, so bist auch du, Ofra, gefallen. Du hast Jerusalem verteidigt. Du, Ofra, bist unsere Soldatin."

Es dauerte keine Woche, und schon erhob sich an der Stelle, an der Ofra Moses getötet worden war, ein Denkmal.

Hanafis Begräbnis vollzog sich unter etwas problematischeren Umständen. Die Israelis wissen genau, welche Folgen eine Trauerfeier haben kann. Wird ein palästinensischer Student getötet, beschlagnahmen sie daher im Normalfall die Leiche und lassen eine Autopsie vornehmen. Dann geben sie sie zur Bestattung frei, bestimmen jedoch, daß die Trauerfeier um Mitternacht und nur im engsten Familienkreis stattzufinden hat.

Einen Monat vor Hanafis Tod war Awad Taktuk, ein Geldwechsler aus Nablus, „versehentlich" von israelischen Soldaten getötet worden. Nach Einbruch der Dämmerung hatten sich fünfhundert Freunde und Familienangehörige auf dem Friedhof von Nablus versteckt, und die israelischen Soldaten, die gegen Mitternacht mit der Leiche erschienen, um sie rasch unter die Erde zu bringen, total überrascht. Hanafis Freunde gingen noch weiter. Sie fuhren mit einem Auto am Hintereingang des Krankenhauses von Ramallah vor und holten die Leiche ab, bevor die israelischen Soldaten sich ihrer bemächtigen konnten. In einem Haus auf dem Westufer packten sie

sie in Eis und hielten sie verborgen. Ein paar Tage darauf brachten sie den toten Hanafi in einem Wagen mit israelischen Nummernschildern unentdeckt in seine Heimat im Gazastreifen. Die Familie ließ die Kunde von seiner Heimkehr durch Mund-zu-Mund-Propaganda verbreiten. Als der mit einer palästinensischen Fahne drapierte Sarg ins Grab gesenkt wurde, gaben fünftausend Menschen ihm das letzte Geleit.

„Es war eine Art politische Kundgebung", sagte Mohammad Ischteidscheh, der an der Trauerfeier teilnahm. „Hanafi wurde als ‚Brücke zur Befreiung' gepriesen. Es war wie ein Aufruf zu neuen Opfern. Die Wut der jungen Männer war beinahe greifbar. Ich habe sie genau beobachtet. Sie hatten das Lächeln der Kindheit verloren. Jeder einzelne war bereit zu sterben."

Tags darauf wurde berichtet, israelische Truppen hätten Hanafis Leiche wieder ausgegraben und zur Autopsie nach Tel Aviv geschafft. Zwei Tage später wurde sie zurückgebracht und erneut begraben. Um Mitternacht.

Es hatte den Anschein, als solle dieser seltsame Krieg im Zwielicht ewig so weitergehen: kein richtiger Krieg, nie richtiger Friede; keine wirklichen Freunde, doch auch nicht immer Feinde; stets die Sehnsucht nach Frieden, nie aber die dazu notwendige Bereitschaft zum Kompromiß.

Die meisten Israelis rechnen damit, daß es ewig so weitergehen wird. Im Juni 1987 gab die „Zivilverwaltung" – der israelische Euphemismus für die Militärregierung in den besetzten Gebieten – zum zwanzigsten Jahrestag der Okkupation eine Hochglanzbroschüre heraus, mit vielen Farbfotos und auf teurem Papier. Sie trug den Titel *20 Jahre Zivilverwaltung*. Die Titelseite zeigte ein goldenes Weizenfeld mit einem arabischen Westufer-Dorf im Hintergrund. Auf den ersten Blick hielt ich die Broschüre für den Jahresbericht eines internationalen Großhandelsunternehmens. Seite um Seite wurden darin all die Wohltaten aufgeführt, mit denen die Israelis die palästinensischen Einwohner beglückt hatten – vom verbesserten öffentlichen Dienst über den Bau von Krankenhäusern bis hin zur Installation moderner Telefone. Das Vorwort hatte Schlomo Goren verfaßt, der den Titel „Koordinator der Regierungstätigkeit in Judäa, Samaria und im Gazagebiet" trägt (eine nette Bezeichnung für einen ehemaligen Geheimdienstoffizier, der die besetzen Gebiete von einem Büro im Verteidigungsministerium aus verwaltet). Es endete mit den Sätzen: „All die Leistungen der vergangenen zwanzig Jahre hätten ohne die hingebungsvolle Mitwirkung des zivilen und militärischen Personals der Zivilverwaltung nicht erreicht werden können. Ihnen sprechen wir unsere tiefste Dankbarkeit aus. Ich bin sicher, daß sich die Bevölkerung in den Gebieten meinem Dank anschließt." Eines der Kennzeichen der Arroganz der Macht ist die Vortäuschung von Wissen. Goren galt als israelischer „Experte" in Palästinenserfragen. Doch von dem, was sich am zwanzigsten Jahrestag der israelischen Besetzung in den Seelen der Palästinenser zusammenbraute, hatte er nicht die geringste Ahnung.

Dies galt paradoxerweise allerdings auch für viele Palästinenser. An einem heißen Nachmittag im Juli 1987 saß ich unter einem Granatapfelbaum im Innenhof von Sari Nusseibehs Elternhaus und fragte ihn, worauf die Palästinenser eigentlich hinauswollten. Wie lange konnten sie diese Existenz im Zwielicht noch ertragen? Das Grundstück, auf dem das Haus der Familie Nusseibeh steht, befindet sich genau auf der Grünen Linie, die ehemals den israelischen Westen Jerusalems vom jordanischen Ostteil der Stadt trennte.

Sari war sich, im Gegensatz zu Schlomo Goren, ganz sicher, daß ein radikaler Umschwung in der Luft lag, aber Genaueres wußte er auch nicht. „Das einzige, was noch fehlt, ist, daß wir uns unsere Situation wirklich bewußt machen", sagte Sari mit Bezug auf die palästinensische Assimilation. „Unsere Körper sind bereits im israelischen System versunken, doch unsere Köpfe halten wir noch über Wasser. Unsere Körper sind integriert, doch unser Bewußtsein lehnt die Integration ab. Wenn aber Bewußtsein und Realität so weit auseinanderklaffen, dann muß früher oder später eine Anpassung stattfinden – entweder die der Realität an das Bewußtsein oder die des Bewußtseins an die Realität."

Entweder, so fuhr er fort, würden die Palästinenser damit aufhören, Steuern zu zahlen, von einer Vertretung im Jerusalemer Stadtrat zu reden, jüdische Siedlungen zu bauen und in den Egged-Bussen zu fahren, wie es ihnen ihre Köpfe eigentlich befahlen – oder aber sie würden ihre nationale Strategie der alltäglichen Assimilation anpassen. Letzteres bedeutete, den Krieg im Zwielicht zu beenden und durch die Forderung nach einer gleichberechtigten israelischen Staatsbürgerschaft für die Palästinenser zu ersetzen. Wahrscheinlich, glaubte Sari, liefe es letztlich auf diese Lösung hinaus. Seinem Gefühl nach müßten die Palästinenser eines baldigen Morgens aufwachen, erkennen, daß sie seit zwanzig Jahren mit dem israelischen System im gleichen Bett schlafen – und endlich die Heiratsurkunde verlangen. In diesem Moment, so prophezeite Sari, würde für die Israelis endlich die Stunde der Wahrheit schlagen.

Sari irrte. Zwar erwachten die Palästinenser tatsächlich und entdeckten, daß sie das israelische System zur Bettgenossin hatten – doch statt der Heirat verlangten sie die Scheidung.

Das Erdbeben

Studenten von Gaza, laßt uns wissen,
was ihr wißt. Wir haben es vergessen.
Lehrt uns, Männer zu werden, denn unsere Männer
sind weich geworden wie Lehm.
Verrücktes Volk von Gaza, ein tausendfaches Hallo!
Du hast uns befreit aus der verrotteten Zeit der politischen Logik
Und uns gelehrt, verrückt zu sein wie du!

*DIE ZORNIGEN von dem gebürtigen Syrer Nisar Kibani,
veröffentlicht in der NEW YORK TIMES, 14. Februar 1988.*

Das Nationale Israelische Reisebüro stornierte eine Anzeige in
holländischen Tageszeitungen, in der es hieß, Tel Aviv und Jerusalem seien nur „einen Steinwurf" voneinander entfernt.

*Meldung in der amerikanischen Zeitung USA TODAY,
18. Februar 1988.*

Jassir Arafat hatte eine schlimme Woche hinter sich, und keiner von
uns beiden wußte zum Zeitpunkt des Interviews, daß alles noch viel
schlimmer kommen sollte. Die Könige und Präsidenten der arabischen Welt hatten in der zweiten Novemberwoche 1987 in der jordanischen Hauptstadt Amman gerade eine Gipfelkonferenz beendet –
doch zum erstenmal seit Gründung der Arabischen Liga im Jahre
1947 war die Palästinafrage nicht das Hauptthema gewesen. Man

hatte sich vielmehr damit befaßt, wie man am besten der schweren Bedrohung der arabischen Welt durch die iranische Revolution des Ayatollah Khomeini begegnete. Arafat war auf einmal zu einer Randfigur geworden. Er stand so sehr im Abseits, daß Jordaniens König Hussein, sein langjähriger Rivale im Kampf um die Führung der Palästinenser, es sich leisten konnten, den PLO-Führer bewußt zu versetzen: Er holte ihn nicht einmal vom Flugplatz ab. Ein paar Stunden nach seiner Ankunft – Arafat kochte noch immer vor Zorn über diese Brüskierung – suchte ihn eine mir bekannte Journalistin vom Beiruter Büro der Nachrichtenagentur Agence France-Presse in seiner Suite im Palace-Hotel in Amman zu einem Interview auf. Arafat hieß sie herzlich willkommen und bat sie, noch eine Viertelstunde in seinem Wohnzimmer zu warten; er habe noch kurz dem Emir von Katar seine Aufwartung zu machen. Die AFP-Reporterin nutzte seine Abwesenheit zu einem Interview mit PLO-Sprecher Jassir Abed Rabbo, der in einer benachbarten Suite residierte.

Als Arafat zurückkehrte und von einem Mitarbeiter erfuhr, wo die Journalistin war, regte er sich maßlos auf. „Meinetwegen, wenn sie unbedingt mit *ihm* sprechen will – dann aber nicht mit mir!" Er stapfte in sein Zimmer, schlug die Tür hinter sich zu und verweigerte sich einem weiteren Gespräch mit der Journalistin. Diese war bestürzt, und Abed Rabbo war beleidigt – und zwar so sehr, daß er schnurstracks in Arafats Suite stürzte und schimpfte: „Was soll das? Bin ich vielleicht niemand? Kann man nicht auch mit *mir* reden?" Die beiden Männer lieferten sich daraufhin vor allen Anwesenden ein lautstarkes Wortgefecht über ihre jeweilige relative Bedeutung.

Zwei Tage später, nur zwei Stunden nach Beendigung der Gipfelkonferenz, war mein Interviewtermin angesetzt. Arafat hatte sich zu einem Nachmittagsschläfchen zurückgezogen und erschien gerade rechtzeitig zur Fernsehübertragung einer Pressekonferenz König Husseins. Als er sein Wohnzimmer betrat, nahmen die Wachen Habachtstellung an.

„Worüber redet er?" fragte Arafat, auf König Hussein bezogen.

„Über Sie", sagte einer seiner Mitarbeiter.

Was Hussein den Reportern mitzuteilen hatte, war folgendes: Er „hoffe", meinte er, daß die PLO zu einer internationalen Friedenskonferenz eingeladen werde, wenn auch nicht unbedingt als unabhängiger Verhandlungspartner. Sie könne auch Teil einer gemeinsamen jordanisch-palästinensischen Delegation sein. Dies war ein weiterer Seitenhieb gegen Arafat, war doch die Zusage, daß die PLO bei allen Friedensgesprächen unabhängig und „gleichberechtigt" repräsentiert sein müsse, eines der wenigen Zugeständnisse, die Arafat dem Gipfeltreffen hatte abringen können. Die Tinte auf dem Schlußkommuniqué war noch nicht getrocknet, da verkündete Hussein schon wieder etwas ganz anders. Nachdem er sich die Kommentare des Königs angehört hatte, begab sich Arafat ins Speisezimmer und nahm an der Stirnseite eines langen, blitzblank polierten Tisches Platz.

„Was halten Sie von König Husseins Stellungnahme?" fragte ich. „Kein Grund zur Sorge", sagte Arafat mit einer abschätzigen Handbewegung. „Das Schlußkommuniqué drückt alles ganz klar und deutlich aus. Und nur das Schlußkommuniqué zählt – auf das, was König Hussein in irgendeiner Pressekonferenz von sich gibt, kommt es nicht an." Dann fragte er mich, nur um seine Aussage noch zu bekräftigen: „Haben Sie eine Kopie des Kommuniqués?"

„Ja, hier." Ich gab ihm die englische Version des Textes, die mir die Jordanier überlassen hatten.

Arafat deutete mit dem Finger auf die Punkte der Resolution, die sich mit der PLO beschäftigten, setzte seine Brille auf und las den Text durch. Als er den Satz über die anvisierte internationale Konferenz erreichte, begann er laut zu lesen: „Hier heißt es: ‚Unter der Schirmherrschaft der Vereinten Nationen und unter Teilnahme aller betroffenen Parteien, einschließlich der Palästinensischen Befreiungsorganisation... einschließlich der Palästinensischen Befreiungsorganisation'..."

Er wiederholte die Zeile noch mehrmals; es war, als vermisse er den erwarteten Anschluß. Er hielt sich das Papier mit dem Text dicht vor die Augen und sagte mit vor Wut zitternder Stimme: „Nein, da fehlt doch was!"

Und dann, während er mit der einen Hand seine Gebetskette befingerte und mit der anderen auf das Kommuniqué klopfte, bekam Arafat vor meinen Augen einen Tobsuchtsanfall. „Das ist ein Skandal", stammelte er. „Jetzt haben Sie Ihre Story. Jetzt haben Sie einen Knüller."

Arafat hatte soeben entdeckt, daß in der von den Jordaniern an die internationale Presse verteilten englischen Übersetzung des Schlußkommuniqués die Standardbezeichnung der PLO – „einziger und legitimer Vertreter des palästinensischen Volkes" – fehlte. Das war anscheinend König Husseins Abschiedsohrfeige, nachdem er Arafat ja schon mit einer Ohrfeige begrüßt hatte.

Der PLO-Führer rutschte aufgebracht auf seinem Stuhl hin und her und sagte immer wieder: „Das ist ein Bluff... Das ist ein Bluff... Woher haben Sie das?"

„Von den Jordaniern", antwortete ich, leicht perplex über die Szene, die sich da vor meinen Augen abspielte. „Den Jordaniern, ja", zischte Arafat mit einer Stimme, die vor Argwohn troff. „Von denen dürfen Sie das nicht nehmen. Sie müssen sich die Kopie von der Arabischen Liga besorgen. Sie haben da einen dicken Knüller... Es ist ein Skandal. Das ist ein Skandal!" Mit diesen Worten zog Arafat einen Federhalter aus seiner Brusttasche und schrieb sorgfältig die Worte „einziger und legitimer Vertreter des palästinensischen Volkes" hinter die Erwähnung der PLO. So hätte wenigstens *ein* Reporter den korrekten Text! Ich behielt das Blatt als Souvenir.

Aus meinem Interview wurde allerdings nichts. Arafat regte sich über die fehlende Floskel so sehr auf, daß er praktisch über nichts anderes mehr sprechen konnte. Im nachhinein gesehen, kam das nicht überraschend: Seitdem die Israelis Arafat 1982 aus Beirut vertrieben hatten, waren er und die durch ihn symbolisierte Sache der Palästinenser ziellos umhergeschweift. Mit seinem Hauptquartier im fernen Tunis und seiner in alle vier Himmelsrichtungen der arabischen Welt zerstreuten Guerillatruppe, von Jordaniern und Israelis gleichermaßen an der Rückkehr ins Westjordanland gehindert, bestand durchaus die Gefahr, daß Arafat in Bedeutungslosigkeit versank – und seine Launenhaftigkeit in Amman legt die Vermutung nahe, daß er sich dieser Gefahr durchaus bewußt war. Wenn einem politischen Führer die Substanz seiner Macht entgleitet, nehmen die Symbole, das Beiwerk und die kleinen Seitenhiebe gigantische Dimensionen an – weil außer ihnen nichts mehr da ist.

Wie tief Arafat gefallen war, zeigt vielleicht am besten der Tod des berühmten palästinensischen Pressekarikaturisten Nadschi el-Ali, der in London einem Mordanschlag zum Opfer fiel. El-Ali wurde am 22. Juli 1987 vor dem Büro der kuweitischen Zeitung *Al-Qabas* durch einen Schuß ins Gesicht getötet. Der Mörder wurde nie gefunden, doch vermutete Scotland Yard, wie es hieß, daß der Täter entweder von Arafat selbst oder von ihm sehr nahestehenden PLO-Funktionären beauftragt worden war. El-Ali hatte Arafat immer als Salonrevolutionär mit Erster-Klasse-Ticket verspottet und die Führungsclique, mit der er sich umgab, als korrupte Bande bezeichnet. In einem seiner letzten Cartoons ging es um eine angebliche ehemalige Freundin Arafats, von der es hieß, sie habe ihren Günstlingen Jobs im von der PLO finanzierten Generalsekretariat des Palästinensischen Schriftsteller- und Journalistenverbands zugeschachert. El-Ali, auch er ein palästinensischer Flüchtling, war 1985 aus Kuweit ausgewiesen worden – angeblich schon damals auf

Arafats Betreiben. Arafat hatte sich stets damit gebrüstet, daß an seinen Händen kein Palästinenserblut klebe; er ließ seine Rivalen nicht liquidieren, sondern stellte sie kalt und manövrierte sie aus. Daß er sich durch die Zeichnungen eines Karikaturisten möglicherweise zu einem Mord hinreißen ließ, deutet an, wie klein seine Welt geworden war. Es läßt sich nicht von der Hand weisen – wenn der Kaiser keine Kleider mehr hat, sind die spitzen Pfeile eines Karikaturisten genauso schmerzhaft wie Gewehrkugeln.

An jenem Nachmittag in Amman war es mir fast peinlich, den PLO-Führer so völlig außer sich in seiner Suite herumstiefeln zu sehen. Jedem Funktionär der PLO oder der Arabischen Liga, der sich blicken ließ, zeigte er meine Kopie des Schlußkommuniqués und verwies sie auf die fehlenden Worte. Eine Antwort Arafats ist mir allerdings im Gedächtnis geblieben. Ein anderer Reporter im Zimmer hatte ihn gefragt, ob er glaube, daß die Jordanier seine Stellung als Führer der PLO erfolgreich untergraben könnten. Da hatte Arafat auf einmal gelächelt und voller Selbstvertrauen geantwortet: „Fragen Sie mal die Leute im Westjordanland und im Gazastreifen. Sie werden's Ihnen schon sagen."

Arafat wußte gar nicht, wie recht er damit hatte. Er hatte keine Ahnung, daß die in den israelisch besetzten Gebieten lebenden Palästinenser – etwas weniger als die Hälfte der vier bis fünf Millionen Palästinenser auf der Welt – drauf und dran waren, seine politische Karriere wiederzubeleben und ihm jene Führungsrolle und jene Armee zurückzugeben, der er von dem Augenblick an, da er im Hafen von Beirut die Gangway betreten hatte, hinterhergelaufen war. Wie immer waren es keine großen Entscheidungen oder Aktionen von Arafat selbst, die zu seiner Wiederauferstehung führten. Es waren vielmehr seine Funktion als Symbol und eine unerwartete emotionale Konstellation in der Seele der palästinensischen Bevölkerung in den besetzten Gebieten, die ihn ins politische Leben zurückbrachten.

Mehreres kam zusammen und erbitterte die Palästinenser im Westjordanland und im Gazastreifen: die Art und Weise, wie König Hussein mitsamt den anderen Araberführern in Amman das Palästinenserproblem vom Tisch wischten und wie Ronald Reagan und Michail Gorbatschow es ein paar Wochen später bei ihrem Gipfeltreffen in Washington ignorierten, gewiß auch die Art, wie israelische Politiker vollmundig verkündeten, daß die PLO niemanden mehr interessiere. Viele Menschen auf dem Jordan-Westufer und im Gazastreifen fühlten sich davon unmittelbar beleidigt. Immerhin waren Arafat und die PLO die Symbole ihrer nationalen Hoffnungen und Erwartungen, zudem die einzigen Symbole von weltweitem Rang und Namen: Wenn *sie* von den Arabern und den Großmächten zu Randfiguren abgestempelt wurden, so war dies gleichbedeutend mit der – möglicherweise endgültigen – Marginalisierung *aller* palästinensischen Hoffnungen und Erwartungen. Verbunden mit einer sich seit über zwanzig Jahren aufstauenden Wut auf die Israelis, brachte diese Befürchtung bei den Palästinensern im Westjordanland und im Gazastreifen das Faß zum Überlaufen: Araber, Juden und die Welt hatten sie genug erniedrigt. Sie waren jetzt an dem Punkt angelangt, an dem auch der friedlichste Mensch nach allzu vielen Demütigungen in Wut gerät und sagt: „Der nächste, der Hand an mich legt, kriegt's von mir heimgezahlt!"

Wer hätte gedacht, daß ausgerechnet ein unaufmerksamer israelischer Lastwagenfahrer der nächste sein würde?

Am 6. Dezember 1987 wollte der fünfundvierzigjährige israelische Jude Schlomo Sakle, ein Kaufmann aus der Stadt Beit Jam im nördlichen Negev, auf dem Markplatz von Gaza ein paar Besorgungen machen. Die Preise dort waren stets niedriger als zu Hause und die Auswahl gut und reichlich. Sakle stand in einem Laden und sah sich gerade Damenkleidung an, als hinter ihm plötzlich ein unbekannter Palästinenser auftauchte und ihm ein Messer in den Rücken stieß. Blut spritzte auf den Boden, und Sakle taumelte zur Tür. Der Angreifer verschwand in Blitzesschnelle im Gewirr der Geschäfte und Gassen der Suks von Gaza. Kaum sahen die anderen Ladenbesitzer Sakle in seinem Blut liegen, da ließen sie die Stahlrouleaus herunter und verschwanden, ehe israelische Soldaten sie verhören konnten, in der Nachmittagssonne. Tut uns leid, sagten sie, nach Sakles Tod befragt, wir haben nichts gesehen.

Zwei Tage später, am 8. Dezember 1987, gegen 16 Uhr, steuerte ein israelischer Lastwagenfahrer seinen großen Sattelschlepper auf der Hauptausfallstraße von Gaza auf die falsche Fahrbahnseite. Der Gegenverkehr setzte sich ausnahmslos aus palästinensischen Arbeitern zusammen, die in vollbesetzten Fahrzeugen, ja zum Teil auch auf offenen Lastwagen und Anhängern von ihren Arbeitsstätten in Israel zurückkehrten. Bei dem Unfall kamen vier Palästinenser ums Leben, sieben weitere wurden verletzt. Alle Getöteten und Verletzten stammen aus Dschabalija, dem größten palästinensischen Flüchtlingslager des Gazastreifens. Israelische Polizisten nahmen den Fahrer vorläufig fest, um ihn zu verhören.

Im Lager Dschabalija sowie im angrenzenden palästinensischen Krankenhaus Schifa verbreitete sich sofort das Gerücht, der israelische Lkw-Fahrer habe sein Fahrzeug absichtlich auf die Gegenfahrbahn gesteuert, aus Rache für die Ermordung Sakles. Einige Stimmen behaupteten, der Fahrer sei Sakles Bruder; andere meinten, er sei sein Cousin. Wie dem auch sei – alle waren sich darüber einig, daß es, wenn Juden und Palästinenser beteiligt waren, keine Unfälle gab, sondern nur kriegerische Handlungen.

Am nächsten Tag, dem 9. Dezember 1987, wurde eine Gruppe israelischer Reservisten, die kurz nach acht Uhr im offenen Laster ihre morgendliche Patrouillenfahrt durch Dschabalija unternahmen, von palästinensischen Jugendlichen mit Steinen beworfen. Der Kommandeur des Trüppchens befahl seinen Soldaten abzusteigen und führte sie höchstselbst in den Kampf gegen die Jugendlichen, doch die lösten sich wie eine Fata Morgana in Nichts auf. Die israelischen Soldaten durchsuchten das Lager nach den Steinewerfern, wobei sie ihr Fahrzeug, nur von einem Posten bewacht, stehenließen. Als sie zurückkehrten, war es von einer wütenden Menschenmenge umgeben. Ein Palästinenser stand im Begriff, dem Posten das Gewehr aus den Händen zu winden.

Wie aus dem Nichts flogen plötzlich zwei brennende Flaschen auf den Lastwagen. Die Menge wurde immer dichter und drohte die Soldaten zu umzingeln. Der zuständige Offizier geriet in Panik und eröffnete das Feuer. Zwei Kugeln trafen den siebzehnjährigen Hatem Abu Sisi mitten ins Herz, der nicht ahnen konnte, daß sein Tod der Zündfunke war zu einer landesweiten Erhebung der Palästinenser, die unter der arabischen Bezeichnung *intifada* bekannt werden sollte. Die israelische Armee versuchte später am Tag Abu Sisis Leiche abzutransportieren, um eine Autopsie durchzuführen und sie danach, wie üblich, zur mitternächtlichen Stunde beerdigen zu lassen. Doch ihr Bemühen blieb erfolglos. Tausende – nach manchen Aussagen bis zu dreißigtausend – Palästinenser aus Gaza versammelten sich um das Schifa-Krankenhaus in Dschabalija, holten den Toten aus der Leichenhalle und sorgten selbst für die Bestattung. Die Zeremonie geriet rasch außer Rand und Band. Die israelischen Reservisten an den Kontrollstellen innerhalb des Lagers wurden schnell überwältigt. Die mit Flaschen, Harken, Steinen und Ästen bewaffnete wütende Menge machte sich über die Tränengasgranaten und Gummigeschosse der Armee her, was ihre Wut nur noch zu beflügeln schien. Israelische Soldaten sagten nachher, sie hätten Rufe gehört, die zur Ermordung der Juden aufforderten – „*Itbach eljahud!*"

Am nächsten Tag – Donnerstag, den 10. Dezember 1987 – kam es auch im Nachbarort Khan Junis zu Demonstrationen, danach auch in den Flüchtlingslagern Balata und Kalandia im Westjordanland und in kleineren palästinensischen Siedlungen sowie in verschiedenen städtischen Wohngebieten. Es gab weitere Zusammenstöße mit israelischen Soldaten, weitere Tote und Verletzte, und Tag für Tag stand der Qualm von brennenden Reifen über dem Westufer und dem Gazastreifen. Bevor irgend jemand realisierte, was vorging, waren praktisch alle Palästinenser unter israelischer Besatzung in einem spontanen Urschrei vereint, den die ganze Welt vernehmen sollte.

Was aber sagten sie tatsächlich?

„Ich werde deine Mutter und deine Schwester vögeln!" schrie der palästinensische Teenager dem israelischen Soldaten auf hebräisch zu und machte mit dem Finger eine unzweideutige Geste.

„Schande über die Fotze deiner Mutter, die dich geboren hat!" schrie der israelische Soldat zurück; die Wendung war ein weitverbreiteter arabischer Vulgarismus.

„Ich bin zehn Jahre alt, und ich fick' dich, du wahnsinnige Sau!" brüllte keine hundert Meter weiter ein anderer palästinensischer Junge auf hebräisch.

„Scheißkerl!" entfuhr es dem israelischen Soldaten, und seine Finger spannten sich um den Schlagstock, der bereits einige Kerben aufwies. „Schande über die Fotze deiner Schwester!"

„Wenn du 'n Mann wärst, würdest du deine Flinte ablegen und mit uns kämpfen!" kreischte ein dritter Palästinenser, wog einen Stein in der Hand und fügte als letzte und schlimmste Beleidigung noch auf hebräisch hinzu: „Dein Vater ist ein Araber!"

Ich beobachtete diese Szene, die sich im Herzen des Flüchtlingslagers Dschabalija abspielte, während der dritten Woche des Palästinenseraufstands. Dschabalija ist ein trübseliger Fleck – staubige, ungeteerte Straßen, offene Abwasserkanäle, lauter eng aneinandergepferchte Hütten mit Wellblechdächern, eine übervölkerte Elendssiedlung mitten im Gazastreifen. Ich war an jenem Tag mit einer israelischen Armeepatrouille hinausgefahren, um einen unmittelbaren Eindruck zu gewinnen. Es waren keine Fernsehkameras zugegen, und niemand wußte, daß ich Reporter war. So bekam ich die echte, ungeschminkte Konfrontation zwischen achtzehnjährigen Israelis und achtzehnjährigen Palästinensern, wie sie sich auf Monate hinaus überall im Westjordanland und im Gazastreifen unzählige Male wiederholen sollte, aus nächster Nähe mit.

Was die Palästinenser während jener ersten Zusammenstöße mit den israelischen Soldaten vorzubringen hatten, war im Grunde nicht politischer Natur und ganz gewiß nicht diplomatischer. Sie riefen nicht „Resolution 242" oder „Resolution 338", und auch nicht: „Laßt uns dem Frieden eine Chance geben!" Ihr Protest war Ausdruck einer tiefsitzenden, elementaren Wut – Wut auf die Israelis, die ihnen nie erlaubten, sich zu Hause zu fühlen; Wut auf die Araber, die bereit waren, sie zu verraten und zu verkaufen; Wut aber auch auf die Weltöffentlichkeit, die sie am liebsten vergessen hätte.

Ein palästinensischer Kaufmann aus Ostjerusalem, Eid Kawasmi, traf den Nagel auf den Kopf, als er in einem Interview der Zeitschrift *Moment* auf die Frage nach den Ursprüngen der Intifada folgende Antwort gab: „Da war zunächst der Zorn. Alle Palästinenser waren zornig. Ihr Zorn ist der Vater dieses Aufstands. Es ist eine Erhebung des Zorns, weniger ein Aufstand, der ein bestimmtes Ziel verfolgt. Am Anfang gab es überhaupt keine Ziele oder Absichten. Es fing einfach an."

Abu Laila, einer der Führer der Intifada im Flüchtlingslager Kalandia nördlich von Jerusalem, erzählte mir eines Abends mit nahezu traumverlorener Stimme, daß jeder Stein, den er in die Hand nehme, um ihn auf Israelis zu schleudern, Ausdruck einer tiefen Kränkung sei. „Wenn ich einen Stein werfe, spult sich in meinem Kopf ein Film ab", sagte er. „Er zeigt mir all die Schmerzen, die ich erlitten habe; er ruft mir die Zeit ins Gedächtnis zurück, die ich im Gefängnis verbracht habe; er erinnert mich an die vielen Male, da Israelis meine Kennkarte zu sehen verlangten, und an die vielen Beleidigungen aus dem Mund israelischer Soldaten. Immer wieder sehe ich die Szenen, wie sie auf mich und meine Eltern eingeprügelt haben... Das sind die Gefühle, die mich beherrschen, wenn ich Steine werfe."

Brigadegeneral Yaacov Orr, der israelische Divisionskommandant im Gazastreifen, berichtete von einem Erlebnis bei einem Patrouillengang durch Dschabalija in der Anfangsphase der Intifada. „Unterwegs fiel mir ein kleiner Junge auf – ich glaub', es war ein Junge –, nicht viel älter als ein Jahr. Er hatte gerade erst laufen gelernt. In der Hand hielt er einen Stein. Er konnte ihn kaum halten, aber er lief herum mit einem Stein und wollte unbedingt jemanden damit bewerfen. Ich sehe ihn an – er sieht mich an. Ich lächle – und er läßt den Stein fallen. Wahrscheinlich war er ihm einfach zu schwer geworden. Ich sage Ihnen, der hatte gerade erst laufen gelernt... Ich gehe nach Hause, er geht nach Hause. Ich habe später oft darüber nachgedacht. Für den kleinen Knirps gehört die Wut bereits zum täglichen Leben, gehört einfach zum Älterwerden, genauso wie essen und sprechen lernen. Er wußte noch nicht genau, gegen wen sich seine Wut richtete, dazu war er noch zu jung. Aber es wird nicht lange dauern, dann weiß er es. Was er wußte, war, daß er wütend sein muß. Daß man von ihm erwartet, Steine zu werfen." General Orr machte eine Pause, ehe er kopfschüttelnd zum drittenmal sagte: „Er hatte gerade erst laufen gelernt."

Doch als der Aufstand immer länger dauerte und immer weitere Kreise zog, wurde den Palästinensern klar, daß sie mit ihren Steinen auch eine ganz bestimmte Aussage machten. Es war, als sei durch ihre schiere Wut ein psychologischer Damm gesprengt worden: Auf einmal entdeckten die Menschen im Westjordanland und im Gazastreifen eine Vielfalt von Gefühlen und Gedanken, die sich seit Jahren in ihnen entwickelt hatten und nun durch die Intifada endlich greifbaren Ausdruck fanden. Was als irrationaler, wütender Urschrei begonnen hatte, nahm peu à peu höchst radikale, ausgeklügelte Züge an: Es entstand eine komplette Befreiungsstrategie – ein in vielfacher Hinsicht einmaliges Phänomen in der Geschichte des palästinensischen Kampfes.

Die Einzigartigkeit rührte daher, daß viele der Gefühle, die nun zum Ausdruck kamen, sowie viele der daraus resultierenden Strategien von Palästinensern formuliert wurden, die zwanzig Jahre lang unter israelischer Besetzung gelebt hatten. Sie konnten überhaupt nur von solchen Palästinensern formuliert werden. Die Intifada war in jeder Beziehung made in Israel. Die Exilpalästinenser in jordanischen, libanesischen und syrischen Flüchtlingslagern, aber auch die PLO-Funktionäre, die die Ereignisse über ihre Telefaxgeräte in Tunis verfolgten, werden niemals ganz begreifen, was in jenem Winter 1987/1988 mit ihren Landsleuten im Westjordanland und im Gazastreifen geschah. Sie können ihr Vorgehen bewundern und sich mit ihren Handlungen identifizieren – aber sie werden niemals genau verstehen, warum sie so und nicht anders handelten. Um es verstehen zu können, hätten sie zwanzig Jahre Besatzungszeit an Ort und Stelle miterleben müssen.

Das stärkste Gefühl, das die Palästinenser in den besetzten Gebieten beherrschte, war nach meinem Dafürhalten zunächst einmal der Wille, den Israelis klar und deutlich zu verstehen zu geben: „Wir gehören nicht zu euch." Wer Israelis mit Steinen bewarf, rief ihnen damit zu: „Ich mag zwanzig Jahre lang in euren Fabriken und auf euren Feldern gearbeitet haben, ich mag Hebräisch gesprochen und eure Kennkarten bei mir geführt haben, ich habe vielleicht sogar eure Schädelkäppchen verkauft. Aber ich sage euch hier und heute, daß ich nicht zu euch gehöre und daß ich nicht die geringste Absicht habe, jemals einer von euch zu werden."

Die Intifada ist nur verständlich, wenn man zuvor bedenkt, wie stark die Palästinenser in den besetzten Gebieten bereits mit den Israelis verflochten und von den Israelis eingebunden waren. Es hat mich immer gewundert, daß die Palästinenser ihre Erhebung als *intifada* bezeichneten. Merkwürdigerweise benutzten sie nicht die übliche arabische Bezeichnung für „Revolte", *thawra,* obwohl das Lied *Thawra, thawra, hát el-nasr* („Revolution, Revolution, bis zum Sieg") jahrelang einer der populärsten Songs unter den PLO-Guerillas in Beirut war. In Hans Wehrs Standardwerk *Dictionary of Modern Written Arabic* wird *intifada* mit „Beben, Schauder oder Zittern" übersetzt. Die tiefere Bedeutung für die Wahl von *intifada* anstelle von *thawra* erschließt sich erst beim Blick auf die Wurzel des Wortes. Fast alle arabischen Wörter basieren auf einer aus drei Buchstaben bestehenden Wurzel. Bei *intifada* handelt es sich um die arabischen Buchstaben *nun, fa', dad* oder *nafada. Nafada* bedeutet „schütteln, abschütteln, abstauben, die eigene Trägheit abschütteln, am Ende angelangt sein, fertig sein, sich von etwas befreien, mit etwas nichts mehr zu tun haben wollen, mit jemandem brechen".

Die Palästinenser im Westjordanland und im Gazastreifen benutzten diesen Begriff anstelle von „Revolte", weil sie – anders als ihre Landsleute im Libanon – ihre primäre Aufgabe nicht in der Zerschlagung Israels sahen, sondern in der Selbstreinigung von „israelisierenden" Einflüssen. Sie merkten, daß sie israelische Gewohnheiten, die Sprache der Israelis, ihre Kontrollen und ihre Produkte übernommen hatten, und sie wollten sich davon befreien. Ich habe mich immer gefragt, warum zu den ersten Kampfmaßnahmen, die die Untergrundführung der Intifada ergriff, stets der – je nach Situation ganz- oder halbtägige – Handelsstreik gehörte. Dagegen stellte sie niemals irgendwelche Forderungen. Ich konnte das anfangs einfach nicht begreifen. Da fuhr ich dann durch Ostjerusalem an all diesen geschlossenen Läden mit heruntergelassenen Jalousien vorbei und fragte mich: Wie kann man eigentlich streiken, ohne Forderungen zu stellen? Das ist ja so, als wolle man sagen, ich halte den Atem an, bis du blau wirst... Aber dann merkte ich, daß der Streik nicht bezweckte, Druck auf Israel auszuüben, sondern darauf abzielte, die Bindungen zwischen den Palästinensern und Israel zu kappen.

Mit Steinwürfen auf israelische Soldaten, der Errichtung von steinernen Barrikaden an den Dorfeinfahrten und verschiedenen Handelsstreiks versuchten die Palästinenser somit, eine gewisse psychologische Distanz zwischen Herrschern und Beherrschten zu schaffen. Nachdem man jahrelang das Bett geteilt hatte, sollte zwischen den beiden Lagern nun wieder offen erklärte Feindschaft herrschen – und dazu bedurfte es der entsprechenden Voraussetzungen. Palästinensische Ladenbesitzer sagten expressis verbis zu israelischen Soldaten: „Von jetzt an bestimmt nicht mehr ihr unsere Öffnungszeiten, sondern unsere Führung." Zuvor hatten im palästinensisch-israelischen Verhältnis immer die Israelis die Geschäftsordnung bestimmt. Jetzt setzten die Palästinenser ihre eigenen Regeln; es war ihre Art, sich vor der totalen Vereinnahmung durch das israelische System zu bewahren.

Was mich betrifft, so sehe ich die Intifada immer als eine Art Erdbeben, als einen Ausbruch geothermischen Dampfs, der sich über einen Zeitraum von zwanzig Jahren aufgestaut hat. Die Verwerfungslinie zwischen Palästinensern und Israelis wurde durch dieses Beben aufgerissen, und es entstand eine physische Kluft zwischen ihnen. Die Kluft war allerdings nicht breit genug, um sämtliche bestehenden Verbindungen zwischen den beiden Lagern vollständig zu durchtrennen. Dazu bedurfte es viel mehr Zeit und Mühe – ganz einfach deshalb, weil Israelis und Palästinenser schon viel zu eng miteinander verwoben waren.

Ziemlich zu Beginn des Aufstands erlebte Dr. Andre Kerem, ein israelischer Herzchirurg am Bikur-Holim-Krankenhaus in Jerusalem, die folgende Episode: Er wollte gerade einem vierunddreißigjährigen palästinensischen Unternehmer aus Hebron einen Herzkatheter anlegen – ein Eingriff, der lediglich örtliche Betäubung erfordert. Während der Patient auf den Operationstisch gelegt wurde und Dr. Kerem die letzten Vorbereitungen traf, stürzte plötzlich die israelische OP-Schwester, die ihm assistieren sollte, in den Saal und kreischte, was ihre Lungen hergaben: „Sie haben unseren Wagen angezündet! Sie haben unseren Wagen angesteckt! Die Araber haben unseren Wagen in Brand gesteckt!"

„Sie sagte, ihr Ehemann habe gerade angerufen", fuhr Dr. Kerem fort. „Palästinenser hätten ihren Wagen mit einer Brandbombe in Flammen aufgehen lassen. Sie lebte in einem Stadtteil von Jerusalem, der an ein Araberviertel grenzte. Die Frau war vollkommen hysterisch. Sie sagte, sie müsse sofort nach Hause und könne nicht assistieren. Das ist doch kein Benehmen im Operationssaal! Ich befahl ihr, den Mund zu halten und auf der Stelle den Raum zu verlassen. Der palästinensische Patient lag die ganze Zeit auf dem Rücken und starrte mich an. Er sah meiner Miene an, daß ich sehr wütend war. Meine Wut richtete sich gegen die Schwester, aber das wußte er nicht, daher bekam er es mit der Angst zu tun. Als ich mich ihm wieder zuwandte, war das erste, was er zu mir sagte – auf hebräisch übrigens: ‚Ich war nicht dabei, ich war nicht dabei.‘ Er befürchtete, ich würde ihn für diesen ausgebrannten Wagen verantwortlich machen.“

Ein palästinensischer Journalist aus meinem Bekanntenkreis erzählte mir, daß das Flugblatt Nr. 10 der geheimen Führungsspitze der Intifada (des „Vereinigten Kommandos“), von einem palästinensischen Aktivisten im Büro des israelischen Innenministers an der Nablus-Straße in Jerusalem fotokopiert worden war. Der Mann ging einfach mit dem illegalen Flugblatt und einem Beutel voll israelischem Münzgeld in das Gebäude, machte hundert Kopien und verteilte sie dann draußen auf der Nablus-Straße unter die vorbeikommenden Palästinenser. Das Fotokopiergerät wird von der israelischen Regierung unterhalten.

Tausende von palästinensischen Fahnen in Grün, Rot, Schwarz und Weiß hingen überall im Westjordanland und im Gazastreifen an den Telefondrähten. Der Stoff stammte größtenteils von israelischen Herstellern. „Was glauben Sie, wo wir all den Stoff herbekommen?“ fragte mich ein junger Mann in Kalandia und gab die Antwort gleich selbst. „Wir gehen einfach in den Laden und sagen: ‚Geben Sie mir die vier Farben!‘ Der Verkäufer weiß dann gleich Bescheid.“

Allein die Tatsache, daß Palästinenser und israelische Soldaten eine gemeinsame Sprache sprachen (nämlich Hebräisch) und derselben Generation angehörten, zeitigte bisweilen ungewöhnliche Wechselwirkungen.

Abu Laila aus Kalandia berichtete: „Einmal hatten wir den ganzen Vormittag Soldaten mit Steinen beworfen, und sie jagten uns. Das ging die ganze Zeit so hin und her. Schließlich schickten wir einen von uns rüber, und der sagte zu ihnen: ‚Ihr geht jetzt zum Mittagessen, und wir gehen zum Mittagessen. Später kommen wir dann wieder her.‘ Die Soldaten waren einverstanden, und so gingen wir alle nach Hause.“

Kein Wunder, daß Musa el-Kam, ein palästinensischer Rechtsanwalt Anfang Dreißig, dem ich im israelischen Daharija-Gefängnis unweit von Hebron begegnete, nicht mit der Anwort zögerte, als ich nach der wichtigsten Errungenschaft der Intifada fragte.

„Vor allem ist es gelungen, der israelischen Öffentlichkeit zu zeigen, daß wir keine Israelis sind“, sagte el-Kam, der kurz nach Beginn des Aufstands wegen angeblicher nationalistischer Agitation festgenommen worden war. „Ohne die Intifada wären wir heute wie die Israelis – nur eben ohne Land und ohne unsere palästinensische Identität. Nach weiteren zwanzig Jahren hätten alle Palästinenser ihre Persönlichkeit verloren. Wir wären auch in unserem Denken Israelis geworden."

Indem sie sich physisch dem israelischen System entzogen – ein ziemlich schmerzhafter Prozeß –, taten viele Palästinenser auch eine Art Buße: Sie straften sich selbst dafür, daß sie sich zwanzig Jahre lang von den Israelis hatten kaufen und vereinnahmen lassen. Im Juni 1988 fuhr ich einmal mit dem palästinensischen Journalisten Daud Kuttab durch Westjordanland. Nördlich von Ramallah, direkt gegenüber dem israelischen Militärgefängnis und dem Sitz der zivilen Verwaltung in Beth El, hielten wir vor einem Restaurant, um etwas zu trinken. Das Restaurant gehörte dem fünfunddreißigjährigen Palästinenser Samir Ibrahim Khalil, einem Flüchtling aus der Gegend von Jerusalem. Samir erklärte uns, daß er das Restaurant fünf Jahre zuvor eröffnet habe, und zwar hauptsächlich für die in Beth El arbeitenden israelischen Soldaten. Er hatte ihm sogar einen hebräischen Namen gegeben: *Mifgasch Beth El – Samir,* was ungefähr „Samirs Treffpunkt in Beth El" heißt. Die Speisekarte war zweisprachig, Arabisch und Hebräisch, und aus dem Radio tönte die „Stimme des Friedens", ein israelischer Sender. Samir unterhielt sich und scherzte mit den israelischen Soldaten in deren Muttersprache.

Mit Beginn der Intifada bekam Samir jedoch, wie er sagte, eine Religion. Als wir vorfuhren, war es kurz vor zwölf Uhr mittags, und Samir wollte gerade schließen. Das Vereinigte Kommando hatte durch Flugblätter angeordnet, daß alle Gewerbebetriebe nur halbtags geöffnet haben dürften. Auf diese Weise schufen sich die Palästinenser eine eigene Zeitzone, die sich von der der Israelis unterschied. Zwei israelische Soldaten, deren Sturmgewehre auf dem Tisch lagen, vertilgten gerade mit Hummus gefüllte Pitta-Brote, als Samir kam und die Jalousien herunterließ.

„Warum machst du zu?" rief einer der israelischen Sodaten ihm zu. „Hast du Angst? Meinst du, die *schabiba* (palästinensische Jugend) erschießt dich, wenn du deinen Laden nicht dichtmachst?"

„Nein", erwiderte Samir, ohne in seiner Tätigkeit innezuhalten. „Ich schließe aus Überzeugung."

Der Soldat gab einen Grunzlaut von sich und wandte sich wieder seiner Mahlzeit zu. Als die Soldaten gegangen waren, verwickelte ich Samir in ein Gespräch darüber, inwieweit die Intifada ihn persönlich berührt habe. Er gab mir so bereitwillig Auskunft, daß ich mir vorkam, als säßen wir in einem Beichtstuhl.

„Ich habe hier immer auch hebräische Zeitungen und Zigaretten verkauft", erläuterte er. „Es war merkwürdig: Ich hatte immer das Gefühl, in meinem eigenen Land zu sein, unter meinen eigenen Landsleuten, aber diese israelischen Soldaten, die hier reinkamen, fühlten sich immer so, als wären sie in Tel Aviv. Doch nach Beginn der Intifada war damit Schluß. Seitdem verkaufe ich keine israelischen Produkte mehr."
Er zeigte mir eine Schachtel israelischer Schokolade und deutete auf das Verfallsdatum. „Sehen Sie? Alles ist alt. Ich bestelle nichts mehr davon. Statt dessen verkaufen wir jetzt palästinensischen Kuchen und palästinensische Plätzchen. Sehen Sie, hier: Es gibt sie sogar in den Farben der PLO-Fahne. Ich zahle einen Preis für meinen Stolz und meine Freiheit, und ich bin froh und glücklich darüber, ihn zahlen zu dürfen. Ich freue mich schon auf den Tag, an dem mir das Geld ausgeht und ich mir nichts mehr zu essen kaufen kann – bedeutet das doch nichts anderes, als daß ich das Geld gegen andere Dinge eingetauscht habe, die mich glücklicher machen. Vor der Intifada befand ich mich in einer Situation, in der ich mich den Israelis fast näher fühlte als den Arabern. Ich unterhielt mich mit ihnen auf hebräisch, wir aßen gemeinsam, und ich freundete mich mit einigen von ihnen regelrecht an. Steine fliegen hier immer wieder mal, schon seit zwanzig Jahren. Früher bin ich aber zu den Leuten hingegangen und habe ihnen gesagt, sie sollen aufhören, ich wäre nie auf den Gedanken gekommen, daß dabei etwas herauskommen könnte. Ähnlich erging's mir zu Beginn der Intifada, doch ich merkte schon bald, daß dies etwas Besonderes war – und fing auf einmal selber mit dem Steinewerfen an. Die Bevölkerung ist seither einig wie nie zuvor. Früher waren die Leute neidisch auf mich, weil ich soviel Geld verdiente – heute machen sie sich Sorgen um mein Geschäft, weil ich ja immer nur ein paar Stunden aufhabe. Früher hatten wir Palästinenser das Gefühl, um unsere nationale Identität sei es ohnehin geschehen, also verfuhr man nach dem Prinzip ,Jeder ist sich selbst der Nächste'. Im Ankauf kostet mich Coca-Cola aus israelischer Produktion genausoviel wie RC Cola aus palästinensischer Produktion. Aber neuerdings verlange ich anderthalb Schekel fürs Coke und einen halben Schekel fürs RC Cola, um meinem Volk zu helfen."
Ich fragte Samir, wer die drei Sprüche geschrieben habe, die in stilisierter hebräischer Schrift auf drei Schildern über seinem Kiosk hingen. Er bekannte, es selbst gewesen zu sein. Die Sprüche waren in mehrfacher Weise bezeichnend dafür, wie weit der Mann sich bereits von seiner eigenen arabischen Tradition und Kultur entfernt

hatte. Auf einem Schild stand: „Deine Mutter ist hier nicht angestellt – also sei so gut und räum deinen Kram selber auf." Auf dem
zweiten: „Iß hier und laß deine Frau zu Hause." Und auf dem dritten: „Friß und fick, denn morgen mußt du sterben."

„Jeden Tag, wenn mein Blick auf diese Schilder fällt, sage ich mir,
eigentlich müßtest du sie runterholen", seufzte Samir.

Er starrte sie an – und riß sie dann mit drei schnellen Bewegungen
direkt vor meinen Augen von der Wand. Wütend zerfetzte er sie und
warf die Schnipsel in den Mülleimer.

Mit der Botschaft „Wir sind nicht ihr" gaben sich die Palästinenser
freilich noch nicht zufrieden. Sie wollten sowohl den Israelis als
auch sich selbst klarmachen, wer sie waren. Die schnelle, spontane
Ausbreitung der Intifada von den Flüchtlingslagern im Gazastreifen zu den prächtigen palästinensischen Villen außerhalb von Ramallah, von den abgeschiedensten Bergdörfern bis in die verwestlichten Städte sowie das rasche Umspringen des Funkens von der
jüngeren auf die ältere Generation demonstrierte Israelis wie Palästinensern, was erste immer abgestritten und letztere schon fast
selbst nicht mehr geglaubt hatten: daß die Palästinenser eine Nation
waren. Zu Beginn des Aufstands ließ sich kaum sagen, wer von
seiner Spontaneität mehr überrascht war – die Israelis oder die
Palästinenser.

Eines der eindrucksvollsten Fotos der Intifada erschien am
8. März 1988 auf der ersten Seite der *Jerusalem Post*. Es zeigte eine
palästinensische Christin mittleren Alters in einem modischen, eng-
geschnittenen schwarzen Kleid mit Seitenschlitzen. Sie kam gerade
vom Sonntagsgottesdienst im Dorf Beit Sahur bei Bethlehem. Die
hochhackigen Schuhe hatte sie ausgezogen und hielt sie geziert in
einer Hand. In der anderen Hand wog sie einen Stein und zielte
damit auf einen israelischen Soldaten. Bei ihr standen drei kleine
Jungen; einer schoß gerade mit einer Schleuder. Ich bin mir sicher,
daß diese Frau zwanzig Jahre lang jeden Sonntag nach dem Gottes-
dienst nach Hause ging, zu Mittag aß und insgeheim die Israelis
verfluchte. Doch mit der Intifada platzte der Knoten. Mit einemmal
überschritt sie eine Schwelle, nahm einen Stein in die Hand und gab
damit den Israelis zu verstehen: „Ihr kennt mich gar nicht. Ihr habt
euch das nur eingebildet. Ihr habt euch für ‚Araberexperten' gehalten – aber von mir kanntet ihr nur mein Äußeres, den Körper eurer
Kellnerin, eurer Putzfrau. Meine Seele kanntet ihr nie. Ich zeige
euch jetzt, wer ich wirklich bin und was ihr in Zukunft von mir zu
halten habt."

Viele Israelis, vor allem solche vom rechten Flügel des politischen Spektrums, bestanden anfangs hartnäckig darauf, daß es sich bei der Intifada um einen von wenigen Agitatoren angezettelten Aufruhr, keinesfalls aber um eine spontane Erhebung handele. Der Grund dafür war folgender: Wenn es tatsächlich stimmte, daß sich die Palästinenser alle gemeinsam und alle gleichzeitig erhoben, dann waren sie eben doch eine Gemeinschaft mit einer gemeinsamen Geschichte und einer gemeinsamen Zukunft, und man hätte sie als eigenständige Nation anerkennen müssen. Da die meisten Israelis die Bevölkerung des Westjordanlands und des Gazastreifens als ein amorphes Sammelsurium grundverschiedener arabischer Individuen betrachteten – sei es als Kellner oder Zimmerleute, die man nach Lust und Laune herumkommandieren konnte, oder als terroristische Verbrecher, die man bedenkenlos ignorierte oder tötete –, waren sie entsprechend schockiert, als dieses Volk plötzlich auf seine Eigenständigkeit verwies.

Es war bestimmt kein Zufall, daß viele israelische Zeitungen, erst nachdem die Intifada zur Massenbewegung geworden war, gelegentlich auch die Namen der von israelischen Soldaten getöteten Palästinenser erwähnten. Zuvor waren es immer nur gesichts- und namenlose Objekte gewesen. „Drei Palästinenser in Nablus getötet" – das war normalerweise alles, was man in der israelischen Presse über sie lesen konnte. Kaum hatten die Palästinenser den Israelis jedoch bewiesen, daß sie eine Gemeinschaft waren, daß sie Subjekte waren, die versuchten, ihr Leben in die eigene Hand zu nehmen, da wurde ihnen durch die häufigere Namensnennung in der Presse eine fast unbewuße Anerkennung zuteil. Unvermittelt hatte der Gärtner einen Namen, plötzlich hatte sein toter Sohn einen Namen, plötzlich hatte auch das Volk, das auf dem gleichen Territorium lebte wie die Israelis, einen Namen – Palästinenser. Auch daß einige Israelis mir nach Beginn der Intifada sagten, sie hätten das Gefühl, in einem neuen Land zu leben, wird dadurch verständlich: Für sie war eine bis dahin unsichtbare Realität von einem Tag auf den anderen sichtbar geworden. Die ganze menschliche Landschaft sah auf einmal anders aus.

Das gleiche galt für die Palästinenser. Strenggenommen wurden die Menschen im Westjordanland und im Gazastreifen erst durch die Intifada zu einer echten Nation. Jede nationalistische Bewegung kennt einen Kristallisationspunkt, einen Moment, in dem alle Unterschiede aufgehoben sind und nur noch das Gefühl der Zusammengehörigkeit zählt. Für die Palästinenser war die Intifada der Höhepunkt eines Transformationsprozesses, in dessen Verlauf sich aus jordanisierten Westufer-Bewohnern und ägyptisierten Einwohnern des Gazastreifens ein palästinensisches Volk herausbildete. Verantwortlich dafür waren vorwiegend die Israelis: Ihre repressive und erniedrigende Behandlung der Palästinenser förderte bei diesen eine gemeinsame Lebenserfahrung, die wesentlich zur Wiedererstarkung ihrer historischen und kulturellen Bande beitrug und sie zusammenschweißte. Die Palästinenser kamen zu der Erkenntnis, daß alle Differenzen, die sie untereinander haben mochten, belanglos waren im Vergleich zu dem, was sie von den Israelis trennte.

So viele Jahre lang hatten Tausende von Palästinensern in den besetzten Gebieten behauptet, ein Volk zu sein, doch sie hatten nie wie ein solches gehandelt. Dies änderte sich mit der Intifada. Alle Fraktionen der PLO fingen auf einmal an, innerhalb eines vereinigten Oberkommandos zusammenzuarbeiten. Islamische Fundamentalisten vergaßen ihre Meinungsverschiedenheiten mit weltlich orientierten und christlichen Palästinensern. In praktisch jedem Dorf wurden Kollaborateure entweder bestraft, oder aber sie bekannten sich zu dem, was sie getan hatten, entschuldigten sich bei ihren Nachbarn und gelobten, nie wieder für die Israelis zu arbeiten. Hauptgesprächsthema unter den Palästinensern in den ersten Monaten ihrer Erhebung waren denn auch nicht ihre „Siege" über die Israelis, sondern ihr eigenes, neuentdecktes Solidaritätsgefühl. „In einigen Städten und Dörfern", meinte Musa el-Kam, der inhaftierte palästinensische Rechtsanwalt, „gingen Freunde von mir auf die Straße und ließen sich festnehmen, wenn andere Freunde festgenommen worden waren. Sie wollten ganz einfach bei ihnen sein. Jedes andere Verhalten wäre in der Gemeinde auch nicht gern gesehen worden."

Die Einigkeit und der Mut, die sie dazu befähigten, nur mit Steinen bewaffnet gegen hochgerüstete israelische Soldaten vorzugehen, gab den Palästinensern in den besetzten Gebieten eine Würde und ein Selbstwertgefühl, wie sie sie zuvor nie genossen hatten. Außerdem stieg ihr Einfluß auf den Entscheidungsprozeß innerhalb der PLO. In früheren Tagen waren die Anordnungen von Arafat und den Guerillas in Beirut gekommen. Die Palästinenser im Westjordanland und im Gazastreifen waren weitgehend Befehlsempfänger. Nach der Vertreibung Arafats aus Beirut begann sich das Gewicht jedoch allmählich zu ihren Gunsten zu verlagern. Die Intifada beschleunigte diese Entwicklung noch. Man saß nun nicht mehr bloß passiv am Radio und hörte sich an, was Arafat und seine Guerillas in Amman, Beirut oder Bagdad trieben – im Gegenteil: Jetzt hockten Arafat und seine Freischärler am Radio und wollten wissen, was im

Westjordanland und im Gazastreifen los war. „Bei uns gibt es Tote und Verwundete, und ihr fliegt Erster Klasse", konnten die Leute vom Westufer jetzt zu Arafat und der PLO sagen – und sagten es auch.

Ein weiterer Punkt kam hinzu: Die Palästinenser in den besetzten Gebieten jammerten nun nicht mehr, wenn der eine oder andere von ihnen festgenommen wurde oder wenn die Israelis mal wieder ein Haus niederwalzten. Zu Hunderten gingen sie auf die Straße und forderten die Israelis buchstäblich dazu heraus, sie festzunehmen und auf sie zu schießen. Sie warteten nicht mehr darauf, von anderen erlöst zu werden, sondern nahmen ihr Schicksal selbst in die Hand – nicht als Individuen, sondern als Gemeinschaft. Der Massenprotest beendete die Zeiten, da die Israelis mit ein paar hundert Grenzpolizisten und Schin-Bet-Agenten 1,7 Millionen Palästinenser in Schach halten konnten. Jetzt waren ganze Bataillone der israelischen Armee rund um die Uhr im Einsatz.

Tausende von Soldaten bedeuteten aber auch Tausende von Zusammenstößen. Im ersten Jahr der Erhebung verhaftete die Armee nahezu zwanzigtausend Palästinenser, tötete mehr als dreihundert und verletzte zwischen dreitausendfünfhundert und zwanzigtausend – je nachdem, welcher Seite man Glauben schenkt. (Im gleichen Zeitraum wurden nur elf israelische Soldaten und Zivilisten von palästinensischer Hand getötet; die Zahl der Verletzten lag bei elfhundert.)

Im Flüchtlingslager Kalandia begegnete mir einmal ein strammer, muskelbepackter Palästinenser namens Dschamil. Mit seinem Körperbau wäre der Zwanzigjährige in jeder palästinensischen Armee als Elitesoldat aufgenommen worden. Als ich ihn fragte, ob er mit seinen Steinwürfen tatsächlich Israelis verletzen wolle, gab er mir eine Antwort, die mir klarmachte, daß er den Stein eigentlich nur um seiner selbst willen warf – bedeutete er für ihn doch die Befreiung aus der Erniedrigung und einem ständigen Gefühl der Ohmacht.

„Eine Frau wird vergewaltigt", erklärte mir Dschamil, „und zerkratzt während der Tat dem Angreifer den Rücken. Ist das Gewalt? Wir sind jahrelang vergewaltigt worden, und unsere Brüder standen dabei und sahen zu, anstatt uns zu helfen."

„Und nun, da ihr euer Schicksal selbst in die Hand genommen habt?"

„Die Wunden der Vergewaltigung beginnen zu heilen", sagte er. „Die Frau kämmt ihr Haar und schaut wieder in den Spiegel."

Als der Aufstand begann, bewarfen die Palästinenser die Israelis nicht deshalb mit Steinen, weil sie plötzlich alle die Lehren Mahatma Gandhis gelesen hatten und auf Gewaltlosigkeit schworen. Es war auch nicht so, daß sie die Israelis nicht verletzen wollten. Vielmehr waren in dem Moment, als unvermittelt ihr Zorn zum Überkochen kam, Steine, Knüppel und Küchenmesser die einzig verfügbaren und zudem die taktisch zweckmäßigsten Waffen. Die Palästinenser im besetzten Land kannten ihren Feind gut. Anders als die PLO-Bürokraten in Beirut und Tunis wußten sie die Stärken und Schwächen Israels realistisch einzuschätzen. Sie wußten, daß die Israelis – anders als Syrer, Algerier oder Jordanier im vergleichbaren Fall – nicht gleich Panzer auffahren lassen würden. Sie würden auch nicht Hunderte von Demonstranten mit Maschinengewehren niedermähen oder ganze Dörfer dem Erdboden gleichmachen, um die Rebellion zu ersticken. Die Israelis konnten rücksichtslos sein, das wußten die Palästinenser in den besetzten Gebieten, aber nicht *so* rücksichtslos. Sie mochten in Beirut den Regeln von Hama gefolgt sein – hier, in ihrem eigenen Hinterhof und umringt von den Fernsehkameras der Weltöffentlichkeit, kam dies nicht in Frage.

Solange sie nur mit Steinen warfen, soviel war den Palästinensern klar, würden sich die Gegenmaßnahmen der Juden im großen und ganzen – wenn auch keineswegs immer und überall – im Rahmen des Verhältnismäßigen bewegen: sporadische Schüsse, Verhaftungen, Tränengas, Plastikgeschosse, wohl auch der Einsatz einer eigens erfundenen Maschine, die Kieselsteine mit hoher Geschwindigkeit durch die Luft schleuderte.

All diese Maßnahmen, auch dies wußten die Palästinenser, konnten im Einzelfall tödliche Folgen zeigen, taugten aber keinesfalls dazu, die Rebellion zu ersticken. Ein, zwei Tote oder Verwundete reichten nicht aus, um die Leute von den Straßen zu bringen. Wenn ich palästinensische Jugendliche fragte, warum sie mit Steinen warfen, propagierten sie nicht mit Martin-Luther-King-Zitaten den gewaltlosen Widerstand, sondern sagten bloß: „Weil wir es nicht mit israelischen Panzern zu tun bekommen wollen." Mit gutem Grund: Auf die Frage, was mit den Palästinensern geschähe, falls die Intifada in größerem Umfang Feuerwaffen einsetze, hatte Ministerpräsident Schamir einmal geantwortet: „Dann bleibt von denen nicht einmal mehr eine Erinnerung übrig."

Jeder Palästinenser im Westjordanland und im Gazastreifen war sich der relativen Zurückhaltung der israelischen Truppen bewußt. Der palästinensische Journalist Daud Kutab interviewte einmal einen vierzehnjährigen Jungen aus dem Dorf Burka im Westjordanland, der von israelischen Soldaten verhaftet worden war. Nachdem er sie während einer Demonstration mit Steinen beworfen habe, berichtete der Junge, hätten die Soldaten ihn erwischt und ihm Handschellen angelegt. Ein israelischer Soldat habe Anstalten getroffen, ihn zu verprügeln. Daraufhin, so der Junge, habe er auf arabisch zu dem Mann gesagt: „Nein, nein! Rabin hat gesagt, daß ihr mich nicht prügeln dürft, wenn ich schon in Handschellen bin." Worauf die Soldaten zu lachen anfingen. „Was – du kennst Rabin und Schamir?" soll einer nach Auskunft des Jungen gefragt haben. Am Ende beeindruckte die Soldaten der Mut des Burschen so sehr, daß sie ihm die Handschellen abnahmen und ihn laufenließen.

Jassir Arafat und die anderen PLO-Führer außerhalb der besetzten Gebiete begrüßten es von Anfang an, daß sich die Intifada aus operativen Gründen fürs Steinewerfen entschieden hatte, und beuteten diese Tatsache auch sogleich diplomatisch und propagandistisch aus. Arafat war nicht dumm – und er sah viel fern, sehr viel sogar. Er sah in den allabendlichen Bildern von schwerbewaffneten israelischen Truppen, die auf lediglich mit Steinen bewaffnete Palästinenser schossen, die potentielle Chance, das Kainsmal „Terrorist" loszuwerden, das die Israelis mit Erfolg der gesamten palästinensischen Nationalbewegung aufgedrückt hatten. Mit ihrer Kühnheit, die Israelis in der gleichen Weise herauszufordern, wie einst David Goliath herausgefordert hatte, rehabilitierten die Palästinenser aus den besetzten Gebieten Arafat und seine PLO und verliehen ihm auf internationaler Ebene eine Respektatiblität, wie er sie nie zuvor genossen hatte.

Niemandem bereitete es mehr Vergnügen, immer wieder darauf herumzureiten, als Arafat selbst – dem Mann, den die Israelis weltweit zum Symbol des Terrorismus abgestempelt hatten. Was er in seinem *Playboy*-Interview vom September 1988, kurz nach Beginn der Unruhen, sagte, hat er seither in praktisch jedem Interview wiederholt: „Jeder hat nun gemerkt, wer hier nun *wirklich* eine terroristische Organisation ist: Es ist die israelische Militärjunta, die Frauen und Kinder umbringt, die ihnen die Knochen bricht, die sogar Schwangere tötet. Sie brauchen ja bloß die Nachrichten im Fernsehen anzuschauen. Es ist jetzt absolut klar und deutlich, wer hier die eigentlichen Terroristen sind."

Je länger die Intifada anhielt, desto mehr wurden die Steine zum Symbol einer völlig neuen Strategie des palästinensischen Widerstands – einer Strategie, die nur von den Menschen im Westjordanland und im Gazastreifen unter den speziellen Bedingungen der israelischen Besetzung entwickelt werden konnte: Die wirksamste Waffe gegen die Israelis lag nicht im Terrorismus oder im Guerillakrieg, in denen sich die PLO zwanzig Jahre lang vergeblich geübt hatte. Israel war ganz einfach zu stark, um sich von dieser Taktik einschüchtern zu lassen, und nur eine unreife Befreiungsbewegung konnte sich darüber noch Illusionen machen.

Die wirksamste Waffe, so argumentierte die Intifada, war massiver, nicht auf die Tötung des Gegners ausgerichteter ziviler Ungehorsam, und dieser Ungehorsam fand sein Symbol in den Steinen. Sie symbolisierten die Weigerung, in Israel zu arbeiten, die Ablehnung der Zusammenarbeit mit der israelischen Militärregierung in den besetzten Gebieten, den Boykott israelischer Waren, die Überfüllung israelischer Gefängnisse mit Inhaftierten sowie den allgemeinen Willen der Palästinenser, den Israelis in jeder Beziehung möglichst schwer im Magen zu liegen. In diesem Sinne waren die Steine gleichzeitig auch eine Kritik an der Taktik der PLO. Darüber hinaus verschafften sie den Bewohnern der besetzten Gebiete die Erkenntnis, daß sie selbst stark genug waren, die Israelis herauszufordern. Zuvor hatten sie ja nie die Probe aufs Exempel gewagt.

Sari Nusseibeh meinte: „Durch ihr Aufbegehren fanden die Palästinenser heraus, wie die israelische Okkupation funktionierte – nämlich durch ihre eigene Kooperation mit dem israelischen System. Die wichtigste Errungenschaft der Intifada bestand darin, daß sie den Palästinensern zeigte, wo ihre Ketten waren und wie sie sie abschütteln konnten."

Der Stein enthielt auch eine politische Botschaft an die Israelis. Die Palästinenser im Westjordanland und im Gazastreifen hatten generell eine etwas andere politische Tagesordnung als ihre Landsleute in den Flüchtlingslagern des Libanon, Syriens und Jordaniens, aus denen sich seinerzeit in Beirut Arafats Hausmacht rekrutierte. Da die Flüchtlinge in Jordanien, Syrien und im Libanon überwiegend aus jenen Gebieten stammten, die bereits vor dem Sechstagekrieg 1967 zu Israel gehört hatten, also zum Beispiel aus Haifa, Jaffa oder Galiläa, war es klar, daß sie sich in ihrer alten Heimat nur dann wieder würden zu Hause fühlen können, wenn Israel völlig von der Landkarte verschwand. Das Westjordanland und der Gazastreifen waren ihnen genauso fremd wie die südlichen Vororte von Beirut. Ihr Problem war, kurz gesagt, daß der Israeli überhaupt in ihrem Haus war.

Für viele der 1,7 Millionen Palästinenser in den nach 1967 besetzten Gebieten galt dies nicht. Gewiß, mehr als ein Drittel von ihnen waren ebenfalls Flüchtlinge aus dem israelischen Kernland, die in

Lagern leben mußten – aber immerhin befanden sich diese Lager auf dem Boden Palästinas. In der Mehrzahl handelte es sich jedoch um Palästinenser aus den Städten und Dörfern des Westjordanlands sowie in geringerem Maße auch des Gazastreifens, deren Familien schon seit Generationen dort ansässig waren. Ihr drängendstes Problem war nicht die Existenz des Staates Israel, sondern die israelische Besatzungsmacht; nicht daß es Israel gab, sondern daß es seine Soldaten auf den Dächern ihrer Häusern postierte. Kam es zu einer Beendigung der Okkupation, verschwanden also die Soldaten Israels und zogen sich hinter die Grenzen von 1967 zurück, so hätten sich viele Bewohner des Jordan-Westufers und des Gazastreifens wieder im wahrsten Sinne des Wortes zu Hause fühlen können. Insgesamt waren sie daher viel eher als die anderen Palästinenser bereit, eine Zwei-Staaten-Lösung – oder auch eine andere Lösung – zu akzeptieren, vorausgesetzt, sie führte zu einem Rückzug der Israelis auf die alten Grenzen und einem eigenen Palästinenserstaat im Gazastreifen und im Westjordanland. Es war nicht so, daß sie inzwischen ein Heimatrecht der Juden in Palästina anerkannten; sie hatten sicher auch noch nicht alle Träume von einer späteren Rückeroberung Haifas und Jaffas aufgegeben. Aber sie waren zu der Einsicht gelangt, daß Israel zu mächtig war, um einfach von der Landkarte getilgt zu werden. Sie wußten, daß sich eine Lösung für ihre unmittelbaren Probleme nur abzeichnen konnte, wenn sie sich mit Israel arrangierten. Dies, glaube ich, war die Botschaft, die viele Palästinenser in den besetzten Gebieten mit ihren Steinwürfen den Israelis nahebringen wollten: Wir wollen euch nicht töten, wir sind zur Nachbarschaft bereit – vorausgesetzt, ihr zieht euch zurück und laßt uns unseren eigenen Staat gründen. Das war der Sinn der Intifada vom ersten Tag an, und die meisten Palästinenser in den besetzten Gebieten machten das den Israelis nicht nur unter vier Augen klar, sondern in verklausulierter Form auch öffentlich.

Daß sie sich vor einer klaren und deutlichen Formulierung fürchteten, hatte Gründe: Sie wußten, daß sie nicht dazu ermächtigt waren, halb Palästina preiszugeben – das konnte allenfalls die PLO –, und sie wußten, daß in den Flüchtlingslagern im Gazastreifen und im Westjordanland – ganz zu schweigen von den Lagern im Libanon, in Syrien und in Jordanien – noch viele Palästinenser davon träumten und darauf bestanden, in ihre Heimatorte im israelischen Kernland zurückzukehren. Und zur Verteidigung dieses Rechts waren sie bereit zu töten.

An jenem Tag, an dem ich das Daharija-Gefängnis besuchte, um während der Intifada festgenommene Palästinenser zu interviewen, unterhielt ich mich zunächst mit dem Gefängnisdirektor, Oberstleutnant David Samir. Ich fragte ihn, welcher seiner Gefangenen wohl der interessanteste Interviewpartner für mich sei.

„Es gibt hier ungefähr zwölfhundert Gefangene", antwortete Samir. „Von diesen zwölfhundert behaupten eintausendeinhundertneunundneunzig, sie seien unschuldig. Sie sind unschuldig. Sie haben nichts getan. Sie lagen im Bett und schliefen, standen unter der Dusche oder spielten gerade *scheschbesch* (Backgammon), als aus irgendwelchen Gründen plötzlich israelische Soldaten auftauchten und sie festnahmen. Sagen sie jedenfalls. Mit Steinen und so hatten sie nichts am Hut. Mit einer einzigen Ausnahme. Ein Bursche hier im Gefängnis bekennt sich schuldig – und er ist stolz darauf."

Natürlich bat ich Samir, diesen einen interviewen zu dürfen.

Ein paar Minuten später stellte man mir Masen Khair Achmed Radwan vor, einen Fünfzehnjährigen aus dem Flüchtlingslager Kalandia. Er erzählte mir, er habe im vergangenen Jahr in der Abfüllanlage einer israelischen Saftfabrik in Atarot gearbeitet.

„Ich bin der älteste Sohn in unserer Familie und der einzige, der schon Geld verdienen kann. Aber ich hatte das Gefühl, mit meiner Arbeit nur die israelische Wirtschaft zu unterstützen. Mein Haß auf die Israelis wurde dadurch immer stärker. Sie töten die Menschen auf den Straßen und kommen mit Tränengas in unsere Häuser. Als ich das letztemal zur Arbeit kam, sagten sie mir, sie hätten kein Geld, um mich zu bezahlen."

„Und was hast du getan, daß du hier gelandet bist?" fragte ich ihn.

„Ich habe einen Stein auf eine Gruppe von Juden geworfen", sagte Masen.

„Warum?"

„Weil ich keine Handgranate hatte. Hätte ich eine Handgranate gehabt, so hätte ich die geworfen. Stein oder Handgranate – das ist für mich dasselbe."

„Warum gibt es deiner Ansicht nach die Intifada?"

„Wir wollen unser Land zurück."

„Welches Land?"

„Das Land, das uns die Juden 1948 weggenommen haben."

Mit der Intifada stellten die Palästinenser im Westjordanland und im Gazastreifen die gesamte palästinensische Nationalbewegung auf eine neue Grundlage. Sie schufen eine neue Form des Widerstands – massiven zivilen Ungehorsam bei relativ niedrigem Blutzoll – und eine neue Botschaft: die unzweideutige Akzeptierung einer Zwei-Staaten-Lösung. Was ihnen indes fehlte, war ein Führer, der einerseits über genug internationales Ansehen verfügte, um diese Botschaft in die Welt zu tragen, andererseits aber auch über genügend Glaubwürdigkeit, um Masen Khair Achmed Radwan und all den Flüchtlingen in libanesischen, syrischen und jordanischen Lagern offen zu sagen, was die Palästinenser im Westjordanland und im Gazastreifen den Israelis nur unter vier Augen anvertrauten: Um wenigstens etwas für uns zu erreichen, müssen wir Israel formell anerkennen.

Auftritt Jassir Arafat. Wie gesagt, war Arafat seit Beirut ständig auf der Suche nach einer neuen Rolle. Die Intifada verschaffte sie ihm. Hätte es Arafat nicht schon gegeben, die Palästinenser in den besetzten Gebieten hätten ihn erfinden müssen. Doch eines machten sie ihm bei der Besetzung der Rolle von vornherein klar: Fortan waren *sie* das dynamische Element in der palästinensischen Politik – nicht mehr die Flüchtlinge und PLO-Bürokraten im Exil. Arafat würde in Zukunft *ihr* Sprachrohr sein, und das bedeutete, daß *er* es war, dem die Aufgabe der Zukunft zufiel: *Er* würde den Judenstaat öffentlich anerkennen müssen.

Aus einer Vielzahl von Gründen war Arafat mehr als bereit, das Angebot der Palästinenser aus den besetzten Gebieten anzunehmen. Ihm war zunächst einmal aufs beste bekannt, in welch geringem Maße er und die PLO-Führung an der Entstehung der Intifada beteiligt waren; er war von den Ereignissen genauso überrascht worden wie alle anderen. Der größte Palästinenseraufstand seit den dreißiger Jahren war ohne Zutun der PLO zustande gekommen. Darüber hinaus konnte Arafat kaum entgangen sein, daß sein Porträt bei den ersten Protestdemonstrationen der Palästinenser in den besetzten Gebieten weitgehend fehlte. Ihr Zorn auf die PLO, von der sie sich im Stich gelassen fühlten, war fast genauso groß wie ihre Wut auf den Rest der Welt.

Wäre Arafat nicht auf die von den Palästinensern im Westjordanland und im Gazastreifen vorgegebene Richtung eingeschwenkt, so hätte er seine Position als Führer und Symbol der palästinensischen Nationalbewegung aufs Spiel gesetzt und einer neuen, authentischeren Führung aus den Reihen der unmittelbar von der israelischen Okkupation Betroffenen Tür und Tor geöffnet. Er und seine Kohorten wären Gefahr gelaufen, abgesetzt zu werden, wie ihre ausgepowerten Vorgänger 1967 von ihnen. Zwar waren die Araber noch nicht bereit, Israel in die Arme zu schließen, doch ihre Bereitschaft wuchs, die Anerkennung seiner Existenz zu dulden. Schließlich waren die meisten palästinensischen Flüchtlinge – vor allem diejenigen, die Tag für Tag den Gefahren des libanesischen Dschungels ausgesetzt waren – nach den langen Jahren des Exils mittlerweile bereit, über *jede* pragmatische Lösung, die ihnen die Aussicht auf einen eigenen Staat eröffnete, nachzudenken, und dies selbst dann, wenn mit einer *sofortigen* Heimkehr in ihre alten Siedlungsgebiete nicht zu rechnen war.

Es war ein ganz alltäglicher Hinterhalt. Der orangefarbene Opel fuhr knapp zweihundert Meter vor uns auf dem Highway, der in den Gazastreifen führt, als unvermittelt ein Palästinenserjunge mitten auf die Fahrbahn sprang. Der Opelfahrer bremste ab, um ihn nicht zu überfahren. Im selben Augenblick tauchte aus dem Gebüsch am Straßenrand eine ganze Schar junger Burschen auf und bombardierte den Wagen mit Steinen. Dabei ging die Windschutzscheibe zu Bruch. Der israelische Fahrer, ein untersetzter, kleiner Mann in Bluejeans, weißen Tennisschuhen und einer Regenjacke, kochte vor Wut. Seine Wut war nicht nur politischer Natur – Jude gegen Araber; sie erklärte sich auch nicht allein aus den Steinen und Glassplittern, die ihn hätten töten oder blenden können. Es war auch nicht so, daß er sich bloß darüber aufregte, auf *seiner* Straße überfallen worden zu sein. Ihn machte vielmehr rasend, daß ihm irgendein Schweinehund seine Windschutzscheibe, seine teure Windschutzscheibe zerschlagen hatte. Der Kerl hatte sein Leben verwirkt.

Als wir hinter dem Opel anhielten, machte der Fahrer gerade sein Gewehr schußbereit und traf Anstalten, die Jugendlichen, die sich in einem nahe gelegenen Dorf scheinbar in Luft aufgelöst hatten, zu verfolgen. Doch als er den schmalen Pfad betrat, auf dem die Palästinenser geflohen waren, sah er sich plötzlich einer Szene gegenüber, die ihn auf der Stelle zur Salzsäule erstarren ließ: Weiter unten trieben drei schwarzgewandete Palästinenserinnen eine Herde von vielleicht zwei Dutzend Schafen mit langen Gerten den Pfad entlang. Die Schäferinnen mit ihren Tieren vor dem Hintergrund der von Palmen und Kakteen gesäumten Lehmhütten boten ein absolut biblisches Bild. Es war eine Szenerie, wie sie 1888, 1288 oder vielleicht sogar im Jahre 1088 vor Christi Geburt nicht anders ausgesehen hätte. Im Grunde hatte sich seit den Tagen Isaaks und Ismaels nicht allzuviel geändert – die Steine nicht, und gewiß auch nicht die Leidenschaften. Neu waren nur der Opel und das Gewehr.

Israelischen Soldaten, die zufällig in der Nähe waren, gelang es nach einer Weile, den Mann durch gutes Zureden von seinem Racheplan abzubringen. Als wir ihn verließen, fegte er gerade die Glasscherben von den Vordersitzen und brummelte dabei ungehalten vor sich hin. Auf einem Eselskarren rollte eine junge Palästinenserin vorbei; ihr Gesicht verriet keinerlei Gemütsbewegung, doch insgeheim kostete sie die Szene zweifellos aus.

Monate später, als mir Aluph Haleven, ein prominenter israelischer Gesellschaftsanalytiker, der sich auf die Erziehung zur arabisch-jüdischen Koexistenz spezialisiert hat, von einem Gespräch erzählte, das seine Tochter mit einem israelischen Taxifahrer geführt hatte, mußte ich wieder an jene Begebenheit aus der Anfangsphase der Intifada denken. Halevens Tochter hatte mit dem Taxifahrer darüber gesprochen, wie Israel wohl am besten auf die Erhebung reagieren solle. „Wissen Sie, was wir tun sollten?" hatte der Chauffeur gesagt. „Wir sollten unsere Knüppel nehmen und sie ihnen über den Schädel hauen, drauf, drauf, immer wieder drauf ... Bis sie endlich aufhören, uns zu hassen."

Die in der palästinensischen Wut begründete Intifada löste auf der israelischen Seite der Verwerfungslinie eine nicht minder gewaltige Wuteruption aus. Daß sie, anders als jene auf der palästinensischen Seite, nie einen eigenen Namen bekam, änderte nichts an ihrer Existenz. Man erkannte sie an den Röntgenaufnahmen Hunderter von Palästinensern, denen israelische Soldaten Arme, Beine oder Rippen gebrochen hatten. Man erkannte sie an palästinensischen Läden, deren Türen und Fenster von israelischen Soldaten eingetreten worden waren, weil ihre Besitzer sich weigerten, die von den israelischen Behörden angeordneten Öffnungszeiten einzuhalten. Und sie ließ sich an der Zahl der Palästinenser ablesen, die von israelischen Soldaten getötet wurden, obwohl diese eigentlich Befehl hatten, immer nur auf die Beine zu zielen.

Die Wut, die hinter den israelischen Knüppeln und Kugeln steckte, speiste sich wie die ihrer palästinensischen Kontrahenten aus verschiedenen Quellen. In gewisser Hinsicht kamen sich viele Israelis vor wie ein Hausbesitzer, der morgens beim Aufwachen feststellen muß, daß sein Hausmädchen im Schlafzimmer steht, die Stereoanlage auf volle Lautstärke gedreht hat und verkündet, sie sei kein gesichtsloses Objekt mehr, das man nach Lust und Laune herumkommandieren könne, sondern eine gleichberechtigte Partnerin – mit gleichberechtigten Ansprüchen auch, was den Besitz des Hauses betrifft ...

Es brachte die Israelis auf die Palme, daß diese „Nigger" – als solche betrachteten viele Israelis die Palästinenser –, diese Leute also, denen man „gute Jobs", medizinische Versorgung und all die anderen angeblichen Wohltaten unter der „aufgeklärten Besatzung" verschafft hatte, plötzlich frech wurden und nicht länger bereit waren, ihren zweitklassigen Status hinzunehmen. Nicht wenige Israelis wollten diese „undankbaren" Hausmädchen und Kellner schleunigst wieder auf ihre angestammten Plätze verweisen. Aber hinter der israelischen Wut steckte auch noch etwas anderes. Durch ihre Ablehnung des israelischen Systems, die offene Verhöhnung der israelischen Autorität und durch die Tatsache, daß es ihnen gelang, israelische Straßen für israelische Reisende unsicher zu machen, raubten die Palästinenser den Israelis das Heimatgefühl. Der israelische Knüppel sagte den Palästinensern, was der Taxifahrer zu Aluph Halevens Tochter gesagt hatte: „Ihr Schweinehunde! Wie oft muß ich euch noch prügeln, wie viele von euren Knochen muß ich noch brechen und wie viele von euch muß ich noch erschlagen, bis ihr endlich kapiert, daß ich hier bin und das Recht habe, in meinen eigenen vier Wänden in Ruhe gelassen zu werden?"

Schließlich verbarg sich hinter den israelischen Knüppeln auch echte Angst. Sie rührte daher, daß die Palästinenser den Israelis zwar mit jedem Stein- und Flaschenwurf verkündeten, daß es sie gab und daß sie nicht länger als Objekte behandelt werden wollten, andererseits aber seit fast einem Jahr den Flaschen und Steinen keine konkrete Forderung an die Israelis mit auf den Weg gaben. Für die Israelis war es, als habe das Hausmädchen seine Kellerwohnung gekündigt, ohne zu erklären, welchen Teil des Hauses es nun eigentlich für sich beanspruchen wolle. Gewiß, unter vier Augen konnte man von vielen Palästinensern im Westjordanland und im Gazastreifen hören, daß sie lediglich die israelische Besatzung loswerden wollten – aber öffentlich und für alle verbindlich sagte das niemand. Deshalb gab es trotz des Ungleichgewichts in der Bewaffnung – Israels Soldaten waren in diesem Punkt den palästinensischen Jugendlichen weit überlegen – kein Ungleichgewicht im persönlichen Engagement. Israelis wie Palästinenser sahen in den Geschehnissen auf den Straßen gleichermaßen eine Bedrohung ihrer Existenz.

Sicher, viele israelische Soldaten waren alles andere als glücklich darüber, Palästinenser niederzuknüppeln und Frauen und Kinder zu jagen. In einem solchen Krieg gibt es kein Heldentum, und sie kamen sich auch nicht wie Helden vor: Kein Israeli, der im Westjordanland und im Gazastreifen gedient hatte, erzählte nach seiner Heimkehr von seinen Kriegserlebnissen. Dennoch stellten neunundneunzig Prozent ihren Dienst nicht in Frage. Wie weit werden die Steinewerfer gehen, wenn wir sie nicht zurückhalten? fragten sie sich. Vielleicht bis nach Tel Aviv... Ein Armeesprecher, der mich bei zahlreichen Interviews begleitete, die ich während der Intifada mit israelischen Soldaten führte, pflegte über den Einsatz auf dem Westufer zu sagen: „Wir hassen es, aber wir tun's."

„Vor Beginn des Aufstands war ich mehrere Male in Gaza als Reservist im Einsatz", erzählte mir Menachem Lorberbaum, ein israelischer Soldat Mitte Zwanzig nach einem zweiundzwanzigtägigen Einsatz in Nablus zu Beginn der Intifada. „Aber damals saßen wir bloß in den Cafés herum. Für die Besatzung war die Grenzpolizei zuständig, so daß es für uns kaum etwas zu tun gab. Dieses Mal in Nablus waren wir ununterbrochen auf den Beinen. Ich mußte steinewerfende Palästinenser bis in ihre Wohnungen verfolgen. Und die rennen dann immer gleich unter die Dusche. Wirklich. Die rennen nach Hause, reißen sich die Klamotten vom Leib und stellen sich unter die Dusche. Du rennst hinterher, findest den Kerl, den du suchst, und der trieft vor Nässe. ‚He, ich hab' keine Steine geschmissen', sagt er. ‚Ich war hier und hab' geduscht.' Es ist widerlich, Menschen auf diesem Niveau begegnen zu müssen. Es war nicht so, daß ich das Gefühl hatte, im Unrecht zu sein. Ich wußte, daß mein Einsatz nötig war, aber es war eben einfach widerlich. Theoretisch war mir natürlich klar, daß wir eine Besatzungsmacht sind, aber über die Palästinenser habe ich nie nachgedacht. Das waren eben Straßenkehrer und Müllfahrer... Und man kann einfach nicht ignorieren, daß wir Besatzer sind. Du mußt Leute festnehmen, ihnen die Augen verbinden und sie auf dem Rücksitz deines Jeeps quer durch die Stadt kutschieren, und alle starren dich an. Du kommst dir wirklich wie 'n Besatzer vor."

Wir standen vor der Schule, an der Lorberbaum unterrichtete. „Wenn ich dann nach Hause komme", fuhr er fort, „möchte ich am liebsten jedem erzählen, wie mies das alles ist. Aber sehen Sie die Frau dort drüben mit dem Kinderwagen? Was interessiert sie das? Was will sie von mir wissen? Sie weiß bloß, daß da draußen Krawall herrscht und daß man die Krawallmacher stoppen muß."

Territoriale Zugeständnisse an die Palästinenser sind langfristig nur dann zu erwarten, wenn israelische Soldaten aus Widerwillen gegen ihren Dienst in den besetzten Gebieten Druck auf das israelische Kabinett ausüben. Solange die Palästinenser aber nicht eindeutig klarmachen, unter welchen Bedingungen sie das Steinewerfen aufgeben und den Judenstaat akzeptieren würden, wird der Druck seitens der Armee immer nur halbherzig bleiben – egal, wie fragwürdig das Vorgehen der Militärs, vom moralischen Standpunkt aus gesehen, auch sein mag.

Diese moralische Fragwürdigkeit sei an einem Beispiel dargestellt: Im November 1988 fuhren einundzwanzig israelische Offiziersanwärter am Flüchtlingslager Kalandia vorbei, als ihr Bus von palästinensischen Jugendlichen mit Steinen beworfen wurde. Die einundzwanzig Offiziersanwärter, eine ausgesuchte Elite, aus der sich die künftige Führung der israelischen Armee rekrutieren wird, befahlen dem Busfahrer anzuhalten, drängten hinaus und liefen Amok durch Kalandia; sie zerschmetterten Fensterscheiben, stürzten Autos um und schlugen Türen ein. Später verteidigten sie sich mit dem Argument, sie hätten nur Befehle befolgt. Als eine israelische Zeitung einen namentlich nicht genannten höheren Militär mit der Bemerkung zitierte, die Offiziersanwärter seien von ihrem Lehrgang ausgeschlossen worden, erhob sich in der israelischen Öffentlichkeit ein solches Protestgeschrei, daß Verteidigungsminister Rabin sich gezwungen sah, den Eltern der Betroffenen in persönlichen Briefen zu versichern, daß alle einundzwanzig Kandidaten an einem späteren Offizierslehrgang teilnehmen könnten.

Die Eruption des palästinensischen Zorns im Dezember 1987 riß nicht nur die Verwerfungslinie im Westjordanland und im Gazastreifen auf, sondern auch die Gräben im israelischen Kernland. Es dauerte nur zwei Wochen, bis der Spalt sich bis über die Grüne Linie verlängert hatte: Am 21. Dezember riefen die siebenhunderttausend israelischen Araber aus Solidarität mit dem Aufstand ihrer Landsleute in den besetzten Gebieten den Generalstreik aus. Der Streik wurde „Tag des Friedens" genannt, obwohl er alles andere als friedlich verlief. Von Jaffa bis Haifa und Nazareth stürmten israelisch-arabische Jugendliche mit wehenden PLO-Flaggen durch die Straßen, warfen Steine auf jüdische Fahrzeuge und schrien arabische Slogans wie *„In baladna, jahud kalabna"* („Das ist unser Land, und die Juden sind unsere Hunde").

Viele Israelis bekannten, die Reaktion der israelischen Araber habe sie schockiert. Dazu hatten sie eigentlich keinen Grund. Zwanzig Jahre lang hatten gewisse israelische Politiker und jüdische Siedler immer wieder hervorgehoben, daß die Grenzen, die Israel vor 1967 vom Gazastreifen und vom Westjordanland trennten, nicht mehr existierten, sondern daß es nur noch ein einziges großes Israel gebe. Doch wenn die Grenzen von 1967 für die Juden nicht mehr gelten – warum sollten sie dann für die palästinensischen Araber noch Bestand haben?

Meine Freundin Laura Blumenfeld war nicht schockiert von den Geschehnissen am „Tag des Friedens", nur ein wenig enttäuscht. Ich hatte sie beim Wagenwaschen kennengelernt. Sie habe gehört, daß ich gegenüber wohne, begann sie das Gespräch, und sie wolle sich mit mir unterhalten. Laura hatte neun Monate in Tira, einem israelisch-arabischen Dorf nordöstlich von Tel Aviv gearbeitet und dort eine Menge erlebt. Ihre Erzählungen ließen mich nicht mehr los. Mit der Zeit wurde mir klar, daß Laura im Augenblick des Bebens mit ihrer Kamera auf der Veranda gestanden hatte. Als sich die Erde zwischen Israelis und Palästinensern auftat, hielt sie das Ereignis in einer Reihe von Bildern fest – ein Augenzeugenbericht direkt aus dem Epizentrum.

Laura, eine vierundzwanzigjährige Amerikanerin und Harvardabsolventin, war nach Israel gekommen, um dort im Rahmen des Programms „Interns for Peace" für die arabisch-jüdische Koexistenz zu arbeiten. Die Organisation schickte gemischte jüdischarabische Gruppen in israelisch-arabische und jüdische Städte, um dort Gespräche zwischen arabischen und jüdischen Jugendlichen in Gang zu bringen. Durch den Aufbau dauerhafter persönlicher Beziehungen wollte man langfristig zur Überwindung des Grabens beitragen. Laura, die eine Jeschiwa-Schule in New York besucht hatte, fließend Hebräisch und auch etwas Arabisch sprach, war im September 1987, drei Monate vor Ausbruch der Intifada, nach Tira gekommen. Zum Abschied hatte ihr Bruder ihr das Titelfoto einer Ausgabe des *New York Times Magazine* geschenkt. Es gehörte zu einem Artikel von mir, der sich unter der Überschrift „Mein Nachbar – mein Feind" mit dem israelisch-palästinensischen Konflikt befaßte. Das Farbfoto zeigte eine Araberin und ihr Kind bei der Feldarbeit, während im Hintergrund eine Gruppe von Juden mit einer Fahne vorbeimarschiert. In die Mitte des Bildes hatte Lauras Bruder eine kleine Strichfigur gezeichnet, auf der „Laura" stand. Aus ihrem Mund quoll eine Sprechblase mit den Worten: „Laßt uns Freunde werden!"

Obwohl Laura schon als Jugendliche viel Zeit in Israel verbracht hatte und wie viele andere liberale amerikanische Juden von der arabischen Bevölkerung des Landes fasziniert war, gab letztlich die Begegnung ihres Vater mit einem unbekannten Araber den Ausschlag für ihre Entscheidung, sich den Interns for Peace anzuschließen.

„Ein Araber hat auf meinen Vater geschossen", erzählte sie mir während unseres ersten Gesprächs mit ruhiger Stimme. „Vater besuchte Israel als Tourist. Es geschah an einem Freitag abend. Er war an der Klagemauer gewesen und wollte zurück ins Hotel. In der König-David-Straße waren die arabischen Ladenbesitzer gerade dabei, ihre Geschäfte zu schließen. Da gab irgendwer aus der

Schlachtergasse einen Schuß auf meinen Vater ab. Vater stürzte zu Boden und stellte fest, daß er blutete. Er rief um Hilfe, doch die Händler wandten sich alle ab und zogen sich in ihre Häuser zurück. Es gelang ihm, sich zur nächsten Polizeiwache zu schleppen. Von dort aus schafften sie ihn ins Hadassah-Krankenhaus. Die Kugel hatte seine Schädeldecke gestreift. Das Merkwürdige an der Sache ist, daß *ich* an demselben Abend als Vorsitzende der Harvard-Radcliffe Zionist League Gastgeberin eines Essens für die arabische Studentengemeinschaft von Harvard und Radcliffe war. Kurz bevor das Essen aufgetragen wurde, rief man mich ans Telefon. Es war mein Vater. ‚Laura‘, sagte er als erstes ‚mir geht's gut, ganz egal, was du im Fernsehen darüber hören magst. Mir geht's gut.‘ Und dann erzählte er mir, was vorgefallen war. Dreißig Minuten später sitze ich ein paar munter plaudernden palästinensischen Studenten gegenüber. Der Mann, der auf meinen Vater geschossen hatte, war eine gesichtslose Figur im Dunkeln. Ich wollte ihn sehen, ihn kennenlernen. Es war sehr wichtig für mich, ihm in die Augen sehen und ihm sagen zu können: ‚Hör mal, du Spinner, mein Vater ist für einen eigenen Palästinenserstaat, und seine Tochter in Harvard unterhielt sich an dem Abend, an dem du auf ihn geschossen hast, gerade mit ein paar Landsleuten von dir.‘“

Wie ihre Kolleginnen und Kollegen von Interns for Peace war Laura zu der Überzeugung gelangt, daß Araber und Juden bei entsprechender Ausbildung und besseren Kontakten zueinander ihre Streitigkeiten überwinden könnten. „Die Grundschule in Tira, an der ich arbeitete, lag gleich gegenüber dem Westufer“, erklärte sie mir. „Bei einem jener Treffen zwischen arabischen und jüdischen Schülern fiel mein Blick, an Eltern und Kindern vorbei, durch die offenstehende Tür nach draußen auf die Hügel des Westjordanlands, und ich dachte bei mir: ‚Blöde Erde. Es ist bloß Erde und Dreck, sonst nichts. Blöde Hügel...‘ Es wollte einfach nicht in meinen Kopf, daß Menschen sich wegen so einem bißchen Erde und Dreck bekriegen können. In meiner Vorstellung gab es nichts Wertvolleres als die menschliche Seele. Ich hielt alle für verrückt, die um Landbesitz kämpften und bestimmte Gebiete befreien wollten. Was befreiten sie da eigentlich? Gras? Es war eine typisch amerikanische Reaktion. Ich stand also auf und wollte die Tür schließen – aber die Tür schloß nicht. Sie ging immer wieder auf. Ich wollte meine Schützlinge vor dem Dreck bewahren. Da saßen sie und sangen irgendein hübsches Liedchen, von dem mir fast übel wurde, und ich versuchte ein ums andere

Mal, die Tür zu schließen. Aber weil die Klinke kaputt war, ging sie immer wieder auf. Die Hügel lachten mich aus. Ich konnte sie nicht aussperren."

Die ersten Monate in Tira verliefen nach Lauras Ansicht dennoch recht erfolgreich. Einmal forderte sie ihre arabischen Fünftkläßler in Tira auf, aus Bildern und Schlagzeilen der *New York Times* Collagen zusammenzustellen. Eine davon bereitete ihr besonderes Kopfzerbrechen. Ein Junge hatte ein Foto, das israelische Soldaten bei der Auflösung einer Drusendemonstration auf den Golanhöhen zeigte, zusammen mit einem Bild von Schimon Peres und einem Foto des Nazi-Kriegsverbrechers John Iwan Demjanjuk, der wegen Judenmordes im Vernichtungslager Treblinka von einem israelischen Gericht zum Tode verurteilt worden war, auf ein Blatt Papier geklebt. Unter das Bild mit den Drusen hatte der Schüler geschrieben: „Was die Israelis auf den Golanhöhen tun." Unter Peres stand: „Ich ärgere mich über Peres, weil er Dinge verspricht, die er nicht halten kann." Und unter Demjanjuk: „Demjanjuk tut mir leid."

Laura rief sich ihr Gespräch mit dem Jungen ins Gedächtnis zurück. „,Wieso tut dir Demjanjuk leid?' fragte ich ihn, worauf er antwortete: ,Weil ich glaube, daß er unschuldig ist.' – Darauf ich: ,Weißt du nicht, daß er ganz viele Juden ermordet haben soll?' Worauf er mir zur Antwort gibt – und er war einer der sensibelsten Schüler in der Klasse –: ,Na und wennschon, das wäre doch nur gut gewesen.' Das hat mich furchtbar getroffen ... hier drin!" Laura deutete auf ihr Herz. „Ich erinnere mich, daß mir ganz heiß wurde. Mich überkamen Trauer und Angst, beides gleichzeitig, auch eine Spur Verzweiflung mischte sich mit hinein. ,Weißt du eigentlich, daß ich Jüdin bin?' fragte ich ihn. Ich hatte schon seit Monaten mit ihm gearbeitet, er war wirklich ein lieber Junge. Plötzlich lief er puterrot an und sagte: ,Oh, das tut mir leid. Ich hätte nie gedacht, daß Juden so sein könnten wie Sie.' Er nahm mir die Collage fort, riß das Demjanjuk-Bild ab und strich seine Bildunterschriften durch. Tags drauf besuchte er mich in meiner Wohnung. Er überreichte mir eine Riesenkiste Erdbeeren und sagte: ,Die sind für Sie. Es tut mir leid. Sie haben mir eine wichtige Lehre erteilt.' Das Erlebnis gab mir zumindest das Gefühl, mit meiner Arbeit hier etwas zu erreichen. Wenigstens gelang es mir, einige Vorurteile zu beseitigen und die Kinder soweit zu bringen, daß sie in dem jeweils anderen den Mitmenschen sahen."

Zu Lauras ersten Aufgaben in Tira gehörte unter anderem die Vorbereitung ihrer arabischen Fünftkläßler auf die Begegnung mit jüdischen Fünftkläßlern aus der benachbarten israelischen Stadt Kfar Saba.

„Einmal fragte ich sie: ‚Wie viele von euch haben schon mal einen Juden gesehen?' Da standen sie alle auf. Meine nächste Frage lautete: ‚Wie viele von euch haben schon einmal mit einem Juden gesprochen?' Da setzten sie sich alle wieder hin. ‚Und wo habt ihr einen Juden gesehen?' Und dann sagte der eine, er hätte mal einen Soldaten im Fernsehen gesehen, und ein anderer erwähnte eine Armeepatrouille, die mal durch Tira gefahren war."

Doch Kinder sind Kinder – und deshalb wurde die erste Begegnung zwischen den Fünftkläßlern von Kfar Saba und Tira zu einem durchschlagenden Erfolg. Es wurden zahlreiche Freundschaften geschlossen – darunter auch die zwischen Said aus Tira und Eitan aus Kfar Saba, zwei Jungen, die Laura besonders ans Herz gewachsen waren. Said war ganz versessen darauf, Eitan alles zu zeigen. Um seine rudimentären Hebräischkenntnisse an den Mann zu bringen, deutete er auf alles, was er sah, und sagte: „Das ist ein Esel... Das ist ein Haus... Das ist ein Friedhof." Die beiden Jungen aßen bei Said zu Hause, besuchten gemeinsam eine Moschee und hörten sich einen Vortrag über die Pilgerreise nach Mekka an: der Beginn einer echten Freundschaft.

„Ein paar Wochen später brach die Intifada aus", berichtete Laura. „Anfangs wirkte sie sich noch nicht auf unsere Programme aus. Es war, als lebten wir in unserer eigenen kleinen Welt, als könne es mir gelingen, die Tür geschlossen und die Außenwelt draußen zu halten. Ja, und dann kam der Friedenstag. Ich war gerade bei Saids Mutter zu Besuch, als der Junge ins Zimmer stürmte und rief: ‚Wissen Sie was, Laura? Ich war gerade draußen auf der Straße und hab' Steine auf jüdische Autos geworfen.' Bei den Klassentreffen mit den jüdischen Kindern hatte kaum einer so begeistert mitgemacht wie er. Für mich war das einer dieser Augenblicke, in denen man spürt, daß man noch soviel ackern kann – zum Schluß stößt man doch immer wieder auf Fels. Traurig war ich, frustriert, ja, ich fürchtete mich sogar ein wenig. Saids Mutter sagte kein Wort. Ich hatte das Gefühl, daß sich auf einmal alles änderte. Dann bemerkten wir erstmals jene arabischen Graffiti auf den Hausmauern in Tira: ‚Wir stehen alle zusammen.' – ‚Wir unterstützen unsere palästinensischen Brüder, bis das Land befreit ist.' – ‚Die Hand des Feindes wird abgehackt werden.' In jener Nacht verschloß ich zum erstenmal meine Wohnungstür. Ein paar Tage später fuhr ich mit dem Taxi von Kfar Saba nach Tira. Der Fahrer hatte den Radiosender der PLO eingestellt. Irgendwann unterbrachen sie die nationalistischen Lieder und brachten den Wetterbericht. Als der Sprecher für den weiteren Tagesverlauf ungewöhnlich starken Wind für Palästina ankündigte, wandte sich eine Mutter, die mit demselben Taxi fuhr, an ihre kleine Tochter und sagte: ‚Allah bläst das Giftgas wieder zu den israelischen Soldaten zurück.'"

Der Stimmungsumschwung bei den Juden vollzog sich ebenso schnell.

„Ungefähr eine Woche darauf saß ich im Lehrerzimmer der Schule von Kfar Saba", fuhr Laura fort. „Da marschiert plötzlich Eitans Mutter herein, packt mich buchstäblich am Kragen und sagt: ‚Hören Sie, ich habe einen Sohn. Von seinem achtzehnten bis zum Morgen seines fünfundfünfzigsten Geburtstags wird mein Leben ein einziger schlafloser Alptraum sein (weil er während dieser Zeit zuerst seinen Wehrdienst, danach alljährlich Reserveeinsätze abzuleisten hat). Ich bin nicht bereit, mir schon jetzt den Schlaf rauben zu lassen. Wieso schleppen Sie meinen Sohn nach Tira mit? Er ist erst zehn...' Eitans Lehrer stimmte in ihre Klage ein. ‚Wer sind Sie eigentlich?' fragte er mich. ‚Sie sind eine naive Amerikanerin. Sie kommen hierher, predigen uns die Demokratie, sagen uns, was wir zu tun haben – und dann fahren Sie wieder nach Hause, setzen sich auf ihre gemütliche Ledercouch, sehen uns im Fernsehen und sagen, igittigitt, wie inhuman! Sie tun das alles nur, damit Sie auf den Cocktailparties Ihrer Firma etwas zum Erzählen haben.' Die beiden waren echt wütend. Ich versuchte Ihnen zu erklären, daß die israelischen Araber die Kontakte fortsetzen wollten und daß die Entfremdung nur noch schlimmer würde, falls die Juden ihnen jetzt die kalte Schulter zeigten. Darauf der Lehrer: ‚Natürlich wollen sie sie fortsetzen! Merken Sie nicht, wie falsch sie sind? Wir sind gekommen und haben ihren Lebensstandard verbessert – und wissen Sie, was der Dank dafür sein wird? Daß wir alle eines Tages in Manhattan leben!' Und nun mischte sich auch noch ein zweiter Lehrer ein und sagte: ‚Mein Sohn verprügelt im Gazastreifen Araberkinder. Wie kann ich da meine Schüler zu Klassentreffen mit arabischen Kindern in Tira bringen? Ich bin dafür, daß wir die ganze Aktion sofort einfrieren.'"

Bei diesem Stand der Diskussion meldete sich der Direktor der Schule zu Wort, berichtete Laura. „‚Hat hier jemand was von einfrieren gesagt?' fragte er. ‚Habe ich das richtig verstanden? Wissen Sie, woher ich stamme? Ich stamme aus Polen. Ich lebte dort in einem Ghetto. Ich konnte nicht reisen. Zwei meiner Freunde starben 1948 beim Kampf gegen die Araber aus Tira. Sie sind gestorben, damit die Juden einen Fleck auf Erden bekamen, auf dem sie sich sicher fühlen konnten. Wenn Sie morgen nicht nach Tira fahren, dann enden wir alle wieder im Ghetto...'"

Das nächste arabisch-jüdische Klassentreffen fand dann also doch statt, aber von den vierzig jüdischen Schülern kamen nur zwanzig. Die Araberkinder seien darüber sehr enttäuscht gewesen, meinte Laura. Es sei für sie keine politische Frage gewesen; sie empfanden es vielmehr als persönliche Brüskierung. „Wo ist mein Freund aus Kfar Saba?" fragten sie. „Warum fürchtet er sich, in unser Haus zu kommen? Für wen hält er mich eigentlich?" Eine Woche später stand der Gegenbesuch in Kfar Saba an. Und da hatten dann einige jüdische Eltern – unter ihnen auch Eitans Mutter – ihre Kinder zu Hause behalten.

„Said war am Boden zerstört", sagte Laura. „Er sah es als rein persönlichen Affront. ‚Das war's‘, sagte er zu mir. ‚Ich will keine Klassentreffen mehr. Nie mehr!‘"

In der nächsten Woche besuchte Laura wieder die jüdische Schule in Kfar Saba. „Ich erklärte den Kindern, was geschehen war. Ich sagte ihnen, daß es künftig keine Klassentreffen mehr geben würde, weil die Eltern dagegen seien. Brieffreundschaften seien aber noch möglich; sie sollten doch den Kindern in Tira schreiben. Mitten in meiner Rede rasselt die Alarmglocke, und ein Lehrer platzt herein und ruft: ‚Zivilverteidigungsübung! Wir spielen einen arabischen Angriff durch!‘ Also verschwindet die ganze Klasse unten im Bunker; und da hockte ich dann in meinem Interns-for-Peace-T-Shirt und schlotterte vor Kälte."

„Was für Schlüsse ziehen Sie aus alldem?" fragte ich sie.

„Zuerst einmal den, daß Blut dicker ist als Wasser – buchstäblich", sagte Laura. Sie spreizte drei Finger und fuhr fort: „Hier ist Tira, da ist Tulkarm (eine arabische Stadt im Westjordanland), und dort ist Raanana (eine israelisch-jüdische Stadt). Heute sieht das so aus: Die Araber in Tira spenden Blut für die Araber in Tulkarm, damit die Araber in Tulkarm Juden in Raanana mit Steinen beschmeißen können. Und Laura steht mittendrin und sagt: ‚Laßt uns Freunde werden!‘ Früher war das anders. Wenn ich die jüdischen Kinder nach dem Unterschied zwischen den Menschen in Tira und denen in Tulkarm fragte, antworteten sie: ‚Also, die in Tira sind so was wie jüdische Moslems, und die anderen sind echte Araber.‘ Worauf ich ihnen dann geduldig erklärte, daß es Araber im Westjordanland und israelische Araber gibt, und wodurch sie sich unterscheiden. Aber seit dem Friedenstag geht das nicht mehr. Die israelischen Araber sind ja selbst schizophren. Erst wurden sie von der israelischen Seite beherrscht – und jetzt kommen sie unter die Fuchtel der Palästinenser."

Laura machte eine Pause und fuhr dann fort: „Am Wochenende

fahre ich immer nach Jerusalem, um mich zu erholen. Letzte Woche auch wieder. Ich komme nach Hause, stelle den Fernseher an und... Wissen Sie, was für eine Serie da schon seit einem Jahr läuft? „North and South", eine Folge über den amerikanischen Bürgerkrieg. Ich weiß nicht, wer auf diese Idee gekommen ist. Was mich betrifft, ich schalte den Kasten gleich wieder ab, sperr' mich in meinem Zimmer ein und leg' mir meinen Vivaldi auf."

Laura kam zum Schluß: „Sie sind Feinde. Sie sind wirklich Feinde, ich kann es jetzt einfach nicht mehr abstreiten." Sie meinte die Palästinenser und die Israelis. „In allen Beziehungen tun wir so, als ob alles bestens liefe und wir ganz gut miteinander auskämen, doch irgendwann gelangst du an einen Punkt, wo es nur noch unüberwindbare Konflikte gibt. Ich glaube inzwischen wirklich, daß meine Arbeit hier die Realität verkennt..."

Als der Verwerfungsgraben aufbrach, wurde jeder, der ihn im Spagat zu überbrücken versuchte, auseinandergerissen wie Rumpelstilzchen. Man frage nur Naomi Shapiro, eine amerikanische Jüdin Mitte Zwanzig, die schon seit zwei Jahren für Interns for Peace in Tira arbeitete. Wie viele andere amerikanische Juden, die sich in Israel für die arabisch-jüdische Koexistenz einsetzten, hatte auch Naomi das Gefühl, eine Art Doppelleben zu führen. Zwar sympathisierte sie mit den Palästinensern aus Tira, doch ging ihre Zuneigung nie so weit, daß sie ihr eigenes Judentum oder ihre Identifikation mit dem Land Israel aufgegeben hätte. Umgekehrt machte sie die Identifikation mit Israel und dem Zionismus nie so blind, daß sie darüber ihr Verständnis für das palästinensische Streben nach einem eigenen Staat vergessen hätte. Der Balanceakt ging so lange gut, bis die Intifada die Verwerfungslinie so weit aufriß, daß Naomi abspringen mußte – auf die eine oder die andere Seite. Die Stunde der Wahrheit schlug für sie unerwarteterweise in der Cafeteria des Jerusalemer Busbahnhofs, wo sie sich ein Stückchen Kuchen besorgen wollte.

„Es war einige Monate nach Beginn der Intifada", erzählte sie. „Ich trug einen Button mit der Aufschrift ‚Schluß mit der Besetzung' – auf hebräisch, englisch und arabisch. Ich ging zum Büfett, um zu bestellen. Ein palästinensischer Kellner bediente mich. Ich hatte ihn schon früher mal gesehen. Er mußte den ganzen Tag Juden bedienen und dabei ein freundliches Gesicht machen. Er nahm das Kuchenstück, das ich bestellt hatte, aus der Auslage und wollte es mir gerade geben, als mir plötzlich auffiel, daß er wie gebannt auf mein Hemd starrte. Mir fiel sogleich der Button ein, den ich trug. Wir hatten bis dahin Hebräisch gesprochen. Jetzt wechselte er ins Englische und fragte: ‚Wo haben Sie den Button her?' – ‚Von einem Freund', antwortete ich. – ‚Haben Sie noch so einen?' – Ich verneinte, worauf er sich aufs Bitten verlegte, ja eigentlich fing er sogar richtig zu betteln an. ‚Bitte, bitte, geben Sie mir diesen Button. Ich möchte ihn so gerne haben. Ich brauche ihn unbedingt!'"

Naomi merkte, daß er schier am Verzweifeln war. Sie nestelte also den Button vom Hemd und reichte ihn dem Kellner, zusammen mit dem Geld für das Stück Kuchen. Der Palästinenser nahm den Button, nicht jedoch das Geld.

„Er sagte nur immer wieder: ‚Ich danke Ihnen, ich danke Ihnen...' Währenddessen waren all die Israelis in der Cafeteria auf uns aufmerksam geworden. Vor allem so ein Orthodoxer fiel mir auf, ein echter Schwarzhut, der mich anstarrte, Sie wissen schon, mit diesem typischen Was-treibst-du-da-mit-diesem-dreckigen-Araber-Blick."

Beim Verlassen der Cafeteria, erzählte Naomi weiter, folgte ihr der palästinensische Kellner.

„Draußen fragte er mich, woher ich käme. Ich sagte, ich sei Amerikanerin. Und da fragte er: ‚Wissen Sie eigentlich, was hier geschieht?' Ich kam mir vor wie in einem Spionagefilm... so, als ob wir beide die einzigen Menschen auf der Welt wären, die das Geheimnis der Intifada kannten. Flüsternd wiederholte er seine Frage: ‚Wissen Sie eigentlich, was hier geschieht?' – ‚Ja, ja, ich weiß, was hier geschieht!' sagte ich, und wir nickten einander zu. Ich gab ihm die Hand, und er sagte: ‚Ich bitte Sie, kommen Sie wieder, bitte!' Als er ging, zitterte ich so sehr, daß ich mir den halben Kaffee übers Hemd goß."

„Worüber regten Sie sich so auf?" fragte ich.

„Na ja, erst hatte ich mich mit ihm identifizieren wollen. Ich wollte sagen, ja, mach nur weiter so, wirf Steine, wehr dich mit Gewalt", erklärte Naomi. „Doch dann überkam mich das große Zittern, weil mir plötzlich klarwurde, daß er mich ganz anders sah als ich. Er sah mich nicht als Jüdin, sondern als Amerikanerin, als nichtjüdische Amerikanerin, als Verbündete. Grob gesprochen, sah er in mir eine pro-arabische Amerikanerin. Ich bin Jüdin und pro-israelisch eingestellt, aber ich habe in einem arabischen Dorf gelebt. Ich hätte ihm sagen müssen, daß ich Jüdin bin, und ärgerte mich über das Versäumnis. Und doch hatten wir ja bloß deshalb miteinander reden können, weil er mich eben nicht so einschätzte, wie ich mich selbst einschätze. Schon sah ich meine Mutter vom Himmel herab die Szene beobachten und hörte sie schimpfen: ‚Das ist nicht dein Volk! Was treibst du da unten mit diesem Araber?'"

Naomi Shapiros Stimme bebte vor Kummer, als sie fortfuhr: „Das Problem mit der Identifikation ist unter den neuen Umständen viel größer. Mit einem Button kann jeder herumlaufen – bis man eben an den Punkt gelangt, wo man eine Entscheidung treffen muß. Dieser Palästinenser bildete sich ein, daß ich mich bereits für seine Seite entschieden hätte. In Wirklichkeit stimmte das überhaupt nicht. Ich ärgerte mich maßlos darüber, daß ich nicht zu ihm gesagt hatte: ‚Ich bin nicht die, für die Sie mich halten.‘ Der Button sollte aussagen: Ich kann mich mit eurer Sache identifizieren, ohne meine jüdische Identität preiszugeben. Die Intifada stellte dagegen: Nein, das kannst du nicht, du mußt dich entscheiden. Was also tat ich? Ich habe die Cafeteria nie wieder betreten. Denn sonst hätte ich dem Palästinenser als diejenige gegenübertreten müssen, die ich bin – und ich bin mir nicht sicher, ob ich das überhaupt will."

Es kostete Jassir Arafat mehrere Anläufe, doch im Dezember 1988, fast auf den Tag genau ein Jahr nach Ausbruch der Intifada, erkannte er Israels Existenzrecht erstmals öffentlich an. Der Prozeß, der ihn letztlich dazu veranlaßte, die Zauberworte auszusprechen, hatte einen Monat früher, im November 1988, auf einer Konferenz des Palästinensischen Nationalrats – des palästinensischen Exilparlaments – in Algier begonnen. Arafat hatte während der Beratungen seine altvertraute Politik fortgesetzt, das heißt, er arbeitete auf einen Interessenausgleich hin zwischen jenen Palästinensern aus den besetzten Gebieten, die sich für eine formelle Anerkennung Israels aussprachen und die Erstellung von Rahmenbedingungen für echte Friedensverhandlungen forderten, und anderen Gruppen, die noch immer dem Traum nachhingen, einst ganz Palästina zurückzuerobern. Das Ergebnis der Beratungen war die Ausrufung eines unabhängigen Palästinenserstaats ohne genau festgelegte Grenzen. Gleichzeitig verabschiedete der Palästinensische Nationalrat jedoch eine Erklärung, in der in außerordentlich gewundener Sprache und mit unzähligen Einschränkungen die UNO-Resolutionen 242 und 338 sowie der Teilungsplan von 1947 akzeptiert wurden. Dies wiederum implizierte eine Anerkennung Israels in den Grenzen vom Vorabend des Sechstagekriegs von 1967. Doch als die Konferenz vorüber war und Arafat expressis verbis gefragt wurde, ob er nun Israel anerkenne oder nicht, da vermied der PLO-Führer eine unmißverständliche Antwort und führte statt dessen einen seiner üblichen verbalen Fächertänze auf.

Der Konferenz folgte eine ganze Reihe öffentlicher Erklärungen, in denen Arafat immer wieder „erläuterte", was die Resolutionen des Nationalrats „wirklich" besagten. Von gemäßigten Araberführern sowie Palästinensern aus den besetzten Gebieten wurde er zu präziseren Aussagen über Israel gedrängt. In Genf erreichte der Klärungsprozeß schließlich seinen Höhepunkt. Am 13. Dezember 1988 sprach Arafat vor einer Sondersitzung der UNO-Generalversammlung. Arafat ging in seiner Rede weiter als je zuvor, blieb jedoch noch eine Nuance hinter der bedingungslosen Anerkennung des israelischen Existenzrechts sowie der unzweideutigen Abkehr vom Terrorismus zurück. Dies waren die Vorbedingungen der Amerikaner für die Aufnahme von Gesprächen mit der PLO gewesen. Tags darauf, in einer weiteren erläuternden Pressekonferenz, würgte Arafat hervor, daß er „das Recht aller Parteien im Nahostkonflikt auf eine Existenz in Frieden und Sicherheit" anerkenne, und dies schließe ausdrücklich, „wie ich bereits erwähnt habe, die Staaten Palästina, Israel und andere Nachbarländer" mit ein. Er fügte hinzu, daß die PLO „alle Formen des Terrorismus total und absolut ablehnt."

Diese Erklärung genügte den Amerikanern, und US-Diplomaten in Tunis wurden umgehend beauftragt, den Dialog mit der PLO zu eröffnen. Die Mehrheit der Israelis, einschließlich der israelischen Politiker, verhielt sich indessen zurückhaltend. Von Begeisterung über Arafats Erklärung konnte keine Rede sein.

Was waren die Gründe für diese gedämpfte Reaktion?

Zunächst einmal bekamen viele Israelis gar nicht mit, was Arafat gesagt hatte. Gewiß, sie hörten das Wort „Israel", doch ließ sie diese Äußerung völlig kalt. Die Worte Arafats in Genf und der Ton, den er anschlug, waren ausschließlich an ein bestimmtes Publikum gerichtet – die Amerikaner. Und um dieses Publikum zu erreichen, mußte er die Worte nachsprechen, die George Shultz ihm buchstäblich diktiert hatte. Nach mehreren mißglückten Versuchen war Arafat dieser Aufforderung schließlich nachgekommen. Für die meisten Israelis hingegen bediente sich der PLO-Führer einer toten Sprache. Er sprach internationales Diplomatenlatein mit Codewörtern wie „Resolution 242", „338" und „Anerkennung". Das war die Sprache von 1947, allenfalls noch die von 1967 – aber nicht die Sprache von 1988. Man muß sich vergegenwärtigen, daß jede arabische Friedensouvertüre in Israel an der Friedensinitiative Anwar el-Sadats gemessen wird. Die Israelis hatten Sadat vor ihrem Parlament sprechen sehen; sie hatten gesehen, wie er die israelische Fahne grüßte, die frühere Ministerpräsidentin Golda Meir auf die Wange küßte und das Holocaust-Denkmal Jad Waschem besuchte. Was er tat, war so weitreichend und hinsichtlich der Anerkennung Israels so klar und unmißverständlich, daß niemand an seiner Aufrichtigkeit zweifeln konnte. Mit seinem Besuch in Jerusalem bewies Sadat zudem großen Mut und beeindruckte damit die Israelis. Die Lage, in die er sich manövriert hatte, duldete keinen Fehlschlag. Arafats Anerkennung Israels bewies kaum etwas von jenem Wagemut und jener Aufrichtigkeit; sie war daher kaum dazu angetan, die israelische Angst und den israelischen Argwohn gegen ihn zu zerstreuen.

Ein paar Tage nach Arafats Erklärung rief ich David Hartman an, gespannt, wie er auf das Ereignis, das die Welt erschüttert hatte, reagieren würde. „Daß Arafat bereit ist, mich als eine Tatsache anzuerkennen, ist völlig irrelevant", meinte er. „Das wissen die Israelis ohnehin, und da brauchen sie keinen Arafat, der ihnen das bestätigt. Was sie von ihm und den anderen Palästinensern hören wollen, ist folgendes: Sie sollen die Juden in Israel als Heimkehrer anerkennen, denn der tiefste Impuls für die Rückkehr nach Israel war ihr starkes Gefühl der Heimatlosigkeit. Arafat erkennt mich an – und dann schimpft er meine Regierung eine Junta. Er erkennt mich an – und behauptet, ich sei ein fremdes Implantat. Er erkennt mich an – aber nicht, weil ich hier zu Hause bin, sondern weil ich Macht habe. Wenn er mit uns ins Gespräch kommen will, muß er uns nehmen, wie wir uns selbst sehen – sonst braucht er gar nicht erst den Mund aufzumachen."

Für manche Israelis, wie etwa den Ladenbesitzer, bei dem ich immer einkaufte, hätte Arafat in Genf sagen können, was er wollte – sie trauten ihm sowieso nicht. Das Geschäft gehörte einer Familie irakischer Juden, die 1943, von Bagdad kommend, nach Israel eingewandert war. Der Familienpatriarch, ein alter Griesgram, saß an der Registrierkasse. Er nannte sich Sasson und hielt sich für einen Experten auf drei Gebieten: Äpfel, Orangen und Araber – und dies nicht unbedingt in der hier wiedergegebenen Reihenfolge.

Alles, was Sasson in seinem Leben erfahren, gerochen oder berührt hatte, verdichtete sich in ihm zu der Überzeugung, daß die Araber nie und nimmer dazu bereit wären, einen Judenstaat in ihrer Mitte zu akzeptieren, und daß jedes Zugeständnis an die Palästinenser unweigerlich ein Schritt auf dem Weg zur endgültigen Zerstörung Israels sei. Wenn er seinen Argumenten Nachdruck verleihen wollte, legte Sasson die Hände auf die Registrierkasse und streckte den Zeigefinger der Rechten aus. Die linke Hand wie ein imaginäres Fleischermesser benützend, tat er so, als säbele er sich Stück um Stück vom Zeigefinger ab, bis hinauf zum Knöchel, und verkündete dann im Brustton der Überzeugung: „Das machen die Palästinenser mit uns, wenn wir ihnen die Gelegenheit dazu geben."

Wenn Sasson von israelischen oder amerikanischen Friedensbewegten hörte, die Palästinenser wollten eigentlich in Frieden mit den Juden leben, dann klang das in seinen Ohren so, als hätten sie einen Apfel als Apfelsine bezeichnet. Es lief schlichtweg allem zuwider, was das Leben im Irak und in Jerusalem ihn gelehrt hatte. Weder das Camp-David-Abkommen zwischen Israel und Ägypten noch irgendwelche Erklärungen von Jassir Arafat konnten ihn von seiner Überzeugung abbringen.

Was Sasson betrifft, so liegt das Problem zwischen ihm und den Palästinensern nicht darin, daß sie einander nicht verstehen. Ganz im Gegenteil: Sie kennen einander zu gut. In seinem tiefsten Innern weiß Sasson genau, was er den Palästinensern genommen hat – und er weiß auch, daß die Palästinenser es sich gemerkt haben. Er nahm ihnen ihr Land – ein Teil davon wurde redlich erworben, ein anderer kam durch Enteignung in seinen Besitz, wieder ein anderer war Kriegsbeute. Im Grunde ist es auch gleichgültig, auf welche Weise er dazu kam. Er weiß nur eines: Die Palästinenser wollen es zurückhaben, und weil sie von Anfang an alles haben wollten, wollen sie jetzt auch alles zurück. Und selbst wenn Arafat eines Tages öffentlich verkünden sollte, er habe sich einer Therapie unterzogen, sei nun ein neuer Mensch geworden und wolle fürderhin den Teilungsplan von 1947 anerkennen, wird Sasson ihm das nicht abnehmen.

Viele andere Israelis interessierten sich nicht für Arafats Ankündigungen. In ihren Augen war er einfach nicht fähig, ihnen das zu geben, was sie sich am meisten wünschten. Auch dieser Standpunkt läßt sich am ehesten im Lichte der Sadatschen Friedensinitiative begreifen. Sadat konnte den Israelis etwas Totales anbieten – die Beendigung des Kriegszustands mit dem größten arabischen Land. Angesichts der Machtverhältnisse in der Region war dies gleichbedeutend mit der Beendigung des Kriegszustands zwischen Israel und *allen* Araberstaaten, zumindest auf absehbare Zeit. Bei der Erwägung eines möglichen Abkommens mit Arafat über das Westjordanland und den Gazastreifen stellen sich Israelis die Frage: Was geschieht, wenn wir diese Gebiete aufgeben? Herrscht dann endlich Ruhe zwischen uns und den Palästinensern? Und vorausgesetzt, Arafat handelt tatsächlich in bester Absicht – genügt das? Die Antwort lautet nein. Israel würde sich auch dann noch mit Abu Nidal, Abu Musa und all den anderen palästinensischen Flüchtlingen auseinanderzusetzen haben, die weder im Westjordanland noch im Gazastreifen leben wollen, sondern darauf bestehen, in ihre alte Heimat, das israelische Kernland in den Grenzen von vor 1967, zurückzukehren. Folglich sehen sich die Israelis vor die Alternative gestellt: entweder kein Friede mit allen Palästinensern oder kein Friede mit einem Teil der Palästinenser. Die meisten von ihnen dürften – zumindest gegenwärtig – den friedlosen Zustand mit allen Palästinensern vorziehen.

Diese Wahl ist nicht ohne Logik. Im Frühjahr 1988 verbrachte ich einen Abend im Flüchtlingslager Kalandia, um dort palästinensische Teenager über die Intifada zu interviewen. Ich stellte ihnen die folgende Frage: „Angenommen, morgen früh erkennen euch die Israelis an und geben den Palästinensern einen eigenen Staat, der das Westjordanland und den Gazastreifen umfaßt. Übermorgen kommt dann der radikale palästinensische Guerillaführer Georges Habasch zu euch und sagt, er möchte eine Guerilla-Attacke gegen die israelische Stadt Haifa führen, um sie von den Juden zu befreien. Was würdet ihr ihm sagen?"

Sie fingen alle gleichzeitig an zu reden. Der lockenköpfige junge Palästinenser rechts von mir nickte unablässig mit dem Kopf und wiederholte dabei auf arabisch: „Vom Fluß bis an das Meer, vom Fluß bis an das Meer ..." – eine Anspielung auf die alte palästinensische Forderung nach einem Palästina zwischen Jordan und Mittelmeer. Der Teenager neben ihm begann mit einer ausführlichen Darstellung der palästinensischen Demokratie und sagte, daß eine solche Attacke eines Mehrheitsbeschlusses bedürfe – und ein solcher käme nie zustande. Wieder einen Platz weiter saß ein Einundzwanzigjähriger und gestikulierte wie ein Verkehrspolizist auf einer Kreuzung. Er forderte den imaginären Habasch auf: „Bitte sehr, bitte, schießen Sie los!"

Wahr ist, daß die ablehnende Haltung der Israelis gegenüber Arafat nicht nur daher rührt, daß manche ihn nicht verstehen können und andere ihm nicht vertrauen. Die meisten von ihnen *wollen* ihn ganz einfach nicht verstehen. Der Vergleich mit einer U-Bahn-Fahrt macht die Situation klar: Es kommt gelegentlich vor, daß man gerade noch den letzten freien Sitzplatz im Wagen erwischt. An der nächsten Station steigt ausgerechnet ein kleines altes Mütterchen mit zwei großen schweren Einkaufstaschen zu. Wie reagiert man in dieser Situation? Man hält sich seine Zeitung ein wenig höher vors Gesicht, weil man genau weiß, daß man beim direkten Blickkontakt mit der alten Dame sofort aufstehen muß.

Genauso ist es mit den Israelis und Arafat. Die Juden hatten zweitausend Jahre lang auf der U-Bahn des Lebens nur Stehplätze – bis 1948 endlich ein Sitz frei wurde. Und seither steht permanent die alte Dame mit den Einkaufstaschen neben ihnen und zetert: „He, Jude, aufstehen! Du sitzt auf meinem Platz. Er ist für mich reserviert. Steh auf!" Der Jude weigert sich, worauf die Dame ihn mit Flaschen und Getränkedosen bombardiert und alle andern Fahrgäste für sie Partei ergreifen: „He, Jude, aufstehen! Der Platz gehört der Dame!" Nach vierzig Jahren reicht es der alten Dame. Sie wirft keine Dosen mehr, sondern begnügt sich von nun an damit, den Juden mit dem Regenschirm in die Seite zu pieken und ihm dabei heimlich zuzuflüstern, sie sei jetzt bereit, den Sitzplatz einträchtig mit ihm zu teilen; er solle nur ein wenig beiseite rücken. Aber der Jude hat sich inzwischen an seinen Platz gewöhnt. Er findet ihn bequem und fühlt sich dort geborgen. Und nachdem er sich vierzig Jahre lang mit dieser Frau gestritten hat, ist er jetzt nicht bereit, die psychologischen Risiken eines gemeinsamen Sitzplatzes auf sich zu nehmen – selbst wenn diese Dame ihn weiterhin mit dem Regenschirm piesackt. Also verschanzt er sich hinter seiner Zeitung und brummelt der kleinen alten Dame zu: „So sprechen Sie doch etwas lauter! Ich kann Sie nicht verstehen." Nach einer Weile ruft die Dame laut und deutlich: „Ich bin bereit zu teilen! Ich bin bereit zu teilen!" Aber der Jude bleibt ungerührt hinter seiner Zeitung sitzen und sagt nur immer wieder: „Ich kann Sie nicht verstehen. Ich kann Sie nicht verstehen."

Das Gefühl, nach so vielen Jahren endlich einen Sitzplatz gefunden zu haben, ist in der Seele Israels tief verankert. Die Menschen, aus denen sich die israelische Nation zusammensetzt, sind alle einmal irgendwo auf der Welt von ihren Sitzplätzen in der U-Bahn vertrieben worden. Ihre Bindung an den Platz, den sie jetzt innehaben, ist fast schon metaphysischer Natur, und sie haben wenig Sympathie für andere, die ebenfalls vertrieben worden sind und nun behaupten, sie müßten genau dort Platz nehmen, wo der Jude sitzt. Ich bin überzeugt, daß Jassir Arafat eines Tages aufsteht und in perfektem Hebräisch *Hatikwa* anstimmt, die israelische Nationalhymne. Aber die Israelis werden bloß die Köpfe schütteln und sagen: „Na, na ... Wir würden uns ja gerne mit Ihnen unterhalten, aber Sie haben unsere Nationalhymne in der falschen Tonart gesungen. Kommen Sie wieder, wenn Sie sie richtig singen können."

Besonders verbreitet ist diese Haltung in der politischen Führung des Landes. Die Politiker wissen, daß die Entscheidung über die Größe des zu räumenden Platzes ihr Land in einen Bürgerkrieg stürzen kann. Eine freiwillige Aufgabe des Westjordanlands und des Gazastreifens erfordert eine definitive israelische Antwort auf die Fragen: Wer sind wir als Nation? Wollen wir biblische Grenzen oder pragmatische Grenzen haben? Sind wir hier, um der Ankunft des Messias den Weg zu ebnen, oder wollen wir hier einfach einen jüdischen Staat aufbauen? Aus Gründen, die ich bereits erläutert habe, gibt es kaum einen israelischen Politiker, der bereit wäre, diese Fragen zu beantworten. „Was soll ich mir darüber den Kopf zerbrechen?" fragen sie. „Es ist doch besser, in der Palästinenserfrage nur ein rein sicherheitstechnisches Problem zu sehen, als den Palästinensern einen eigenen Staat zuzugestehen und es darüber zu einer inneren Zerreißprobe kommen zu lassen." Aus diesem Grund war in Israel die Bereitschaft, mit Ägyptern, Jordaniern und sogar Syrern zu reden, immer viel größer als der Wille zum Dialog mit den Palästinensern – und dies, obwohl viel mehr Juden von ägyptischer, jordanischer und syrischer Hand getötet wurden als von palästinensischer. Es ist ganz einfach so, daß Gespräche mit den Nachbarländern die Israelis nicht zum Blick in den Spiegel und zur Beantwortung der Frage zwingen: Wer bin ich eigentlich?

Bei einer Dinnerparty im Sommer 1988 in Herzliya saß ich neben einem führenden Kabinettsmitglied der Arbeiterpartei am Tisch, einem Mann, der tagtäglich mit Fragen der Sicherheitspolitik befaßt ist. Wir sprachen über das Übliche – Amerika, die Wirtschaft, die Araber und so weiter –, bis ich ihn schließlich fragte, wie er die moralische Herausforderung der israelischen Armee durch die Intifada einschätze. Der Minister verspeiste gerade ein Stück Lammfleisch. Er hörte auf zu kauen, sah mich an – der nächste Brocken steckte bereits auf der Gabel – und sagte geradeheraus: „Wenn Sie mich fragen – je eher die Palästinenser wieder zum Terrorismus zurückkehren, desto besser für uns."

Sprach's – und wandte sich wieder seinem Lammfleisch zu.

Wann werden die Israelis bereit sein, Arafats Botschaft anzuhören? Erst, wenn ihnen nichts anderes mehr übrigbleibt. Kein Nationalstaat in der Weltgeschichte hat jemals freiwillig Gebiete aufgegeben, die er aus ideologischen oder sicherheitspolitischen Gründen halten wollte und von denen er glaubte, sie aus eigener Kraft halten zu können. Israelis und Palästinenser machen da keine Ausnahme. 1947 glaubten die Palästinenser, das gesamte Land Palästina gehöre ihnen und sie hätten die Macht, es zu halten. Daher wiesen sie den Teilungsplan der Vereinten Nationen strikt zurück. Die Bereitschaft der Zionisten, das Land mit ihnen zu teilen und einen Palästinenserstaat in unmittelbarer Nachbarschaft zu akzeptieren, interessierte sie überhaupt nicht. Es war ihr Pech, daß sie die realen Machtverhältnisse in jener Zeit falsch einschätzten: Die Zionisten waren viel stärker, als es nach außen hin den Anschein hatte. Inzwischen haben sich die Vorzeichen geändert: Die Israelis beherrschen das Land, und die Palästinenser wünschen die Teilung. Heute versuchen die Israelis, die Palästinenser so lange wie nur irgend möglich zu ignorieren. Das mag grausam oder dumm erscheinen, entspricht aber genau den Spielregeln, die in diesem Land schon immer gegolten haben. Ich bin überzeugt, daß die Israelis auf das, was Arafat und die palästinensische Nation zu sagen haben, erst hören werden, wenn sie spüren, daß es für sie keinen anderen Ausweg mehr gibt als Verhandlungen. Die Bedingungen eines Abkommens interessieren den Betroffenen nur dann, wenn er darauf angewiesen ist. Bis zum Zeitpunkt der Niederschrift dieser Zeilen hat die Intifada noch nicht genug inneren Druck auf die Israelis ausgeübt; sie hat noch nicht genügend Anreize geschaffen, um eine signifikante Mehrheit der Israelis davon zu überzeugen, daß sie im Westjordanland und im Gazastreifen entweder die Macht oder die Souveränität mit den Palästinensern teilen können und teilen sollen.

Der Aufstand war immerhin bedrohlich genug, um die israelische Armee dazu zu zwingen, die von jedem israelischen Mann zwischen einundzwanzig und fünfundfünfzig Jahren geforderte Reservedienstzeit von maximal dreißig auf maximal sechzig Tage pro Jahr zu erhöhen. Auch wirtschaftlich hat sich die Intifada ausgewirkt: Die Wachstumsrate des israelischen Bruttosozialprodukts lag 1988 nur zwischen ein und zwei Prozent, verglichen mit 5,2 Prozent im Jahre 1987. Was die Verluste an Menschenleben betrifft, so entsprechen die elf im ersten Jahr der Intifada getöteten Israelis zahlenmäßig ungefähr den Verkehrstoten, die im Lauf von vierzehn Tagen im israelischen Straßenverkehr ums Leben kommen. Insgesamt gesehen ist die Lage zwar nicht angenehm, doch wird man kaum behaupten können, Israel stehe bereits mit dem Rücken zur Wand.

Im Juni 1988 saß ich einmal in einer Bar in Tel Aviv mit Zeev Chafets bei einem Drink. Von unserem kleinen Séparée in der Ecke aus beobachteten wir, wie sich die Bar mit Stammgästen füllte – mit Geschäftsleuten und Dichtern, mit flirtwilligen Frauen, die sich nach flirtwilligen Männern umschauten, mit Journalisten, Waffenhändlern, Kleinhändlern und Soldaten auf Wochenendurlaub. Schon bevor die Band zu spielen anfing, dröhnte eine Symphonie von Stimmen durch den Raum: Die Leute stritten, lachten und logen. Irgendwo verbreitete sich eine laute Stimme über schwarze Damenschlüpfer. Von hier aus gesehen waren die Intifada, das Westjordanland und die Steinewerfer ferne Trommeln im Busch – etwas, worüber die meisten Israelis nur aus der Zeitung wußten und vielleicht auf dem Weg zur Arbeit oder am Freitagabend im Freundeskreis mal ein paar Sekunden lang nachdachten. Die Gäste der Bar besuchten das Westjordanland genauso selten wie die meisten anderen Israelis, weshalb für sie die Tatsache, daß diese Gebiete inzwischen noch gefährlicher geworden waren als früher, ein rein theoretisches Problem darstellte, das man am besten der Armee überließ.

Schai, der Besitzer der Bar, ein Bonvivant und ehemaliger Boxer, erläuterte mir die Realitäten des Lebens: „Hier in der Bar ist im Grunde niemand an der Intifada interessiert. Kein einziger Kerl wird deswegen zum Säufer. Wir sind hier, um uns zu amüsieren – das war schon vor der Intifada so, und so wird es auch sein, wenn es keine Intifada mehr gibt. Der einfache Palästinenser will halt sein palästinensisches Land. Ich verstehe das ja. Er mag die Juden nicht – aber wir sind nun einmal da. Mein Küchenchef wohnt im Gazastreifen. Er ist ein paar Tage lang nicht zur Arbeit gekommen, aber dafür konnte er nichts. Er verhielt sich mir gegenüber absolut loyal. Ihm und seinen Kellnern war von vornherein klar, daß mit der Intifada kein Geld zu verdienen ist. Über Politik rede ich mit ihnen nicht, aber ich sage Ihnen eines: Vor ein paar Monaten waren sie bei uns in der Küche davon überzeugt, daß wir hier bald einen Palästinenserstaat haben werden. Inzwischen ist das wieder verflogen. Alles ist wieder beim alten, was die arabischen Angestellten betrifft."

Schai wandte sich ab, um andere Gäste zu begrüßen, und die Zwei-Mann-Band fing an zu spielen. Ihr Medley begann mit einem populären israelischen Lied, das den Titel *Eretz, Eretz, Eretz* trägt. Alle Barbesucher stimmten ein. Da kam plötzlich mein Freund Zwi el-Peleg auf mich zu, ein israelischer Arabist und ehemaliger Gouverneur des Gazastreifens, und setzte sich neben mich. Die Band spielte sehr laut, und die Stimmung der Mitsingenden wurde immer übermütiger. Peleg stellte mir eine Frage, aber ich konnte ihn nicht verstehen. „Was?" fragte ich zurück und hielt meine Hand ans Ohr. „Sprich ein bißchen lauter, ich kann dich nicht hören!"

Da brüllte Peleg mir buchstäblich ins Ohr: „Was hältst du von Abu Scharifs Vorschlägen?"

Er bezog sich auf einen am Vortag erschienenen Artikel von Bassam Abu Scharif, einem Mitarbeiter Jassir Arafats, in dem für eine internationale Konferenz und direkte Friedensgespräche zwischen der PLO und Israel geworben wurde. Der Artikel war die bis dahin kühnste Offerte an Israel, die je aus Arafats Umgebung gekommen war.

„Ich kenne ihn noch nicht!" rief ich Peleg zu.

Wir verständigten uns darauf, das Gespräch nach Beendigung der Musik fortzusetzen, und ich wandte meine Aufmerksamkeit wieder Chafets zu. „Was genau bedeutet eigentlich der Text des Liedes?" rief ich über den Tisch. „Jeder hier scheint es zu kennen."

„Der Refrain", antwortete Chafets, „lautet *Eretz, Eretz, Eretz* – Land, Land, Land: ein Land, in dem wir geboren sind, ein Land, in dem wir leben werden, was immer auch geschehen mag."

Der steinewerfende Palästinenser wurde zum Symbol der Intifada. Für das Titelfoto von *Newsweek* genügt das. Doch wenn die Intifada jemals greifbare Erfolge erzielen will, dann nicht mit Hilfe von Steinen oder Gewehren. Widerstand dieser Art werden die Israelis stets, ehe er ihnen ernsthaft gefährlich wird, mit ihrer gewaltigen militärischen Übermacht im Keime ersticken. Die einzige reelle Chance der Palästinenser, Israel spürbar unter Druck zu setzen, liegt in ihrer urpsrünglichen Taktik des zivilen Ungehorsams.

Ziviler Ungehorsam ist aus zwei Gründen für Israel besonders bedrohlich: Zum einen erfordert er, um erfolgreich zu sein, die Beteiligung der Palästinenser in ihrer Gesamtheit; einer allein oder einige wenige Aktive sind nicht dazu imstande. „Wenn ein einzelner Palästinenser sich weigert, in Israel zu arbeiten, seinen Personalausweis mit sich zu führen oder seine Steuern zu zahlen", erklärt Sari Nusseibeh, „dann hat das keine weiteren Konsequenzen. Es klappt nur, wenn hunderttausend Menschen so handeln – dann aber bedroht es die gesamte Struktur der Besetzung, die auf unserer freiwilligen Kooperation beruht."

Nusseibeh hat recht: Wenn hunderttausend Palästinenser sich weigern, in Israel zu arbeiten, wenn sie ihre Ausweise verbrennen und keine Steuern mehr zahlen, stehen die israelischen Militärbehörden vor dem Chaos. Sie müßten entweder alle inhaftieren – doch für so viele Häftlinge gibt es in Israels Gefängnissen keinen Platz –, oder aber sich damit abfinden, daß sie diese Menschen nicht mehr so herumkommandieren können wie früher. Auf diese Weise verwandelt sich das enorme demographische Gewicht der Palästinenser, ihre rein zahlenmäßige Macht, in echte politische Stärke. Zehn Palästinenser, die auf die Straße gehen, um sich dort von israelischen Truppen erschießen zu lassen, stören Israel nicht. Sie bedrohen die Besatzungsmacht nicht. Da die meisten Israelis ohnehin der Meinung sind, daß Unruhestifter nichts anderes verdienen, als erschossen zu werden, regen sie sich über solche Vorfälle nicht sonderlich auf. Selbst hundert Erschossene machen noch keinen allzu großen

Eindruck. Hunderttausend Palästinenser, die ihre Ausweise zerfetzen und die Arbeit in Israel verweigern, sind etwas ganz anderes. Sie kann man nicht einfach erschießen und damit die Sache als erledigt abtun. Sie werden zu einem Dauerproblem. Sie werden zu einem Brocken, der Israel langfristig schwer im Magen liegt, und es gibt nichts Schlimmeres als unablässiges Magendrücken.

Die zweite Gefahr, die sich für Israel aus echtem zivilem Ungehorsam ergeben kann, ist folgende: Falls die Palästinenser sich wirklich auf sozialem, wirtschaftlichem und politischem Gebiet vom israelischen System lösen wollen, so sind sie, wenn sie nicht verhungern wollen, darauf angewiesen, ihre eigene ökonomische, pädagogische, soziale, kulturelle und politische Infrastruktur zu entwickeln. Sie müßten eigene Schulen und eigene Systeme der gegenseitigen Unterstützung errichten. Mit anderen Worten: Ziviler Ungehorsam erfordert den langsamen, schmerzhaften Aufbau gruppenspezifischer Macht. Im Erfolgsfall würde eine solche Anstrengung das demographische Gewicht der Palästinenser in politisches Gewicht überführen. Palästinenser, die auf den Straßen randalieren und lauthals einen unabhängigen Staat fordern, werden die Israelis nicht beeindrucken. Palästinenser, die das innere Gerüst für eine unabhängige politische Einheit errichten, können dagegen nicht ignoriert werden. Ein solches Gerüst würde vielmehr den Israelis über alle Zweifel hinweg beweisen, daß es auf dem von ihnen besetzten Territorium noch ein anderes nationales Kollektiv gibt, das sich nach Freiheit sehnt. Es wäre ein Zeichen für die konkrete Umsetzung der Unabhängigkeitserklärung des Palästinensischen Nationalkongresses von Algier.

Die Intifada befand sich bereits auf diesem Weg. Es gab konkrete Versuche der Palästinenser, eigene Schulen zu gründen, die Lebensmittelverteilung zu organisieren und andere kommunale Unterstützungsprogramme ins Leben zu rufen. Ein einziges Mal konnte ich während der Unruhen echte Besorgnis bei israelischen Behördenvertretern feststellen: als sie das Gefühl hatten, die Palästinenser könnten sich tatsächlich aus dem israelischen System ausklinken. Die Israelis hatten ein- oder zweitägige Generalstreiks der Palästinenser schon des öfteren erlebt, nie zuvor jedoch so massiven zivilen Ungehorsam wie in den ersten Monaten der Intifada, als die geheime Führung der Palästinenser allen Geschäftsinhabern befohlen hatte, ihre Läden nur ein paar Stunden pro Tag offen zu halten; als Hunderte von Palästinensern, die als Polizisten oder Büroangestellte für die israelischen Besatzungsbehörden arbeiteten, ihren Dienst quittierten; als Tausende von palästinensischen Arbeitern nicht an ihren

Arbeitsstätten in Israel erschienen und als Tausende von palästinensischen Kaufleuten keine Steuern mehr zahlten und keine israelischen Waren mehr einkauften.

Der zivile Ungehorsam der Palästinenser sowie ihre Bemühungen, sich aus dem israelischen System zu befreien, gerieten allerdings nach einem Jahr Intifada ins Stocken. Das israelische System erwies sich als zu mächtig für die Palästinenser. Nur ein einziges kleines Beispiel: Im August 1987, vier Monate vor Ausbruch der Intifada, ging im israelischen Verteidigungsministerium eine computerisierte Datenbank für die besetzten Gebiete ans Netz, die rund dreizehn Millionen Mark gekostet hatte. Ihre Aufgabe war die genaue Überwachung der palästinensischen Eigentums- und Besitzverhältnisse, der Immobilien, des Führerscheinwesens, der familiären Bindungen, politischen Einstellungen, Verwicklungen in illegale Aktivitäten, der beruflichen Situation und der Konsumgewohnheiten. Meron Benvenisti, der Westjordanland-Experte, nannte den Computer „das Nonplusultra der Bevölkerungsüberwachung".

Sobald die Palästinenser Anstalten zu zivilem Ungehorsam trafen, bedienten sich die Israelis ihres Computers, um den Widerstand zu brechen – vor allem im Gazastreifen, dessen Bewohner in ihrem täglichen Broterwerb fast zur Gänze von Arbeitsplätzen in Israel abhängig waren. Als einige Palästinenser in Gaza nach Ausbruch der Intifada ihre Steuern nicht mehr zahlten, gab Israel die Ausgabe neuer Personalausweise bekannt. Ohne neuen Ausweis durfte nach dem festgesetzten Stichtag kein Palästinenser außerhalb des Gazastreifens arbeiten. Ohne neuen Ausweis gab es weder einen Führerschein noch Reisedokumente, weder Wasserzuteilungen noch Import-Export-Genehmigungen. Wer jedoch einen neuen Ausweis beantragte, mußte den Beweis erbringen, daß sämtliche Steuerschulden beglichen waren und kein Mitglied der Familie auf der Fahndungsliste der israelischen Sicherheitskräfte stand. Mit ein paar Tastendrucken auf dem Computer konnte ein israelischer Offizier alle Dokumente herausrücken oder verweigern, die ein Palästinenser benötigte, um unter der israelischen Besetzung zu überleben.

Ich bin einmal nach Gaza gefahren, um mir ein eigenes Bild von diesem Zuckerbrot-und-Peitsche-Verfahren zu machen. Die israelische Armee hatte im Hof der Scheik-Adschlin-Schule in dem an der Küste gelegenen Stadtteil Ramel Bankreihe um Bankreihe aufstellen lassen. Die Schule war mit einem Stacheldrahtverhau umgeben, der an einer Stelle niedergedrückt war und dort eine Art Eingang bildete. Die Vorstellung, daß die Palästinenser über Stacheldraht steigen mußten, um an diesen Ort zu gelangen, erschien mir als tiefe

Herabwürdigung. Die Bänke waren zum Schutz gegen die glühende Sonne mit Moskitonetzen verhängt. Sie boten ungefähr tausend Personen Platz und waren die ganze Zeit über dicht besetzt. Viele Menschen warteten schon seit zwei oder drei Tagen darauf, daß der Lautsprecher ihren Namen aufrief. Wer endlich an der Reihe war, sprang auf und verschwand in einem Zimmer auf der Vorderseite der Schule. Dort überprüfte man seine Unterlagen und forderte ihn auf, der Besatzungsmacht die aufgelaufenen Steuerschulden zu erstatten. Zum Schluß erhielt er dann den neuen Ausweis. Alle, die auf der Fahndungsliste des Schin Bet standen, wurden festgenommen.

Ich ging bis zur mittleren Bankreihe, stellte mich als Reporter vor und war sogleich von wütenden Bewohnern Gazas umringt, die alle nur darauf brannten, irgend jemandem von ihrem Kummer zu erzählen. Immer wieder fragten sie mich: „Wird das morgen in Amerika in der Zeitung stehen, wenn wir jetzt mit Ihnen sprechen? Versprechen Sie uns das? Morgen?"

„Warum sind Sie hergekommen?" fragte ich einen der Männer, die um mich herumstanden. „Warum sagen Sie den Israelis nicht, sie sollen sich ihren Ausweis an den Hut stecken?"

Rijad Feisal, ein vierundzwanzigjähriger Flüchtling, der als Kellner in einem Fischrestaurant in Jaffa arbeitete, erklärte mir, was sie so bekümmerte: „Wenn wir den neuen Ausweis ablehnen, kommt es uns teuer zu stehen, zu teuer. Ohne Personalausweis darf ich nicht reisen und nicht arbeiten – und von meinem Gehalt leben sechs Personen. Die Kennkarte ist gleichsam meine Seele. Wenn die Israelis sie mir wegnehmen, bin ich so gut wie tot. Jeder Palästinenser tastet morgens nach seiner Gesäßtasche, um festzustellen, ob sie noch da ist. Das ist inzwischen zu einem nationalen Ritual geworden."

Der für die Ausweisausgabe verantwortliche israelische Offizier erklärte mir den Sachverhalt in etwas derberen Worten: „Warum die hier sind? Weil wir grundsätzlich die Stärkeren sind. Schauen Sie, sechzigtausend Bewohner des Gazastreifens fahren Tag für Tag nach Israel zur Arbeit. Wer soll sie denn ernähren, wenn sie plötzlich alle zu Hause bleiben? Ihre Führung rief kürzlich den Generalstreik aus. Wissen Sie, was daraufhin geschah? Viertausend Leute wollten auf einmal neue Personalausweise. Normalerweise kommen pro Tag bloß zweitausendachthundert. Das heißt also, daß sie den eintägigen Streik nicht zu Protestaktionen nutzten, sondern dazu, sich bei uns ihre neuen Personalausweise abzuholen. Wie brave Kinder kommen sie daher. Der Ausweis ist ihr Leben. Ohne Ausweis hat der Palästinenser keinerlei Bewegungsfreiheit. Warum hängt ein Baby an der

Nabelschnur? Um von der Mutter Nahrung aufzunehmen. Sobald ihm jemand anderes die Flasche gibt, braucht es keine Nabelschnur mehr. Es kann sich von ihr befreien und ohne die Mutter leben. Wir sind die Mutter. Sie haben damit gerechnet, von der PLO die Flasche zu bekommen – bekamen sie aber nie."

Die PLO versuchte auf den verschiedensten Wegen, Geld einzuschmuggeln, vor allem über israelische Araber. Ein Teil davon wurde von den Israelis abgefangen, ein weiterer Teil versickerte unterwegs – und das, was schließlich bei den Empfängern ankam, reichte nicht einmal annähernd zur Aufrechterhaltung des zivilen Massenungehorsams von 1,7 Millionen Menschen. Die Araberstaaten schickten nicht einen Pfennig.

„Bei einer guten Organisation und entsprechenden Geldmitteln hätten wir Wunder wirken können", sagte ein palästinensischer Professor aus dem Westjordanland, der sich bei der Intifada stark engagiert hatte. „Aber es fehlte an beidem. Die Leute waren wirklich zu Opfern bereit, aber unsere Infrastruktur hielt nie mit den Gefühlen der Menschen Schritt. Als im März 1988 mehrere palästinensische Polizisten ihren Dienst bei der Zivilverwaltung quittierten, verhielt sich die ganze Gemeinde still und harrte der Dinge, die da kommen würden. Das war schon etwas anderes als halbwüchsige Demonstranten auf den Straßen. Das waren erwachsene Männer, die einen ernsthaften Versuch unternahmen, sich vom israelischen System abzukoppeln, und es gab viele andere, die bereit gewesen wären, ihrem Beispiel zu folgen. Aber die betroffenen Polizisten bekamen nicht die geringste Unterstützung. Ihnen blieb nichts anderes übrig, als wieder in den Dienst zurückzukehren – und deshalb fanden sie natürlich auch keine Nachahmer. Die Untergrundkomitees zur Gesundheits-, Finanz-, Schul- und Sozialpolitik waren nie imstande, ein funktionsfähiges Netzwerk zu errichten. Sie konnten Streiks ausrufen, ja – aber damit hatte es sich auch schon."

Viele Palästinenser – wenn auch keineswegs alle – trieben fortan also wieder Handel mit den Israelis und kehrten an ihre Arbeitsplätze in Israel zurück, manche freilich nur sporadisch oder mit verringertem Einsatz. Die jüngeren, oft schon Kinder im Alter von elf oder zwölf Jahren, setzten die Intifada in den Straßen fort: Sie warfen Steine und ließen sich erschießen. Die Eltern schienen ihren Tod als Rechtfertigung dafür zu nehmen, daß sie selber auch weiterhin in Israel arbeiteten und sich nicht zu echtem zivilen Ungehorsam aufrafften. Die Palästinenser verwiesen auf die Toten des Tages und sagten: „Seht, wie wir leiden. Also gebt uns unseren Staat."

Diese doppelmoralische Buchführung erklärt einige recht ungewöhnliche israelisch-palästinensische Kontakte, die sich im Verlauf der Intifada entwickelten. Würden Sie von einem Besatzer einen Gebrauchtwagen kaufen? Während der ersten sechs Monate der Intifada war Ehud Gol offizieller Sprecher des israelischen Außenministeriums. Tag für Tag mußte er vor der internationalen Presse das israelische Verhalten gegenüber den Palästinensern rechtfertigen. Im Frühjahr 1988 wurde er dann zum israelischen Generalkonsul in Rio de Janeiro ernannt. Vor der Abreise mußte er seinen Wagen verkaufen. Gol begab sich also zu einem Autohändler – und dieser war ein Palästinenser aus Ramallah im Westjordanland.

„Intifada hin oder her – hier ging es ums Geschäft", sagte er später zu mir. „Der Autohändler suchte mich sogar in meinem Büro auf. Den ganzen Papierkram haben wir also im Außenministerium erledigt. Da saß ich, der Sprecher des Außenministeriums, und dieser Mann, dessen Sohn wahrscheinlich draußen auf der Straße mit Steinen um sich warf, wollte mein Auto kaufen."

Ein palästinensischer Lehrer aus meiner Bekanntschaft fuhr eines Nachmittags von Ramallah nach Jerusalem. Unterwegs traf er zufällig einen Kollegen von der Bir-Seit-Universität und fragte ihn, ob er mitfahren wolle. „Der Mann kam aus einem kleinen Dorf bei Ramallah", sagte der Lehrer. „Die ganze Fahrt über, bis nach Jerusalem, redete er ununterbrochen über die Intifada. Er erzählte, wie sich sein Dorf seither verändert habe und daß alle Einwohner voll engagiert seien. Örtliche Intifadakomitees hätten im Dorf jetzt das Sagen, und endlich werde man die Kollaborateure los. Seine Begeisterung war echt und beeindruckte mich. Kurz vor Jerusalem fragte ich ihn, wo er abgesetzt werden wolle. ‚An der Hebräischen Universität', sagte er. Überrascht erwiderte ich: ‚Was wollen Sie denn ausgerechnet dort?' Worauf er antwortete: ‚Ich unterrichte dort Arabisch.' Er merkte einfach nicht, daß es einen Widerspruch gab zwischen seiner Begeisterung für die Intifada und dem Ort, wo er hinwollte."

Das gleiche galt für Hunderte von Leuten in Gaza, die weiterhin unverdrossen ihre Hebräischkurse besuchten. Am 4. August 1988, im achten Monat der Intifada, berichtete die Zeitung *Haaretz*, daß der von der israelischen Regierung angebotene Hebräischunterricht im Rahmen der Erwachsenenbildung in Gaza genauso stark frequentiert sei wie eh und je. Ebenso sei der Hebräischunterricht an den Oberschulen von Gaza während der Intifada unverändert fortgesetzt worden.

Ein israelischer Fallschirmjäger, der am Tor des Flüchtlingslagers Schati im Gazastreifen Wache stand, erzählte mir von einem alten Palästinenser, der eines Abends gegen zwanzig Uhr vor dem Tor erschien und Einlaß begehrte. An jenem Tag hatten die Israelis eine Ausgangssperre verhängt, die bereits seit achtzehn Uhr in Kraft war. „Ich fragte ihn, woher er komme", berichtete der Soldat. „Er gab an, in Israel gewesen zu sein. ‚Was haben Sie dort gemacht?‘ fragte ich. Worauf er auf hebräisch das Lied *Mi Jiwne Bajit* anstimmte. Ich mußte lachen und ließ ihn passieren."

Der Refrain dieses Liedes lautet: „Wer will ein Haus in Israel bauen? Wir sind die Pioniere. Wir werden Israel aufbauen. Kommt alle mit!"

Als ich im Sommer 1988 nach Amerika zurückkehrte, sah ich verblüfft, wie die arabischstämmigen Amerikaner auf den Palästinenseraufstand reagierten. Der aufgeblasene Stolz, den sie bei Fernsehdiskussionen über die Intifada zur Schau trugen, kam mir irgendwie bekannt vor. Später fiel mir auf, daß die amerikanischen Juden in ähnlicher Weise auf den israelischen Sieg im Sechstagekrieg von 1967 reagiert hatten. Die Intifada war der Sechstagekrieg der arabischstämmigen Amerikaner. Mit den palästinensischen Steinewerfern lebten sie all ihre Träume von Macht und Würde aus – ebenso, wie die amerikanischen Juden einst Israels militärische Leistungen mitvollzogen hatten.

Das Problem war nur, daß die Betroffenen selbst – die Juden und Araber in der Konfliktregion – längst nicht alle dazu bereit waren, sich zu dem Garn herzugeben, aus dem Landsleute und Stammesgenossen in den Zuschauerrängen ihre Träume spinnen. Sie weigerten sich, das revolutionäre Feuer in den Köpfen jener anzuheizen, die keinen Preis dafür zu bezahlen hatten. Die Palästinenser im Westjordanland und im Gazastreifen waren lebendige menschliche Wesen mit den kleinen Träumen der Mittelklasse und mit Kindern, die erzogen und ausgebildet werden wollten – und keine hin und her schwenkbaren Fahnen, zu denen sie von ihren Sympathisanten in Amerika gemacht wurden. Das leuchtende Blau und Rot und Grün, in dem die Intifada auf allen Plakaten und Broschüren im Westen dargestellt wurde, wies für die unmittelbar Betroffenen erheblich höhere Grauwerte auf. Angeblich waren die armen palästinensischen Dörfler, Lagerbewohner und Ladenbesitzer so verzweifelt, daß sie nichts mehr zu verlieren hatten – zumindest ließ sich so etwas im komfortablen Amerika leicht behaupten. Vor Ort hatte jeder einzelne etwas zu verlieren. Gewiß, die Absichten und Hoffnungen der Intifada teilten sie alle – nur waren eben nicht alle Palästinenser bereit, auch die Lasten der Intifada zu tragen. Das Leben hatte sie gelehrt, nicht allzuviel Vertrauen in die Politik zu setzen.

Im April 1988 verbrachte ich einmal einen Vormittag im amerikanischen Konsulat in Jerusalem und interviewte Palästinenser, die nach Amerika reisen wollten. Das Konsulat war an jenem Tag bereits eine halbe Stunde nach der Öffnung wegen Überfüllung wieder geschlossen worden. Es war belagert von Palästinensern, die US-Visa beantragen oder ihre amerikanischen Pässe verlängern lassen wollten. Nach Auskunft des amerikanischen Konsuls Howard Kavaler lag die Zahl der Visaanträge von Palästinensern während der ersten vier Monate der Intifada um mehr als dreißig Prozent über der des vorjährigen Vergleichszeitraums. Von siebentausend Westufer-Palästinensern mit amerikanischem Paß kehrten tausend zurück in die Staaten.

Als ich sein Büro betrat, sah Howard gerade einen hohen Stapel Visaanträge durch. „Nennen Sie mich einfach Abu Visa", sagte er und lächelte mir zu. „Von der Intifada verstehe ich nicht viel. Ich weiß nur, daß ich etwas habe, worauf sie sehr begierig sind. Palästinenser mit dem Recht auf ein Einwanderungsvisum kümmern sich nicht im geringsten darum, ob sie gerade streiken sollen oder was auch immer. Sie holen sich ihr Visum, komme, was da wolle. Die Rate der genehmigten, aber nicht abgeholten Visa liegt bei Null. Die Leute, deren Anträge abgelehnt werden, sind ganz außer sich – vor allem Männer im Alter zwischen achtzehn und einundzwanzig. Da gibt es dann immer diesen Augenblick, wo du sagen mußt: ‚Nein, tut mir leid' – und da bekommen es manche mit der Angst zu tun. Das ist richtig schlimm. Wer raus darf, geht. Wenn man mit ihnen spricht, hat man ganz und gar nicht den Eindruck, sie hätten das Gefühl, kurz vor der Befreiung zu stehen. Es herrscht keinerlei Euphorie. Wenn wir die Grenze für sie öffneten und sagten, jeder Palästinenser, der nach Amerika will, darf kommen... Nun ja, Arafat und alle Heimatliebe in Ehren – ich glaube nicht, daß viele hierblieben. Dasselbe gilt für eine Menge Israelis. Oben in unserem Wartezimmer sitzen Juden und Araber nebeneinander und warten auf ihr Visum. Und wenn sie's dann haben, sind sie alle Brüder. Sobald sie wissen, daß sie in die Staaten dürfen, löst sich der ganze gegenseitige Haß in Wohlgefallen auf."

Ich unterhielt mich mit mehreren palästinensischen Visabewerbern, die zuvor von Howard befragt worden waren. Die erste war eine Frau aus Ramallah, deren Ehemann in San Francisco arbeitete. Sie war gekommen, um für ihre vierzehnjährige Tochter einen Paß zu beantragen.

„Warum wollen Sie gerade jetzt fort?" fragte ich sie.

„Meine Tochter hat seit vier Monaten keinen Schulunterricht mehr", erklärte die modisch gekleidete Palästinenserin. „Ich mache mir Sorgen um ihre Ausbildung. Wir haben keine Ahnung, wann die Schule wieder geöffnet wird. Es besteht die Gefahr, daß sie ein ganzes Jahr verliert."

„Aber es handelt sich doch um eine ganz entscheidende Phase in der palästinensischen Geschichte", sagte ich.

„Die Situation macht mir große Angst", erwiderte die Frau. „Niemand weiß, was auf uns zukommt. In der Nacht hört man die verschiedensten Geräusche. Wir fürchten dauernd, daß die Israelis kommen."

„Sind Ihre Nachbarn böse auf Sie, weil Sie das Land verlassen wollen?"

„Sind Sie wahnsinnig?" Die Frau schüttelte verneinend den Kopf. „Die Nachbarn sagen, jeder, der raus kann, soll gehen. Sie wünschten, sie wären an meiner Stelle."

Ein Geschäftsmann aus Ramallah verließ das Land ebenfalls. Er war schon älter, drei seiner sechs Kinder lebten bereits in den Vereinigten Staaten. Zusammen mit einem seiner jüngeren Söhne, der neben ihm stand, wollte er sie besuchen.

„Dies ist ein bedeutender Augenblick in der Geschichte Ihres Volkes", begann ich. „Wäre es Ihnen nicht lieber, wenn Ihre amerikanischen Söhne jetzt alle hier wären?"

„Nein, nein, nein", sagte er nachdrücklich. „Sie arbeiten alle in Amerika. Sie haben sich alle in Amerika eingelebt."

Mein nächster Interviewpartner war Abdullah, ein neunundzwanzigjähriger Absolvent der Universität von Betlehem. Er erzählte mir, er habe an einem Institut in New Jersey einen Studienplatz in Englischer Literatur bekommen."

„Was halten Sie von der Intifada?"

„Nicht viel", gab er mit finsterer Miene zurück. „Wir können nicht studieren."

„Aber wie können Sie gerade jetzt das Land verlassen?"

„Es fällt mir wirklich schwer – aber ich will mein Studium fortsetzen.

„Was werden Ihre Nachbarn sagen?"

„Sie werden mir nicht böse sein. Sie wissen, daß ich gehe, um studieren zu können, und nicht, um mich zu amüsieren."

Die letzte war schließlich Nadscha, eine Wissenschaftlerin an der Bir-Seit-Universität. Sie wollte zur Abschlußfeier ihrer Schwester nach Indiana. „Was erhoffen Sie sich von der Intifada?" fragte ich sie. „Freiheit", antwortete sie, ohne zu zögern. „Ich sehe bisher keine reale Chance für einen palästinensischen Staat – aber ein solcher Staat wäre mein größter Wunsch." „Was halten Sie von den vielen Leuten hier, die alle nach Amerika wollen?" „Die Vorstellung, daß die Menschen in dieser kritischen Situation einfach Reißaus nehmen, gefällt mir gar nicht", sagte Nadscha. „Es gibt eine Reihe von Leuten, die auf die Auswanderer nicht gut zu sprechen sind. Anderen wiederum sind sie völlig gleichgültig."

So ist die reale Welt nun einmal: doppelbödig, unheroisch, voller vorübergehender emotionaler Höhen und Tiefen, wobei die letzteren überwiegen. Dennoch hat die Intifada den Palästinensern viel gebracht. Vor allem brachte sie die palästinensische Nationalbewegung auf die richtigen Methoden – ziviler Massenungehorsam anstelle einer gegen Leib und Leben gerichteten Kampfstrategie – und die richtige Botschaft, nämlich die zunehmende Bereitschaft zur Anerkennung Israels.

Außerdem trug sie zur Stärkung des Selbstbewußtseins, der Einheit und des internationalen Ansehens der palästinensischen Nation bei und gab den Palästinensern das Gefühl, daß ihre Bewegung Fortschritte macht. Wer weiß – vielleicht führt sie eines nicht allzu fernen Tages zu direkten Verhandlungen zwischen Israel und der PLO. Aus all diesen Gründen muß die Intifada als bedeutendes Ereignis in der Geschichte des palästinensisch-israelischen Konflikts gesehen werden.

Aber wird sie auch zu einer Lösung des Konflikts führen? Diese Frage wird sich wahrscheinlich erst in vielen Jahren beantworten lassen. Meiner Meinung nach wird die Intifada den Palästinensern nur dann greifbare Resultate bringen – das heißt nicht nur Stolz auf sich selbst, Verhandlungen, einen neuerlichen amerikanischen Friedensplan, sondern die definitive Zusage Israels, entweder die reale Macht oder einen beträchtlichen Teil des Landes mit den Palästinensern zu teilen –, wenn sie die Intifada revitalisieren, den ursprünglichen zivilen Ungehorsam in erheblich größerem Umfang fortsetzen sowie ihre Botschaft, die Juden anzuerkennen, wiederholen und bestätigen.

Die Palästinenser werden am Verhandlungstisch mit Israel nichts bekommen, was sie sich nicht schon zuvor durch die Kombination aus dieser Botschaft und der geschilderten Methode erworben haben. Abkürzungen über Washington, Moskau oder die Vereinten Nationen werden sie nicht finden.

Die Palästinenser müssen dafür sorgen, den Israelis so schwer im Magen zu liegen, daß diese froh sein können, den dicken Brocken, den sie verschlungen haben, in Form eines neuen Staates wieder auswürgen zu dürfen. Gleichzeitig müssen sie den Israelis glaubhaft versichern, daß dieser Prozeß möglich ist, ohne daß Israel dabei Selbstmord begeht. Es ist dies eine sehr schwierige Aufgabe, die sich nur mit dem Zuckerbrot der ausdrücklichen Anerkennung und der Peitsche des nicht gegen Leib und Leben gerichteten zivilen Ungehorsams lösen läßt. Die Israelis müssen weniger durch externen amerikanischen Druck als vielmehr von innen heraus überzeugt werden, daß der palästinensische Kampf nicht die Zerstörung Israels zum Ziel hat, sondern den Aufbau eines eigenen Gemeinwesens *neben* Israel. Nur wenn diese Überzeugungsarbeit Früchte trägt, wird eine signifikante Mehrheit der Israelis vom rechten und linken politischen Spektrum – ohne deren Zustimmung keine Einigung möglich ist – bereit sein, das palästinensische Vorgehen anzuerkennen, und sich sogar gestatten, daran Gefallen zu finden. Die Palästinenser dürfen ihre Selbst-Entdeckung nicht in Narzißmus umschlagen lassen: Um sich selbst in größtmöglicher Weise gerecht werden zu können, müssen sie auch den Israelis in größtmöglicher Weise gerecht werden.

Der hier vorgezeichnete Weg wird für die Palästinenser alles andere als einfach sein. Die Fortsetzung des zivilen Ungehorsams wird ihnen auf längere Zeit hinaus schwere ökonomische und soziale Opfer abverlangen, zu denen später am Verhandlungstisch zusätzliche politische Opfer kommen werden. Angesichts der gewaltigen israelischen Überlegenheit ist kurzfristig allenfalls die eine oder andere Form der Autonomie unter israelischer Oberhoheit denkbar – und langfristig vielleicht ein palästinensischer Ministaat in Teilen des Westjordanlands und des Gazastreifens, jedoch unter Ausschluß Jerusalems.

Je mehr die Bevölkerung in den besetzten Gebieten zu leiden hat, desto höher wird der Preis sein, den sie dereinst für ihre Anstrengungen fordert. Dies wird zwangsläufig zu Spannungen zwischen ihr und Jassir Arafat führen, denn Arafat wird sich immer zum Teil auch den Flüchtlingen im Libanon, in Jordanien und in Syrien verpflichtet fühlen, die einst die PLO groß machten. Daher wird ihm auch immer daran gelegen sein, den arabischen und palästinensi-

420

schen Hardlinern, die auf die Erlösung ganz Palästinas spekulieren, ein Hoffnungsfünkchen zu erhalten. Arafat wird sich nie ganz von diesen Leuten freimachen können – schließlich gehörte er einst selbst zu ihnen. Umgekehrt lebte er nie unter israelischer Besatzung und wird daher auch nie imstande sein, die Bedürfnisse und Gefühle der Palästinenser in den besetzten Gebieten in ihrer ganzen Komplexität zu begreifen. Es wird für ihn außerordentlich schwierig sein, jene Zugeständnisse an die Israelis zu machen und auszusprechen, die die Palästinenser im Westjordanland und im Gazastreifen unweigerlich verlangen werden, sobald sie die Kosten der Intifada nicht mehr tragen können. Bisher konnten die Palästinenser die zwischen ihnen bestehenden Differenzen überspielen, da sie sich gemeinsam auf die offizielle PLO-Position verständigt hatten, die den vollständigen israelischen Rückzug aus den besetzten Gebieten einschließlich Ostjerusalems, die Gründung eines palästinensischen Staates sowie, daran anschließend, Friedensverhandlungen mit Israel vorsieht. Doch wie lange werden jene, die den Preis für die Intifada zu zahlen haben, noch bereit sein, dem Gold am Ende des Regenbogens hinterherzulaufen?

Möglicherweise so lange, wie Jassir Arafat am Leben bleibt. Jassir Arafat *ist* die PLO und das Symbol des palästinensischen Nationalismus. Und als Symbol vereinigt er die Palästinenser im Lande mit jenen außerhalb des Landes. Doch Arafat hat keine Erben. Wenn es ihn einmal nicht mehr gibt, wird die Einheit seiner Organisation höchstwahrscheinlich zerbrechen. Danach gibt es dann vermutlich eine Vielzahl von PLOs – und dann, erst dann, wird die Bevölkerung des Westjordanlands und des Gazastreifens vielleicht ihre eigene PLO haben, die ihr eigenes Abkommen mit Israel legitimiert.

Wenn die Israelis Arafat in der Zwischenzeit den einen oder anderen Anreiz zu einer Bekräftigung der Anerkennung Israels böten und darüber hinaus die Initiative zur Schließung eines akzeptablen territorialen Kompromisses ergriffen, könnten sie den Palästinensern das Leben sehr erleichtern. Doch ist kaum damit zu rechnen, daß dies geschehen wird. Israel hat einfach zu viel Macht und ist in seiner Einstellung gegenüber den Palästinensern in sich zu gespalten, um sich freiwillig den Risiken und den zermürbenden internen Debatten auszusetzen, die für einen echten Dialog mit den Palästinensern und die Schaffung der notwendigen Rahmenbedingungen für eine territoriale Lösung unerläßlich sind. Israelis reagieren vielleicht auf einen Anwar el-Sadat – aber sie ziehen sich nicht selbst einen heran.

„Die Israelis sind gelähmt", erklärte mir David Hartman. „Die

Armee beschuldigt das Kabinett, man bekomme das Problem ohne eine politische Lösung nicht in Griff – und das Kabinett schreit zurück, eine politische Lösung ließe sich erst dann finden, wenn die Armee den Aufstand niedergeschlagen habe. Es gibt keinen einzigen israelischen Politiker, der zu einem kühnen Schritt vorwärts bereit wäre und uns damit vielleicht aus diesem Teufelskreis befreien könnte; niemanden, der den Palästinensern klar und unzweideutig sagt: Ja, wir sehen jetzt ein, daß ihr eine Nation seid wie wir, und wir geben zu, daß unsere Behauptung, ihr hättet es noch nie so gut gehabt wie unter unserer Besatzung, eine Unverschämtheit war – und noch dazu eine, unter der wir Juden selbst jahrhundertelang zu leiden gehabt haben; ja, wir erkennen jetzt an, daß sich die menschliche Würde der Palästinenser, genauso wie die unsere, erst durch politische Freiheit voll entfalten kann."

Nein, gegenwärtig sieht es nicht so aus, als seien von der israelischen Führung derart weitreichende Erklärungen zu erwarten. Und von der Führung der Palästinenser auch nicht. Viele Israelis reden sich immer noch ein, die Intifada sei nichts weiter als der Sturm vor der großen Flaute, während viele Palästinenser sie für den Beginn eines Sturms halten, der alles hinwegfegen wird, was in seine Bahn gerät. Weder das eine noch das andere ist richtig. Wenn die Palästinenser den neuen Weg, den sie erkundet haben, verlassen und die Israelis nicht einsehen, daß ihre überlegene Macht ihnen nie den so heiß ersehnten Frieden bringt, dann wird die Intifada nicht als veränderndes Moment in die Geschichte eingehen, sondern als Ereignis, das eine unveränderliche Realität ins öffentliche Bewußtsein gerückt hat. Der Begriff „Intifada" wird weiterleben, aber nur als neuer Name für den Status quo – vielleicht einen brutaleren, schmerzhafteren Status quo als bisher, an den sich freilich beide Seiten gewöhnen werden. Die Israelis werden die Oberhand behalten – und die Palästinenser dafür sorgen, daß sie nie Freude daran haben. Und das ist alles.

Tief im Herzen, fernab vom Glanz der Fernsehkameras und der Euphorie der Demonstrationen, wissen die Palästinenser vor Ort genau, wie weit sie bisher gekommen sind und wie lang die Strecke ist, die noch vor ihnen liegt.

Fallah, ein vierundzwanzigjähriger Süßwarenverkäufer in der Jerusalemer Altstadt, ist der lebende Beweis dafür. Ich besuchte ihn, nachdem ich im amerikanischen Konsulat einen Freund von ihm kennengelernt hatte. Fallah, Absolvent der Bir-Seit-Universität, dem Treibhaus des palästinensischen Nationalismus, war anfangs sehr stolz auf die Intifada. Als sich der Aufstand dann aber in die Länge zog und bereits fünf Monate dauerte, reichte es ihm. In seinem winzigen Lädchen auf dem Arabischen Markt, umgeben von Säcken voller Rosinen und Süßigkeiten, beantwortete er mir die Frage, wie die Ausrufung des halbtägigen Wirtschaftsstreiks den Gang seiner Geschäfte beeinflußt habe, in rudimentärem, aber unmißverständlichem Englisch folgendermaßen: *„It is not bad, it is not too bad, it is too too bad.“*

Dann meinte er: „Wir können die Bedeutung der Intifada noch nicht richtig abschätzen, weil wir ihre Ergebnisse noch nicht kennen. Kann sein, daß danach alles nur schlimmer wird. Vielleicht bleibt auch alles beim alten, vielleicht wird's sogar besser. Momentan sind wir Kleinhändler schlechter dran als früher."

Je länger wir uns unterhielten, desto mehr redete Fallah sich in Rage. Die Lage war wirklich schlecht. Er verdiente kaum etwas. Er verkaufte Lagerbestände, das war alles. Verderbliche Ware hatte er schon längst fortwerfen müssen.

„Die Leute, die nicht hier im Land leben, sagen uns dauernd: ‚Wir wollen, daß ihr dies tut, wir wollen, daß ihr jenes tut, wir wollen, wir wollen, wir wollen...'" Und mit erhobener Stimme setzte er seine Klage fort: „Also, was mich betrifft, so habe ich noch nicht einen *agora*, nicht einen Pfennig Unterstützung von außen bekommen. Jordanien, Ägypten, Syrien... Alle schreien sie ‚Hurra, hurra!' Aber haben sie an ihren Universitäten auch nur einen einzigen weiteren Studienplatz für palästinensische Studenten zur Verfügung gestellt?"

Er hielt inne und schnippte sich eine Rosine in den Mund. „Wissen Sie, was die Intifada ist?" fragte er mich dann, und es war, als spucke er die Worte nur so aus. „Sie ist ein Tropfen Wasser im Meer."

Im Rampenlicht

Der israelische Generalmajor Amram Mitzna hatte schon viele Schlachten erlebt, eine derart seltsame aber noch nie. Mitzna, Befehlshaber des mittleren israelischen Frontabschnitts, zu dem auch das besetzte Westufer gehört, fuhr im Januar 1988 auf der Schnellstraße von Jerusalem nach Ramallah. Als er sich mit seinem Dienstwagen dem arabischen Dorf Al-Ram, etwa acht Kilometer nördlich von Jerusalem, näherte, erspähte er durch seine Windschutzscheibe eine Gruppe von ungefähr fünfzig palästinensischen Jugendlichen, die sich mit einigen seiner Soldaten eine Straßenschlacht lieferten. Die Jugendlichen mit den karierten Keffjes um den Kopf hatten mitten auf der Straße eine Barrikade aus brennenden Reifen, verbogenen Stoßstangen und Felsblöcken errichtet und bombardierten zehn israelische Soldaten, die etwa siebzig Meter vor ihnen auf der Straße standen, mit Steinen und Schmähungen.

Aber die Kämpfer waren nicht allein.

„Als ich die Stelle erreicht hatte", erzählte Mitzna, „entdeckte ich, daß mehr Journalisten als Soldaten anwesend waren. Ich hatte alles in allem etwa fünfzehn Soldaten zur Verfügung, einschließlich jener, die bei mir im Wagen saßen. Demgegenüber waren mindestens fünfundzwanzig Reporter, Fotografen und Kameraleute zugegen. Zuerst habe ich sie einfach ignoriert und bin mit meinen Leuten auf die Demonstranten losgegangen, um sie auseinanderzutreiben. Doch kaum hatte ich den ersten Schritt getan, da sah ich mich auch schon umringt von Fotografen zur Rechten und Kameraleuten zur Linken. Die rannten doch glatt mit! Ich kam kaum voran. Sie wuselten zwischen mir und meinen Leuten herum: Um uns, zwischen uns, überall waren Kameras und Fotografen. Sie waren einfach überall. Also blieb ich stehen und sagte zu den Journalisten: ‚Hört,

Leute, nun laßt mich erst mal für die Nachrichten sorgen, und danach komme ich dann zurück und erzähle euch alles brühwarm, ich versprech's euch. Aber jetzt geht erst mal zur Seite und stellt euch an den Straßenrand.' Sagt da doch einer der Journalisten – ein Amerikaner – zu mir: ‚Zeigen Sie mir erst einen Militärgerichtsbeschluß, der diesen Ort hier zum militärischen Sperrgebiet erklärt, vorher rühr' ich mich nicht von der Stelle.' Der hatte vielleicht Chuzpe! Ich brüllte: ‚Sie kennen mich! Sie wissen genau, wer ich bin! Also treten Sie bitte zur Seite!' Ich kann Ihnen sagen, ich schäumte! Ich, der Oberbefehlshaber im Westjordanland – und muß mich mit Journalisten herumzanken, um meinen Einsatz durchführen zu können!"

Es war bestimmt nicht das erste Mal, daß bei einer israelisch-palästinensischen Konfrontation im Westjordanland mehr Journalisten als Soldaten zugegen waren – und ganz gewiß auch nicht das letzte Mal. Es genügt, sich nur ein paar Zahlen ins Gedächtnis zu rufen: Selbst in ruhigen Zeiten beherbergt Israel eines der größten Kontingente an Auslandskorrespondenten in der Welt. In Jerusalem und Tel Aviv sind ständig über dreihundertfünfzig Nachrichtenagenturen akkreditiert. Nach Auskunft des Presseamtes der israelischen Regierung brachen auf dem ersten Höhepunkt der Intifada 1987/88 weitere siebenhundert Journalisten über das Land herein. Schließlich sah das Verhältnis so aus, daß ein Auslandskorrespondent auf sechstausendeinhundert Israelis kam.

Was Wunder, daß Teddy Kollek, der Bürgermeister von Jerusalem, einmal gesagt hat: „Im Schiff der Kirche des Heiligen Grabes in der Altstadt von Jerusalem befindet sich ein Loch im Boden. In alten Zeiten glaubte man, Jerusalem sei der Mittelpunkt der Welt und dieses Loch der Mittelpunkt des Mittelpunkts – also der Nabel der Welt. Manchmal habe ich den Eindruck, daß die Auslandskorrespondenten, die sich hier niedergelassen haben, und ihre Kollegen, die uns alljährlich zu Hunderten besuchen, noch immer daran glauben. Was sonst könnte sie veranlassen, die Aufmerksamkeit von Millionen Menschen auf diese kleine Stadt und dieses kleine Land zu lenken?"

Kollek hat recht. Die westlichen Medien allgemein und die amerikanischen Medien im besonderen lassen ein Interesse an den Vorgängen in Israel erkennen, das, gemessen an den geographischen Ausmaßen des Landes, alle Relationen sprengt. Die überproportionale Berichterstattung über Israels Reaktionen auf die Intifada machte dies besonders deutlich – sichtbar war es allerdings schon vorher.

Wie ist es möglich, daß dieses winzige Land ebensoviel Sendezeit beansprucht wie die Sowjetunion – wenn nicht sogar mehr? Die Frage erfordert eine differenzierte Antwort. Der hohe Nachrichtenwert Israels in den westlichen Medien resultiert aus einer Kombination verschiedener Faktoren – historischen, kulturellen, psychologischen und schließlich auch politischen.

Die Menschen haben die Welt nie so hingenommen, wie sie ist. Unser Geist ist kein unbeschriebenes Blatt, auf dem sich die Wirklichkeit von selbst aufzeichnet. Die Realität mag Israel oder sonstwie heißen – stets wird sie durch bestimmte kulturelle und historische Linsen gefiltert, bevor sie in unseren Köpfen Gestalt annimmt. Der israelische Politologe Jaron Esrahi nennt diese Linsen „Übergeschichten". Eine Übergeschichte, so Esrahi, besteht aus einem Sammelsurium von Mythen oder ideologischen Konstruktionen, die von einer Rahmenerzählung zusammengehalten werden. Sie hilft uns bei der Formierung unseres Weltbilds, erleichtert uns die Entscheidung darüber, welche Informationen für uns wichtig sind, und trägt vor allem dazu bei, daß wir unsere Erfahrungen im Gedächtnis bewahren und daraus unsere Wertvorstellungen formen. Sie läßt, wie jede Linse, bestimmte Lichtstrahlen durch, während sie andere reflektiert. Die populärsten Übergeschichten sind die Religionen, doch nehmen universalistische Ideologien wie der Marxismus den gleichen Stellenwert ein. Die älteste und in der westlichen Zivilisation am weitesten verbreitete Übergeschichte ist die Bibel: Ihre Geschichten, ihre Personen und Wertvorstellungen sind die wichtigste Linse, durch die die Menschen im Westen sich selbst und die Welt betrachten. Und die Juden – das heißt die alten Israeliten – spielen in dieser biblischen Übergeschichte die Hauptrolle.

Die israelische Überpräsenz in den westlichen Medien gründet sich zu einem Großteil auf diesem Sachverhalt. Einfacher gesagt: Nachrichten aus dem heutigen Israel sind dem Menschen westlicher Prägung eher näherzubringen und leichter verständlich zu machen als Nachrichten aus anderen Teilen der Welt, weil uns die Charaktere, die Geographie und die Themenlage vertraut, ja, weil sie Teil unserer eigenen kulturellen Linse sind. Von Natur aus neigen wir dazu, Informationen über Länder und Leute zu sammeln, die wir kennen – und dieses Heilige Land Israel, dieses Volk der Juden kennen wir alle, denn in der ganzen westlichen Hemisphäre wird uns Wochenende für Wochenende in Kirchen und Synagogen darüber erzählt. Die Literatur zitiert die Bibel, die bildende Kunst beschäftigt sich damit. Biblische Themen finden sich bei Milton ebenso wie bei Rembrandt. Wie Lloyd George, der britische Premierminister, anläßlich der Balfour-Deklaration 1917 gegenüber Zionistenführer Chaim Weizmann bemerkte, waren ihm Namen wie Judäa, Samaria und Jerusalem „vertrauter als die Namen der walisischen Dörfer meiner Kindheit". In der Tat – es gibt kaum einen Amerikaner, dem der See Genezareth fremd wäre, und das, obwohl es in den Vereinigten Staaten zahlreiche Seen gibt, die erheblich größer sind. Geographische Dimensionen spielen jedoch bei der Schwerpunktsetzung in der Berichterstattung der westlichen Medien allenfalls eine untergeordnete Rolle. Viel wichtiger ist die Bedeutung des betreffenden Landes und Volkes in der Übergeschichte – und was diese betrifft, ist Israel in den Augen des Westens eines der größten Länder der Welt, während geographisch große Länder wie China oder der Sudan ganz klein erscheinen.

Das Phänomen hat auch in der Umkehrung Gültigkeit: Im Fernen Osten, wo die biblische Übergeschichte kaum bekannt ist, wird Nachrichten aus Israel generell wenig Bedeutung zugemessen. Der jüdisch-amerikanische Autor Chaim Potok erzählte mir, er sei, als 1956 der Sinaikrieg ausbrach, zufällig gerade in Japan gewesen. „Ich lechzte buchstäblich danach zu erfahren, was vorging", sagte Potok, ein ordinierter Rabbi, „aber in den englischsprachigen Zeitungen in Japan war praktisch keine Meldung darüber zu finden. In der japanischen Weltsicht spielen die Juden keine Rolle. Die meisten Japaner wissen nicht einmal, was ein Jude ist, folglich hat Israel auch keine besondere Bedeutung für sie. Informationen über den Sinaikrieg bekam ich nur, wenn es mir gelang, ein Exemplar der *Stars & Stripes*, der Zeitung der amerikanischen Armee, aufzutreiben."

Nachrichten aus dem heutigen Israel sind dem europäischen und amerikanischen Ohr nicht nur intuitiv vertraut, sie werden auch intuitiv für wichtig gehalten. Für die meisten Christen ist das moderne Israel kein neues Land mit neuen Inhalten, sondern eher die moderne Version eines sehr alten Landes und eines sehr alten Dramas zwischen Gott und den Menschen. Itzik Yaacoby, Leiter der Ostjerusalemer Entwicklungsbehörde, einer Art Denkmalschutzamt, das für die Erhaltung der Altstadt und aller christlichen, islamischen und jüdischen Heiligtümer zuständig ist, merkte an, daß die meisten christlichen Touristen bei seinen Stadtführungen vermeinten, ganze Kapitel der Bibel zu durchschreiten. Der Gedanke, Israel könnte bloß einer von vielen nach dem Zweiten Weltkrieg durch die Vereinten Nationen geschaffenen Nationalstaaten des zwanzigsten Jahrhunderts sein, lag ihnen vollkommen fern.

Der amerikanische Astronaut Neil Armstrong, ein gläubiger

Christ, kam nach seinem Spaziergang auf dem Mond nach Israel und wurde von dem israelischen Archäologen Meir Ben-Dov durch die Altstadt von Jerusalem geführt. Als sie zum Hulda-Tor kamen, das sich am oberen Ende der Treppe zum Tempelberg befindet, fragte Armstrong, ob einst auch Jesus dort gegangen sei.

„Nun, Jesus war ein Jude", antwortete Ben-Dov. „Und diese Treppe führte zum Tempel, also muß er hier viele Male hinaufgegangen sein."

Armstrong fragte, ob dies noch die Originaltreppe sei, und Ben-Dov bestätigte dies.

Darauf Armstrong: „Jesus ist also genau hier hinaufgegangen?"

„Genau hier", erwiderte Ben-Dov.

„Ich muß gestehen", sagte Armstrong zu dem israelischen Archäologen, „ich finde es viel aufregender, diese Steine zu betreten als den Mond."

Aufgrund der Vorstellung, das heutige Israel sei im Grunde nur eine Fortsetzung seines biblischen Vorgängers, bekommt das Leben und Wirken der Juden im modernen Israel theologische Bedeutung für die christliche Welt – und darin liegt der zweite Grund für die außergewöhnliche Prominenz, derer sich Nachrichten aus Israel im Westen erfreuen. Eine grundlegende Lehre des Christentums lautet, daß die Offenbarung ihren Ausgang bei den Juden nahm, ja, daß Gott selbst sich ursprünglich durch die Juden offenbarte. Da die Juden jedoch von seinen Gesetzen abwichen, wurden ihre Heiligen Schriften schließlich durch die Lehren Jesu Christi ersetzt. Der Ausgang des Jüdischen Krieges, der im Jahre 70 n. Chr. mit der Zerstörung des Zweiten Jüdischen Hauses durch die Römer endete, sowie die darauf folgende zweitausendjährige Heimatlosigkeit der Juden wurden von den Christen oftmals als Gottesstrafe interpretiert. Der Herr, so glaubten sie, habe den Juden nicht verziehen, daß sie Christus nicht als Messias anerkannten.

Daß es den Juden gelang, aus der Diaspora in ihre biblische Heimat zurückzukehren und dort einen modernen, lebenstüchtigen Judenstaat aufzubauen – sozusagen das Dritte Jüdische Haus –, ist auch für die Christenheit von großer Bedeutung: Während bei manchen Protestanten die Rückkehr der Juden nach Israel als notwendiger erster Schritt für das Kommen des Messias gefeiert wird, sehen andere Christen, insbesondere der Vatikan, darin ein theologisches Dilemma mit Auswirkungen auf ihre eigene Auslegung der Heiligen Schrift. Denn wenn die Heimatlosigkeit der Juden eine Strafe war für die Ablehnung Jesu Christi und wenn die Juden selbst nur ein Vorspiel gewesen waren und im nachhinein nicht mehr als eine

Fußnote in der Geschichte des Christentums – was in aller Welt hatten sie dann jetzt wieder in Israel verloren? Wieso jagten sie in Kampfflugzeugen durch den Himmel über Jerusalem? Es ist kein Zufall, daß der Vatikan den Staat Israel niemals anerkannt hat, und es war auch kein Zufall, daß er dem Erzbischof von New York, John Kardinal O'Connor, die Erlaubnis versagte, bei seiner Israelvisite im Januar 1987 den israelischen Präsidenten Chaim Herzog in seinem Büro aufzusuchen. Wenn Herzog wirklich in Jerusalem zu Hause ist, dann wird das für den Papst in Rom zum Problem.

Der christliche Theologe Paul van Buren formulierte es so: „Das moderne Israel ist für die christliche Welt ebenso beunruhigend wie aufregend. Beunruhigend, weil seine Entstehung mit unseren geschichtlichen Vorstellungen nicht vereinbar ist. Die bloße Existenz eines modernen Staates Israel ist verwirrend. Dazu steht nichts in der Bibel. Wir glaubten, wir verstünden einiges von den Juden und wo sie sich befänden – aber nun sind sie auf einmal ganz woanders. Bei näherer Betrachtung wird die Sache noch beunruhigender, denn man kann daraus folgern, daß wir womöglich unsere eigene Geschichte überdenken müssen. Aufregend ist es deshalb, weil die ganze Geschichte nun, da Israel wieder dort ist, wo es einmal war, urplötzlich höchst aktuell und modern wird. Jeder, der an die Bibel glaubt, sieht sich duch die Existenz dieses Staates und seiner Hauptstadt Jerusalem mit einer ganz neuen Möglichkeit konfrontiert: Es ist denkbar, daß eben doch nicht alles Vergangenheit ist. Heute passiert etwas Biblisches. Das ist ein Problem, über das wir uns heute Gedanken machen müssen. Vielleicht ist Gott ja gar nicht so tot, wie wir dachten. Ich glaube, im Unterbewußtsein jedes, auch des weltlichsten Christen wird dadurch eine bestimmte Saite angeschlagen."

Der Philosoph Ludwig Wittgenstein bemerkte einmal, wenn ein Mensch auf die Frage, was zwei plus zwei sei, „fünf" antworte, so sei das ein Rechenfehler. Antworte er jedoch auf dieselbe Frage „siebenundneunzig", so sei das kein Fehler mehr – vielmehr gehe dieser Mensch mit einer vollkommen anderen Logik an die Aufgabe heran.

Die Berichterstattung der westlichen Medien über Israels Reaktion auf die palästinensische Intifada erinnerte mich immer an diese Bemerkung. Die Fixierung auf israelische Soldaten, die Palästinenser schlugen, verhafteten oder erschossen, stand in einem so eindeutigen Mißverhältnis zu anderen, ähnlichen Ereignissen in jenem Zeitraum – erinnert sei nur an den Giftgasangriff der irakischen Armee auf die Kurden oder die Erschießung von über zweihundert protestierenden Studenten durch die algerische Armee innerhalb einer einzigen Woche –, daß sie sich mit der Bekanntheit oder der Bedeutung Israels allein nicht mehr erklären ließ. Mir kam dieser Gedanke erstmals am Morgen des 22. März 1988. Ich saß in einem Londoner Hotel beim Frühstück und führte mir außer Eiern und Toast auch die *International Herald Tribune* zu Gemüte. Doch in der Zeitung fand ich etwas, das sich nicht so ohne weiteres schlucken ließ: Auf der ersten Seite oben – gleich neben einem Bericht über iranische und irakische Raketenangriffe auf gegnerische Städte, bei denen zahllose unschuldige Zivilisten getötet wurden – lief über vier Spalten das Foto eines israelischen Soldaten, der gerade einen palästinensischen Jungen packte. Die Unterschrift lautete: „Bei einer Sicherheitskontrolle in Ramallah im Westjordanland wurde ein Palästinenser, der gerade seine Papiere vorzeigen wollte, von einem israelischen Soldaten ergriffen. Der Mann wurde verhaftet, in einem Auto abtransportiert. Siehe Kurzmeldungen aus aller Welt, Seite 2."

Mit anderen Worten: Der tatsächliche Neuigkeitswert der Geschichte war so unbedeutend, daß er nicht mehr als zwei kurze Absätze im Inneren der Zeitung verdiente. Dennoch zeigte das Aufmacherfoto der *Herald Tribune* ganz oben auf der ersten Seite einen israelischen Soldaten. Weder schlug er einen Palästinenser, noch tötete er ihn; er hielt ihn schlicht und einfach fest. Unwillkürlich stellte ich folgende Rechnung an: Derzeit gibt es einhundertfünfundfünfzig Länder auf der Erde. Angenommen, in jedem dieser Länder werden fünf Menschen von anderen Menschen festgehalten – das wären also weltweit siebenhundertfünfundsiebzig ähnliche Zwischenfälle. Woher kommt es, daß ausgerechnet dieser eine in die Schlagzeilen gerät?

Auch in manchen Kommentaren, die sich mit Israels Reaktion auf die Intifada befaßten, fällt die Unverhältnismäßigkeit auf. Am 18. Februar 1988 erschien im *Boston Globe,* einer durchaus seriösen Tageszeitung, ein Kommentar zu einem Zwischenfall, der sich im Westjordanland zugetragen hatte. Vier palästinensische Jugendliche waren von mehreren israelischen Reservisten bei lebendigem Leibe unter Sandhaufen vergraben worden. Die vier wurden von ihren Freunden schnell wieder ausgeschaufelt, noch bevor sie ernsthaft gefährdet waren. Allerdings hatten die Israelis offenkundig in Tötungsabsicht gehandelt; sie wurden später zu Gefängnisstrafen verurteilt.

Im Kommentar des *Globe* hieß es, mit diesen vier palästinensischen „Opfern wird ein ganzes Volk identifiziert. Die Enteignung der Palästinenser, ihre Versprengung, die Massaker, die sie erlitten – nicht nur in ihrem eigenen Land, sondern auch in Jordanien und im Libanon, durch Falangisten, Syrer und schiitische Amal-Milizen –, alle diese Schrecken werden durch das Bild der bei lebendigem Leibe Begrabenen wieder zum Leben erweckt. Es ist ein Bild, das auch kollektive Erinnerungen an die Geschichte der Juden hervorruft: an die zaristischen Pogrome, die Jahrhunderte der Heimatlosigkeit und Verfolgung, an die Massengräber von Babi Jar und an die Leichenberge, die 1945 in den Todeslagern der Nazis gefunden wurden."

Gewiß, das israelische Vorgehen gegen die aufständischen Palästinenser war zeitweise ebenso brutal wie dumm. Darf man es aber mit dem Genozid von Babi Jar vergleichen, bei dem dreiunddreißigtausend Juden umgebracht wurden, nur weil sie Juden waren? Mit den Massengräbern der sechs Millionen Juden, die von den Nazis systematisch vernichtet wurden? Das scheint mir doch ein wenig übertrieben. Irgendeine andere Logik muß es sein, die Israel in die Schlagzeilen bringt.

Es ist eine Logik, die, wie ich glaube, daher rührt, daß der christliche Westen das heutige Israel als Fortsetzung eines dreitausend Jahre alten biblischen Dramas begreift und folglich auch als rechtmäßigen Erben in der dreitausendjährigen Rolle der Juden in der westlichen Zivilisation. Europäer und Amerikaner haben ihr Bild vom Juden der Vergangenheit aufs heutige Israel übertragen.

Daraus folgt vor allem zweierlei: Zum einen waren es die Juden, die mit den Zehn Geboten erstmals in der Geschichte einen göttlich sanktionierten, universalen Moralkodex einführten. Die göttlichen Gesetze, empfangen am Berg Sinai, bildeten die Grundlage der jüdisch-christlichen Moral und Ethik. Vom modernen Staat Israel erwartet man daher ein gewisses Maß an Gerechtigkeit und Moral im täglichen Handeln. Aber die Juden spielten noch eine andere Rolle, an der das heutige Israel gemessen wird: Sie waren das Symbol für Zuversicht und Hoffnung. Die Juden selbst waren es, die verkündeten, daß die Geschichte nicht, wie es die alten Griechen lehrten, ein ewiger Kreislauf sei, in dem die Menschen weder besser noch schlechter würden. Sie sei vielmehr ein Prozeß linearen moralischen Fortschritts, in dessen Verlauf sich die Menschen, vorausgesetzt, sie hielten sich an die göttlichen Gesetze, ständig verbessern und vervollkommnen könnten. So werde es ihnen eines Tages gelingen, die Herrschaft des Messias, das heißt die Herrschaft des totalen Friedens und der absoluten Harmonie, herbeizuführen. Geschichte und Politik der Menschheit, meinten die Juden, können zu positiven

Veränderungen führen: zur Befreiung der Sklaven, zum Auszug aus Ägypten – und hinter der Wüste liegt das Gelobte Land.

Israel hat in der Vorstellung des Westens die beiden Rollen der Juden übernommen – die Elle, mit der die Moral gemessen wird, und das Symbol der Hoffnung –, und deshalb beeinflußt das Verhalten Israels auch das Bild der Menschen von sich selbst.

Nachrichten aus Israel können zum Beispiel eine psychologisch befreiende Wirkung haben, die Nachrichten aus allen anderen Ländern völlig abgeht. In den vergangenen zweitausend Jahren waren die Juden stets Opfer der Machtverhältnisse innerhalb anderer Völker. Ihre Opferrolle ermöglichte es ihnen, aus einer Position der moralischen Unangreifbarkeit heraus jederzeit den Zeigefinger zu heben und Gerechtigkeit und Moral zu predigen. Nachdem der Westen jahrhundertelang von den Juden die Leviten gelesen bekam, möchte er heute sehen, ob diese Juden nun, da sie über einen eigenen Staat und eigene Macht verfügen, dem Maßstab gerecht werden, den sie für sich selbst und andere setzten.

David Hartman meinte: „Historisch betrachtet, vermittelten die Juden, wenn sie Wohlverhalten an den Tag legten, ihrer Umgebung stets das Gefühl, unvollkommen zu sein. Verhielten sie sich jedoch *nicht* einwandfrei, so fühlte sich ihre Umgebung befreit von den historisch durch die Juden verkörperten moralischen Ansprüchen. Wenn sich Israel tatsächlich als leuchtendes Vorbild für andere Nationen erwiese – ein Anspruch, den es anfangs selbst erhoben hat –, dann würde es sich zum Richter und moralischen Kritiker über die Unvollkommenheiten und Fehler aller anderen Nationen aufschwingen. Das wäre dann so, als hätte der Marxismus tatsächlich ein Arbeiterparadies geschaffen: Er wäre zur Personifizierung einer verheerenden Kritik am Kapitalismus geworden. Angesichts echter Alternativen, deren Verwirklichung zu einer gerechteren gesellschaftlichen und politischen Realität führen könnte, empfänden wir Schuldgefühle. Ich habe den Eindruck, daß die westliche Presse in gewisser Weise der von den Juden geprägten messianischen Vorstellung, die Welt könne durch das geschichtliche und politische Wirken des Menschen verbessert werden, den Garaus machen möchte. Die Medien haben ein geradezu perverses Vergnügen daran, Israel das Etikett Südafrika anzuhängen. Dasselbe Vergnügen empfindet man, wenn man seinen Sonntagsschullehrer bei einem moralischen Fehltritt ertappt: Wenn der sich schon falsch verhält, dann kann ich mir das erst recht erlauben. In Wirklichkeit nämlich wollen die Medien mit ihrer die Sättigungsgrenze überschreitenden Berichterstattung über israelische Prügelorgien und Schießereien im

Westjordanland den Juden sagen: ‚Hört bloß auf, uns ewig zu predigen, es gebe ein Gelobtes Land, und uns vorzuhalten, daß wir besser sein könnten, als wir sind. Hört auf, uns auf diese höhere moralische Ebene hinzuweisen, die wir unbedingt erreichen müßten. Schaut euch doch selber an! Wenn *ihr* schon so schlecht seid, besteht für uns kein Anlaß, besser zu werden. Wenn Israel sich genauso benimmt wie Südafrika, dann können wir alles stehen und liegen lassen und statt dessen Tennis spielen gehen.'"

Gewiß sind sich nur sehr wenige Reporter und Kommentatoren dieser Gefühle tatsächlich auch bewußt. Dennoch sind sie durchaus eine Realität. Nicht zufällig gab die NBC 1987 ihrem kritischen Dokumentarfilm über zwanzig Jahre israelischer Besetzung des Westjordanlands den Untertitel „A Dream is Dying" („Ein Traum stirbt"). Ein perfekter Titel – war doch zu jener Zeit die Berichterstattung über das Vorgehen der Israelis in den besetzten Gebieten zur Totenwache geworden. Die Medien brachten am offenen Sarg Trinksprüche auf das Ende des jüdischen Traums aus. Die Korrespondenten der Fernsehgesellschaften hätten sich ebensogut auf den Hügeln Jerusalems filmen lassen und ihren Zuschauern, während im Hintergrund israelische Soldaten Palästinenser zusammenschlugen, verkünden können: „Hier hat alles begonnen, hier ging es zu Ende. Hier liegt die Sonntagspredigt begraben."

Läßt sich ein Dokumentarfilm mit dem Titel „Hafis el-Assads Syrien – Ein Traum stirbt" vorstellen? Nein – denn bevor der Tod eines Traums eine Stunde Fernsehberichterstattung wert ist, muß erst einmal ein das Publikum ansprechender Traum vorhanden sein. Wenn die Syrer in Hama Tausende von Mitbürgern umbringen, empfindet das der Westen weder als befreiend noch als verheerend – einfach, weil der Westen nichts anderes von Syrern erwartet und nicht eine einzige seiner Wertvorstellungen aus Damaskus bezieht.

„Wenn die Syrer Menschen umbringen, dann lassen sich daraus Schlüsse über Syrien ziehen", beobachtete Jaron Esrahi. „Wenn die Juden jemanden umbringen, dann wird daraus sofort eine Geschichte, die die Menschheit als solche einbezieht. Wenn Damaskus sündigt, dann ist das nur für die Syrer und die arabische Welt von Übel – doch wenn Jerusalem sündigt, so heißt das gleich, daß wir alle dazu verdammt sind, in einer Welt zu leben, für die es keine Erlösung gibt."

Die befreiende Eigenschaft der Nachrichten aus Israel spricht vor allem jene Europäer an, die wegen des Holocaust unter Schuldgefühlen leiden. Wenn es bis zum Jahre 1967 so etwas wie einen gemeinsamen Nenner der europäischen Nahost-Berichterstattung gegeben hat, so bestand dieser wohl am ehesten in der Neigung, Israel in einem übertrieben romantischen und sentimentalen Licht zu sehen, sowie in einer Überbetonung seiner militärischen Leistungskraft. Europäische Dokumentarfilme aus jener Zeit belegen dies. Es war, als wollten sich die Europäer mit der Hervorhebung der israelischen Stärke einreden, das Volk der Juden sei wiederauferstanden, und die Last dessen, was die Deutschen ihnen während des Zweiten Weltkriegs angetan hatten, werde dadurch leichter. Nachdem aber aus dem Zwerg Israel ein Riese geworden war, schlug die Stimmung in den europäischen Medien um. Die Medien der Bundesrepublik Deutschland, Frankreichs und Italiens tendierten eindeutig dahin, Israel als triumphierende, rücksichtslose Besatzungsmacht, als ein neues Preußen darzustellen. Es war der nicht gerade sehr dezente Versuch, der eigenen Schuld an der menschenverachtenden Behandlung der Juden während des Zweiten Weltkriegs zumindest teilweise die Absolution zu erteilen. Die ausführliche Darstellung der israelischen Verwicklung in die Massaker von Sabra und Schatila war eine bequeme Methode, etwas ganz anderes zum Ausdruck zu bringen: „Schaut her", bedeutete es, „die Nazis waren gar kein Einzelfall! Es kommt immer wieder vor, daß ein Volk ein anderes niedermetzelt. Und hat man es uns Europäern nicht immer übelgenommen, wenn wir sagten, wir hätten von den Vorgängen in den Konzentrationslagern nichts gewußt? Das kann doch jedem passieren – sogar den Juden."

Die europäische Haltung schien zum Teil auch hinter den Bemerkungen des norwegischen Botschafters Torleiv Anda zu stehen, der im Februar 1988 vor israelischen Reportern behauptete, die Nazi-Okkupation sei im Grunde aufgeklärter gewesen als die israelische Okkupation des Westjordanlands und des Gazastreifens. „Was die Deutschen taten", sagte Anda, „war gewiß sehr schlimm. Sie haben unter anderem Gefangene und Verdächtige gefoltert und geschlagen. Aber wir erinnern uns nicht, daß sie auf offener Straße den Leuten Arme und Beine gebrochen oder Kinder mitten in der Nacht aus ihren Elternhäusern geholt hätten. Von den Israelis haben die Norweger solche Dinge nicht erwartet. Sie sind sehr betroffen davon. Wer sich so aufführt, macht sich keine Freunde."

Später entschuldigte sich Botschafter Anda für seine selektiven Erinnerungen an das Verhalten der Nazis. Der springende Punkt dabei ist: Wenn es um Israel geht, ist niemand unvoreingenommen. Ein jeder trägt den Dolch im Gewande – irgendeinen.

Die gleichen Reporter und Leser, die jede neue Missetat Israels frohlockend zur Kenntnis nehmen, hoffen, so glaube ich, im Grunde ihres Herzens, daß Israel Erfolg haben und eines Tages sein Versprechen einlösen wird. Woran liegt das? Die Identifikation mit den Träumen des biblischen Israel und des mythischen Jerusalem ist vor allem in der amerikanischen Kultur tief verwurzelt. Viele Amerikaner werden sich daher an Israels Erfolg und der Erfüllung seiner prophetischen Erwartungen beteiligt fühlen: Israels Erfolg ist ihr eigener Erfolg. Schließlich sahen sich die Puritaner und andere frühe Siedler in Amerika als die eigentlichen Erben des israelischen Traums, als Streiter gegen die Tyrannei des modernen Pharao in Großbritannien. Als sie nach Amerika zogen, sprachen sie davon, dort ein „Neues Jerusalem" errichten zu wollen. Die Gründerväter Benjamin Franklin, Thomas Jefferson und John Adams schlugen dem Kontinentalkongreß sogar vor, das Siegel der Vereinigten Staaten solle Moses und die Kinder Israel am Ufer des Roten Meeres zeigen, in dem der Pharao mit seinem Heer gerade ertrinkt, das Ganze umgeben von dem Leitspruch „*Rebellion to Tyrants Is Obedience to God*" („Aufstand gegen Tyrannen ist Gehorsam vor Gott"). Statt dessen entschied man sich für den Weißköpfigen Seeadler. Später machte die schwarze Bürgerrechtsbewegung unter Martin Luther King die Geschichte des Exodus aus der Sklaverei zum Motto ihres Kampfes um die Gleichberechtigung.

Simcha Dinitz, der frühere israelische Botschafter in den USA, erzählte mir einmal von einem Vortrag, den er Anfang der sechziger Jahre in einer Schwarzenkirche in Washington, D.C., gehalten hatte. „Nach dem Vortrag kam ein junges Mädchen zu mir", berichtete Dinitz, „und fragte mich, wo ich lebe. ‚In Jerusalem', antwortete ich. Darüber dachte sie eine geschlagene Minute lang nach. Dann fragte sie: ‚Liegt Jerusalem denn auf der Erde? Ich dachte immer, es läge im Himmel.' Damals wurde mir erstmals klar, daß Jerusalem jeden menschlichen Wunsch, jede Hoffnung, jeden Traum, jedes Ideal symbolisiert. Jeder Mensch sieht darin, was er sehen will. Jerusalem mag zwar die Hauptstadt von Israel sein, doch trägt jeder Amerikaner ein Stückchen davon in seinem Herzen."

Viele Menschen, insbesondere Amerikaner, geraten daher bei Nachrichten aus Israel in emotionale Euphorie, die ihnen Nachrichten aus Singapur nicht verschaffen können. Auch die übergroße Präsenz Israels in Amerikas Medien wird so leichter begreiflich. Sie bezieht sich ja keineswegs nur auf negative Dinge, sondern auch auf seine Leistungen – ob es nun „die Wüste zum Blühen bringt" (was viele Länder ohne vergleichbare Publicity auch getan haben), ob es in Entebbe Geiseln befreit oder ob es, wie im Sechstagekrieg, drei arabische Armeen gleichzeitig von der Bildfläche verschwinden läßt.

Am 9. Juni 1967, als den Amerikanern erstmals zu Bewußtsein kam, daß Israel im Sechstagekrieg nicht zerstört würde, schrieb Mary McGrory im *Washington Star* über eine Solidaritätskundgebung für Israel im Lafayette-Park gegenüber dem Weißen Haus: „Manche von uns wußten noch gar nicht, was eine *simcha* (hebräisch für „wahre Freude") ist. Jetzt wissen wir's. *Simcha* ist, wenn Araber zugeben, daß sie – wieder einmal – den kürzeren gezogen haben, und wenn das von dreißigtausend Juden im Lafayette-Park gefeiert wird. Das ist eine *simcha*. Gestern im Park waren wir alle Juden. Wir alle wurden auf einmal Israelis... Unsere Sprüche, viele hastig auf die ankommenden Busse geschmiert, verrieten eine Menge Chuzpe: ‚Gott ist nicht neutral', ‚Unterstützt Israel, Gottes kleinen Acker' und ‚Lyndon Johnson, laß uns Juden sein.'. ... Wir schnappten schier über vor Freude (als der Waffenstillstand mit Ägypten verkündet wurde). Dann weinten wir alle und fielen uns in die Arme. Wir sangen die *Hatikwa*, die israelische Nationalhymne. Wir legten eine Schweigeminute für die Gefallenen ein, wir hörten die melancholischen Rufe des *schofar*..."

Nachrichten aus Israel sind schließlich nicht nur einzigartig befreiend und erhebend, sondern, gemessen an Nachrichten aus Ländern vergleichbarer Größenordnung, schlichtweg überwältigend, weil Israel in den Augen des Westens eine Fülle historischer und religiöser Assoziationen heraufbeschwört. In Israel laufen so viele kulturelle und historische Fäden zusammen, daß praktisch jede Nachricht zwei Dimensionen hat: Sie handelt von Israel und außerdem immer noch von irgend etwas anderem.

Ein paar Beispiele: Im Jahre 1986 knüpfte Spanien diplomatische Beziehungen zu Israel an. Das war einerseits ein rein diplomatischer Akt. Andererseits aber sahen nicht wenige Leute darin das letzte Kapitel einer großen historischen Saga, die mit der Vertreibung der Juden aus Spanien im Jahre 1492 begonnen hatte. Der Bericht über die vom Obersten israelischen Gerichtshof sanktionierte Einbürgerung eines amerikanischen Goj, der von einem reformierten Rabbi zum Judentum bekehrt worden war, ist nicht nur ein Bericht zum Thema Einwanderung, sondern gleichzeitig eine grundlegende Stellungnahme zu der Frage, wer Jude ist und wer nicht. Selbst ein Reisebericht über eine Kajakfahrt auf dem Jordan bringt bei manchen Lesern eine religiöse Saite zum Klingen, die von einer Kajakfahrt auf der Themse nie berührt würde. Und wenn Chefredakteure, was recht oft geschieht, entdecken, daß ein Bericht über Israel den Nachrichtenwert von zweien besitzt, aber nur den Platz eines einzigen beansprucht, kommt es immer wieder vor, daß sie ihn Berichten aus anderen Ländern vorziehen.

Jedesmal, wenn ich an die einzigartige Zweidimensionalität der Nachrichten aus Israel denke, fällt mir eine Anekdote ein, die mir der israelische Dichter Yehuda Amichai über seine Tochter und das Grab des Herodes erzählte. Amichais Haus liegt gleich neben dem König-David-Hotel in Jerusalem. In der Mitte des kleinen Gartens, der es vom Hotel trennt, befindet sich eine Art steinerner Brunnen. In Wirklichkeit handelt es ich dabei jedoch um das Grab Herodes' des Großen, der Judäa von 37 bis 4 v. Chr. regierte und dem Jerusalem einige seiner schönsten Bauten verdankt. Eines Tages saß Amichai gemütlich in seinem Haus, als seine vierjährige Tochter hereinstürmte und rief: „Papi, Papi, mein Ball ist in das Grab des Herodes gefallen!" Für die Kleine war der Steinhaufen gleich beim Haus nur ein Spielplatz – ein Spielplatz, der zufällig den Namen „Grab des Herodes" trug. Und doch war es auch in Wirklichkeit das Grab des Herodes – eine Stätte von historischer Bedeutung...

Hätten die frühen Zionisten das britische Angebot, ihren Staat in Uganda zu errichten, angenommen, so wären die Nachrichten über Israel heute sicher weniger interessant. Doch die Juden entschieden sich dafür, einen „normalen" Staat ausgerechnet in jenem Land aufzubauen, das in realiter total anomal ist – in einem Land, dessen Boden geradezu durchtränkt ist mit Religiosität und Geschichte und das aufs intimste mit allen Hoffnungen und Neurosen des Westens verknüpft ist. Und da die Rückkehr der Juden in dieses eine und einzige Land so viele Leidenschaften entfesselt und so viele Erinnerungen erweckt hat, kann Israel seinem außergewöhnlich hohen Nachrichtenwert einfach nicht entkommen – weder heute noch morgen.

Doch die Faszination, mit der der Westen auf Israel starrt, ist nur die eine Seite der Medaille. Israels stete Präsenz in den Medien ist zum Teil auch darauf zurückzuführen, daß Israel selber ständig – und mitunter recht ungestüm – auf sich aufmerksam macht. Vom Tag der Staatsgründung an haben die führenden Politiker Israels dazu eingeladen – und mitunter sogar dazu aufgefordert –, die Einzigartigkeit des Landes gebührend zu beachten und es mit einer anderen Elle zu messen als andere Staaten.

Niemand ist sich dessen bewußter als der israelische Staatsmann

Abba Eban, dem 1947 die schwierige Aufgabe oblag, vor den Vereinten Nationen, die damals erwogen, Palästina zu teilen, den Anspruch des jüdischen Volkes auf einen eigenen Staat zu vertreten. „Es war nicht leicht, unseren Anspruch durchzusetzen", erinnert sich Eban. „Die gesamte Region lehnte uns ab. Wir wollten einen Staat für ein Volk, das noch gar nicht da war. Und wir bildeten nicht die Mehrheit in unserem Land. Irgendwie mußten wir die Aufmerksamkeit der Welt auf uns ziehen. Wir konnten uns nicht auf rein juristische Argumente verlassen. Wir konnten nicht die gleichen Argumente bringen wie Ghana. Wir mußten uns vielmehr als Ausnahmefall darstellen. Also begründeten wir unseren Anspruch mit der Besonderheit Israels, mit dem Elend, das unser Volk erlitten hatte, mit seiner historischen und spirituellen Bedeutung. Uns war klar, daß sich unser Appell vorrangig an eine christliche Welt richtete, der die biblische Geschichte vertraut war und am Herzen lag, und das haben wir bis zum letzten Blatt ausgereizt. Bis heute sind wir Opfer unserer eigenen überschwenglichen Rhetorik, der überschwenglichen Verteidigung unseres Standpunkts. Aber wir haben uns nun einmal für diese Linie entschieden. Wir entschieden uns dafür, von der ersten Stunde der Staatsgründung an hervorzuheben, daß Israel die alte jüdische Moral vertreten solle. Heute beklagen sich manche Israelis darüber, daß sie nach anderen Maßstäben gemessen werden als andere Länder im Nahen Osten. Aber die Welt legt nur den Maßstab an, den wir uns selbst gesetzt haben. Wir können uns nicht für Abkömmlinge von Königen und Propheten erklären – und dann ganz naiv fragen, wieso die Welt von uns verlangt, daß wir uns anders benehmen als Syrien."

Israels Werben um die Aufmerksamkeit der Welt hing auch mit der eigenen Unsicherheit zusammen. Das Trauma einer zweitausendjährigen Zurückweisung und des ewigen Außenseitertums hat sich tief in das historische Bewußtsein der Juden eingegraben und erklärt, weshalb man in Israel immer wieder genau wissen will, was der Rest der Welt von einem denkt. Israelis empfinden das tiefe Bedürfnis, respektiert, geliebt, ja bewundert und aus ihrer Einsamkeit herausgeholt zu werden. Sie wünschen sich sehnlichst, die Welt nähme sie bei der Hand und sagte: „Ja, wir sehen euch. Wir erkennen an, daß es euch gibt und daß ihr zu uns gehört." Im Außenministerium hört man immer wieder die Anekdote über den ersten Besuch eines italienischen Außenministers in Israel. Der gute Mann hatte kaum sein Flugzeug verlassen und die Rollbahn des Ben-Gurion-Flughafens betreten, da geriet er auch schon in die Fänge der Presse. Ein übereifriger israelischer Reporter fragte ihn: „Wie gefällt Ihnen unser Land, Herr Minister?"

Als ich meine Tätigkeit als Auslandskorrespondent in Jerusalem beendete und die Stadt verließ, fragte mich ausnahmslos jeder Mensch, mit dem ich in Berührung kam, vom halb analphabetischen Möbelpacker bis hin zu der Frau bei der Autovermietung, ob mir mein Aufenthalt in Israel gefallen habe – und das nicht etwa nur so nebenbei, sondern mit echter Sorge. Kaum hatte ich ja gesagt, da sahen sie mich von der Seite an und murmelten auf hebräisch: „B'emet – wirklich?"

Nichts erbitterte die Israelis mehr, als wenn sie hörten, daß ein Mann von internationalem Range nach Israel reiste, es aber ablehnte, den israelischen Präsidenten „offiziell" zu treffen. Lag nicht die ureigentliche Bedeutung des Judenstaats darin, daß Juden sich nun in das große Drama der Weltpolitik einmischen konnten und nicht mehr nur Randfiguren waren? Und nichts erfreute die Israelis mehr, als wenn Zelebritäten von Weltrang – namentlich Gojim wie Jane Fonda oder Frank Sinatra – dem Land mit ihrem Besuch das Gütesiegel der Anerkennung aufdrückten. Bei Tennisturnieren in Jerusalem freuten sich die Israelis immer ganz besonders, wenn Lokalmatador Amos Mansdorf zeigte, wie gut er sich mit Cracks wie Jimmy Connors verstand. In solchen Augenblicken konnte man die Zuschauer auf den Rängen beinahe sagen hören: „Seht her, wir gehören auch dazu!"

Sieht man diese angeborene Unsicherheit im Zusammenhang mit Israels nahezu vollständiger ökonomischer Abhängigkeit von den Vereinigten Staaten, so wird die Besessenheit verständlich, mit der Israel verfolgt, wie es in den westlichen Medien allgemein und in den amerikanischen Medien im besonderen dargestellt wird. Bei meinen Gesprächen hatte ich stets das Gefühl, die Israelis gingen von der Vorstellung aus, jeder Amerikaner habe gleich neben dem Fernsehapparat eine Wahlurne stehen und würde Abend für Abend nach den Nachrichten zugunsten oder zuungunsten Israels abstimmen. Ein höherer israelischer Beamter drückte es so aus: „Die Israelis sind überzeugt, daß man in Amerika nichts Besseres zu tun hat, als entweder für oder gegen Israel zu sein."

Für mich in meiner Eigenschaft als Korrespondent der *New York Times* war die Fixierung der Israelis auf die amerikanischen Medien auf der einen Seite durchaus von Vorteil. Andererseits wurde ich aber auch zu ihrem Opfer. Auf der Habenseite war zu verbuchen, daß jeder israelische Beamte meinen Bitten um telefonischen Rückruf nachkam und daß ich vom Ministerpräsidenten abwärts mit jedem, bei dem ich darum bat, innerhalb von achtundvierzig Stunden nach der Anfrage einen Termin bekam. Die Kehrseite der Medaille war, daß alles, was ich schrieb, mit den kritischen Augen von Korrektoren gelesen wurde, die die Thorarollen auf Fehler überprüfen. Haßerfüllte Briefe von Lesern, denen meine Artikel nicht zusagten, waren oftmals in einem Tonfall abgefaßt, der gewöhnlich Kinderschändern und überführten Naziverbrechern vorbehalten bleibt. Ein besonders gehässiger Leser pflegte gar sämtliche Briefe an mich mit „Sehr geehrter Kapo" anzufangen.

Schlich sich in meine Artikel in der *New York Times* ein Fehler ein, so war die Geschwindigkeit, mit der die Israelis dessen Korrektur veranlaßten, nicht in Tagen zu messen, sondern in Stunden und Minuten. Nach der Regierungsbildung im Anschluß an die Juli-Wahlen 1984 gab mein Assistent Mosche Brilliant mit seiner sanften Stimme die neue Kabinettsliste telefonisch nach New York durch – spätabends und kurz vor Redaktionsschluß. Mosche begann mit dem Ministerpräsidenten und ließ die Namen der neuen Minister folgen. Als er beim Minister für Religiöse Angelegenheiten ankam, sagte er *„veteran National Religious Party leader Josef Burg..."* Wer immer das Diktat in New York aufnahm, verstand *bedouin* (Beduine) statt *veteran* (altgedient), so daß schließlich in der Zeitung stand: *Bedouin National Religious Party leader Josef Burg.* Angesichts der Tatsache, daß Josef Burg orthodoxer Jude ist, hätte ein schlimmerer Fehler kaum passieren können. Die ersten Exemplare der *New York Times* kommen abends gegen 23 Uhr in den Verkauf. Um 23.01 Uhr rief irgend jemand Burg in Israel an, und um 23.02 Uhr rief er bei der *Times* in New York an. Um 23.03 Uhr war die Liste der Kabinettsmitglieder für alle späteren *Times*-Ausgaben bereits korrigiert.

Israel unternimmt große Anstrengungen, sein Image im Ausland zu prägen und zu erhalten. Das israelische Außenministerium vergibt pro Jahr ungefähr einhundert Aufträge an freiberufliche Journalisten, Artikel über verschiedene Aspekte des Lebens in Israel, über Technologie und Medizin zu schreiben. Sie werden an ungefähr zweitausend Publikationsorgane in den Vereinigten Staaten versandt – von Fachzeitschriften für Milchbauern bis hin zu den Tageszeitungen der großen Städte. Der Israel Broadcasting Service, eine dem Außenministerium unterstehende Gesellschaft, produziert Rundfunksendungen über die verschiedensten israelischen Themen. Sie sind zum Teil auf spezifische Hörergruppen zugeschnitten, zum Beispiel auf spanischsprachige oder schwarze Amerikaner oder auch auf bestimmte regionale Gruppen. Die Sendungen werden regelmäßig an fünfhundertfünfzig Rundfunksender in den Vereinigten Staaten sowie an dreihundert Sender in Lateinamerika, Europa und im Fernen Osten verteilt. Über einen privaten Vertrieb beliefert die israelische Regierung ebenfalls regelmäßig lokale Fernsehsender in ganz Amerika mit speziellen Neunzig-Sekunden-Spots über neue israelische Entwicklungen im wissenschaftlichen und agrarischen Bereich. Die Sender strahlen diese Spots oftmals ohne Angabe der Quelle als Nachrichtensendungen aus. Darüber hinaus lädt das israelische Außenministerium jedes Jahr auf eigene Kosten vier- bis fünfhundert führende Meinungsmacher nach Israel ein – Journalisten, Pfarrer, Gewerkschafts- und Studentenführer, Bürgermeister, Lokalpolitiker und Akademiker aus allen möglichen Bundesstaaten der USA. Sie reisen durchs Land, kehren wieder heim und berichten oder schreiben über Israel. Die israelische Botschaft sowie die neun Konsulate in den Staaten zeichnen genauestens alle Berichte und Sendungen über Israel auf. Jeder „feindselige" Artikel oder Kommentar zieht sofort einen Protestbesuch des Botschafts- und Konsulatspersonals bei den zuständigen Verlegern oder Intendanten nach sich. Außerdem werden Aktivisten der lokalen jüdischen Gemeinde ermutigt, Briefe oder Gegendarstellungen an die Herausgeber zu schreiben. Manchmal sind es so viele, daß sie ganze Waschkörbe füllen.

Das Presseamt der Regierung in Jerusalem hält die Auslandskorrespondenten in Israel über alle Nachrichten, regierungsfreundliche wie regierungsfeindliche, auf dem laufenden, indem es ihnen täglich die wichtigsten Artikel und Kommentare aus allen israelischen Tageszeitungen in englischer Übersetzung zukommen läßt. Sie werden sogar per Computer direkt in die Terminals der Korrespondenten überspielt. Die wichtigsten ausländischen und einheimischen Journalisten sind überdies an ein Telefonnetz angeschlossen, das den Spitznamen „Golem" trägt – der Golem ist der jüdischen Sage nach ein künstlich geschaffener Mensch. Dieses Netz erlaubt es dem Presseamt der Regierung, jederzeit sämtliche Auslandskorrespondenten gleichzeitig über alles mögliche zu informieren – sei es über den Terminkalender des Ministerpräsidenten, sei es über die Verlautbarung des Armeesprechers, daß soeben ein Bus entführt wurde.

„Seien wir doch ehrlich", meinte ein Sprecher des Außenministeriums, nachdem er einmal praktisch von Sonnenaufgang bis Sonnenuntergang Auslandskorrespondenten Rede und Antwort gestanden hatte, „wir bieten jeden Morgen einen Striptease für die ganze Welt."

Das grelle Scheinwerferlicht der Öffentlichkeit, das ständig auf Israel gerichtet ist, hat sowohl das Selbstverständnis von Israelis und Palästinensern als auch die Meinungsbildung der Leser und Fernsehzuschauer in der westlichen Welt über den Konflikt zwischen ihnen stark beeinflußt.

Das Zeitungs- und Fernsehpublikum ist durch das grelle Licht mitunter so geblendet, daß es kaum noch imstande ist, den palästinensisch-israelischen Konflikt vernünftig zu beurteilen. Buchstäblich jede Aktion, Reaktion und Erklärung über Israelis und Palästinenser scheint – gemessen an ihrer tatsächlichen Bedeutung – über jedes Maß hinaus aufgeblasen. Folglich mißt das westliche Publikum, das den Konflikt nur durch die verzerrte Optik des Fernsehens oder der gedruckten Medien kennt, allen Aktionen und Erklärungen weit größere Bedeutung zu, als sie in Wirklichkeit haben.

Besonders deutlich wurde das bei der Berichterstattung über die Intifada. Über Monate hinweg erfuhr die Öffentlichkeit im Westen aus Israel und den besetzten Gebieten praktisch nichts anderes, als daß dort Palästinenser mit Steinen warfen und von israelischen Soldaten zusammengeschlagen wurden. Auf diese Weise entstand bei vielen Menschen der Eindruck, im ganzen Land passiere sonst gar nichts mehr.

Was die Kameras gewöhnlich *nicht* zeigten, war die Tatsache, daß das Alltagsleben weiterging: Während in irgendeinem Dorf israelische Soldaten und palästinensische Steinewerfer aneinandergerieten, machten sich in den meisten anderen Dörfern die Palästinenser auf den Weg zur Arbeit in Israel. Im Westen galt die Intifada als ein Aufstand, der ganz Israel in Brand gesteckt hatte – das konnte man ja im Fernsehen sehen. Israelis und Palästinenser hingegen sahen den Aufstand realistisch: Er war Teil ihres Lebens, aber nicht das ganze Leben. Von sporadischen „Zusammenstößen", bisweilen mit tödlichem Ausgang, waren einige wenige Menschen betroffen; das Leben vieler anderer blieb davon jedoch völlig unberührt.

Wenn Westjordanland-Experte Meron Benvenisti nach Amerika kommt und sieht, wie die amerikanischen Medien jeden Winkelzug im palästinensisch-israelischen Konflikt zur Sensationsnachricht aufbauschen, sagt er mir immer schon nach wenigen Tagen, er müsse unbedingt wieder nach Hause. „Was ich auf euren Bildschirmen hier zu sehen bekomme, hat mit der mir vertrauten Wirklichkeit nicht das geringste zu tun", beschwert er sich.

Für die Palästinenser war und ist das Scheinwerferlicht der westlichen Medien Segen und Fluch gleichermaßen. Der Segen liegt darin, daß ihre Feinde zufällig Juden sind und ihr Schlachtfeld das

Heilige Land – mit all der damit verbundenen Bedeutungsträchtig-keit für westliche Gemüter. Die Palästinenser haben daher mehr Aufmerksamkeit auf sich gezogen als jede andere Flüchtlingsge-meinschaft und jede andere nationale Befreiungsbewegung in der Welt. Sie sind Nebendarsteller in einem großen Historiendrama, das immer wieder auf den Spielplan kommt. Die Hauptrolle in diesem Stück spielen die Juden – in der einen Spielzeit als gequälter Ham-let, in der nächsten als König Lear, in der übernächsten als Goliath. Die Palästinenser fanden also stets Gehör, jahraus, jahrein, wäh-rend andere besiegte Völker, deren Feinde keine Juden waren, igno-riert wurden. Hätten die Palästinenser das Pech der Armenier ge-habt, die von den Türken verfolgt wurden, oder der Kurden, die schließlich im Irak endeten, obwohl die Alliierten ihnen nach dem Ersten Weltkrieg einen eigenen Staat versprochen hatten – ihr Fall wäre im Westen heute genauso wenig bekannt wie der Nationalis-mus der Kurden und Armenier.

Westliche Kamerateams kommen nicht nach Israel, um palästi-nensische Steine zu filmen; sie wollen israelische Schlagstöcke se-hen. Anläßlich eines Zwischenfalls im Flüchtlingslager El-Amari im Westjordanland konnte der für arabische Angelegenheiten zustän-dige Reporter des israelischen Fernsehens Ehud Yaari beobachten, wie die Berichterstatter mit ihren Kameraleuten stundenlang vor den Lagertoren herumstanden. Sie warteten nicht etwa auf palästi-nensische Interviewpartner, sondern auf den unvermeidlichen Au-genblick, da israelische Soldaten anfangen würden, auf Palästinen-ser einzudreschen.

„Die israelischen Soldaten hielten sich bereit, griffen aber nicht an", erzählte mir Yaari. „Sie sahen sich einer großen, aggressiven Menge von palästinensischen Demonstranten gegenüber. Flaschen, Steine und Molotowcocktails flogen. Zwischen einem amerikani-schen Kameramann und dem kommandierenden Offizier der Israe-lis entspann sich folgende Unterhaltung: Der Offizier sagte: ‚Wir werden nicht da reingehen. Den Gefallen tun wir Ihnen nicht.' Wor-auf der Kameramann antwortete: ‚Sie müssen so oder so da rein, also können Sie's auch jetzt gleich tun.' Schließlich gingen die Soldaten doch rein, und kaum brachen sie die ersten Häuser auf, um sich dort versteckt haltende Aufrührer festzunehmen, da fingen alle Kameras an zu surren."

Sobald die Palästinenser nicht von Juden, sondern von anderen Arabern malträtiert werden – aber auch dann, wenn sie selber die bösen Buben sind –, erregt ihr Schicksal im Westen kein Interesse mehr. Es genügt ein kurzer Blick in die Presseberichterstattung der vergangenen Jahre. Die indirekte Verwicklung der Israelis in die Massaker von Sabra und Schatila beherrschte 1982 wochenlang die Schlagzeilen. In denselben Lagern wurden zwischen 1985 und 1988 auch weiterhin Palästinenser ermordet – durch libanesische Schiiten. Über diese Vorfälle wurde allenfalls auf der letzten Zeitungsseite berichtet – und dies, obwohl bei den dreijährigen Kämpfen um die Lager an die dreitausend Palästinenser ums Leben kamen, darunter viele, die Hungers starben, weil es nicht einmal mehr Hunde gab, die geschlachtet werden konnten.

Die Allgegenwart der Reporter in Israel hat zweifellos der israelischen Gewalt gegen die Palästinenser Grenzen gesetzt. Ein im Westjordanland stationierter israelischer Oberst beantwortete mir die Frage nach dem Abschreckungseffekt der Fernsehbilder recht unverblümt: „Früher war ich im Südlibanon stationiert", sagte er, „und im Südlibanon steht absolut nichts zwischen dir und Gott dem Allmächtigen. Vor der Sprengung eines Hauses fragst du dich bloß, ob du fünfundzwanzig oder besser fünfzig Kilo Dynamit verwendest. Hier im Westjordanland mußt du jede kleinste Bewegung zehn verschiedenen Leuten erklären."

Ein hochrangiger israelischer Kommandeur im Westjordanland pflegte seine Männer folgendermaßen zu instruieren: „Schlagt keinen, wenn ihr eine Fernsehkamera seht. Wenn ihr schon beim Schlagen seid und seht eine Fernsehkamera, hört sofort auf. Seht ihr einen Kameraden jemanden schlagen, und eine Fernsehkamera ist in der Nähe, sorgt dafür, daß er umgehend aufhört." Derselbe Offizier erzählte mir: „Wissen Sie, wenn meine Soldaten in einen nicht ganz koscheren Zwischenfall in irgendeinem Palästinenserdorf verwikkelt sind und kein Fernsehen dabei ist, dann kann ich damit leben. Ich bin zwar nicht besonders glücklich darüber, aber ich kann damit leben. Ist aber das Fernsehen dabei, dann kann ich nicht damit leben. Absolut nicht."

Die Aufmerksamkeit, die den Palästinensern allein deshalb zuteil wurde, weil ihre Feinde Juden sind, war für sie jedoch auch ein steter Quell der Frustration und Konfusion. Denn obwohl der Westen ständig über sie zu reden scheint, fehlt offenbar das wahre Mitgefühl. Alle Emotionen – ob Zorn oder Mitleid – gelten anscheinend den Juden. Diese unterschiedliche Behandlung darf keineswegs als Beweis für eine etwaige moralische Überlegenheit des israelischen Standpunkts gewertet werden, auch steckt keine Konspiration der Medien dahinter. Es liegt einzig und allein daran, daß die Palästinenser kein Volk aus der biblischen Übergeschichte sind, die das westliche Weltbild prägt. Allein diese Übergeschichte bestimmt, wessen Erfahrungen interpretiert werden und wessen nicht, wessen Schmerz mitempfunden wird und wessen nicht. Und allein darin ist der Grund zu suchen, warum die Palästinenser im Wettlauf um die Gunst des Westens niemals eine reelle Chance gegen die Juden haben werden, ganz egal, wie sehr sie sich anstrengen oder wie groß ihre Leiden sind.

Beispiele dafür lassen sich Tag für Tag in der Zeitung finden. Auf der Konferenz des Palästinensischen Nationalrats im November 1988 in Algier wurde der Guerillaführer Muhammad Abbas, der im Jahre 1985 die Entführung des italienischen Kreuzfahrtschiffes „Achille Lauro" geplant hatte, von westlichen Reportern mit der Frage bedrängt, ob er bedaure, daß seine Leute den an den Rollstuhl gefesselten Passagier Leon Klinghoffer, einen neunundsechzigjährigen New Yorker Juden, ermordet hätten. Die hartnäckige Fragerei regte Abbas dermaßen auf, daß er die Reporter schließlich anblaffte: „Ich wünschte, die Namen unserer Opfer und Märtyrer wären ebenso bekannt wie der Name Klinghoffer! Können Sie mir nur zehn Palästinenser beim Namen nennen, die in israelischem Gas umgekommen sind? Oder zehn schwangere Palästinenserinnen, die bei lebendigem Leibe zermalmt wurden?"

Als die Umzingelung der PLO durch die israelische Armee im Sommer 1982 in Beirut das Schicksal der Palästinenser in die Schlagzeilen der Weltpresse rückte, erhielt mein Kollege Bill Barrett, damals Korrespondent des *Dallas Times Herald*, von seinem außenpolitischen Ressortleiter in Texas ein Telex mit dem folgenden Text ins Hotel Commodore geschickt: „Wieso können die Palästinenser nicht nach Palästina zurück? Ist mit ihren Papieren was nicht in Ordnung, oder was?"

Bill antwortete mit einem einzigen Satz: „Weil ihre Mütter keine Jüdinnen sind."

Bill erzählte mir später, seine Antwort habe den Ressortleiter offenbar noch mehr durcheinandergebracht, als er ohnehin schon war. „Ich fand es erstaunlich, daß ein Auslandsredakteur von dieser Angelegenheit so wenig begreift, aber ich nehme an, daß seine Unwissenheit lediglich den allgemeinen Kenntnisstand der amerikanischen Öffentlichkeit widerspiegelt. Ein paar Monate später hat er übrigens den Journalismus an den Nagel gehängt und ist Immobilienmakler geworden."

In die gleiche Kategorie fällt eine Anekdote, die mir Benjamin Netanjahu, ehedem Botschafter Israels bei den Vereinten Nationen, über eine Fernsehdebatte mit einem arabischen Kollegen erzählte. Netanjahu, ein gutaussehender Mann westlicher Prägung, der am

Massachussetts Institute of Technology studiert hatte und perfekt Englisch sprach, führte mit dem arabischen Botschafter die übliche Diskussion über die Palästinenserfrage, und sie vertraten dabei die üblichen Standpunkte. „Nach der Debatte stand ich auf", berichtete Netanjahu, „und wollte das Studio verlassen, als ein Kameramann auf mich zukam und sagte: ‚Sie haben überzeugend argumentiert.' Ich fragte ihn nach dem Grund für dieses Urteil, worauf er antwortete: ‚Sie hatten schon alle überzeugt, bevor die Diskussion anfing.' Als er meine Verwirrung bemerkte, fügte er hinzu: ‚Sehen Sie, Sie haben beide komische Nachnamen, aber *Sie* heißen mit Vornamen Benjamin und *er* Abdullah. Er hatte nicht die geringste Chance.'"

Das Rampenlicht der Öffentlichkeit, das ständig über Israel gleißt, erwies sich auch noch aus einem anderen Grund als Fluch für die Palästinenser, verführte es sie doch zu einer groben Überschätzung ihrer eigenen Stärke und wiegte ihre Anführer in der Illusion, daß die Zeit in gewisser Hinsicht für sie arbeite. Es war irgendwie auch ganz logisch: Wer wie Jassir Arafat wochenlang von Spitzenjournalisten verfolgt wird, bis sie ihn endlich in seinem Privatjet interviewen dürfen, kann gar nicht umhin, sich bedeutend und mächtig vorzukommen. Er muß ganz zwangsläufig denken: Wenn ich meine Geschichte nur oft genug in der Öffentlichkeit wiederhole, wird der Westen Israel schließlich dazu zwingen, uns einen Staat zu geben, ohne daß wir deshalb erst einen richtigen Krieg anzetteln oder ernsthafte Konzessionen für eine Beilegung des Konflikts machen müssen. Jassir Arafat war ein wandelnder Geschichtenerzähler, und das ist leicht und macht mitunter sogar Spaß. Doch die Wirklichkeit zu verändern ist mit Schwierigkeiten, Leid und Gefahren verbunden – vor allem auf der Bühne des Nahen Ostens, wo niemand mit Platzpatronen schießt und wo für halsbrecherische Aktionen keine Stuntmen bereitstehen.

Ebenso wie die Palästinenser sind auch die politischen Entscheidungsträger in Israel vom Rampenlicht, in dem sie stehen, betroffen. Die Anwesenheit der ausländischen Medien zwang die Israelis, das wahre Ausmaß der Brutalität ihrer Besetzung zu erkennen. In den ersten Monaten der Intifada strahlte das israelische Fernsehen zahlreiche Berichte amerikanischer Sender aus, in denen zu sehen war, wie Israelis im Westjordanland und im Gazastreifen Palästinenser zusammenknüppelten oder erschossen. (Die vier großen amerikanischen Fernsehanstalten verfügten in den besetzten Gebieten über weit mehr Kamerateams als das israelische Fernsehen.) Ohne die amerikanischen Medien wären der Öffentlichkeit eine Reihe bedrückender Intifada-Szenen entgangen, darunter insbesondere der von CBS News am 26. Februar 1988 aufgezeichnete Zwischenfall, bei dem vier israelische Soldaten in Nablus vierzig Minuten lang mit einem Stein auf zwei palästinensische Demonstranten einschlugen.

Der Umstand, daß die Israelis sich ständig dem Urteil der ganzen Welt ausgesetzt fühlten, führte andererseits dazu, daß ihre Regierungssprecher und Politiker viel Zeit und Energie darauf verwandten, ihr Vorgehen gegen die Palästinenser zu erklären und zu rechtfertigen. Dies ging naturgemäß zu Lasten einer gründlichen Beschäftigung mit den Ursachen des Aufstands. Das Rampenlicht beeindruckte die Führungsschicht Israels oftmals mehr als die politische Realität, die es erhellte – und darin lag eine echte Gefahr: Ein Schauspieler, der ununterbrochen auf der Bühne steht und seinen Text vorträgt, hat nie die Möglichkeit, sich in aller Ruhe einmal kritisch mit sich selbst zu befassen. Er ist nicht imstande, seine Fehler zu erkennen und ernsthaft an ihrer Beseitigung zu arbeiten.

Die Israelis waren mitunter so sehr damit beschäftigt, ihr Verschen aufzusagen, daß sie gar nicht mehr hörten, wie hohl ihr Text klang. Am 28. Februar 1988, auf dem Höhepunkt der Intifada, hörte ich die englischsprachigen 13-Uhr-Nachrichten der Voice of Israel. Der Sprecher verlas ohne die geringste Ironie in der Stimme folgende Meldung: „In dem Dorf Burin südlich von Nablus kam es heute früh zu Unruhen. Eine Armeepatrouille, die in das Dorf geschickt wurde, geriet in einen Steinhagel. Nachdem weder Schüsse in die Luft noch Gummigeschosse die Menge zerstreuen konnten, gab der Einsatzleiter nach Auskunft des Armeesprechers den Befehl, auf die *Beine* der Demonstranten zu schießen. Einer der Demonstranten wurde im *Genick* getroffen und starb." (Hervorhebungen vom Autor.)

Als Israel nach dem Sechstagekrieg zum Liebling des Westens avancierte, konnten seine Politiker gar nicht genug Zeitungsberichte über das „heroische kleine Land" zu lesen bekommen. Damals beklagte sich kein Mensch in Israel über das große öffentliche Interesse. Zwanzig Jahre später, nachdem Israels Verhalten im Libanon und im Westjordanland zunehmend kritischere Töne hervorgerufen hat, haben sich die Israelis zu den lautesten Kritikern der ausländischen Presse gemausert. Warum wir? fragen sie. Warum werden ausgerechnet wir seitens der Presse mit so viel überflüssiger Aufmerksamkeit bedacht? Endlose Podiumsdiskussionen und Konferenzen sollen klären, warum die ausländische Presse so voreingenommen ist gegen den Staat der Juden – als ob es allein eine Frage der ausländischen Presse wäre und Israel nichts dazu beigetragen hätte.

Eine wachsende Zahl israelischer Politiker sieht sich derzeit nicht mehr imstande, das intensive Rampenlicht noch länger zu ertragen. Sie kommen sich vor, als würden sie ständig von einer Verhörlampe angestrahlt. Ebensowenig sind sie jedoch gewillt, die häßliche Realität der Westufer- und Gazastreifen-Okkupation beim Namen zu nennen. Sie suchen folglich nach einem Vorhang, der sie vor den kritischen Blicken des Westens schützt und es ihnen gleichzeitig ermöglicht, den Status quo in den besetzten Gebieten aufrechtzuerhalten. Der Vorhang heißt Holocaust. Hinter ihm können sie sich verstecken und der Welt zuschreien: „Ihr habt kein Recht, uns zu verurteilen! Wir sind die Opfer von Auschwitz! Laßt uns bloß in Ruhe!"

Bezeichnend für diese Einstellung war ein Kommentar von Ministerpräsident Jizchak Schamir kurz nach Beginn der Intifada, als die israelischen Prügeleien erstmals ins Blickfeld der Medien rückten. Schamir, der sich wie die Palästinenser nur auf eine einzige Rolle versteht, nämlich die des Königs Lear, fuhr Reporter, die ihm allzu aufdringliche Fragen stellten, an: „Es ist uns nicht erlaubt zu töten, es ist uns nicht erlaubt zu vertreiben, es ist uns nicht erlaubt zu prügeln. Fragen Sie sich doch selbst: Was dürfen wir eigentlich? Nur selbst getötet werden, nur selbst verletzt werden, nur selbst geschlagen werden." Später fügte Schamir hinzu: „Wir haben eine Menge sogenannter Freunde in der Welt, die nur darauf warten, uns tot, verwundet, niedergetrampelt und unterdrückt zu sehen – erst dann können sie Mitleid mit den armen Juden haben. Wenn in diesem Lande Juden getötet werden – kommt das je vor die Vereinten Nationen? Bisher war das noch nie der Fall. Aber wir wollen nicht erst in eine Situation geraten, in der wir Mitleid erregen. Wir wollen um unser Leben kämpfen."

Wenn sich Israelis und Palästinenser beide ins Lendentuch des Opfers hüllen, so macht das jede Aussicht auf eine kritische Auseinandersetzung mit den Hintergründen ihres Konflikts zunichte. Statt dessen schlagen Israelis und Palästinenser auf offener Bühne mit Stöcken aufeinander ein. Anstatt direkt mit dem Gegner zu verhandeln, starren sie bloß ins Publikum und verkünden aufgeregt: „Habt ihr gesehen, was der mir antut? Hab' ich's euch nicht vorher gesagt? Ich bin das eigentliche Opfer! Verurteilt ihn, nicht mich!"

In den vergangenen Jahren war von vielen Israelis zu hören, sie sehnten sich nach dem Tage, da über ihr Land genauso berichtet würde wie über Norwegen oder gar Syrien. Sie zitieren gerne den französischen Philosophen Montesquieu, der einmal sagte, glücklich sei das Volk zu nennen, dessen Annalen in den Geschichtsbüchern leere Seiten aufweisen. Ein Jahr nach Ausbruch der Intifada gab es Anzeichen dafür, daß sich ihre Träume erfüllen könnten – daß Berichte über israelische Truppen, die beispielsweise bei der Auflösung einer Demonstration von zehn- bis elfjährigen Palästinensern einen Dreijährigen erschossen, den Westen zu langweilen begannen und nur noch eine kurze Meldung wert waren. Die Öffentlichkeit im Westen schien allmählich das Interesse am schlechten Benehmen der israelischen Juden zu verlieren.

Wäre ich Israeli, so würde ich es mir allerdings zweimal überlegen, bevor ich diese neugefundene Anonymität feierte. Denn wenn die israelische Repression keinen Nachrichtenwert mehr besitzt, dann heißt das, daß der Westen, ja, daß Israel selbst von Israel nichts Außergewöhnliches mehr erwartet. Damit aber wäre es um einen wesentlichen Charakterzug Israels und des jüdischen Volkes geschehen.

Der Tag, da ein Umzug von Beirut nach Jerusalem nichts Besonderes mehr ist, wird ein Tag sein, den Israel bis in alle Ewigkeit bereuen wird.

Epilog I

Von Beirut über Jerusalem nach Washington

Wenn ich darüber nachdenke, was ich auf meinem Weg von Beirut nach Jerusalem erfahren und gelernt habe, fühle ich mich an ein Kapitel aus Mark Twains *Die Arglosen im Ausland* erinnert, in dem der Autor beschreibt, wie er auf seiner Reise durch den Nahen Osten erstmals den Jordan erblickte:

Als kleiner Junge stellte ich mir irgendwie vor, der Jordan wäre viertausend Meilen lang und fünfunddreißig Meilen breit. In Wirklichkeit ist er nur neunzig Meilen lang und dabei so gewunden, daß man die Hälfte der Zeit nicht weiß, auf welcher Seite man sich befindet. Und obwohl er insgesamt neunzig Meilen lang ist, beträgt die Strecke, die er tatsächlich durchmißt, nicht mehr als fünfzig Meilen. Außerdem ist er kein Stück breiter als der Broadway in New York. Da sind dann auch noch der See Genezareth und dieses Tote Meer, und weder der eine noch das andere sind länger als zwanzig Meilen oder breiter als dreizehn – dennoch glaubte ich damals in der Sonntagsschule, sie hätten einen Durchmesser von sechzigtausend Meilen.

Reisen und Erfahrung ruinieren die großartigsten Bilder und stehlen uns die liebsten Erinnerungen aus Kindheitstagen. Nun denn, laß fahren dahin ... Ich habe das Reich König Salomos auf die Größe von Pennsylvania zusammenschnurren sehen – und so werde ich wohl auch die Schrumpfung der beiden Seen und des Flusses verschmerzen können.

Ich auch. Nachdem ich fast zehn Jahre lang über Araber und Israelis berichtet hatte, bat mich die *New York Times* Ende 1987, den Posten des außenpolitischen Korrespondenten in Washington zu übernehmen. Ich sollte fortan für das Außenministerium und die internationale Politik zuständig sein. Ich ergriff die Gelegenheit beim Schopfe, denn mir erging es mittlerweile wie Mark Twain: Der Nahe Osten war erstmals 1967 im Gefolge des Sechstagekriegs in mein Bewußtsein gedrungen und war mir damals wie ein grandioser Gobelin erschienen, doch je länger ich dort blieb, desto kleiner und unbedeutender kam er mir vor.

Ein paar Wochen, bevor wir Jerusalem verließen, ging ich mit meiner ganzen Familie – meiner Frau Ann, unserer dreijährigen Tochter Orly, und Natalie, unserem zwei Monate alten Baby – eines Abends zum Essen aus. Als wir in unserem kleinen Daihatsu langsam den Ölberg hinaufschnauften, auf dem Weg zu einem unserer Lieblingsrestaurants, das sich im Inter-Continental auf dem Ölberg in Ostjerusalem befindet, sprang plötzlich ein palästinensischer Teenager hinter einer Mauer hervor, pflanzte sich vor uns auf, zielte sorgfältig und schleuderte einen Stein auf uns. Der Stein traf die Windschutzscheibe direkt vor Anns Gesicht, zeichnete ein Spinnennetz aus Rissen auf das Glas, drang jedoch glücklicherweise nicht durch. Orly, die hinten auf dem Rücksitz saß, hatte alles genau mitbekommen; sie fing hysterisch an zu schreien. Ann war vor Furcht wie gelähmt. „Fahr weiter!" schrie ich ihr zu, während sich der junge Palästinenser aus dem Staub machte und im nahe gelegenen arabischen Dorf El-Suwaneh verschwand.

Keiner von uns wurde von den kleinen Glassplittern verletzt, die im Innern des Wagens herumflogen; erschüttert waren wir alle. Noch heute fragt uns Orly nach dem „Mann mit dem Stein", und ich hege die Befürchtung, daß ihr der Vorfall als eine der frühesten Kindheitserinnerungen im Gedächtnis haften bleiben wird. Der Palästinenser hatte es keineswegs auf uns persönlich abgesehen. Das israelische Nummernschild an unserem Wagen genügte ihm, um den Stein zu werfen und jemandem weh zu tun – *wen* es traf, spielte keine Rolle.

Ironie des Schicksals, dachte ich später. Ich hatte die Armeen vieler Nationen durch Beirut marschieren und ultramoderne Kampfflugzeuge am Himmel über der Stadt Luftkämpfe austragen sehen. Ich hatte gesehen, wie das Schlachtschiff „New Jersey" Granaten von der Größe eines Chevrolets abfeuerte, und miterlebt, wie das Haus, in dem meine Wohnung lag, durch ein Pfund des brisantesten Sprengstoffs, der je von Menschenhand entwickelt wurde, zu Schutt und Asche zerfiel. Ich hatte die Folgen von Massakern und Autobomben gesehen und das Feuer von Heckenschützen gehört, bis meine Sinne sich beinahe an all die Schrecken gewöhnt hatten. Zehn

454

Jahre lang war ich all diesen Gefahren ausgewichen – um letztlich von einem Stein getroffen zu werden. Es war ein recht beziehungsreiches Satzzeichen am Ende meiner Reise. Ich war Ausgang der siebziger Jahre in den Nahen Osten gekommen, als Araber und Israelis von der Welt und von sich selbst überdimensional und in kühnen Farben dargestellt wurden. Sie schlugen große Schlachten – einige der größten Panzerschlachten der modernen Kriegsgeschichte fanden 1973 in der Sinai-Wüste und auf den Golanhöhen statt. Sie machten große Profite – infolge des Aufstiegs der OPEC und der damit verbundenen massiven Anhebung des Ölpreises erlebte die Region Mitte der siebziger Jahre einen enormen Wohlstandszuwachs. Manche Menschen häuften phantastische Reichtümer an – neue Ansprüche, neue Versuchungen, neue Pracht und neue Modernisierungsträume waren die Folge. Sie brachten sogar große Friedensschlüsse zustande: Drei Monate, bevor ich zum erstenmal nach Beirut kam, war der ägyptisch-israelische Friedensvertrag unterzeichnet worden. Vor allem aber dachten die Menschen damals groß: Bei meinem ersten Aufenthalt in Beirut erzählten mir die Libanesen, sie seien der letzte Vorposten der westlichen Zivilisation. Ein paar Jahre später hörte ich sogar den Präsidenten meines eigenen Landes, Ronald Reagan, verkünden, daß ein vorzeitiger Rückzug der Marines aus Beirut „die Entschlossenheit des Westens, seiner Verantwortung für die Verteidigung der freien Welt nachzukommen, in Frage stellen" könnte. Als ich nach Israel kam, begegneten mir Juden, die überzeugt waren, daß die Fertighäuser, die sie auf den kahlen Hügeln des Westjordanlands errichteten, der Erlösung der Welt den Weg bereiteten. Ja, in den siebziger Jahren war das alles große Geschichte mit großen Ansprüchen.

„Die Menschen dachten damals, sie seien über den Berg", bemerkte mein Freund Fuad Adschami einmal. „Aber was sahen sie auf der anderen Seite? Die Vergangenheit. In den siebziger Jahren wurden die Menschen in dieser Region mit einer Fülle völlig neuer Entwicklungen konfrontiert: mit einer rasanten Modernisierung, einem enormen Wohlstandszuwachs und immer größeren Maschinen, mit wachsender Amerikanisierung und Verwestlichung, mit riesigen Hotelketten und großspurigen Ideen – vor allem aber auch mit einem Bedeutungsverlust der alten Stammesbeziehungen. Palästinenser und Israelis näherten sich einander an, die libanesischen Moslems wurden den Maroniten auf ökonomischer und gesellschaftlicher Ebene immer ähnlicher und bedrohten deren Vorherrschaft. Nach Camp David wurden auch die Israelis Teil des Nahen Ostens. Aber vielen Menschen gefiel diese neue Welt nicht. Sie waren nicht bereit, den Preis dafür zu bezahlen, der in einer partiellen Selbstaufgabe bestand. Die neue Welt verwischte die Unterschiede zwischen den Identitäten. Sie bedrohte die Barrieren zwischen den Menschen und verwirrte sie. Die Menschen schreckten daher zurück und verwandelten die neue Welt in etwas Altgewohntes. Mit Stökken und Steinen bewaffnet gingen sie hinaus und zeichneten klare Trennungslinien auf die Erde, um sich von anderen Menschen abzugrenzen. Und so kehrte dann Ausgang der achtziger Jahre die alte Stammesherrlichkeit mit äußerster Brutalität zurück. Die Region und ihre Konflikte wurden wieder an ihre ursprünglichen Dimensionen angepaßt."

So war es in der Tat: Die Libanesen, die mit der modernen Demokratie und einem an westlichen Vorbildern orientierten Parteiensystem herumexperimentiert hatten, verfielen wieder in Stammesfehden, die den blutigen Schlachten zwischen drusischen und maronitischen Bauern im Jahr 1860 in nichts nachstanden. Israelis und Palästinenser schlossen denselben Kreis. Ihr Konflikt hatte sechzig Jahre zuvor begonnen; damals hatten Juden und Araber mit Pistolen, Messern und Steinen um die Kontrolle des zwischen Mittelmeer und Jordan gelegenen Mandatsgebiets Palästina gekämpft. Nach der Gründung Israels wurde der jüdisch-palästinensische Streit von den größeren kriegerischen Auseinandersetzungen zwischen dem neuen Staat und den arabischen Nachbarländern absorbiert. Doch als sich die Araberstaaten nach dem Sechstagekrieg 1967 peu à peu aus der unmittelbaren Konfrontation mit Israel zurückzogen, standen die Palästinenser auf einmal allein in ihrem Kampf. Da die Israelis das Westjordanland und den Gazastreifen besetzt hielten und so das ursprüngliche Palästina wieder zusammengefügt hatten, war es Juden und Palästinensern ein leichtes, dort weiterzumachen, wo sie einst aufgehört hatten: Sie kämpften mit den gleichen Knüppeln, Pistolen, Steinen und Messern wie einst ihre Vorväter um den Besitz des ach so oft verheißenen Landes.

Und genau in diesem Stadium verließ ich sie, die Libanesen, Palästinenser und Israelis, im Herbst 1988 – mit gezogenen Schwertern standen sie Wache vor ihren ureigenen, uralten Welten. Sie hatten die Wahl zwischen Leidenschaft und Moderne und entschieden sich für die Leidenschaft. Sie hatten die Wahl zwischen einer expandierenden Wirtschaft und dem Stamm, und sie entschieden sich für den Stamm. Es marschierten keine Armeen mehr, und die F-15-Jäger standen in den Hangars. Der Konflikt beschränkte sich auf Menschen, die, Personalausweise oder Autokennzeichen im Blick, aufeinander losgingen und sich um Olivenbäume und Weiderechte stritten. Der Krieg war zum Krieg der Augen geworden: Israelische Augen gegen palästinensische, maronitische Augen gegen schiitische; Blicke, die töten sollten, gegen Blicke, die erschrecken sollten, Blicke wie Dolche gegen das blanke, starrende Nichts; Blicke, die um ein kleines bißchen Zuneigung bettelten und Blicken begegneten, in denen das nackte Entsetzen stand. Wer in libanesischem Arabisch zum Ausdruck bringen will, daß er einen Gegenspieler nach Strich und Faden fertiggemacht hat, sagt: „Ich habe sein Auge gebrochen." Und genau das war aus dem großen Orient geworden, der mich 1967 in seinen Bann gezogen hatte: Menschen, die einander die Augen brachen.

Drei Wochen nach Beginn der Intifada begleitete ich eine Gruppe israelischer Soldaten in Nablus auf einem Patrouillengang. Ihrem Kommandeur, Oberst Yisrael, einem Fallschirmjäger, war vom ersten Augenblick an klar, daß der Aufstand der Palästinenser eine völlig neue Art der Kriegsführung darstellte und nichts mehr mit jenem Krieg zu tun hatte, für den er einst ausgebildet worden war. Auf unserem Gang über eine der Hauptstraßen des Flüchtlingslagers Balata außerhalb von Nablus erklärte er mir, in welch großem Maße die Auseinandersetzung inzwischen eine persönliche Qualität angenommen hatte. Auf der einen Straßenseite saß ein älterer Palästinenser mit eingeseiftem Bart auf einem Frisierstuhl und blickte auf, als wir vorübergingen. Auf der gegenüberliegenden Seite drückte sich eine Mutter mit vier Kindern in einen Toreingang und verfolgte den Weg der Soldaten Schritt um Schritt. Am Fleischerladen, am Gemüsestand, in der Bäckerei – hinter Tierrümpfen und Pittabrotbergen standen Palästinenser und starrten uns an. Das war alles.

Angesichts dieser Szenerie wandte Oberst Yisrael sich mir zu: „Wissen Sie was? Da wacht so ein Soldat am Morgen auf, der Himmel ist klar, ein schöner Tag bricht an, und er möchte nichts als lächeln vor Freude. Und dann geht er hinaus auf die Straße und sieht den Menschen hier in die Augen. Alles spielt sich in den Augen ab. Und was der Soldat da zu sehen bekommt, nimmt ihm jede Lust zum Lächeln."

Nach meiner Rückkehr in die Vereinigten Staaten entdeckte ich zu meiner Überraschung, daß viele meiner neuen Nachbarn in Washington inzwischen meine Ansicht teilten. Auch sie glaubten, daß die Vergangenheit im Nahen Osten die Zukunft unter sich begraben hatte und sie möglicherweise nie mehr freigeben wird. Amerikas missionarischer Friedenseifer in jenem Teil der Welt hatte sich während meiner zehnjährigen Abwesenheit verflüchtigt. Das Spektakel um die Moderatoren Walter Cronkite und Barbara Walters, die Anwar el-Sadat und Menachem Begin vor dem amerikanischen Fernsehpublikum zusammengeführt hatten, war bedrückenden Interviews mit den Familienangehörigen amerikanischer Geiseln in Beirut gewichen. Erwähnte ich im Freundeskreis den Nahen Osten, so schüttelten meine Bekannten nur schweigend den Kopf, schauderten vor Beklommenheit oder gaben mir mit jenem Bleib-mir-bloß-vom-Leibe-Blick, der normalerweise Traktätchen verkaufenden Hare-Krishna-Jüngern vorbehalten ist, zu verstehen, daß sie mit diesem Thema nicht behelligt werden wollten.

Die Vorstellung, der Nahe Osten sei etwas Furchterregendes, nicht zu Bändigendes, bemächtigte sich der amerikanischen Psyche um das Jahr 1979 herum, als die Vereinigten Staaten zur Zielscheibe einer gnadenlosen Serie von Anschlägen wurden, deren Urheber in dieser Region zu suchen waren. Am Anfang stand die Geiselnahme in der amerikanischen Botschaft in Teheran. Es folgten die Kamikaze-Attacke auf die amerikanische Botschaft in Beirut im April 1983, der Anschlag auf das Hauptquartier der Marines, 1984 eine weitere Kamikaze-Attacke auf die Botschaft in Ostbeirut sowie 1985 die Entführung einer Linienmaschine der TWA nach Beirut, wobei ein amerikanischer Passagier kaltblütig ermordet und seine Leiche wie ein Müllsack von Bord geworfen wurde. Kurz darauf kam es zum Überfall auf das Kreuzfahrtschiff „Achille Lauro", in dessen Verlauf der an den Rollstuhl gefesselte Amerikaner Leon Klinghoffer ins Meer gestoßen wurde. 1986 explodierte eine Bombe in einer von amerikanischen Soldaten besuchten Diskothek in Berlin. Und dann – als wäre dies alles noch nicht genug – wurden die Amerikaner im Dezember 1987 durch eine weitere schlechte Nachricht roh aus dem Schlaf geschreckt: Abend für Abend zeigten die großen Fernsehanstalten Bilder von Israelis, die im Westjordanland und im Gazastreifen mit Schlagstöcken und Gewehren auf steinewerfende Palästinenser losgingen. Ich bin überzeugt, daß diese Szenen viele Amerikaner zu dem verwunderten Ausruf bewegt haben: „Ihr auch, ihr Israelis? Selbst ihr Juden seid von diesem Virus befallen? Und wir haben all die Jahre über geglaubt, ihr wäret so wie wir!"

1988 schienen sich die meisten Amerikaner zu sagen: Machen wir uns doch, was jenen Teil der Welt betrifft, unsere Hände nicht schmutzig. Die Gallone Benzin kostet zur Zeit ohnehin nur neunundneunzig Cents. Was brauchen wir da noch den Nahen Osten? All meinen Erlebnissen zum Trotz glaube ich, daß eine derart fatalistische Haltung sowohl naiv als auch übertrieben pessimistisch ist. Sie ist naiv, weil für uns in jener Region zu viele strategische, emotionale und religiöse Interessen auf dem Spiel stehen, als daß wir es uns leisten könnten, ihr ein für allemal den Rücken zuzukehren. Sie ist übertrieben pessimistisch, weil Amerika dem Nahen Osten nach wie vor eine Menge zu bieten hat – und vieles davon wäre dort sehr willkommen. Vielleicht ist es immer noch der kleine Junge aus Minnesota in mir – ich weigere mich jedenfalls hartnäckig, die Region als hoffnungslosen Fall abzuschreiben. Sie ist nicht gerade sehr einladend, aber sie ist auch nicht hoffnungslos. Washington kann Arabern und Israelis nach wie vor viel Positives vermitteln, ohne deshalb zwangsläufig von den Fehden und Leidenschaften, die sie verzehren, verschlungen zu werden.

Die Frage ist nur, wie. Die Antwort liegt meines Erachtens darin, daß Amerika lernen muß, mehrere unterschiedliche diplomatische Aufgaben gleichzeitig zu übernehmen. Es muß denken wie ein Arzt, auftreten wie ein Freund, feilschen wie ein Straßenhändler und kämpfen wie ein echter Draufgänger. Lassen Sie mich das etwas näher erklären.

Zum ersten: Amerika sollte Araber und Israelis mit den Augen eines Arztes sehen, der ein Ehepaar behandelt, das seit vierzig Jahren vergeblich versucht, ein Kind in die Welt zu setzen. Die erste Aufgabe des Arztes in einem solchen Fall besteht darin, herauszufinden, ob die beiden es *tatsächlich* versucht haben – oder ob sie bloß in der Arztpraxis davon reden und zu Hause gleich wieder ihre getrennten Schlafzimmer aufsuchen.

Es kann nicht Amerikas Absicht sein, größeren Friedenswillen für Libanesen, Israelis und Araber an den Tag zu legen als die betroffenen Parteien selbst. Beide, Israelis und Araber, müssen begreifen, daß Amerika lediglich zu einer Lösung beitragen kann, die ihrem eigenen Wunsch und Willen entspringt. In jedem anderen Fall sollten wir uns äußerst vorsichtig verhalten. Wir können ihnen keine fertigen Friedenslösungen vorgeben; in der Diplomatie gibt es keine künstliche Befruchtung. Es ist dies die Erfahrung der Marines im Libanon: Sie kamen nach Beirut, um den Libanesen beim Wiederaufbau ihres Landes zu helfen, aber die Libanesen waren noch vollauf mit anderen Dingen beschäftigt und hatten alte Rechnungen zu begleichen. Das gleiche galt in jüngerer Zeit auch für viele Araber und Israelis. Begin und Schamir wollten mehr als nur Frieden mit den Palästinensern; sie wollten Judäa und Samaria – wie viele ihrer Landsleute auch heute noch. Arafat wollte jahrelang mehr als nur eine Heimat für sein Volk; er wollte einen Thron an der Spitze einer geeinten PLO. Obwohl er schließlich, um mit den USA ins Gespräch zu kommen, die Existenz Israels öffentlich anerkannte, bleibt abzuwarten, ob er auch die für eine friedliche Lösung mit Jerusalem erforderlichen Worte über seine Lippen bringt.

Henry Kissinger und Jimmy Carter hatten das Glück, in einer für den Nahen Osten historisch sehr bedeutsamen Epoche diplomatisch aktiv zu sein. Der Grund für ihre erfolgreichen Beiträge zur friedlichen Problembewältigung lag meines Erachtens darin, daß die entscheidenden Parteien zu jener Zeit offenbar, um im Bild zu bleiben, zu einer Schwangerschaft bereit waren. Kissingers Stunde schlug, als Ägypten und Syrien nach dem Krieg von 1973 verzweifelt nach einer Möglichkeit suchten, sich aus einem Konflikt zurückzuziehen, dessen Kosten für sie untragbar wurden. Präsident Carter trat auf den Plan, nachdem Anwar el-Sadat bereits in Jerusalem gewesen war und Menachem Begin öffentlich in die Arme geschlossen hatte. Die Vermittlungsversuche von US-Außenminister George F. Shultz fielen dagegen in eine Zeit, als auf keiner Seite echte Friedensbereitschaft bestand. Auf drei Nahostreisen Anfang 1988 versuchte er, Israelis, Jordanier und Palästinenser zur Teilnahme an einer internationalen Konferenz zu bewegen. Jedesmal holte er sich nur Absagen. Alle Betroffenen hatten Shultz umworben und sich um seinen Besuch bemüht – nur jeweils aus den falschen Gründen. Schamir begrüßte Shultz' Besuch, weil er damit der israelischen Öffentlichkeit vorspiegeln konnte, er sei ernsthaft an einer politischen Lösung des Intifada-Problems interessiert. Peres begrüßte Shultz' Besuch, um Schamir am Vorabend der israelischen Parlamentswahlen als Friedenshindernis vorführen zu können. Arafat begrüßte Shultz' Besuch, weil er den Außenminister als Hebel gegen Israel einzusetzen gedachte; er hoffte, Washingtoner Druck auf Jerusalem könne ihm jene Zugeständnisse ersparen, die Israel bei jeder friedlichen Lösung unweigerlich von ihm verlangen würde. Und König Hussein von Jordanien schließlich begrüßte Shultz' Besuch, weil er auf diese Weise einen Sündenbock für seine ohnehin schon feststehende Entscheidung bekam, sich auf gar nichts festzulegen zu lassen. Als Shultz seine Gesprächspartner fragte, ob sie schwanger werden wollten, nickten sie eifrig und sagten: „Ja, ja, natürlich." Das Problem war nur, daß sie von Amerika geschwängert werden wollten und nicht voneinander.

Ich will mit alldem nicht sagen, daß die Vereinigten Staaten unerreichbar hohe Ansprüche an die Aufrichtigkeit der Kontrahenten stellen sollten. Sie sollten gerade so hoch sein, daß Washington nicht gleich bei jedem Blinzeln oder Nicken oder bei jeder Erklärung, nun sei Amerika am Zuge, aufspringt: andererseits aber nicht so hoch, daß wir echte Hilferufe oder einmalige historische Gelegenheiten, die oft nur von kurzer Dauer sind, verpassen. Die Glaubwürdigkeit der Parteien überprüfen wir am besten nach Art des Arztes, indem wir weniger darauf achten, was die Patienten uns gegenüber behaupten, als vielmehr darauf, was sie einander zu sagen haben. Eine Friedenserklärung – egal von welcher Partei –, die achtzehnmal durchgelesen werden muß und selbst dann nur mit Hilfe eines Nahostexperten entschlüsselt werden kann, ist nicht ernst genug gemeint. Ebensowenig ist der Friedenswille einer Partei ernst zu nehmen, die lediglich über den äußeren Rahmen der Verhandlungen reden und darüber bestimmen will, welche Feinde mit am Verhandlungstisch sitzen dürfen und welche nicht, ob es sich um eine internationale Konferenz handeln soll oder um direkte Gespräche, ob die PLO teilnimmt oder nur Jordanier und Vertreter der Westufer-Palästinenser. Ernst zu nehmen sind nur jene, die nicht um den heißen Brei herumreden, sondern ihre Friedensbeteuerungen in einer Sprache formulieren, die auch ein Fünfjähriger versteht und deren Aufrichtigkeit spürbar unter die Haut geht.

Doch selbst wenn die streitenden Parteien im Nahen Osten keinerlei Neigung zeigen, mit Frieden schwanger zu gehen, sollte Amerika nicht tatenlos zusehen. Vielmehr sollten die Vereinigten Staaten ständig darum bemüht sein, die Kontrahenten zusammenzubringen – wie ein Freund, der zu vermitteln versucht.

Der israelische Politologe Jaron Esrahi betonte mir gegenüber mehrfach, das wertvollste Geschenk, das ein amerikanischer Freund Arabern und Israelis mitbringen könne, sei der amerikanische Optimismus – genau jener unschuldige Das-kriegen-wir-schon-hin-Optimismus, den die Marines im Gepäck hatten, als sie nach Beirut kamen. Der geradezu kindliche Glaube der Marines, daß es für alle Probleme eine Lösung gebe, daß die Menschen vernünftigen Argumenten zugänglich seien und daß die Zukunft über die Vergangenheit triumphieren könne, sei im Grunde ein wunderbarer Charakterzug, dessen sich die Amerikaner nie zu schämen brauchten, meinte Jaron. Araber und Israelis machen sich zwar manchmal über unseren naiven Optimismus lustig, doch tief in ihrem Herzen begrüßen sie ihn, ja, sie beneiden uns sogar darum, denn ihre eigenen Gesellschaften sind von Grund auf pessimistisch und von allzu vielen schlecht vernarbten Wunden gezeichnet. Es sind Gesellschaften, die noch immer von uralten Stammesgrenzen und religiösen Barrieren umschlossen sind und in denen die meistbenutzte politische Floskel lautet: „Nein, das geht nicht." In diese bis heute arg von der Vergangenheit belastete Welt platzt der naive Amerikaner und verkündet kurz und bündig: „Selbstverständlich geht das!" Die Geschichte, sagt er, ist kein kreisförmiger Prozeß, in dem sich die Vergangenheit endlos wiederholt, sondern eine lineare Entwicklung zu immer größerer Vollkommenheit. „Die Zukunft steht uns offen", meint er, „und die Vergangenheit ist tot. Nichts ist heiliger als das Hier und Heute." Für Araber und Israelis, die dringend darauf warten, von den lähmenden Vorstellungen der Vergangenheit befreit zu werden und die Augen für die Möglichkeiten der Gegenwart geöffnet zu bekommen, ist diese Botschaft von entscheidender Bedeutung.

Und es gibt noch mehr, was der amerikanische Freund zu bieten hat: die Wahrheit. Die Wahrheit über sich selbst erfährt man nur von guten Freunden. Araber und Israelis neigen gleichermaßen dazu, sich in ihre privaten Stammeswelten einzuspinnen, in denen Phantasievorstellungen, Märtyrerlegenden und tote Vorfahren die Gegenwart bestimmen wollen. Das birgt große Gefahren, weil alle Beteiligten glauben, sie könnten ihre Ziele zur Gänze erreichen und die Gegenseite würde sich einfach in Luft auflösen. In der palästinensischen Phantasiewelt gibt es keine Israelis, in der israelischen keine Palästinenser. Die maronitische Phantasie läßt keinen Raum für libanesische Moslems, und die libanesisch-moslemische Phantasie sieht keine Maroniten vor.

Die Aufgabe des amerikanischen Freundes liegt darin, diese Menschen aus ihren Phantasien aufzuschrecken und ihnen wieder und wieder den Spiegel der Realität vorzuhalten. Bisher tat er es selten genug; bei Amin Gemayel im Libanon kaum, und viel zu zögerlich bei Israelis und Palästinensern. Nun, nach Beginn des Dialogs mit der PLO, muß den Palästinensern unmißverständlich klargemacht werden, daß sie sich von der Vorstellung freimachen müssen, die Israelis seien nichts weiter als eine Art moderner Kreuzritter, die eines Tages ihre Schilde und Schwerter einpacken und der untergehenden Sonne entgegenreiten werden. Das gleiche gilt für die Illusion, Amerika werde Israel um der Palästinenser willen unter Druck setzen. Die Israelis sind nicht bloß Durchzügler – sie sind in Israel zu Hause. Ähnliches muß allerdings auch den Israelis bezüglich der Palästinenser klargemacht werden: Auch die Palästinenser haben ein Heimatrecht in dem Land, in dem sie leben. Auch sie sind dort im tiefsten Sinne des Wortes „zu Hause". Israelische Phantastereien, die auf eine Umsiedlung der Palästinenser nach Jordanien, auf einen langfristigen Gewöhnungsprozeß an die israelische Besetzung des Westjordanlands und des Gazastreifens oder aber auf eine innerpalästinensische Revolte gegen die PLO spekulieren, sind eben nichts weiter als – Phantastereien.

Amerika muß daher zu Israelis und Palästinensern sagen: „Ihr seid zwei Völker, die nichts miteinander gemein haben, weder Sprache noch Geschichte, weder Kultur noch Religion. Ich erwarte von euch nicht, daß ihr einander liebt. Je eher ihr getrennt lebt, desto besser für euch. Aber auf ein getrenntes und doch friedliches Nebeneinander könnt ihr nur hoffen, wenn ihr euch vorher zusammensetzt und eine Lösung findet, die sowohl die israelischen Sicherheitsbedürfnisse befriedigt als auch den palästinensischen Anspruch auf Selbstbestimmung im Westjordanland und im Gazastreifen. Ohne die Erfüllung dieser beiden Voraussetzungen wird es keinen Frieden geben."

Ein guter Freund sagt dir nicht nur die Wahrheit, er hilft dir auch, damit umzugehen. Er begleitet dich am ersten Tag zur Schule, ja, vielleicht sogar das ganze erste Schuljahr über. Er zeigt dir, daß es da draußen eine Welt gibt, die nicht von Bluts- und Stammesbanden beherrscht wird und die Vertrauen verdient. In der Rolle eines solchen Freundes kann Amerika Israelis und Arabern demonstrieren, daß ein realistischer Umgang mit der Wahrheit nicht unweigerlich zum Sturz in einen entsetzlichen Abgrund führen muß. Als geduldiger, verständnisvoller Freund, der nicht ständig Drohungen ausstößt, sondern seine Hilfe anbietet, kann Amerika die streitenden Parteien an den Verhandlungstisch führen oder zumindest einen wesentlichen Beitrag dazu leisten.

Auch in dieser Beziehung ist das Verhalten von Ex-Außenminister George Shultz sehr lehrreich. Shultz beherrschte die Rolle des Freundes, zumindest gegenüber den Israelis. Besser als jeder andere Diplomat, den ich je beobachtet habe, sah Shultz ein, daß man die Israelis nur dann erfolgreich unter Druck setzen kann, wenn man auf direkte öffentliche Konfrontationen verzichtet. Offen ausgetragene Auseinandersetzungen führen lediglich dazu, daß sich jene israelischen Politiker, die sich am hartnäckigsten gegen Friedensverhandlungen sträuben, in ihre Schützengräben zurückziehen und den Streit mit Washington dazu nutzen, sich innenpolitisch als „starke Männer" zu profilieren. Ganze Politikerkarrieren im Nahen Osten gründeten sich auf den Widerstand gegen die Großmächte. Nasser, Khomeini, Begin und Assad haben alle zum einen oder anderen Zeitpunkt auf diese Karte gesetzt. Sie alle wußten, daß einer, der zu einer Supermacht „Nein!" sagen kann, selbst eine Supermacht ist.

Im Falle Israels kommt hinzu, daß ein offener Zwist sofort an tiefsitzende Ängste rührt. Die Israelis sehen sich gleich von aller Welt verlassen und glauben, sie müßten unverzüglich auf die Barrikaden gehen. Natürlich wird man auch heute noch gelegentlich auf ökonomische und diplomatische Druckmittel zurückgreifen müssen, doch dazu ist großes Fingerspitzengefühl erforderlich. Es sollte möglichst indirekt geschehen und immer mit Floskeln des Bedauerns abgefedert sein – etwa in dem Sinne, daß es zu der „politischen Neubewertung" oder der „unglücklichen Verzögerung einer Waffenlieferung" aus aufrechter Sorge und nicht aus Verärgerung, aus Zuneigung und nicht infolge einer Entfremdung gekommen sei. Die Öffentlichkeit wird die Botschaft allemal verstehen.

Nichts ließe die Israelis mehr zusammenrücken als ein amerikanischer Diplomat, der eines Tages bei ihnen auftaucht und verkündet, wenn Jerusalem morgen nicht dieses oder jenes mache, werde jede amerikanische Hilfe sofort gestrichen. „Wenn der amerikanische Optimismus im Nahen Osten Früchte tragen soll, muß er auf vertrauensvollen Beziehungen beruhen – besonders im Falle Israels", meinte Esrahi. „Amerika ist Israels letzte Hoffnung. De Gaulle hat uns verraten, England ebenfalls. Wenn auch Amerika uns verrät, gibt es keine Nahostdiplomatie mehr, und der israelische Isolationismus triumphiert."

Als Shultz nach Israel kam, spielte er dort den guten Freund aus dem amerikanischen Mittelwesten und lud Schamir zu Blaubeerpfannkuchen ein. De facto stutzte er Schamir damit auf seine Normalgröße zurecht – die ohnehin nicht sonderlich beeindruckend ist – und verhinderte auf diese Weise, daß sich der israelische Ministerpräsident so aufblies, daß er zu keinen Kompromissen mehr bereit war. Darüber hinaus brachte Shultz' beschwichtigende Haltung ihm und Amerika in den Augen der israelischen Öffentlichkeit einen enormen Vertrauensbonus ein. Unglücklicherweise konnte er aus diesem Vertrauen niemals Kapital schlagen. Seine Bemühungen blieben ergebnislos, weil er die dritte Rolle nicht begriff, die ein amerikanischer Diplomat spielen muß – die des Basarhändlers.

Wenn Amerika eines Tages zu der Überzeugung gelangt, daß die streitenden Parteien im Nahen Osten ernsthaft an einem Friedensschluß interessiert sind, oder wenn sich die Lage in jenem Teil der Welt wieder so dramatisch zuspitzt, daß den Kontrahenten gar nichts anderes übrigbleibt – dann muß Amerika, wenn es seinen Freunden zu einer Übereinkunft verhelfen will, die schmuddelige Schürze des kleinen Ladenbesitzers an der Ecke überziehen.

Die vorherrschende politische Kultur in der arabischen Welt und in Israel ist eine Händlerkultur. Handeln, Verhandeln, ausgebufftes Feilschen hat eine lange Tradition im Nahen Osten, und viele Menschen leben davon. Fuad Adschami hebt immer wieder gern hervor, daß die Geschichte des Nahen Ostens von zwei politischen Grundtypen geprägt ist: dem Messias oder *mahdi*, wie es im Arabischen heißt, und dem Händler. Die *mahdis* kommen und gehen, je nach der politischen Wetterlage. In der einen Saison verkauft Gamal Abdel Nasser arabischen Nationalismus, in der nächsten Ayatollah Khomeini islamischen Fundamentalismus. Doch nach einer Weile legt sich der Sturm; der Messias geht vorüber wie der Hurrikan, der, nachdem er das Land heimgesucht hat, über dem offenen Meer verschwindet. Zurück bleibt, was immer schon da war: der Händler, dessen alte, vertraute Kultur nicht mit den Jahreszeiten kommt und geht, sondern fest in der Erde verwurzelt ist.

Das bedeutet für jeden Staatsmann, der im Nahen Osten Verhandlungen führt, daß er lernen muß, über Fahnen und Ideologien hinauszusehen und den Händler zu erkennen, der in jedem seiner Gesprächspartner steckt. Und wenn er soweit ist, muß er stets die beiden Grundsätze im Kopf haben, die jeder gute Händler im Nahen Osten beherzigt. Der erste lautet: Halte „Nein" niemals für eine definitive Antwort. Solange du an die Qualität deiner Ware glaubst, findest du auch einen Abnehmer. Wenn ein Kunde nein sagt, so heißt das noch lange nicht, daß er dir nichts abkaufen will. Man muß sich nur durchs Labyrinth der Rhetorik arbeiten und zum Kern der Sache vordringen.

Der zweite Grundsatz des guten Händlers besagt, daß eine vernünftige Geschäftsabwicklung nur möglich ist, wenn alle Waren mit einem Preisschild versehen sind. Daran muß sich auch ein amerikanischer Politiker halten, der mit Israelis, Palästinensern oder Libanesen verhandeln will: Er muß den Preis seiner Angebote ausschildern. Das Nein – und das Beim-Nein-Bleiben – hat seinen Preis, und das Ja muß wie ein Schnäppchen aussehen.

Die Reagan-Administration ging in die Verhandlungen mit Israel und den Arabern ohne das geringste Gespür für Preise und die Handelsgewohnheiten des Nahen Ostens. Außenminister Shultz reiste Anfang 1988 dreimal nach Israel, um Ministerpräsident Schamir zur Teilnahme an einer Nahost-Friedenskonferenz zu überreden – setzte aber niemals einen Preis für Schamirs Nein fest. Worauf Schamir, ganz natürlich, ablehnte. Vor jedem Besuch des Außenministers warteten Schamir und seine Mitarbeiter nervös auf die Rechnung – aber sie wurde ihnen niemals präsentiert.

George Shultz war ein grundanständiger, ehrbarer und wohlmeinender amerikanischer Diplomat – und genau darin lag sein Problem. Sein schnörkelloses Auftreten erinnerte mich immer an den amerikanischen Touristen, der auf dem Arabischen Markt in Jerusalem einen Teppich kaufen will. Er marschiert in einen Laden, sieht dort einen Perser an der Wand hängen, der ihm gefällt, und fragt den Händler: „Wie teuer ist der Teppich dort?" Der Händler wiegt nur sein Haupt und sagt nach einer Weile nachdenklich: „Ach, Mr. Shultz, wissen Sie denn nicht Bescheid? Sie haben sich den teuersten Teppich ausgesucht, den wir überhaupt im Angebot haben. Er befindet sich seit zweihundert Jahren im Besitz meiner Familie. Ich weiß gar nicht, ob ich ihn überhaupt verkaufen will. Aber für Sie, nur für Sie ... fünftausend Dollar!" Anstatt nun die Finger über den Teppich gleiten zu lassen und dem Händler die Antwort zu geben, die er erwartet – „Der Fetzen stammt aus Pakistan und ist keine zehn Dollar wert!" –, zückt Shultz seine Reiseschecks und bezahlt anstandslos die geforderten fünftausend Dollar. Auf dem Weg zur Bank lacht sich der Händler halbtot.

Bis heute spricht Schamir nur in den höchsten Tönen von George Shultz. Ich muß dabei immer an den Basarhändler denken, der einen Touristen um seinen letzten Pfennig gebracht hat und ihm nachruft: „Schauen Sie doch mal wieder auf eine Tasse Kaffee rein, wenn Sie in der Gegend sind!" Zu Jimmy Carter oder Henry Kissinger hat Schamir so etwas nie gesagt – aber die zahlten ja auch nie einen solchen Preis.

Der erfolgreiche amerikanische Politiker muß nicht nur den Preis festlegen wie ein Händler, sondern er muß auch wissen, wie er ihn durchsetzt. Shultz verstand sich bei seinen öffentlichen Auftritten in Israel glänzend darauf, den guten Freund aus Amerika zu spielen. Doch wenn dann die Fernsehkameras abgeschaltet waren und er hinter verschlossenen Türen mit Schamir auf der Couch saß, wäre es an der Zeit gewesen, die Rolle des Freundes abzulegen und den Basarhändler hervorzukehren. Shultz hat dies, wie mir zugetragen wurde, nie getan. Er verhielt sich in den Gesprächen mit Schamir unter vier Augen genauso onkelhaft-wohlwollend wie in der Öffentlichkeit, und das mußte einfach danebengehen. Im Nahen Osten, und ganz besonders in Israel, ist die gesellschaftliche und politische Debatte durch einen gewissen Bodensatz an Streitsucht gekennzeichnet, der den meisten Amerikanern fremd ist. Zwei in aller Freundschaft diskutierende Israelis machen einen Lärm wie vier streitende Amerikaner.

Während öffentliche Konfrontationen in einem solchen Umfeld viel Porzellan zerschlagen können, sind lautstarke Auseinandersetzungen unter vier Augen bisweilen recht nützlich. Man denke mal einen Augenblick über Jizchak Schamirs Tagesablauf nach: Ehe er einen Besucher wie Shultz empfängt, hat Schamir vielleicht schon drei Telefonate mit Jizchak Peretz von der ultra-orthodoxen Schas-Partei geführt, der für den Fall, daß der Ministerpräsident nicht bis spätestens achtzehn Uhr im Gebäude des Innenministeriums eine koschere Küche installiert, mit dem Sturz der Regierung und dem Ende von Schamirs politischer Karriere droht. Eine Stunde später hat vielleicht Ariel Scharon, Schamirs Parteifreund vom Likud-Block, vorbeigeschaut, um dem Ministerpräsidenten mitzuteilen, daß er auf dem nächsten Parteitag nicht für ihn stimmen werde, weil er selbst Ministerpräsident werden wolle. Vor dem Gehen hat Scharon dann womöglich noch einen Zollstock aus der Tasche gezogen und den Teppich in Schamirs Büro vermessen. Und in diese Schlangengrube tritt dann George Schultz und spricht mit Schamir in seiner höflichen, zurückhaltenden amerikanischen Art.

Für Schamir waren die Gespräche mit Schultz wahrscheinlich immer eine Erholung von den Leuten, mit denen der Ministerpräsident sonst zu tun hatte – und das ist für jeden amerikanischen Diplomaten tödlich. In der politischen Kultur des Nahen Ostens wird man schlicht und einfach nicht ernstgenommen, wenn man seinen Verhandlungspartnern nicht hie und da zu verstehen gibt, daß man zur Durchsetzung seines Standpunkts durchaus bereit ist, einen Teil der Wohnungseinrichtung zu demolieren.

Wer brüllt, muß natürlich glaubhaft sein. Henry Kissinger war berühmt dafür, daß er den Israelis im Namen Richard Nixons mit der Demolierung ihres Mobiliars drohte – vermutlich sehr viel öfter, als Nixon jemals ahnte. Aber Kissinger wußte, daß Bellen ohne Beißen nur Lärm ist – und wenn es etwas gibt, das Araber und Israelis gewohnt sind, dann ist das Lärm.

Der amerikanische Politiker, dem es als ehrlichem Makler gelungen ist, eine wie auch immer geartete arabisch-arabische oder arabisch-israelische Übereinkunft auszuhandeln, muß schließlich noch eine weitere Rolle spielen lernen, wenn er die gefundene Lösung durchsetzen und auch die anderen amerikanischen Interessen in der Region wahren will: Er muß ein ausgekochter Schweinehund sein. Er muß begreifen, daß er es mit Händlern zu tun hat, die sich oft genug nur an ihre eigenen Regeln halten – und das sind die Regeln von Hama.

Denken wir an die diversen Angriffe auf amerikanische Staatsbürger und Soldaten im Libanon. Zwischen dem 19. Juli 1982, als der damalige geschäftsführende Präsident der Amerikanischen

Universität in Beirut, David Dodge, entführt wurde, und dem 17. Februar 1988, als Oberstleutnant William Higgins, der im Dienst der Vereinten Nationen stand, das gleiche Schicksal widerfuhr, wurden insgesamt siebzehn amerikanische Bürger im Libanon Opfer von Entführungen. Nach westlichen Geheimdienstinformationen gingen einige dieser Entführungen auf das Konto von Privatpersonen, die auf diese Weise die Freilassung von in kuweitischen Gefängnissen einsitzenden Verwandten erzwingen wollten. In anderen Fällen steckten Verbrecherbanden dahinter, die lediglich auf ein üppiges Lösegeld spekulierten. Verbindungen zwischen diesen Clans und Gangs auf der einen und verschiedenen nahöstlichen Regierungen auf der anderen Seite mögen hie und da existieren, sind aber kaum nachweisbar.

Der Löwenanteil an den Entführungen ging eindeutig auf das Konto der pro-iranischen schiitischen Hisbollah-Milizen. Die Hisbollah, die den Libanon in eine Islamische Republik verwandeln möchte, wurde 1982 in Baalbek in der libanesischen Bekaa-Ebene von Sadschid Abbas el-Mussawi, Scheik Subhi el-Tufajli und anderen im Iran ausgebildeten Geistlichen gegründet und entwickelte sich rasch zu einer schlagkräftigen Kampftruppe – dank der iranischen Revolutionsgarden, der Pasdaran, die die Waffen lieferten und für die entsprechende militärische Ausbildung sorgten. Der offizielle Vorwand für ihre Entsendung nach Baalbek war der Kampf gegen Israel. Die Revolutionsgarden ihrerseits erhielten Befehle, Finanzmittel und logistische Unterstützung über die iranische Botschaft in Damaskus direkt aus Teheran.

Amerikanische und libanesische Geheimdienstexperten haben festgestellt, daß die iranischen Revolutionsgarden nicht nur einen starken Einfluß auf die Hisbollah-Kidnapper ausüben, sondern in Verfolgung ihrer eigenen außenpolitischen Ziele in manchen Fällen auch die Entführung bestimmter Personen angeordnet haben. Bei dieser Arbeitsteilung fiel der Hisbollah die Aufgabe zu, sich Zugang zu den Personalakten verschiedener Institutionen wie beispielsweise der Amerikanischen Universität in Beirut zu verschaffen, um herauszufinden, welche Angehörige des Lehrkörpers amerikanische Staatsbürger waren. Die Hisbollah war es auch, die dann die Zielpersonen entführte und sie monate- oder jahrelang gefangenhielt. Die iranischen Revolutionsgarden in Teheran leisteten einen finanziellen Beitrag zur „Geiselhaltung" und zahlten den Aufpassern Gehälter. Gleichzeitig bestimmten sie die allgemeinen politischen Richtlinien für die Freilassung der Geiseln, also zum Beispiel die Bedingungen für einen Austausch oder die Höhe der Lösegeldforderung. Ausschlaggebend waren dabei meistens die politischen Interessen des Iran. David Dodge wurde sogar von Beirut nach Teheran gebracht und dort gefangengehalten.

Die libanesischen Geistlichen wie Scheik Sadschid Muhammad Hussein Fadlallah, deren Schriften und Predigten von Nahostexperten oft zur Analyse der ideologischen Motive der Kidnapper herangezogen wurden, waren kaum mehr als Galionsfiguren. „Fadlallah ist bloß eine Tarnung", sagte mir ein Informant, der mit den inneren Verhältnissen des schiitischen Untergrunds in Beirut vertraut ist. „Über die Aktivitäten der Hisbollah weiß er kaum Bescheid. Die Leute, die die Entführungen planen und organisieren, sind vollkommen isoliert von der Ideologie, die für sie ohne Bedeutung ist. Sie sind Profis. Es ist wie im Theater: Es gibt Schauspieler, die den Text rezitieren, und einen Regisseur, der für die Koordination zuständig ist. Man sollte nie einen Schauspieler für den Regisseur halten. Hier geht es um Geschäfte."

Das Geschäft war alles andere als neu: Es war das politische Geschäft, das Geschäft der regionalen Einflußzonen, das Geschäft der Machterhaltung gegenüber diesem oder jenem Widersacher. Wie schon erwähnt, unterstützten die Vereinigten Staaten seit 1982 eine Koalition aus Ägypten, Israel und Saudi-Arabien gegen eine andere, die sich aus Syrien, Libyen und dem Iran zusammensetzte. Die letztgenannte Gruppe betrachtete Entführungen und Bombenattentate nicht etwa als Taten religiös motivierter Fanatiker, sondern als Diplomatie mit anderen Mitteln – eine ebenso billige wie effektive Methode, die Amerikaner aus der Region hinauszudrängen, ihre Verbündeten vor Ort zu verunsichern und das eine oder andere Faustpfand für zukünftige finanzielle oder politische Konzessionen der Gegenseite in die Hand zu bekommen. Auf diese Weise vermied man auch das Risiko eines offenen, konventionellen Krieges, von dem man sich keine Vorteile erhoffen konnte.

Das Iran-Contra-Geschäft – Waffen gegen Geiseln – ist der beste Beweis für den Zynismus, der sich in diesem Gewerbe mittlerweile breitgemacht hat. Der amerikanische Oberst Oliver North bildete sich ein, mit „gemäßigten" Iranern zu verhandeln, während er es in Wirklichkeit mit iranischen Basarhändlern zu tun hatte. Er hatte nicht die geringste Ahnung vom Umgang mit diesen Leuten aus dem Ursprungsland des Teppichhandels und hätte gut daran getan, sich rechtzeitig vom libyschen Revolutionsführer Muammar Gaddafi darin unterweisen zu lassen. Nachdem die Amerikaner am 15. April 1986 als Vergeltung für mehrere von Libyen gesponserte Terroristenanschläge die libysche Hauptstadt Tripolis bombardiert hatten, setzte sich Gaddafi mit den libanesischen Schiiten in Verbindung, die seit dem 3. Dezember 1984 den Amerikaner Peter Kilburn, einen Bibliothekar von der Amerikanischen Universität Beirut, in Geiselhaft hielten. Er kaufte Kilburn den Entführern buchstäblich ab – für eine Million US-Dollar, wie es heißt: Wie aus amerikanischen Geheimdienstquellen hervorgeht, ließ Gaddafi den einundsechzigjährigen Kilburn am 17. April 1986 als Vergeltung für den amerikanischen Luftangriff ermorden. Ein hübsches Distanzgeschäft: Gaddafi konnte seine Rache üben – ohne überdeutliche Fingerabdrücke zu hinterlassen, die vielleicht einen neuerlichen Besuch der amerikanischen Bomber nach sich gezogen hätten. Auch von den Franzosen hätte North etwas lernen können: Sie erreichten die Freilassung dreier in Geiselhaft befindlicher Landsleute in Beirut durch die Überweisung von 330 Millionen Dollar plus Zinsen nach Teheran. Das Geld stammte aus einer Anleihe in Höhe von einer Milliarde Dollar, die Frankreich noch zu Zeiten des Schahs im Iran aufgenommen, aber nie zurückgezahlt hatte.

Ideologien wie der islamische Fundamentalismus oder der arabische Nationalismus bestimmen das Denken und Handeln bestimmter politischer Eliten im Nahen Osten vielleicht nicht mehr mit derselben, alles durchdringenden Totalität wie früher, doch haben sie in Ländern wie dem Iran und dem Libanon nach wie vor großen Einfluß auf die Unterschicht der städtischen Jugend. Die Ideologien sind die billige Währung, in der manche Regime im Nahen Osten das Leben jener jungen Männer kaufen, die dann am Steuer sprengstoffbepackter Autos oder auf dem Marsch durch feindliche Minenfelder zugrunde gehen. Die jungen Armen aus den Städten sind sozial und psychisch besonders empfänglich für messianische Verheißungen; sie erliegen leicht dem Rausch und den Illusionen, die fromme Texte oder auch Drogeninjektionen hervorrufen können. In Wirklichkeit sind sie nichts als Laufburschen des Basarhändlers. Man darf nie vergessen, daß hinter ihnen die Großhändler der Gewalt stehen, als da wären die Geheimdienstprofis Syriens, Libyens und des Iran sowie ihre Hilfstruppen, wie etwa der infame palästinensische Miet-Terrorist Abu Nidal. Diese Leute sind die eigentlichen Geschäftspartner Amerikas. Sie sind es, die die Entführer und Selbstmordkommandos losschicken und umgekehrt auch die Macht haben, sie zurückzuhalten. Wir hier im Westen, deren Kontakt zu jenen „revolutionären" Ländern oft nur aus der Lektüre der von ihnen hochgehaltenen politischen Spruchbänder besteht, neigen immer dazu, ihnen weit höhere ideologische Motive zuzuschreiben, als sie in der Realität je für sich in Anspruch nehmen könnten. Man achte nicht darauf, was sie sagen, sondern beurteile sie nach ihren Taten. Vielleicht reden sie wie Fanatiker, doch ihrem Tun nach sind sie Basarhändler. Sie mögen das Martyrium predigen, aber sie meinen damit immer nur den Sohn des anderen.

Um auch mit diesen Dimensionen der nahöstlichen Politik fertig zu werden und in jener Region Erfolge zu verbuchen, muß ein amerikanischer Staatsmann notfalls zu Maßnahmen bereit sein, die sich unmittelbar gegen das Leben bestimmter, die amerikanischen Interessen bedrohender politischer Führer oder die innenpolitische Stabilität ihrer Regime richten. In diesem Punkt verdient die Reagan-Administration Respekt. Der Bombenangriff auf Gaddafis Zelt, bei dem der libysche Staatschef beinahe im eigenen Bett getötet worden wäre, verfehlte seine Wirkung nicht. Gaddafi verstand die Botschaft. Seither hat man kaum noch etwas von ihm gehört. Auch die Kriegsschiffe, die Reagan – angeblich zur Überwachung der Schifffahrtswege – in den Persischen Golf entsandte, erfüllten ihren Zweck. Sie lenkten die Aufmerksamkeit des Iran von der irakischen Front ab und zwangen ihn, Personal und Material von dort abzuziehen. Somit trugen sie in nicht unbedeutendem Maße zur allgemeinen Erschöpfung der Iraner bei, welche Khomeini letztlich dazu bewegte, auf das irakische Waffenstillstandsangebot einzugehen.

Natürlich kann – oder soll – kein amerikanischer Staatsmann Arzt, Freund, Basarhändler und Schweinehund gleichzeitig sein. Erfolg wird vielmehr derjenige Politiker haben, der genau weiß, *wann* er in welche Rolle schlüpfen muß. Es ist eine Frage des Timings und des Instinkts – jener Ingredienzen der großen Diplomatie, die einfach nicht erlernbar sind.

Ich bin mir voll der Tatsache bewußt, welche enormen Beschränkungen einem amerikanischen Politiker, der wirklich alle diese Rollen spielen will, auferlegt sind. Einige dieser Beschränkungen sind kultureller, andere institutioneller Natur. Dennoch glaube ich, daß es in Amerika sowohl für den politischen Ansatz als auch für die Methoden, die ich beschrieben habe, einen Grundkonsens gibt. Jimmy Carter und Henry Kissinger haben bewiesen, daß amerikanische Politiker, die bereit sind, eine klare, nüchterne und faire Nahostpolitik zu formulieren, und die darüber hinaus die erforderliche Energie zu ihrer Verwirklichung aufbringen, mit großer Unterstützung rechnen können.

Epilog II

Von der Diagnose
zur Behandlung:
Lösungsvorschläge

Und es war immer Zank zwischen den Hirten von Abrams Vieh und den Hirten von Lots Vieh... Da sprach Abram zu Lot: Laß doch nicht Zank sein zwischen mir und dir und zwischen meinen und deinen Hirten; denn wir sind Brüder. Steht dir nicht alles Land offen? Trenne dich doch von mir! Willst du zur Linken, so will ich zur Rechten, oder willst du zur Rechten, so will ich zur Linken.

1. Mose 13, 7–9

Persönlich kann ich die Araber nicht leiden, genausowenig wie die Araber mich. Vierzig Jahre im selben Bett. Keine Liebe, kein Sex. Ich will die Scheidung.

Avigdor Ben-Gal, Generalmajor der Reserve und ehemaliger Kommandeur der israelischen Nordfront, 1988.

Nach der Veröffentlichung der amerikanischen Ausgabe dieses Buches erhielt ich viele Zuschriften von Lesern, die auf der einen Seite meiner Diagnose des israelisch-palästinensischen Konflikts zustimmten, andererseits aber auch bedauerten, daß ich keine Lösungsmöglichkeiten aufgezeigt habe. Dies entsprach allerdings durchaus meiner Absicht: Ich wollte das Interesse der Leser primär auf meine Reise von Beirut nach Jerusalem lenken und keine Diskussion über eventuelle Vorschläge vom Zaun brechen. Außerdem glaube ich, wie im Schlußkapitel erläutert, daß Außenseiter herzlich wenig tun können, solange die am Konflikt beteiligten Parteien nicht von sich aus bereit sind, „schwanger" zu werden, das heißt jene grundlegenden Kompromisse zu schließen und jene Opferbereitschaft aufzubringen, die für eine friedliche Lösung unerläßlich sind.

Die Geschichte lehrt uns, daß im Nahen Osten nur überwältigender Schmerz oder überwältigende Freude – ein Krieg oder eine Initiative nach Art von Sadat – die Bereitschaft zur „Schwangerschaft" erweckt. Gegenwärtig scheint weder das eine noch das andere in Sicht. Während ich diesen Epilog schreibe, im Herbst 1989, streiten sich Israelis und Palästinenser über die Formalitäten eines Dialogs über den Wahlmodus, nach dem die Palästinenser ihre Delegation für Verhandlungen über die von Israel angebotene arabische Autonomie im Westjordanland und im Gazastreifen bestimmen sollen. Mit anderen Worten: Sie sprechen über Verhandlungen für Verhandlungen über die Organisation von Verhandlungen über eine Zwischenlösung. Selbst wenn es gelingt, eine oder zwei dieser Hürden zu überwinden, ist eine endgültige Lösung noch lange nicht abzusehen.

Was kann man also tun? Israelis und Palästinenser werden höchstwahrscheinlich nichts weiter tun, als sich an den Status quo zu gewöhnen, mitsamt allen Unannehmlichkeiten, die er mit sich bringt. Nach meiner persönlichen Überzeugung ist der Status quo verderblich – für beide Seiten. Ich habe daher intensiv versucht, mir Lösungsmöglichkeiten vorzustellen, wobei ich davon ausging, daß die eine oder andere Seite imstande ist, sich zu einer kühnen, einseitigen Initiative aufzuraffen, um den gegenwärtigen toten Punkt zu überwinden.

Die folgenden Vorschläge sind – und das gestehe ich ohne jede Umschweife ein – eine Art Phantasie. Es sind *meine* Vorstellungen von der Art und Weise, wie ein maßgeblicher israelischer Politiker den Engpaß überwinden könnte. Ich möchte ausdrücklich betonen, daß ich momentan keinen einzigen maßgeblichen israelischen Politiker sehe, der sich diese Vorschläge zu eigen machen würde. Die Israelis werden aus all den Gründen, die in den vorausgehenden Kapiteln dargelegt wurden, nur auf überwältigenden Schmerz oder überwältigende Freude reagieren, und die Palästinenser sind in ihrer gegenwärtigen Verfassung weder zum einen noch zum anderen imstande. Doch sei es, wie es sei: Von diesem Vorbehalt abgesehen, würde ich verfahren, wie im folgenden dargestellt.

Mein Ansatz geht von mehreren Voraussetzungen aus. Erstens: Praktisch alle Trümpfe liegen in israelischer Hand. Israel beherrscht das Westjordanland und den Gazastreifen – zwei wichtige Faustpfänder für jede vertragliche Lösung. Die entscheidende Frage lautet daher: Was kann Israel dazu bewegen, diese Territorien ganz oder teilweise im Austausch gegen einen Frieden mit den Palästinensern preiszugeben? Die Palästinenser können fordern oder beanspruchen, was sie wollen, aber in Wirklichkeit sind nur die Israelis zu einer einseitigen Friedensinitiative in der Lage.

Zweitens: Ein so folgenschwerer Schritt wie der Rückzug der Israelis aus den besetzten Gebieten im Austausch gegen einen Frieden mit den Palästinensern darf sich nicht nur auf eine knappe Mehrheit stützen. Er muß, wie das beim Friedensvertrag mit Ägypten der Fall war, mindestens eine Zweidrittelmehrheit der israelischen Öffentlichkeit hinter sich haben. Andernfalls besteht die Gefahr von ernsthaften Unruhen.

Der Friedensprozeß ist heute also in ganz entscheidendem Maße von der Frage abhängig, auf welche Weise in Israel eine derartige Mehrheit für einen territorialen Kompromiß gewonnen werden kann – denn nur eine solche Mehrheit ist imstande, die Geschichte der Region unmittelbar in andere Bahnen zu lenken.

Bevor ich auf diese Frage eingehe, möchte ich den Leser an den Ladenbesitzer Sasson erinnern, den ich im Kapitel *Das Erdbeben* geschildert habe. Sassons gesamte Lebenserfahrung lief auf die Überzeugung hinaus, daß die Araber nie und nimmer einen Judenstaat in ihrer Mitte dulden würden und daß folglich sämtliche Zugeständnisse an die Palästinenser in letzter Konsequenz zur Liquidierung des Staates führen müßten. Die von israelischen „Tauben" vertretene Meinung, die Palästinenser wollten im Grunde mit den Israelis in Frieden und Eintracht leben, seien aber nicht imstande, dies täglich öffentlich zu bekunden, widersprach schlichtweg allem, was das Leben im Irak und in Jerusalem Sasson gelehrt hatte, und weder das Camp-David-Abkommen mit Ägypten noch die Erklärungen Jassir Arafats nach dem Palästinenseraufstand hatten ihn von seiner Überzeugung abbringen können. Was Sasson betraf, so lag sein Problem nicht darin, daß er und die Palästinenser sich nicht verstanden – ganz im Gegenteil: Sie verstanden einander zu gut. Sasson, das muß ich hinzufügen, hatte keine ideologischen Gründe, die ihn dazu veranlaßt hätten, am Besitz des Westjordanlands und des Gazastreifens festzuhalten. Er war ein Kaufmann, dem Ideologisches nicht leicht über die Lippen kam. Vermutlich kam er, wenn überhaupt, nur sehr selten in die besetzten Gebiete. Wie die Mehrheit der Israelis sah er die Präsenz Israels im Westjordanland und im Gazastreifen hauptsächlich unter dem Aspekt der Sicherheit.

Sasson verkörpert die schweigende Mehrheit der Israelis, die Zweidrittelmehrheit, und in seiner Weltanschauung ist meiner Meinung nach der Schlüssel für eine palästinensisch-israelische Friedenslösung zu suchen. Man hört nicht viel von den Sassons in Israel. Sie äußern sich selten. Sie sind längst nicht so interessante Interviewpartner wie die glutäugigen messianischen Siedler im Westjordanland oder die Professoren der Bewegung „Frieden jetzt!", deren Englisch immer einen amerikanischen Akzent hat. Und dennoch bilden sie das eigentliche Fundament Israels, die Schwerkraft, die das Land an Ort und Stelle hält. Vor allem aber: Nach Jahren journalistischer Tätigkeit in Israel glaube ich, daß in jedem Israeli ein kleines bißchen von Sassons primitiver Bodenständigkeit steckt – keineswegs nur in den Anhängern der rechtsstehenden Likud-Partei, sondern auch in der Mehrheit der Arbeiterpartei, und nicht nur in jenen Israelis, die aus arabischen Ländern stammen, sondern auch in jenen, die in Israel geboren wurden.

Es wäre in der Tat ein Trugschluß zu glauben, daß die israelische Öffentlichkeit in der Frage eines möglichen Friedens mit den Palästinensern in zwei gleich große Lager geteilt ist. In Wirklichkeit kann man eher von drei Lagern sprechen: Eine Gruppe auf der äußersten Linken – vielleicht zehn Prozent der Gesamtbevölkerung – ist bereit, schon morgen der Etablierung eines palästinensischen Staats im Westjordanland und im Gazastreifen zuzustimmen, und glaubt aufrichtig daran, daß auch die Palästinenser zu einem friedlichen Zusammenleben mit den Juden bereit sind. Auf der äußersten Rechten gibt es eine Gruppe – sie umfaßt ungefähr zwanzig Prozent der Gesamtbevölkerung –, die aus ideologischen Gründen nie zur Anerkennung eines Palästinenserstaats auf dem Westufer und im Gazastreifen bereit sein wird. Diese Leute sind aus Nationalismus oder religiösem Sendungsbewußtsein darauf eingeschworen, auf alle Zeiten am ungeteilten Groß-Israel festzuhalten. Zwischen diesen beiden Extremen bewegen sich die Sassons. Sie machen ungefähr siebzig Prozent der Bevölkerung aus. Die liberaleren Sassons unterstützen die Arbeiterpartei, die konservativeren den Likud-Block. Beiden Gruppen gemeinsam ist das tiefsitzende Gefühl, in einen Krieg gegen die Palästinenser verwickelt zu sein, bei dem es um alles oder nichts geht.

Die Sassons in Israel – und viele ihrer amerikanischen Freunde – sind heute stark verunsichert. Die Intifada hat ihnen klargemacht, daß der physische und moralische Preis für die Aufrechterhaltung des Status quo Jahr für Jahr höher wird – und doch sehen sie keine ansprechende Alternative. Arafats Hinweise in Richtung einer Zweistaatenlösung auf der Grundlage der Grenzen von 1967, also im Westjordanland, im Gazastreifen und in Ostjerusalem, finden sie nicht besonders attraktiv. Weder haben sie Vertrauen in Arafat, noch wünschen sie eine Wiederherstellung der alten Grenzen. Den von der Arbeiterpartei in die Diskussion gebrachten Vorschlag, Israel könne sich aus den dichtbevölkerten Gebieten des Westjordanlands und des Gazastreifens zurückziehen, finden sie vielleicht ganz interessant, doch fehlen der Arbeiterpartei dafür Ansprechpartner auf der arabischen beziehungsweise palästinensischen Seite. Die Parteiführer würden nach wie vor gerne mit Jordanien über die Zukunft des Westjordanlands verhandeln. König Hussein hat jedoch erklärt, daß er mit diesem Gebiet nichts mehr zu tun haben will. Der Likud und andere Parteien der Rechten wollen die besetzten Gebiete behalten und bieten den Palästinensern eine begrenzte Autonomie auf der Basis des Abkommens von Camp David an, doch gibt es nicht einen Palästinenser, der mit einer solchen Lösung einverstanden wäre. Die Lage bleibt also total verfahren.

Ich glaube, daß der gordische Knoten zerschlagen werden kann – vorausgesetzt, es finden sich in Israel der richtige politische Führer und ein geeigneter Plan. Der richtige Politiker müßte, wie Leon Wieseltier es in einem anderen Zusammenhang formuliert hat, ein „Schuft für den Frieden" sein, denn Sassons Vertrauen läßt sich nur mit einer „Schweinehund-Lösung" gewinnen. Und nur sie wäre imstande, ihm klarzumachen, daß es tatsächlich eine gangbare Alternative zur ewigen Besetzung von Westufer und Gazastreifen gibt. Der Schlüssel zu einer Lösung heißt Sasson. Man kann über eine gerechte Lösung reden oder über eine ideale, man kann über UN-Resolutionen reden, über phantasievolle Friedenspläne und über Äußerungen von Jassir Arafat – doch wenn es nicht gelingt, Sasson zu überzeugen, bleibt im Endeffekt alles Gerede Selbstgespräch. Es ist dies auch das Problem der israelischen Friedensbewegung: Sie führt seit Jahren Selbstgespräche. Anstatt Sassons Ängste und Gefühle anzuerkennen, tut sie sie einfach als „faschistisch" ab. Aber Sasson ist kein Faschist, und seine Ängste basieren auf einer realen Grundlage. Wer eine stabile Mehrheit für den Frieden finden will, muß zunächst einmal Sasson zu verstehen geben, daß er von den gleichen tiefsitzenden Gefühlen beseelt ist wie jener. Erst wenn das gelungen ist, wird Sasson zuhören – und vielleicht sogar zu mehr bereit sein.

Wie erreicht man die Gesprächsbereitschaft der israelischen Sassons? Ich habe dafür zwei Vorschläge. Den ersten nenne ich die „Stammeslösung" für den Krieg zwischen zwei Völkern, den zweiten die „diplomatische Lösung." Ich muß betonen, daß beide Ansätze von einer einseitigen israelischen Initiative ausgehen. Nach meiner Überzeugung hält Israel nicht nur alle Trümpfe in der Hand, sondern besitzt auch die Macht und den Impetus, seine Zukunft ohne das ewige Warten auf internationale Konferenzen, ausländische Vermittler oder gar einen palästinensischen Ansprechpartner selbst zu gestalten. Ein israelischer Ministerpräsident, der ein wahrer „Schuft für den Frieden" ist und meinen ersten Vorschlag ausprobieren will, könnte sich mit folgender Rede vor der Knesset an die israelische Öffentlichkeit wenden:

„Meine Freunde! Wir leben in einer Wildnis voller Tiger. Wir befinden uns in einem Überlebenskampf. Palästinenser und Araber haben nie gewollt, daß wir hierherkommen, und sie werden uns hier nie akzeptieren. Sie werden jede Chance, uns aus dem Land zu jagen, und jede Schwäche, die wir zeigen, sofort ausnutzen. So sind sie nun einmal. Die Frage, um die es geht, ist jedoch, wer *wir* eigentlich sein wollen. Wir leben in einer einzigartigen Epoche der jüdischen Geschichte – der Epoche, in der das „Dritte Jüdische Haus" erschaffen wurde und in der das jüdische Volk in Israel mit enormer Machtvollkommenheit über seine eigene Zukunft entscheiden kann. Wollten wir wirklich jenes Volk sein – oder jenes Israel sehen –, das sich zwangsläufig entwickeln wird, wenn wir bis an unser Lebensende, ja bis ans Lebensende unserer Söhne und Enkel, im Westjordanland und im Gazastreifen 1,7 Millionen Palästinenser beherrschen müssen? Nach Auskunft unseres Statistischen Amtes gab es 1985 in Israel, im Westjordanland und im Gazastreifen bereits mehr arabische Kinder unter vier Jahren als jüdische. Wenn die gegenwärtigen demographischen Trends anhalten, wird es zu Beginn des einundzwanzigsten Jahrhunderts in Israel, dem Westjordanland und dem Gazastreifen mehr Araber als Juden geben. Mit anderen Worten: Eine Beibehaltung des Status quo läuft auf ein Israel hinaus, das weder jüdisch noch demokratisch noch sicher ist. Wollt ihr das wirklich?

Wenn ihr diese Frage verneint, wenn ihr also sagt, nein, solche Israelis und ein solches Israel wollen wir nicht, dann haben wir den gleichen Ausgangspunkt. Wir stimmen darin überein, daß die Araber im tiefsten Grunde ihres Herzens den jüdischen Staat von der Landkarte tilgen wollen, daß wir es andererseits aber nicht für wünschenswert halten, uns bis ans Ende unseres Lebens und darüber hinaus auf dem Westufer und im Gazastreifen als ihre Herren aufzuspielen.

Was also können wir tun?

Offen gestanden, wenn auf der Gegenseite ein Anwar-el-Sadat sitzt, dann kann man an Friedensverträge wie Camp David denken. Aber die Palästinenser haben keinen Sadat – König Hussein ist keiner, und Jassir Arafat erst recht nicht. Solange es keinen Sadat gibt, heißt unsere einzige andere Option Südlibanon. Damit meine ich, daß wir 1984 im Südlibanon eine Situation erreicht hatten, in der der Status quo für uns nicht mehr haltbar war. Unsere Armee versank im libanesischen Sumpf und wurde von einer konventionellen Kampfmaschine in eine Polizeitruppe umgewandelt. Hier im Lande gab es einen tiefen, bitteren Streit über die Libanonpolitik. Schlimmer noch – es gab keine libanesische Regierung oder Miliz, der wir es zutrauten, eine friedliche Lösung für unseren Abzug durchzusetzen. Der Rückzug aus dem Libanon war eine schlechte Lösung, der Verbleib dort eine noch schlechtere. Nach langer Diskussion entschlossen wir uns für die schlechte. Wir kamen zu dem Schluß, daß es Israel nicht gelingen würde, Frieden im Libanon zu stiften – daß ein gewisses Maß an Sicherheit aber bewahrt werden konnte.

Was also taten wir? Wir modifizierten unsere Sicherheitsstrategie. In der Sprache des Wilden Westens heißt das: Wir bauten unsere Wagenburg um. Wir zogen uns einseitig aus dem größten Teil des Südlibanon zurück. Wir blieben lediglich in einer kleinen Zone, von der uns unsere Armee sagte, sie sei für die einigermaßen zuverlässige Sicherung unserer Nordgrenze unbedingt erforderlich. Ihr werdet euch erinnern, daß viele Leute uns schwere Vorwürfe machten: ,Wie könnt ihr so ohne weiteres die Truppen zurückziehen?' fragten sie empört. ,Seid ihr denn wahnsinnig? Sobald wir fort sind, rücken die Palästinenser und die vom Iran gestützten Schiiten nach und lassen Raketen auf Galiläa niederhagen. Der Himmel wird einstürzen!' Worauf unser Generalstab folgende Antwort gab: ,Mit solchen Gefahren werden wir besser als konventionelle Armee fertig, das heißt mit Artillerie, Luftwaffe und Helikoptern. Darin liegt unsere eigentliche Stärke – und nicht in der Rolle von Dorfpolizisten, die überall im Libanon jede einzelne Familie überwachen.'

Als wir uns aus dem Libanon zurückzogen, warnte der damalige Verteidigungsminister Jizchak Rabin die diversen libanesischen und palästinensischen Gemeinden im Südlibanon davor, diesen Rückzug als israelische Schwäche zu interpretieren. Er sagte ihnen unverblümt, bei jedem Angriff auf Israels Sicherheit würde die israelische Armee dafür Sorge tragen, ‚daß euer Leben nicht mehr lebenswert ist'. Bis jetzt hat die Abschreckung gewirkt – zwar gewiß nicht perfekt, aber echter Friede im Libanon stand für uns ja, wie ich schon sagte, ohnehin nicht auf dem Programm. Unsere einzige Option lag in wirksameren Sicherheitsmaßnahmen, die mit den Werten der von uns angestrebten Gesellschaftsordnung vereinbar waren.

Ich glaube, daß wir mit derselben Einstellung an die Probleme des Westufers und des Gazastreifens herangehen sollten: einseitiger, phasenweiser Rückzug aus jenen Gebieten und Siedlungen, die sicherheitspolitisch ohne Risiko preisgegeben werden können. Viele israelische Generäle sind überzeugt, daß Israel sich aus großen Teilen des Westjordanlands und des Gazastreifens zurückziehen kann, ohne sich damit selbst zu gefährden – vorausgesetzt, die Armee kann bestimmte kritische Gebiete und Sicherheitsvorkehrungen beibehalten. Dazu gehören verschiedene Stellungen unmittelbar am Jordan und auf dem strategisch wichtigen Gebirgskamm, der das Westjordanland in zwei Hälften teilt, sowie Pufferzonen vor Tel Aviv und Jerusalem. Da fünfundachtzig Prozent der jüdischen Siedler auf dem Westufer in zehn städtischen Ballungsgebieten rund um Tel Aviv und Jerusalem leben, können die meisten von ihnen bleiben, wo sie sind. Die anderen, die außerhalb der Sicherheitszonen leben, müssen umgesiedelt werden. Wie im Fall des Südlibanon würden wir einseitig handeln, das heißt, wir würden niemanden, weder die Welt noch Jordanien, noch die Palästinenser, um Zustimmung bitten. Alle Sicherheitsvorkehrungen würden von uns allein beschlossen und von uns allein in die Tat umgesetzt. Nach unserem Rückzug würden – wie damals im Südlibanon – die Gesetze von Chigago herrschen: Wenn du das Messer ziehst, zieh' ich die Pistole; wenn ihr einen von uns ins Krankenhaus bringt, landen zweihundert von euch im Leichenschauhaus; wenn ihr mit Raketen anfangt, schlagen wir mit Artillerie zurück; kommt ihr mit der Artillerie, kommen wir mit der Luftwaffe; macht ihr uns Scherereien an der Grenze, darf keiner von euch mehr in Israel arbeiten.

Liebe Mitbürger, wird diese Lösung uns Frieden bringen? Nein, sage ich. Es wird Grenzzwischenfälle geben, genauso wie es nach wie vor Zwischenfälle an der libanesischen Grenze gibt – und hoffentlich werden es genauso wenige sein wie dort. Was ich euch vorschlage, ist eine veränderte Sicherheitspolitik, die besser auf die jüdische und demokratische Gesellschaft zugeschnitten ist, an deren Erhaltung uns allen so gelegen ist. Sie wird zugleich dafür sorgen, daß unserer Armee die Aufgaben einer Polizeitruppe erspart bleiben, die gegenwärtig Tag für Tag an ihren Kräften und an ihrer

Moral zehren und ihr ermöglichen, zu ihren ursprünglichen Aufgaben als konventionelle Kampfmaschine zurückzukehren, für die sie ausgebildet wurde. Unsere Nation wird dadurch stärker und einiger; sie wird zu einer Nation, auf die alle Juden auf der Welt nicht nur stolz sein können, sondern in der sie auch gerne leben wollen. Und nun will ich euch sagen, warum ich der Meinung bin, wir sollten diese Maßnahmen von uns aus und einseitig ergreifen: Wenn wir nämlich auf den Tag warten, an dem sich Jassir Arafat, Georges Habasch, Hafis Assad und König Hussein auf eine Kompromißformel für Verhandlungen mit Israel einigen, dann warten wir ewig. Und selbst wenn sie sich dank einer wundersamen Schicksalsfügung einig werden sollten – wir würden ihnen ja doch nicht trauen. Worauf warten wir also noch?"

Am Schluß seiner Rede würde mein Ministerpräsident ein paar Worte an die Palästinenser richten: „Mein Nachbar, mein Feind! Am liebsten würden wir das Land Israel, das ganze Land Israel, ohne euch bewohnen. So sind wir nun einmal. Die Frage, um die es geht, ist jedoch, wer *ihr* eigentlich sein wollt. Wollt ihr zeitlebens Steinewerfer und Opfer sein – oder wollt ihr euch ein kleines bißchen eigene Würde und eine nationale Heimstatt aufbauen? Wir geben euch die Chance dazu. In den Gebieten, die wir räumen, könnt ihr euren eigenen Staat errichten, und zwar so, wie ihr ihn wollt. Ihr wollt einen maoistischen Staat? Gut, ihr sollt ihn haben. Ihr wollt eine Demokratie? Auch gut, schafft euch eine Demokratie. Ihr wollt eine Islamische Republik? Meinetwegen, errichtet eine Islamische Republik. Was immer es ist, euer Staat wird auf jeden Fall nicht so groß sein und militärisch nicht so stark, wie ihr ihn gerne hättet. Aber das ist eben der Preis, den ihr für vierzig Jahre totale Ablehnungsstrategie zu zahlen habt. Unter den gegebenen Machtverhältnissen bekommt ihr nie wieder eine solche Chance. Ich rate euch, nützt sie!

Eines aber laßt euch noch gesagt sein: Glaubt ja nicht, daß unser Rückzug aus diesen Gebieten ein Zeichen von Schwäche ist. Alles, was wir tun, geschieht im klaren Bewußtsein unserer eigenen Stärke und aus dem klaren Wunsch heraus, unsere eigene Identität zu wahren. Wir sind bereit, normale Beziehungen zu eurem Staat aufzunehmen, welcher Art er auch sein mag. Doch wenn dieser neue Staat in irgendeiner Weise dazu benutzt wird, uns zu bedrohen, sind wir ebenso entschlossen, ihn wieder verschwinden zu lassen. Wenn wir uns jemals gezwungen sehen sollten, unsere Armee wieder in die geräumten Gebiete zurückzuschicken, dann bestimmt nicht, weil wir wieder die Besatzungsmacht spielen wollen. Davon haben wir ein für allemal genug. Das nächstemal jagen wir euch über den Jordan, darauf könnt ihr Gift nehmen."

Soviel zur „Stammeslösung". Es ist eine Lösung, die Sasson intuitiv begreift, da sie ihm direkt aus dem Bauch spricht. Es ist eine Lösung, die beiden Seiten die schlechtesten Motive unterstellt – also genau dem entspricht, was die meisten Palästinenser und Israelis voneinander halten. Davon ausgehend, bemüht sie sich um eine realisierbare Formel zur Überwindung des Status quo. Schön ist diese Formel bestimmt nicht, aber das haben solche Lösungen nun einmal so an sich, und mit Nettigkeiten lassen sich Konflikte nur selten lösen. Die „netten" Israelis, die „Tauben", jene Israelis, die aus den richtigen Gründen immer das Richtige tun, sind für jede Lösung zu haben, solange sie mit einem Rückzug vom Westufer und aus dem Gazastreifen verbunden ist. Aber nicht sie gilt es zu erreichen, denn sie stellen nicht die Mehrheit. Erreicht werden müssen diejenigen Israelis, die nur aus den „falschen" Gründen, den grobgestrickten Gründen, den Gründen Sassons das Richtige tun, denn ohne sie wird es niemals eine stabile Mehrheit für einen territorialen Kompromiß geben.

Die Frage ist legitim, ob es denn unbedingt eine „Stammeslösung" sein muß. Kann es denn nicht auch eine diplomatische Lösung geben? Bevor Sadat im November 1977 nach Jerusalem kam, brachten schließlich viele Israelis den Ägyptern dasselbe eingefleischte Mißtrauen, dieselbe tiefsitzende Furcht entgegen wie heute den Palästinensern. Das stimmt – und deshalb habe ich noch einen zweiten Vorschlag für jene, die beiden Kontrahenten etwas bessere Motive unterstellen.

Betrachten wir zunächst einmal die entscheidenden Kriterien für den Erfolg der Sadatschen Friedensinitiative. Wie gelang es, eine Mehrheit der Israelis dazu zu bewegen, dem Rückzug vom Sinai zuzustimmen? Danach wollen wir versuchen herauszufinden, welche Voraussetzungen erfüllt werden müßten, um diese Kriterien in einer für die israelischen Sassons akzeptablen Form auf den palästinensisch-israelischen Konflikt zu übertragen. Dies wäre dann die „diplomatische Lösung".

Nach meinem Dafürhalten war die Sadat-Initiative erfolgreich, weil sie die drei Haupthindernisse jeder arabisch-israelischen Friedensregelung überwand: Das erste Hindernis war die traditionelle Fixierung sowohl der Araber wie der Israelis auf ihre „legitimen Rechte" im Gegensatz zu ihren legitimen Interessen. Solange die am arabisch-israelischen Konflikt beteiligten Parteien ausschließlich ihre historischen oder gottgegebenen „Rechte" durchsetzen wollen, sind sie außerstande, Entscheidungen zu treffen, welche ausschließlich an ihren Interessen orientiert sind. Daraus ergeben sich immer wieder Probleme, denn Rechte leiten sich aus der Vergangenheit ab, sie wurden gesetzt von Gottheiten oder von Vorfahren; sie sind daher unabänderlich und unterlaufen jegliche Kompromißbereitschaft. Interessen entspringen dagegen den kurzlebigen, unmittelbaren Bedürfnissen und Beschränkungen der Gegenwart und lassen breiten Raum für Kompromisse.

Das Geniale an der Sadat-Initiative lag in ihrer Fähigkeit, die innerisraelische Diskussion über die Beziehungen zu Ägypten von einer Debatte über Rechte in eine Debatte über Interessen zu verwandeln. Wie war das möglich? Indem Sadat Israels Existenzrecht anerkannte, indem er nach Jerusalem reiste und den Israelis genug psychologischen Raum für ihre eigene Würde und Unabhängigkeit überließ, wischte er die Frage der uralten heiligen Rechte vom Tisch und ermöglichte es den Israelis, die Frage des Friedens mit Ägypten nahezu ausschließlich auf der Basis ihrer Interessenlage zu diskutieren. Die sicherheitspolitischen und wirtschaftlichen Vorteile der Pufferzone Sinai und ihrer Ölquellen konnten rational abgewogen werden gegen die Vorteile eines Friedens mit der größten arabischen Nation. Mit anderen Worten: Indem Sadat den Israelis in der U-Bahn einen Sitz zugestand, brachte er sie dazu, daß sie sich nicht mehr darüber den Kopf zerbrachen, ob ihre Platzreservierung nun eingehalten würde oder nicht. Statt dessen konnten sie sich auf die Frage konzentrieren: Wieviel Platz brauchen wir eigentlich, um bequem ans Ziel zu kommen? Unter den neuen Voraussetzungen erkannten die Isrealis schließlich, daß ein kleinerer Sitz vis-à-vis von Ägypten in Wirklichkeit recht bequem und sicher war.

Es stimmt, daß der Staat Israel seinen historisch begründeten Anspruch auf Palästina niemals auf den Sinai ausgedehnt hat. Dennoch bekam der israelische Anspruch auf einen Staat in Palästina durch die Okkupation des Sinai zusätzliches Gewicht. Israel nahm den Ägyptern 1967 die Halbinsel Sinai ab, als Ägypten Israels Existenzrecht in Frage stellte. Wäre Sadat nicht bereit gewesen, Israels Recht auf einen Staat in den Grenzen von vor 1967 anzuerkennen, so hätten die Israelis um praktisch jeden Preis am Sinai festgehalten.

Das zweite Hindernis, das die Sadat-Initiative überwand, war die tiefverwurzelte Fixierung der Israelis auf öffentlich verkündete Absichten der Araber, deren Verwirklichung oft gar nicht zur Diskussion stand. Wie alle Juden sind die Israelis Menschen, die sich stark am schriftlich Festgelegten orientieren. Arabische Zeitungen und arabische Reden werden in Israel sehr genau studiert. Da sich ein arabisches Land wie Ägypten aus vielen verschiedenen politischen Strömungen zusammensetzt – von islamischen Fundamentalisten über arabische Nationalisten bis hin zu demokratisch-liberalen Kräften –, wird es immer wieder Politiker oder Dichter geben, die in einer Rede oder einem Gedicht zur Eliminierung des Staates Israel aufrufen. Ihre Worte sind immer Wasser auf die Mühlen der israelischen Sassons. Sie springen auf, schwenken den anstößigen Artikel und rufen: „Wie könnt ihr mit solchen Leuten Frieden schließen? Hört, was sie über uns schreiben!" Ihr Verhalten kann kaum überraschen. Viele israelische Juden verfolgt bis heute die Tatsache, daß Hitler in *Mein Kampf* und anderen Veröffentlichungen schon lange vor der Machtergreifung klar und deutlich zum Ausdruck brachte, was er mit den Juden vorhatte. Nur achtete niemand darauf.

Um Israels Fixierung auf arabische Absichtserklärungen zu überwinden, erklärte sich Sadat bereit, den Sinai zu entmilitarisieren. Er stimmte nicht nur einer Limitierung der dort zu stationierenden ägyptischen Truppen und deren Bewaffnung zu, sondern erklärte sich auch mit der Entsendung einer von Amerikanern dominierten multinationalen Friedenstruppe zur Überwachung der Entmilitarisierung einverstanden. Erst nachdem die Israelis den Aktionsradius der ägyptischen Soldaten eingeschränkt hatten, waren sie bereit, die Forderungen der ägyptischen Poeten zu überhören.

Das dritte Hindernis, welches durch die Sadat-Initiative überwunden wurde, war das tiefe Mißtrauen der Israelis gegen jede Art von Land-gegen-Frieden-Lösung mit einem Staat, der vierzig Jahre lang auf ihre Vernichtung hingearbeitet hatte. Selbst der Kuß, den Sadat der ehemaligen israelischen Ministerpräsidentin Golda Meir auf die Wange drückte, konnte das Trauma gegenüber dem Nachbarn im Westen, gegen den Israel vier Kriege geführt hatte, nicht beseitigen. Zu vieles war über einen zu langen Zeitraum hinweg gesagt worden. Zu viele Tote waren zu beklagen. Mit Worten allein war das nicht wettzumachen. Es mußte eine neue, lebendige Realität geschaffen werden. Nur Verhaltenstherapie, keine Freudsche Analyse war dazu fähig, einen Schatz von Erfahrungen aufzubauen, mit dessen Hilfe der gegenseitige Argwohn überwunden werden konnte. Aus diesem Grund wurde das Camp-David-Abkommen schrittweise, im Laufe von drei Jahren, in Kraft gesetzt. Jede Phase des israelischen Rückzugs vom Sinai war abhängig von der Erfüllung gewisser Verpflichtungen der Ägypter im Zusammenhang mit der Demilitarisierung und der allgemeinen Normalisierung der Beziehungen. Die Erfüllung des Abkommens setzte voraus, daß beide Seiten die Worte des anderen nicht nur hören, sondern auch ihre Konsequenzen spüren konnten.

Auch zwischen Israelis und Palästinensern gibt es diese drei Hindernisse. Der Unterschied ist lediglich der, daß sie in diesem Fall zehnmal so hoch sind. Nehmen wir zum Beispiel die Frage der Rechte: Ägypten und Israel waren zwei klar voneinander geschiedene Länder, mit unterschiedlichen Grenzen und unterschiedlichen Hauptstädten. Zwischen ihnen existierte eine natürliche Grenzlinie, die beiden Seiten die Anerkennung der Staatlichkeit des jeweils anderen relativ einfach machte. Für Palästinenser und Israelis gilt dies nicht. Zwischen ihnen existiert keine natürliche Trennungslinie. Israelis wie Palästinenser betrachten Jerusalem als Hauptstadt. Die Israelis beanspruchen Haifa, und die Palästinenser beanspruchen Haifa. Für viele Israelis ist das Westjordanland nicht – wie der Sinai – nur mehr ein zusätzliches Argument für den Rechtsanspruch auf einen eigenen Staat in Palästina, sondern ein integraler Bestandteil dieses Rechts. Diese einander überschneidenden historischen Ansprüche führen dazu, daß Israelis und Palästinenser große Schwierigkeiten haben, die gegenseitigen elementaren Rechte in Palästina ohne Furcht vor einer Aushöhlung der eigenen historisch gewachsenen Stellung anzuerkennen.

Und wie verhält es sich mit den Absichten und deren möglicher Verwirklichung? Auch hier gibt es gewaltige Probleme zwischen Palästinensern und Israelis. Ägypten war ein autoritärer Staat, dessen Presse und Verwaltung in gewisser Weise unter Kontrolle standen. Die PLO hingegen ist ein Dachverband, in dem acht verschiedene, kreuz und quer über den ganzen Nahen Osten verstreute palästinensische Fraktionen zusammengeschlossen sind. Einige dieser Fraktionen hören nicht auf Jassir Arafat, sondern empfangen ihre Befehle von arabischen Regierungen. Obendrein gibt es vor Ort sehr starke Palästinenserorganisationen – wie die moslemischen Fundamentalisten in Gaza –, die niemandem Rechenschaft pflichtig sind außer sich selbst. Folglich werden die Israelis immer ein infames Palästinenserzitat oder -gedicht finden, mit dem sich jede gemäßigte Stimme auf israelischer wie palästinensischer Seite diskreditieren läßt.

Das Mißtrauen, das es zwischen Ägyptern und Israelis zu überwinden galt, nimmt sich schließlich, verglichen mit den stammesfehdenartigen Auseinandersetzungen zwischen Juden und Palästinensern, wie eine harmlose kleine Meinungsverschiedenheit aus. Der jüdisch-palästinensische Konflikt geht nicht erst auf das Jahr

1948 zurück, sondern hat eine hundertjährige Tradition. Darüber hinaus handelt es sich nicht um einen Konflikt zwischen zwei Fremden, die durch eine zweihundert Meilen breite Wüste voneinander getrennt sind, sondern um einen Streit zwischen Nachbarn, ja Cousins, die einander in die Augen sehen, bevor sie sich gegenseitig erschießen. Es ist eine Auseinandersetzung wie zwischen Kain und Abel, und sie hat so viel Mißtrauen und so viel Haß erzeugt, daß Jassir Arafat den Israelis gegenüber sagen kann, was er will: Nichts würde auf sie vergleichbar beruhigend wirken wie seinerzeit die Anerkennung Israels durch Sadat.

Erschwerend kommt hinzu, daß die Palästinenser, anders als die Ägypter, noch gar keinen eigenen Staat besitzen. Die PLO ist eine Bewegung ohne festen Wohnsitz, deren Führungsspitze in Flugzeugen lebt und deren Institutionen sich auf ein Dutzend arabischer Staaten verteilen. Mit einem Staat wie Ägypten, der über eine Hauptstadt, eine Flagge und eine Armee verfügt, konnte Israel Frieden schließen; ein Staat kann bindende Zusagen geben und für deren Nichteinhaltung verantwortlich gemacht werden. Eine über den gesamten Nahen Osten verstreute Bewegung kann das nicht. Zersplittert, wie sie sind, können die Palästinenser schon per definitionem Israel nicht so anerkennen, wie es zur glaubhaften Beruhigung Israels notwendig wäre. Gesetzt den Fall, die PLO erkennt Israel morgen an – die Antwort vieler Israelis würde lauten: „Na und?"

Ich hatte immer den Eindruck, daß Israels Interesse an einer vertraglichen Regelung mit Jordanien (und nicht mit der PLO) nicht allein darauf zurückzuführen war, daß sich durch Verhandlungen mit Jordanien die Anerkennung der Palästinenser vermeiden ließ. Ebenso wichtig war wohl der Umstand, daß Jordanien ein richtiger Staat ist, eine feste Adresse, die man bei Bedarf verantwortlich machen kann und die über Jahre hinaus bewiesen hat, daß sie fähig ist, die Grenze zu Israel zu respektieren.

Wenn sie auch noch so überwältigend hoch sind, so halte ich doch keines dieser Hindernisse für unüberwindbar. Man braucht bloß den richtigen Stab und den richtigen Ansatzpunkt, um sich über sie hinwegzukatapultieren. Ich glaube, daß eine Stammesfehde durch eine diplomatische Lösung beigelegt werden kann, die auch den kleinen Sasson in jedem Israeli zufriedenstellt. Ich glaube ferner, daß auch diese Lösung durch eine einseitige israelische Geste eingeleitet werden kann. Ein israelischer Ministerpräsident könnte sie mit folgender Rede der Öffentlichkeit präsentieren:

„Meine Freunde! Wenn wir aus dem hundertjährigen Konflikt mit den Palästinensern eine Lehre ziehen können, dann folgende: Solange unser Nachbar unser Feind ist, wird unser Haus niemals ein wahres Heim sein. Es wird eine Festung bleiben, und in einer Festung kann man sich niemals entspannen. Das heißt, wir werden erst dann imstande sein, uns hier in Palästina wirklich zu Hause zu fühlen, und die Zeit unseres Exils wird erst dann endgültig vorüber sein, wenn sich die Palästinenser, unsere Nachbarn, ebenso zu Hause fühlen wie wir. Ich wünschte, es wäre anders – doch Tatsache ist nun einmal, daß wir uns nicht erlösen können, wenn wir nicht gleichzeitig die Palästinenser erlösen, und daß umgekehrt sie sich nicht erlösen können, wenn sie nicht gleichzeitig uns erlösen. Doch haben wir überhaupt die Möglichkeit, sie zu erlösen, ohne gleichzeitig Selbstmord zu begehen – wozu mein Freund Sasson hier gewiß nicht bereit ist? Und können die Palästinenser ohne bedingungslose Kapitulation – zu der *sie* nicht bereit sind – uns erlösen?

Ich glaube, daß wir Israelis, wenn wir eine sinnvolle und praktikable Lösung für den Konflikt finden wollen, für die Palästinenser das tun müssen, was Anwar el-Sadat für uns getan hat: Wir müssen ihnen ein kleines Plätzchen in der U-Bahn anbieten oder zumindest die Gültigkeit ihrer Reservierung anerkennen. Genauer gesagt, wir müssen unsere Bereitschaft erklären, die Gründung eines Palästinenserstaats in Teilen des Westjordanlands und im Gazastreifen zu akzeptieren. So wie Sadat die Stärke und das Selbstvertrauen besaß, ein klein wenig beiseite zu rücken, um jenen, die noch keinen Platz hatten, eine Sitzgelegenheit einzuräumen, so sollten auch wir Israelis unsere Stärke und Sicherheit dazu nutzen, den Palästinensern emotional wie räumlich einen kleinen Platz zu überlassen. Wir geben ihnen damit die Möglichkeit, von ihrer einseitigen Fixierung auf ihre Rechte abzulassen und statt dessen mehr an ihre Interessen zu denken. Erst wenn die Palästinenser bestimmte, ganz konkrete Interessen zu verlieren haben, gibt es für sie einen Anreiz, von überzogenen Forderungen abzugehen und die extremen Elemente in ihren Reihen in ihre Schranken zu verweisen. Heute riskieren die Palästinenser mit Angriffen auf Israel nur ein paar Schlagzeilen sowie ein paar Tote und Verwundete. Haben sie erst ihren eigenen Staat, so setzen sie dabei alles aufs Spiel, was sie sich bis dahin aufgebaut haben.

Wir sind allerdings nicht die Fürsorge. Unser Angebot an die Palästinenser ist daher nur gültig, wenn ihre Repräsentanten – wer immer diese auch sein mögen – die folgenden drei Bedingungen akzeptieren:

Erstens: Unser Existenzrecht als jüdischer Staat im Nahen Osten muß expressis verbis anerkannt werden.

Zweitens: Die Repräsentanten der Palästinenser müssen sich mit einer unbefristeten Entmilitarisierung ihres Staates sowie mit der Beibehaltung sämtlicher Frühwarn- und Sicherheitssysteme, die die israelische Armee für erforderlich hält, einverstanden erklären. Damit soll sichergestellt werden, daß dieser Palästinenserstaat nie – niemals! – die Existenz Israels in Frage stellen kann, selbst wenn ihm der Sinn danach steht. Israel und niemand sonst wird die Entmilitarisierung durch Maßnahmen wie vorgeschobene Beobachtungsposten und Kontrollstellen an den Jordanbrücken und allen anderen möglichen Grenzübergängen überwachen und auf diese Weise dafür sorgen, daß keine schweren Waffen welcher Art auch immer ins Land gelangen. Es wird weder UN-Truppen noch multinationale Streitkräfte geben. Wir verlassen uns in den elementaren Fragen unserer Sicherheit nicht auf Dritte. Nur durch die hundertprozentige Überwachung der Palästinenser können wir es schaffen, eine Mehrheit in unserem Volk so weit zu bringen, daß sie über palästinensische Absichtserklärungen, extremistische Gedichte und PLO-Satzungen hinwegsieht.

Drittens: Die Palästinenser müssen sich mit einer schrittweisen Verwirklichung dieses Planes über einen Zeitraum von fünf Jahren einverstanden erklären. Am Anfang würde eine palästinensische Regierungsbildung durch freie Wahlen im Westjordanland und im Gazastreifen stehen, an denen sich Auslandspalästinenser per Briefwahl beteiligen können. Erst die Umwandlung der palästinensischen Nationalbewegung in eine konkrete, quasi-staatliche autonome Regierung im Westjordanland verschafft ihr die Eigenschaften, die Motive und die Glaubwürdigkeit, Israel in ebenso bedeutsamer und beruhigender Weise anzuerkennen, wie Ägypten es einst tat. Die Autonomie der palästinensischen Regierung würde sich auf alle Gebiete erstrecken, die gegen Ende der Übergangsperiode von Israel geräumt werden. Nur eine längere Übergangsperiode, die die Erklärungen beider Seiten auf ihren Wahrheitsgehalt überprüft, kann jene Linderung und jenes Vertrauen schaffen, ohne die eine Übereinkunft weder praktikabel noch dauerhaft wäre.

Ihr werdet mich nun fragen, was geschieht, wenn sich die Palästinenser, nachdem wir ihnen einen solchen Staat eingeräumt haben, wider Erwarten nicht entsprechend ihrer rationalen Interessen verhalten, sondern erneut ihre selbstformulierten Rechte einfordern. Was geschieht, wenn sie ihre neue Situation nicht dazu nutzen, sich von ihren Träumen der Wiedereroberung ganz Palästinas freizumachen, sondern im Gegenteil dazu den alten Hirngespinsten neue Nahrung zuzuführen? Die Antwort darauf lautet, daß sie ihren Staat nur nach einer mehrere Phasen umfassenden Autonomieregelung bekommen werden. In jeder einzelnen Phase müssen sie ihre Bereitschaft, verantwortliche Nachbarn zu werden, von neuem unter Beweis stellen. Sollten sie uns zu irgendeinem Zeitpunkt in diesem Prozeß physisch bedrohen, wird der Gesamtprozeß für null und nichtig erklärt. Allerdings würden wir dabei genausoviel verlieren wie die Palästinenser.

Und nun laßt mich noch ein paar Worte an unsere palästinensischen Nachbarn hinzufügen. Mein Nachbar, mein Feind! Ich weiß, daß viele von euch diesen Plan für unzureichend halten werden. Ihr bekommt einen Ministaat in Teilen des Westjordanlands und des Gazastreifens – weniger noch, als euch im Teilungsplan der Vereinten Nationen von 1947 zugestanden wurde. Und selbst das, was ihr bekommt, wird kein völlig souveräner Staat sein. Ihr werdet vielmehr von israelischen Truppen und israelischen Sicherheitsvorkehrungen umgeben sein und nur eine kleine leichtbewaffnete Polizeitruppe unterhalten dürfen. Sollte euch das nicht passen, so kann ich nur zwei Dinge dazu sagen: Erstens könnt ihr das, was ihr 1947 hättet haben können, heute nicht mehr bekommen – und das, was ihr heute bekommen könnt, wird morgen unerreichbar sein. Ich möchte euch sehr ans Herz legen, nicht mehr immer nur an das zu denken, was euch nach eurer Auffassung rechtmäßig zusteht. Konzentriert euch vielmehr auf das Mögliche. Und was die fehlende Armee betrifft, da müßt ihr euch entscheiden: Wollt ihr einen Staat oder wollt ihr eine Armee? Wenn ihr eine Armee wollt – nun, die habt ihr schon, das ist die PLO. Wenn ihr einen Staat wollt – nun gut, den bieten wir euch heute an. Allerdings nur unter den genannten Bedingungen.

Meinen israelischen Kritikern kann ich nur sagen: Während euch der von mir vorgelegte Plan sehr nobel vorkommen mag – zu nobel, zu moralisierend, zu naiv –, erscheint er mir persönlich ziemlich machiavellistisch. Ich versuche, meinen Feind, der es mir nie gestattet, mich in meinem eigenen Heim zu Hause zu fühlen, in einen Nachbarn zu verwandeln, mit dem ich ganz gut Seite an Seite leben kann. Ich habe einen gesunden Respekt vor der Fähigkeit aller Parteien in diesem Konflikt zu vollkommen irrationalen Verhaltensweisen. Das gilt für die Palästinenser ebenso wie für uns. Ich will nicht behaupten, daß meine Vorschläge risikolos sind. Sie sind es keineswegs. Doch der Status quo ist ebenfalls nicht ohne Risiko. Wahre Sicherheit verschafft einem Israeli nicht der Schlagstock, sondern die Tatsache, daß sein palästinensischer Nachbar ein verantwortlicher, selbstbestimmter Mensch mit voller Menschenwürde ist. Vielleicht sind die Palästinenser nicht bereit, ein solcher Nachbar zu sein; vielleicht lassen auch die Araber es nicht zu, daß die Palästinenser zu einem solchen Nachbarn werden. Doch für uns ist das sehr beschränkte Risiko eines Tests der Palästinenser und die mögliche Aussicht auf ein neues Verhältnis zueinander allemal besser als die Fortsetzung eines ebenso riskanten Status quo, der nichts anderes verspricht als einen endlosen Krieg zwischen Nachbarn und eine Zukunft voller Vergangenheiten."

Anhang

Israel

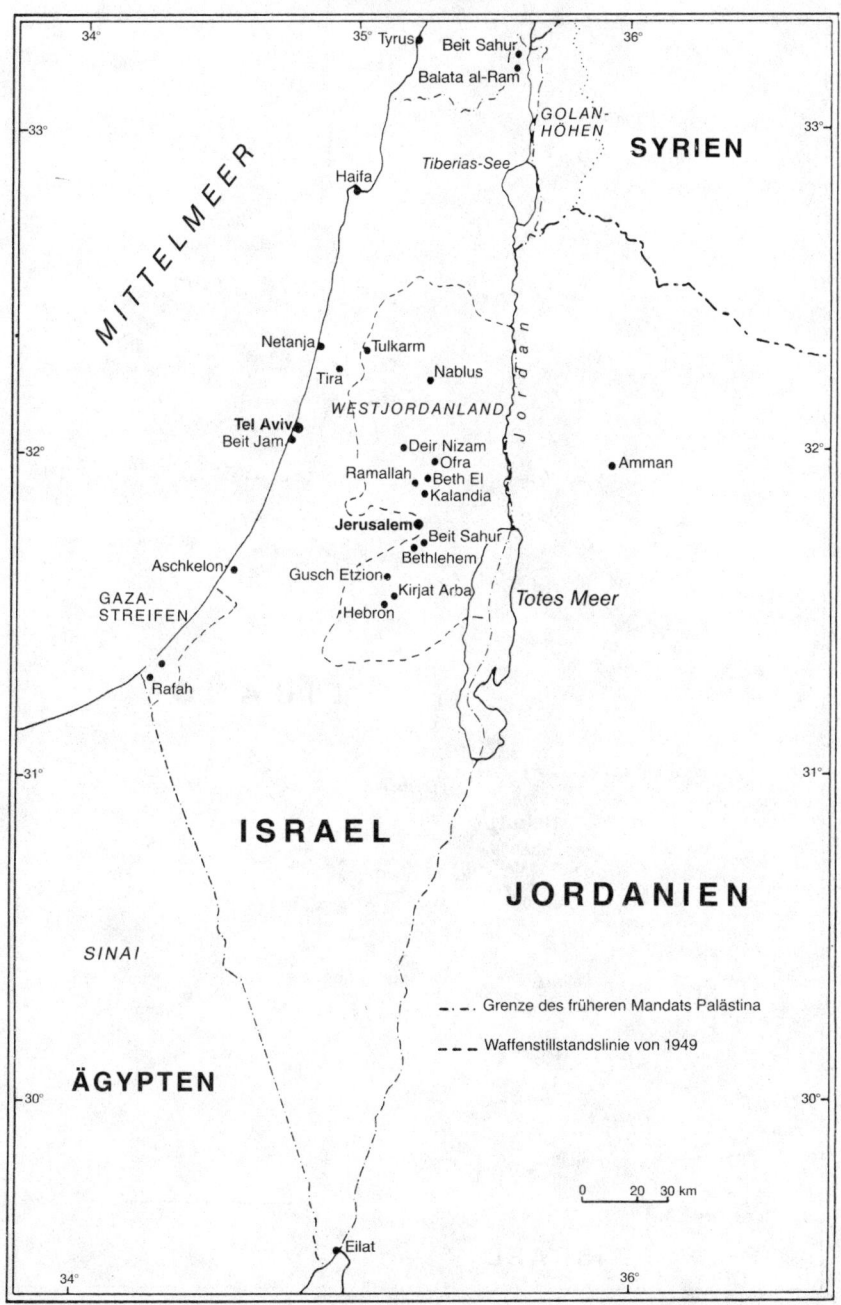

Libanon

Zeittafel

1882 Nach Judenverfolgungen in Rußland und Rumänien (1881) wandern zum erstenmal in großer Zahl jüdische Siedler nach Palästina ein.

1891 Arabische Würdenträger in Jerusalem senden eine Petition an die osmanische Regierung in Konstantinopel, in der sie einen Einwanderungsstopp für Juden nach Palästina sowie ein Verbot von Landverkäufen an Juden fordern.

1896 Der österreichische Journalist Theodor Herzl, Begründer des modernen Zionismus, veröffentlicht seine Schrift *Der Judenstaat*, in der er argumentiert, daß das „Judenproblem" nur durch die Errichtung eines jüdischen Staates in Palästina oder anderswo zu lösen sei; nur in einem solchen Staat könnten Juden frei und ohne Angst vor Verfolgung leben. Ein Jahr darauf organisiert Herzl den ersten Zionistischen Weltkongreß in Basel mit dem Ziel, die Einwanderung nach Palästina zu fördern.

1908 Die ersten palästinensisch-arabischen Zeitungen erscheinen: *Al-Quds* in Jerusalem und *Al-Asma'i* in Jaffa.

1916 Aufteilung des im Ersten Weltkrieg besiegten Osmanischen Reichs durch England, Frankreich und Rußland im „Sykes-Picot-Abkommen", das u. a. England die Kontrolle über Palästina und Frankreich die über das Gebiet der heutigen Staaten Libanon und Syrien einräumt.

1917 Der britische Außenminister Arthur J. Balfour unterstützt „die Schaffung einer nationalen Heimstätte" für das jüdische Volk in Palästina („Balfour-Deklaration").

1920 Frankreich erhält das Mandat über den Libanon und Syrien, wobei der Libanon 1926 durch Einbeziehung der Küstenstädte Beirut, Tripoli, Sidon, Tyrus sowie der Bekaa-Ebene zu „Groß-Libanon" ausgeweitet wird.

1936–1939 Inspiriert durch andere nationalistische Bewegungen im arabischen Raum, revoltieren die Araber Palästinas gegen die Errichtung eines jüdischen Staates in Palästina. Es kommt zu Angriffen sowohl auf jüdische Siedlungen wie auf britische Armee-Einheiten.

1943 Christen- und Moslemführer im Libanon einigen sich auf einen „Nationalen Pakt", der eine Teilung der Macht und einen Ausgleich zwischen den arabischen und den westlich orientierten Strömungen im Libanon vorsieht und den Weg zur Unabhängigkeit von Frankreich ebnet.

1947 Die Vereinten Nationen stimmen einer Teilung Palästinas in zwei Staaten zu, einem jüdischen und einem arabischen. Jerusalem soll zu einer Enklave mit internationalem Status werden.

1948 England zieht sich aus Palästina zurück. Anstatt die Teilungsresolution der Vereinten Nationen zu erfüllen, versuchen die Palästinenser mit Unterstützung der benachbarten arabischen Länder die Gründung des Judenstaates zu verhindern, was ihnen jedoch nicht gelingt. Jordanien besetzt das Westufer des Jordans, Ägypten den Gazastreifen.

1956 In einer gemeinsamen Militäraktion mit England und Frankreich greift Israel Gamal Abdel Nassers Ägypten an und besetzt den größten Teil der Sinai-Halbinsel. Unter amerikanischem und sowjetischem Druck zieht sich Israel später wieder zurück.

1958 Ausbruch des ersten libanesischen Bürgerkriegs. An die fünfzehntausend amerikanische Soldaten landen in Beirut, um die Lage zu stabilisieren.

1964 In Kairo gründen die arabischen Staatschefs unter Nassers Führung die Palästinensische Befreiungsorganisation (PLO).

1967 Israelischer Präventivkrieg gegen Ägypten, Syrien und Jordanien, die zum Krieg gegen den Judenstaat rüsten. Der Sechstagekrieg endet mit der israelischen Besetzung der Sinai-Halbinsel, der Golanhöhen, des Gazastreifens und des Westjordanlands.

1969 Jassir Arafat, der Führer der Guerillaorganisation El-Fatah, wird zum Vorsitzenden des Exekutivkomitees der PLO gewählt.

1970 König Husseins Armee besiegt die PLO-Guerillas in einem Bürgerkrieg um die Vorherrschaft in Jordanien.

1973 Ägypten und Syrien attackieren in einem Überraschungsangriff die israelischen Besatzungstruppen auf dem Sinai und den Golanhöhen.

1974 Die Arabische Gipfelkonferenz in Rabat (Marokko) bestätigt die PLO als „einzigen und legitimen Repräsentanten" des palästinensischen Volkes.

1975 Erneuter Ausbruch des Bürgerkriegs im Libanon.

1977 Der ägyptische Präsident Anwar el-Sadat reist nach Jerusalem, spricht vor dem israelischen Parlament und bietet einen umfassenden Frieden an, vorausgesetzt, Israel zieht seine Truppen vollständig aus dem Sinai zurück.

1979 Ägypten und Israel unterzeichnen ihren Friedensvertrag.

1982 (Februar) Bei der Niederschlagung eines Aufstands fundamentalistischer Moslems in der Stadt Hama richtet die syrische Regierung ein Blutbad unter der eigenen Bevölkerung an.

1982 (Juni bis September) Isrealische Invasion im Libanon. Falangistenführer Beschir Gemayel fällt kurz nach seiner Wahl zum Präsidenten des Libanon einem Attentat zum Opfer. Falangistische Milizen ermorden Hunderte von Palästinensern in den von israelischen Truppen umzingelten Beiruter Flüchtlingslagern Sabra und Schatila. Soldaten des U.S. Marine Corps treffen als Teil einer multinationalen Friedenstruppe im Libanon ein.

1983 Die Amerikanische Botschaft und das Hauptquartier des Marine Corps in Beirut werden von Selbstmordkommandos mit Autobomben in die Luft gejagt.

1984 (Februar) Nach einem Aufstand von Schiiten und Drusen gegen die libanesische Armee zerbricht die libanesische Regierung unter Präsident Amin Gemayel. Präsident Reagan begräbt seine Hoffnung auf einen Wiederaufbau des Libanon und befiehlt den Rückzug der Marines.

1984 (September) Arbeiterpartei und Likud-Block bilden eine „Regierung der Nationalen Einheit", nachdem die Wahlen zuvor mit einem Patt geendet haben.

1985 Einseitiger, nahezu vollständiger israelischer Truppenrückzug aus dem Libanon.

1987 (Dezember) Im Westjordanland und im Gazastreifen beginnt der Palästinenseraufstand (Intifada).

1988 (Dezember) Arafat erkennt das Existenzrecht Israels an. Der amerikanische Außenminister George P. Shultz stimmt der Eröffnung eines Dialogs mit der PLO zu. Nach einem erneuten Patt bei den Parlamentswahlen erneuern die Arbeiterpartei und der Likud-Block die „Regierung der nationalen Einheit" in Israel.

Dank

Dieses Buch ist das Produkt einer Reise, die Reise das Produkt eines Lebens. Ich habe mich unterwegs bei einer ganzen Reihe von Freunden, Verwandten und Kollegen verschuldet und kann ihnen für ihre Hilfe hier nur andeutungsweise danken. Da wären einmal die Männer, die für den Beginn meiner journalistischen Karriere verantwortlich sind: Gilbert Cranberg, der Redakteur des *Des Moines Register,* und Harold Chucker, Redakteur beim *Minneapolis Star,* die mir mit der Veröffentlichung meiner Artikel über das politische Geschehen im Nahen Osten bereits während meiner Collegezeit eine erste Chance gaben. Leon Daniel, ein guter Kerl und ein Pressemann mit Leib und Seele, gab mir den ersten Job – als Londoner Klatschreporter bei UPI; ich werde ihm für diese Gelegenheit ewig dankbar sein.

A. M. Rosenthal holte mich dann zur *New York Times.* Ohne ihn wäre das vorliegende Buch nie entstanden. Indem er mich zuerst als Bürochef nach Beirut und dann nach Jerusalem schickte, brach er mit sämtlichen Konventionen der *New York Times.* Zu ebenso großem Dank bin ich dem Herausgeber der *New York Times,* Arthur Ochs Sulzberger, Chefredakteur Max Frankel und dem Ressortchef Außenpolitik, Joseph Lelyveld, verpflichtet, die mich ein Jahr freistellten und mir dadurch die Gelegenheit gaben, dieses Buch zu schreiben. Sie alle hatten Verständnis für die Obsession, mit der ich dieses Projekt verfolgte, und erleichterten mir meine Arbeit in jeder nur denkbaren Weise.

In Beirut gab es zwei Menschen, ohne deren Hilfe ich einfach nicht überlebt hätte – mein Assistent Mohammed Kasrawi und der örtliche Reporter der *New York Times,* Ichsan Hidschasi. Mohammed, der im ersten Teil dieses Buches eine bedeutende Rolle spielt, war der loyalste und liebste Waffenbruder, den sich ein Auslandskorrespondent je erhoffen kann. Wir begegneten uns in Beirut und stammten von zwei verschiedenen Enden der Welt – ein Jude aus Minnesota und ein palästinensischer Flüchtling aus Jerusalem. Doch während unserer gemeinsamen Jahre wurden wir wie Brüder. Einige der Augenblicke, die uns besonders eng zusammenschweißten, waren Momente großer Tragik, doch gibt es auch viele Erinnerungen an glückliche Zeiten. Obwohl wir inzwischen wieder in die verschiedenen Welten unserer Herkunft zurückgekehrt sind, wird das zwischen uns bestehende Band nie zerreißen. Das gleiche gilt für mich und Ichsan, der nach meiner Überzeugung zur Zeit der beste Journalist der arabischen Welt ist. Sein Wissen floß in meine Reportagen ein; seine Freundschaft half mir, einige der dunkelsten Stunden in Beirut zu überstehen.

Vier Freunde halfen mir bei der Planung dieses Buches in besonderer Weise und trugen entscheidend zu einem besseren Verständnis der Ereignisse bei, die ich in Beirut und Jerusalem beobachtete. Es sind dies Fuad Adschami, Meron Benvenisti, Jaron Esrahi und David Hartman.

Fuad, der an der School for Advanced International Studies der Johns Hopkins University lehrt, ist hinsichtlich der Originalität seiner Gedanken über den Nahen Osten unübertroffen. Ohne seine Hilfe hätte ich Beirut und die verschiedenen Gemeinschaften, aus denen sich die Bevölkerung dieser Stadt zusammensetzt, nie begriffen. Sein intellektueller Mut war mir immer eine zusätzliche Inspiration.

In endlosen Gesprächen mit Meron – einem von seinem eigenen Volk oft mißverstandenen Genie – gewann ich tieferen Einblick in die Dynamik des jüdisch-palästinensischen Konflikts.

Jaron verhalf mir mit seiner analytischen Kenntnis der politischen Theorie immer wieder dazu, in einigen meiner speziellen Fragestellungen allgemeingültige Aspekte zu erkennen. Seine Erkenntnisse zur Rolle Amerikas im Nahen Osten und seine Antworten auf die Frage, warum Israel immer für Schlagzeilen sorgt, öffneten mir die Augen für neue Wege in meinen Recherchen. Seine Frau Sidra erläuterte mir den Einfluß, den der Holocaust auf die Israelis hat. Zu den Dingen aus Jerusalem, die ich am schmerzlichsten vermisse, zählen die Diskussionen am Eßtisch der Esrahis, bei denen wir uns immer heiser redeten.

Niemand wird in diesem Buch öfter zitiert als David Hartman. Der simple Grund dafür ist der, daß niemand mir mehr über Israel und das jüdische Volk beibrachte als er. Seine Gedanken beeinflußten meine Berichterstattung aus Israel außerordentlich, und sie durchziehen auch fast alle Kapitel dieses Buches. Was ich ihm als Lehrer und Freund verdanke, ist schier unermeßlich.

Fuad, Jaron und David gehören zu denjenigen, die das Manuskript vor der Veröffentlichung durchgelesen haben. Ein weiterer Leser war ein kluger Historiker – Professor J. C. Hurewitz von der Columbia University. Clinton Bailey, israelischer Beduinenexperte, las mit großem Scharfsinn einen Teil des Manuskripts. Michael Sandel und seine Frau Kiki Adatto, beide aus Harvard, hörten sich geduldig einen ersten Entwurf an und halfen mir bei der Präzisierung.

Auch zwei Institutionen schulde ich Dank für ihre Unterstützung: Die John Simon Guggenheim Memorial Foundation gewährte mir einen großzügigen Zuschuß, und das Woodrow Wilson International Center for Scholars stellte mir Geldmittel, Büroraum und einen Rechercheur zur Verfügung. Mein besonderer Dank gilt Sam Wells und Robert Litwak vom Wilson Center, die meinen Aufenthalt dort erst ermöglichten und ihn mir dann so angenehm wie irgend möglich gestalteten.

Es versteht sich von selbst, daß die in diesem Buch geäußerten Behauptungen und Ansichten meine eigenen sind und nicht unbedingt mit denen des Wilson Centers und der Guggenheim-Stiftung übereinstimmen.

Laura Blumenfeld diente mir in Israel als Rechercheurin und Übersetzerin; alles, was sie für mich tat, tat sie mit Enthusiasmus und großem Verständnis. Dasselbe läßt sich von John Wilner sagen, der im Wilson Center mein Assistent war. Julie Somech und Debra Retyk, meine Assistentinnen im Jerusalemer Büro der *New York Times,* waren immer ansprechbar und hilfsbereit.

Meine Tante Bev und mein Onkel Hy sowie meine Freunde Morrie und Jake halfen mir nach dem Tod meines Vaters in unvergeßlicher Weise.

Meine Schwiegereltern, Matthew und Carolyn Bucksbaum, gestatteten mir, ihr Haus in jenen sechs Wochen, in denen ich bei ihnen in der Parterrewohnung arbeitete, in ein Chaos zu verwandeln – eine Freundlichkeit, die absolut bezeichnend ist für die Art, wie sie mich bei jedem Wendepunkt in meiner beruflichen Laufbahn unterstützt haben.

Mein Lektor, John Galassi, und mit ihm das gesamte Team im Verlag Farrar-Straus-Giroux betreuten das Buchprojekt vom Anfang bis zum Ende mit großer Liebe und Sorgfalt – für einen Autor ein wahrer Traum. Esther Newberg, meine Agentin, kümmerte sich in der gewohnten Mischung aus Professionalität und Klasse um alle geschäftlichen Dinge.

Ich widme dieses Buch dem seligen Andenken meines Vaters, Harold Friedman, und meiner Mutter Margaret, doch wäre es ohne den Zuspruch und die liebevolle Unterstützung meiner Frau Ann nie entstanden. Ann hat mich vom Anbeginn meiner Reise bis zu ihrem Ende begleitet. Was sie dabei ertrug, könnte, weiß Gott, ein eigenes Buch füllen. Ohne ihre Freundschaft und Kraft (und ihre Hilfe als Lektorin) hätte ich es nie geschafft.

Meine Töchter Orly und Natalie mußten während der Arbeit an diesem Buch viel zu oft auf ihren Vater verzichten. Ich kann nur hoffen, daß sie eines Tages, wenn sie alt genug sind, dieses Buch zu lesen, verstehen werden, warum.

Thomas L. Friedman
Washington, D. C.

Namenregister

504

507

Ortsregister